D1662760

Sabina Becker
Neue Sachlichkeit

1

Sabina Becker

Neue Sachlichkeit

Band 1:
Die Ästhetik der neusachlichen Literatur
(1920–1933)

2000

BÖHLAU VERLAG KÖLN WEIMAR WIEN

Als Habilitationsschrift auf Empfehlung der Philosophischen Fakultät der Universität des Saarlandes gedruckt mit Unterstützung der Deutschen Forschungsgemeinschaft

Die Deutsche Bibliothek – CIP-Einheitsaufnahme

Becker, Sabina:
Neue Sachlichkeit / Sabina Becker. – Köln ; Weimar ; Wien : Böhlau
Zugl.: Saarbrücken, Univ., Habil.-Schr., 1997
ISBN 3-412-15699-X
Bd. 1. Die Ästhetik der neusachlichen Literatur (1920–1933). – 2000

Umschlagabbildung: Laszlo Moholy-Nagy: ohne Titel, Blick vom
Berliner Funkturm, vor 1928, 6 x 8,3 cm, © VG Bild-Kunst, Bonn 2000
© 2000 by Böhlau Verlag GmbH & Cie, Köln
Ursulaplatz 1, D-50668 Köln
Tel. (0221) 91 39 00, Fax (0221) 91 39 011
vertrieb@boehlau.de
Alle Rechte vorbehalten
Druck: MVR-Druck, Brühl
Bindung: Schaumann, Darmstadt
Gedruckt auf chlor- und säurefreiem Papier
Printed in Germany
ISBN 3-412-15699-X

VORWORT

Die Diskussion um die Neue Sachlichkeit hat die Notwendigkeit der Erarbeitung einer theoretischen Grundlage offenbart; es muß eine solide Textbasis geschaffen werden, die Aufschluß darüber gibt, was in den zwanziger Jahren unter dem Begriff verstanden wurde und mit welchen Inhalten man ihn füllte. Die Materialgrundlage der bisherigen Aussagen und Urteile über die neusachliche Bewegung der zwanziger und dreißiger Jahre war nicht ausreichend, zumal man sich vor allem auf die Urteile ihrer Gegner stützte. Die Tradierung der negativen Bewertungen insbesondere linker Autoren hat eine detaillierte Beschäftigung mit dem Thema Neue Sachlichkeit offensichtlich überflüssig erscheinen, wenn nicht sogar zu einer anrüchigen Angelegenheit werden lassen. So stand die Rekonstruktion des Diskurses, an dem sich eine Vielzahl namhafter Autoren aus dem linken und linksbürgerlichen Spektrum beteiligte, an dem darüber hinaus aber auch zahlreiche heute weniger bekannte Schriftsteller und Kritiker aktiv und produktiv teilnahmen, bislang aus. Daß der Kontroverse um neusachliche Formen des Schreibens innerhalb der literarischen Entwicklung der zwanziger Jahre eine zentrale Bedeutung zukam, geriet völlig in Vergessenheit. Die Bemühung um und die Arbeit an sachlichen bzw. versachlichten Schreibweisen war seit den frühen zwanziger Jahren ein wesentlicher Bestandteil der literarästhetischen Diskussion, an der Literaturproduzenten wie Literaturkritiker sich gleichermaßen beteiligten. Bedenkt man, daß die Debatte um eine neusachliche Ästhetik in den zwanziger und dreißiger Jahren sich an der Auseinandersetzung um eine moderne Poetik und um die literarische Moderne insgesamt entzündete und damit das Ringen um neue, sachliche Ausdrucksformen die literarische Entwicklung dieses Jahrzehnts nachhaltig bestimmt und das kulturelle Klima der Weimarer Republik wesentlich geprägt hat, wird deutlich, daß die Nachzeichnung dieses Diskurses nicht zuletzt auch ein Stück Mentalitätsgeschichte der ersten deutschen Republik darstellt.

Mit der hier vorgelegten Untersuchung kann künftig die Diskussion um die Neue Sachlichkeit in der Literatur nicht nur exakter, sondern auch ›literaturwissenschaftlicher‹ geführt werden, da in Verbindung mit der Auswertung und Analyse der Quellen operationalisierbare Begriffe sowie ein für die Analyse literarischer Werke nutzbar zu machendes begriffliches Instrumentarium an die Hand gegeben werden. Die zeitliche Begrenzung auf die Jahre 1918 bis 1933 folgt der üblichen, in Analogie zur politischen Entwicklung getroffenen Epochenabgrenzung: Die Neue Sachlichkeit ist ein Phänomen der Weimarer Republik, ihre Entstehung und Ausbildung liegen in diesen fünfzehn Jahren; auch ist sie eng an die politischen und kulturellen Verhältnisse der ersten deutschen Republik geknüpft.

Um die komplexe Diskussion in ihrer Vollständigkeit zu dokumentieren, schien es geboten, die gegnerischen Stimmen einzubeziehen. In Analogie zur gesamtliterarischen Situation stellt sich der neusachliche Diskurs als eine Auseinandersetzung zwischen linksbürgerlichen, kommunistischen, gemäßigt konservativen und völkisch-nationalen Gruppierungen dar, eine Konstellation, die sich in den beteiligten Publikationsorganen wiederholt. Zwar wurde, den Zielen der Untersuchung entsprechend, den neusachlichen Positionen weitaus mehr Raum zugestanden als den kritischen Urteilen; dennoch beweisen die in der Textsammlung vereinigten ablehnenden Stellungnahmen und kompromißlosen Abrechnungen, daß die Kritik an der Neuen Sachlichkeit in erster Linie, und dies nicht erst nach 1929, von seiten der konservativen Literaturkritik kam. Die bislang gültige These von der uneingeschränkten Selbstkritik neusachlicher Autoren nach dem Ende der Stabilisierungsphase, der geschlossenen Distanzierung von neusachlichen Theoremen und Schreibformen oder vom unwidersprochen gebliebenen Abgesang auf die Neue Sachlichkeit gegen Ende des Jahrzehnts kann durch die vorliegende Dokumentation widerlegt werden. Die Neue Sachlichkeit ist mit dem Beginn der Weltwirtschaftskrise von der literarischen Bühne keineswegs verschwunden. Dem bekannten Aufruf Joseph Roths, »Schluß mit der Neuen Sachlichkeit« zu machen, folgten nur wenige Autoren. Zwar setzt bereits 1928 eine kritische Revision neusachlicher Forderungen, Ziele und Methoden seitens neusachlicher Kreise ein; doch diese selbstkritischen Überprüfungen eigener Standpunkte sind weniger als Absage an die neusachliche Ästhetik denn als produktive Kritik im Sinne ihrer Weiterentwicklung und Verbesserung angelegt.

Die wichtigsten theoretischen Texte, aus denen die in diesem Band vorgetragenen Thesen und Argumentationen gewonnen wurden, sind in Band II dokumentiert. Neben den literarischen Werken stellen sie die Materialbasis der Analysen dar. In der Regel wird nach den Originalquellen bzw. den Erstdrucken zitiert; lediglich in den zwanziger Jahren nicht publizierte Texte werden nach den Werkausgaben der jeweiligen Autoren wiedergegeben. Da im Dokumentenband die Originalseitenzählung der einzelnen Texte eingefügt ist, sind die zitierten Passagen leicht aufzufinden. Zudem wird, sofern die Texte in den Dokumentenband aufgenommen wurden, auf die entsprechende Seitenzahl verwiesen. Diese Form des Zitatnachweises soll Aufschluß über Jahr, Ort und Kontext der Publikationen sowie über Veröffentlichungsumstände und -zusammenhänge, auch über die politisch-ideologischen, geben und so einen Eindruck vom Gesamtverlauf des neusachlichen Diskurses vermitteln.

Saarbrücken, den 30. Januar 2000

INHALT

Vorwort 5

I.   *Einleitung*

I.1.   Neue Sachlichkeit als historische Bewegung 13

I.2.   Neue Sachlichkeit – eine gescheiterte Bewegung? 19

I.3.   Rezeptionsverlauf 27

I.4.   Die Trennung der Diskurse: Sachlichkeit als ästhetische Kategorie 35

I.5.   Neue Sachlichkeit: Programmatik, Theorie, Bewegung, Epoche oder Ästhetik? 45

I.6.   Neue Sachlichkeit: ein Phänomen der Stabilisierungsphase? 56

I.7.   Neue Sachlichkeit: linksbürgerlich oder rechtskonservativ und präfaschistisch? 59

II.   *Voraussetzungen*

II.1.   Der »steinerne Stil«: Alfred Döblins »Berliner Programm« 65

II.2.   Sachlichkeit in der architekturtheoretischen und kunstgewerblichen Diskussion der Jahrhundertwende 73

II.3.   Sachlichkeitskonzepte des Werkbunds 78

II.4.   Adolf Loos und der »Sturm«-Kreis 82

II.5.   Dadaismus 92

III.   *Dimensionen neusachlicher Ästhetik*

III.1.   Antiexpressionismus   97
III.2.   »Neuer Naturalismus«   108
III.3.   Nüchternheit   116
III.4.   Präzisionsästhetik   129
III.5.   Realitätsbezug/Aktualität   138
III.6.   Reportagestil   154
III.7.   Beobachtung   171
III.8.   Antipsychologismus   180
III.9.   Neutralität/Objektivität   187
III.10.   Dokumentarismus   196
III.11.   Tatsachenpoetik   205
III.12.   Bericht   220
III.13.   Gebrauchswert   230
III.14.   Entsentimentalisierung   242
III.15.   Entindividualisierung   250

IV.   *Die Kritik an der Neuen Sachlichkeit*

IV.1.   Die neusachliche Kritik an der Neuen Sachlichkeit   258
IV.2.   Die marxistische Kritik an der Neuen Sachlichkeit   283
IV.3.   Dokumentarismus   294
IV.4.   Reportagestil   300
IV.5.   Entpoetisierung/Entsentimentalisierung   315
IV.6.   Antiindividualismus   332
IV.7.   Gebrauchsliteratur   334
IV.8.   Die rechtskonservative und völkisch-nationale Kritik
         an der Neuen Sachlichkeit   339

V.   *Neue Sachlichkeit   im Horizont der literarischen Moderne* 359

VI.   *Anhang*

VI.1. Liste der ausgewerteten Zeitschriften 367
VI.2. Liste der ausgewerteten Texte 371
VI.3. Forschungsliteratur zur Neuen Sachlichkeit 403
VI.4. Personenregister 417
VI.5. Sachregister 423

I. EINLEITUNG

I.1. *Neue Sachlichkeit als historische Bewegung*

Die Neue Sachlichkeit konstituiert sich in den zwanziger Jahren als eine dominante literarische Ästhetik, um deren Ausbildung eine intensive Diskussion geführt wurde; in der Forschung zur Literatur der Weimarer Republik jedoch ist die umfassende Aufarbeitung der neusachlichen Bewegung nach wie vor ein Desiderat. Der Versuch, die Neue Sachlichkeit in Zusammenhang mit ihrer Bindung an die Stabilisierungsphase der Weimarer Republik von 1924 bis 1929 und an deren Scheitern über vornehmlich ideologische Kriterien und politisch inspirierte Wertungen zu erfassen, darf heute als gescheitert gelten. Jedenfalls hat Helmut Lethens Beschreibung der Neuen Sachlichkeit als eine »kulturelle Repräsentanz«[1] des Kapitalismus, die letztlich nichts anderes indiziere als ein Kontinuum von der kapitalistischen Industriegesellschaft zur faschistischen Volksgemeinschaft, und von Sachlichkeit als »Normbegriff der herrschenden Klasse« zwar partiell Aufschluß über die Neue Sachlichkeit als allgemeinkulturelles Phänomen gebracht; eine angemessene Beurteilung der *literarischen* Neuen Sachlichkeit ebenso wie die Erarbeitung operationalisierbarer Begriffe für eine ausgewogene Bewertung der in Frage kommenden literarischen Texte ist Lethen indes schuldig geblieben. Noch heute fehlen fundierte Erkenntnisse über die neusachliche Strömung als ein spezifisch literarisches Phänomen und über Sachlichkeit als eine ästhetische Kategorie.

Liegen mittlerweile für den anthropologischen[2], politisch-ökonomischen[3] und allgemeinkulturellen[4] Sachlichkeitsdiskurs Untersu-

---

[1] Helmut Lethen: Neue Sachlichkeit 1924-1932. Studien zur Literatur des »weissen Sozialismus«. Stuttgart 1970, S. 45 u. 8.

[2] Vgl. die neueren Arbeiten von Helmut Lethen, insbesondere: Der Jargon der Neuen Sachlichkeit. In: Die »Neue Sachlichkeit«. Lebensgefühl oder Markenzeichen? (= Germanica 9, 1991). Coordination scientifique: Pierre Vaydat, S. 11-36; ders.: Verhaltenslehren der Kälte. Lebensversuche zwischen den Kriegen. Frankfurt/Main 1994; ders.: Der Habitus der Sachlich-

chungen vor, so stand eine Rekonstruktion des literarischen Diskurses über die Neue Sachlichkeit bislang aus. Horst Denklers und insbesondere Karl Prümms Ansätze, aus zeitgenössischen Texten und Beiträgen die neusachliche Programmatik zu destillieren, wurden nicht weiter verfolgt[5]; dementsprechend wurden in der Folge literarische Werke ohne ausreichende Kenntnis der neusachlichen Theorie analysiert. Das Resultat des ungesicherten Kriterienkatalogs war die Dominanz motivgeschichtlicher Interpretationsansätze, die die neusachliche Klassifikation von Texten vorzugsweise thematisch begründeten. Ein solches Verfahren wurde in vielen Fällen weder den Texten noch der Neuen Sachlichkeit gerecht, stellt diese sich doch nur sekundär als eine Bewegung dar, deren Entstehung und Wirkung an die Präferenz für bestimmte Sujets wie Technik, Amerikanismus, Ökonomie, Sport, Neue Frau, Freizeit-, Revue- und

keit in der Weimarer Republik. In: Literatur der Weimarer Republik 1918-1933. Hrsg. v. Bernhard Weyergraf (= Hansers Sozialgeschichte der deutschen Literatur vom 16. Jahrhundert bis zur Gegenwart). München 1995, S. 371-445; ders.: Unheimliche Nachbarschaften. Neues vom neusachlichen Jahrzehnt. In: Jahrbuch zur Literatur der Weimarer Republik, 1995, Bd. 1, 1995, S. 76-92; Neusachliche Physiognomik. Gegen den Schrecken der ungewissen Zeichen. In: Der Deutschunterricht 1997, Nr. 2: Weimarer Republik, S. 6-19. – Vgl. hierzu auch die Arbeit von Martin Lindner: Leben in der Krise. Zeitromane der Neuen Sachlichkeit und die intellektuelle Mentalität der klassischen Moderne. Stuttgart, Weimar 1994.

[3] Vgl. Willibald Steinmetz: Anbetung und Dämonisierung des »Sachzwangs«. Zur Archäologie einer deutschen Redefigur. In: Michael Jeissmann (Hrsg.): Obsessionen. Beherrschende Gedanken im wissenschaftlichen Zeitalter. Frankfurt/Main 1995, S. 293-333.

[4] Vgl. Christian Jäger: Phase IV. Wandlungen des Sachlichkeits-Diskurses im Feuilleton der Weimarer Republik. In: Jahrbuch zur Literatur der Weimarer Republik. Hrsg. in Zusammenarbeit mit Eckhard Faul und Reiner Marx von Sabina Becker. St. Ingbert 1995ff., Bd. 2, 1996, S. 77-108.

[5] Horst Denkler: Die Literaturtheorie der zwanziger Jahre. Zum Selbstverständnis des literarischen Nachexpressionismus. In: Monatshefte für den Deutschunterricht 4 (1967), S. 305-319; ders.: Sache und Stil. Die Theorie der Neuen Sachlichkeit und ihre Auswirkung auf Kunst und Dichtung. In: Wirkendes Wort 3 (1968), S. 167-185; Karl Prümm: Die Literatur des Soldatischen Nationalismus der zwanziger Jahre (1918-1933). Gruppenideologie und Epochenproblematik. 2 Bde. Königstein/Ts. 1974, hier Bd. 2, S. 219-273.

Girlkultur gebunden sind. Ein solcher Ansatz, in der Forschung noch immer gegenwärtig[6], erfaßt die historischen Dimensionen der Neuen Sachlichkeit nur unzureichend, zumal aus ihm nicht selten die einseitige Beschreibung der Neuen Sachlichkeit als eine Technisierungs- und Rationalisierungsprozessen gegenüber unkritische Bewegung sowie als distanzloser Technikkult abgeleitet wurde.

Allein solche Wertungen, die vorzugsweise auf die Motivik der Texte rekurrieren, vermögen kaum, die literarische Neue Sachlichkeit der zwanziger Jahre angemessen zu umschreiben, handelt es sich doch um eine Bewegung, die sich als literarisches Phänomen sinnvoll nur als ein ästhetisches Konzept fassen läßt, innerhalb dessen Sachlichkeit primär eine poetologische Kategorie indiziert: Als solches hat die Neue Sachlichkeit den literarischen Leithorizont der zwanziger Jahre maßgeblich bestimmt. Es wäre daher an der Zeit, einen Blick auf die poetologischen Konzepte der beteiligten Autoren und auf die im Umfeld der Neuen Sachlichkeit geführte theoretische Debatte zu werfen. Ziel der vorliegenden Arbeit ist dementsprechend die umfassende Rekonstruktion des zeitgenössischen neusachlichen Diskurses, mit deren Hilfe die neusachliche Ästhetik aus dem Verständnis der zwanziger und dreißiger Jahre heraus erarbeitet werden kann. Eine literaturhistorische Analyse scheint um so dringlicher, als die umfassende Definition von Sachlichkeit als einer ästhetischen Kategorie nach wie vor aussteht. Daß in einschlägigen Untersuchungen aus den siebziger und achtziger Jahren noch immer von der »sogenannten Neuen Sachlichkeit«[7] gesprochen wurde und

---

[6] Vgl. z.B. Eva Philippoff: Das neusachliche junge Mädchen zwischen Uznach und dem Oktoberfest. In: Die »Neue Sachlichkeit«. Lebensgefühl oder Markenzeichen? (=Germanica 9, 1991). Coordination scientifique: Pierre Vaydat, S. 105-122; Carl Wege: Gleisdreieck, Tank und Motor. Figuren und Denkfiguren aus der Technosphäre der Neuen Sachlichkeit. In: DVjs 68 (1994), Nr. 2, S. 306-332.

[7] Vgl. u.a. Ernst Schumacher: Die dramatischen Versuche Bertolt Brechts 1918-1933. Berlin 1977, S. 140; Jost Hermand: Einheit in der Vielheit? Zur Geschichte des Begriffs ›Neue Sachlichkeit‹. In: Ders.: Stile, Ismen, Etikette. Zur Periodisierung der modernen Kunst. Wiesbaden 1978, S. 80-93, hier S. 91; Klaus Modick: Lion Feuchtwanger im Kontext der zwanziger Jahre. Autonomie und Sachlichkeit. Königstein/Ts. 1981, S. 81; Detlev J.K. Peuckert: Die Weimarer Republik. Krisenjahre der klassischen Moderne. Frankfurt/Main 1987, S. 167.

die Meinung verbreitet war, die Neue Sachlichkeit entziehe sich jeglichem »definitorische[m] Zugriff«[8], erscheint als symptomatisch für die Verunsicherung im Hinblick auf die ästhetischen Ausprägungen dieser Bewegung. Auch die unreflektierte, ja unzulässige Übertragung der für die neusachliche Malerei erarbeiteten Kriterien auf die Literatur verweist auf die defizitäre Forschungssituation.[9] Die von dem Kunsthistoriker Franz Roh in seinem Buch *Nach-Expressionismus. Magischer Realismus* für die Malerei genannten Aspekte wurden nahezu ungeprüft auf die Literatur projiziert; ebenso die Ergebnisse von Emil Utitz' Untersuchung *Die Überwindung des Expressionismus*.[10] Wilhelm Haefs monierte vor einigen Jahren zu Recht, daß man sich auf diese Weise die »Mühe der Rekonstruktion dessen [erspare], was die Jahre unmittelbar nach Ende des Ersten Weltkriegs an literarisch und programmatisch Unterscheidbarem, im Anschluß und im Gegenzug zum Expressionismus, hervorgebracht haben«.[11] Noch 1989 erschien ein Sammelband zum Thema Neue Sachlichkeit, der es sich zum Ziel setzte, die Spannbreite neusachlicher Tendenzen zwischen »Lebensgefühl« und »Markenzeichen« aufzuzeigen, dabei jedoch die Frage nach der Neuen Sachlichkeit als einer literarischen Bewegung und nach Sachlichkeit als einer ästhetischen Kategorie explizit gar nicht stellte.[12]

---

[8] Modick: Lion Feuchtwanger im Kontext der zwanziger Jahre, S. 183.

[9] Vgl. z.B. Hermand: Einheit in der Vielheit?; Volker Klotz: Forcierte Prosa. In: Dialog. Festschrift für Josef Kunz. Hrsg. v. Rainer Schönhaar. Berlin 1983, S. 244-270.

[10] Franz Roh: Nach-Expressionismus. Magischer Realismus. Leipzig 1925; Emil Utitz: Die Überwindung des Expressionismus. Stuttgart 1927.

[11] Wilhelm Haefs: Nachexpressionismus. Zur literarischen Situation um 1920. In: Bernhard Gajek, Walter Schmitz (Hrsg.): Georg Britting (1891-1964). Vorträge des Regensburger Kolloquiums 1991. Frankfurt/Main, Berlin, Bern, New York, Paris, Wien, Regensburg 1993, S. 74-98, hier S. 78.

[12] Die »Neue Sachlichkeit«. Lebensgefühl oder Markenzeichen? (= Germanica 9, 1991). Coordination scientifique: Pierre Vaydat. - Vgl. dazu auch Jost Hermand: Neue Sachlichkeit: Stil, Wirtschaftsform oder Lebenspraxis? In: Leslie Bodi, Günter Helmes, Egon Schwarz, Friedrich Voit (Hrsg.): Weltbürger - Textwelten. Helmut Kreuzer zum Dank. Frankfurt/Main, Berlin, Bern, New York, Paris, Wien 1995, S. 325-342.

Die literarhistorische Verfahrensweise der vorliegenden Arbeit ermöglicht die Erarbeitung eines Kriterienkatalogs, mittels dessen die Neue Sachlichkeit als literarische Programmatik und ästhetische Theorie wie als literarische Bewegung gleichermaßen vorzustellen ist: Auf diese Weise werden nicht nur historische Tendenzen und Entwicklungen sichtbar gemacht, sondern auch für die Analyse literarischer Texte operationalisierbare Begriffe zur Verfügung gestellt. Indem die Neue Sachlichkeit in ihrer Historizität beschrieben und die Inhalte neusachlicher Ästhetik aus dem Verständnis der zwanziger Jahre deduziert werden, lassen sich der zeitgenössische literarische Erwartungshorizont und die Erwartungshaltungen an eine moderne Ästhetik eruieren. Dabei soll nicht der derzeitige Kenntnisstand unterlaufen werden; wohl aber ist von den im nachhinein vorgenommenen Einschätzungen zu abstrahieren, da diese infolge der ungesicherten Quellenbasis und des Wissens um das Ende der Weimarer Republik mitunter den vorurteilsfreien Blick auf die Neue Sachlichkeit verstellten und an den Ansprüchen und Forderungen der an der Diskussion der zwanziger und dreißiger Jahre um die neusachliche Ästhetik Beteiligten vorbei argumentierten. Nur so ist es zu erklären, daß die Neue Sachlichkeit lange Zeit als eine ›Sachkunst‹ galt, die mit dem für die Zeit der Stabilisierungsphase symptomatischen Zutrauen in die ›Sachwerte‹ entstanden sei und dementsprechend mit der Weltwirtschaftskrise ihr vorzeitiges Ende gefunden habe; die Methodik der literarhistorischen Kontextualisierung ist daher nicht zuletzt im Hinblick auf die Korrektur derartiger Bewertungen und Fehleinschätzungen gewählt.

Die historische Rekonstrukion des neusachlichen Diskurses erfordert eine möglichst breite dokumentarische Textbasis. Unter Hinzuziehung der wichtigsten literaturwissenschaftlichen, literarischen und allgemeinkulturellen Zeitschriften und einiger repräsentativer Tageszeitungen wurde eine Vielzahl von Texten unterschiedlichster Provenienz ausgewertet, in der Regel theoretische Schriften und produktionsästhetische Reflexionen, Stellungnahmen der Autoren zu ihren Werken und ihrer Arbeitsweise, Rundfragen die zeitgenössische literarische Entwicklung betreffend, Interviews, Gespräche zwischen Autoren, Vorworte literarischer Werke und nicht zuletzt die Werke selbst; als nicht minder wichtig für die Nachzeichnung des Diskurses erwiesen sich Rezeptionszeugnisse – literaturwissenschaftliche Aufsätze, Literaturkritiken und Rezensionen,

anhand derer der sich wandelnde Erwartungshorizont und die Ausbildung einer Sachlichkeitsästhetik nachvollzogen werden kann. Zu
Anfang der zwanziger Jahre wurde die Diskussion um eine antiexpressionistische Literatur und Schreibweise vornehmlich über die
Literaturkritik geführt, an der Autoren wie Kritiker gleichermaßen
beteiligt waren: Theoretische Überlegungen wie Alfred Döblins *Bekenntnis zum Naturalismus* aus dem Jahr 1920 sind die Ausnahme.

Die gesichteten Texte wurden mit dem Ziel systematisiert, aus
ihnen die Ästhetik der Neuen Sachlichkeit zu deduzieren. Zwar
konnte nicht jedem Aspekt mit der gleichen Konsequenz nachge-
gangen werden; doch insgesamt wurde hinsichtlich der verschiedenen Facetten Vollständigkeit angestrebt. Die hier erarbeiteten Elemente neusachlicher Theorie sind das Ergebnis der Auswertung von
mehr als sechshundert im Zeitraum von 1919 bis 1933 entstandener
einschlägiger Beiträge. Um die verschiedenen Positionen, Erklärungsmuster und Definitionen der Begriffe ›Neue Sachlichkeit‹ und
›Sachlichkeit‹ aus dem Verständnis der zwanziger Jahre heraus transparent zu machen, waren darstellende Passagen unvermeidbar, zumal viele der zitierten Aufsätze weitgehend unbekannt sind. Auch
schien es wegen der bisherigen Vernachlässigung vieler Aspekte,
dem nicht allzu hohen Verbreitungsgrad vieler Texte und der Intention, die Neue Sachlichkeit im Kontext des zeitgenössischen Diskurses zu analysieren, angebracht, auf die Wortwahl und Begrifflichkeit
der zwanziger Jahre zurückzugreifen; bei den benutzten poetolo-
gisch-programmatischen Stichworten handelt es sich somit um dem
neusachlichen Diskurs abgewonnene Kategorien. Mittels dieser Vorgehensweise lassen sich dessen Verlauf und Terminologie deutlich
machen. Der Rückgriff auf die innerhalb der Debatte verwendeten
Begriffe bzw. Argumentationsstrategien und ihre Integration in die
analysierenden Teile der Arbeit sollen die Authentizität des Diskurses über die Neue Sachlichkeit in den zwanziger und dreißiger Jahren belegen und seine eigene Begrifflichkeit dokumentieren.[13]

---

[13] Hinweise auf Sekundärliteratur wurden innerhalb der Darstellung in der
Regel vermieden, da lediglich die ebenfalls quellenorientierten, partiell
historisch verfahrenden Arbeiten von Horst Denkler, Helmut Lethen und
insbesondere von Karl Prümm einige der beschriebenen Punkte in ihren
Aufsätzen bereits genannt haben. – Sonstige Forschungsbeiträge konnten
für die Darstellung des neusachlichen Diskurses weitgehend außer acht

I.2. *Neue Sachlichkeit – eine gescheiterte Bewegung?*

Die gewählte historisierende Methodik ist der Darstellung der literarischen Neuen Sachlichkeit insofern angemessen, als sie nicht von vornherein jenem Verdikt erliegt, das die Sicht auf diese Strömung bislang dominierte und den bisherigen Untersuchungen fast uneingeschränkt zugrunde lag: Innerhalb der Forschung gilt die Neue Sachlichkeit als eine gescheiterte Bewegung, deren Ende 1929 bzw. 1930, spätestens aber im Jahr 1932 mit dem Begriff der »Auflösung«[14] beschrieben wird. Über die These vom Scheitern der Neuen Sachlichkeit herrschte bislang Konsens[15]; sie bildete die Ausgangsbasis für eine negative, skeptische Sicht auf die neusachliche Bewegung ebenso wie für ihre Verurteilung.

Als gescheitert galt die Neue Sachlichkeit aus vielerlei Gründen, sowohl politisch-ideologische als auch formal-ästhetische Ursachen wurden für ihr vermeintlich unrühmliches Ende angeführt. Zum einen wertete man sie in Verbindung mit der Beschreibung als Phänomen der Stabilisierungsphase als eine an der Weltwirtschaftskrise und somit an den ökonomischen Verhältnissen gescheiterte Strömung. Zum anderen erklärte man die Neue Sachlichkeit für zwischen den politischen Extremen von rechts und links ›zerrieben‹, da

---

gelassen werden, da sie zumeist die Zugehörigkeit einzelner Autoren zur Neuen Sachlichkeit behandeln und Hinweise auf die ästhetischen Dimensionen der Neuen Sachlichkeit sich nur sporadisch finden. Die Forschungsliteratur zur Neuen Sachlichkeit ist in der Bibliographie vollständig aufgeführt; in der Regel ist den Titeln zu entnehmen, auf welche Autoren sie sich beziehen.

[14] Vgl. z.B. Prümm: Die Literatur des Soldatischen Nationalismus, S. 219; Jürgen Heizmann: Joseph Roth und die Ästhetik der Neuen Sachlichkeit. Heidelberg 1990, S. 46.

[15] So heißt es z.B. bei Anton Kaes (Einleitung. In: Weimarer Republik. Manifeste und Dokumente zur deutschen Literatur 1918-1933. Hrsg. v. Anton Kaes. Stuttgart 1983, S. XIX-LII, hier S. XXXIII), die Neue Sachlichkeit sei »von ihren ehemaligen Anhängern als Irrweg« zurückgewiesen worden. – Carl Wege (Bertolt Brecht und Lion Feuchtwanger. Kalkutta, 4. Mai. Ein Stück Neue Sachlichkeit. München 1988, S. 71) schreibt: »Das Experiment einer sachlich-›vorurteilsfreien‹ Rezeptionsästhetik ist vorerst gescheitert.« – Vgl. des weiteren die Untersuchungen von Denkler (1968); Subiotto (1973); Lethen (1970); Prümm (1972); Koebner (1974).

es ihr als einer Bewegung der bürgerlichen, »freiheitlichen, demokratischen, zeitgerechten und wirklichkeitsnahen Mitte« nicht gelungen sei, eine neutrale Position deutlich zu machen und zu behaupten.[16] Helmut Lethen zog sie als systemstabilisierendes und herrschaftssicherndes Überbauphänomen des Kapitalismus gar für die Errichtung des nationalsozialistischen Regimes zur Verantwortung.[17] Und nicht zuletzt verurteilte man die Neue Sachlichkeit als an ihrer eigenen Programmatik und an den von ihr formulierten Ansprüchen »gescheitert«.[18]

Derartige Erklärungen und Einschätzungen sind wohl eher dem Wissen um das Ende der Weimarer Republik als den literarhistorischen Gegebenheiten geschuldet. Kann überhaupt von einem Scheitern der Neuen Sachlichkeit gesprochen werden, so wäre der Mißerfolg der neusachlichen Bewegung weniger ihrer theoretischen Konzeption als vielmehr der politischen Situation des Jahres 1933 und somit dem Mißlingen der ersten deutschen Demokratie anzulasten. Die bislang in der Forschung vertretene These vom Ende der Neuen Sachlichkeit mit dem Jahr 1929 scheint kaum haltbar: Neusachliche Literatur erschien, das zeigt u.a. ein Blick auf die umfangreiche Romanproduktion der dreißiger Jahre, auch nach 1930.[19] Nicht minder intensiv gestaltet sich der literarische Diskurs nach dem Ende der Stabilisierungsphase: Die theoretische Diskussion wird mit fast derselben Vehemenz geführt wie in den Jahren vor der Weltwirtschaftskrise.

Weitere Faktoren sprechen gegen die These vom Scheitern der Neuen Sachlichkeit. So lassen sich innerhalb der im Exil entstandenen deutschsprachigen Literatur neusachliche Schreibtechniken

---

[16] So lautet die an der Totalitarismustheorie orientierte These von Horst Denkler. Vgl. ders.: Die Literaturtheorie der zwanziger Jahre, S. 305f.; ders.: Sache und Stil. Die Theorie der Neuen Sachlichkeit und ihre Auswirkungen auf Kunst und Dichtung. In: Wirkendes Wort 3 (1968), S. 167-185, hier, S. 184f.

[17] Vgl. Lethen: Neue Sachlichkeit.

[18] Vgl. z.B. Denkler: Sache und Stil, S. 185; vgl. Prümm: Soldatischer Nationalismus, S. 271-276.

[19] Außer in den Arbeiten von Lethen und Subiotto wird das Ende der Neuen Sachlichkeit in der Regel mit dem Ende der Stabilisierungsphase gleichgesetzt.

nachweisen: Neusachliche Theoreme, die Entwicklung einer demokratischen Gebrauchskunst etwa, sind keineswegs vergessen. Beispielsweise führt Walter Benjamins in seinem Kunstwerk-Aufsatz
entwickelte Theorie vom Ende des »auratischen« Kunstwerks infolge seiner technischen Reproduzierbarkeit zweifelsohne neusachliche
Ansätze einer demokratischen Gebrauchskunst weiter.[20] Weiterhin
spielt die Kategorie der »Sachlichkeit« im »autobiographischen Diskurs des Exils«[21] eine zentrale Rolle. Erich Kleinschmidt hat nach-
gewiesen, daß »die berichtende Erfassung des eigenen Lebenslaufes
[...] außer durch die Gattungstraditionen auch durch einen for-
malästhetischen Zeitstil befruchtet und legitimiert [wurde], der gemeinhin unter dem Schlagwort von der ›Neuen Sachlichkeit‹ [...]
subsumiert wird«.[22] Hinsichtlich der autobiographischen Verarbeitung der Exilerfahrung ist demnach ein der neusachlichen Programmatik verpflichteter »aufzeichnende[r] Beobachter, nicht mehr
der künstlerisch nach entworfenem Konzept gestaltende Autor«[23]
gefragt. In Verbindung mit dem aus der ungesicherten Exilsituation
resultierenden Bedürfnis nach einer möglichst wahrheitsgetreuen
und authentischen Schilderung des Erfahrenen bleiben der dokumentarische Bericht und die dokumentarische Schreibweise auch
innerhalb der Exilliteratur zentrale Darstellungsformen.[24] Das Genre

---

[20] Walter Benjamin: Das Kunstwerk im Zeitalter seiner technischen Reproduzierbarkeit [1935]. In: Ders.: Gesammelte Schriften. Bd. I,2. Hrsg. v.
Rolf Tiedemann und Hermann Schweppenhäuser. Frankfurt/Main 1974,
S. 431-508, S. 441.
[21] Erich Kleinschmidt: Schreiben und Leben. Zur Ästhetik des Autobiographischen in der deutschen Exilliteratur. In: Exilforschung. Ein internationales Jahrbuch. Bd. 2, 1984: Erinnerungen ans Exil – kritische Lektüre der
Autobiographien nach 1933 und andere Themen. Hrsg. im Auftrag der
Gesellschaft für Exilforschung/Society of Exile Studies von Thomas Koebner, Wulf Köpke und Joachim Radkau. München 1984, S. 24-40, hier S. 25.
[22] Ebd.
[23] Ebd., S. 32.
[24] Vgl. z.B. Alfred Döblin: November 1918. Amsterdam 1939; Willi Bredel:
Die Prüfung. Roman aus einem Konzentrationslager. London 1934. – Vgl.
dazu auch: Manfred Hahn: Dokumentarische Wahrheit erzählend gestalten. In: Sigrid Bock, Manfred Hahn (Hrsg.): Erfahrung Exil. Analysen anti-
faschistischer Romane 1933-1945. Berlin, Weimar 1979, S. 118-127.

des Tatsachenromans[25] und die Methodik der tatsachengetreuen Schilderung eigener Erlebnisse sind nach 1933 unter Exilautoren keineswegs diskreditiert, nach wie vor besteht der Anspruch, »so wahrheitsgetreu wie möglich zu berichten, ohne sich anzumaßen, [...] durch Erfindung zu verändern«.[26]

Der Tatsachensinn in bezug auf die jeweiligen Exilländer indes war wenig ausgeprägt; viele der emigrierten Autoren waren an einem Wissen und an genaueren Informationen über das Exilland nicht unbedingt interessiert – das literarische Thema, vornehmlich der älteren Autoren, blieb Deutschland. Allerdings erwies sich die Anfertigung einer Tatsachenliteratur im Exil als kaum realisierbar: Fakten über Nazideutschland waren den Emigranten nur im eingeschränkten Maße zugänglich; die verstärkte Produktion historischer, auf Deutschland bezogener Romane dürfte nicht zuletzt eine Folge dieser Schwierigkeiten gewesen sein. Der Methodik der Tatsachenberichterstattung, dem Fundament der neusachlichen Programmatik, war aufgrund politischer Gegebenheiten und der persönlichen Situation der Exilierten demnach der Boden entzogen. Gleichwohl gibt es innerhalb der Exilliteratur Versuche, tatsachengetreue Schilderungen von Geschehnissen und Erfahrungen zu geben. Der »Epochenstil« »Neue Sachlichkeit« wird, wie Wulf Köpke in seiner Untersuchung der *Wirkung des Exils auf Sprache und Stil* anmerkte, einer »Bewährungsprobe« unterzogen.[27] Fraglos hat die Neue Sachlichkeit diese nur bedingt bestanden, handelt es sich doch um eine

---

[25] Vgl. neben Bredel zudem folgende Romane: Bruno Frei: Die Männer von Vernet. Ein Tatsachenbericht. Berlin 1950; Paul Zech: Deutschland, dein Tänzer ist der Tod. Ein Tatsachenroman [Februar-März 1933 und 1937] Rudolstadt 1980; Heinz Liepmann: Das Vaterland. Ein Tatsachen-Roman aus dem heutigen Deutschland. Amsterdam 1933; Lili Körber: Eine Jüdin erlebt das neue Deutschland. Wien 1934.

[26] Ernest Hemingway: Vorwort. In: Gustav Regler: Das große Beispiel. Köln 1976, S. 11-15, hier S. 15. – Die englische Originalfassung erschien 1940 in New York.

[27] Wulf Köpke: Wirkung des Exils auf Sprache und Stil. Ein Vorschlag zur Forschung. In: Exilforschung. Ein internationales Jahrbuch. Bd. 3, 1985: Gedanken an Deutschland im Exil und andere Themen. Hrsg. im Auftrag der Gesellschaft für Exilforschung/Society of Exile Studies von Thomas Koebner, Wulf Köpke und Joachim Radkau. München 1985, S. 225-237, hier S. 230.

Ästhetik, deren entscheidende Momente Aktualitätsbezug, gesellschaftspolitische und gesellschaftskritische Sujets sowie eine auf die Lebenswelt und Mentalität der Masse abgestimmte Thematik sind. Durch die Exilsituation und die daraus resultierende weitgehende Unkenntnis sowohl der Verhältnisse in Deutschland als auch des Lebensumfeldes im jeweiligen Exilland sind zentralen Bestandteilen der neusachlichen Programmatik der soziokulturelle und gesellschaftspolitische Boden entzogen. Die Forderung nach der Thematisierung von Kollektivinteressen statt von Einzelschicksalen, nach der Darstellung sozialer Typen statt individueller Helden oder die Präferenz für eine beobachtende, auf introspektive Beschreibungen verzichtende Schreibweise lassen sich angesichts einer äußeren Lebenssituation, in der der einzelne überwiegend mit seinem Überleben beschäftigt ist und weitgehend auf sich selbst zurückgeworfen scheint, schwerlich aufrechterhalten.

Als eine in die literarische Moderne eingebundene Ästhetik bleibt die Neue Sachlichkeit an die soziokulturellen Verhältnisse und Rahmenbedingungen einer industrialisierten Massengesellschaft gebunden; diese finden aber sowohl durch die Machtübernahme der Nationalsozialisten in Deutschland als auch mit der Emigration der Mehrzahl der im Umfeld der Neuen Sachlichkeit agierenden Autoren ein abruptes Ende. Provozierte eine solche Aussage in bezug auf die Literatur und Ästhetik der Moderne zu keinem Zeitpunkt einen Dissens, so redet man demgegenüber von der Neuen Sachlichkeit als von einer gescheiterten Bewegung – und zwar gescheitert vornehmlich nicht an den Nationalsozialisten, sondern an ihrer eigenen Programmatik. Respektiert man jedoch die Neue Sachlichkeit als eine Phase der literarischen Moderne im 20. Jahrhundert, so muß der, der vom Scheitern der Neuen Sachlichkeit spricht, auch von einem Mißerfolg dieser Moderne reden; ein solcher Ansatz wird innerhalb der Moderneforschung jedoch nicht vertreten. Statt dessen erklärt man die Moderne durch die Postmoderne abgelöst, wobei nicht bezweifelt wird, daß mit der Wiederherstellung des politischen und soziokulturellen Umfelds Elemente der ersteren in letzterer ihre Fortsetzung finden.

Mit der Neuen Sachlichkeit hingegen geht man weitaus kompromißloser ins Gericht. Ihr gegenüber werden dezidiert gesellschaftspolitische Ansprüche erhoben – nichts geringeres als die Verhinderung des nationalsozialistischen Regimes fordert man ihr ab.

Diese Erwartungshaltung an Literatur hat den Rezeptionsverlauf der
Neuen Sachlichkeit nach 1945 maßgeblich bestimmt und die These
vom Scheitern der Neuen Sachlichkeit geradezu provoziert[28]; letztlich ist sie untrennbar mit dem Wissen um das Ende der Weimarer
Republik und um den nahezu bruchlosen Übergang von der republikanischen Staatsform zur nationalsozialistischen Diktatur verbunden: Dieses Wissen drohte in früheren Untersuchungen eine
historisch angemessene Sicht auf die Neue Sachlichkeit zu verstellen
– man beurteilte sie primär mit Blick auf das Jahr 1933. Aus dem
Scheitern von Weimar wurde auf ein Scheitern der Neuen Sachlichkeit geschlossen: Man zog sie zur politischen Verantwortung, insbesondere aufgrund der neusachlichen Präferenz für objektiv-neutrale
Darstellungsformen, mittels derer der »reale Herrschaftsprozeß«, der
mit dem kapitalistischen System begann und im Faschismus endete,
verdeckt worden sei.[29] Historisch sah man sie diskreditiert, war es

---

[28] Die Forschungsdiskussion der siebziger und frühen achtziger Jahre wird
als bekannt vorausgesetzt und hier nicht eigens rekapituliert. – Vgl. dazu
den die siebziger Jahre bilanzierenden Forschungsüberblick von Klaus
Petersen: »Neue Sachlichkeit«: Stilbegriff, Epochenbezeichnung oder Gruppenphänomen. In: DVjs 56 (1982), Nr. 3, S. 463-477.
[29] Lethen: Neue Sachlichkeit, S. 52: »Die emphatische Bejahung des ›Amerikanismus‹ begriff sich zwar als Widerspruch zur obsoleten Kulturkritik
[...], stand aber in keinem Widerspruch zur Tendenz des realen Herr-
schaftsprozesses, der im Faschismus mündete.« – Lethen führt hier Positionen Georg Lukács' weiter. In dem 1934 entstandenen Aufsatz *Größe und
Verfall des Expressionismus* (In: Ders.: Werke. Bd. 4: Essays über Realismus.
Neuwied, Berlin 1971, S. 109-149, hier S. 148) heißt es: »[...] der ›Realismus‹
der ›neuen Sachlichkeit‹ ist so offenkundig apologetisch und führt so deutlich von der dichterischen Reproduktion der Wirklichkeit weg, daß er ins
faschistische Erbe einzugehen vermag.« – Stellvertretend für diese Position
sei zudem aus einem Beitrag von Dieter Mayer (»Naturalismus, wie ich ihn
meine.« Alfred Döblin und die Neue Sachlichkeit. In: Literatur für Leser 7
[1987], Nr. 2, S. 125-134, hier S. 130) zitiert. Mayer vertritt die Position,
daß die Neue Sachlichkeit aufgrund des von ihr proklamierten
»Objektivismus« sich auf »die bloße Darstellung des Vorgefundenen be-
schränkte und damit bewußt oder unbewußt – seiner Anerkennung das
Wort redete«. – Vgl. weiter V.A. Subiotto: Neue Sachlichkeit. A Reassessment. In: Deutung und Bedeutung. Studies in German and comperative
literature. Presented to Karl-Werner Maurer. Hrsg. v. Brigitte Schludermann, Victor G. Doerksen, Robert J. Glendinning, Evelyn Scherabon Fir-

ihr doch nicht gelungen, Aufklärung zu schaffen und so das Aufkommen des Faschismus zu verhindern.

Zweifelsohne sollte an eine Bewegung, die sich im Rahmen einer
aufklärerischen Tradition definierte und in Korrespondenz zu den
gesellschaftlichen Demokratisierungsprozessen primär die Ausbildung einer wirksamen Gebrauchsliteratur verfolgte, die Frage gerichtet werden, ob sie ihre Ziele über den literarischen Bereich hinaus realisieren konnte; doch von dem Umstand, daß es ihr nicht
gelungen ist, die anvisierte breite Masse als Lesepublikum zu gewinnen und im demokratischen Sinn zu ›erziehen‹, auf ihre Mitschuld
am Aufkommen des Faschismus zu schließen, überschätzt aus einer
einseitig ideologiekritischen Position heraus die Potentiale der Literatur. In den siebziger und achtziger Jahren war dies offensichtlich
ein legitimer Anspruch an Literatur, aus heutiger Sicht wirkt er unangemessen – nicht zuletzt aufgrund einer genaueren Kenntnis des
Leseverhaltens in den zwanziger Jahren. Wir wissen, daß es sich
trotz des demokratischen und massenorientierten Ansatzes der neusachlichen Programmatik im Fall neusachlicher Texte um eine Literatur handelt, die gelesen wurde, die aber nicht – vielleicht mit Ausnahme von Erich Maria Remarques *Im Westen nichts Neues* – den
Verbreitungsgrad von Trivialliteratur besaß. Auch bleibt die literaturkritische Instrumentalisierung der gesellschaftspolitischen Wirkung von Texten und die einseitige Befragung literarischer Werke
auf ihren »agitatorischen Überschuß«[30] hin als literaturwissenschaftliche Methodik fragwürdig; dem untersuchten Gegenstand zumindest dürfte sie kaum gerecht werden.

Neben der Aburteilung der Neuen Sachlichkeit als eine ›falsche‹
politische Haltung wurde die Kritik an der neusachlichen Bewegung
zudem von einer an der idealistischen Ästhetik orientierten Litera-
turauffassung aus geübt, nach der ein auf Materialisierung und

---

chow. The Hague 1973, S. 248-274, hier S. 267 u. 274: »Neue Sachlichkeit
was responsible for a pseudo-objectivity that actually screened the reality it
was claiming to depict.« – Vgl. auch Hans Kaufmann (Hrsg.): Geschichte
der deutschen Literatur. Bd. 10. Berlin 1973, S. 230; Hermand: Einheit in
der Vielheit,   S. 80; Prümm: Literatur des Soldatischen Nationalismus, S.
258f.
[30] Lethen: Neue Sachlichkeit, S. 78.

Funktionalisierung der Literatur angelegtes, auf jegliche Transzendenz und Zeitlosigkeit verzichtendes Konzept, Skepsis und Ablehnung erfahren mußte.[31] Eine positive Rezeption der Neuen Sachlichkeit scheiterte nach 1945 nicht zuletzt an der Dominanz eines idealistischen Literaturverständnisses und einer in diesem Sinn normativ verfahrenden Literaturwissenschaft.[32] Letztlich folgte die Forschung darin den Argumenten der zeitgenössischen Gegner neusachlicher Literatur – ihre Verurteilung schien demzufolge nahezu vorprogrammiert. Über die ideologischen und parteipolitischen Grenzen hinweg waren sowohl die marxistische Argumentation Georg Lukács' und Béla Balázs' als auch die gesamte konservative Kritik der zwanziger Jahre in ihrer Beurteilung der Neuen Sachlichkeit einer idealististischen Ästhetik verpflichtet. Der Tatsache, daß es sich um eine primär materialästhetische Ansätze verfolgende Programmatik handelte, wurde dabei zu keinem Zeitpunkt Rechnung getragen; das sich aus der pädagogisch-aufklärerischen Zielsetzung ableitende neusachliche Konzept einer radikal-realistischen Literatur wurde in seiner Eigenheit vornehmlich innerhalb der konservativen Kritik kaum gewürdigt.

Sowohl die ideologiekritisch motivierte Verurteilung der Neuen Sachlichkeit als auch ihre Ablehnung aus einem der idealistischen Ästhetik verpflichteten Literaturverständnis heraus führen demnach kritische Positionen der zwanziger und dreißiger Jahre fort: Beide Ansätze folgen den Argumenten der damaligen Gegner der neusachlichen Bewegung nahezu distanzlos – auch die Rede vom Scheitern der Neuen Sachlichkeit ist maßgeblich durch die Fortführung kriti-

---

[31] Vgl. z.B. Heizmann: Joseph Roth und die Neue Sachlichkeit, S. 47: »Trotz aller Schwächen und Vagheiten bleibt es das Verdienst der Neuen Sachlichkeit, die Kunst für die Wirklichkeit [...] geöffnet zu haben. [...] Wo diese Tendenz sich zu einer massenorientierten Zweck- und Gebrauchskunst erweitert, ist sie – solange sie nicht nur Unterhaltung, sondern auch Zugewinn an gesellschaftlicher Erkenntnis für die Massen bedeutet – immer noch hoch einzuschätzen, nur hat sie dann nach meinem Verständnis mit *einem* nichts mehr zu tun: mit Kunst.« – Vgl. dazu auch: Peter Bürger: Zur Kritik der idealistischen Ästhetik. Frankfurt/Main 1983, S. 57.
[32] Zu ähnlichen Ergebnissen kommt Ralf Grüttemeier für die niederländische ›Nieuwe Zakelijheid‹. Vgl. Ralf Grüttemeier: Hybride Welten. Aspekte der »Nieuwe Zakelijheid« in der niederländischen Literatur. Stuttgart, Weimar 1995, S. 27-52.

scher Urteile aus der Zeit der Weimarer Republik bestimmt: So vertraute man für die Beschreibung und Bewertung der Neuen Sachlichkeit bislang zu ausschließlich auf die negative Sicht ihrer zeitgenössischen Kritiker, insbesondere auf die Urteile Georg Lukács', Béla Balázs', Walter Benjamins und Joseph Roths.

I.3. *Rezeptionsverlauf*

Aus der einseitigen Bezugnahme auf die Kritiker der Neuen Sachlichkeit aus den zwanziger und dreißiger Jahren resultierte der negative Rezeptionsverlauf nach 1945.

Die Rezeption in der DDR kann weitgehend unberücksichtigt bleiben, da zum Thema Neue Sachlichkeit kaum etwas erschien. Zu Lebzeiten Lukács', der nach 1945 seine kompromißlose Haltung gegen die Neue Sachlichkeit und gegen jegliche in formaler Hinsicht von einer traditionellen Ästhetik abweichenden Darstellungsformen nicht zurücknahm, mußte man sich mit Bezugnahmen auf die Neue Sachlichkeit zurückhalten. Noch im Jahr 1962 schreibt Lukács in seiner Untersuchung *Skizze einer Geschichte der neueren deutschen Literatur*:

> Die offiziellen, herrschenden Tendenzen der ›neuen Sachlichkeit‹, die als Richtung den absterbenden Expressionismus ablöste, sind inhaltlich und stilistisch durch eine solche Depressionsatmosphäre bestimmt. Müdigkeit und Unglaube, Verzicht auf Wirksamkeit in einer seelen- und sinnlosen Welt werden durch Ironie als geistige Überlegenheit ausgegeben. Diese Grundzüge der neuen Sachlichkeit verkörpern sich beispielgebend etwa in Erich Kästners ›Fabian‹. Man sieht hier, daß die geistig-weltanschaulichen Schranken des Naturalismus unüberwunden bestehen bleiben. Die ironischen Autorkommentare können das Fehlen eines objektiven Welthorizonts nicht ersetzen. Von diesen Grundlagen aus konnte die ›neue Sachlichkeit‹ weder der deutschen Literatur noch dem deutschen Volk wesentliche Werte bringen.[33]

---

[33] Georg Lukács: Skizze einer Geschichte der neueren deutschen Literatur. Neuwied 1963, S. 105.

Erst nach Lukács' Tod setzte in den siebziger Jahren eine Aufarbeitung des Themas und die partielle Revision der Positionen der marxistischen Literaturtheoretiker Lukács' und Balázs' ein; in der Neu-
en Sachlichkeit erkannte man nun eine Tradition des sozialistischen
Realismus, wobei man allerdings die Schwierigkeit hatte, die linksbürgerlichen Anteile dieser Bewegung zu reduzieren.[34]
Auch im Westen wirkte sich die Tatsache, daß man sich mit Vorliebe und Vehemenz dem Expressionismus zuwandte, die Literatur
und Kultur der zwanziger Jahre hingegen bis in die siebziger Jahre
weitgehend unberücksichtigt blieb, für die weitere Rezeption nicht
unbedingt positiv aus. Bis man Klischees wie die Rede von den gol-
denen zwanziger Jahren abgebaut hatte und sich um eine Aufarbeitung der kaum in dieses Schema zu integrierenden Neuen Sachlichkeit bemühte, vergingen weitere Jahre.

Die Auseinandersetzung mit der Thematik setzte mit den Arbeiten von Horst Denkler, Helmut Lethen und Karl Prümm ein, wobei die Untersuchung von Lethen, obgleich sein vernichtendes Urteil über die Neue Sachlichkeit nicht unwidersprochen blieb[35], die
weitere Beschäftigung mit der Thematik infolge des von ihm über
die Neue Sachlichkeit verhängten Präfaschismusverdikts für Jahre
zu einer anrüchigen Angelegenheit degradierte. Jost Hermand unterstützte Lethen bei dieser aus einem marxistischen Ansatz heraus
vorgenommenen Tabuisierung, indem er in seinem Aufsatz *Einheit
in der Vielheit. Zur Geschichte des Begriffs Neue Sachlichkeit* unter Berufung auf Lukács, Benjamin und Brecht provokant fragte: »Damit
scheint sich das Problem ›Neue Sachlichkeit‹ eigentlich von selbst
erledigt zu haben. Wer wollte schon nach so vielen Autoritäten

---

[34] Vgl. hierzu den Reprint der Anthologie *24 neue deutsche Erzähler*. Hrsg.
u. eingeleitet v. Wulf Kirsten. Leipzig, Weimar 1983; Belá Balázs: Schriften
zum Film. München, Berlin, Budapest. Bd. 1: 1982; Bd 2: 1984. Hrsg. u.
eingeleitet v. Wolfgang Gersch; Dieter Schlenstedt: Egon Erwin Kisch.
Leben und Werk. Berlin 1985.

[35] Vgl. neben Prümms bereits erwähnter Arbeit *Soldatischer Nationalismus*
dessen Aufsatz: Neue Sachlichkeit. Anmerkungen zum Gebrauch des Begriffs in neueren literaturwissenschaftlichen Publikationen. In: Zeitschrift
für deutsche Philologie 91 (1972), Nr. 4, S. 600-616; vgl. weiter Bernd Witte: Neue Sachlichkeit. Zur Literatur der späten zwanziger Jahre in
Deutschland. In: Études germaniques 27 (1972), Nr. 2, S. 92-99.

noch etwas Gutes über diese Richtung sagen, ohne sich nicht selbst als ein bürgerlicher Narr zu entlarven?«[36] Und tatsächlich hatte Lethens Arbeit im Hinblick auf die weitere Beschäftigung mit dem Thema weniger eine stimulierende als eine paralysierende Wirkung. Karl Prümm konnte Lethens Wertungen aufgrund der stärkeren Berücksichtigung literarischer Quellen zwar überzeugend entkräften; dadurch, daß diese Ausführungen jedoch in seine Arbeit über Ernst Jünger eingebunden waren, fanden sie offensichtlich weniger Beachtung und Nachhall als die Monographie Helmut Lethens, bis zum Erscheinen der vorliegenden Untersuchung immerhin die einzige zur Neuen Sachlichkeit. Jedenfalls läßt sich dem Rezeptionsverlauf der folgenden Jahre entnehmen, daß man sich von einer weiteren Beschäftigung mit dem Thema distanzierte – in den siebziger Jahren erschienen nur wenige Beiträge zur Neuen Sachlichkeit. Erst zu Beginn der achtziger Jahre setzte die Diskussion um die Neue Sachlichkeit wieder ein; insbesondere der Aufsatz von Klaus Petersen[37] mag hier Impulse gegeben haben, da er nicht nur weitgehend vorurteilsfrei an das Phänomen Neue Sachlichkeit heranging, sondern auch den Blick auf die durch Lethens Arbeit vollkommen ins Abseits gedrängte Frage nach der Klassifikation der Neuen Sachlichkeit als ein ästhetisches Phänomen stellte. Zwar war Petersens Aufsatz primär als ein die bisherigen Forschungsergebnisse rekapitulierender Bericht angelegt und kam demzufolge nicht unbedingt zu neuen Erkenntnissen und Bewertungen; gleichwohl regte er offensichtlich dazu an, dem Thema Neue Sachlichkeit mehr Beachtung zu schenken. So erschien in den achtziger Jahren eine Reihe von Aufsätzen, die sich mit der Zugehörigkeit und dem Verhältnis einzelner Autoren zur Neuen Sachlichkeit auseinandersetzen.[38] Dabei machte sich allerdings der Mangel an operationalisierbaren Begriffen, die fehlende theoretische Basis sinnvoller

---

[36] Hermand: Einheit in der Vielheit, S. 91.

[37] Petersen: »Neue Sachlichkeit«: Stilbegriff, Epochenbezeichnung oder Gruppenphänomen.

[38] Vgl. z.B. die Arbeiten von Kirsten Boie-Grotz (1978), Karin Dörr (1988), Reinhold Jaretzky (1986), Volker Klotz (1983), Volker Ladenthin (1988), Dieter Mayer (1987), David Midgley (1989), Klaus Modick (1981), Axel Schalk (1988), Ernst Schürer (1980), Markus Weber (1997), Deborah Smail (1999).

Klassifizierungen und die daraus resultierende Unsicherheit hinsichtlich gültiger Zu- und Einordnungen bemerkbar, ganz abgesehen von dem mangelnden Einverständnis darüber, was man unter Neuer Sachlichkeit zu verstehen habe. Prümms Arbeit stellte zwar partiell Kategorien und Begrifflichkeiten zur Verfügung, sein Ansatz jedoch hatte keine systematische Theorie der Neuen Sachlichkeit erarbeitet.

Dieses Defizit hatte neben der starken Orientierung an der Malerei der Neuen Sachlichkeit, für die in den achtziger Jahren weitaus genauere und umfassendere Untersuchungen vorlagen[39], zum einen die motivgeschichtliche Ausrichtung vieler Beiträge und zum anderen die Bewertung neusachlicher Werke ebenso wie der Neuen Sachlichkeit insgesamt im Kontext allgemeinkultureller Entwicklungen der zwanziger Jahre zur Folge; man konzentrierte sich auf die Herausarbeitung angeblich für die Neue Sachlichkeit typischer, mit den kulturellen Tendenzen dieser Jahre korrespondierenden Sujets wie Girlkultur, Amerikanismus, und Technikkult oder auf die Vorstellung sogenannter neusachlicher Typen und Erfolgsfiguren.

Auch Helmut Lethen arbeitete anhand motivgeschichtlicher Fragestellungen an dem Themenkomplex Neue Sachlichkeit weiter; in seinen Untersuchungen aus den achtziger und neunziger Jahren spürt er dem »Habitus der Sachlichkeit« – den er im wesentlichen mit dem der »Kälte« identifiziert[40] – nach und beschreibt Sachlichkeit unter mentalitätsgeschichtlichen Aspekten als eine für die zwanziger Jahre paradigmatische Verhaltensnorm. Mit diesem, zu seiner früheren Arbeit völlig konträren, weil nahezu entideologisierten Ansatz hat Lethen zweifelsohne neue Schwerpunkte gesetzt und zu einer Wiederbelebung der Diskussion beigetragen. Kenntnisreich eruiert er, so z.B. in seiner 1994 erschienenen Studie _Verhaltenslehren der Kälte. Lebensversuche zwischen den Kriegen_, die anthropologischen Dimensionen der Kategorie der Sachlichkeit und die in ihrem Namen entwickelten Verhaltens- und Sprechweisen, Denk- und

---

[39] Vgl. Fritz Schmalenbach: Die Malerei der Neuen Sachlichkeit. Berlin 1973; Wieland Schmied: Neue Sachlichkeit und Magischer Realismus in Deutschland 1918-1933. Hannover 1969; Neue Sachlichkeit und Realismus. Kunst zwischen den Kriegen. Katalog zur Ausstellung im Museum des 20. Jahrhunderts in Wien. Wien 1977.

[40] Vgl. Lethen: Verhaltenslehren der Kälte; ders.: Der Habitus der Sachlichkeit in der Literatur der Weimarer Republik.

Sprachformen der zwanziger Jahre. Mit Beendigung des Ersten
Weltkriegs und dem Untergang des Wilhelminischen Reichs sieht
Lethen eine Atmosphäre der »sozialen Desorganisation« und des
Verlusts moralischer Verbindlichkeiten gegeben, die die Entstehung
von Verhaltensweisen der Sachlichkeit und der »Kälte« provoziert
hätten; im Typus der »kalten persona«, dem Prototypus neusachlichen Verhaltens, hielten sie in literarischen Texten Einzug.[41]
   Aus einem kulturwissenschaftlich-anthropologischen Interesse
heraus konzentrierte sich Lethen auf die Beschreibung von Sachlichkeit als einer kulturgeschichtlich bedeutenden Haltung innerhalb der zivilisierten Moderne – Sachlichkeit ist ihm hierbei vornehmlich eine anthropologische Größe. Eine solche Analyse neusachlicher Tendenzen aus der Perspektive der anthropologischen
Mentalitäts- und Verhaltensforschung kann zwar partiell Aufklärung über inhaltlich-thematische Dimensionen neusachlicher Literatur erbringen; die ästhetischen und gesellschaftspolitischen Implikationen der neusachlichen Programmatik werden damit indes nicht
erfaßt. Folglich verschweigt die Beschreibung der Neuen Sachlichkeit als einer ›literarischen Anthropologie‹, daß die neusachliche
Bewegung sich nicht ausschließlich als eine »Verhaltenslehre« konstituiert, sondern primär als eine literarische Bewegung zu werten
ist, die ihre ästhetischen Strategien mit Blick auf politische Wirksamkeit und Funktionalität von Literatur konzipierte. In Anbetracht der Tatsache, daß es sich um eine Poetologie handelt, die die
literarische Diskussion und Produktion der Weimarer Republik
maßgeblich bestimmte, sollte dieser Aspekt jedoch im Zuge einer
postmodern verfahrenden, die Unterschiede zwischen den Diskursen ebenso wie die zwischen ideologischen Positionen, zwischen
fiktionalen und nichtfiktionalen sowie zwischen literarischen und
nichtliterarischen Texten nivellierenden Kulturtheorie nicht unter-
gehen. Wenn Lethen in einer entpolitisierten Lektüre und eingeschränkten Optik Werke der philosophischen Anthropologie, politischen Theorie und der Literatur unter konsequenter Ausblendung
ihrer gesellschaftspolitischen Bezüge einseitig nach Hinweisen auf
die »Verhaltenslehren der Kälte« und des Motivs der »kalten persona« befragt, gelingt ihm möglicherweise die »Rekonstruktion einer

---

[41] Lethen: Verhaltenslehren der Kälte, S. 7 u. 53.

Epochenidentität«[42]; auch mag eine solche Methodik für den Versuch, anhand von Texten auf einen kulturellen Verhaltenskodex und auf Handlungsnormen rückzuschließen, ihre Berechtigung haben. Allein für die Darstellung der *literarischen* Neuen Sachlichkeit besitzt sie nur begrenzt Gültigkeit; ihr Erkenntniswert im Hinblick auf die historische Neue Sachlichkeit in der Literatur und auf literarische Entwicklungen ist bescheiden.

Überdies ist der Preis, den eine ihre Gegenstände von jeglichen kulturhistorischen, politischen, soziokulturellen und soziologischen Bezügen befreiende und unter Ausblendung von Aspekten wie individueller Autorschaft, Publikationsort und Veröffentlichungskontext nach Denk- und Argumentationsfiguren befragende anthropologische Verfahrensweise zu zahlen hat, nicht eben gering: Durch die »Entmischung«[43] der Diskurse werden derartig viele Leerfelder produziert, daß sich die Frage aufdrängt, ob Lethen zu Recht auf den Begriff »neusachlich« zurückgreift und ob, wo er Neue Sachlichkeit schreibt, vielmehr nicht die zwanziger und frühen dreißiger Jahre insgesamt und die Moderne angesprochen sind. Eine Begründung, warum er, statt den Terminus ›modern‹ hinzuzuziehen, für die Benennung der von ihm vorgestellten Anthropologie den im Hinblick auf die Zeit der Weimarer Republik inhaltlich bereits besetzten Ausdruck »neusachlich« verwendet, bleibt offen, was um so erstaunlicher ist, als der Terminus in den von ihm ausgewerteten kulturtheoretischen, kulturphilophischen und anthropologischen Diskursen explizit keine Rolle spielte. Lethen unterläuft mit dieser begrifflichen Ungenauigkeit nicht nur sein eigenes historisierendes Verfahren, sondern auch die Plausibilität seines mentalitätsgeschichtlichen Erklärungsmodells. Der ›Mensch der Neuen Sachlichkeit‹, den Lethen im Anschluß an Graciáns in seinem *Handorakel* entworfene »kalte persona« vorstellt, wäre vermutlich als ›Typus der Moderne‹ präziser zu beschreiben. Lethens Versuch, den der Literatur und Malerei entnommenen Fachbegriff zur Kennzeichnung von der Erfahrungswelt moderner Zivilisation korrespondierenden Verhaltensformen und Mentalitäten heranzuziehen, schafft – bezogen auf

---

[42] Bernd Hüppauf: Literatur und kalte Anthropologie. Zu Helmut Lethen: Verhaltenslehren der Kälte. Lebensversuche zwischen den Kriegen. In: Zeitschrift für Germanistik. NF 1995, Nr. 2, S. 396–401, hier S. 399.
[43] Lethen: Der Jargon der Neuen Sachlichkeit, S. 31.

den literaturwissenschaftlichen Bereich – daher mehr Verwirrung als Klärung; Neue Sachlichkeit ist kaum als ein Erfahrungswert zu analysieren, wohl aber die Moderne. Zwar läßt sich mit den von Lethen für die Zeit zwischen den Kriegen diagnostizierten Einstellungen einer rationalisierten Lebenswelt gegenüber die Moderne treffend beschreiben, zumal die zwanziger Jahre zweifelsohne als ein Paradigma dieser Moderne gelten dürfen; ob damit aber die Neue Sachlichkeit adäquat erfaßt ist, scheint zumindest für die literaturwissenschaftlichen Dimensionen des Begriffs und die literarischen der Bewegung zweifelhaft. Überdies wäre der Modernebegriff auch deshalb präziser, weil er die von Lethen indizierte Ausprägung von Sachlichkeit beinhaltet. Sachlichkeit als einer spezifischen Verhaltensnorm kommt im Rahmen einer modernen, urbanisierten und technisierten Zivilisationsgesellschaft eine zentrale Rolle zu. Georg Simmel führt den Begriff bereits um 1900 im Sinne einer Schutzmaßnahme gegen die Reizüberflutung der großstädtischen und industrialisierten Lebenswelt und somit als eine Verhaltensregel und anthropologische Größe ein.[44] In dieser Bedeutung wird er innerhalb der Kulturtheorien einer urbanisierten Moderne seine Geltung behaupten. Angesichts dieser Tradition ist es kaum verständlich, warum Lethen auf dem Begriff Neue Sachlichkeit beharrt, wo er mit seinem Ansatz doch einen wesentlichen Beitrag zur Diskussion um die zwanziger Jahre als einem Paradigma der Moderne geschrieben hat. Auch die Tatsache, daß der literarische Modernebegriff in Analogie zur großstädtischen Ausrichtung einer gesamtgesellschaftlichen Moderne das urbane Element sachlichen Verhaltens angezeigt hätte – was beispielsweise für die von Lethen behandelten Werke Bertolt Brechts (*Lesebuch für Städtebewohner*) und Marieluise Fleißers (*Mehlreisende Frieda Geier*) von nicht geringer Bedeutung sein dürfte –, spräche für diesen Begriff. Fraglos ist die Neue Sachlichkeit ein Teil der literarischen Moderne; doch der übergeordnete Modernebegriff wäre für seine Fragestellungen und Erkenntnisziele auch insofern exakter, als er sich für die Beschreibung der literarischen wie der gesamtgesellschaftlichen Entwicklungen gleichermaßen eignet, während der

---

[44] Vgl. Georg Simmel: Die Großstädte und das Geistesleben. In: Die Großstadt. Vorträge und Aufsätze zur Städteausstellung in Dresden (= Jahrbuch der Gehe-Stiftung, Bd. 9). Hrsg. v. Thomas Petermann. Dresden 1903, S. 227-242.

Ausdruck Neue Sachlichkeit für die Erfassung allgemeingesellschaftlicher Phänomene nicht allzu viel Sinn ergibt und bezogen auf den kulturellen Bereich wenig mehr als amerikanisierte Formen von Unterhaltungs- und Freizeitkultur bezeichnet; das aber dürfte Lethen wohl kaum gemeint haben.

Die spezifisch literarischen Ausprägungen der Neuen Sachlichkeit waren für Lethen von sekundärem Interesse; das Defizit einer literaturwissenschaftlichen Aufarbeitung der Neuen Sachlichkeit blieb demzufolge bestehen: Lethens anthropologische Deutungsmuster sind für die zwanziger Jahre erhellend, doch sie lassen sich nur partiell auf den literarischen Diskurs übertragen; ihre Relevanz für die als ästhetische Debatte geführte Diskussion um die literarische Neue Sachlichkeit ist begrenzt. Unberücksichtigt bleibt, daß der Begriff der »Kälte« innerhalb des literarischen neusachlichen Diskurses keine allzu große Rolle spielt. So drängt sich der Eindruck auf, daß Lethen jenes von Adorno und Horkheimer in Zusammenhang mit ihren Thesen über die Konsequenzen einer bedingungslos rationalisierenden Aufklärung im Hinblick auf die Epoche der nationalsozialistischen, systematisierten Menschenvernichtung benannte Prinzip der »Kälte« (Adorno) recht undifferenziert in die zwanziger Jahre ausgedehnt hat. Hier werden neusachliche Schreibweisen zwar als »kühl-sachlich« bezeichnet[45]; doch einzig Heinz Kindermann, bereits zu Beginn der dreißiger Jahre ein bedeutender Vertreter der völkisch-nationalen Germanistik, spricht von der »Kälte« des neusachlichen Stils infolge ihrer urbanen Ausrichtung und kritisiert die neusachliche Literatur als eine gegen die natur-, boden- und volksverbundene »radikalsachliche«[46] Dichtung.

---

[45] Kurt Tucholsky: Auf dem Nachttisch. In: Die Weltbühne 26 (1930), I, Nr. 17, S. 621-626, hier S. 623.

[46] Heinz Kindermann: Vom Wesen der »Neuen Sachlichkeit«. In: Jahrbuch des Freien Deutschen Hochstifts 1930, S. 354-386, hier S. 365.

I.4. *Die Trennung der Diskurse: Sachlichkeit als ästhetische Kategorie*

Die Leerstellen in Lethens Argumentation, die sich nicht zuletzt als das Resultat einer von jeglichen normativen Bezügen befreiten Diskursanalyse darstellen, fallen um so mehr ins Gewicht, als sie die literaturwissenschaftliche Diskussion der letzten Jahre über die Neue Sachlichkeit maßgeblich bestimmt und gelenkt haben. An nennenswerten Neuerscheinungen ist neben dem Sammelband *Neue Sachlichkeit im Roman*[47] einzig Martin Lindners Untersuchung neusachlicher Zeitromane erschienen, wobei die ebenfalls diskursanalytisch verfahrende Arbeit allerdings die Neue Sachlichkeit in die »epochale Denkstruktur« der Lebensideologie einbindet und demzufolge weniger die Neue Sachlichkeit als seit der Jahrhundertwende nachweisbare lebensideologische Argumentationsmuster zum Gegenstand der Untersuchung macht.[48] Wie Lethen verfolgt Lindner damit primär mentalitätsgeschichtliche Fragestellungen im Umfeld der Neuen Sachlichkeit. Sein Versuch, die Neue Sachlichkeit als eine »lebensideologische Teilströmung«, als eine »Signatur einer Teilepoche der LI«, wie Lindner den Begriff »Lebensideologie« verkürzt zitiert, als »eigenständige, in sich relativ abgeschlossene Entwicklungsstufe der LI« und Sachlichkeit als ein »lebensideologisches Kennwort mit langer Tradition«[49] vorzustellen, mag erhellend für den Komplex »Lebensideologie« sein; für die literarische Neue Sachlichkeit indes ist dieser Ansatz, der seine Begriffe fast ausschließlich aus dem philosophischen Diskurs der zwanziger Jahre herleitet, nur von begrenzter Bedeutung und geringem Aussagewert. Abgesehen von einigen bedenkenswerten Ausführungen zur »Poetologie«[50] der Neuen Sachlichkeit erarbeitet Lindner mit seinem Ansatz nur wenige für die

---

[47] Sabina Becker, Christoph Weiß (Hrsg.): Neue Sachlichkeit im Roman. Neue Interpretationen zum Roman der Weimarer Republik. Stuttgart, Weimar 1995.
[48] Martin Lindner: Leben in der Krise. Zeitromane der neuen Sachlichkeit und die intellektuelle Mentalität der klassischen Moderne. Mit einer exemplarischen Analyse des Romanwerks von Arnolt Bronnen, Ernst Glaeser, Ernst von Salomon und Ernst Erich Noth. Stuttgart, Weimar 1994, Klappentext.
[49] Ebd., S. 155f., 145 u. 157.
[50] Ebd., S. 361-372.

neusachliche Diskussion der zwanziger und dreißiger Jahre um eine moderne Ästhetik und Literatur paradigmatischen Aspekte. Seine These, die Neue Sachlichkeit bringe »wieder explizit metaphysische Fragestellungen zur Sprache«[51], konnte durch die Auswertung des literarischen Diskurses nicht bestätigt werden: Weder für die neusachliche literarische Produktion noch innerhalb der theoretischen Diskussion um die Neue Sachlichkeit spielten solche Fragen eine Rolle. Indem Lindner im Zuge einer diskursanalytischen Methodik ohne einen systematischen Zugriff auf das komplexe und umfangreiche Material und unter Verzicht auf jegliche Differenzierung der hinzugezogenen Quellen und zitierten Autoren sich dem Thema Neue Sachlichkeit nähert, geraten die historischen Dimensionen der neusachlichen Bewegung der zwanziger Jahre völlig aus dem Blick.[52]

---

[51] Ebd., S. 145.

[52] Dies ist allerdings im Sinne des Verfassers, dem es erklärtermaßen weniger um die Neue Sachlichkeit als historisches Phänomen als um die Untersuchung lebensideologischer »Denkstruktur[en]« geht, wobei es »für den Zweck dieser Arbeit [...] unerheblich [ist], mit welchem Schlagwort man diesen Abschnitt benennt« (S. 156). Indem Lindner den Begriff Neue Sachlichkeit in seiner historischen Bedeutung und Existenz ignoriert, vermag er nicht nur die unterschiedlichsten Texte und Textsorten ohne Rücksicht auf sonstige Bezüge und Kontexte heranzuziehen; auch werden Autoren ungeachtet ihrer ideologisch-politischen Herkunft oder literarischen Eigenarten und Schriftsteller, Philosophen wie Kulturhistoriker gleichermaßen für den Nachweis lebensideologischer Denkansätze mobilisiert. Das hat zur Folge, daß Lindner ohne Differenzierung nahezu uneingeschränkt lebensideologische Strukturen zu entdecken glaubt und jeden Autor, in dessen Werk sich tatsächlich oder vermeintlich derartige Aspekte nachweisen lassen, als Repräsentanten der Neuen Sachlichkeit vorstellt – auf diese Weise wird z.B. Robert Musil zu einem Vertreter der neusachlichen Bewegung, obgleich dessen Gesamtwerk weder thematisch noch formal-stilistisch mit der Neuen Sachlichkeit in Verbindung zu bringen ist (vgl. S. 187). Zu solchen Fehleinschätzungen muß es angesichts des wenig plausiblen Nachweises kommen, den Lindner für die Zusammenführung der einer streng realistischen Literaturkonzeption verpflichteten neusachlichen Ästhetik mit einem metaphysischen Lebenskonzept erbringt: Indem er die Neue Sachlichkeit auf eine die »Krise« konstatierende und thematisierende Bewegung reduziert, die damit zugleich das Hauptelement der »Lebensideologie« aufgreife, blendet Lindner wesentliche Bestandteile der neusachlichen Bewegung der zwanziger Jahre aus. Abgesehen davon, daß die »Krise« in neusachlichen

In dem der Literatur der Weimarer Republik gewidmeten Band der Hanserschen *Sozialgeschichte der Literatur* schreibt allein Lethen über den »Habitus der Sachlichkeit«; daß es eine literarische Neue Sachlichkeit und eine neusachliche Ästhetik gegeben hat, ist der Konzeption des Bandes nicht zu entnehmen.[53] Die in dem Band *Neue Sachlichkeit im Roman* vereinten Aufsätze indes haben gezeigt, daß die Analyse der literarischen Neuen Sachlichkeit mittels literaturästhetischer Kategorien äußerst gewinnbringend ist. Die Autoren sind der Einschätzung gefolgt, daß die Neue Sachlichkeit vornehmlich als eine formal-stilistisch orientierte Bewegung und Sachlichkeit innerhalb der theoretischen Debatte sowie hinsichtlich der literarischen Produktion vorzugsweise als eine ästhetische Kategorie zu werten ist. Keiner der Beiträge ist als motivgeschichtlich ausgerichtete Analyse angelegt – die Frage nach vermeintlich neusachlichen Sujets wie Girl, Technikkult, Technikideologie, Amerika, Sportkult usw., aber auch nach einem spezifisch neusachlichen Typus, nach neusachlichen ›Kältefiguren‹ und nach Verhaltensformen der ›Kälte‹ spielen nahezu keine Rolle, wenn derartige Zuschreibungen nicht sogar als Klischees entlarvt werden; im Zentrum der Romaninterpretationen stehen vielmehr der Stellenwert der Neuen Sachlichkeit als eine in den zwanziger Jahren verbindliche Ästhetik ebenso wie die Ausprägungen von Sachlichkeit als einer für die Romane bedeutenden poetologischen Kategorie.

Diesen Ansatz verfolgt die vorliegende Arbeit konsequent weiter. Sie konzentriert sich auf die Erarbeitung der ästhetischen Dimen-

---

Zeitromanen der dreißiger Jahre hauptsächlich als eine ökonomische und politische Krise wahrgenommen wird, spielt die lebensideologisch motivierte Krisenerfahrung innerhalb des gesamten neusachlichen Diskurses – also weder in der theoretischen Diskussion noch innerhalb der literarischen Werke – seit den frühen zwanziger Jahren keine große Rolle. Bezogen auf die literarische Debatte jedenfalls läßt sich eine herausgehobene Stellung einer lebensideologisch motivierten Auseinandersetzung mit Krisenphänomenen nicht nachweisen.

[53] Lethen: Der Habitus der Sachlichkeit in der Weimarer Republik, S. 371-445. – Die gleiche Konzeption liegt dem 1997 erschienenen Themenheft »Weimarer Republik« der Zeitschrift *Der Deutschunterricht* (Heft 2) zugrunde. Hier wird der Bereich Neue Sachlichkeit mit Lethens Beitrag »Neusachliche Physiognomik. Gegen den Schrecken der ungewissen Zeichen« abgedeckt.

sionen des Begriffs Sachlichkeit und somit auf die *literarische* Debatte über die Neue Sachlichkeit; Voraussetzung dafür ist die strikte Trennung von den Diskursen der Philosophie, Kulturphilosophie, Politik, Ökonomie und Malerei. Eine solche Vorgehensweise mag zwar nicht mit der zur Zeit in Verbindung mit der Diskursanalyse favorisierten Vermischung und »Austauschbarkeit«[54] der Diskurse konform gehen; doch die spezifisch literarischen Anteile der neusachlichen Bewegung der zwanziger Jahre ließen sich mittels solcher Verfahren kaum hinlänglich beschreiben; die für die zwanziger Jahre symptomatische Instrumentalisierung des Kriteriums Sachlichkeit zu einer dezidiert literarischen, literarästhetischen und literaturkritischen Kategorie bliebe dabei unberücksichtigt.

Die Bedeutungen, die dem Begriff Sachlichkeit als Teil einer »Verhaltenslehre der Kälte« beizumessen sind, reichen für die Beschreibung des literarischen Diskurses über die Neue Sachlichkeit kaum aus; vielmehr lassen sich für das terminologische Feld der Kategorie ›Sachlichkeit‹ poetologische Inhalte wie Antiexpressionismus, Antiästhetizismus, Nüchternheit, Präzision, Realismus, Naturalismus, Beobachtung, Berichtform, Funktionalisierung und Materialisierung, Dokumentarismus, Antipsychologismus, Entsentimentalisierung und Antiindividualismus aufzeigen. Solchen Zuschreibungen liegen letztlich zwei Bedeutungsebenen von Sachlichkeit zugrunde: Zum einen indiziert Sachlichkeit die Dominanz der Sache, des literarischen Gegenstands, des Stoffs, der Materie also. Hier liegt die konstruktivistische Dimension der Neuen Sachlichkeit begründet, die die neusachliche Bewegung in der Literatur sowohl mit Tendenzen in der Architektur und bildenden Kunst der Weimarer Republik als auch mit der Architekturtheorie der Jahrhundertwende und zehner Jahre verbindet. Die für diese Bewegungen repräsentative Forderung nach Sachlichkeit im Sinne von Loyalität dem Gegenstand und der Materie gegenüber, die Verpflichtung auf die ›Sache‹, auf das darzustellende Objekt, kennt die literarische Neue Sachlichkeit ebenfalls; sie exponiert diese Bedeutung von Sachlichkeit über ihre Beschaffenheit als eine der Realität verpflichtete Ästhetik und mittels eines Realismuskonzepts, in dessen Namen Techniken wie

---

[54] Vgl. Manfred Gangl, Gérard Raulet (Hrsg.): Intellektuellendiskurse in der Weimarer Republik. Zur politischen Gemengelage. Frankfurt/Main, New York 1994, S. 9.

Dokumentarismus, Montage, Berichtstil, Reportage und Präzisionsästhetik ausgebildet werden. Zum anderen werden mit Sachlichkeit
innerhalb der literarischen neusachlichen Programmatik ästhetische
Vorgaben wie Objektivität, Neutralität, Klarheit, Einfachheit und
Nüchternheit der Darstellung und damit zusammenhängend die
Zweckmäßigkeit und der Pragmatismus literarischer Texte annonciert.

Für die Darstellung dieser spezifischen Ausprägungen der literarischen Neuen Sachlichkeit kommt der Trennung des literarischen
Diskurses von dem der Malerei keine geringe Bedeutung zu. Die
bisherige Forschung rekurrierte für die Beschreibung der neusachlichen Literatur und Ästhetik allzu oft auf kunstwissenschaftliche
Studien, insbesondere auf die bereits erwähnten Untersuchungen
von Franz Roh und Emil Utitz; ausgiebig bediente man sich für die
Analyse der neusachlichen Literatur kunsttheoretischer Kriterien.
Dabei hätte ein detaillierter Vergleich der neusachlichen Literatur
mit der Malerei der Neuen Sachlichkeit gezeigt, daß die Gemeinsamkeiten selbst im inhaltlich-thematischen Bereich begrenzt sind;
auch wurde die Debatte in der Literatur weitgehend unabhängig von
der der bildenden Kunst geführt. Zudem deckt sich die neusachliche
Poetik nur bedingt mit den Techniken neusachlicher Malerei. Zwar
entstehen beide Richtungen als dezidiert gegenexpressionistische
Strömungen; doch zwischen ihren ästhetischen Konzepten bestehen
beträchtliche Unterschiede, die insbesondere daraus resultieren, daß
das literarische Programm der Neuen Sachlichkeit wesentlich radi-
kaler die Funktionalisierung literarischer Werke und Ausdrucksformen betrieb als die Malerei, was unter anderem darauf zurückzuführen ist, daß die spezifische Herstellungs- und Entstehungsweise
von Malerei ihre konsequente Pragmatisierung ausschließt. Die Tatsache, daß die Malerei der Neuen Sachlichkeit vornehmlich auf traditionelle Genres und Produktionsformen zurückgriff und dementsprechend eine Bewegung wie der Dadaismus für die neusachliche
Kunst bedeutungslos bleiben mußte, der Literatur der Neuen Sachlichkeit hingegen entscheidende Impulse gab, verweist auf diese unterschiedlichen Ausprägungen in Literatur und Malerei. Die dadaistische Bewegung hatte gezeigt, daß in der bildenden Kunst eine
radikal-realistische Zweckkunst nur über die Absage an konventionelle künstlerische Strategien zu leisten ist; in der Literatur indes
konnte eine Funktionalisierung durchaus innerhalb ›literarischer‹

Grenzen eingelöst werden. Die neusachliche Malerei blieb den konventionellen Produktions- und Distributionsformen verhaftet, was bekanntlich bei vielen Malern der Neuen Sachlichkeit bis zum Rückgriff auf klassizistische Elemente reichte. Die von den Dadaisten entwickelte Montagetechnik findet innerhalb der neusachlichen Malerei bezeichnenderweise keine Nachfolge; in der Literatur hingegen wird sie als ein ästhetisches Verfahren nutzbar gemacht. Auch der für die neusachliche Kunst paradigmatische, vielfach auf Gegenstände fixierte, die Unterschiede zwischen Mensch und Sache relativierende, isolierende Detailblick besitzt für die schriftstellerische Tätigkeit keine große Gültigkeit; ebenfalls nicht jene vornehmlich die Bilder der magischen Realisten dominierende Starrheit und Bewegungslosigkeit neusachlicher Gemälde, die die dargestellen Szenen als Ausschnitte präsentieren, dynamische Momente indes nicht kennen. Zwar wird für die Literatur die Forderung nach der »Darstellung von Zuständen«[55] erhoben; allerdings zielt sie weder auf die Ausblendung von Entwicklungen noch auf die Absage an eine Veränderbarkeit gesellschaftlicher Realität; vielmehr ist dieses Postulat als Kritik einer introspektiven, psychologisierenden Erzählweise angelegt. Auch bezüglich der Sujets sind unterschiedliche Ansätze kaum zu übersehen; so besitzt z.B. die für die neusachliche Literatur zentrale Maxime des Antiindividualismus in der Malerei der Neuen Sachlichkeit keinen hohen Stellenwert: Ist ihr bevorzugtes Sujet das einzelne Subjekt oder gar das vereinzelte Individuum – man denke an die Bilder Anton Räderscheidts –, so bevorzugt die neusachliche Literatur die Darstellung des Kollektivs oder zumindest die Vorführung der Individuen als soziale Typen.

Diesen Differenzen ließen sich weitere hinzufügen; wesentlicher scheint mir aber für die Erarbeitung des spezifisch literarischen Diskurses ein anderer Punkt. Die Forschung hat die Entstehung der neusachlichen Bewegung in der Literatur bislang an die Ausbildung der Neuen Sachlichkeit in der Malerei geknüpft. Bezeichnenderweise mit Ausnahme der quellenorientierten Arbeiten von Denkler,

---

[55] Bernard von Brentano: Über die Darstellung von Zuständen. In: Frankfurter Zeitung, Nr. 69 vom 12.5.1929.

Lethen und Prümm war in einschlägigen und sonstigen Beiträgen[56] stereotyp zu lesen, die neusachliche literarische Strömung leite sich von der in der Malerei ab – die Termini Neue Sachlichkeit und Sachlichkeit seien folglich von der Malerei auf die Literatur übertragen worden. Für eine solche Herleitung der Begrifflichkeiten spricht auf den ersten Blick die repräsentative Ausstellung »*Neue Sachlichkeit*«. *Deutsche Malerei seit dem Expressionismus*, die Gustav Friedrich Hartlaub im Jahr 1925 in der Mannheimer Kunsthalle organisierte, deren Konzeption allerdings bis in das Jahr 1923 zurückreicht. Doch angesichts der Tatsache, daß die literarische Diskussion um eine nachexpressionistische Sachlichkeitsästhetik bereits 1920 beginnt[57], scheint die Frage, ob man den Ausdruck »Neue Sachlichkeit« von Hartlaub übernahm oder dieser sich in literarischen Kreisen unab-

---

[56] Vgl. z.B. Hans Mayer: Einleitung. In: Deutsche Literaturkritik im 20. Jahrhundert. Kaiserreich, Erster Weltkrieg und erste Nachkriegszeit (1889-1933). Hrsg. v. Hans Mayer. Stuttgart 1965, S. 14.

[57] Abgesehen von Alfred Döblins früher Verwendung des Begriffs Sachlichkeit ist dieser spätestens seit 1918 in der ästhetischen Debatte präsent. Bei Egon Erwin Kisch taucht er in dem Aufsatz *Wesen des Reporters* (Das literarische Echo 20 (1918), Nr. 8, Sp. 437-440, hier Sp. 437) auf; im Vorwort seiner 1925 erschienenen Sammlung *Der rasende Reporter* (Berlin 1925; das Buch wurde allerdings im November 1924 ausgeliefert) wird er bereits programmatisch verwendet. – Auch innerhalb der Literaturkritik spielt der Ausdruck schon zu Anfang der zwanziger Jahre eine wesentliche Rolle: Mit Selbstverständlichkeit werden Formulierungen verwendet wie »ruhige Sachlichkeit« und »klare Dynamik der Prosa« (Heinrich Fischer: Ein Charakter und die Zeit. In: Die Weltbühne 19 (1923), II, Nr. 32, S. 143f., hier S. 143), »sachliche Biographie« (ders.: Paul Werner: Eugen Levine. In: Die Weltbühne 19 (1923), II, Nr. 49, S. 580), »sachlich[e] [...] Klarheit« (Heinz Dietrich Kenter: Anti-Ford oder von der Würde der Menschheit. In: Die Literatur 27 (1924/25), S. 759); »modern, sachlicher Roman« (Moritz Heimann: Über das Authentische; ein Feuilleton. In: Die Weltbühne 20 (1925), I, Nr. 14, S. 505-510, hier S. 505), »Sachlichkeit« der Prosa (Max Herrmann-Neiße: Walter Mehrings Prosa. In: Die neue Bücherschau 3 (1925), Nr. 5, S. 16-18, hier S. 17), »übersichtsvolle Sachlichkeit« (Otto Brattskoven: Franz Jung: »Das geistige Russland«. In: Die neue Bücherschau 3 (1925), Nr. 5, S. 38f., hier S. 39), »strengste Sachlichkeit« (Heinz Pol: Was haben sie an uns auszusetzen? In: Die literarische Welt 2 (1926), Nr. 27, S. 7f., hier S. 7). – Vgl. weiter die zahlreichen Belege im Analyseteil.

hängig und zeitgleich von dem in der Malerei herauskristallisierte, nicht unbedingt von Belang[58], zumal 1923 mit Georg Kaisers Drama *Nebeneinander* bereits eines der »ersten Dramen der Neuen Sachlichkeit«[59] und mit Egon Erwin Kischs Vorwort zu seinem 1924 erschienenen *Rasenden Reporter* das erste theoretische Manifest der literarischen Neuen Sachlichkeit vorliegen.

Die der Malerei und der Literatur gegenüber gleichermaßen aufgeschlossene Zeitschrift *Der Querschnitt* druckte Hartlaubs Rundschreiben, in dem dieser die ausgewählten Künstler zur Beteiligung an der geplanten Ausstellung aufforderte, im Jahr 1923 ab.[60] Bereits kurze Zeit später taucht der Begriff in einem Aufsatz des Schriftstellers Oskar Maria Graf über den Aachener Maler Heinrich Maria Davringhausen auf: »Unter allen jenen Malern, die nach Überwindung ihrer expressionistischen Sturmjahre, in die geruhigeren Bezirke einer neuen Sachlichkeit einmündeten, ist dieser junge Aachener einer der interessantesten und rätselhaftesten«[61], heißt es in Grafs

---

[58] Fritz Schmalenbach wies in seinem Aufsatz *Der Name »Neue Sachlichkeit«* (In: Ders.: Kunsthistorische Studien. Basel 1941, S. 22-32) auf zwei Verwendungen des Begriffs »neue Sachlichkeit« vor 1923 innerhalb der Kunstwissenschaft hin: Heinrich Wölfflin: Kunstgeschichtliche Grundbegriffe. München 1925 (hier zitiert nach der 6. Auflage von 1923, S. 250): »Die neue Linie kommt im Dienst einer neuen Sachlichkeit.« Wölfflin bezieht den Terminus allerdings auf die Kunst um 1800. – August Griesbach (Baukunst im 19. und 20. Jahrhundert (=Handbuch der Kunstwissenschaft), Heft 1, Berlin-Neubabelsberg o.J., S. 28f.) hingegen verwendet den Ausdruck bezüglich eines Fabrikneubaus von Peter Behrens: »Es handelt sich keineswegs nur um eine neue ›Sachlichkeit‹.« – Theo van Doesburg indes reklamiert den Terminus »Neue Sachlichkeit« als eine ›Erfindung‹ des niederländischen Architekten und Gründungsmitglieds der Gruppe und Zeitschrift *De Stijl* Jacobus J. Pieter Oud. – Vgl. Theo van Doesburg: Der Kampf um den neuen Stil. In: Neue Schweizer Rundschau 22 (1929), Nr. 7, S. 535-541, hier S. 536.

[59] Ernst Schürer: Georg Kaiser und die Neue Sachlichkeit (1922-1932): Themen, Tendenzen und Formen. In: Georg Kaiser. Eine Aufsatzsammlung nach einem Symposium in Edmonton/Kanada. Hrsg. v. Holger A. Pausch, Ernest Reinhold. Berlin, Darmstadt 1980, S. 115-138, hier S. 115.

[60] Der Querschnitt 3 (1923), Nr. 4, S. 200.

[61] Oskar Maria Graf: Maler Heinrich Maria Davringhausen. In: Der Cicerone 16 (1924), Nr. 2, S. 1.

Aufsatz; beide Belege sind zumindest partiell in literarischen Kreisen zu verorten: Es scheint daher kaum erstaunlich, daß in der literarischen Diskussion die Termini Sachlichkeit und Neue Sachlichkeit bereits 1925, im Jahr der Mannheimer Ausstellung, mit einer Selbstverständlichkeit benutzt werden, die kaum auf eine anregende Funktion von Hartlaubs im Juni desselben Jahres eröffneten Bilderschau schließen läßt. So heißt es in einer Anfang April 1925 erschienenen Rezension des *Tage-Buch*-Kritikers Otto Zarek, der bereits im Jahr 1922 in Verbindung mit der von ihm konstatierten »Reaktion auf das Pathos der expressionistischen Dichtung« eine »Rückkehr zur Sachlichkeit« diagnostiziert hatte[62], über den späteren Herausgeber der *Neuen Bücherschau*, Gerhart Pohl: »Pohl hat noch den arabesken Ausdruck. Er sucht den Übergang von expressionistischer Umschreibung zu neuer Sachlichkeit.«[63] Diese nicht weiter erläuterte Verwendung des Begriffs »neue Sachlichkeit« zur Kennzeichnung ästhetischer Eigenarten läßt darauf schließen, daß schon lange vor Eröffnung der Mannheimer Ausstellung unter Autoren und Kritikern nicht nur der Begriff Sachlichkeit, sondern auch der der »neuen Sachlichkeit« im Umlauf war. Indirekt bestätigt wird diese Vermutung durch im nachhinein getroffene Aussagen Marieluise Fleißers; in der 1969 entstandenen biographischen Notiz *Aus der Augustenstraße*, in der sie über die Münchner Begegnungen mit Lion Feuchtwanger und Bertolt Brecht berichtet, gibt Fleißer an, Feuchtwanger hätte ihr gegenüber bereits 1922 in Zusammenhang mit den antiexpressionistischen Tendenzen der zeitgenössischen Literatur von

---

[62] Otto Zarek: Rückkehr zur Sachlichkeit. In: Berliner Börsen-Courier, Nr. 187 vom 22.4.1922.
[63] Otto Zarek: Tisch mit Büchern. In: Das Tage-Buch 6 (1925), Nr. 15, S. 549-551, hier S. 550. – Zarek spricht zudem, bezogen auf die Novellen von Hermann von Bötticher (*Das Bild*. Berlin 1924) von der »Sprache der novellistischen Schilderung, die deutsch und herb, holzschnittartig, von Dürerscher Sachlichkeit« sei (S. 550). – Auch in einer im Januar 1926 im *Tage-Buch* erschienenen Filmrezension von Kurt Pinthus (Die Gesunkenen. In: Das Tage-Buch 7 (1926), Nr. 4, S. 153f., hier S. 153) wird der Begriff ohne weitere Erklärung benutzt: »Der Realismus in den ›Gesunkenen‹ ist weder der deutsche Realismus aus Otto Brahms Theater, noch der kraßglatte der Amerikaner, noch der typisierend-stilisierende der ›neuen Sachlichkeit‹. Es ist ein übertrieben frisierter Realismus, und deshalb nicht überzeugend und nicht erschütternd.«

»neuer Sachlichkeit« gesprochen: »Was ich ihm brachte, nannte er Expressionismus und Krampf. [...] Aber es komme jetzt eine ganz andere Richtung auf, die sachlich sei und knapp, in ihren Umrissen deutlich, und daran müsse ich mich halten«, berichtet sie dort.[64] Und in einem Rundfunkgespräch mit Günther Rühle, dem Herausgeber ihrer Werke, gab Fleißer im Jahr 1973 an: »[...] und er hat gesagt, man schreibe heute anders, man schreibt heute Neue Sachlichkeit, und da habe ich mich bemüht, das zu schreiben, was ich mir unter Neuer Sachlichkeit vorstellte.«[65]

Berücksichtigt man alle diese Faktoren, so darf weniger von einer Übernahme ästhetischer Prämissen, Stiltendenzen und Begrifflichkeiten aus der bildenden Kunst in die Literatur als von einem wechselseitigen Austausch zwischen den Künsten gesprochen werden, zumindest für die Anfangsjahre der Weimarer Republik. Seine Grundlage bilden die dezidiert antiexpressionistischen Tendenzen, die die Entwicklung in der Literatur ebenso wie die in der Malerei beherrschen. Dafür spricht auch, daß die von der Zeitschrift *Das*

---

[64] Marieluise Fleißer: Aus der Augustenstraße. In: Dies.: Gesammelte Werke. Hrsg. v. Günther Rühle. Bd. 2: Roman, Prosa, Erzählende Prosa. Aufsätze. Frankfurt/Main 1972, S. 309-314, hier S. 309.

[65] Günther Rühle: Jene Zwanziger Jahre. Ein Gespräch mit Marieluise Fleißer. Manuskript zu der Sendung im Deutschlandfunk vom 11.3.1973. Zitiert nach: Eva Pfister: »Unter dem fremden Gesetz«. Zu Produktionsbedingungen, Werk und Rezeption der Dramatikerin Marieluise Fleißer. Diss. masch. Wien 1981, S. 36. – Vgl. auch den 1950 entstandenen Bericht *Die ersten Schritte* (In: Dies.: Gesammelte Werke. Bd. 4: Aus dem Nachlaß. Hrsg. v. Günther Rühle in Zusammenarbeit mit Eva Pfister. Frankfurt/ Main 1989, S. 622-624, hier S. 624), in dem Fleißer angibt, daß ihr anfängliches Schreiben »im unmittelbaren Zusammenhang mit dem künstlerischen Tasten ihrer Zeit [stand] – die neue Sachlichkeit und die Suche nach dem Primitiven hatten einen ausgeschrieenen Expressionismus abgelöst, alles Pathos war verpönt [...]«. – Vgl. weiter: Marieluise Fleißer: Notizen. In: Günther Rühle (Hrsg.): Materialien zum Leben und Schreiben der Marieluise Fleißer. Frankfurt/Main 1973, S. 411-430, hier S. 413: »Sie hat nämlich im Steinickesaal beim Künstlerfasching Lion Feuchtwanger kennengelernt. Er fordert sie auf, ihm zu bringen, was sie geschrieben hat. Er nennt es Expressionismus und Krampf. Heute schreibe man ›neue Sachlichkeit‹.« – Die Tatsache, daß Fleißer auf die Urteile Feuchtwangers hin ihre frühen literarischen Werke verbrannte, verweist auf die Glaubwürdigkeit ihrer Aussage.

Kunstblatt im Jahr 1922 unter der Leitung von Paul Westheim veranstaltete Rundfrage nach dem Aufkommen eines »neue[n] Naturalismus« innerhalb der »künstlerischen Entwicklung in Deutschland«
sich an »eine Reihe führender Künstler, Schriftsteller und Kunst-
freunde« gleichermaßen richtete.[66]
Das hatte seinen guten Grund, legte doch Alfred Döblin bereits
1920 ein gegen den Spätexpressionismus gerichtetes *Bekenntnis zum
Naturalismus* ab, mit dem er die Rückkehr zu mehr »Naturalismus«
literarischer Darstellungen anmahnte.[67] Im übrigen setzte sich mit
Döblin, der dann bezeichnenderweise an Westheims Umfrage beteiligt war, ein Autor für einen neuen Naturalismus und in diesem
Sinn für eine neue Sachlichkeit ein, dem die Literatur zu Anfang der
zwanziger Jahre eine ›Sachlichkeitstradition‹ verdankte; demgegenüber konnte die bildende Kunst an keine direkten Vorläufer und
Vorbilder einer Sachlichkeitsmalerei anknüpfen.

I.5. *Neue Sachlichkeit: Programmatik, Theorie, Bewegung, Epoche oder Ästhetik?*

Die Entscheidung, die Neue Sachlichkeit über eine literaturhistorische Analyse vorzustellen, wurde nicht zuletzt durch die in der Forschung kursierende Meinung bestimmt, der neusachliche Diskurs sei
»unter Ausschluß der Schriftsteller – auf einem anderen, literatur-
fremden Terrain ausgetragen« worden und habe in den »Manifesten
der literarischen Sachlichkeit« der zwanziger Jahre lediglich seinen
»Nachhall« gefunden.[68] Überzeugt Carl Weges These schon angesichts der im Umfeld des *Sturm*-Kreises geführten Sachlichkeitsde-

---

[66] Schreiben von Paul Westheim. Zitiert nach dem Faksimiledruck bei Ka-
roline Hille: Spuren der Moderne. Die Mannheimer Kunsthalle 1918-1933.
Berlin 1994, S. 95.
[67] Alfred Döblin: Bekenntnis zum Naturalismus. In: Das Tage-Buch 1
(1920), Nr. 50, S. 1599-1601.
[68] Wege: Gleisdreieck, Tank und Motor. Figuren und Denkfiguren aus der
Technosphäre der Neuen Sachlichkeit, S. 313.

batte der zehner Jahre nicht[69], so wirkt sie in Anbetracht der intensiven Diskussion und vielfältigen Bemühungen des Weimarer Bauhauses um eine funktional-sachliche Architektur und um ein zweckgebundenes Design geradezu befremdlich. Zwar stand die Sachlichkeitsdebatte der zwanziger Jahre in der Tradition des Werkbundes, doch sicherlich war sie kein bloßer Nachklang der Architektur- und Kunstgewerbediskussion der zehner Jahre. Vielmehr entwickelte sich unter dem Begriff ›Neue Sachlichkeit‹ in der Weimarer Republik eine eigenständige literarische Ästhetik, die dazu berechtigt, ihr den Status einer Theorie zuzuschreiben, handelt es sich doch immerhin um eine, wie Detlef J. Peuckert in seiner Untersuchung _Die Weimarer Republik. Krisenjahre der klassischen Moderne_ hervorhob, »eigene, originäre kulturelle Strömung, die sich über Malerei und Dichtung zum prägenden Stil der zwanziger Jahre ausbildete«.[70]

Die mißglückte Rezeption seit den sechziger Jahren jedoch hat die Wahrnehmung der Neuen Sachlichkeit als eine autonome Programmatik weitgehend verhindert. Wurden für die Modernebewegungen des Futurismus, Expressionismus und Dadaismus umfangreiche Quellensammlungen erarbeitet, so liegt für die Jahre 1918 bis 1933 ein von Anton Kaes zusammengestellter Materialienband zur literarischen Entwicklung in der Weimarer Republik vor.[71] Im Gegensatz zu den vorangegangenen Bänden der Reihe orientiert sich dieser nicht an einer literarischen Modernebewegung, sondern ist als eine Dokumentation zur Literatur der Weimarer Republik und somit als eine nach politisch-historischen Daten ausgerichtete Epochendarstellung angelegt. Die Neue Sachlichkeit ist darin keinesfalls angemessen dokumentiert, zumal es sich ebenfalls um eine ästhetisch und thematisch wirkende Moderneströmung handelt.

Diese defizitäre Situation ist wohl auch damit zu erklären, daß nur wenige explizite Bekenntnisse von Autoren zur Neuen Sachlichkeit vorliegen; die neusachliche Bewegung präsentiert sich auf den ersten Blick nicht als eine geschlossene Gruppierung von Autoren, die in Form von Veranstaltungen und Inszenierungen in der Öffentlichkeit aktiv ist. Der Verzicht auf diese, für literarische Be-

---

[69] Vgl. hierzu Kapitel II.5.
[70] Peuckert: Krisenjahre der klassischen Moderne, S. 167.
[71] Weimarer Republik. Manifeste und Dokumente zur deutschen Literatur 1918-1933. Hrsg. v. Anton Kaes. Stuttgart 1983.

wegungen im allgemeinen und für die Moderneströmungen des 19. und 20. Jahrhunderts im speziellen typischen Aktions- und Distributionsformen hat die Wahrnehmung der Neuen Sachlichkeit als eine Gruppenbewegung verhindert – zu Unrecht, wie in Anbetracht der Geschlossenheit neusachlicher Programmatik festzuhalten ist. Zwar läßt sich die neusachliche Bewegung weitaus mühsamer rekonstruieren und dokumentieren als Naturalismus, Futurismus, Expressionismus oder Dadaismus: Gemeinsame Manifeste und Proklamationen fehlen, und in vielen Artikeln wird der Begriff Neue Sachlichkeit namentlich nicht genannt, obwohl es sich um programmatische Beiträge zu einer neusachlichen Ästhetik handelt; es mangelt jedoch nicht an theoretischen Schriften, Publikationsorganen und literarischen Programmschriften, die dazu berechtigen, die Neue Sachlichkeit als eine geschlossene Modernebewegung zu begreifen und vorzustellen.

Die Neue Sachlichkeit wirkte vornehmlich als eine Ästhetik: Als solche hat sie die literarische und literaturkritische Diskussion in den zwanziger und dreißiger Jahren maßgeblich bestimmt. Dabei unterscheiden sich die neusachlichen Aktions- und Wirkungsformen auffallend von denen früherer Modernebewegungen, was nicht zuletzt auf das veränderte Literaturverständnis der im Umfeld der Neuen Sachlichkeit schreibenden Autoren und Kritiker zurückzuführen ist. Ein wesentlicher Unterschied dürfte der zurückgenommene Öffentlichkeitscharakter der neusachlichen Bewegung sein: Spektakuläre Aktionen in der Art des Dadaismus oder öffentliche Veranstaltungen und Lesungen im Rahmen von eigens gegründeten Institutionen wie im Frühexpressionismus (Neopathetisches Cabaret, Neuer Club, Sturm-Galerie) fehlen. Statt dessen schließt man sich in einer ›Gruppe 1925‹ zusammen, die so unspektakulär auftritt, wie ihr Name lautet. Unter Verzicht auf öffentliche Inszenierungsmomente trifft man sich in einem wenig bekannten Berliner Lokal und diskutiert ästhetische Fragen und literarische Formen, verständigt sich über die Notwendigkeit einer zeitgerechten Poetik und arbeitet gemeinsam an der Ausbildung einer modernen Ästhetik und eines zeitgemäßen Inszenierungsstils. Dieser Gesprächskreis, an dem sich u.a. Rudolf Leonhard, Bertolt Brecht, Herbert Ihering, Alfred Döblin, Erwin Piscator und Ernst Blass beteiligen, scheint paradig-

matisch für die Wirkungsweise der Neuen Sachlichkeit.[72] In erster
Linie ästhetisch orientiert und um die Weiterentwicklung literarischer Darstellungsmöglichkeiten bemüht, sind ihr öffentliche Vor-
tragsabende fremd. Statt dessen setzt man die gemeinsamen Gespräche in praktischer Zusammenarbeit und »Kollektivarbeit«[73] fort (z.B.
Brecht–Feuchtwanger, Brecht–Piscator, Piscator-Bühne, Brecht-Hin-
demith-Weill, Brecht-Fleißer, Brecht-Team, Max-Reinhardt-Gruppe)
oder führt sie öffentlich in literarischen Zeitschriften weiter, zumeist in den zu Anfang der zwanziger Jahre neu gegründeten, so
z.B. im *Querschnitt*, im *Tage-Buch*, im *Scheinwerfer*, in der *Literarischen Welt* und in der *Weltbühne*. Überhaupt fungieren Zeitschriften
als Foren, in denen die ästhetische Debatte ausgetragen wird.[74] Man
veranstaltet Rundfragen unter Autoren die literarische Produktion
und unter Kritikern die Literaturkritik betreffend, erbittet Stellungnahmen zu ästhetischen und poetologischen Fragen, bemüht sich
um den Abdruck theoretischer Aufsätze von Autoren, erkundigt
sich nach den Produktions- und Rezeptionsbedingungen von Literatur in Form von Autorengesprächen oder organisiert Rundfunkdia-
loge zwischen Schriftstellern über neue literarische Genres,
Schreibweisen und Produktionsbedingungen.

Das Wirken der Neuen Sachlichkeit war demnach nicht auf
spektakuläre Auftritte angelegt; zu keinem Zeitpunkt agierte sie als
eine geschlossene Gruppe in der Öffentlichkeit – sie zeichnet sich
demzufolge auch weder durch Gruppenaktivitäten noch durch eine
besondere Gruppenkohärenz aus. Gemeinsame Lesungen oder sonstige Veranstaltungen von Autoren gab es nicht; gleichwohl wird die
Neue Sachlichkeit in den zwanziger Jahren als eine »zeitbeherrschende Gruppe«[75] wahrgenommen: Sie gilt als Gruppierung mit
einem »ernsthafte[n], literaturprogrammatische[n] Zusammengehö-

---

[72] Vgl. dazu den noch immer einzigen Beitrag zu diesem Thema: Klaus
Petersen: Die Gruppe 1925. Geschichte und Soziologie einer Schriftsteller-
vereinigung. Heidelberg 1981.
[73] Herbert Ihering: Plagiate. In: Berliner Börsen-Courier, Nr. 299 vom
30.6.1929.
[74] Vgl. hierzu z.B.: Erhard Schütz, Jochen Vogt (Hrsg.): Der Scheinwerfer.
Ein Forum der Neuen Sachlichkeit 1927-1933. Essen 1986.
[75] Wolfgang Schumann: Dichtung und Wirklichkeit. In: Die Volksbühne 5
(1930), Nr. 1, S. 14.

rigkeitsgefühl« und als die »einzige gemeinschaftliche Bewegung«, die »ihre Spuren in der jungen deutschen Literatur hinterlassen« habe, auch wenn sie nicht zu dem Einfluß gelangt sei, den man ihr in den Entstehungsjahren beigemessen hatte.[76] Wenngleich sich keine repräsentativen öffentlichen Zusammenschlüsse von Autoren nachweisen lassen, spricht Herbert Ihering – einer der aufmerksamsten Beobachter der literarischen Szenerie in der Weimarer Republik –, überzeugt, daß die »Zeit der Vereinzelung [...] vorbei« sei, von »Künstlern, die zusammengehören«.[77]

Solche scheinbaren Widersprüche sind durch die neuen Wirkungsformen der Neuen Sachlichkeit aufzulösen. Ihr muß der Stellenwert einer, wie Ihering es nennt, »Zeitbewegung«[78] zugeschrieben werden, in der das literarische Anliegen einer ganzen Autorengeneration zum Ausdruck kommt; die Einrichtung eines festen Forums schien angesichts der hohen Zahl von Beteiligten kaum realisierbar – nichtsdestoweniger arbeitet man kontinuierlich und ausdauernd an einer zeitgemäßen Poetik und Literatur. Waren die unmittelbaren Aktionsphasen von Futurismus, Früh- und Spätexpressionismus und Dadaismus jeweils kaum länger als fünf Jahre wirksam, so ist die Neue Sachlichkeit in der Zeit der gesamten Weimarer Republik präsent. Angesichts dieses langen Wirkungszeitraums scheint es konsequent, daß man in den zwanziger Jahren von der Neuen Sachlichkeit als von einer »Schule« redete.[79] Zwar wurde sie von der nachwachsenden Autorengeneration schon nicht mehr als eine allgemeinverbindliche Ästhetik akzeptiert, was bereits ein im Jahr 1927 von der *Literarischen Welt* organisierter literarischer Wettbewerb unter Nachwuchsautoren offenbarte.[80] Klaus Mann z.B., selbst Ver-

---

[76] Joachim Maaß: Junge deutsche Literatur. Versuch einer zusammenfassenden Darstellung. In: Die Tat 24 (1932), Nr. 9, S. 794-802, hier S. 800.

[77] Herbert Ihering: Zeittheater. Ein Vortrag. In: Fazit. Ein Querschnitt durch die deutsche Publizistik (1929). Hamburg 1929, S. 261-286, hier S. 286, und in ders.: Bertolt Brecht: Mann ist Mann. In: Berliner Börsen-Courier, 5.1.1928. – In Iherings Aufsatz *Plagiate* (Berliner Börsen-Courier, Nr. 299 vom 30.6.1929) heißt es: »Die Zeit der Isolierung, die Zeit der individuellen Sonderleistungen ist vorbei.«

[78] Ihering: Zeittheater, S. 286.

[79] Bernhard Diebold: Kritische Rhapsodie 1928. In: Die neue Rundschau 39 (1928), Bd. II, S. 550-561, hier S. 555. – Vgl. Bd. II, S. 273.

[80] Vgl. dazu Kapitel III.5.

treter dieser jüngeren Schriftstellergeneration, stellte in seinem 1934 entstandenen Aufsatz *1919 – Der literarische Expressionismus* die Klassifikation der Neuen Sachlichkeit als einer »Bewegung« im Hinblick auf ihre Bedeutung für die Autoren seiner Altersgruppe in Abrede:

> Hatte die ›neue Sachlichkeit‹ Wucht und Wirkung einer echten Bewegung? Einige einflußreiche Kritiker und einige erfolgreiche Autoren formulierten und befolgten die Lehre: das literarische Kunstwerk, sei es Theaterstück oder Roman, habe sich auf die Reportage, den Tatsachenbericht zu beschränken. Das neue Dogma blieb nicht ohne Echo bei einem Teil der Intellektuellen; aber als Richtung, Bewegung, Mouvement drang es doch niemals ins Bewußtsein und schon gar nicht ins Gefühl jener Jugend, die überhaupt noch geistig empfänglich, aufgeschlossen, guten Willens war [...]. Einige Romane, die dieser Schule zuzurechnen sind, wurden Erfolge; aber solche Erfolge wirkten sich als Einzelphänomene aus, sie setzten die Richtung nicht durch.[81]

Trotz seiner ablehnenden Haltung gesteht Mann der Neuen Sachlichkeit den Status einer »Schule« zu. Gegner aus den zwanziger Jahren indes versuchen bereits Mitte des Jahrzehnts, die »neue Sachlichkeit« als ein »literarisches Schlagwort [...], welches eine Art nüchtern-witzige Reportage darstellt; ein wenig Satire, ein wenig Journalismus«, zu diskreditieren.[82] Doch angesichts der langen Wirkungsphase hat sich die Qualifikation der Neuen Sachlichkeit als bloßes »Schlagwort« als unhaltbar erwiesen. Zu überlegen wäre statt dessen, ob aufgrund der Dominanz in den zwanziger Jahren von der Neuen Sachlichkeit als von einem epochalen Stilbegriff bzw. einem Epochenbegriff gesprochen werden muß. Die Vielzahl der Werke, die auf neusachliche Schreibtechniken zurückgreifen, die Intensität

---

[81] Klaus Mann: 1919 – Der literarische Expressionismus [1934]. In: Ders.: Prüfungen. Schriften zur Literatur. Hrsg. v. Martin Gregor-Dellin. München 1968, S. 192-216, hier S. 193.

[82] Josef Glücksmann: Das Drama von morgen. In: Masken 20 (1926/27), Nr. 21, S. 401-407, hier S. 405. – Allerdings wird der Begriff »Schlagwort« auch im positiven Sinne verwendet: So heißt es in einem Aufsatz von W.E. Süskind: »Ein Schlagwort, und nicht das schlechteste, ist gefunden worden [...]«. Zitiert nach: Peter de Mendelssohn: S. Fischer und sein Verlag. Frankfurt/Main 1985, S. 1091.

und Dauer der Diskussion, die breite Basis, auf der sie geführt wurde, die große Zahl der beteiligten Autoren und Kritiker, die Funktionalisierung des Begriffs Sachlichkeit zu einer literaturkritischen
Kategorie, aber auch die Heftigkeit, mit der die Neue Sachlichkeit
bekämpft wurde – die Tatsache, daß die Kritik das Kriterium »neusachlich« zum Maßstab ihrer Bewertung machte, wurde von Gegnern der Neuen Sachlichkeit ebenso argwöhnisch zur Kenntnis genommen wie die literarische neusachliche Produktion[83] –, belegen
die durchschlagende Wirkungskraft dieser Ästhetik. Nicht zu Unrecht werden unter dem Terminus Neue Sachlichkeit die wichtigsten ästhetischen Neuerungen der Literatur der Weimarer Republik
subsumiert, da ein ähnlich prägnanter Terminus für diesen Zeitraum
nicht existiert.

Berücksichtigt man alle diese Faktoren, so muß davon ausgegan-
gen werden, daß die Neue Sachlichkeit primär als eine ästhetisch
orientierte Bewegung zu verstehen ist. Zu Recht hat Walter Müller-
Seidel vor einigen Jahren betont, die Neue Sachlichkeit sei der
»einzige neue Stilbegriff, wenn es denn ein solcher ist«[84], der für die
Literaturgeschichte der Weimarer Republik Relevanz habe. Als solcher hat er in den Jahren von 1920 bis 1932 ein enormes Wirkungspotential entfaltet – die Forderung nach einer Sachlichkeitsästhetik
war im Erwartungshorizont von Autoren, Kritikern und Publikum
fest verankert. Dies erklärt das Phänomen, daß zahlreiche literarische Werke mittels neusachlicher Schreibtechniken verfaßt sind,
ihre Verfasser sich jedoch entweder nicht dezidiert zur Neuen Sachlichkeit bekannten oder nicht restlos für die neusachliche Bewegung
reklamiert werden können. Martha Feuchtwangers Angabe, Lion
Feuchtwanger z.B. habe sich »nie einer Moderichtung« zugehörig
gefühlt, auch nicht der »Neuen Sachlichkeit«, doch diese habe »in

---

[83] Peter Flamm [= Eric(h) Mosse]: Alte Sachlichkeit. In: Die Weltbühne 25
(1929), II, Nr. 36, S. 363-366, hier S. 365.
[84] Walter Müller-Seidel: Literarische Moderne und Weimarer Republik. In:
Karl Dietrich Bracher, Manfred Funke, Hans-Adolf Jacobsen (Hrsg.): Die
Weimarer Republik 1918-1933. Politik, Wirtschaft, Gesellschaft. Bonn:
Bundeszentrale für politische Bildung 1987, S. 429-453, hier S. 438.

der Luft«[85] gelegen, wäre ein Hinweis auf diese zwar subtile, dafür
aber um so nachhaltigere Wirkung der neusachlichen Bewegung.

Feuchtwanger hat zu Anfang der dreißiger Jahre, die Entwicklung der letzten zehn Jahre rekapitulierend, darauf hingewiesen, daß
die Neue Sachlichkeit primär als ein Gestaltungsprinzip verstanden
werden müsse. Sie sei, so schrieb er in seinem 1932 publizierten
Aufsatz *Der Roman von heute ist international*, ein »legitimes Kunstmittel« und »Darstellungsmittel«.[86] Diese Erklärung drängt die Definition der Neuen Sachlichkeit als eine Formen des industrialisierten
Kulturbetriebs reproduzierende und als eine auf die Vorführung
neusachlicher Typen zentrierte Bewegung in den Hintergrund. Mittels der einseitigen Auslegung von Sachlichkeit als ein affirmatives,
technokratisches Einverständnis mit rationalisierenden Modernisierungsprozessen und der Analyse der literarischen Neuen Sachlichkeit als einer fortschrittsgläubigen »Technik-Ideologie«[87] waren die
realen Dimensionen der neusachlichen Programmatik kaum zu erfassen – ein solcher Ansatz hat, die Übergänge zwischen literarischen und allgemeinkulturellen Dimensionen der Neuen Sachlichkeit verwischend, eher Verwirrung gestiftet als zu einer Klärung
beigetragen. Zweifelsohne kann nicht in Abrede gestellt werden,
daß unter dem Begriff Neue Sachlichkeit in den zwanziger Jahren
auch eine »komplexe gesamtkulturelle Bewegung [...], die sich auf
die Akzeptanz und Entwicklung massendemokratischer und kon-
sumkultureller Tendenzen bezieht«[88], subsumiert wurde; gleichfalls
nicht, daß es insofern Überschneidungen zwischen beiden Phäno-
menen gab, als die im Umfeld der literarischen Neuen Sachlichkeit
agierenden Autoren den gesellschaftlichen Modernisierungsprozessen adäquate Produktions- und Rezeptionsformen zu entwickeln
suchten. Die Ausbildung einer amerikanisierten Massenkultur und

[85] Martha Feuchtwanger: Brief vom 20.10.1976 an Klaus Modick. Zitiert
nach: Modick: Lion Feuchtwanger im Kontext der zwanziger Jahre, S. 82.
[86] Lion Feuchtwanger: Der Roman von heute ist international. In: Berliner
Tageblatt, Nr. 39 vom 26.9.1932.
[87] Lethen: Neue Sachlichkeit, S. 89; Vgl. hierzu auch Wege: Gleisdreieck,
Tank und Motor.
[88] Erhard Schütz: Neue Sachlichkeit: In: Literaturwissenschaftliches Lexikon. Grundbegriffe der Germanistik. Hrsg. v. Horst Brunner, Rainer Moritz. Berlin 1997, S. 245-248, hier S. 245f.

kultureller Unterhaltungsformen industriellen Zuschnitts mit diesen
Bemühungen gleichzusetzen, kommt allerdings einer Fehldiagnose
gleich, galt es in den zwanziger Jahren doch als ausgemacht, daß »nie
und nimmer aus äußerlicher Verpflanzung von Amerikanismen
zwischen die stabilisierten Kulissen die Neue Sachlichkeit werden
[wird]«.[89] Fraglos hat sich die literarische Neue Sachlichkeit auf die
Herausforderungen einer Gesellschaft eingelassen, in der Massenmedien und Massenkultur eine zentrale Rolle spielten; doch ihre aufgeschlossene Haltung den gesellschaftlichen und allgemeinkulturellen
Entwicklungen gegenüber berechtigt nicht, jegliche Unterschiede
zwischen den Reaktionsformen im Umgang mit einer industrialisierten Moderne einzuebnen. Die Öffnung der Literatur hin zur
Massenkultur, wie sie z.B. in der Absage an den Status individueller
Dichterpersönlichkeiten und an einen autonomen Schaffensprozeß
zugunsten der Definition des Autors als Produzent von Gebrauchsliteratur und somit von Massenware zum Ausdruck kommt, ist keineswegs identisch mit der Produktion einer affirmativen Unterhaltungskultur. Vielmehr will man Literatur zu einem demokratischen
Massenmedium erweitert wissen, das, in Anlehnung an Film und
Rundfunk, auf die veränderten Rezeptionsstrukturen und -vorstel-
lungen mittels neuer Produktionsformen reagiert. Konnte die Neue
Sachlichkeit dieses Ziel nicht uneingeschränkt einlösen – die Konkurrenz durch Film und Runkfunk dürften dabei keine unwesentliche Rolle gespielt haben –, so liegt ihre historische Leistung dennoch in der Etablierung einer neuen Einstellung dem gesellschaftlichen Entwicklungsstand gegenüber und in der Zurückdrängung der
bis zu diesem Zeitpunkt in der Literatur dominanten kulturpessimi-
stischen und fortschrittsfeindlichen Anti-Moderne. Es ist das Verdienst der Neuen Sachlichkeit, den Modernisierungsschritt, dem die
Gesellschaft in diesen Jahren in der Folge von Industrialisierung,
Technisierung und Urbanisierung unterworfen war, mitvollzogen
und der Literatur auf diese Weise eine fundierte gesellschaftskritische Funktion gesichert zu haben. Denn bereits in den zwanziger
Jahren kristallisiert sich die noch heute gültige Erkenntnis heraus,
daß eine modernisierte, hochtechnisierte Industriegesellschaft nur

---

[89] Franz Graetzer: Neue Sachlichkeit im Drama? In: Die Gegenwart. Zeitschrift für Literatur, Wirtschaftsleben und Kunst 56 (1927), Nr. 2, S. 109-
112, hier S. 112. – Vgl. Bd. II, S. 59.

von einem dem gesellschaftlichen Standard synchronen und in diesem Sinn aufgeklärten Standpunkt aus zu beschreiben und zu hinterfragen ist. Formen der Gesellschaftskritik wie sie für die zehner Jahre kennzeichnend sind, ein literarischer Eskapismus etwa oder die zivilisationskritische und fortschrittsfeindliche Besinnung auf Natur und Heimat, erweisen sich in Anbetracht der Tragweite der Modernisierungsprozesse in der Weimarer Republik als anachronistisch und hinsichtlich eines kritischen Potentials als unzureichend bzw. wirkungslos. Bezeichnenderweise spielen sie in der Literatur der zwanziger und frühen dreißiger Jahre keine große Rolle mehr. Auch der visionäre Utopismus der Spätexpressionisten hat nach den Erfahrungen des Ersten Weltkriegs seine kritischen Implikationen, die er als Gegenmodell zur Kriegsrealität besaß, eingebüßt. Angesichts der Umgestaltung aller Lebensbereiche, der die Gesellschaft der Weimarer Republik unterworfen war, verlieren negative Formen der Kritik als brauchbare Aufklärungsstrategien ihre Relevanz. Die Neue Sachlichkeit indessen unternimmt den Versuch, die Gesellschaft von einem avancierten Standpunkt aus zu hinterfragen und zu beurteilen, eine Entscheidung, der zweifelsohne eine partielle Akzeptanz der gesellschaftlichen Gegebenheiten vorausgeht. Doch eine solche Vorgehensweise gilt in den zwanziger Jahren als die reflektierteste Form kritischer Aufklärung; für einen Autor wie Bertolt Brecht bleibt sie bis zur Ausbildung einer materialistischen Literaturtheorie und dialektischen Literatur innerhalb einer bürgerlichen Gesellschaft der »vorgeschobenste Punkt der Erkenntnis«.[90] Fraglos bestand für eine Methodik, die ihren Gegenstand mittels naturalistischer Reproduktion zu kritisieren suchte, die Gefahr, sich von diesem vereinnahmen zu lassen oder sich ihm affirmativ auszuliefern. Die Tatsache jedoch, daß im Namen der Neuen Sachlichkeit nicht nur Formen der realistischen Erfassung, sondern auch Verfahren zur kritischen Rekonstruktion von Realität, wie z.B. Montagetechnik, ausgebildet wurden, zeigt, daß diese Gefahr innerhalb der neusachlichen Programmatik durchaus reflektiert wurde.

Daß neusachliche Autoren aufgrund ihrer aus einer demokratischen Haltung sich ableitenden positiven Einstellung der modernen

---

[90] Bertolt Brecht: Tatsachenreihe [Ende zwanziger/Anfang dreißiger Jahre]. In: Ders.: Werke. Bd. 17: Prosa 2: Romanfragmente und Romanentwürfe. Berlin, Weimar, Frankfurt/Main 1989, S. 443-455, hier S. 444.

Massenkultur und den Massenmedien gegenüber keineswegs als Produzenten von Unterhaltungskultur anzusprechen sind, liegt auf der Hand; es scheint verständlich, daß solche unterschiedlichen Positionen in der »Hektik der zwanziger Jahre« mitunter, wie Peuckert in seinen Überlegungen zur »›Neuen Sachlichkeit‹ der Massenkultur« der Weimarer Republik festhielt, »nicht immer säuberlich«[91] getrennt wurden, wofür ein Aufsatz wie Walter Benjamins *Linke Melancholie*[92] oder Béla Balázs' Beschreibung der Neuen Sachlichkeit als »Lebensgefühl des Trustkapitals« und als »Ästhetik des laufenden Bandes«[93] stehen; daß die heutige Forschung allerdings noch immer auf eine genaue Differenzierung der historischen Entwicklung verzichtet und demzufolge durch begriffliche und inhaltliche Ungenauigkeiten bestimmt wird, scheint kaum nachvollziehbar.

Folgt man Lion Feuchtwangers Einschätzung und nimmt eine Unterscheidung der neusachlichen Ästhetik von den allgemeinkulturellen und gesellschaftlichen Tendenzen in den Jahren der Weimarer Republik vor, so lösen sich vermeintliche Widersprüche – z.B. die Existenz literarischer Werke, die gegen die Neue Sachlichkeit als Lebenshaltung polemisieren, gleichwohl aber stilistisch von der Neuen Sachlichkeit geprägt sind[94]; oder von Romanen, die eine sachliche Lebensform und Mentalität vorführen, unter ästhetischen Aspekten jedoch kaum der Neuen Sachlichkeit zugerechnet werden können.[95]

Als eine ästhetisch orientierte Bewegung hat die Neue Sachlichkeit zweifelsohne die literarische Debatte der Weimarer Republik beherrscht und das Erbe der literarischen Moderne angetreten. Ein

---

[91] Peuckert: Die Weimarer Republik. Krisenjahre der klassischen Moderne, S. 170.

[92] Walter Benjamin: Linke Melancholie. In: Die Gesellschaft 8 (1931), Nr. 1, S. 181-184.

[93] Béla Balázs: Sachlichkeit und Sozialismus. In: Die Weltbühne 24 (1928), II, Nr. 52, S. 916-918, hier S. 917.

[94] Vgl. z.B. Walter Hasenclever: Ein besserer Herr. Lustspiel in zwei Teilen. Berlin 1926.

[95] Vgl. z.B. Carl Sternheim: Die Neue Sachlichkeit oder die Schule von Uznach. Potsdam 1926; Leonhard Frank: Das Ochsenfurter Männerquartett. Leipzig 1927; Heinrich Mann: Die große Sache. Berlin 1930; Hermann Broch: Huguneau und die Sachlichkeit. München, Zürich 1932.

Roman wie Alfred Döblins *Berlin Alexanderplatz*, der als der wichtigste deutschsprachige Beitrag zur literarischen Moderne im 20. Jahrhundert und zugleich als ein Prototyp neusachlichen Schreibens gelten darf, verweist auf solche Zusammenhänge. Als einer antiidealistischen Materialästhetik ist der Neuen Sachlichkeit nach 1933 der Boden entzogen; gleichwohl jedoch darf sie als die Modernebewegung gelten, die die nachhaltigsten Spuren in der Literatur und Ästhetik des 20. Jahrhunderts hinterlassen hat.

I.6. *Neue Sachlichkeit: ein Phänomen der Stabilisierungsphase?*

Die Erklärung der Neuen Sachlichkeit als ein Phänomen der Stabilisierungsphase der Weimarer Republik kann die wahren Dimensionen dieser Bewegung nicht annähernd erfassen[96]; auch die in Analogie zu jener die Stabilisierungsphase kennzeichnenden Flucht in die ›Sachwerte‹ vorgenommene Bestimmung als eine ›Sachkunst‹ dürfte der neusachlichen Bewegung nicht gerecht werden. Scheint die ausschließliche Orientierung an der politischen Entwicklung im Hinblick auf die literarische Periodisierung überhaupt fragwürdig, so erweist sie sich im speziellen für die Neue Sachlichkeit als unangemessen. Aus der Verschlechterung der ökonomischen Situation und dem gebrochenen Vertrauen in deutsche Realpolitik und Währung resultiert nach 1929 im literarischen Bereich keineswegs eine umfassende Abwendung von der neusachlichen Ästhetik. In diesem Punkt ist die Forschung bislang zu selbstverständlich den Urteilen der Gegner der Neuen Sachlichkeit aus den zwanziger Jahren gefolgt, denen von rechts ebenso wie denen von links. Insbesondere Joseph Roths Aufsatz *Schluß mit der Neuen Sachlichkeit!*, der 1930 in der *Literarischen Welt* erschien, wurde als ein nicht zu hinterfragender Beleg für den Niedergang der Neuen Sachlichkeit in Verbindung

---

[96] Vgl. z.B. Helmut Kreuzer: Zur Periodisierung der *modernen* deutschen Literatur. In: Basis. Jahrbuch für deutsche Gegenwartsliteratur 2 (1971), S. 22. – Vgl. weiter die Arbeiten von Denkler (1967 und 1968); Koebner (1974); Peuckert (1987); Prümm (1974); Spieß (1992).

mit dem Ende der Stabilisierungsphase zitiert. Obgleich Roths Artikel in seiner Art singulär ist – ein vergleichbares Dokument der Distanzierung eines zuvor im Umfeld der Neuen Sachlichkeit agierenden Autors gibt es nicht –, wertete man ihn als ein repräsentatives Urteil, zumal er den Begriff »Neue Sachlichkeit« explizit im Titel führt. Einmal ganz abgesehen von der Naivität eines solchen Erklärungsmusters, nach dem Autoren dem Aufruf eines anderen kommentarlos und geschlossen folgen und eine über nahezu ein Jahrzehnt entwickelte Ästhetik von einem Jahr auf das andere diskreditiert und vergessen sein soll, hätte ein Blick auf die Erscheinungsdaten vieler der Neuen Sachlichkeit zugeschlagenen Werke die Unhaltbarkeit einer solchen These nahegelegt. Wohl mehren sich die distanzierenden Stimmen nach 1929; doch ist diese Häufung kritischer Wertungen weniger ein Hinweis auf eine in Parallelität zum Ende der Stabilisierungsphase vorgenommene Tabuisierung der Neuen Sachlichkeit oder auf eine gemeinsame Abkehr ehemaliger Anhänger von der neusachlichen Ästhetik als auf die Dominanz der neusachlichen Strömung zu Anfang der dreißiger Jahre; dafür spricht auch, daß die Kritik vornehmlich von konservativer, der Neuen Sachlichkeit von vornherein distanziert gegenüberstehender Seite kam. Roth vollzieht mit seiner Absage an die Neue Sachlichkeit zugleich eine Wandlung vom demokratisch gesinnten Republikaner zu einem nostalgischen Anhänger der Monarchie und von einem der aktuellen Zeitgeschichte verpflichteten Schriftsteller zu einem historische oder zeitlose Themen bevorzugenden Dichter. Seine im Hinblick auf die Neue Sachlichkeit im Jahr 1930 formulierten Positionen dürfen daher kaum als paradigmatisch gelten, sondern müssen als eine individuelle Entwicklung des Autors Roth gewertet werden. Allerdings befindet er sich mit vielen der in seinem Aufsatz vorgebrachten Argumenten in Übereinstimmung mit der Mehrheit konservativer Autoren und Rezensenten, deren Hauptkritikpunkt gleichfalls der von Roth monierte Verzicht neusachlicher Autoren auf ›Gestaltung‹ zugunsten einer dokumentarischen Schreibweise ist.

Die Mehrzahl neusachlicher Autoren indes folgt Roths Aufforderung nicht; an Sachlichkeit als einer ästhetischen Kategorie hält man auch nach 1930 fest. Zwar wird der Begriff Neue Sachlichkeit als ein »schlechtes Schlagwort« empfunden; es stehe jedoch, so ver-

merkt Hermann Kesten im Jahr 1929, »für eine gute Sache«[97] – die
Tatsache, daß der Begriff zu Anfang der dreißiger Jahre zu einem in-
flationär gebrauchten Modewort verkommen war, dürfte solche
Wahrnehmungen beeinflußt haben. Der neusachliche Diskurs wird
gegen Ende des Jahrzehnts keineswegs abgebrochen; die Intensität
der Diskussion über die Neue Sachlichkeit nimmt nach dem Ende
der Stabilisierungsphase eher zu: Noch im Jahr 1931 erscheinen programmatische Schriften.[98] Ähnliches ließe sich für die literarische
Praxis formulieren: Der neusachliche Zeitroman findet nach 1930 in
Werken von Erik Reger, Lion Feuchtwanger, Marieluise Fleißer,
Hans Fallada u.a. seine spezifische Ausprägung; auf den Bühnen dominiert das politische Zeitstück; zwar werden auch historische Dramen aufgeführt[99], doch diese vermögen kaum, das neusachliche Zeittheater zu verdrängen; nach wie vor werden das »Zeitstück« und eine »soziologisches [...], großstädtisch-folkloristisches Beobachtungs-
material« liefernde »journalistische Dramenliteratur« bevorzugt.[100]
Fraglos kann ein Einfluß von Roths Aufsatz nicht gänzlich gleug-
net werden; so heißt es z.B. zwei Monate nach Roths mit durchaus
anmaßendem Gestus vorgetragenem Aufruf in einem im März 1930
in der *Literarischen Welt* erschienenen Aufsatz, das »Modepro-
gramm« der »sogenannten ›neuen Sachlichkeit‹« sei »abgelegt, wie
ein ausgetretener Strandschuh, den man unnützerweise von der
Sommerfrische mit nach Hause gebracht hat.«[101] Doch solche in der
Nachfolge von Roths Plädoyer getroffene Wertungen ändern nichts
an der Tatsache, daß es im Jahr 1931 »eine Kunstrichtung mehr

---

[97] Hermann Kesten: Antwort auf die Rundfrage »Die Tagespresse als Erlebnis«. In: Die Literarische Welt 5 (1929), Nr. 30, S. 3; Nr. 40, S. 3f.; Nr.
41, S. 7f.; Nr. 43, S. 7, hier Nr. 41, S. 7.

[98] Vgl. z.B. Theodor Greif: Sie gehen zum Andreas. In: Der Scheinwerfer 4
(1930), Nr. 8/9, S. 21-24; Erik Reger: Die publizistische Funktion der
Dichtung. In: General-Anzeiger (Dortmund), 31.3.1931; Feuchtwanger:
Der Roman von heute ist international.

[99] Vgl. z.B. Ferdinand Bruckners Stück *Elisabeth von England*, das Heinz
Hilpert am Deutschen Theater Berlin im November 1930 zur Aufführung
brachte.

[100] h.[= Willy Haas]: Theaterwinter 1930/31. In: Die Literarische Welt 7
(1931), Nr. 24, S. 3, 4 u. 8, hier S. 3.

[101] Wolf Zucker: Frühjahrsmode 1930. In: Die Literarische Welt 6 (1930),
Nr. 10, S. 1.

gibt«.[102] Berücksichtigt man, daß noch 1932 von der »vielberufenen neuen Sachlichkeit«[103] und 1933 gar noch von dem »Losungswort von der ›Neuen Sachlichkeit‹«[104] die Rede ist, wird die Relativität solcher Einzelmeinungen einschätzbar.

I.7. *Neue Sachlichkeit – linksbürgerlich oder rechtskonservativ und präfaschistisch?*

In Anbetracht der Tatsache, daß rechtskonservative Autoren und Kritiker für die Entwicklung einer Sachlichkeitsästhetik keine produktive Rolle gespielt haben, kann die in der Forschung der siebziger und achtziger Jahre virulente Frage nach ihrer Zugehörigkeit zur neusachlichen Bewegung als obsolet gelten. Für die Literatur und Literaturkritik bleibt ihr Beitrag letztlich unerheblich und unergiebig. Weder haben rechte Autoren und Kritiker kritische Maßstäbe im Hinblick auf eine neusachliche Ästhetik gesetzt, noch haben sie dem literarischen Programm der Neuen Sachlichkeit entscheidende Impulse gegeben. Karl Prümms vielkritisierter, jedoch niemals stichhaltig widerlegter Befund, nur die linken und linksbürgerlichen Autoren hätten den Begriff Neue Sachlichkeit »für die Kennzeichnung ihres Selbstverständnisses und ihres Programms«[105] verwendet, kann mittels der Rekonstruktion des neusachlichen Diskurses unmittelbar bestätigt werden.

Daß die Teilnahme rechter Autoren an der neusachlichen Bewegung derart intensiv diskutiert wurde[106], hatte offensichtlich mehr

---

[102] Hans Tietze: Die Krise der Gegenwartskunst. In: Das Tage-Buch 12 (1931), Nr. 28, S. 1103-1106, hier S. 1103.
[103] Karl Lohs: Bücher-Querschnitt. In: Der Querschnitt 12 (1932), Nr. 9, S. 680.
[104] Oskar Ewald: Rationalisierung. Das Schicksalswort der Zeit. In: Die Literatur 33 (1933), Nr. 7, S. 373-375, hier S. 373.
[105] Prümm: Die Literatur des Soldatischen Nationalismus, S. 269.
[106] Horst Denkler (Die Literaturtheorie der zwanziger Jahre, S. 305 u. 316) hatte in Zusammenhang mit seiner These von der Neuen Sachlichkeit als

mit der politischen und kulturellen Situation der siebziger Jahre, als mit den realen Dimensionen der neusachlichen Bewegung zu tun, ging es letztlich doch lediglich um zwei Schriftsteller: Ernst Jünger und Arnolt Bronnen. Ihnen stehen über 50 Vertreter des linken und linksbürgerlichen Spektrums gegenüber. Ist der Frage nach den Anteilen rechter Autoren an der Neuen Sachlichkeit schon aufgrund dieses ungleichen Verhältnisses im Hinblick auf den Gesamtverlauf des literarischen Diskurses kaum große Relevanz beizumessen, so erweist sich eine solche Entscheidung angesichts der literarischen Produktion und der biographischen Entwicklung von Jünger und Bronnen um so berechtigter. Obgleich selten klar benannt, geht es letztlich um nur zwei Werke: um Ernst Jüngers Roman *In Stahlgewittern* (1919) und um Arnolt Bronnens Roman *O.S.* (1929).[107]

einer Bewegung der »freiheitlichen, demokratischen [...] Mitte« ohne nähere Begründung Ernst Jünger und Arnolt Bronnen als zur Neuen Sachlichkeit gehörende rechte Autoren gezählt; auch Lethen bezog rechte Autoren wie Ernst Jünger und Heinrich Hauser kommentarlos in seine Untersuchung ein und stilisierte die Neue Sachlichkeit als eine Bewegung der technikbegeisterten Rechten; zudem integrierte er die von Heinz Kindermann als Vertreter einer »idealistischen Sachlichkeit« zitierten Schriftsteller Otto Heuschele, Richard Billinger, Manfred Hausmann, Will Vesper, Hans Friedrich Blunck und Martin Raschke in die neusachliche Bewegung – Autoren also, die nach heutiger Kenntnis als entschiedene Gegner der Neuen Sachlichkeit gelten müssen. – Vgl. hierzu auch Prümm: Neue Sachlichkeit. Anmerkungen zum Gebrauch des Begriffs in neueren literaturwissenschaftlichen Publikationen, S. 607f. u. 614; Petersen: ›Neue Sachlichkeit‹, bes. S. 469-474.

[107] Neben *In Stahlgewittern* wird Jüngers 1932 entstandener Essay *Der Arbeiter. Herrschaft und Gestalt* aufgrund seines darin proklamierten Einverständnisses mit dem technischen und rationalisierenden Modernisierungsprozeß mit der Neuen Sachlichkeit in Verbindung gebracht (Lethen: Neue Sachlichkeit, S. 93f.) Eine solche Zuordnung gelingt allerdings nur im Rahmen einer unzulänglichen Erklärung der neusachlichen Bewegung als eine »Technik-Ideologie« (ebd., S. 89). Zwar ist in bezug auf die Neue Sachlichkeit von einem ›habituellen‹ Einverständnis mit der technischen Zivilisation und den gesellschaftlichen Rationalisierungs- und Modernisierungsprozessen auszugehen – Bertolt Brecht kann als Beispiel einer solchen Einstellung zitiert werden –, keinesfalls jedoch ist die literarische Neue Sachlichkeit als distanzloser Technikkult oder als ein in Parallelität zur Organisation des Krieges bzw. der Heeresordnung auf die technizistische Funk-

Jüngers Kriegsaufzeichnungen *In Stahlgewittern*, 1919 entstanden, führen den Begriff Sachlichkeit als eine aus dem Fronterlebnis resultierende Verhaltensmaßregel vor, mit der nationale Kriegstugenden wie Härte, Mut, Furchtlosigkeit und Pflichtbewußtsein benannt werden; es ist von »sportsmäßige[r] Freude an der Gefahr«[108] die Rede, eine Formulierung, die Jünger in den späteren Überarbeitungen und Ausgaben durch den Ausdruck »sachliche Freude an der Gefahr« ersetzen und durch die Redewendung vom »sachliche[n] Zwang« des Soldaten im Kampf ergänzen wird.[109] Dementsprechend ist die von Jünger als »tatsächlicher Stil« bezeichnete Schreibweise weniger das Resultat objektiver Schilderung als ein Element seines Konzepts des »heroischen Realismus«.[110] Der »Boden der Tatsachen«, auf den der Verfasser sich zu stellen vorgibt, erweist sich als die Basis des abgehärteten Frontsoldaten, der der Nüchternheit des Krieges – »das Bild des Krieges war nüchtern«, heißt es im Vorwort zur ersten Auflage – seinen Mut und seine Entschlossenheit entgegensetzt.[111] Ein »tatsächlicher Stil« hat nach Meinung des Verfassers diese mutig-entschlossene Haltung des Kämpfers zum Ausdruck zu bringen: Der

---

tionalisierung und Strukturierung der Gesellschaft abgestimmtes Denksystem zu beschreiben. Jüngers Essay *Der Arbeiter* mag demnach in der vorgeführten Vision einer konsequent durchrationalisierten und durchstrukturierten Gesellschaft Parallelen zu den Rationalisierungs- und Technisierungsprozessen der zunächst in Amerika erprobten Produktionsformen der zwanziger Jahre aufweisen; wo dabei die Überschneidungen mit der literarischen Neuen Sachlichkeit liegen, bleibt bis heute ungeklärt. Bezeichnenderweise wird innerhalb der Jünger-Forschung eine solche Zuordnung nicht behauptet. – Vgl. hierzu: Uwe-K. Ketelsen: »Nun werden nicht nur die historischen Strukturen gesprengt, sondern auch deren mythische und kultische Voraussetzungen.« Zu Ernst Jüngers *Die totale Mobilmachung* (1930) und *Der Arbeiter* (1932). In: Ernst Jünger im 20. Jahrhundert. Hrsg. v. Hans-Harald Müller, Harro Segeberg. München 1995, S. 77-96.

[108] Ernst Jünger: In Stahlgewittern. Aus dem Tagebuch eines Stoßtruppführers. Berlin 5., völlig neubearb. und erw. Auflage 1924 (= zweite Bearbeitung), S. 128. – Im folgenden wird nach dieser Ausgabe zitiert.

[109] Ernst Jünger: In Stahlgewittern. Stuttgart [26]1961, S. 212.

[110] Ernst Jünger: Der heroische Realismus. In: Die literarische Welt 7 (1931), Nr. 13, S. 3f.

[111] Jünger: In Stahlgewittern. 5., völlig neubearb. und erw. Auflage 1924, S. X u. VII.

»einfache Rhythmus« des Stils ist dem Ablauf eines Angriffs nach-
empfunden und präsentiert sich dementsprechend »ohne Skrupel
und Schnörkel, wie alles, was die Schlacht gebiert«. Unter »tatsächliche[m] Stil« versteht Jünger demnach nicht eine Tatsachen berichtende Schreibweise, sondern die Vermittlung des »heiße[n] Atem[s]
der Schlacht«. »Sachlichkeit« bietet im Rahmen einer solchen Zielsetzung die Möglichkeit, die Größe und »übermenschliche« Erha-
benheit des Krieges vorzuführen: In diesem Sinn wird sie zum
»Maßstab« des »inneren Wertes« eines Buchs.[112]

In Stahlgewittern ist als eine autobiographische Schilderung angelegt – das Werk ist, so erfährt man aus dem Vorwort, »entstanden
aus dem in Form gebrachten Inhalt meiner Kriegstagebücher«; seine
Aufzeichnungen will Jünger aber nicht als objektive Darstellung,
sondern als einen »persönliche[n] Bericht« verstanden wissen.[113]
Dementsprechend betitelt er sie als ein »Tagebuch«, in dem der
»Kriegsfreiwillige«, »Leutnant und Kompanie-Führer im Füs.-Regt.
Prinz Albrecht v. Preußen«[114] Auskunft über seine Kriegserlebnisse
gibt, wobei für Jünger »der Zweck des Buches« darin liegt, »seine
Eindrücke möglichst unmittelbar zu Papier zu bringen« und »dem
Leser sachlich zu schildern, was ein Infanterist als Schütze und Führer während des großen Krieges« erlebte: der Ansicht des Verfassers
nach immerhin der »gewaltigste Kampf, der je gefochten wurde«.[115]
Im Text selbst jedoch weicht die Tagebuchform einer raffenden
Darstellung der Ereignisse; das Entscheidende dabei ist, daß die berichteten Vorfälle nicht nach ihrer Repräsentativität für den gesamten Kriegsverlauf und im Hinblick auf die Erfahrungen der Kriegsteilnehmer gewählt werden, sondern die Auswahl nach rein subjektiven Kriterien vorgenommen wird. Denn letztlich geht es Jünger

---

[112] Ebd., S. XIII, (Vorwort zur 5. Auflage), XII (Vorwort zur 5. Auflage) u.
X (Vorwort zur 1. Auflage).

[113] Ebd., S. IX (Vorwort zur 1. Auflage), S. XIII (Vorwort zur 5. Auflage).

[114] So lautet der genaue Titel der Erstausgabe von *In Stahlgewittern. Aus dem
Tagebuch eines Stoßtruppführers*, erschienen 1920 im Selbstverlag des Verfassers (Hannover), und der 1922 im Verlag von E.S. Mittler & Sohn, Berlin,
veröffentlichten bearbeiteten Fassung.

[115] Ernst Jünger: In Stahlgewittern. Aus dem Tagebuch eines Stoßtruppführers. Berlin 1924 (zweite Bearbeitung), S. IX (Vorwort zur ersten Auflage),
S. XI (Vorwort zur ersten Auflage).

nicht um die objektive Schilderung der historischen Ereignisse und eines Massenschicksals; im Mittelpunkt stehen vielmehr die Darstellung des »Kampf[es] als inneres Erlebnis«[116] und die Schilderung von Jüngers persönlicher Karriere vom Kriegsfreiwilligen zu einem mit dem höchsten Kriegsorden ausgezeichneten Offizier. Demnach unterscheidet sich die Verwendung der Ich-Erzählweise in der Intention grundsätzlich von der Konzeption der neusachlichen Antikriegsromane der späten zwanziger Jahre, die diese Form der Erzählhaltung vornehmlich aufgrund ihrer Authentizität verbürgenden Implikationen einsetzen. Der berichtende Protagonist wird in diesen Werken als ein Kriegsteilnehmer unter Millionen vorgeführt, sein Schicksal dementsprechend als ein kollektives, ja massenhaft vorkommendes verstanden. Jünger hingegen geht es weniger um die authentische Schilderung eines Schicksals, das Millionen von Menschen teilten; zwar indiziert die Qualifikation des Berichteten als »Tagebuch« die Authentizität des Erzählten, doch Jünger beabsichtigt an keiner Stelle deren Funktionalisierung im Sinne kollektiver Interessen und Erfahrungen. Statt dessen ist es ihm in Verbindung mit der Vorführung seiner eigenen erfolgreichen Biographie um die Rettung des Ich und des bürgerlichen Subjekts zu tun, das in den Kriegsfeldern millionenfach auftrat und starb. Zwar liegt Jünger mit seinen Kameraden in den Schützengräben und erfährt ein positives Kameradschaftsgefühl; doch letztlich ist er überzeugt, daß »jeder seinen eigenen Krieg [erlebt]«[117]: Er will sich als ein individuell fühlender und subjektiv erlebender, von der Masse abgehobener Kämpfer verstanden wissen, dem in den Schlachtfeldern keineswegs die Vorstellung von den Unterschieden zwischen den Kriegsteilnehmern abhanden gekommen ist. Dieser Vorstellung korrespondiert seine Insistenz auf der Bedeutung des einzelnen im Kampf: »Man hört so oft die irrige Ansicht, daß der Infanteriekampf zu einer uninteressanten Massenschlächterei herabgesunken ist. Im Gegenteil, heute mehr denn je entscheidet der einzelne«[118], heißt es in Jüngers Roman *In Stahlgewittern*.

---

[116] Ernst Jünger: Der Kampf als inneres Erlebnis. Berlin 1922.

[117] Ernst Jünger: Sturm [1923]. Stuttgart 1979, S. 30.

[118] Jünger: In Stahlgewittern, S. 182. – Vgl. hierzu auch Hans-Harald Müller: »Im Grunde erlebt jeder seinen eigenen Krieg«. Das Kriegserlebnis im

Neben Jünger wird gemeinhin Arnolt Bronnen als Beleg für die Zugehörigkeit rechter Autoren zur Neuen Sachlichkeit genannt. Im Gegensatz zu Jünger griff Bronnen tatsächlich mit seinem 1929 erschienenen nationale und revanchistische Ziele verfolgenden Roman *O.S.* auf das neusachliche Formenarsenal zurück. Doch angesichts der Tatsache, daß Bronnen zum Zeitpunkt seiner ›Wende‹ vom linken, an der Seite Bertolt Brechts arbeitenden Schriftsteller zum Vertreter des nationalkonservativen Lagers bereits mehrere Jahre aktiv an der Ausbildung einer antiexpressionistischen Sachlichkeitsästhetik mit Werken wie *Anarchie in Sillian* und *Rheinische Rebellen* beteiligt war und daß er ungeachtet seines ideologischen Positionswechsels problemlos auf Schreibtechniken der Neuen Sachlichkeit zurückgreifen konnte, relativiert die Frage nach dem Anteil rechter Autoren an der Ausbildung einer neusachlichen Ästhetik erheblich. Der Umstand, daß Bronnen nach seinem Gesinnungswechsel weiterhin die im linksbürgerlichen Umfeld erarbeiteten Methoden zur Anwendung bringt, sagt zwar etwas über deren Verfügbarkeit für unterschiedliche ideologische Gruppierungen und Ziele aus; über die Beteiligung und Zugehörigkeit anderer rechter Autoren zur neusachlichen Bewegung indes gibt der »Fall Bronnen« keinerlei Aufschluß.[119] Die Tatsache, daß die dokumentarische Schreibweise, die Bronnens Roman als ein mit neusachlichen Stilmitteln arbeitendes Werk qualifiziert, zum Entstehungszeitpunkt desselben bereits ausgebildet war, läßt die Debatte nach der Beteiligung rechter Autoren an der neusachlichen Bewegung nahezu bedeutungslos erscheinen.

Frühwerk Ernst Jüngers. In: Müller, Segeberg (Hrsg.): Ernst Jünger im 20. Jahrhundert, S. 13-38.

[119] Karl Westhoven [= Erik Reger]: O.S. Landkarte contra Dichter. In: Der Scheinwerfer 3 (1929), Nr. 2, S. 14-16, hier S. 14. – Zur Debatte um Bronnens Roman vgl. Kapitel IV.2.

II. VORAUSSETZUNGEN

II.1. *Der »steinerne Stil«: Alfred Döblins »Berliner Programm«*

Der Begriff Sachlichkeit war zu Beginn der zwanziger Jahre innerhalb der literarischen Entwicklung keineswegs neu, sondern besaß
zu diesem Zeitpunkt bereits eine literarische Tradition. Darüber
hinaus setzte sich mit Alfred Döblin ein Autor für die Durchsetzung
einer Sachlichkeitsästhetik ein, der – als er 1920 sein *Bekenntnis zum
Naturalismus* ablegte[1], bereits seit zehn Jahren für Sachlichkeit als
ästhetische Kategorie eintrat. Vielleicht war es diese langjährige Bemühung um eine Sachlichkeitspoetik, die Walter Benjamin bewog,
in seinem 1935 im Exil entstandenen Aufsatz *Juden in der deutschen
Kultur* unter den Stichworten Expressionismus und Weimarer Republik Döblin als den bedeutendsten Repräsentanten einer Strömung anzuführen, zu der dieser sich nie explizit bekannt hatte: »In
der Prosa kam die letzte literarische Bewegung, die der ›neuen Sachlichkeit‹, am nachhaltigsten durch Alfred Döblin (geb. 1878) zum
Ausdruck.«[2]

In Anbetracht der Eingebundenheit der Neuen Sachlichkeit in
die literarische Moderne erstaunt es nicht, den Begriff, den die Neue
Sachlichkeit als zentrale Komponente im Namen führt, in einer
Ästhetik der Moderne verankert zu finden; der Terminus ist gegen
Ende der zehner Jahre keine unbekannte Größe. Auch scheint es
mehr als plausibel, daß gerade jener Autor als Vermittler der Sach-
lichkeitskategorie fungiert, der aufgrund seiner aktiven Beteiligung
an der Ausbildung einer modernen Poetik einer der wichtigsten
Repräsentanten der literarischen Moderne ist. Sicherlich hat Döblin
in den zwanziger Jahren, insbesondere im Hinblick auf seinen *Berlin
Alexanderplatz*, von der Neuen Sachlichkeit profitiert; doch mehr

---

[1] Alfred Döblin: Bekenntnis zum Naturalismus. In: Das Tage-Buch 1
(1920), Nr. 50, S. 1599-1601.– Vgl. Bd. II, S. 64f.
[2] Walter Benjamin: Juden in der deutschen Kultur [1935]. In: Ders.: Gesammelte Schriften. Bd. II/2. Hrsg. v. Rolf Tiedemann, Hermann Schweppenhäuser. Frankfurt/Main 1977, S. 807-813, hier S. 813.

noch dürfte diese von einem Autor ihren Nutzen gezogen haben, der bereits vor dem Ersten Weltkrieg ein konsequenter Verfechter einer Sachlichkeitsästhetik war. Döblin hatte auf den Begriff der Sachlichkeit in Verbindung mit seinem Kampf gegen ästhetizistische Literaturprogramme und gegen den psychologisierenden Stil einer traditionellen Erzählkunst zurückgegriffen. Angesichts des Befundes, daß er bereits 1912 mit seinem »Berliner Programm« genau jene Inhalte vortrug, die in den zwanziger Jahren die zentralen Forderungen der Neuen Sachlichkeit abgeben werden, gerät die Diskussion um die Neue Sachlichkeit als ein Phänomen der Stabilisierungsphase der Weimarer Republik zu einer obsoleten Angelegenheit.

Alfred Döblin ist als Schriftsteller wie als Arzt und Wissenschaftler gleichermaßen tätig; das ist keine unbedeutende Konstellation für die Entwicklung einer Ästhetik, die bezüglich ihrer Stilformen und Schreibverfahren die Orientierung am Wissenschaftsstil annonciert. Als aktiver Vermittler des italienischen Futurismus und als Vertreter des deutschen Frühexpressionismus ist Döblin in den zwanziger Jahren ein Autor, der seit Anfang des Jahrhunderts im Kontext der literarischen Moderne agierte. Bereits 1909 hatte Döblin in einem Brief an seinen damaligen Mitstreiter Herwarth Walden im Kampf um die Durchsetzung des italienischen Futurismus als der ersten europäischen Avantgarde- und Modernebewegung ästhetische Positionen verfochten, die sich wie ein komprimiertes Programm der Neuen Sachlichkeit der zwanziger Jahre lesen. In Zusammenhang mit der Bewertung der von Walden redigierten Zeitschrift *Das Theater* kritisiert Döblin die subjektivistische Schreibweise der Beiträger und mokiert sich über deren Versuch, »zu poetisieren« und »Eigenart zu markieren«, ohne diese »Eigenart tatsächlich« zu besitzen. Demgegenüber fordert er eine sachliche Schreibweise, die den »unumgänglichen Subjektivismus« durch größtmögliche »Objektivität« auf ein Mindestmaß reduziert. »Daß man sich an Objekten entwickelt, – nicht aber in perpetuum ein wesenloses Ich abspinnt«, so lautet die Forderung Döblins. Von Interesse ist dabei, daß Döblin auch die ästhetischen Konsequenzen eines solchen Subjektivismus reflektiert – aus diesem resultiere ein »verschwommene[s] Poetisieren und Ergehen in Abstraktionen«, in »Schwulst«, »Unklarheit« und »Pathos«; zur Überwindung dieses ›persönlichen‹ Stils verweist er auf den österreichischen Architekten und Schriftsteller Adolf Loos, der sich bereits kurz nach der Jahrhundertwende für sachlichzweckgebundene Formen in Architektur und Kunstgewerbe einsetzte. Im Anschluß an Loos fordert Döblin eine gegenstandsorientierte, funktionale Ästhetik:

> Sachlich sein; jedes Ding seine besondere Sachlichkeit, Zweckmäßigkeit; nichts von außen heranbringen und ankleben. Wenn doch das die Herren lernen wollten und nicht dauernd den Stil der schlechten Kunstgewerbler schreiben.

»Mehr Bericht, mehr Kritik, – weniger ›Stil‹, weniger Dekoration«³, lautet Döblins Resümee: In einem der folgenden Briefe an Walden äußert er sich nochmals über die Theater-Zeitschrift; er lobt eine neu erschienene Nummer aufgrund jener Beiträge, die er als »sachlich« einschätzt: »Die letzte Theater-Nummer war gut, besonders in den Beiträgen von O.H. Schmitz, Ihrer Frau; auch Kalischer sachlich bis auf Einzelnes.«⁴ Mit diesen Überlegungen liefert Döblin poetologische Maximen, die die seit den frühen zwanziger Jahren in Konfrontation mit dem Spätexpressionismus sich entwickelnde neusachliche Ästhetik zumindest in drei wichtigen Punkten vorwegnehmen: Desinteresse an einem individualistischen Psychologismus, mithin größtmögliche Reduktion subjektivistischer Tendenzen mittels einer am Gegenstand, an der darzustellenden Sache orientierten objektiven Schreibweise; diese Objektivierung des Stils impliziert das Primat der Sache sowie die Aufwertung der Objektwelt; aus beiden Punkten leitet sich sodann die Ausbildung eines nüchtern-unpathetischen Stils ab. Daß Döblin dabei einen nicht zu überwindenden Restbestand von Subjektivismus annimmt, widerspricht dieser These nicht: Denn auch innerhalb der um die Neue Sachlichkeit geführten Debatte ging man zu keinem Zeitpunkt von der Möglichkeit einer restlos entsubjektivierten, konsequent dokumentarischen Schreibweise aus. Ein neusachlicher Roman, der auf jegliche erzählende Elemente und damit auf subjektive Momente zugunsten der Zusammenstellung von Dokumenten und Dokumentarmaterial verzichtet, wurde nicht produziert.

---

³ Alfred Döblin: Brief an Herwarth Walden, November 1909. In: Ders.: Briefe. Hrsg. v. Heinz Graber. Olten und Freiburg i. Br. 1970, S. 49f., hier S. 50.
⁴ Alfred Döblin: Brief an Herwarth Walden, Dezember 1909. In: Ders.: Ebd., S. 51.

Auch mit seinem Hinweis auf die »Zweckmäßigkeit« von Literatur führt Döblin einen Aspekt in die literarische Diskussion ein, der in den zwanziger Jahren den Kern neusachlicher Ästhetik ausmachen wird: die Forderung nach dem Gebrauchswert literarischer Produkte – ein Postulat, das Döblin sowohl in den folgenden Jahren als auch in seinen ästhetischen Schriften aus der Zeit der Weimarer Republik konsequent ausbaut. Von Beginn an, so beweisen Döblins briefliche Äußerungen Walden gegenüber, sieht er dabei den Berichtstil als Garanten eines solchen Gebrauchscharakters literarischer Werke. »Mehr Bericht« fordert Döblin und formuliert damit einen zentralen Aspekt der neusachlichen Bewegung mehr als zehn Jahre vor deren eigentlicher Wirkungsphase.

In den Jahren nach 1910 wird der Begriff der Sachlichkeit bei Döblin programmatisch. Doch schon in seinen 1905/06 entstandenen *Gesprächen mit Kalypso*, die als grundlegend für seine späteren ästhetischen Positionen gelten dürfen, hatte er für eine sachliche, realitätsbezogene Kunst plädiert.[5] Döblin entwirft in dieser frühen theoretischen Schrift in Anlehnung an den historischen Naturalismus und an Arno Holz Positionen, von denen er in den darauffolgenden Jahrzehnten nicht mehr abrücken wird. Sein Ziel ist eine Sachlichkeitsästhetik, als deren zentrale Elemente Antisubjektivismus und Antipsychologismus fungieren: Damit wendet er sich gegen die einseitig psychologisierende Darstellung von Einzelschicksalen, und das heißt literarhistorisch gewendet gegen die Strömungen der Jahrhundertwende, insbesondere gegen die individualpsychologisierende Innerlichkeit der Neuromantik. Kunst gilt ihm nicht mehr als Mittel der Schilderung menschlichen Gefühls- bzw. Innenlebens und psychischer Abläufe, sondern als ein Instrument der sachlichen Beschreibung der Außenwelt. Döblin lenkt hier erstmals seinen Blick auf die Dingwelt und auf die gesellschaftliche Realität: In Zusammenhang mit dem Bemühen um eine Klärung des Verhältnisses zwischen Kunst und Wirklichkeit fordert er eine sachliche Kunst, unter der er eine wirklichkeitsnahe, direkte und unmittelbare Darstellung realer Gegenstandswelt versteht.

---

[5] Alfred Döblin: Gespräche mit Kalypso. Über die Musik [1910]. In: Ders.: Schriften zu Ästhetik, Poetik und Literatur. Hrsg. v. Erich Kleinschmidt. Olten, Freiburg i. Br. 1989, S. 11–112.

Der Terminus Sachlichkeit gewinnt für Döblin in den folgenden Jahren wachsende Bedeutung. Sachlichkeit als ästhetische Kategorie bildet einen festen Bestandteil seines Entwurfs einer modernen Poetik, die er der traditionellen idealisierenden Literatur entgegensetzt. Zwar wird diese Konzeption in ihren Grundpositionen bereits in den *Gesprächen mit Kalypso* erarbeitet, die eigentliche Ausbildung einer spezifisch literarischen Sachlichkeitsästhetik erfolgt jedoch erst in den folgenden Jahren. Vor allem im Zuge der Auseinandersetzung mit dem italienischen Futurismus, im besonderen mit Marinetti, nimmt diese konkrete Gestalt an. In den im Jahr 1912 in Waldens *Sturm*-Galerie gezeigten futuristischen Malern erkennt Döblin willkommene Mitstreiter; seine bereits 1911 formulierte Maxime, der »Grundwillen der Kunst« sei die »Reduktion auf die sachlichste Formel«[6], fand er hier eingelöst. Den malerischen Futurismus erkannte Döblin als eine den Gegenständen verpflichtete Kunst an, mit der gegen die im »Land der ›Innerlichkeit‹«[7] praktizierte einfühlende, idealisierende Kunst angegangen werden konnte. Marinettis literarischen Futurismus hingegen hat Döblin bekanntlich empört zurückgewiesen; »der große Epiker«[8] in ihm fühlte sich angegriffen. Gleichwohl hat auch Marinettis Programm des Futurismus, dargelegt in dessen *Technischem Manifest der Futuristischen Literatur* aus dem Jahr 1912, Spuren in dem als Gegenprogramm konzipierten »Döblinismus« hinterlassen. Mit diesem »Berliner Programm«[9] entwirft Döblin eine moderne epische Schreibweise, als deren herausragendes Element die ästhetische Kategorie der Sachlichkeit fungiert. Die damit verbundene Forderung nach einem entsubjektivierten, antipsychologischen, nüchternen und sachlichen Stil durchzieht dann auch die wichtigsten ästhetischen Schriften der beiden folgenden Jahrzehnte. Aufgrund dieser Kontinuität hinsichtlich der Aus-

---

[6] Alfred Döblin: Pantomime [1911]. In: Ders.: Kleine Schriften. Hrsg. v. Anthony W. Riley. Olten und Freiburg i. Br. 1985, S. 103-107, hier S. 104.
[7] Alfred Döblin: Die Bilder der Futuristen [1912]. In: Ebd., S. 112-117, hier S. 116.
[8] Alfred Döblin: Der Bau des epischen Werks [1928]. In: Schriften zur Ästhetik, Poetik und Literatur. Hrsg. v. Erich Kleinschmidt. Olten und Freiburg i. Br. 1989, S. 215-245, hier S. 226.
[9] Alfred Döblin: An Romanautoren und ihre Kritiker. Berliner Programm [1912]. In: Ders.: Schriften zu Ästhetik, Poetik und Literatur, S. 119-123.

bildung einer Sachlichkeitsästhetik darf Döblin zweifelsohne als einer der bedeutendsten Anreger neusachlicher Literatur der zwanziger Jahre gelten – eine Rolle, die ein anderes Licht auf das Präfix ›neu‹ wirft und die Berechtigung und Stimmigkeit des Begriffs unterstützt.

Die Präzisierung seiner Auffassung der poetologischen Kategorie »Sachlichkeit« im Rahmen seines »Berliner Programm[s]« zeigt, daß Döblins ästhetische Schriften dieser Jahre nicht nur aufgrund der bloßen Verwendung der Begriffe »sachlich« und »Sachlichkeit« mit der Neuen Sachlichkeit der zwanziger Jahre in Verbindung gebracht werden können, sondern auch ihrer inhaltlichen Bedeutung wegen. Unter »steinerne[m] Stil« versteht Döblin eine von »Sachlichkeit« »gesättigte« Schreibweise; dabei bezeichnet er – wiederum unter indirekter Bezugnahme auf Loos – mit »Sachlichkeit« die Unmittelbarkeit literarischer Produkte sowie die Einfachheit und Nüchternheit des Stils, Forderungen, mit denen sich die Neue Sachlichkeit nach dem Ersten Weltkrieg gegen den Expressionismus durchsetzen wird: »[...] wir wollen keine Verschönerung, keinen Schmuck, keinen Stil, nichts Äußerliches [...]. Naturalismus, Naturalismus; wir sind noch lange nicht genug Naturalisten.«[10] Allein gegen Marinettis Verständnis von Sachlichkeit, die, so fürchtet Döblin, zum völligen Verlust der epischen Dimension literarischer Texte führte, erhebt er Einspruch; deren epischer Charakter dürfe nicht der »dreimal heiligen Sachlichkeit« geopfert werden, Sachlichkeit dürfe nicht mit »Dinglichkeit«, Realität nicht mit Dingwelt gleichgesetzt werden, der Autor sich nicht völlig den Objekten ausliefern. Döblin führt damit ein Verständnis von Sachlichkeit vor, das auch die neusachliche Diskussion und Literatur der zwanziger Jahre kennzeichnet; innerhalb des literarischen neusachlichen Diskurses werden weder die völlige Reduktion der Realität und Realitätserfahrung auf die Objekte und die Objektwelt noch der Verzicht auf die erzählerische Ausgestaltung literarischer Texte gefordert und praktiziert, wie in früheren Untersuchungen zur Neuen Sachlichkeit stereotyp behauptet. Schon die umfängliche Produktion neusachlicher Zeitromane belegt dies.

---

[10] Alfred Döblin: Futuristische Worttechnik. Offener Brief an F.T. Marinetti [1911]. In: Ders.: Schriften zu Ästhetik, Poetik und Literatur, S. 113-119, hier S. 113f.

Die Nähe seiner innerhalb des »Berliner Programm[s]« entworfenen Sachlichkeitsästhetik zur neusachlichen Bewegung, die sich
Anfang der zwanziger Jahre als ein »neuer Naturalismus«[11] konstituierte, wird deutlich, wenn Döblin die Vorstellung dessen, was
man unter einer sachlichen Schreibweise zu verstehen habe, mit
dem Hinweis auf eine naturalistische Kunst zu präzisieren sucht:
»Sich die Bilder verkneifen«, das »ABC der Naturalisten, des echten
direkten Künstlers«[12] - dieses Postulat eines metaphernfreien Berichtstils, wie er ihn Marinetti abverlangt hatte, bildet zwar auch
hier die Basis seiner Ausführungen; im Mittelpunkt jedoch steht
eine Forderung, die Döblin in Übereinstimmung mit der Neuen
Sachlichkeit in den Schriften der folgenden Jahre konsequent wiederholen wird: die Absage an den Psychologismus der erzählenden
Literatur, der Verzicht auf eine psychologisierende Schreibweise, die
Kritik an der »psychologische[n] Manier« traditioneller Romankunst
sowie die damit verbundene Beschränkung auf die »Notierung der
Abläufe, Bewegungen, - mit einem Kopfschütteln, Achselzucken für
das Weitere und das ›Warum‹ und ›Wie‹«.[13] Bereits in seinen *Gesprächen mit Kalypso* hatte Döblin - das Ziel einer wirklichkeitsnahen,
gesellschaftsbezogenen Kunst sowie eine sachlich-objektive Schreibweise vor Augen - für eine Entpsychologisierung der Literatur plädiert. Im Anschluß an diese Forderung nach einer Einschränkung
der literarischen Bedeutung des Individuums und seines Innenlebens,
der die Aufwertung der gesellschaftlichen Realität implizit ist, leitet
Döblin in der Folge eine sachbezogene, antipsychologisierende Ästhetik, eine »depersonale Poetik« ab, die dem Autor völlig neue
Funktionen zuweist. An die Stelle der »einfühlsamen Erzählperspektive« und der »psychologischen Manier« des traditionellen Romans
setzt er eine Poetik, die den Autor auf eine »depersonale Wahrnehmung im Sinne eines mechanistischen Beobachtens«, auf die Rolle
eines den »Objekten hingegebenen Beobachter[s]«[14] festlegt; statt der
subjektivistischen Innensicht fordert Döblin eine versachlichte Au-

---

[11] Vgl. dazu Kapitel III.2.
[12] Döblin: Futuristische Worttechnik, S. 117.
[13] Ebd., S. 120f.
[14] Erich Kleinschmidt: Depersonale Poetik. Dispositionen des Erzählens bei
Alfred Döblin. In: Jahrbuch der Deutschen Schillergesellschaft 26 (1982),
S. 383-401, hier S. 388.

ßenperspektive, die nüchtern-sachliche Beschreibung gesellschaftlicher Prozesse und die Konzentration auf die empirische Realität. In
Zusammenhang mit diesen Forderungen avanciert die »entseelte
Realität« zu seinem zentralen literarischen Gegenstand, »Tatsachenphantasie« – statt »Romanpsychologie«[15] – ist das Mittel ihrer Erfassung.

Eine der Beobachtung und den Gegenständen verpflichtete
Schreibweise, die Aufwertung der objektiven Außen- gegenüber der
subjektiven Gefühlswelt, Beobachterrolle statt Innenperspektive, das
alles sind Forderungen und produktionsästhetische Maximen, die
Döblin auf das engste mit der Neuen Sachlichkeit verbinden – als
ihr wichtigster Anreger wie als einer ihrer Repräsentanten gleichermaßen. Die durch die neusachliche Bewegung vorgenommene Revision des traditionellen Verständnisses vom Autor als der singulären
Dichterpersönlichkeit, ihre Zweifel an der Einmaligkeit der dichterischen Einzelleistung sind bei Döblin weitgehend vorgegeben. Bereits bei ihm impliziert die Verpflichtung dem darzustellenden Sujet
gegenüber die Aufwertung der Objektwelt – ein Aspekt neusachlicher Programmatik, dem sowohl durch die von Rudolf Kayser ge-
prägte Bezeichnung »Neue Gegenständlichkeit« als auch in der fran-
zösischen Übersetzung des Begriffs Neue Sachlichkeit mit ›la nouvelle objectivité‹ Rechnung getragen wurde; das »Verschwinde[n]«
des Autors hinter dem Geschilderten, die Identifikation mit dem
Gegenstand, die auktoriale Loyalität der Materie gegenüber sind die
Konsequenzen aus den mit einer traditionellen Erwartungshaltung
brechenden neusachlichen Funktionszuschreibungen an Schriftsteller: »Der Prosaautor preßt soviel Gegenständlichkeit aus seinem Material, den Worten, als das Material hergibt«, schreibt Döblin in
seinem 1917 entstandenen Aufsatz *Über Roman und Prosa*. Wie die
Neue Sachlichkeit knüpft auch er an die Forderung nach einer Gegenständlichkeit von Literatur das Postulat der Neutralität des Autors. Diese Forderung nach auktorialer Objektivität, nach einem
sachlich-neutralen Berichten von Tatsachen, die der Neuen Sachlichkeit zahlreiche Vorwürfe einbrachte, wird Döblin in diesen Jahren
nicht müde zu wiederholen; der Autor dürfe seine Protagonisten

---

[15] Döblin: An Romanautoren und ihre Kritiker. Berliner Programm, S. 123
u. 120.

nicht dazu benutzen, seine »Ansichten zu besten zu geben«[16], und nur der Leser solle »urteilen, nicht der Autor«.[17] Aus dieser von Döblin angestrebten »Depersonation« resultieren jener »steinerne Stil« und jene »eiserne, stumme Front«[18], mit deren Hilfe er die auktoriale »Hegemonie« zu brechen gedenkt. Die für die Neue Sachlichkeit konstatierte Kälte, die ja nicht nur, wie behauptet, die Verhaltensformen und Handlungsweisen des literarischen Personals neusachlicher Literatur in Parallelität zur Kälte der kapitalisierten, rationalisierten Industriegesellschaft kennzeichnet[19], sondern auch das Resultat der objektiv-neutralen, sachbezogenen Berichtform und der Abwesenheit eines subjektiv kommentierenden Erzählers ist, entspricht bis ins Detail dieser von Döblin geforderten »eiserne[n], stumme[n] Front«. Die Distanziertheit des neusachlichen Stils, von der dann gesprochen werden kann, resultiert aus genau jenen Elementen, die auch Döblins »steinernen Stil« konstituieren. Das Moment des Urbanen, das die literarische Moderne wesentlich charakterisiert, dürfte hinsichtlich der Ausbildung einer solchen Ästhetik sowohl bei Döblin als auch innerhalb der neusachlichen Bewegung von nicht geringer Bedeutung sein.

II.2. Sachlichkeit in der architekturtheoretischen und kunstgewerblichen Diskussion der Jahrhundertwende

Der oben zitierte Brief Alfred Döblins an Herwarth Walden aus dem Jahr 1909 verdeutlicht, worauf Döblin in Zusammenhang mit der Ausbildung einer literarischen Sachlichkeitsästhetik primär Bezug nahm und in welcher Entwicklungslinie er eine solche Poetik eingeordnet wissen wollte. Indem er sich explizit auf den Wiener

---

[16] Alfred Döblin: Über Roman und Prosa [1917]. In: Kleine Schriften. Bd. 1, S. 226-232, hier S. 227, 229 u. 227.

[17] Döblin: An Romanautoren und ihre Kritiker. Berliner Programm, S. 121.

[18] Döblin: Über Roman und Prosa, S. 228.

[19] Vgl. Helmut Lethen: Verhaltenslehren der Kälte. Lebensversuche zwischen den Kriegen. Frankfurt/Main 1994.

Architekten Adolf Loos beruft, bringt er sein Sachlichkeitspostulat mit der zeitgenössischen Architektur- und Kunstgewerbetheorie in Verbindung, die in diesen Jahren im Umfeld des Werkbundes diskutiert wurde. Das ästhetische Postulat der Sachlichkeit entstammt der Architektur und dem Kunstgewerbe, Döblin kommt das Verdienst zu, die in diesen Bereichen seit 1900 entworfenen materialästhetischen Ansätze auf die literarische Diskussion übertragen und für die literarische Ästhetik, für eine Materialästhetik nutzbar gemacht zu haben.

Der Begriff »Sachlichkeit« taucht 1900 zunächst bei Georg Simmel auf, der ihn in Zusammenhang der Beschreibung urbaner Verhaltensmuster verwendet. In seinem Aufsatz *Die Großstädte und das Geistesleben*, ein Extrakt seiner 1900 publizierten *Philosophie des Geldes*, der drei Jahre später in dem anläßlich der in Dresden organisierten Städteausstellung zusammengestellten Sammelband *Die Großstadt – Vorträge und Aufsätze zur Städteausstellung* erschien, spricht Simmel von der »Verstandesgemäßheit« und »reine[n] Sachlichkeit« des Großstädters: »Sachlichkeit« im Sinne von »Blasiertheit«· und »Reserviertheit« soll diesen gegen die großstädtische Reizüberflutung schützen, da er sich ansonsten »völlig atomisieren« und in »eine ganz unausdenkbare seelische Verfassung geraten« würde.[20] Zwar ist die Verwendung des Begriffs innerhalb großstädtischer Wahrnehmungstheorien für die Entwicklung der ästhetischen Kategorie Sachlichkeit im Rahmen der literarischen Moderne insgesamt wie der Neuen Sachlichkeit im speziellen nicht ohne Bedeutung; so wird noch 1929 in einem rekapitulierenden Aufsatz über die *Neue Sachlichkeit in der Dichtung* auf Simmels Definiton von Sachlichkeit als eine urbane Verhaltensnorm und als eine gegen die großstädtische Zivilisation ausgebildete Schutzmaßnahme Bezug genommen, wenn sachliche Verhaltensweisen als ein Schutz vor dem Autonomieverlust des Menschen angesichts einer von ihm selbst geschaffenen technisierten

---

[20] Georg Simmel: Die Großstädte und das Geistesleben. In: Die Großstadt. Vorträge und Aufsätze zur Städteausstellung in Dresden (= Jahrbuch der Gehe-Stiftung, Bd. 9). Hrsg. v. Thomas Petermann. Dresden 1903, S. 227-242. Zitiert nach: Georg Simmel: Das Individuum und die Freiheit. Essais. Berlin 1984, S. 191-204, hier S. 193, 196 u. 197.

Lebenswelt beschrieben werden.[21] Entscheidend wird allerdings die Verwendung des Terminus Sachlichkeit im Kontext der um die Jahrhundertwende einsetzenden Debatte um eine gegen den Jugendstil gerichtete neue Form in Architektur, Kunstgewerbe und Design. Hier wird mit Sachlichkeit nach 1900 eine funktionalistische Ästhetik eingefordert, die sich gegen die Ornamentik, gegen die im Namen des Jugendstils praktizierte Kunst der Verzierung richtet. Als der Architekt Hermann Muthesius in seiner 1902 erschienenen Schrift *Stilarchitektur und Baukunst* von einer »strengen Sachlichkeit« als dem »Grundzug modernen Empfindens« spricht, so nimmt er zweifelsohne auf Simmels Überlegungen Bezug; wesentlicher scheinen jedoch die Absetzungstendenzen vom Jugendstil, im Zuge derer die Simmelsche Verhaltensformel zu einer ästhetischen Kategorie erweitert wird. Muthesius nimmt das theoretische Programm des Werkbundes, an dessen Gründung er später maßgeblich beteiligt sein wird, vorweg, wenn er die Forderung nach einer Kunst und Architektur vorbringt, deren Form sich nach ihrer Zweckmäßigkeit zu richten habe:

Wir bemerken eine strenge, man möchte sagen, wissenschaftliche Sachlichkeit, eine Entfaltung von allen äußern Schmuckformen, eine Gestaltung genau nach dem Zweck, dem das Werk dienen soll. [...] [U]nsere ästhetische Vorwärtsbewegung kann nur in der Richtung des streng Sachlichen, der Beseitigung von lediglich angehefteten Schmuckformen und der Bildung nach den jedesmaligen Erfordernissen des Zweckes gesucht werden.[22]

---

[21] Günther Müller: Neue Sachlichkeit in der Dichtung. In: Schweizerische Rundschau 29 (1929), Nr. 8, S. 706-716, hier S. 716. – Bd. II, S. 32-37, hier S. 37.

[22] Hermann Muthesius: Stilarchitektur und Baukunst. Wandlungen der Architektur im XIX. Jahrhundert und ihr heutiger Standpunkt. Mülheim-Ruhr 1902, S. 50 u. 51. – Vgl. dazu auch: Fritz Schmalenbach: Jugendstil und Neue Sachlichkeit. In: Ders.: Kunsthistorische Studien. Basel 1941, S. 9-21 (wiederabgedruckt in: Jost Hermand: Jugendstil. Darmstadt 1971, S. 65-77); Richard Hamann, Jost Hermand: Stilkunst um 1900. Berlin 1967, S. 507-540; Wieland Schmied: Die Neue Sachlichkeit in Deutschland. Notizen zum Realismus der zwanziger Jahre. In: Neue Sachlichkeit und Realismus. Kunst zwischen den Kriegen. Katalog zur Ausstellung im Museum des 20. Jahrhunderts in Wien 1977. Wien 1977, S. 161-168.

Mit Sachlichkeit benennt Muthesius also die Zweckmäßigkeit und
den Gebrauchswert von Kunst sowie ihre Funktionalität im Sinne
von Schmucklosigkeit und Abkehr vom Ornamentalen – Zuschreibungen, die in den zwanziger Jahren ein fester Bestandteil sowohl
der Architekturtheorie des Weimarer Bauhauses als auch der literarischen Ästhetik der Neuen Sachlichkeit sind.

Zwar wurde der Begriff Sachlichkeit in Zusammenhang mit dem
um 1900 einsetzenden Kampf gegen den Jugendstil auch von anderen Architekten und Architekturtheoretikern verwendet[23], doch in
Muthesius fand die ornamentale Kunst der Jahrhundertwende einen
ihrer schärfsten und aktivsten Gegner. Unter dem Stichwort »Maschinenstil«[24] trat er für eine sachgemäße, zweckgebundene Kunst
ein, die sich gegen alles Dekorative und gegen jegliche Ornamentik
richtete. Im Hinblick auf den Jugendstil sprach Muthesius gar von
einer »Ornamentmisere«, die er durch Prämissen wie die »Knappheit
der Form«, »unbedingte Zweckmäßigkeit« und durch den Verzicht
auf jegliche »Schmuckformen« zu überwinden hofft.[25] Als Ziel stand
ihm eine »bürgerliche Sachkultur«[26] vor Augen, wobei die soziologische Rückbindung an das Bürgertum zu diesem Zeitpunkt die Kritik
der aristokratischen Ausrichtung der zeitgenössischen Akademie-
kunst implizierte. Auch in seiner 1904 erschienenen Schrift *Kultur
und Kunst*, die Aufsätze aus den vorangegangenen Jahren versam-
melt, weist Muthesius auf die Notwendigkeit einer »reinen, sachlichen Betätigung auf allen Gebieten des Lebens«, insbesondere der
Kunst und Kultur hin. Dabei glaubt Muthesius bereits in diesen Jahren »Sachlichkeitsbestrebungen« und neue Formen »moderne[n]
Empfinden[s]« auszumachen – auch hier nimmt er offensichtlich auf
Simmels Wahrnehmungstheorie Bezug –, denen sowohl die »bür-
gerlich-sachliche« und »sozusagen wissenschaftliche Vereinfachung

---

[23] Vgl. Wilhelm Schäfer: Sachliche Kunst. In: Die Rheinlande, Jg. 1902/03,
Bd. V (September 1902 – April 1903), Nr. VII, S. 53f.; Schäfer spricht vom
Jugendstil als von einer »traurigen Entartung«, die kaum über das »Dekora-
tive« und die »individuelle Künstlerlaune« hinausgekommen sei.

[24] Hermann Muthesius: Kunst und Maschine. In: Dekorative Kunst Jg.
(1901/02), Bd. IX, (Januar 1902), Heft V, S. 141-145, hier S. 144.

[25] Muthesius: Stilarchitektur und Baukunst, S. 57 u. 52.

[26] Hermann Muthesius: Sachkultur. In: Die Rheinlande, Jg. 1903, S. 61.

aller Lebensformen« als auch die Entstehung einer »Sachkunst« und einer neuen ästhetischen Form, der »Ausbau der neuen Formenwelt« implizit seien. »Schlichtheit«, das »Streben nach dem Echten, Einfachen, Sachlichen« und die Ausbildung einer »schmucklose[n] Gebrauchsform, ohne Ornament« sind für Muthesius die zentralen »Ideen der neuen Kunstauffassung«. Die Bezüge, die die Neue Sachlichkeit der zwanziger Jahre zum Sachlichkeitskonzept der Jahrhundertwende aufweist, werden einmal mehr deutlich, wenn Muthesius in seinem Aufsatz *Umbildung unserer Anschauungen* schreibt: »So kann es auch nicht wundernehmen, daß unsere Kunst mehr auf das Nützliche, das Nüchterne und äußerlich Schmucklose, kurz auf die Betonung und Vermehrung des Sachlichkeitsanteils ausgeht«[27], eine Bestimmung von Sachlichkeit, die noch in den zwanziger Jahren im kunsthistorischen Kontext nahezu unverändert ihre Geltung hat; so nennt z.B. Guido K. Brand im Rahmen eines Vortrags, den er 1929 in der *Sturm*-Galerie hält, neben der Abkehr von »Romantik, Sentimentalität, [...] Geste, Phrase« die »Flucht vor [...] Ornament« als ein »Kennzeichen« der »neuen Sachlichkeit«.[28] Und in einer 1930 im *Berliner Börsen-Courier* abgedruckten Erzählung von Albert Waasdijk mit dem Titel *Neue Sachlichkeit* heißt es: »Das ist ein Haus aus dieser Zeit, gebaut nach den Forderungen der neuen Sachlichkeit, keine Verzierungen, kein unnötiger Schmuck, keine Spur mehr eines früheren Stils [...].«[29] Muthesius' Überlegung könnte indes auch ohne weiteres den zahlreichen Äußerungen des neusachlichen Diskurses der Weimarer Republik entnommen sein, innerhalb dessen die Kritik am »poetischen Ornament«[30] eine feste Größe darstellt. Rudolf Arnheim spricht 1927 von der Neuen Sachlichkeit als von einer Bewegung, deren Sachlichkeit gerade dort einen Sinn mache, »wo die vorige Generation über dem Mittel den

---

[27] Hermann Muthesius: Kultur und Kunst. Jena 1904, S. 27, 68, 73, 75, 37, 64 u. 74.

[28] t. [= Guido K. Brand]: ›Neue Sachlichkeit‹. In: Berliner Tageblatt, 27.3.1929.

[29] Albert Waasdijk: Neue Sachlichkeit. In: Berliner Börsen-Courier, 25.11.1930.

[30] Karl Westhoven [= Erik Reger]: [Rez.] Friedrich Wolf: Kampf im Kohlenpott, Karl Grünberg: Brennende Ruhr. In: Der Scheinwerfer 2 (1928), Nr. 5, S. 23f., hier S. 24.

Zweck vergessen hatte, überall, wo an die Stelle der gedrehten Tischbeine, der geblümten Tapeten, der Häkeldeckchen, der Stuckfassaden das pure Material in der handwerklich einfachsten und zweckmäßigsten Verarbeitung tritt. Wir spüren da, gegenüber allem Zierat, eine Reinlichkeit und Ehrlichkeit, die uns wohltut und erfrischt«.[31] Noch in dem in den zwanziger Jahren so populären Titelsong der 1928 aufgeführten Revue *Es liegt in der Luft* des Revue-Librettisten Marcellus Schiffer werden solche Rückbezüge und Parallelen ungeachtet der polemisierenden Tendenz deutlich, wenn es heißt: »Es liegt in der Luft eine Sachlichkeit,/[...] Fort mit Schnörkel, Stuck und Schaden!/Glatt baut man die Hausfassaden./ Nächstens baut man Häuser bloß/ Ganz und gar fassadenlos./Krempel sind wir überdrüssig!/ Viel zuviel ist überflüssig: [...].«[32]

II.3. *Sachlichkeitskonzepte des Werkbunds*

Im Jahr 1907 werden Muthesius' Forderungen und Ziele mit der Gründung des Werkbundes institutionalisiert. Aus der Vereinigung der Münchner und Dresdner Werkstätten zu den »Deutschen Werkstätten« hervorgegangen, entwickelte sich der Werkbund zum bedeutendsten Forum für die Durchsetzung einer zweckgebundenen Sachkultur, vornehmlich in den Bereichen Architektur, Kunstgewerbe und Design.[33] Zwar spielen bei der Gründung des Werkbundes auch zivilisationskritische und kulturpessimistische Motive eine Rolle, viele sahen angesichts der revolutionären Umbrüche, die die

---

[31] Rudolf Arnheim: Neue Sachlichkeit und alter Stumpfsinn. In: Die Weltbühne 23 (1927), I, Nr. 15, S. 591f., hier S. 591. – Vgl. Bd. II, S. 295f.
[32] Marcellus Schiffer: Es liegt in der Luft [1928]. Abgedruckt in: Der Uhu 8 (1929/1930), August, S. 91; Musik von Mischa Spoliansky; der Song wurde 1929 von Marga Lion in Berlin vorgetragen.
[33] Zur Entwicklung des Werkbundes vgl.: Joan Campbell: Der Deutsche Werkbund 1909-1934. Stuttgart 1981; dies.: Entwurf der »Neuen Zeit«. Der Deutsche Werkbund in den zwanziger Jahren. In: Im Banne der Metropolen: Berlin und London in den zwanziger Jahren. Hrsg. v. Peter Alter. Göttingen 1993, S. 298-313.

Industrialisierung mit sich gebracht hatte, die nationale Kultur in Gefahr. Doch primär geht es seinen Gründervätern um eine infolge der Industrialisierung und Urbanisierung aller Lebensbereiche notwendig gewordene Neubestimmung von Architektur, Stadtplanung und Kunst; der Begriff der ›angewandten Kunst‹ wird innerhalb ihrer Theorie obsolet. Im Namen des Werkbunds werden in den folgenden Jahren Prämissen verfolgt, die noch die architektonischen, städtebaulichen und kunstgewerblichen Aktivitäten des Weimarer Bauhauses bestimmen, aber auch in Forderungen der literarischen Neuen Sachlichkeit wiederzufinden sind.[34] Das primäre Ziel der Werkbundmitglieder ist die Überwindung der ›Scheinkultur‹ des Jugendstils, nach der der Gebrauchscharakter eines Produkts durch Verzierung und Ornamentik seiner reinen Funktionalität enthoben oder gar einem anderen Bereich überantwortet wurde. Dieser von den Werkbundtheoretikern als die »bürgerliche Gemütlichkeit« des Jugendstils bezeichnete Tendenz wird die Offenlegung des Produktionscharakters und die Betonung des Mechanischen und Konstruktivistischen entgegengesetzt: Maximen, die sich in der neusachlichen Forderung nach der Überprüfbarkeit des Entstehungsprozesses literarischer Texte wiederfinden. Die im Rahmen des Werkbundes geführte Diskussion um die Freilegung des Nutzcharakters eines Gebäudes oder eines Gebrauchsgegenstands beinhaltet die Debatte um eine zweckgebundene Kunst, um einen an der »Sache«, an dem »Wesen« der Sache orientierten Stil, der an die Stelle von »unsachliche[m] Zierat« und »gemüthaften Bindungen« an einen Gegenstand einen funktionalen Zugang zu und Umgang mit den Produkten setzt. Für den architektonischen Bereich implizierte diese Prämisse u.a. den Bau von Industrie- und Fabrikkomplexen, deren äußere Gestaltung nicht darauf angelegt war, den eigentlichen Sinn und Zweck solcher Gebäude mittels »Zierat« und »Masken«[35] zu verbergen – eine Tendenz, die als ein prägnantes Kennzeichen der gesamten

---

[34] Im folgenden soll nicht in jedem Punkt auf die Bezüge zwischen der Sachlichkeitsdiskussion im Umfeld des Werkbundes und dem literarischen Diskurs über die Neue Sachlichkeit der zwanziger Jahre verwiesen werden. Die einzelnen, in Kapitel III. behandelten Programmpunkte der literarischen Neuen Sachlichkeit belegen die hier angesprochenen Parallelen.
[35] Walter Gropius: Die Entwicklung moderner Baukunst. In: Jahrbuch des deutschen Werkbundes, 1913, S. 17-32, hier S. 19.

Gründerzeit gelten darf. An diesem Versuch der ›Entsentimentalisierung‹ architektonischer und kunstgewerblicher Tätigkeit mittels einer Rationalisierung und Funktionalisierung der Form sind alle wichtigen Werkbundtheoretiker, unter ihnen Muthesius, Fritz Schumacher, Walter Gropius, Hans Poelzig u.a., beteiligt. Elemente wie Werkgerechtigkeit, Stofflichkeit, Dominanz des Inhaltlichen gegenüber dem Formalen sind die Leitlinien ihrer Tätigkeit; dem architektonischen ebenso wie dem kunstgewerblichen Schaffen wird eine Materialästhetik zugrundegelegt, nach der das verwendete Material und die intendierte Funktion des Produkts seine Form maßgeblich mitbestimmen. Sachlichkeit meint demzufolge nicht zuletzt Materialgerechtigkeit, ein Aspekt, der neben dem der Funktionalität die stärkere Gewichtung des Materialwerts gegenüber der formalgeistigen Dimension von Kunst und Architektur bedingt. Fritz Schumacher, Organisator der für die Entwicklung einer sachgemäßen Zweckkunst in Architektur und Kunstgewerbe bedeutenden »Dritte[n] allgemeine[n] deutsche[n] Kunstgewerbeausstellung« in Dresden, spricht in dem zur Ausstellung erarbeiteten Katalog von der »Schönheit des soliden Materials« und der »Schönheit der reinen Zweckform«; an diese veränderte Einstellung dem Material gegenüber knüpft Schumacher die Umsetzung einer »Sachlichkeit« der Kunst, aber auch die »Wirkung« von Kunst: »Konzentriert eure Absicht auf den Zweck, auf die sachliche Qualität, dann kommt die Kunst, nämlich die künstlerische Wirkung von selbst«[36], heißt es in seinem Aufsatz über die Dresdner Kunstgewerbe-Austellung. Muthesius' schon 1904 ausgegebene Mahnung, das kunstgewerbliche Produkt von materialfremden Einflüssen, von »Phantastischem« zu befreien, bildet die Grundlage solcher Postulate.[37]

Ausgehend von diesen materialästhetischen Ansätzen des Werkbundes spricht man im Hinblick auf die eingeforderte Zweckmäßigkeit der Form wie der gesamten künstlerischen Produktion von einer ›unfreien‹ Kunst bzw. von der Gleichrangigkeit von zweckbestimmter und zweckgebundener Kunst, von »freier«[38] und »ange-

---

[36] Fritz Schumacher: Die Dresdner Kunstgewerbe-Austellung. In: Kunstwart 19 (1926), Nr. 19, S. 347-349; Nr. 20, S. 396-400; Nr. 21, S. 458-462, hier Nr. 20, S. 397.

[37] Muthesius: Kultur und Kunst, S. 75.

[38] Schumacher: Die Dresdner Kunstgewerbeausstellung, Nr. 20, S. 398.

wandter«[39], ›unfreier‹ Kunst: Begriffe, die noch in Alfred Döblins 1929 erschienenem Aufsatz *Ars militans* eine zentrale Rolle spielen werden.[40] Den im Werkbund vereinten Architekten, Designern und Kunstgewerblern war es vornehmlich um die Ausbildung einer Gebrauchsform zu tun, wobei man ein solches Anliegen primär durch die Reduktion der hergestellten Gegenstände auf ihren eigentlichen Nutzen und Zweck einzulösen sucht. War der Jugendstil in seiner extremen Ausprägung darauf angelegt, den Gebrauchscharakter eines Gegenstandes durch seine über die Ornamentik geleistete Zuordnung in einen anderen Bereich zu überspielen und seine eigentliche Bestimmung zu verfremden, soll nun die funktionale Bestimmung einer Sache offengelegt werden, das hergestellte Produkt als Nutzgegenstand vorgeführt werden. Auch glaubt man durch die Sichtbarmachung der Funktion eines Produktes die Präzision der Form garantiert. Eine in diesem Zusammenhang annoncierte Präzisionsästhetik zielt in erster Linie auf formale Einfachheit und Klarheit – Vorgaben, die zehn Jahre später sowohl die Arbeit des Bauhauses als auch die literarische Produktion im Umfeld der Neuen Sachlichkeit maßgeblich bestimmen.

Neben Hermann Muthesius wird der Begriff Sachlichkeit im Umfeld des Werkbundes vornehmlich von den Berliner Architekten Hans Poelzig und Alfred Messel benutzt. Letzerer spricht bereits 1905 von »Sachlichkeit« in der Bedeutung von »Einfachheit« und Zweckmäßigkeit der Form. In einem Brief an Herwarth Walden vom 12.10.1905, auf den Peter Sprengel vor einigen Jahren aufmerksam machte[41], schreibt Messel, der 1897 mit dem Neubau des Berliner Kaufhauses Wertheim einen wesentlichen Beitrag zu der Entwicklung einer entornamentalisierten Zweckarchitektur geliefert hatte:

---

[39] Ebd., Nr. 19, S. 347.
[40] Vgl. Alfred Döblin: Ars militans. In: Die Literarische Welt 5 (1929), Nr. 19, S. 1f. – Vgl. Bd. II, S. 217-219.
[41] Peter Sprengel: Von der Baukunst zur Wortkunst. Sachlichkeit und Expressionismus im *Sturm*. In: DVjs 64 (1990), Nr. 4, S. 680-706, hier S. 681. – Der Brief wird in der Staatsbibliothek Preußischer Kulturbesitz Berlin, Handschriftenabteilung, Sturm-Archiv, aufbewahrt.

Alles, was not tut, öffentlich gesagt zu werden, läßt sich in die Worte zusammenfassen: ›Einfachheit‹ und ›Sachlichkeit‹ und weiter wäre zu sagen, dass man aufhören muss in der Beurteilung von Kunstwerken modern und nicht modern mit gut und nicht gut zu verwechseln.[42]

Ein Jahr darauf verwendet der Berliner Architekt Hans Poelzig den Terminus in seinem anläßlich der bereits erwähnten Dresdner Kunstgewerbe-Ausstellung entstandenen Aufsatz *Architektur*. Im Anschluß an Muthesius' gegen die Ornamentik des Jugendstils gerichtete Programmatik knüpft Poelzig die Entwicklung einer modernen Baukunst an die Versachlichung der künstlerischen Form. Die von ihm ausgemachte »neue Bewegung« in der Architektur sieht er durch die Negierung »rein dekorative[r] Ausbildungen, die dem Gefüge des Bauwerks aufgenötigt werden und die Klarheit des Organismus schädigen« und durch die Absage an »schmuckkünstlerische Erwägungen« gekennzeichnet. In dem Bemühen um eine materialgerechte Bauweise trage sie »das Banner der Sachlichkeit«, einer »unerbittliche[n] Sachlichkeit« gegen »überkommene, inhaltlos gewordene Bildungen, die zum Schema erstarrten«.[43]

II.4. *Adolf Loos und der »Sturm«-Kreis*

Daß Alfred Döblin in seinem bereits zitierten Brief an Herwarth Walden auf den Wiener Architekten und Publizisten Adolf Loos, nicht jedoch auf den Werkbund und die Werkbundtheoretiker Bezug nimmt, dürfte mit der öffentlichen Wirksamkeit der Loosschen Thesen und der Radikalisierung, die die Ornamentikkritik bei Loos erfährt, zusammenhängen. Loos führte das von Muthesius entworfene, auf Ornamentfreiheit und Schmucklosigkeit abhebende Sachlichkeitskonzept konsequent weiter; sein 1910 fertiggestellter, gegenüber der Wiener Hofburg plazierter Geschäftsbau hatte mit dem Verzicht auf jegliche Ornamentik die herkömmlichen Erwartungen

---

[42] Zitiert nach Sprengel: Von der Baukunst zur Wortkunst, S. 682.
[43] Hans Poelzig: Architektur. In: Das deutsche Kunstgewerbe, 1906. III. deutsche Kunstgewerbeausstellung, S. 17-20, hier S. 19 u. 20.

an eine Hausfassade mißachtet und einen Skandal ausgelöst.[44] Zwar
argumentiert Loos in seinen Schriften nicht mit dem Begriff der
Sachlichkeit, sondern spricht von »Einfachheit«; gleichwohl wird
der Ruf nach Ornamentfreiheit und Schmucklosigkeit bei ihm im
Sinne einer sachlichen, zweckgebundenen Form und Kunst programmatisch. Loos hatte sich bereits um 1900 kritisch gegen das
Überladene und Ornamentale der zeitgenössischen Kunst und Architektur des Jugendstils geäußert und diese Kritik in seinem 1910 in
Wien gehaltenen Vortrag *Ornament und Verbrechen* zum Programm
erhoben: »*evolution der kultur ist gleichbedeutend mit dem entfernen
des ornaments aus dem gebrauchsgegenstand*«, lautet Loos' Kernthese,
aus der er die Gleichsetzung von »Ornament und Verbrechen« ableitet.[45] Innerhalb der Adolf-Loos-Forschung wird die Konzeption dieses Aufsatzes auf das Jahr 1908 datiert[46], mit diesem Entstehungsda-
tum wird er 1931 in den von Loos zusammengestellten Aufsatzband
Trotzdem (1900-1930) aufgenommen. Alfred Döblins Bezugnahme jedenfalls ist ein Hinweis darauf, daß Loos' Thesen bereits vor 1910 in
Deutschland aufmerksam zur Kenntnis genommen wurden und, so
belegt Döblins Argumentation, für die Ausbildung einer zeitgemäßen literarischen Ästhetik genutzt wurden.

Das bedeutendste Forum für die Verbreitung der Loosschen Thesen in literarischen Kreisen Deutschlands war bezeichnenderweise
der von Herwarth Walden gegründete und herausgegebene *Sturm*,
an dem auch Alfred Döblin aktiv mitarbeitete. Daß Döblin in seinem Brief an Walden den Begriff Sachlichkeit im Sinne von Adolf
Loos als für eine moderne Poetik richtungweisend reklamiert, bleibt
für die Ausbildung des Terminus als literarästhetische Kategorie
ebenso wie für die gesamte literarische Entwicklung nicht folgenlos.
In Walden spricht Döblin zu diesem Zeitpunkt einen Mitstreiter im

---

[44] Vgl. hierzu: Burkhard Rukschio, Roland Schachel: Adolf Loos: Leben
und Werk. Salzburg, Wien 1982, S. 148ff.

[45] Der Aufsatz erschien in: Adolf Loos: Trotzdem (1900-1930). Innsbruck
[1931], S. 81-94. Hier zitiert nach: Adolf Loos: Sämtliche Schriften in 2
Bänden. Hrsg. v. Franz Glück. Bd. 1: Trotzdem 1900-1930. Wien, München 1962, S. 276-288, hier S. 277 u. 280.

[46] Vgl. hierzu: Susanne Eckel: Adolf Loos – (k)ein Fall für die Germanistik.
Bericht aus der aktuellen Adolf-Loos-Forschung. In: DVjs 69 (1995), Nr. 1,
S. 71-91, S. 73.

Kampf um die Moderne an, der sich bereits 1905 – so zeigen seine
Aktivitäten in Zusammenhang mit dem von ihm 1904 begründeten
›Vereins für Kunst‹ – um eine moderne Ästhetik bemühte. Für die
Umsetzung solcher Ziele gründet Walden 1910 den *Sturm*, eine Galerie und Zeitschrift, die wie kein anderes frühexpressionistisches
Forum die Moderne dieser Jahre vertrat und durchsetzte. Daß innerhalb der vom *Sturm* verfolgten Programmatik die Kategorie der
Sachlichkeit keine unbedeutende Rolle spielte, dürfte wohl nicht
zuletzt auf Döblins lebhafte Mitarbeit zurückzuführen sein. Bis zu
seinem endgültigen Bruch mit Walden im Jahr 1918 war Döblin
nicht nur regelmäßiger Beiträger, sondern auch ein wichtiger Ge-
sprächspartner für den *Sturm*-Herausgeber. Gemeinsam bemühte
man sich um eine antiästhetizistische Kunst und Literatur wie um
die Vermittlung des italienischen Futurismus gleichermaßen. Dabei
dürfte es kein Zufall gewesen sein, daß der von Döblin bereits 1909
als Vorbild zitierte Adolf Loos ebenfalls regelmäßiger Beiträger des
Sturm war und Loos' Programm einer sachlichen, zweckgebundenen, auf »Stil« und »Dekoration«[47] verzichtenden Ausdrucksweise
ein hoher Stellenwert zugeschrieben wurde. Fraglos hatten Loos'
Forderungen und Schriften einen nachhaltigen Einfluß auf die literarästhetische und kunsttheoretische Diskussion dieser Jahre. Loos
hatte u.a. mit Georg Trakl und Oskar Kokoschka Kontakt; Tristan
Tzara und Karl Kraus, der in den ersten Jahren ebenfalls mit dem
Sturm-Kreis in Verbindung stand, zählte er zu seinen Freunden und
Mitstreitern. 1910 erwies Walden dem Wiener Architekten mit dem
Wiederabdruck einiger Aufsätze im *Sturm* seine Reverenz, darunter
Loos' für das Programm einer ornamentfreien Kunst paradigmatische Schrift *Vom armen reichen Mann*, eine Satire auf den Jugendstil.
Mit der Veröffentlichung dieses Aufsatzes wollte man, so heißt es in
einer Anmerkung der Redaktion, »den Berlinern einen neuen Mann
vor[führen]«, der »schon vor vierzehn Jahren, zu der Zeit, als die
moderne ornamentale Bewegung einsetzte, als ihr schärfster Gegner
auf[trat]«.[48] In der sechsten Nummer der Zeitschrift druckte man

---

[47] Döblin: Brief an Herwarth Walden, November 1909, S. 50.
[48] Adolf Loos: Vom armen reichen Mann [1900]. In: Der Sturm 1 (1910),
Nr. 1, S. 4. – Weiterhin wurden folgende Essays wiederabgedruckt: Adolf
Loos: Damenmode [1898]. In: Der Sturm 1 (1910), Nr. 22, S. 1f.; ders.: Der
Sattlermeister [1903]. In: Der Sturm 1 (1910), Nr. 3, S. 4.

eine Replik von Loos auf eine Kritik seines im März 1910 im Berliner Salon Cassirer gehaltenen Vortrags zum Thema »Ornament und Verbrechen«, die im gleichen Monat im *Ulk* erschienen war.[49] Auch stellte sich Walden im darauffolgenden Jahr – wie zuvor schon Karl Kraus in der *Fackel*[50] – im Streit um Loos' bereits erwähnten Neubau eines Wiener Geschäftshauses auf die Seite des Architekten.[51]

In den Anfangsjahren des *Sturm* wird der Begriff Sachlichkeit von Döblin und Walden einstimmig unter Bezugnahme auf die Tradition des Werkbundes und das Loossche Programm im Sinne von Einfachheit und Schmucklosigkeit des literarischen Stils verwendet. Ihr gemeinsamer Weg trennt sich jedoch in dem Moment, in dem Walden eine Neudefinition der Kategorie Sachlichkeit im Sinne der von ihm entwickelten ›Abstraktionstheorie‹ vornimmt, innerhalb derer der Stoff, das Material, das literarische Sujet nur mehr sekundäre Bedeutung haben. Damit war der Gegensatz zu dem aus der Architektur- und Kunstgewerbediskussion entnommenen Döblinschen Sachlichkeitskonzept formuliert.[52] Döblin baut sein Verständnis von

---

[49] Adolf Loos: An den Ulk als dieser sich über »ornament und verbrechen« lustig gemacht hatte. In: Der Sturm 1 (1910), Nr. 6, S. 44 (Replik auf die Glosse »Der Ornamentfeind« im *Ulk*): »Lieber ulk! Und ich sage dir, es wird die zeit kommen, in der die einrichtung einer zelle vom hoftapezierer Schule oder vom professor Van de Velde als strafverschärfung gelten wird. Adolf Loos.«

[50] Karl Kraus: Das Haus auf dem Michaelerplatz. In: Die Fackel 12 (1910), Nr. 313/314, S. 4-6.

[51] Herwarth Walden: Schönheit! Schönheit! Der Fall Adolf Loos. In: Der Sturm 2 (1911), Nr. 70, S. 2.

[52] Innerhalb der Malerei hatte diese Ambivalenz bereits in dem Streit zwischen Franz Marc und Max Beckmann Konturen angenommen. Die Debatte basierte gleichfalls auf dem Oppositionsschema Abstraktion versus Sachlichkeit und war letztlich die Auseinandersetzung eines Anhängers der gegenständlichen Malerei, der später zu einem der bedeutendsten Vertreter der veristischen Neuen Sachlichkeit avancierte, mit dem für eine abstrakte Malerei plädierenden Franz Marc, die Sachlichkeit mit »innerem Klang« gleichsetzte. – Vgl. dazu: Franz Marc: Die neue Malerei. In: Pan 2 (1912), Nr. 16, S. 468-471; Max Beckmann: Gedanken über zeitgemäße und unzeitgemäße Kunst. Eine Erwiderung. In: Pan 2 (1912), Nr. 17, S. 499-502. –

Sachlichkeit im Sinne eines entsubjektivierten, am Gegenstand orientierten Stil aus; seine Forderungen sind dabei weniger das Resultat formal-ästhetischer Überlegungen als das Ergebnis einer stärkeren Gewichtung des Sujets, des zu beschreibenden Gegenstands. Sein primäres Interesse ist die adäquate Darstellung der zeitgenössischen Wirklichkeit, der »entseelte[n] Realität«; damit erweist sich sein Bemühen um eine Sachlichkeitsästhetik zugleich als die Theoriebildung einer realistischen Kunst, als Arbeit an einem modernen Realismus und an den Methoden seiner Umsetzung also. Döblin möchte »ganz nahe an die Realität heran, an ihre Sachlichkeit«[53], wozu es, das erkannte Döblin bereits in den zehner Jahren, der Sachlichkeit des Autors wie einer stilistischen Sachlichkeit gleichermaßen bedurfte. Mit seinem Versuch, diesen Zielen entsprechende Methoden zu entwickeln, wurde Döblin der Vorbereiter einer Bewegung, die die Ausbildung einer neuen, in Absetzung vom ›poetischen Realismus‹ des 19. und in Übereinstimmung mit den Gegebenheiten des 20. Jahrhunderts realistischen Ästhetik und Literatur vor Augen hatte. Solche Absichten mußten zum Bruch mit Walden und dessen *Sturm* führen, der in den zehner Jahren zu einem Forum der abstrakten, von der empirischen Realität weitgehend abstrahierenden Bild- und Wortkunst avancierte; die Durchsetzung der Lyrik August Stramms und der Bilder Wassily Kandinskys z.B. hatte für Walden Priorität. Innerhalb der von der Zeitschrift verfolgten Programmatik spielte der Begriff Sachlichkeit keine große Rolle mehr: Zwar unterstützte Walden weiterhin die Entwicklung einer objektivierten, auf die Worte reduzierten Ausdrucksweise und verfolgte mit der von ihm postulierten Abstraktionstheorie einen Loos' Programmatik verwandten materialästhetischen Ansatz; diese mißt den Worten die Bedeutung von Rohstoffen bei, deren Eigenwert und Eigenart es bei der Verarbeitung zu berücksichtigen gilt – und zwar zu Lasten eines subjektiven, künstlerischen Individualismus. Um letzteren Punkt war es Döblin ebenfalls zu tun; doch Waldens Abstraktion von der

---

Vgl. hierzu auch: Dietrich Schubert: Die Beckmann-Marc-Kontroverse von 1912. »Sachlichkeit« versus »Innerer Klang«. In: Bernd Hüppauf (Hrsg.): Expressionismus und Kulturkrise. Heidelberg 1983, S. 207-244.

[53] Alfred Döblin: Der Bau des epischen Werks. In: Die neue Rundschau 40 (1929), Bd. I, S. 527-551, hier S. 530.

empirischen Realität ließ eine Vermittlung zwischen beiden Programmen nicht zu.

Die von Walden mit Blick auf Stramm propagierte Ausdruckskunst sah vor, das innere, subjektive Erleben und Empfinden über den Sprachrhythmus zu vermitteln. In diesem Sinn wird die Sprache weniger zur Aussage als zum Ausdruck genutzt, ein Ansatz, der zwar weiterhin das Stoffliche, die Eigenart der Worte, das »Begriffliche«, wie Walden schreibt, berücksichtigt und insofern einer Materialästhetik in der Nachfolge Loos' verpflichtet ist, als er »Dichtung als Verdichtung«[54] versteht; die empirische Realität allerdings findet in einem solchen Konzept keinerlei Beachtung mehr. Obgleich Waldens Kunstauffassung die Kritik einer subjektivistischen Schreibweise und einer psychologisierenden Stimmungskunst, gegen die sich auch Döblins Programmatik in aller Schärfe wandte, einschließt, kann es eine Verständigung zwischen beiden Ansätzen nicht mehr geben. Walden formuliert mit seiner Theorie die Basis für eine ›abstrakte‹ Wortkunst, Döblin hingegen legt den Grundstein für eine moderne realistische Schreibweise. Walden wird noch 1926 im *Sturm* eine Kritik der neusachlichen Kunst und Literatur plazieren, in der er gegen sie gerade wegen ihrer unbedingten Gegenständlichkeit und ihrer Ablehnung alles Abstrakten polemisiert und so jenes Programm fortschreibt, das 1912 zum Bruch mit Döblin geführt hatte.[55]

Loos' Überlegungen zu einer Ornamentfreiheit und Schmucklosigkeit von Kunst und Architektur fließen sowohl in die frühexpressionistische Debatte um einen syntaktischen Reihungsstil als auch in die neusachliche Diskussion um eine »schmucklos[e]« und knapp[e]«[56] Ausdrucksweise ein. Autoren wie Alfred Döblin und Kurt Pinthus, beide an der expressionistischen wie an der neusachlichen Bewegung gleichermaßen beteiligt, stehen für die Kontinuität solcher Forderungen und Erwartungen ebenso wie für die Verbin-

---

[54] Zitiert nach Volker Pirsich: Der Sturm. Eine Monographie. Herzberg 1985, S. 288. – Es handelt sich hierbei um eine Aussage des Schriftstellers und Malers Thomas Ring, der seit 1916 in Waldens *Sturm*-Kreis verkehrte.

[55] Herwarth Walden: Neue Sachlichkeit. In: Der Sturm 17 (1927), Nr. 10, S. 145f.

[56] Kurt Pinthus: Männliche Literatur. In: Das Tage-Buch 10 (1929), Nr. 1, S. 903-911, hier S. 903.

dung zwischen beiden Phasen der Moderne. Wenn Pinthus, von dem obiges Zitat stammt, in der Einleitung der vornehmlich früh-expressionistische Autoren versammelnden Lyrikanthologie *Menschheitsdämmerung. Eine Symphonie jüngster Dichtung* bekennt, daß er Autoren, »deren Dichtung Kunstwerke des Worts, Ornament der Anschauung«[57] seien, also insbesondere Vertreter des Spätexpressionismus nicht berücksichtigt habe, so wird die literarhistorische Kontinuität des Sachlichkeitspostulats im Sinn eines einfachen, schmucklosen, ornamentfreien Stils deutlich. Wenn auch nicht mit direktem Bezug auf die Gedichte, so tauchen doch die beiden für die Neue Sachlichkeit paradigmatischen Begriffe »nüchtern-sachlich« in Pinthus' 1922 zur *Menschheitsdämmerung* verfaßten »Nachklang« bereits in Zusammenhang mit ästhetischen Überlegungen auf.[58]

Daß sich Sachlichkeit zu Beginn des Jahrzehnts hauptsächlich als eine antiexpressionistische Kategorie etabliert, widerspricht solchen innerliterarischen Bezügen nicht, resultiert der Antiexpressionismus der neusachlichen Generation doch explizit aus der Ablehnung der metaphysischen und irrationalen Momente des Spätexpressionismus; auf Argumentationen und ästhetische Programmpunkte des Früh-expressionismus hingegen nimmt man ausdrücklich Bezug, wenn von Sachlichkeit und »Ehrlichkeit« als von poetologischen Bestimmungen gesprochen wird.[59]

Innerhalb der Forschung zur Neuen Sachlichkeit der siebziger Jahre hat insbesondere Jost Hermand auf einer Kontinuität zwischen Expressionismus und Neuer Sachlichkeit bestanden, allerdings ohne eine Unterscheidung zwischen Früh- und Spätexpressionismus vorzunehmen. Seine Ausführungen basierten dementsprechend auch nicht auf der hier aufgezeigten Traditionslinie der Kategorie Sachlichkeit: Neue Sachlichkeit – Alfred Döblin – *Der Sturm* – Adolf Loos – Werkbund – Hermann Muthesius – Architektur- und Kunstgewerbetheorie der Jahrhundertwende. Vielmehr zielten Hermands Ausführungen auf den Nachweis der bloßen Übernahme zentraler expressionistischer Stilmittel und Verfahrensweisen durch die Neue

---

[57] Kurt Pinthus: Zuvor. In: Ders. (Hrsg.): Menschheitsdämmerung. Symphonie jüngster Dichtung [1920]. Hamburg 1959, S. 22-32, hier S. 24.
[58] Pinthus: Nachklang. In: Ebd., S. 33-35, hier S. 34.
[59] Vgl. hierzu Kapitel III.7.

Sachlichkeit. In seinem Aufsatz *Einheit in der Vielheit? Zur Geschichte des Begriffs Neue Sachlichkeit* aus dem Jahr 1978[60] stellte er die These auf, daß die Neue Sachlichkeit ihr »Formenarsenal« »weitgehend aus dem Expressionismus oder jener konstruktivistischen Richtung der zwanziger Jahre, die sich unmittelbar an den Expressionismus anschließt« bezogen habe. Hermands Verweis auf die konstruktivistische Tendenz in Architektur und Kunstgewerbe und die Bauhaus-Bewegung ist auf die literarische Situation nicht ohne weiteres übertragbar, da von einem Konstruktivismus in der Literatur nicht gesprochen werden kann. Allenfalls ließe sich eine Parallelität zwischen den Bauhaus-Theorien bzw. der konstruktivistischen Strömung der zwanziger Jahre und der literarischen Neuen Sachlichkeit konstatieren, die dann aber eher auf ihren gemeinsamen Rekurs auf die architekturtheoretischen und kunstgewerblichen Neuerungen zwischen 1900 und 1910 zurückzuführen wären. Hermands These von der bruchlosen Kontinuität zwischen expressionistischen Programmpunkten und Techniken und Neuer Sachlichkeit scheint angesichts der spezifisch antiexpressionistischen Dimensionen der neusachlichen Ästhetik nur bedingt haltbar; sie wird zudem durch die Debatte der zwanziger Jahre widerlegt. Zwar benennt Hermand mit dem Hinweis auf die vom Expressionismus praktizierte Absage an bürgerliche Einfühlungsstrategien zugleich einen zentralen Aspekt der neusachlichen Poetik. Doch die von ihm angenommene Verwandtschaft zu den expressionistischen Abstraktionstheorien vermag die Inhalte und Realisierungen der neusachlichen Rezeptionsästhetik, die mit Begriffen und Methoden wie aktiver Leserintegration, Antiindividualismus und Antipsychologismus zu umschreiben wäre, kaum angemessen zu erfassen. Das Argument, daß die Neue Sachlichkeit, vertreten durch Bauhaus-Theorien und die den Gegenstand exponierende konstruktivistische Kunst bzw. »Sachkultur«, die »wichtigste Errungenschaft des Expressionismus« sei, ist im Hinblick auf den künstlerischen Bereich – angesichts der direkten Bezugnahme der Bauhaus-Theoretiker auf die Werkbundtradition, zumindest undifferenziert und bleibt für die Literatur angesichts einer fehlenden konstruktivistischen Richtung letztlich bedeutungslos.

---

[60] Jost Hermand: Einheit in der Vielheit? Zur Geschichte des Begriffs Neue Sachlichkeit. In: Keith Bullivant (Hrsg.): Das literarische Leben in der Weimarer Republik. Königstein/Ts. 1978, S. 71-88, hier S. 87.

Bezogen auf die Ausbildung einer »linken Materialästhetik«, in deren Namen »Kunstformen des ›wissenschaftlichen Zeitalters‹« wie »Apparatbühne, Episches Theater, Fotomontage« entwickelt worden seien, konstruierte Hermand die Existenz einer »Neue[n] Sachlichkeit der expressionistischen Kunsttradition«.[61] Diese nicht näher belegte Behauptung vermag angesichts der epochenverschiebenden Zuordnungen der genannten ästhetischen Verfahrensweisen kaum zu überzeugen. Läßt sich für die Architektur eine Verbindung zwischen Expressionismus der zehner Jahre und Neuer Sachlichkeit der zwanziger Jahre aufgrund des »konstruktivistischen Geist[s]« der Architektur der zehner Jahre reklamieren, so steht einer solchen Verbindung in der Literatur die utopistisch-metaphysische Dimension und Zielsetzung des Kriegs- und Spätexpressionismus entgegen.

Der Versuch, die innovativen und produktiven Elemente einer Sachlichkeitsästhetik aufgrund der in der Folge von Helmut Lethens Arbeit verhängten Tabuisierung über die Neue Sachlichkeit als Verdienste des Expressionismus zu analysieren, blieb singulär. Hermand selbst ist in seinen späteren Überlegungen zur Neuen Sachlichkeit auf seine Thesen nicht zurückgekommen.[62] In der zusammen mit Richard Hamann verfaßten Untersuchung *Expressionismus* nimmt er demgegenüber einen »formale[n] Manierismus«[63] des Expressionismus infolge der Unkonkretheit seiner Ziele an. Ein solcher Ansatz scheint weitaus produktiver, da er den Hauptkritikpunkt der neusachlichen Generation am Spätexpressionismus benennt. Innerhalb der expressionistischen Literatur hat letztlich die Form über die Inhalte gesiegt, gleichwohl es sich bei einer der zentralen Ideen der Expressionisten, der Revolution, um ein gesellschaftliches Ziel handelte. Letztlich waren es der manieristische Zug und die formalisti-

---

[61] Ebd., S. 87 u. 88. – Auch in der zusammen mit Richard Hamann verfaßten Untersuchung *Expressionismus* (Berlin 1975, S. 198) spricht Hermand von »expressionistische[r] Neue[r] Sachlichkeit«.

[62] Vgl. Jost Hermand: Neue Sachlichkeit: Ideology, Lifestyle, or Artistic Movement. In: Dancing on the volcano. Essays on the culture of the Weimar Republic. Edited by Thomas W. Kniesche, Stephen Brockmann. Camden House 1994, S. 57-68; ders.: Neue Sachlichkeit: Stil, Wirtschaftsform oder Lebenspraxis? In: Weltbürger – Textwelten. Helmut Kreuzer zum Dank. Hrsg. v. Leslie Bodi, Günter Helmes, Egon Schwarz, Friedrich Voit. Frankfurt/Main, Berlin, Bern, New York, Paris, Wien 1995, S. 325-342.

[63] Hamann, Hermand: Expressionismus, S. 265.

sche Tendenz des Spätexpressionismus, die Unklarheit der Formen
infolge der Unkonkretheit der utopischen Inhalte und Ziele sowie
der daraus resultierende Hang zum Artifiziellen zu Lasten des Stofflichen, die in der Konstituierungsphase der Neuen Sachlichkeit zu
Beginn des Jahrzehnts die wichtigste Negativfolie abgaben. Die große Zahl ehemaliger Expressionisten unter den sich zu Beginn der
zwanziger Jahre um eine Versachlichung der Inhalte wie des Stils
bemühenden Autoren zeigt, daß man den vom Expressionismus
eingeschlagenen Weg als einen Irrweg erkannte; dabei sollte diese
Versachlichung primär über die Rückkehr zu konkreten zeitgenössischen und aktuellen Sujets geleistet werden. Und tatsächlich findet
sich der Begriff Sachlichkeit bereits in spätexpressionistischen Programmschriften. Selbst in Ludwig Rubiners Vorwort zu der von
ihm herausgegebenen, spätexpressionistische Zielsetzungen schon
im Titel exponierenden Anthologie *Kameraden der Menschheit. Dichtungen zur Weltrevolution* taucht der Begriff Sachlichkeit auf: »So
gering unter den Dichtern die Sachlichkeit des Gemeinschaftszieles
auftritt [...] so groß ist dagegen ihre Sachlichkeit auf allen geistigen,
moralischen und Willenswegen der Revolution.«[64] Im Herbst 1920
erteilt mit Ernst Toller einer der bedeutendsten Vertreter der expressionistischen Bewegung der Unkonkretheit expressionistischer
Ziele und Methoden eine deutliche Absage, wenn er in seinen *Brie-
fen aus dem Gefängnis* notiert:

Seit Monaten arbeite ich wieder intensiv an ›Realem‹, beschäftige mich
mit nationalökonomischen, politischen, soziologischen Werken. Weil
ich immer deutlicher erkenne, daß Politik mehr verlangt als »Gesinnung«, »seelische Grundstimmung«, »Ethos«, und gründliche sachliche Kenntnisse notwendig sind, um die Gesetze des politischen Handelns beherrschen zu können. Allerdings fallen, soweit es sich um nack-
tes politisches Geschehen handelt, manche Illusionen, ›Wirklichkeiten‹
und ›Ideologien‹ werden erkennbar – vielleicht werde ich bei aller
Treue noch einmal ein ›kühler Realpolitiker‹.[65]

---

[64] Ludwig Rubiner: Kameraden der Menschheit. Dichtungen zur Weltrevolution. Potsdam 1919, S. 174f.
[65] Ernst Toller: Brief an Tessa. Niederschönfeld, Juli 1920. In: Ders.: Briefe
aus dem Gefängnis. Amsterdam 1935, S. 36.

Diese Sätze dürfen nicht nur als Abgesang auf expressionistische Ziele und Verfahren gelesen werden; Toller entwirft in ihnen zugleich das neusachliche Programm der zwanziger Jahre. Überlegungen dieser Art verweisen zudem darauf, daß das für die Weimarer Republik reklamierte Bedürfnis nach Tatsachen und einer realpolitischen Vorgehensweise nicht ausschließlich ein Phänomen der Stabilisierungsphase war, sondern sich nicht zuletzt auch aus den Erfahrungen des expressionistischen Jahrzehnts speiste.

II.5. *Dadaismus*

Als letztes wäre auf die Bedeutung des Berliner Dadaismus für die Neue Sachlichkeit hinzuweisen, zumal zwischen diesen beiden Bewegungen durch Künstler wie Walter Mehring, George Grosz und Rudolf Schlichter auch eine personelle Kontinuität besteht. In seinem Selbstverständnis als eine radikal-realistische Kunst, als eine Bewegung, die es sich nicht nur zum Ziel setzte, die Kunst wieder dem Leben anzunähern, sondern eine Gleichsetzung von Kunst und Leben anstrebte, darf der Berliner Dadaismus als ein dezidiert anti-expressionistisches Phänomen gelten. Eine solche Klassifizierung entspricht seinem Selbstverständnis: In vielen Manifesten und programmatischen Aufsätzen der Berliner Dadaisten wird auf den Spätexpressionismus Bezug genommen; seinen Utopismus nimmt man als Flucht wahr, seine Realitätsfeindschaft und Realitätsferne kritisieren die Dadaisten als kunstfeindlich. Bereits in der 1920 erschienenen »Geschichte des Dadaismus« *En avant Dada* kündigt Richard Huelsenbeck an, der Dadaismus werde sich »mit aller Schärfe gegen den Expressionismus« und damit zugleich gegen eine Kunst »der Abkehr von jeder Gegenständlichkeit, Verinnerlichung, Abstraktion« richten. Von Beginn an hatten sich die Berliner Dadaisten, so bekennt Huelsenbeck, »einen Gegner gesucht« und ihn in dem durch die »Abkehr von den gegenständlichen Dingen«[66] gekennzeichneten, als pathetische ›O-Mensch-Dichtung‹ auftretenden Spätexpressionis-

---

[66] Richard Huelsenbeck: En avant Dada. Die Geschichte des Dadaismus. Hannover 1920, S. 35.

mus gefunden. In Absetzung von dieser als eine »Reaktion gegen die Zeit« wahrgenommenen Strömung versteht sich der Dadaismus als »nichts anderes als ein Ausdruck der Zeit«.[67]

In dieser Bestimmung als eine antiexpressionistische, realitätsbezogene Literatur konnte der Berliner Dadaismus nicht ohne Bedeutung für eine Bewegung bleiben, die sich von Anfang an dezidiert in eine realistische Tradition stellte. Immerhin hatte der Dadaismus, indem er proklamierte, man wolle »eine neue Realität in ihre Rechte setzen« und die »gesamte brutale Realität«[68] in die Literatur reintegrieren, neusachliche Programmpunkte vorweggenommen. Zwar wird innerhalb des neusachlichen Diskurses zu keinem Zeitpunkt explizit auf den Dadaismus Bezug genommen, niemand beruft sich auf die Dadaisten als Vorbilder oder gar Vorläufer; nichtsdestoweniger muß der Berliner Dadaismus Anfang der zwanziger Jahre als ein Mitstreiter im neusachlichen Kampf um eine antiexpressionistische, realistische Kunst berücksichtigt werden, zumal innerhalb der dadaistischen Literatur- und Kunsttheorie die Kategorie der Sachlichkeit keine unwesentliche Rolle spielte. Mit Prämissen wie »Sachlichkeit des Geschehens« und »Rückkehr zur Gegenständlichkeit«[69] nimmt der Dadaismus Aspekte der neusachlichen Ästhetik vorweg. Die neusachliche Vorgabe, der expressionistischen ›Vergeistigung‹ eine Versachlichung der Produktions- und Rezeptionsformen von Literatur entgegenzusetzen, stellt auch die Basis des dadaistischen Kunstkonzepts dar; Definitionen, die den Dadaismus als die »völlige Abwesenheit dessen, was man Geist nennt«, bestimmen, machen das deutlich.[70] Als eine aktivistische Bewegung mit Happeningcharakter, als eine Bewegung, die Kunst als eine öffentliche Angelegenheit inszeniert, um so ihre gesellschaftspolitischen Wirkungsmöglichkeiten zu erweitern, konnte der Dadaismus nicht folgenlos bleiben für eine

---

[67] Richard Huelsenbeck: Was wollte der Expressionismus? In: Dada-Almanach. Im Auftrag des Zentralamts der deutschen Dada-Bewegung hrsg. v. Richard Huelsenbeck. Berlin 1920, S. 35f., hier S. 35.

[68] Huelsenbeck: En avant Dada, S. 38.

[69] Raoul Hausmann: Rückkehr zur Gegenständlichkeit in der Kunst. In: Dada-Almanach 1920, S. 147-151, hier S. 150.

[70] Raoul Hausmann: Was will der Dadaismus in Europa? [1920]. In: Ders.: Texte bis 1933. 2 Bde. Hrsg. v. Michael Erlhoff. München 1982. Bd. 1 (= Bilanz der Feierlichkeit), S. 94-100, hier S. 94.

Literaturtheorie, die sich weniger unter ästhetischen als unter soziologischen Aspekten konstituierte. Das erklärte Ziel der Berliner
Dadaisten war es, dem »Leben nicht mehr ästhetisch gegenüber[zu-
stehen]«; statt dessen versuchte man, ein »*primitives* Verhältnis zur
umgebenden Wirklichkeit«[71] einzunehmen – ein Begriff, der auch
innerhalb der neusachlichen Ästhetik eine Rolle spielt[72]; eine solche
Vorgabe erfordert eine Versachlichung der künstlerischen Ausdrucksformen: Ihre Aufführungen legten die Dadaisten, so wissen
wir aus Besprechungen und Beschreibungen der dadaistischen Akti-
onsabende, »ganz nüchtern« an. Über eine Tanzvorführung Raoul
Hausmanns z.B. berichtet ein Kritiker: »Es geht alles ganz nüchtern
zu«, auffallend sei zudem die »eindringliche, aber natürliche Einfachheit im Motivischen«.[73]

Doch an Versachlichung sind die Dadaisten nicht nur im Sinne
von Nüchternheit und Einfachheit der ästhetischen Ausdrucksformen und von Gegenständlichkeit und Realitätsbezug der Literatur
und Kunst interessiert; was den Berliner Dadaismus darüber hinaus
mit der Neuen Sachlichkeit verbindet, ist ihr gemeinsames Ziel einer
funktionalen Kunst. Das neusachliche Konzept einer funktionalen,
auf Allgemeinverständlichkeit und Massenwirksamkeit abzielenden
Gebrauchsliteratur findet in dem dadaistischen Entwurf einer dem
Leben angenäherten Kunst, in dem dadaistischen Versuch der Angleichung von künstlerischer Ästhetik und gesellschaftlicher Realität
seine Vorwegnahme. Im Rahmen der vom Dadaismus angestrebten
›Entgrenzung‹ von Leben und Kunst, von Literatur und Aktion,
von Schrift und Bild, in dem Bemühen, die »Kunst aus den Gefilden
der Richtungen ins konkrete Leben zurückzuschleudern«[74], fungiert
der »Autor« tatsächlich als ein »Produzent«, wie Walter Benjamin

---

[71] Huelsenbeck: Dadaistisches Manifest, S. 38; Hervorhebung durch die
Verfasserin.
[72] Marieluise Fleißer z.B. (*Notizen*. In: Günther Rühle (Hrsg.): Materialien
zum Leben und Schreiben der Marieluise Fleißer. Frankfurt/Main 1973,
S. 411-430, hier S. 413) spricht vom »primitiv[en]« Schreiben: » Sie versucht
so primitiv aber deutlich zu schreiben wie Kinderzeichnungen sind.«
[73] Roland Schacht: Raoul Hausmann tanzt. In: Das Blaue Heft 3 (1922), Nr.
40/41, S. 887f., hier S. 887.
[74] Wieland Herzfelde: Der Malik-Verlag 1916-1947. Deutsche Akademie der
Künste. Katalog. Berlin 1966, S. 36.

1935 in Anlehnung an neusachliche Vorgaben formulierte.[75] Die
Weiterentwicklung der dadaistischen Montagetechnik zu einer literarischen Verfahrensweise ist zweifelsohne in diesen Kontext eingebunden. Den dadaistischen Montage-Roman, mit dem man die für
den Bereich der Bildenden Kunst entwickelte Technik auch für die
Literatur nutzbar machen wollte, sind die Dadaisten ungeachtet
ihrer Ankündigungen schuldig geblieben.[76] Realisiert wurde ein solches Ziel erst von der Neuen Sachlichkeit; Romane wie Alfred Döblins *Berlin Alexanderplatz* und Edlef Köppens *Heeresbericht* stehen
für diese Entwicklung. Allerdings hat der Dadaismus in Zusammenhang mit der Ausbildung der Montagetechnik im bildnerischen Bereich zugleich die Grundlage für jene Materialästhetik formuliert,
mit der die Neue Sachlichkeit die traditionellen epischen und dramatischen Schreibweisen revolutionieren und modernisieren wollte.
Die Postulate der Funktionalisierung und Materialisierung bestimmen nachhaltig das dadaistische Verständnis von Literatur und
Kunst; das von den Dadaisten einbezogene »Material«, durch das die
traditionellen Grenzen von Literatur weit überschritten werden, ist
Ausdruck einer veränderten Kunstauffassung, die an die Stelle des
von den Expressionisten geforderten ›neuen Menschen‹ das »neue
Maerial« setzt, wie es in einem Vortrag Raoul Hausmanns im April
1918 heißt.[77] Die sich an diese Bestrebungen anschließende ›Ent-
iterarisierung‹ der Literatur durch die Aufnahme kunstfremder Elemente und durch die Vermischung der unterschiedlichen Medien
wird von der Neuen Sachlichkeit zwar nicht weiterverfolgt; doch in
der von der neusachlichen Ästhetik betriebenen Auflösung der festen Gattungsgrenzen, insbesondere in der Annäherung von Belletristik und Publizistik, finden diese dadaistischen Praktiken ihre
partielle Fortführung.

---

[75] Walter Benjamin: Der Autor als Produzent [1934]. In: Ders.: Gesammelte
Schriften. Bd. II, 2. Hrsg. v. Rolf Tiedemann, Hermann Schweppenhäuser.
Frankfurt/Main 1977, S. 683-701.

[76] In einem Brief Raoul Hausmanns an Hannah Höch aus der Zeit zwischen dem 1. und dem 5. Mai heißt es: »Ich habe mit Baader [Johannes
Baader; S.B.] Verschiedenes gemacht. Simultangedicht, Simultan-Roman,
neue Holzschnitte [...].« Zitiert nach: Hanne Bergius: Das Lachen Dadas.
Die Berliner Dadaisten und ihre Aktionen. Gießen 1989, S. 32.

[77] Raoul Hausmann: Das neue Material [1918]. Wiederabgedruckt unter
dem Titel *Synthetisches Cino der Malerei*. In: Ders.: Texte bis 1933, S. 14-16.

III. DIMENSIONEN NEUSACHLICHER ÄSTHETIK

III.1. *Antiexpressionismus*

1918 klagt Max Weber in einem Brief an Otto Crusius, Professor für klassische Philologie an der Universität München, eine »nüchterne moralische Anständigkeit« ein, die er durch den Ersten Weltkrieg zerstört sieht. Einen möglichen Weg der Wiederaneignung einer solchen »Haltung« vermutet er in der »Ablehnung aller geistigen Narkotika jeder Art, von der Mystik angefangen bis zum ›Expressionismus‹«, und in »Sachlichkeit«. Weber bezeichnet diese als das »einzige Mittel der Echtheit«, das zur »Heranbildung des Schamgefühls – gegen den ekelhaften Exhibitionismus der innerlich Zusammengebrochenen« führe.[1] Auch Walter Rathenau fordert 1919 für eine »neue Gesellschaft« »Tiefe und Erkenntnis, Sachlichkeit und Gerechtigkeit« als verbindliche Verhaltensformen ein.[2] Glaubt man den Worten Hans Tietzes, der im Jahr 1927 der jungen neusachlichen im Gegensatz zur expressionistischen und impressionistischen Generation bescheinigt, sie suche und finde in »erneuter Sachlichkeit ihre Formel«, sind Webers und Rathenaus Forderungen bereits Mitte des Jahrzehnts Realität geworden: Sachlichkeit hat sich als ein gesellschaftlich verbindlicher Verhaltenskodex, aber auch als eine kulturelle und ästhetische Norm etabliert, wobei nicht nur der Literaturkritiker Tietze den »kollektiven Wille[n]«[3] der neusachlichen Generation von der subjektbetonten Perspektive der Expressionisten abhebt.

1925 beschreibt Gina Kaus in einer Rezension von Mechthilde Lichnowskys Untersuchung *Der Kampf mit dem Fachmann* (Wien, Leipzig 1924) die sachliche Haltung als eine antiegoistische Verhal-

---

[1] Max Weber: Brief an Friedrich [gemeint ist Otto] Crusius vom 24. November 1918. In: Ders.: Gesammelte politische Schriften (Politische Briefe 1906-1919). München 1921, S. 512-517, hier S. 515. – Vgl. Bd. II, S. 47.

[2] Walter Rathenau: Neue Gesellschaft. Berlin 1919, S. 100.

[3] Hans Tietze: Was geht uns die Kunst an? In: Der Bücherwurm 13 (1927), Nr. 12, S. 71.

tensform: »Sachlichkeit« bedeutet Kaus – entgegen der von Helmut Lethen im nachhinein vorgenommenen Bestimmung des sachlichen Habitus als eine Kälte und Subjektbezogenheit[4] indizierende Verhaltensnorm – die »ununterbrochene Kontaktfähigkeit zu einem andern Menschen oder Ding« innerhalb der »Sphäre des Gespräches«; des weiteren erläutert sie »Sachlichkeit« als die Fähigkeit, von der eigenen Person zu abstrahieren und sich uneingeschränkt auf die »Sache« zu konzentrieren. Aus beiden Bestimmungen leitet Kaus die Definition von »Sachlichkeit« als »eine[r] Funktion des Gemeinschaftsgefühls« ab.[5] Alfred Ehrentreich, Kritiker der Zeitschrift *Die Tat*, beschreibt »Sachlichkeit« gleichfalls als eine sozial orientierte Haltung und »neue Sachlichkeit« demnach als eine »Wendung zu einer neuen Menschlichkeit«, da sie mit der Forderung nach der »Hingabe an die Sache« an die Stelle subjektbezogener Aktivitäten das Engagement für die »objektiven Werte« setze.[6]

In diesen Argumentationen fungiert der Terminus Sachlichkeit als eine positive, ethisch-moralische Kategorie, mit der man die subjektivistischen, individualistischen und egozentrischen Verhaltens- und Reaktionsformen des expressionistischen Jahrzehnts zu überwinden sucht. Doch nicht nur für den gesellschaftlich-anthropologischen Bereich läßt sich die Situation nach 1918 durch das Oppositionsschema expressionistisches Pathos versus nüchterne Sachlichkeit umschreiben. Auch innerhalb der literarästhetischen Entwicklung gibt der Expressionismus in diesen Jahren die wichtigste Negativfolie ab. Zu Beginn des zweiten Jahrzehnts konstituiert sich die Neue Sachlichkeit als eine antiexpressionistische Bewegung, die auf Elemente des von der expressionistischen Generation abgelehnten Naturalismus zurückgreift. In Absetzung vom Expressionismus entsteht die neusachliche Ästhetik als ein »neuer Naturalismus« bzw. als »Neunaturalismus«[7]; für eine solche Kontinuität stehen das Postulat der Beobachtung von Realität als Voraussetzung der literari-

---

[4] Vgl. Helmut Lethen: Verhaltenslehren der Kälte. Lebensversuche zwischen den Kriegen. Frankfurt/Main 1994.

[5] Gina Kaus: Mechtilde Lichnowsky: Der Kampf mit dem Fachmann In: Die Literarische Welt 1 (1925), Nr. 4, S. 4. – Vgl. Bd. II, S. 77.

[6] Alfred Ehrentreich: Die neue Sachlichkeit in der Schule. In: Die Tat 18 (1926), Nr. 3, S. 234f., hier S. 234 u. 235. – Vgl. Bd. II, S. 28 u. 29.

[7] Vgl. hierzu die Nachweise im Kapitel III.2. »Neuer Naturalismus«.

schen Produktion und die Forderungen nach Realitätsbezug und sozialer Thematik von Literatur. Nahezu alle zu Beginn des Jahrzehnts innerhalb des neusachlichen Diskurses im Hinblick auf eine neue Literatur und Ästhetik formulierten Prämissen haben ihren Ursprung letztlich in einer dezidiert antiexpressionistischen Haltung. Die Tatsache, daß einige expressionistische Stilelemente innerhalb der neusachlichen Ästhetik weiterhin ihre Anwendung finden, vermag diese dichotomische Situation kaum zu unterlaufen.[8]

---

[8] Nur vereinzelt finden sich innerhalb der literaturtheoretischen Diskussion der zwanziger Jahre gegenteilige Einschätzungen, so z.B. Karl Hans Bühners 1928 in der Zeitschrift *Die Literatur* erschienener Beitrag *Das Vermächtnis des dichterischen Expressionismus*. Bühner versteht die Neue Sachlichkeit als eine sich nicht restlos vom Expressionismus absetzende Bewegung; seiner Meinung nach ist sie eine »Funktion des Expressionismus«, wobei er in den Elementen der Einfachheit, des »Kollektivismus« und der »einseitige[n] Betonung des rein Geistlichen« die wesentlichen Verbindungen sieht (Karl Hans Bühner: Das Vermächtnis des dichterischen Expressionismus. In: Die Literatur (1928/29), Nr. 8, S. 445-448, hier S. 446 u. 447. – Vgl. Bd. II, S. 121 u. 122). – Ähnlich argumentiert Hermann Kesser (Expressionismus – Zeitgeschichte. In: Die neue Bücherschau 6 (1928), Nr. 10, S. 549-553, hier S. 550f. u. 552f.), der die gemeinhin der Neuen Sachlichkeit zugeschriebenen Merkmale der Sachlichkeit, der Realitäts- und Tatsachenbezogenheit an einen gewandelten Expressionismus der zwanziger Jahre knüpft: »Was die Umfälschung der Zeitgeschichte betrifft, so ist für mich ungemein bezeichnend, daß heute das Wort ›Expressionismus‹, soweit Deutschland in Frage kommt, in der üblichen ästhetischen Umgangssprache fast nur mehr in entwertendem Sinne gebraucht wird. [...]. Mit aller Eindeutigkeit ist festzustellen, daß diese Änderung mit jener Bewegung eingesetzt hat, die auf den Namen Expressionismus getauft worden ist. Man wird gut daran tun, mit allem Nachdruck sich im Interesse der geistigen Reinlichkeit folgenden Sachverhalt klarzumachen: Daß die Ereignisse im Schrifttum und in der bildenden Kunst der letzten zwölf Jahre die Stimmführer und die Beweisführer für eine auf dem Wirklichkeitsboden stehende Literatur ans Licht gebracht haben, die als Kollektiverscheinung vordem in Deutschland niemals vorhanden gewesen ist. Es gab im deutschen Schrifttum schon zu Beginn des Krieges einige wenige Autoren, die immer Stimmführer und Beweisführer zu gleicher Zeit gewesen sind. Es wurden diese wenigen Autoren dann dem Expressionismus zugezählt. Für diese Autoren brauchte weder der ›Expressionismus‹ noch eine ›Neue Sachlichkeit‹ noch ein ›Neuer Naturalismus‹ anzufangen. Sie beweisen sich durch das Werk. [...] Hinzuzusetzen habe ich heute, daß auch die nen-

Eine solche Erkenntnis ist nicht neu[9], aber sie wird mit den folgenden Ausführungen auf eine durch Quellenmaterial gesicherte Grundlage gestellt, zumal die wenigen vorliegenden Untersuchungen zu diesem Thema meist auf Franz Rohs kunsthistorischer Ab-

---

nenswerten Jüngsten in Kunst und Dichtung ohne den sogenannten expressionistischen Zeitabschnitt niemals das Licht der Gegenwart erblickt hätten. [...] Wir wollen, um weiterzuschreiten auf diesen Stufen, stets daran denken, daß wir um des Idealismus willen entschiedene Realisten sein müssen: Kein Spiel in der Luft! Der klare Alltag der Tatsachen muß vorerst und auf lange Zeit hinaus wichtiger sein als der Feiertag im Lande Utopia! – Wir müssen die Ereignisse auf dem Erdboden höchst wachsam im Auge behalten: Mit einer Sachlichkeit ohnegleichen! Dann und nur dann wird es uns beschieden sein, unbeirrt fortzufahren in Tat und Arbeit.« – Auch in seinem *Überblick über den Expressionismus* (1930) konstatiert Kesser eine Kontinuität von Expressionismus zu Neuer Sachlichkeit: »Was im Expressionismus in Form von primitiven Forderungen zum Ausdruck kam, ist inzwischen als Tatsachendarstellung wieder auferstanden« (Unveröffentlichtes Rundfunkmanuskript, datiert 8.1.1930, gesendet in der Berliner »Funkstunde«. Zitiert nach: Expressionismus. Der Kampf um eine literarische Bewegung. Hrsg. v. Paul Raabe. Zürich 1987, S. 217-225, hier S. 222). – Auch Julius Bab betont in seinem rekapitulierenden Aufsatz *Bilanz des Dramas* aus dem Jahr 1930 (Die Volksbühne 5 [1930], Nr. 3, S. 97-108, hier S. 100) die Kontinuität von Expressionismus zu Neuer Sachlichkeit, allerdings ohne genaue Nachweise zu erbringen: »Wir werden sogar sehen, wie gerade die allerjüngste Entwicklung wieder Mittel lebendig macht, die der Expressionismus, wenn auch zunächst noch ohne Erfolg, für die Bühne erprobt hat.« – Zum Verhältnis Expressionismus und Neue Sachlichkeit vgl. folgende Aufsätze: Horst Denkler: Die Literaturtheorie der Zwanziger Jahre. Zum Selbstverständnis des literarischen Nachexpressionismus. In: Monatshefte für den Deutschunterricht 4 (1967), S. 305-319; ders.: Sache und Stil. Die Theorie der Neuen Sachlichkeit und ihre Auswirkungen auf Kunst und Dichtung. In: Wirkendes Wort 3 (1968), S. 167-185; Jost Hermand: Einheit in der Vielheit? Zur Geschichte des Begriffs Neue Sachlichkeit. In: Keith Bullivant (Hrsg.): Das literarische Leben in der Weimarer Republik. Königstein/Ts. 1978, S. 71-88.

[9] Auf die antiexpressionistische Dimension der Neuen Sachlichkeit hat insbesondere Karl Prümm hingewiesen. Vgl. Karl Prümm: Die Literatur des Soldatischen Nationalismus der 20er Jahre (1918-1933). Gruppenideologie und Epochenproblematik. 2 Bde. Königstein/Ts. 1974, Kapitel »Der Epochenrahmen: Die Neue Sachlichkeit als dominante literarische Richtung der Stabilisierungsphase«, S. 219-276, hier S. 219ff.

handlung *Nachexpressionismus. Magischer Realismus. Probleme der neuesten europäischen Malerei* aus dem Jahr 1925 basierten. Das durch ihn erarbeitete Oppositionsschema[10] wurde vorbehaltlos auf die literarische Situation übertragen, obgleich die Kriterien aus dem Bereich der Malerei gewonnen waren.

Die Diskussion um eine antiexpressionistische Sachlichkeitsästhetik beginnt im Jahr 1920, in jenem Jahr also, in dem der Expressionismus nur mehr als ein »Manierismus« wahrgenommen wird, »der zur Sache nichts mehr zu sagen hatte«.[11] Im Umkreis jener Manifeste, die den Anachronismus des expressionistischen O-Mensch-Pathos kritisieren und das Scheitern des Expressionismus proklamieren, finden sich zugleich die ersten Rufe nach einer Versachlichung und Materialisierung der Literatur. Die Überwindung der expressionistischen ›Vergeistigungstendenzen‹ als Ziel vor Augen, insistiert man auf einer Aufwertung der empirischen Realität und einer Versachlichung der Inhalte, drängt auf Fakten statt auf Utopien, drängt auf »einfache Schilderungen von Vorgängen und Zuständen«, verspürt »Freude am Gegenständlichen«.[12] Rudolf Kayser klagt in seinem Aufsatz *Das Ende des Expressionismus* aus dem Jahr 1920 statt

---

[10] Franz Roh: Nach-Expressionismus. Magischer Realismus. Probleme der neuesten europäischen Malerei. Leipzig 1925, S. 119f. – Den Expressionismus charakterisiert er folgendermaßen: »Ekstatische Gegenstände, viel religiöse Vorwürfe, Objekt unterdrückend, rhythmisierend, erregend, ausschweifend, dynamisch, laut, nach vorn treibend, großformig, monumental, warm, dicke Farbsubstanz, aufrauhend, wie unbehauenes Gestein, Arbeitsprozeß ... spüren lassend, expressive Deformierung der Objekte, diagonalreich (in Schrägen), oft spitzwinklig, gegen die Bildränder arbeitend, urtümlich«. Den Nachexpressionismus hingegen umschreibt er mit den Begriffen: »nüchterne Gegenstände, sehr wenig religiöse Vorwürfe, Objekt verdeutlichend, darstellend, vertiefend, eher streng, puristisch, statisch, still, auch zurückfliehend, großformig und vielspältig, miniaturartig, kühl bis kalt, dünne Farbschicht, glättend, vertrieben, wie blank gemachtes Metall, Arbeitsprozeß austilgend (reine Objektivation, harmonische Reinigung der Gegenstände, eher rechtwinklig, dem Rahmen parallel, in ihnen festsitzend, kultiviert«.
[11] Wilhelm Hausenstein: Die Kunst in diesem Augenblick. In: Der neue Merkur 3 (1919/20), Sonderheft »Werden«, S. 113-127, hier S. 119.
[12] Bertolt Brecht: [Notiz, 20. August 1920]. In: Ders.: Werke. Bd. 26: Journale I, 1913-1941. Berlin, Weimar, Frankfurt/Main 1994, S. 146.

»leerer Ekstase, schleudernder Leidenschaft« und »frömmelnden Be-
schwörungsformeln« ein »Bewußtsein der sachlichen Sendung« ein,
das im Hinblick auf Literatur und Kunst zwei Faktoren zu berücksichtigen habe: das »Ich« und die »Objektwelt« bzw. die »natürlichen Gegenstände«.[13] Vier Jahre später diagnostiziert Kayser, daß
dem »lyrisch-pathetischen Subjektivismus des Expressionismus [...]
der dialektische Gegenschlag [folge]: die Sehnsucht zu neuer und
geformter Objektivität«.[14] Bereits an anderer Stelle hatte Kayser von
einer »Verpflichtung zur Sachlichkeit« gesprochen und dabei Sachlichkeit mit Begriffen wie »Objektivität«, »Natürlichkeit« umschrie-
ben bzw. als »Hingabe an die Wirklichkeit« und an die »Gegenstände« gleichgesetzt. Sachlichkeit, so definiert er in einem Aufsatz
über *Moritz Heimann*, sei das »Gegenteil eines unkontrollierbaren
Pathos«, sei »sehr unlyrisch und mein[e] die Sache«.[15] Für diese Tendenz prägt Kayser den Terminus »neue Gegenständlichkeit«, mit der
»nach den maßlos verströmten Ekstasen [...] in allen Lebensberei-
chen die Tendenz zu neuer Wirklichkeit und Sachlichkeit sichtbar«[16]
werde:

> Der Expressionismus war Formauflösung [...]. Er befreite die subjekti-
> ven dichterischen Quellen, räumte allen seelischen Strömen die Hin-
> dernisse fort, so daß sie sich frei ergießen konnten. Es genügt aber
> nicht, Kräfte zu entfalten. Tritt ihnen kein Objekt entgegen, so verzeh-
> ren sie sich in sich selbst. So war es auch das Schicksal des lyrisch-sub-
> jektiven Expressionismus, sich totzulaufen. Schon früh rühren sich aber
> Gegenkräfte, die einer neuen Gegenständlichkeit und der von ihr be-
> dingten Form zustreben.[17]

---

[13] Rudolf Kayser: Das Ende des Expressionismus. In: Der neue Merkur 4
(1920), Nr. 4, S. 251-258, hier S. 258.
[14] Rudolf Kayser: Das junge deutsche Drama (= Volk und Kunst, Heft 2).
Berlin 1924, S. 38. – Vgl. Bd. II, S. 53.
[15] Rudolf Kayser: Moritz Heimann. In: Berliner Tageblatt, 14.6.1924.
[16] Rudolf Kayser: Die »Neue Rundschau«. In: Das vierzigste Jahr 1886-
1926. Fischer-Almanach 1926. Berlin 1926, S. 74-80, hier S. 78.
[17] Kayser: Das junge deutsche Drama, S. 42. – Vgl. Bd. II, S. 54. – Kayser
hat den Begriff der Gegenständlichkeit wiederholt verwendet. Vgl. z.B.
Rudolf Kayser: Alfred Döblin. In: Das Kunstblatt 9 (1925), Nr. 5, S. 132-
134, hier S. 132: »[...] die Gegenstände sind aus heimlichen Energien em-
porgetrieben und herausgestellt. [...] Döblin hat ja die Gegenständlichkeit
im Sinne der epischen Tradition nicht aufgegeben, um etwa einen hem-

In Analogie zu der Erfahrung, daß die »Zeit [...] auf dem Wege [ist], sachlicher, gegenständlicher zu werden«[18], fordert man eine ›gegenständliche‹ Literatur ein. Der »Kunst« stehe, so diagnostiziert Siegfried Kracauer im Jahr 1920, eine *Schicksalswende* bevor, der Expressionismus sei »reif für den Untergang«; gefragt seien nun der »Aufbau einer neuen Wirklichkeit in der Kunst« sowie die »volle Bewältigung des Lebens« mittels einer »Neugestaltung der Wirklichkeit«.[19]

Hermann von Wedderkop, zu Anfang der zwanziger Jahre einer der entschiedensten Kritiker des Spätexpressionismus, eröffnet seinen in der von ihm geleiteten Zeitschrift *Der Querschnitt* ausgetra-

---

mungslosen Subjektivismus zu errichten und alle Realitäten zu meiden auf Kosten eines bekennenden Ich.« – Vgl. auch Kaysers erweiterte Fassung seines in der *Literarischen Welt* erschienenen Aufsatzes *Deutsche Situation* (Deutsche Situationen. In: Ders.: Dichterköpfe. Wien 1930, S. 195-203, hier S. 197), in dem es heißt: »So fehlt der jungen Dichtung vor allem das Geist-Erlebnis. Das seelische Erlebnis fehlt ihr nicht, auch wenn es sich unter den Schlagwortplakaten Reportage, Aktualität, Neue Sachlichkeit verbirgt. Neue Sachlichkeit: es ist das dümmste Schlagwort, das je wohl erfunden wurde. Denn ohne Sachlichkeit gibt es keine Kunst, hat es niemals eine gegeben. Die Sache aber ist zunächst immer das Ich. Man sollte »Neue Gegenständlichkeit« sagen und damit ausdrücken, daß die Macht der Dinge, die Gewalten von Politik, Gesellschaft, Wirtschaft so groß, so mythologisch schon sind, daß wir sie einbeziehen müssen in die Welt unserer Erlebnisse, Träume, Klänge.« – Sowohl Félix Bertaux (Panorama de la littérature allemande contemporaine. Paris 1928, S. 289) als auch Joseph Roth (Schluß mit der Neuen Sachlichkeit! In: Die Literarische Welt 6 [1930], Nr. 3, 3f. u. Nr. 4, S. 7f., hier Nr. 3, S. 4) verweisen auf den von Kayser geprägten Begriff der »Neue[n] Gegenständlichkeit«. – In der Malerei hingegen wird die Gleichsetzung von Neuer Sachlichkeit und Neuer Gegenständlichkeit nicht von allen Kritikern akzeptiert. Adolf Behne (Anton von Werner-Renaissance. In: Die Form 1 [1926], Nr. 11, S. 130) z.B. warnt davor, »›Gegenständlichkeit‹ und ›Sachlichkeit‹ zu verwechseln«, da »diese beiden Begriffe [...] nicht Ähnliches oder gar Gleiches, sondern Gegensätzliches [bezeichnen]. Gegensätzliche Kunst ist unsachliche Kunst«. – Vgl. hierzu auch die Antwort von Paul Kunz: Neue Sachlichkeit – nur Anton v. Werner-Renaissace? In: Ebd., Nr. 12, S. 256.

[18] Herbert Ihering: [Rez.] John Galsworthy: Justiz. In: Berliner Börsen-Courier, 8.10.1927.

[19] Siegfried Kracauer: Schicksalswende in der Kunst. In: Frankfurter Zeitung, Nr. 606 vom 18.8.1920, S. 1f., hier S. 2.

genen Kampf gegen die expressionistische Bewegung mit dem Aufruf zu mehr Realismus und Realitätsnähe in der Literatur. Im Zentrum von Wedderkops Kritik stehen die dem Expressionismus implizite »Vernachlässigung der realen, tatsächlichen Welt«, der Verlust des »Kontaktes zur Realität«, die »Flucht in die Vision« und die
einseitige »Proklamation utopischer Ideen«. Die ideologiekritischen
Implikationen seiner Bewertung werden deutlich, wenn Wedderkop
auf die »verheerenden Folgen« verweist, die dieser Utopismus bei
der »Masse« gezeitigt habe. Statt dem »frei[en]« Schwingen der »Seele« empfiehlt er daher den »Stettiner Bahnhof und Umgebung« als literarisches Thema, die »Echtheit« und »Einfachheit« der Darstellung
müßten, so seine Mahnung, den expressionistischen »Krampf« ablö-
sen.[20]

Wedderkop wird seine Forderungen nach einer »wirklichkeits-
gebunden[en]«[21] Kunst in den folgenden Jahren konsequent wiederholen, auch dann noch, als er bereits erste positive Gegenbeispiele
anführen kann; zwar entstammen die von ihm genannten Vorbilder
nicht der deutschen Literatur, für den kosmopolitisch denkenden
und in diesem Sinn den *Querschnitt* redigierenden Wedderkop haben sie dennoch Vorbildfunktion. Insbesondere die russische Theaterkultur, u.a. das »Moskauer Kammertheater«, seine Tendenzen zur
»Mechanisierung« und »Veräußerlichung« und seine – bezogen auf
die Schauspielkunst – »Sachlichkeit im Menschlichen« hält Wedderkop dem »Seelenschwarm« der expressionistischen Dramatik und
Inszenierungspraxis entgegen.[22] Das einflußreichste Vorbild für die
Entwicklung einer neuen Bühnendramatik findet man indes in dem
russischen Regisseur, Schauspieler und Dramaturg Wsewolod Meyerhold.[23] Dessen nüchterne, einfache Erfassung und Präsentation der

---

[20] Hermann von Wedderkop: Querschnitt durch das Jahr 1922. In: Der
Querschnitt 2 (1922/23), Nr. 1, unpag. [S. 1-8, hier S. 1, 5, 7 u. 8]. – Vgl.
Bd. II, S. 52 u. 54.
[21] H[ermann] von Wedderkop: Expressionismus und Wirklichkeit. In: Feuer 3 (1921), Nr. 1, S. 141-144, hier S. 144.
[22] Hermann von Wedderkop: Moskauer Kammertheater. In: Der Querschnitt 3 (1923), Nr. 1, S. 65-67, hier S. 66 u. 65.
[23] Neben Meyerhold erlangt der russische Schriftsteller Boris Pilnjak große
Bedeutung; man rezipiert ihn als einen »Pathetiker der Nüchternheit«, dem
eine »unmenschliche Objektivität« eigne. – Vgl. Oscar Blum: Boris Pilnjak.

Tatsachen, die von ihm vorgenommene Funktionalisierung des Bühnenraums, die Gestaltung der Bühne als »Werkstatt« und »nüchtern primitive[n] Arbeitsraum«, wertet Adolf Behne als richtungweisend für die Entwicklung einer antiexpressionistischen, sachlichen Dramaturgie in Deutschland. In seinem 1925 in der *Weltbühne* erschienenen Aufsatz *Meyerhold* hebt Behne die »unerbittlich strenge Bindung an die Sache« als ein weiteres Kennzeichen der Meyerholdschen Arbeitsweise hervor: »Das Wesentliche, die Sache steht ihm höher als das Schöne, als das Theater, als die Würde, die Ruhe, die Tradition – höher sogar als die Dichtung.«[24]

Beispiele einer realitätsnahen literarischen Produktion innerhalb der deutschsprachigen Literatur wollen zeitgenössische Beobachter in diesen Jahren noch nicht ausmachen; wohl aber verweist man auf den Film, lobt dessen »kühle Sachlichkeit« und »Film-Atmosphäre«, durch die das neue Medium sich vom sogenannten »Kunstdrama« abhebe.[25] Mit Georg Kaisers 1923 erschienenem Drama *Nebeneinander* sieht man die antiexpressionistischen Forderungen nach realitätsbezogener Darstellung und Thematik innerhalb der deutschsprachigen Literatur erstmals eingelöst. Kaisers Stück, das noch heute als das erste neusachliche Drama gelten darf[26], wird als ›Zeitdrama‹ rezipiert, ein Genre, das Ende der zwanziger Jahre für die neusachliche Ästhetik zentrale Bedeutung erlangen sollte. Siegfried Jacobsohn bescheinigt dem ehemaligen Expressionisten Kaiser – »einem der Väter des Zeittheaters und der Neuen Sachlichkeit«[27], wie es in einer Rezension aus dem Jahr 1932 heißt – daß er mit diesem Stück »aus der Wolke, die ihn bisher umnebelte, mit beiden Füßen auf die Erde gestiegen« sei. Kaisers Verzicht auf expressionistisches Pathos wertet

---

In: Die Weltbühne 23 (1927), I, Nr. 20, S. 788-790, hier S. 789. – Vgl. Bd. II, S. 79.

[24] Adolf Behne: Meyerhold. In: Die Weltbühne 21 (1925), II, Nr. 45, S. 727f., hier S. 727 u. 728. – Vgl. Bd. II, S. 197 u. 198.

[25] Willy Haas: Das künstlerische Filmmanuskript. In: Das Blaue Heft 3 (1921), Nr. 13, S. 371-376, hier S. 373.

[26] Vgl. dazu: Ernst Schürer: Georg Kaiser und die Neue Sachlichkeit (1922-1932). Themen, Tendenzen, Formen. In: Georg Kaiser: eine Aufsatzsammlung nach einem Symposium in Edmonton, Kanada. Hrsg. u. eingel. v. Holger A. Pausch. Berlin, Darmstadt 1980, S. 115-138.

[27] Kurt Reinhold: Roman-Premiere. In: Das Tage-Buch 13 (1932), Nr. 8, S. 299-301, hier S. 299.

Jacobsohn als »größten Fortschritt« und würdigt das Drama als genauen Ausdruck einer »entgötterten Ära«.[28]

Noch in der zweiten Hälfte des Jahrzehnts wird die Charakterisierung der zeitgenössischen Inszenierungspraxis vom Expressionismus abgesetzt. Leopold Jeßner, mit dessen Namen sich der Übergang von der expressionistischen zu einer neusachlichen Regiearbeit verbindet, notiert in Zusammenhang mit seiner Inszenierung des Kleist-Stücks *Amphitryon* im September 1926:

> Wir wollen heute keine Kunststücke mehr auf der Bühne, die Zeit der großen theatralischen Umwälzungen liegt uns noch zu nahe, als daß wir heute wieder mit jeder Inszenierung eine Revolution provozieren dürften. Nicht das Experiment gilt heute, sondern die neue Sachlichkeit.[29]

Mit Jeßner wird der »ästhetische Regisseur« von einem »dramaturgische[n]« abgelöst[30], die expressionistische Regiearbeit Max Reinhardts durch einen versachlichten Inszenierungsstil ersetzt und damit der Übergang vom Expressionismus zur Neuen Sachlichkeit eingeleitet. Die individualisierende, psychologisierende Darstellungsweise weicht einer inhaltsbezogenen Inszenierungsarbeit und Schauspielpraxis, deren zentrale Elemente Verknappung und Abstraktion sind.

Jeßners gegen Reinhardts monumentales Illusionstheater und psychologisierende Stimmungskunst opponierende Regiearbeit ist in diesen Jahren keine singuläre Erscheinung, sondern beherrscht die zeitgenössischen Bühnen. 1926 beschreibt der Intendant des Bonner Stadttheaters, Albert Buesche, in seinem Aufsatz *Besinnung auf das Theater* – eine Antwort auf eine Rundfrage der Theaterzeitschrift *Die Scene*, in der Regisseure über ihre Arbeit Auskunft geben – die dramaturgische Praxis in Absetzung zu einem expressionistischen Aufführungsstil; zur Disposition steht dabei insbesondere dessen »Antinaturalismus«. In einer an Franz Rohs für die Malerei erarbei-

---

[28] Siegfried Jacobsohn: Nebeneinander. In: Die Weltbühne 19 (1923), II, Nr. 46, S. 482f.

[29] Leopold Jeßner: Überlegungen zu seiner Kleist-Inszenierung »Amphitryon«, 4.9.1926. Zitiert nach: Günther Rühle: Theater für die Republik 1917-1933. Frankfurt/Main 1967, S. 849.

[30] Leopold Jeßner: Regie. In: Der neue Weg 58 (1929), Nr. 8, S. 149f., hier S. 149.

tetem Konstrastschema orientierten Gegenüberstellung expressionistischer und neusachlicher Inszenierungskunst entwirft Buesche für die Dramaturgie folgende Oppositionen: Den expressionistischen Stil kennzeichnet er als »rhythmisierend / explosiv-laut / ekstatisch/ spielerisch-tänzerisch / auf den Szenenschluß hin entwickelt / mit Nervenwirkung darüber hinaus / pathetisch und hymnisch«; die neusachliche Arbeitsweise hingegen umschreibt er mit den Attributen: »charakterisierend / verhalten-leise / bewußt / statisch / In sich ruhend / Szenenschluß ist letzte Intensivierung / unpathetisch, sachlich«; bezüglich des Bühnenbilds unterscheidet er die expressionistische Methodik als »Raum vortäuschend, dekorativ, reiche Ornamentik, als Dekoration schon ein Ausdruck, illusionsfeindlich, wirklichkeitsängstlich« von der neusachlichen Choreographie, die er als »räumlich, funktionell, ohne Ornamentik, ohne eigenen Ausdruckswert, illusionsfreundlich, wirklichkeitsfreundlich«[31] charakterisiert.

Buesches Konzept, im übrigen ein Beleg dafür, daß man zur Beschreibung expressionistischer und nachexpressionistischer Literatur nicht unbedingt auf Rohs kunsthistorische Ausführungen hätte zurückgreifen müssen, zeigt, daß die Kennzeichnung der Neuen Sachlichkeit als antiexpressionistische Strömung nicht nur für ihre Entstehungsphase Berechtigung hat. Noch Ende der zwanziger Jahre wird die Neue Sachlichkeit als eine »Reaktionserscheinung auf den chaotischen Expressionismus«[32] wahrgenommen; der Begriff »neue[r] Klassizismus«, den Rudolf Kayser bereits 1920 zur Kennzeichnung antiexpressionistischer Tendenzen in der Literatur gewählt hatte[33], hält sich in nur geringfügig abgewandelter Form bis zum Ende des Jahrzehnts als Synonym für den Terminus Neue Sachlichkeit. So definiert Max Freyhan in seinem 1928 erschienenen Aufsatz *Neue Klassizität* die damit gemeinte neusachliche Strömung als eine Gegenbewegung zum Expressionismus; in der Hinwendung zur

---

[31] Albert Buesche: Besinnung auf dem Theater. Zu Galsworthys »Gesellschaft«. In: Die Scene 16 (1926), Nr. 6, S. 179f., hier S. 179. – Vgl. Bd. II, S. 59 u. 60.

[32] Gustav Leuteritz: Die junge Generation und das Theater. In: Die Volksbühne 3 (1928), Nr. 6, S. 6.

[33] Kayser: Das Ende des Expressionismus, S. 158.

»Dingwelt« benennt er das zentrale Unterscheidungsmerkmal zwischen beiden Richtungen:

> Ein heute fast schon wieder modisch-abgenutztes Wort verkündet ›neue Sachlichkeit‹. Der Expressionismus wollte nichts wissen von Dingwelt, vom Konkreten, vom Seienden außerhalb der menschlichen Beseeltheit. Expressionismus war eine äußerste Anspannung der Ich-Kräfte, des Selbst-Bewußtseins. [...] Neue Sachlichkeit ist Gegensatz hierzu. Der Blick, eben noch in Gesteigertheit, in Verzücktheit ganz in die eigene Seele gesenkt, beginnt wieder und versucht wieder, sich nach außen zu wenden, die Dingwelt zu fassen und in sich hineinzunehmen.[34]

Noch im Jahr 1932 beschreibt Alfred Kerr, einer der entschiedensten Gegner der Neuen Sachlichkeit[35], die neusachliche Zeitdramatik als eine antiexpressionistische Literatur, die mit den »Heulstücke[n], Fortissimo-Stücke[n], Greuelfabriken« der Expressionisten nichts mehr gemein hätte: »Erst Expressionismus [...]. Dann sein Gegenteil: neue Sachlichkeit. Also Kühle der Betrachtung: somit genau das Umgekehrte von expressionistischer Leidenschaft.«[36]

III.2. »*Neuer Naturalismus*«

Häufiger als der von Rudolf Kayser für die Kennzeichnung der um 1920 aufkommenden nach- bzw. antiexpressionistischen Tendenzen gebrauchte Begriff des »neue[n] Klassizismus« taucht in einschlägigen Diskussionsbeiträgen der Terminus der ersten Modernebewegung auf. Insbesondere in Zusammenhang mit der Bestimmung der Neuen Sachlichkeit als eine Gegenströmung zum Spätexpressionismus greift man auf den Vergleich mit dem historischen Naturalismus zurück. 1926 knüpft Max Freyhan in Zusammenhang seines

---

[34] Max Freyhan: Neue Klassizität. In: Die Volksbühne 3 (1928), Nr. 4, S. 16-21, hier S. 19. – Vgl. Bd. II, S. 63.

[35] Vgl. Alfred Kerr: [Rez.] Alfred Döblin. Die Ehe. In: Berliner Tageblatt, 18.4.1931.

[36] Alfred Kerr: Was wird aus Deutschlands Theater? Dramaturgie der späten Zeit. Berlin 1932, S. 16. – Vgl. Bd. II, S. 360.

bilanzierenden Aufsatzes *Das neue Drama – seine Ergebnisse, seine Krise* an den Begriff »neue Sachlichkeit« einen »Richtungswechsel« im Hinblick auf die gesamte Literatur: Der Terminus stehe, so Freyhan in seinem in der Theaterzeitschrift *Die vierte Wand* erschienenen Beitrag, für eine »Veränderung der Maßstäbe«. Die »neue Sachlichkeit als Wiedergeburt von Sachlichkeit« greife auf die »sachliche Kunst des Naturalismus und des Realismus« zurück. Daher bedeute Sachlichkeit im Sinn der ersten Moderneströmung »Positivismus« und »Diesseitigkeit«.[37] Ein Jahr später verortet Franz Graetzer in seinem rekapitulierenden Aufsatz *Neue Sachlichkeit im Drama* die neusachliche Bewegung gleichfalls im Spannungsfeld zwischen Naturalismus und Expressionismus bzw. zwischen Antiexpressionismus und einem neuem Naturalismus:

> Tatsächlich aber ist das ganze Geheimnis der Neuen Sachlichkeit eine Reaktion, und zwar die naturgebotene, gegen eine Dramatik, die sich vermaß, im luftleeren Raum von Abstraktionen zu zehren. Es geht, mit Riesenschritten, zurück zur Natur, und somit zum Naturalismus, dessen Verschiedenheit von der letzten so benannten Periode eine Selbstverständlichkeit bedeutet.[38]

Noch gegen Ende des Jahrzehnts bringt Alfred Kerr in seiner *Spanischen Rede vom deutschen Drama* die Neue Sachlichkeit mit dem Naturalismus in Verbindung:

> Der Expressionismus ist also tot. Man beobachte nun die Rückkehr zu ... einer Art Neonaturalismus. Zu einer immerhin gewissen Wirklichkeit des Tages. Neunaturalismus: abgekürzter Naturalismus. Keine Visionsfabriken mehr. Und für die neue Bewegung fand sich das neue Wort [...]: »Neu-e Sachlichkeit«.[39]

---

[37] Max Freyhan: Das neue Drama – seine Ergebnisse, seine Krise. In: Die vierte Wand 1 (1926), Nr. 2, S. 1-3, hier S. 1 u. 2. – Vgl. Bd. II, S. 101 u. 102.

[38] Franz Graetzer: Neue Sachlichkeit im Drama? In: Die Gegenwart 56 (1927), Nr. 1, S. 109-112, hier S. 111. – Vgl. Bd. II, S. 58.

[39] Alfred Kerr: Spanische Rede vom deutschen Drama. In: Die neue Rundschau 40 (1929), II, S. 793-806, hier S. 795. – Vgl. Bd. II, S. 342.

Die Rückbindung der neusachlichen an die naturalistische Bewegung ist allerdings nicht ausschließlich das Resultat der antiexpressionistischen Ausrichtung der Neuen Sachlichkeit; auch aufgrund inhaltlicher Elemente spricht man von ihr als von einem »neuen Naturalismus«: Neusachliche Zeitdramen etwa werden wegen ihrer sozialpolitischen Thematik in der Nachfolge naturalistischer Dramatik analysiert. In der Neuen Sachlichkeit lebe, so ist man überzeugt, der »Naturalismus [...], den man vielfach begraben, aber niemals getötet hat«, gerade aufgrund der Sujets wieder auf.[40] Man wertet die neusachliche Bewegung nach dem historischen Naturalismus als einen »hitzige[n] zweite[n] Versuch«[41], eine realitätsnahe, aktuelle und sozialengagierte Literatur zu produzieren. Die Erfassung der »sozialen Zustände der Gegenwart« gilt als das zentrale Thema der neusachlichen wie der naturalistischen Literatur gleichermaßen: »Das scheint nun an sich gar nicht so neu. Hat nicht schon der Naturalismus der neunziger Jahre vorwiegend soziale Stoffe behandelt?«, kommentiert Günther Müller in seiner 1929 publizierten Untersuchung *Neue Sachlichkeit in der Dichtung* die Inhalte neusachlicher Literatur. Dennoch bestehen für Müller im Hinblick auf die Verarbeitung sozialer Themen gewichtige Differenzen zwischen beiden Bewegungen. Nicht nur die Tatsache, daß der »alte Naturalismus« im Gegensatz zur Neuen Sachlichkeit die »Verbindungen mit romantischer Gefühligkeit« nicht gelöst habe, trenne die beiden Strömungen; auch indem der Naturalismus fast ausschließlich den vierten Stand thematisiert habe, die Protagonisten neusachlicher Literatur hingegen zumeist der Angestelltenschicht entstammten, unterscheide sich die Neue Sachlichkeit vom Naturalismus.[42]

Das erste und zugleich wirkungsvollste Dokument des Zusammenhangs zwischen der Ausbildung einer neusachlichen Ästhetik, antiexpressionistischer Tendenz und Bezugnahme auf den Naturalismus als historische Bewegung wie als ästhetische Form legt Alfred

---

[40] Fritz Engel: Ferdinand Bruckner: Die Verbrecher. In: Berliner Tageblatt, 24.10.1928.

[41] Wolfgang Schumann: Vom »Veraltern« älterer Dichtung. In: Die Volksbühne 6 (1931), Nr. 1, S. 13-17, hier S. 17. – Vgl. Bd. II, S. 132.

[42] Günther Müller: Neue Sachlichkeit in der Dichtung. In: Schweizerische Rundschau 29 (1929), Nr. 8, S. 706-716, hier S. 708 u. 710. – Vgl. Bd. II, S. 35.

Döblin mit seinem *Bekenntnis zum Naturalismus* vor; Döblins Aufsatz erscheint zwei Jahre vor der von Paul Westheim in der Zeitschrift *Das Kunstblatt* organisierten Umfrage nach dem Aufkommen eines »neuen Naturalismus«.[43] Für eine literarische Bewegung, die sich als »Neonaturalismus« bzw. »Neunaturalismus«[44] und »neuer Naturalismus«[45] konstituierte, dürfte gerade Döblins »Bekenntnis« von nicht geringer Bedeutung gewesen sein, zumal hier ein Autor gegen den spätexpressionistischen Utopismus Sturm lief, der bereits seit zehn Jahren die Begriffe »sachlich« und »Sachlichkeit« programmatisch verwendete. Jenes Element, um das Döblin in den zwanziger Jahren seine Sachlichkeitsästhetik erweiterte, und das zugleich als ein zentraler Aspekt der neusachlichen Ästhetik gelten darf – die Berichtform –, muß als eine Reaktion auf den expressionistischen Telegrammstil verstanden werden. Döblin kritisiert die antinaturalistischen Tendenzen des Expressionismus, die er für die Zurückweisung des Berichtstils innerhalb der expressionistischen Bewegung verantwortlich macht:

> In der Dichtung wird seit einer Anzahl Jahren das ›Beschreiben‹, ›Schildern‹ als kunstfeindlich perhorresziert. Es wird in eine Linie gestellt mit dem ›Abmalen‹ in der Malerei. Die Ablehnung des ›Beschreibens‹ stammt aus dem allgemeinen Gefühl, daß die Vergeistigung zurzeit der wichtigste elementarste Antrieb der Künste ist; überall wird der materielle, ›realistische‹ Ballast über Bord geworfen [...].[46]

---

[43] Ein neuer Naturalismus?? Eine Rundfrage des Kunstblatts. In: Das Kunstblatt 6 (1922), Nr. 9, S. 369-414. – Vgl. Bd. II, S. 66-69.

[44] Kerr: Spanische Rede vom deutschen Drama, S. 795. – Vgl. Bd. II, S. 342.

[45] Folgende Autoren sprechen von einem »neuen Naturalismus«: Paul Fechter: Die nachexpressionistische Situation. In: Das Kunstblatt 7 (1923), Nr. 10, S. 321-329, hier S. 324; Hans Frank: Vom Drama der Gegenwart. In: Die Literatur 26 (1923/24), Nr. 3, S. 129-131, hier S. 129; Leo Lania: Das politische Drama. In: Die Literarische Welt 2 (1926), Nr. 10, S. 3. – Vgl. Bd. II, S. 174; Lania spricht von »moderne[m] Naturalismus«; Hermann Kesser: Expressionismus/Zeitgeschichte. In: Die neue Bücherschau 6 (1928), Nr. 10, S. 549-553, hier S. 551; Fritz Engel: Ferdinand Bruckner: Die Verbrecher. In: Berliner Tageblatt, 24.10.1928.

[46] Alfred Döblin: Bekenntnis zum Naturalismus. In: Das Tage-Buch 1 (1920), Nr. 50, S. 1599-1601, hier S. 1599. – Vgl. Bd. II, S. 64.

In seinem *Bekenntnis zum Naturalismus* greift Döblin zu Beginn der zwanziger Jahre als einer der ersten explizit auf eine naturalistische Schreibweise zurück; er weist damit einen Weg aus jener literarästhetischen Sackgasse, in die der Spätexpressionismus geführt hatte. Niemand zuvor hatte sich so dezidiert und mit derart bekennerischem Gestus des ausgedienten Begriffs der ersten Modernebewegung bedient. Hinsichtlich einer Ästhetik, die in ihrer Entstehungsphase den Expressionismus als wichtigste Negativfolie vor Augen hat und sich als ein »neuer Naturalismus« konstituiert bzw. sich in der Tradition des Naturalismus sieht, blieb Döblins Bekenntnis zu einer naturalistischen Schreibweise – hier noch ohne eine direkte Bezugnahme auf den historischen Naturalismus – nicht ohne Bedeutung und auch nicht ohne Konsequenzen.

Mit seinem Aufsatz liefert Döblin insofern eine der ersten bedeutenden Stellungnahmen gegen den Expressionismus, als er bereits Wege zu dessen Überwindung aufzeigt: Aufgrund seiner entschiedenen und dezidierten Befürwortung eines »neuen Naturalismus« hat Döblins Aufruf Initialwirkung im Hinblick auf die Entwicklung einer neusachlichen Ästhetik. Wenn Döblin die Rückkehr zu den stilistischen Mitteln des »Beschreibens« und »Schilderns« postuliert, so legt er damit nicht nur die Grundlage für seine in den folgenden Jahren konzipierte Theorie von der Form des Berichts als einem wesentlichen Bestandteil moderner Poetik; er ebnet zugleich den Weg für die Ausbildung der Berichtform zu einem zentralen Element neusachlichen Schreibens. Die – in der Folgezeit auch von der Neuen Sachlichkeit angestrebte – gegen die expressionistische »Vergeistigung« gerichtete ›Materialisierung‹ der Literatur wird für Döblin zu einer unabdingbaren Voraussetzung moderner Literatur; umsetzen will er sie mittels epischer Techniken wie »Beschreiben« und »Schildern«.

Demnach wiederholt Döblin in seiner Antwort auf die von Westheim 1922 organisierte Rundfrage bereits vorgetragene Positionen und Forderungen, wenn er im Gegensatz zu der Mehrheit der bildenden Künstler und den wenigen Schriftstellern, die zu der Frage Stellung nehmen, einen »neuen Naturalismus« befürwortet, mit dem gegen die »bloß ästheti[schen]«, »gegenstandslose[n] [...] Kunstprodukte« angegangen werden könne. Im nachhinein interpretiert er sein *Bekenntnis zum Naturalismus* als eine Negation des »Wille[ns] zur Kunst«: »[...] der Künstler muß heraus aus der Kunst. Wir haben keine Kunstprodukte, sondern Lebensäußerungen nötig.«[47] Diese antiästhetizistische Haltung hatte er bereits zwei Jahre zuvor proklamiert. »Die Kunst hat es nicht mit der Kunst [...] zu tun«[48], mit dieser so einfachen wie gelungenen Formulierung gab Döblin seiner Abneigung nicht nur expressionistischen »Kunstprodukte[n]« genüber Ausdruck. Spätestens 1924, in dem Jahr also, in dem Döblin den *Geist des naturalistischen Zeitalters* diagnostiziert[49], verknüpft er seinen Aufruf zu mehr Naturalismus mit der Forderung nach einer sachlichen Schreibweise. In seiner Rezension von Arnolt Bronnens Drama *Anarchie in Sillian* beschreibt Döblin Bronnens Sprache im Gegensatz zum »konstruierten«, »abstrakten« Telegrammstil der Expressionisten als die »knappe«, »gedrängte« Schreibtechnik eines »Naturalisten«: »Bronnen ist Naturalist, wie sich das gehört. Er hat mehreres: nüchterne Sachlichkeit, Wirklichkeitssinn, Tempo [...].«[50]

Die Forderung nach mehr Naturalismus beherrscht die Diskussion der nächsten Jahre. Im Anschluß an Döblins Aufsatz wird in Zusammenhang mit dem allenthalben postulierten Ende der expressionistischen Bewegung und der Proklamation einer neuen antiexpressionistischen Kunst zu mehr ›Naturalismus‹ aufgerufen. Spätestens im Jahr 1922 wird die Existenz eines »neuen Naturalismus« auf breiter Basis diskutiert, wie die Umfrage in Westheims *Kunstblatt* zeigt. Westheim will von Künstlern, Schriftstellern, Museumsdirektoren und Kunstwissenschaftlern wissen, ob die expressionistische Bewegung eine »Gegenbewegung«, einen »neuen Naturalismus«, ausgelöst habe. Neben Döblin beteiligen sich aus literarischen Kreisen u.a. Max Picard, Hermann Kesser, Otto Flake, Wilhelm Michel, Adolf Behne, Kasimir Edschmid und Georg Kaiser. Zwar begrüßen alle die Rückkehr zu mehr Gegenständlichkeit und Realismus; allein auf den Naturalismusbegriff oder gar auf seine positive Konnotierung will sich außer Döblin niemand festlegen.

---

[47] Alfred Döblin: Ein neuer Naturalismus?? Antwort auf eine Rundfrage. In: Das Kunstblatt 6 (1922), S. 372f., hier S. 372. – Vgl. Bd. II, S. 66.
[48] Döblin: Bekenntnis zum Naturalismus, S. 1601. – Vgl. Bd. II, S. 65.
[49] Alfred Döblin: Der Geist des naturalistischen Zeitalters. In: Die neue Rundschau 35 (1924), Bd. II, S. 1275-1293.
[50] Alfred Döblin: Arnolt Bronnen: »Anarchie in Sillian«. In: Prager Tageblatt 49 (1924), Nr. 87, S. 6. – Vgl. Bd. II, S. 69.

Diese anfängliche Reserviertheit dem Terminus Naturalismus gegenüber weicht jedoch in den folgenden Jahren seiner verstärkten Anwendung. Man bedient sich des Begriffs zur Kennzeichnung der nachexpressionistischen ästhetischen Entwicklung. Paul Fechter reklamiert 1923 für die »junge Literatur« – Brecht und Bronnen nennt er als ihre wichtigsten Repräsentanten – einen »neuen Naturalismus«, wobei er diesen allerdings als »gefühlsbetont-expressionistisch« von dem »sachlich-feststellend[en] Naturalismus« der 1890er Jahre unterschieden wissen will, da dem Naturalismus der jungen Autorengeneration die »Sachlichkeit des alten Naturalismus« fehle.[51]

Der Naturalismusbegriff scheint zu diesem Zeitpunkt etabliert, jedenfalls ruft er bereits erste Kritiker auf den Plan. Das Wort ›Naturalismus‹ provoziert Abwehrreaktionen – die Feindschaft dem historischen Naturalismus gegenüber sitzt tief und ist offensichtlich selbst in den zwanziger Jahren nicht vollständig überwunden. Ein klassischen Vorbildern verpflichteter Theaterkritiker wie Julius Bab z.B. bezeichnet die Neue Sachlichkeit noch 1930 als eine »ganz simple Rückkehr zum alten Naturalismus«; neusachliche Zeitdramen unterscheiden sich seiner Meinung nach nur geringfügig von jenen »gröberen Theaterstücke[n]«, die um 1890 im Gefolge des Naturalismus erschienen«. In beiden Bewegungen dominiere, so resümiert Bab, ein »trockener Naturalismus der Menschendarstellung«, der eine »gefühlsmäßig wirksame dramatische Darstellung« verhindere.[52] Viele Kritiker begrüßen zwar die antiexpressionistische Tendenz der Neuen Sachlichkeit, die naturalistischen Elemente der neusachlichen Ästhetik indes lehnen sie strikt ab. Hans Franck, Kritiker der Zeitschrift *Die Literatur*, bezeichnet in seinem Aufsatz *Vom Drama der Gegenwart* die Rede von einem »neuen Naturalismus« sowie die Bezugnahme neusachlicher Kreise auf die Modernebewegung der 1890er Jahre als »mißdeutbar, irreführend« und »geradezu widersinnig«.[53] Der bereits erwähnte Max Freyhahn glaubt in der »Rückwen-

---

[51] Paul Fechter: Die nachexpressionistische Situation. In: Das Kunstblatt 7 (1923), Nr. 10, S. 321-329, hier 324.

[52] Julius Bab: Bilanz des Dramas. In: Die Volksbühne 5 (1930), Nr. 3, S. 97-108, hier S. 100, 104 u. 106. – Vgl. Bd. II, S. 43 u. 44.

[53] Hans Franck: Vom Drama der Gegenwart. In: Die Literatur 26 (1923/24), Nr. 3, S. 129-131, hier S. 129.

dung zum Naturalismus« gar eine »Gefahrenzone« für die Neue Sachlichkeit zu erkennen.[54]

Allein diese kritischen Stimmen vermochten es nicht, die Rehabilitierung des Naturalismusbegriffs in Verbindung mit der Ausbildung einer neusachlichen Poetik zu verhindern.[55] Neben Werken von Georg Kaiser und Karl Kraus werden vor allem Bertolt Brechts *Trommeln in der Nacht* und Arnolt Bronnens *Vatermord* als »naturalistisch[e]« Stücke wahrgenommen. Siegfried Jacobsohn bespricht beide Dramen 1922 in der *Weltbühne*; Brecht bescheinigt er den konsequenten Bruch mit der expressionistischen Tradition, da der pathosbeladene »O-Mensch«-Aufruf sich nicht einmal mehr »zwischen [den] Zeilen« befinde. In Absetzung vom expressionistischen »Menschheitsdrama« beschreibt er *Trommeln in der Nacht* als ein »naturalistisches Stück«, das »Tatsachen aneinanderreih[t], so schlicht und scheinbar zweckfrei wie möglich [...]«.[56] In bezug auf Bronnens *Vatermord* konstatiert Jacobsohn gleichfalls einen »Naturalismus« sowohl im stilistisch-formalen als auch im thematischen Bereich, der von Bronnen allerdings, so Jacobsohns Kritik, nicht konsequent durchgehalten werde: »Man steht fest auf dem Boden der Tatsachen und stößt doch mit dem Kopf in einen Dunstkreis, der die Konturen entweder verhüllt oder verwischt oder verzerrt.«[57] Mit Carl Zuckmayers Komödie *Der fröhliche Weinberg* feiert man schließlich den »Triumph der jungen Richtung«.[58] 1926 bilanziert Max Freyhan in seinem Bericht über das »neue Drama«:

Es scheint sich so zu fügen, daß die expressionistische Dramatik und alles, was mit ihr bezeichnet wurde, was in ihrem Gefolge sich begab, von dem Geltungsprinzip der neuen Sachlichkeit abgelöst werden soll. Das

---

[54] Max Freyhan: Neue Klassizität, S. 19. – Vgl. Bd. II, S. 63.

[55] Noch im Jahr 1932 veranstaltete die *Literarische Welt* eine Debatte über *Das Gesicht des Naturalismus. Diskussionen* (In: Die Literarische Welt 8 [1932], Nr. 46, S. 3f.). – Vgl. auch Arthur Segal: Einem neuen Naturalismus entgegen. In: Das Tage-Buch 12 (1930), Nr. 15, S. 589.

[56] Siegfried Jacobsohn: Trommeln in der Nacht. In: Die Weltbühne 18 (1922), II, Nr. 52, S. 680f., hier S. 680.

[57] Siegfried Jacobsohn: Vatermord. In: Die Weltbühne 18 (1922), I, Nr. 21, S. 530-532, hier S. 531.

[58] Felix Holländer: Carl Zuckmayer: Der fröhliche Weinberg. In: 8-Uhr-Abendblatt, 29.12.1925. – Vgl. Bd. II, S. 55.

ist die Bedeutung, die Karl Zuckmayers Spiel »Der fröhliche Weinberg«
für die heutige Dramatik hat.[59]

Zuckmayers Stück wird als »endgültige Absage an expressionistischen Schwindel«, an »literarische Hochstapelei«, an den »Krampf«
und die »Verstiegenheiten von unkontrollierbaren Menschen und
Welten« gewertet. Mit diesem Drama kehre, so urteilt Felix Holländer in seiner Besprechung, eine »naturalistische Bühnenkunst« in
die Theater zurück, deren zentrales Kennzeichen die »getreue Zustandsschilderung des totgesagten Naturalismus«[60] sei. Ludwig Marcuse befand rückblickend, daß mit diesem Drama ein ehemaliger
Expressionist im Jahr 1925 den »sichtbarsten Schritt« vom Expressionismus zur Neuen Sachlichkeit und somit hin zu »alle[m], was
nicht so unsachlich war wie Prophetie und Mission zuvor« gemacht
habe.[61]

III.3. *Nüchternheit*

Ein weiteres Moment des neusachlichen Antiexpressionismus wie
der neusachlichen Ästhetik insgesamt ist das Bedürfnis nach Vereinfachung und Versachlichung des literarischen Stils. In Zusammenhang mit diesem Ziel gewinnt der Begriff der »nüchternen Sachlichkeit«[62] bzw. der »nüchterne[n], illusionslose[n] Sachlichkeit«[63] innerhalb der Ästhetik der Neuen Sachlichkeit eine zentrale Bedeutung;
seine antiexpressionistische Dimension wird in dem Ruf nach mehr
Realitätsnähe und stärkerem Gegenwartsbezug der Literatur greifbar: Mit der Forderung nach Nüchternheit soll gegen die expressionistischen ›Vergeistigungstendenzen‹ angegangen werden; in diesem

---

[59] Freyhan: Das neue Drama – seine Ergebnisse, seine Krise, S. 1. – Vgl. Bd.
II, S. 101.
[60] Holländer: Carl Zuckmayer: Der fröhliche Weinberg. – Vgl. Bd. II, S. 55.
[61] Ludwig Marcuse: Mein zwanzigstes Jahrhundert. München 1960, S. 90.
[62] Döblin: Arnolt Bronnen: »Anarchie in Sillian«, S. 6. – Vgl. Bd. II, S. 69.
[63] L. St. [= Ludwig Steinecke]: Bernard von Brentano: Der Beginn der
Barbarei in Deutschland. In: Die Literarische Welt 8 (1932), Nr. 33, S. 5.

Sinn nennt man die Begriffe »nüchtern« und »sachlich« bereits bereits Mitte des Jahrzehnts in einem Atemzug.[64] Für den inhaltlich-
thematischen ebenso wie für den stilistisch-formalen Bereich pocht
man auf ›Ernüchterung‹, wobei der Begriff drei Bedeutungsebenen
verzeichnet: Nüchternheit, Einfachheit und Klarheit. Anfang der
zwanziger Jahre beklagt man den »Mangel an Bedürfnis nach Beschränkung, Präzision, Knappheit, Nüchternheit«[65]: Im Gegensatz
zu dem expressionistischen Autoren zugeschriebenen »unklaren Gefühl« verspürt die neusachliche Generation den Willen zur »Klarheit«: »Endlich wollen wir klar sehen. In allem«, heißt es in einer
Buchrezension des *Berliner Tageblatts*.[66] Noch gegen Ende des Jahrzehnts besteht ein Bedürfnis nach »Klärung«, wie Hans Fallada im
Jahr 1931 anläßlich der Rezension eines Reportagestücks von Peter
Martin Lampel konstatiert.[67]

Lion Feuchtwanger kritisiert 1927 den fehlenden »Tatsachensinn« von Schriftstellern und Lesern sowie ihre »Vorliebe fürs
Dunkle und fürs Tiefe«, »Unklare, Schöpferische«; mit Verweis auf
die angelsächsische literarische Welt spricht er sich für »absolute
Klarheit«, »Exaktheit und »Verständlichkeit« der Darstellung sowie
für eine »nüchtern[e]«, »nachprüfbare« Schilderung äußerer Gegebenheiten aus.[68] In seinem ein Jahr später entstandenen Aufsatz *Von
den Wirkungen und Besonderheiten des angelsächsischen Schriftstellers*
beharrt Feuchtwanger gleichfalls auf Sachlichkeit im Sinne von Klarheit und Nachprüfbarkeit, Exaktheit und »Durchsichtigkeit« des
Beschriebenen.[69] Diese Dimension der Kategorie Sachlichkeit kristal-

---

[64] Bernard Guillemin: Was arbeiten Sie? Gespräch mit Bertolt Brecht. In:
Die Literarische Welt 2 (1926), Nr. 31, S. 1f., hier S. 2.

[65] H[ermann] von Wedderkop: Bühnenexpressionismus. In: Der neue Merkur 6 (1922), Nr. 2, S. 102-110, hier S. 108. – Vgl. Bd. II, S. 51.

[66] Zitiert bei: Wolfgang Schumann: Dichtung und Wirklichkeit. In: Die
Volksbühne 5 (1930), Nr. 1, S. 11-17, hier S. 14. – Vgl. Bd. II, S. 350.

[67] Hans Fallada: Lampel, der Jäger. In: Die Literatur 34 (1931/32), Nr. 4,
S. 187-190, hier S. 190.

[68] Lion Feuchtwanger: Der Geschmack des englischen Lesers. In: Berliner
Tageblatt, 1.12.1927. Ursprünglich als Vortrag im Londoner Rundfunk
gehalten. – Vgl. Bd. II, S. 82 u. 81.

[69] Lion Feuchtwanger: Von den Wirkungen und Besonderheiten des angelsächsischen Schriftstellers. In: Berliner Tageblatt, 29.3.1928. – Vgl. Bd. II,
S. 112.

lisiert sich schon zu Anfang der zwanziger Jahre heraus, wenn in ihrem Zusammenhang von einem »Zustand der Helligkeit«[70] gesprochen bzw. »deutsche[s] ›Dunkel‹« kritisiert wird: »Das Buch ist von Anfang bis zum Ende gleichmäßig beleuchtet, nirgends findet sich das berüchtigte deutsche ›Dunkel‹«, heißt es in Ernst Glaesers Rezension von Joseph Roths »Bericht« *Die Flucht ohne Ende*.[71] Stefan Zweig hatte bereits im Jahr 1920 im *Tage-Buch* einen »Willen zur Wahrheit« angemahnt, wobei er unter »Wahrheit« Klarheit versteht: »Wir wollen klar sprechen, wir wollen wahr sprechen«[72], heißt es in seiner *Bilanz eines Jahres*. Und Zweig ist es auch, der in diesem Kontext das Wort »Resignation« in die Diskussion einführt – ein Terminus, der in den siebziger Jahren innerhalb der Forschungsliteratur wiederholt als Beleg für die politisch reaktionäre, weil affirmative Haltung der Neuen Sachlichkeit angeführt wurde, obwohl er im Umfeld der gescheiterten visionären Ansprüche der Spätexpressionisten zu verorten ist.[73] Untermauert wurde diese Dimension des innerhalb der Debatte um eine neusachliche Ästhetik letztlich keine große Rolle spielenden Begriffs zumeist mit einem Zitat von Paul Kornfeld – »Nichts mehr von Krieg und Revolution und Welterlösung. Laßt uns bescheiden sein und uns anderen, kleineren Dingen zuwenden« –, heißt es in seinem 1924 erschienenen und uraufgeführten Drama *Palme oder Der Gekränkte*.[74] Zwar lassen sich unter ehemaligen Expressionisten wie Reinhard Goering und Kornfeld infolge der Desillusionierung ihrer übersteigerten gesellschaftspolitischen Erwartungen durch die Materialschlachten des Ersten Weltkriegs zweifelsohne auch Momente unpolitischer Resignation aus-

---

[70] Zitiert nach: Otto Frenzel: Literatur der Gegenwart. In: Die Böttcherstrasse 1 (1928/29), Nr. 12, S. 31f., hier S. 31.

[71] Ernst Glaeser: Joseph Roth berichtet. In: Die neue Bücherschau 6 (1928), Nr. 4, S. 208-210, hier S. 209; Feuchtwanger: Der Geschmack des englischen Lesers. – Vgl. Bd. II, S. 203.

[72] Stefan Zweig: Bilanz eines Jahres. In: Das Tage-Buch 1 (1920), Nr. 50, S. 1581f., hier S. 1581 u. 1582.

[73] Vgl. z.B. Hans Mayer: Deutsche Literatur seit Thomas Mann. Reinbek 1968, S. 88; Prümm: Die Literatur des Soldatischen Nationalismus, S. 260f.; Hermand: Einheit in der Vielheit, S. 80f., Petersen: Neue Sachlichkeit, S. 477; Kirsten Boie-Grotz: Brecht, der unbekannte Erzähler, S. 106f.

[74] Paul Kornfeld: Palme oder der Gekränkte. Eine Komödie in fünf Akten. Berlin 1924, S. 7.

machen; aber bezogen auf die jüngeren, sich als neusachliche Generation etablierenden Autoren müssen mit den Begriffen der Resignation und Bescheidenheit andere Inhalte und Ziele verbunden werden, liegt ihre ursprüngliche Bedeutung doch in der Abwehr der expressionistischen, pathetisch-überstiegenen Weltverbrüderungsmentalität begründet. Von Resignation spricht man im Sinne einer Erschöpfung der utopistischen Programmatik und den realitätsfernen Ansprüchen des Expressionismus gegenüber: »Ernüchtern wir die eigene Neigung, zwingen wir uns zu jenem besseren Gefühl, das mit dem unheroischen Namen Resignation genannt wird und doch der wahre Heroismus ist: zur Geduld«, schreibt Zweig 1920 in seinem ebenfalls im *Tage-Buch* erschienenen *Aufruf zur Geduld*.[75] Andere sprechen in diesem Zusammenhang von ›Demut‹; so heißt es in Otto Zareks Rezension der Reportagen Egon Erwin Kischs: »Kisch malt den Einzelfall – er abstrahiert nicht, sondern kniet demütig vor der ungeheuren Tatsache des Einmaligen wie ein Zeichenschüler.«[76] Christlich-konservative Gruppierungen sprechen angesichts der Nachkriegssituation zwar gleichfalls von ›Demut‹; sie verbinden allerdings mit dieser Haltung keineswegs den Aufruf zu politischer Abstinenz, sondern die Beschränkung auf das »Gegebene« und den Verzicht »auf alles Höhere, Geistige«. So urteilt z.B. Siegfried Melchinger über das »neue Drama« den Lesern der *Christlichen Welt* gegenüber:

> Man ist sehr demütig geworden vor den Dingen, die sind. Man schränkt sich ein auf einen kleinsten Kreis und füllt ihn aus. Das heißt Sachlichkeit in einem schlichten Sinn: Freude am Seienden, am Möglichen, Arbeit an einer Sache um der Sache willen.[77]

---

[75] Stefan Zweig: Aufruf zur Geduld. In: Das Tage-Buch 1 (1920), Nr. 1, S. 7-10, hier S. 9.

[76] Otto Zarek: Tisch mit Büchern. In: Das Tage-Buch 7 (1926), Nr. 4, S. 155f., hier S. 155. – Vgl. Bd. II, S. 179. – Auch Rudolf Kayser verwendet den Ausdruck »Demut«. In seinem Aufsatz über *Moritz Heimann* (Berliner Tageblatt, 14.6.1924; vgl. Bd. II, S. 55) heißt es: »Ich und Du, Subjekt und Objekt: sie sind aufeinander bezogene Welten. Darin liegt unsere Verpflichtung, unser Stolz und unsere Demut.«

[77] Siegfried Melchinger: Über das neue Drama. In: Die christliche Welt. Protestantische Halbmonatsschrift 43 (1929), Nr. 16, S. 796-800, hier S. 798. – Vgl. Bd. II, S. 403 u. 404.

Auch linke Autoren geben mit dem Begriff der Demut ihrer Vorstellung sowohl von der sozialpolitischen Verpflichtung der Autoren, als auch der Aufgabe, eine realitätsgetreue, für die Masse zu nutzende Literatur zu produzieren, Ausdruck. Vor dem Hintergrund solcher Ziele ist z.B. Ernst Glaesers Aufruf zu verstehen: »Denn Kunst ist kein Reservat, und der Dichter sei der demütigste von allen.«[78]

Überdies findet das von Kornfeld hinzugezogene Kriterium der ›Bescheidenheit‹ bereits 1921 als ein literarästhetischer Terminus in der Bedeutung von »epische[r] Ruhe und Klarheit«, von »sachliche[r]« Zeugenschaft und »Unbewegtheit des Berichters« Eingang in die Literaturkritik. In der Rezension des Romans *Die Flamme* des heute vergessenen Willi Handl – in den zwanziger Jahren gehörte der Mitarbeiter des *Berliner Lokal-Anzeigers* zu den angesehensten Berliner Kritikern – verwendet Arnold Zweig den Terminus »Bescheidenheit« als Synonym für eine Form von »Sachlichkeit, die alles Persönliche nur durchs Medium der Hingabe an jene wahrnehmbar macht«.[79] Wenige Jahre später taucht der Ausdruck in Zusammenhang der Reportagen Egon Erwin Kischs auf: Als »bescheiden« bezeichnet Stefan Grossmann Kischs »sachlich[en]«, »einfach[en]« Berichtstil, worunter er die Konzentration auf das »Zentrale einer Begebenheit« sowie den Verzicht auf »psychologische Schöpfungen« und »lyrische Ausschweifungen« versteht.[80] 1926 mahnt Bruno Frank im Hinblick auf einen einfachen, klaren, »sachlich[en], konzentriert[en]« Erzählstil den »Wille[n] zur bescheidenen Klarheit« an.[81] Und auch Herbert Ihering bringt 1929 die Begriffe »sachlich und bescheiden« miteinander in Verbindung.[82]

---

[78] Ernst Glaeser: Rheinische Dichter. In: Die Weltbühne 24 (1928), II, Nr. 27, S. 18-21, hier S. 21. – Vgl. Bd. II, S. 234.

[79] Arnold Zweig: Willi Handl und sein Roman. In: Die Weltbühne 17 (1921), II, Nr. 29, S. 65-72, hier S. 67 u. 72. – Vgl. Bd. II, S. 71 u. 72.

[80] st. gr. [= Stefan Grossmann]: Egon Erwin Kisch: Der Fall des Generalstabschefs Redl. In: Das Tage-Buch 6 (1925), Nr. 8, S. 289. – Vgl. Bd. II, S. 165.

[81] Klaus Mann: Was arbeiten Sie? Gespräch mit Bruno Frank. In: Die Literarische Welt 2 (1926), Nr. 29, S. 1.

[82] Herbert Ihering: Zeittheater. Ein Vortrag. In: Fazit. Ein Querschnitt durch die deutsche Publizistik (1929). Hamburg 1929, S. 261-286, hier S. 265f. – Vgl. Bd. II, S. 125.

An exponierter Stelle wird der Begriff sodann von Kurt Pinthus verwendet. In seinem 1929 erschienenen Beitrag *Männliche Literatur* – ein erster umfassender bilanzierender Überblick über die neusachliche Ästhetik und Literatur – führt er ihn in der Bedeutung von antiexpressionistisch motiviertem Realitäts- und Gegenwartsbezug an: »Nicht das Unerreichbare, Ferne, Unendliche, sondern das Greifbare, Bescheidene, Wirkliche wird gesucht; das Gegebene wird hergenommen, um überwältigt zu werden.«[83] Pinthus hatte bereits 1920 in der von ihm herausgegebenen Sammlung expressionistischer Gedichte *Menschheitsdämmerung* in antiexpressionistischer Manier »Mut zur Einfachheit«[84] eingefordert – eine Mahnung, der vermutlich Pinthus' Präferenzen für die frühexpressionistische Lyrik korrespondierten. Ein Jahr darauf präzisiert Pinthus, was er unter »Einfachheit« versteht: An Carl Sternheims Drama *Fairfax* (1921) hebt er die antiexpressionistischen Tendenzen hervor. Sternheim überwinde mit diesem den »unlesbar-verkrampften Stil« seiner früheren Werke; aus der »pointierte[n]« Sprache und der »knappe Tatbestände mitteilende[n] Form«, aber auch aufgrund der »Aktualität [des] Inhalts« resultiere ein »Zeitbuch«, in dem »sachlich«, »ohne Anklage«, »ohne Haßgesänge«, in der Art »eine[r] geographische[n] Schilderung oder biologische[n] Studie« erzählt werde.[85] 1922 kritisiert Hermann von Wedderkop den *Bühnenexpressionismus*, so der Titel seines Aufsatzes, wegen der fehlenden »Beschränkung, Präzision, Knappheit, Nüchternheit« als eine »Kunst des Ausdrucks, der Verinnerlichung, des Inhalts, der Seele«; gegen diese macht er eine Kunst des »Gegenstands« und eine Literatur der »Tatsache« geltend.[86] »Einfachheit« und »Deutlichkeit« gelten ihm als »ästhetische Prinzipien«, mittels derer gegen die »ekstatische Ergriffenheit« des Expressionismus angegangen werden könne.[87]

---

[83] Kurt Pinthus: Männliche Literatur. In: Das Tage-Buch 19 (1929), Nr. 1, S. 903-911, hier S. 903. – Vgl. Bd. II, S. 38.

[84] Kurt Pinthus: Zuvor. In: Ders.: Menschheitsdämmerung. Symphonie jüngster Dichtung. Berlin 1920, S. V-XVI, hier S. XVI.

[85] Kurt Pinthus: So siehst du aus! In: Das Tage-Buch 2 (1921), Nr. 46, S. 1405-1408, hier S. 1408. – Vgl. Bd. II, S. 50.

[86] Wedderkop: Bühnenexpressionismus, S. 108 u. 106. – Vgl. Bd. II, S. 51 u. 50f.

[87] Hermann von Wedderkop: Standpunkt. In: Der Querschnitt 3 (1923), Nr. 1, S. 1-5, hier S. 2.

Infolge dieser zum damaligen Zeitpunkt bereits repräsentativen Erwartungshaltung finden insbesondere die Werke ehemaliger Expressionisten Beachtung. Wie im Falle Sternheims spricht die Kritik auch von Franz Werfels Drama *Juarez und Maximilian* als von einem Werk, mit dem ein ehemaliger Vertreter des Expressionismus seine expressionistische Phase abgeschlossen und zur Überwindung der expressionistischen Bewegung beitragen habe.[88] Die Diktion des Stücks empfindet man als »klar« und »sachlich«, man lobt die »lichte Einfachheit« von Sprache und Stil, womit in erster Linie die Absage an das »absolut Geistige« expressionistischer Literatur sowie die Rückkehr zur »Wirklichkeit, zum Irdisch-Gegenständlichen«, zur »Tatwirklichkeit« verstanden wird.[89] Daß eine solche Tendenz begrüßt wird, obgleich man sie zu diesem Zeitpunkt noch als gegen die Moderne gerichtet versteht, zeigt Bernhard Diebolds Besprechung von Zuckmayers Komödie *Der fröhliche Weinberg*. Diebold nimmt Zuckmayer als einen Autor wahr, der »von vornherein darauf verzichtet, den Messias zu bedeuten«, ein »sachliche[r] Mann«, dem ein »sympathischer Verzicht auf stilistische Originalität« eignet:

> Man denke: kein Schreidrama, kein Bilderkino, keine Menschheitspassion, keine Bourgeois-Mörderei, kein Kriegs- und Revolutionsspiel ... nichts, aber auch wirklich gar nichts vom expressionistischen Fieber, von Georg Kaisers Mechanismus oder Unruhschem Prophetentum. Sondern völlige Ausschaltung der ›Moderne‹; kecker Abbruch alles literarischen Savoir vivre.[90]

Über die Vereinfachung stilistischer Mittel, vornehmlich über den Verzicht auf »rein literarische Verzierung« und die Wahrung des »Maß[es] des Natürlichen«, glaubt man die als notwendig empfundene Ablösung der »Gärungszeit des Expressionismus« durch eine

---

[88] Vgl. dazu Axel Schalk: Franz Werfels Historie »Juarez und Maximilian«. Schicksalsdrama, »Neue Sachlichkeit« oder die Formulierung eines paradoxen Geschichtsbilds. In: Wirkendes Wort 38 (1988), Nr. 1, S. 78-87; Michel Reffet: Franz Werfel entre expressionnisme et »Neue Sachlichkeit«. In: Germanica 9 (1991), S. 191-216.

[89] Rudolf Bach: Werfels »Juarez und Maximilian«. In: Masken 18 (1924/25), Nr. 15, S. 238-242, hier S. 239 u. 241.

[90] Bernhard Diebold: Carl Zuckmayer: Der fröhliche Weinberg. In: Frankfurter Zeitung, 26.12.1925. – Vgl. Bd. II, S. 56.

»Zeitspanne der Klärung« wie auch die Entstehung einer »intellektuelle[n] Dramatik« gesichert.[91] Kurt Pinthus hat sich gegen Ende der zwanziger Jahre in seinem Aufsatz *Männliche Literatur* noch einmal mit den antiexpressionistischen Tendenzen der neusachlichen Ästhetik beschäftigt; darin umschreibt er den neusachlichen Antiexpressionismus mit dem Begriff »männlich«, der noch in den siebziger Jahren Mißverständnisse und Kritik hervorrief.[92] Dabei wurde übersehen, daß der Terminus nicht erst von Pinthus in die Diskussion eingebracht worden war und zu diesem Zeitpunkt bereits eine Tradition im Sinne von antiexpressionistischer Sachlichkeit hatte. Schon 1921 verwendet Arnold Zweig den Begriff in der Bedeutung, in der Pinthus ihn gegen Ende der zwanziger Jahre anführen wird: In der bereits erwähnten Rezension des Romans *Die Flamme* von Willi Handl charakterisiert Zweig den Erzähler in seinen Eigenschaften als »sachliche[r] Zeuge« und zuverlässiger »Berichter« und aufgrund seines sachlichen, klaren Berichtstils sowie seiner »Leiden-

---

[91] Kurt Heynicke: Aufbau des Theaters. In: Masken 19 (1925/26), Nr. 10, S. 145-148, hier S. 146.

[92] Vgl. z.B. Subiotto: Neue Sachlichkeit. A Reassessment, S. 250; Ulrike Baureithel: Kollektivneurose moderner Männer. Die Neue Sachlichkeit als Symptom des männlichen Identitätsverlusts – sozialpsychologische Aspekte einer literarischen Strömung. In: Germanica 8 (1991): Die »Neue Sachlichkeit«. Lebensgefühl oder Markenzeichen?, S. 123-143, hier S. 127f. – Übersehen wurden dabei auch die Umschreibungen der Neuen Sachlichkeit als eine spezifisch ›unmännliche‹ Bewegung. Vgl. z.B. W[ilhelm] E[manuel] Süskind: Herman Bang und wir (In: Das vierzigste Jahr. 1886-1926. Fischer-Almanach 1926. Berlin 1926, S. 159-165, hier S. 165): »Und wirklich, Frauen und alten Leuten ist es vielleicht am meisten von der Natur gegeben, »sachlich« zu sein, wie Bang sachlich war: schmerzhaft die Dinge erleben, ohne die ›männliche‹ Tendenz des Umschmelzens, Konstruierens, Verwertens, sie durch sich strömen lassen und ihren wahrsten Kern mit einem ›überraschenden‹ Wort wiederzugeben?« – Gegner neusachlicher Ästhetik bezeichnen die Neue Sachlichkeit ebenfalls als ›unmännlich‹. So heißt es z.B. im Vorwort der von Max Tau und Wolfgang von Einsiedel herausgegebenen Sammlung *Vorstoß. Prosa der Ungedruckten* (Berlin 1930, S. 9): »Gemeinsam ist den Beiträgen zunächst dies, daß sie allesamt jenen Zustand innerer Dürre überwunden haben, den man »Neue Sachlichkeit« zu nennen beliebte: es glüht wieder unter harter Kruste. [...] Sie sind spröde, karg im Ausdruck, verhalten, schamhaft und zugleich schonungslos, bisweilen fast gewalttätig: männlich im ganz extremen Sinne des Wortes.«

schaft zur Sachlichkeit« als einen »männliche[n] Erzähler«.[93] In den
darauffolgenden Jahren findet der Terminus in der Bedeutung von
Klarheit und Sachlichkeit seine konsequente Anwendung. 1926 be-
zeichnet Ossip Kalenter Novellen von Bruno Frank als »klar« und
»männlich«; mit dieser Zuschreibung möchte er die unpathetische
Behandlung des Stoffs sowie die mit der »Nüchternheit der Photo-
graphie« vergleichbare »Nüchternheit« des epischen Stils benennen.[94]
Im gleichen Jahr spricht Anton Schnack in Zusammenhang mit der
Novelle *Absturz* von Victor Fleischer von einem »männliche[n]
Stil«, worunter er eine dem »künstlichen Rapport« angenäherte, auf
»Schwulst« und »Auswüchse« verzichtende Erzählweise versteht:
Fleischer erzähle, so Schnacks Eindruck, »hart, zuweilen verschach-
telt, aber unentwegt im Tempo bleibend, ohne Stockung mit einer
sachlichen Technik ohne Nebenumstände und mit keinem Durch-
fluß von Lyrik und Psychologie«.[95] Auch Pinthus formuliert mit der
Kennzeichnung *Männliche Literatur* keinen Gegensatz zu »feministi-
scher Weiblichkeit«, wie er eigens hervorhebt[96]; vielmehr bringt er
mit der Charakterisierung neusachlicher Literatur als eine »männliche« im Jahr 1929 noch einmal die inhaltlich-thematischen und for-
mal-stilistischen Unterschiede zwischen der Neuen Sachlichkeit der
zwanziger Jahre und der Literatur des expressionistischen Jahrzehnts
zum Ausdruck. Statt der expressionistischen Figur des rebellieren-
den »Jünglings« und »Knaben« sieht Pinthus neusachliche Romane

---

[93] Zweig: Willi Handl und sein Roman, S. 67, 72 u. 68. – Vgl. Bd. II, S. 72.
[94] Ossip Kalenter: Tisch mit Büchern. In: Das Tage-Buch 7 (1926), Nr. 29,
S. 1054. – Vgl. Bd. II, S. 60 u. 61.
[95] Anton Schnack: Absturz. In: Die Literarische Welt 2 (1926), Nr. 20, S. 5.
[96] Bezeichnenderweise stört sich Béla Balázs, der mit seinem Aufsatz *Männlich oder kriegsblind* (In: Die Weltbühne 25 [1929], I, Nr. 26, S. 969-971,
hier S. 971. – Vgl. Bd. II, S. 402) unmittelbar auf Pinthus' Ausführungen
Bezug nimmt, überhaupt nicht an dieser Dimension des Begriffs. Vielmehr
fügt Balázs die von Pinthus nicht intendierte Bedeutung des Begriffs im
Sinne einer geschlechtsspezifischen Eigenschaft erst zu, wenn er schreibt:
»Die sensible Feinheit des analytischen Nachspürens und Einfühlens ist,
wenn man schon bei solchen Geschlechtskategorien bleiben will, eine emi-
nent männliche Qualität, ebenso wie die haargenaue Sicherheit der Hand,
welche die feinen Stahlinstrumente des Operateurs führt, ebenso wie die
subtile Distinktionsfähigkeit des scharfen Auges, das durch das Mikroskop
blickt.« – Vgl. hierzu auch Kapitel IV.3.

unabhängig von der Geschlechtszugehörigkeit ihrer Protagonisten und Autoren durch einen abgeklärten, unaufgeregten »männliche[n]« Typus dominiert. Darüber hinaus will Pinthus die Bezeichnung »männlich« jedoch vorzugsweise als eine ästhetische Kategorie verstanden wissen, mit der dem expressionistischen Pathos und der verstiegenen Sprache der Expressionisten eine »unpathetisch[e], schmucklos[e], unsentimental[e] und knapp[e]«, »sachliche« Ausdrucksweise sowie eine Sprache »ohne lyrisches Fett« entgegengesetzt werde.[97]

Allerdings wird der Begriff Sachlichkeit im Sinne von Nüchternheit und Versachlichung des literarischen Stils schon gegen Mitte des Jahrzehnts auch ohne explizite Bindung an eine antiexpressionistische Tendenz gebraucht. Erwin Piscator, über dessen Inszenierungstechnik und Aufführungspraxis Bernhard Diebold bereits 1928 urteilt, daß das »Schlagwort der ›neuen Sachlichkeit‹ [nirgends] so sachlich gesprochen [habe] wie bei Piscator«[98], berichtet, daß es innerhalb der ›Gruppe 1925‹ darum ging, »einen letzten, erschütternden Ausdruck, ohne Mache, ohne Pose, einfach sachlich, der Wirklichkeit entsprechend, wie das fahl aufgegriffene Auge sie in der Mündung des Gewehrlaufs sah, nackt, hart, jeder Phantasie spottend«, zu entwickeln.[99] Auch Herbert Ihering hält in Zusammenhang seiner Ausführungen zum *Zeittheater* – so der Titel eines Vortrags, der in der von Ernst Glaeser 1929 herausgegebenen Anthologie *Fazit. Ein Querschnitt durch die deutsche Publizistik* erschien, fest:

> Die Entwicklung geht immer mehr auf Schmucklosigkeit und Sachlichkeit. Immer mehr werden aromatische und atmosphärische Wirkungen abgestreift. Immer mehr befreit man sich vom Exotischen und Farbigen. Immer mehr strebt man einer Dichtung zu, die, ohne Metaphern zu haben, Metapher ist![100]

Die angeführten Überlegungen Pinthus', Piscators, Iherings u.a. machen deutlich, daß es sich bei der neusachlichen Forderung nach

---

[97] Kurt Pinthus: Männliche Literatur. In: Das Tage-Buch 10 (1929), Nr. 1, S. 903-911, hier S. 903. – Vgl. Bd. II, S. 38.

[98] Bernhard Diebold: Das Piscator-Drama. Kritischer Versuch. In: Die Scene 18 (1928), Nr. 2, S. 33-40, hier S. 35.

[99] Erwin Piscator. Stirbt das Drama. In: Der Freihafen 9 (1926), Nr. 2, S. 2.

[100] Ihering: Zeittheater, S. 284. – Vgl. Bd. II, S. 84f.

Nüchternheit in erster Linie um eine produktionsästhetische Maxime handelte, die dann weniger auf die Konzeption nüchterner, kühler neusachlicher Typen zielte, auf die die Forschung zur Neuen Sachlichkeit sich bislang konzentrierte[101]; daneben taucht der Begriff zudem im Kontext rezeptionsästhetischer Erwägungen auf. Das Theater soll, so eine neusachliche Devise, primär nicht mehr »gefühlsmäßig auf den Zuschauer wirken, nicht mehr nur auf seine emotionelle Bereitschaft spekulieren«, sondern »Aufklärung, Wissen, Erkenntnis« vermitteln.[102] Insbesondere Bertolt Brecht, der bereits zu Anfang der zwanziger Jahre »Einfachheit« als das »Wesen der Kunst« zitierte[103], plädiert für nüchtern-sachliche Darstellungsformen wie für Nüchternheit als eine erstrebenswerte Publikumshaltung gleichermaßen: »Die Forderung Brechts« sei, so kommentiert Willy Haas in der *Literarischen Welt*, »der lebenskundige Zuschauer, der nicht ins Theater kommt, um sich auf billige Weise erschüttern oder rühren zu lassen, sondern aus Interesse an zeitgemäßen Vorgängen und Figuren«. Brechts Postulat der »Nüchternheit des Theaterbesuchers« wertet Haas gar als den eigentlichen Sinn einer »neuen Sachlichkeit« im Theater; denn mit dem Ruf nach mehr »Nüchternheit« fordere man zentrale Elemente einer modernen Ästhetik wie »kalkulatorische[s] Aufzählen von Lebenstatsachen«, »Verachtung der individualistischen und psychologischen Aufblähung« und eine »kaltgemessene, höflich, fast abschätzig prüfende Distanz des Dichters zu seinen Figuren«[104] ebenso wie eine adäquate Haltung der Konsumenten ein.

Brecht hatte eine solche Einstellung bei jenem Sportpublikum ausgemacht, das mit fachlicher Kompetenz, Informiertheit und per-

---

[101] Vgl. z.B. Bernhard Spies: Konkurrenz und Profit als zeitgemäße Lebenswelt. Illusionslosigkeit und Idealismus im Drama der Neuen Sachlichkeit. In: literatur für leser 12 (1992), Nr. 1, S. 51-65; Helmut Lethen: Verhaltenslehren der Kälte. Lebensversuche zwischen den Kriegen. Frankfurt/Main 1994.

[102] Erwin Piscator: Das politische Theater. Berlin 1929, S. 41.

[103] Bertolt Brecht: [Aus den Notizbüchern 1920-1929]. In: Gesammelte Werke. Hrsg. v. Suhrkamp Verlag in Zusammenarbeit mit Elisabeth Hauptmann. Frankfurt/Main 1967, Bd. 18: Schriften zu Literatur und Kunst, S. 7.

[104] h. [= Willy Haas]: Wedekind-Feier. In: Die Literarische Welt 4 (1928), Nr. 11, S. 1. – Vgl. Bd. II, S. 83.

sönlichem Interesse in den großen Berliner Sportpalästen die Veranstaltungen verfolgte. Aus dieser Erkenntnis leitet er sowohl die Forderung nach der Entwicklung des Theaters zur »sportliche[n] Anstalt« als auch die Beurteilung des »Theater[s] als Sport« ab: Maximen, die im Jahr 1920 die expressionistische Dramatik hinterfragen, jedoch gleichzeitig gegen traditionelle Theaterkonzepte im allgemeinen und gegen bürgerliche Einfühlungsstrategien im besonderen gerichtet sind. Die Nüchternheit des Sportpublikums resultiert nach Brecht aus seinem Sachverstand, aus seiner fachlichen Kompetenz und Urteilskraft; darüber hinaus sieht er sie in der Einstellung der Zuschauer zu dem Gezeigten begründet: Nicht »Hunger nach Handlung und Romantik«[105] treibe die Besucher zu den Sportveranstaltungen, sondern das Interesse an der ›Sache‹. Die »Verderbtheit« des Theaterpublikums hingegen erklärt Brecht als das Resultat von dessen Inkompetenz und Uninformiertheit; weder die traditionell geführten Theater noch das Publikum hätten eine Vorstellung davon, was auf der Bühne »vor sich gehen soll«.[106] Der traditionelle Theaterbetrieb löse statt rationaler Einsicht lediglich »seelische Erschütterungen« bzw. »Einsichten« und Emotionen aus, statt durch Fakten zu überzeugen, appelliere herkömmliches Theater an die Seele.[107] Aus diesen rezeptionsästhetischen Devisen zieht Brecht produktionsästhetische Konsequenzen: Zum einen muß das Theater, so seine Vorstellung, »als Theater jene faszinierende Realität bekommen, die der Sportpalast hat, in dem geboxt wird. Am besten ist es, die Maschinerie zu zeigen, die Flaschenzüge und den Schnürboden«.[108] Zum anderen gestaltet Brecht in mehreren seiner Dramen die Bühne als einen Boxring, so z.B. in dem Einakter *Die Kleinbürgerhochzeit*, uraufgeführt 1926 in Frankfurt am Main, oder in der wenige Monate später entstandenen Baden-Badener Uraufführung

---

[105] Bertolt Brecht: Das Theater als Sport [1920; unveröffentlicht]. In: Ders.: Werke. Hrsg. v. Werner Hecht, Jan Knopf, Werner Mittenzwei, Klaus-Detlef Müller. Bd. 21: Schriften 1, 1914-1933. Berlin, Weimar, Frankfurt/Main 1992, S. 56-58, hier S. 56. – Vgl. Bd. II, S. 241.

[106] Bertolt Brecht: Mehr guten Sport. In: Berliner Börsen-Courier, 6.2.1926.– Vgl. Bd. II, S. 206.

[107] Bertolt Brecht: Das Theater als sportliche Anstalt [1920; unveröffentlicht]. In: Ders.: Schriften 1, 1914-1933. – Vgl. Bd. II, S. 241.

[108] Bertolt Brecht: Dekoration [um 1929; unveröffentlicht]. In: Ders.: Schriften 1, 1914-1933, S. 283f., hier S. 283.

des Songspiels *Mahagonny*. Auch sein Drama *Im Dickicht der Städte* –
1927 nach einer neusachlichen Überarbeitung des 1923 entstandenen
Stücks *Im Dickicht* uraufgeführt und erschienen – konzipiert Brecht
als ein in einer Kampfarena spielendes und aufzuführendes Stück. In
einem »Vorspruch« spricht er das Theaterpublikum als Sportpublikum an und rät Zuschauern und Lesern:

> Sie befinden sich im Jahre 1912 in der Stadt Chicago. Sie betrachten den
> unerklärlichen Ringkampf zweier Menschen [...]. Zerbrechen Sie sich
> nicht den Kopf über die Motive dieses Kampfes, sondern beteiligen Sie
> sich an den menschlichen Einsätzen, beurteilen Sie unparteiisch die
> Kampfform der Gegner und lenken Sie Ihr Interesse auf das Finish.[109]

Brecht verlangt seinen Zuschauern jene Haltung ab, die er beim
Sportpublikum, dem seiner Meinung nach »klügsten und fairsten
Publikum der Welt«[110], kennengelernt hatte: Nüchternheit infolge
von Informiertheit und Kompetenz. Ähnlich argumentiert Herbert
Ihering; auch er hält das »Publikum einer Sportveranstaltung« für
»leidenschaftlicher an den Vorgängen beteiligt als das Publikum einer Theateraufführung«.[111] In ihrer Konzeption eines nüchternen
Theaterbetriebs wäre mithin die Sachlichkeit des Produzenten auch
eine Reaktion auf die Sachlichkeit und Nüchternheit des Konsumenten. Vergleichbare Überlegungen stellt Lion Feuchtwanger an;
seine Präferenzen für die angelsächsische Literatur begründet er mit
ihrer funktionalen Ausrichtung und ihrem Gebrauchscharakter:
»Die angelsächsische Literatur ist Bedarfssache«, sie verzichte, so
heißt es in Feuchtwangers Aufsatz *Von den Wirkungen und Besonderheiten des angelsächsischen Schriftstellers* aus dem Jahr 1928, auf
»›Tiefe‹ und Romantik« und liefere statt dessen »Poesie nur als Zu-
tat«, ihre zentralen Elemente seien »Tatsachen«. Darüber hinaus begründet Feuchtwanger seine Vorliebe für die englische und amerikanische Literatur mit der rezeptionsästhetischen Situation der angelsächsischen Länder: »Der Angelsachse verlangt von seinen Schrei-
bern, daß sie im wirklichen Leben Bescheid wissen. Er sieht es lie-

---

[109] Bertolt Brecht: Im Dickicht der Städte. Der Kampf zweier Männer in
der Riesenstadt Chicago. Vorspruch. Berlin 1927, S. 5.
[110] Brecht: Mehr guten Sport. – Vgl. Bd. II, S. 206.
[111] Herbert Ihering: Publikum und Bühnenwirkung. In: Berliner Börsen-
Courier, 15.2.1925 u. 22.2.1925, hier Nr. 137 vom 15.2.1925.

ber, wenn seine Schriftsteller sich auf Experimente, Statistiken, Akten berufen als auf Seele.« Literarische Qualität bemißt Feuchtwanger nach der Fähigkeit der Autoren, diese seitens der Leser gestellte »Forderung nach Sachlichkeit« zu erfüllen und ihrem Bedürfnis nach Fakten, Informationen über »reale, faßbare Zusammenhänge« und nachprüfbarem Material zu genügen. Zwar gibt Feuchtwanger zu bedenken, daß die Autoren ihre Sachlichkeit zuweilen mit einer »peinlichen Nüchternheit« bezahlen; nichtsdestoweniger haben für ihn der Informationsgehalt und die Nachprüfbarkeit der Darstellung, die »Durchsichtigkeit« und »Ehrlichkeit« literarischer Werke also, absolute Priorität.[112]

III.4. *Präzisionsästhetik*

Vor dem Hintergrund des programmatischen Antiexpressionismus zu Beginn des Jahrzehnts gewinnt in den zwanziger Jahren die »Erzieh[ung] zu Sachlichkeit und Konzentration«[113] eine zentrale Bedeutung. In Verbindung mit diesem neusachlichen Ziel konstituiert sich die Forderung nach einer »Präzisionsästhetik«[114], nach der man unter dem Terminus Sachlichkeit eine literarästhetische Kategorie im Sinne von »Anschaulichkeit«[115] der Darstellung und von Nüchternheit, Klarheit und Einfachheit der sprachlichen und stilistischen Formulierung zu verstehen hat. Bereits 1926 bringt Kurt Pinthus die Begriffe »präzis«, »konzentriert«, »sachlich« und »zeitgemäß« miteinander in Verbindung.[116]

---

[112] Feuchtwanger: Von den Wirkungen und Besonderheiten des angelsächsischen Schriftstellers. - Vgl. Bd. II, S. 111 u. 112.

[113] Kurt Pinthus: Arnolt Bronnen: Rheinische Rebellen. In: 8-Uhr-Abendblatt, 18.5.1925.

[114] Walter Enkenbach [= Erik Reger]: Die Erneuerung des Menschen durch den technischen Geist oder: Das genau gebohrte Loch. In: Der Scheinwerfer 2 (1928), Nr. 2, S. 9-11, hier S. 9. - Vgl. Bd. II, S. 87.

[115] Lion Feuchtwanger: Wallenstein. In: Die Weltbühne 17 (1921), I, Nr. 21, S. 573-576, hier S. 575. - Vgl. Bd. II, S. 49.

[116] Kurt Pinthus: Vierzig Jahre Kurt Pinthus. In: Die Literarische Welt 2 (1926), Nr. 19, S. 5.

Aus einer antiexpressionistischen Haltung heraus avancieren diese Maximen ab 1923 zu zentralen Komponenten neusachlicher Ästhetik; der unmittelbare Bezug zum Expressionismus als Negativfolie verliert dabei zunehmend an Bedeutung. So empfiehlt z.B. Otto Flake 1923 die Werke Stendhals aufgrund ihres »einfachen Stils«; zwar steht hinter seiner Begründung die Ablehnung der expressionistischen Ausdrucksweise, der Begriff Expressionismus jedoch fällt nicht mehr: »Aber heute entzücken sie uns«, urteilt Flake über Stendhals Romane, »weil sie unglaublich einfach, natürlich, unpathetisch [...] sind.« Literarisch überlebt habe Stendhal, so Flake, »weil er sich ernüchterte, bevor er schrieb, während die Schleimenden sich ekstatisch nennen, bevor sie dichten [...]«.[117] In einer im gleichen Jahr erschienenen Besprechung einer Übersetzung der Werke Shakespeares hebt Lion Feuchtwanger den »fanatische[n] Wille[n] zur Versachlichung« des Übersetzers hervor und führt als Erklärung dafür, was man unter einer solchen Tendenz zu verstehen habe, jene Kriterien an, mit der die Diskussion um das Gegensatzpaar expressionistisch-sachlich hauptsächlich bestritten wurde, ohne jedoch den Expressionismus namentlich zu erwähnen: Klarheit und Verständlichkeit kennzeichneten die Übersetzung; den »sachliche[n], unheroische[n]« Menschenbildern Shakespeares werde der Übersetzer durch das »Prinzip der Entkitschung, der Versachlichung« gerecht. Dieser liefere damit einen dem 20. Jahrhundert adäquaten Shakespeare.[118]

Diese Technik der »Precision«, die Franz Blei bereits 1920 für Döblins *Wallenstein* reklamiert hatte[119], entspricht dem »modernen Wunsch nach Helligkeit, Einfachheit, Klarheit«[120] jener Jahre. Er manifestiert sich in der Forderung nach einer »Präzisionsästhetik«, für deren Umsetzung man auch den Einsatz technischer Geräte nicht scheute. 1925 antwortet Adolf Behne in der *Weltbühne* auf einen einige Monate zuvor in derselben Zeitschrift erschienenen

---

[117] Otto Flake: Bücher. In: Die Weltbühne 19 (1923), I, Nr. 7, S. 186-188, hier S. 189.

[118] Lion Feuchtwanger: Ein neuer deutscher Shakespeare. In: Die Weltbühne 19 (1923), I, Nr. 5, S. 136-138, hier S. 138, 136 u. 137. – Vgl. Bd. II, S. 75.

[119] Franz Blei: Döblins Wallenstein. In: Das Tage-Buch 2 (1921), Nr. 13, S. 400f., hier S. 401.

[120] Adolf Behne: Vorsicht! Frisch gestrichen! In: Die Weltbühne 21 (1925), II, Nr. 16, S. 596f., hier S. 597.

Artikel von Rudolf Arnheim, in dem dieser sich gegen die Bedrohung des »Kunstwerks als fixierter Ausdrucksbewegung« durch Schreibmaschine, Photographie, Kamera, Film und andere technische Geräte und Medien gewandt hatte.[121] Diese von Arnheim im Sinne und in der Terminologie des Expressionismus vorgebrachte Verdammung des »Mechanische[n]« weist Behne als eine Romantisierung der künstlerischen Produktion, als die Stilisierung literarischen Schreibens zu einem »originäre[n] Schaffensprozeß« zurück; Arnheims Ausführungen kritisiert er als den Versuch, die »Dinge der Kunst [...] in undurchdringlichem Nebel« zu halten, sein Kunstverständnis, das Kunst laut Behne lediglich als »Herstellerin von Individual-Symbolen« einsetzt, lehnt er als »ästhetischen Mumpitz« ab. In der Technisierung des künstlerischen Prozesses hingegen erkennt Behne eine Möglichkeit, die neusachliche Forderung nach der »Steigerung der Präzision« einzulösen, und damit eine Methodik, sich »deutlicher, sicherer und klarer« zu artikulieren.[122]

Daß die Neue Sachlichkeit dieses Ziel – und zwar nicht nur durch den Einsatz technischer Geräte – erreichte und daß gerade in diesem Bereich ihre größten Verdienste liegen, zeigt die Tatsache, daß Arnheim bereits zwei Jahre später in seinem als Kritik der neusachlichen Bewegung angelegten Aufsatz *Neue Sachlichkeit und alter Stumpfsinn* der Neuen Sachlichkeit ihre Berechtigung als eine funktional ausgerichtete Ästhetik konzediert; ausdrücklich begrüßt er deren Streben nach einer Vereinfachung und Zweckhaftigkeit der Form in der Nachfolge der Ornamentkritik Muthesius', Loos' u.a.:

Nun, wir begrüßen sie [die Neue Sachlichkeit; S.B.] auf allen Gebieten, wo die vorige Generation über dem Mittel den Zweck vergessen hatte, überall, wo an die Stelle der gedrehten Tischbeine, der geblümten Tapeten in der handwerklich einfachsten und zweckmäßigsten Verarbeitung tritt. Wir spüren da, gegenüber allem Zierat, eine Reinlichkeit und Ehrlichkeit, die uns wohltut und erfrischt.[123]

---

[121] Rudolf Arnheim: Die Seele in der Silberschicht. In: Die Weltbühne 21 (1925), II, Nr. 30, S. 141-143.

[122] Adolf Behne: Schreibmaschine, Frans Hals, Lilian Gish und andres. In: Die Weltbühne 21 (1925), II, Nr. 38, S. 456-458, hier S. 457f. – Vgl. Bd. II, S. 76, 77 u. 76.

[123] Rudolf Arnheim: Neue Sachlichkeit und alter Stumpfsinn. In: Die Weltbühne (1927), I, Nr. 15, S. 591f., hier S. 591. – Vgl. Bd. II, S. 295.

Literarische Verfahrensweisen, wie sie ein Kritiker in Zusammenhang mit der Rezension von Walter Benjamins *Einbahnstrasse* geltend macht – die »nüchterne, unpathetische Betonung der Aktualität« und das »bei der Sache bleiben«[124] –, werden in der Folge als Beleg der Modernität literarischer Texte gewertet. »Ein Thema präzis ausbreiten, nüchtern darstellen, unpathetisch abstecken«[125], lautet die im Rahmen einer neusachlichen Programmatik aufgestellte ästhetische Richtlinie. Dementsprechend ist die »kritische Forderung« jener Jahre die nach einer »Präzisionsästhetik«, entwickelt aus »technischem Geist« und »technischem Lebensgefühl«. Mit einer solchen ästhetischen Norm verbindet man keineswegs kritiklosen Technikkult; vielmehr glaubt man, mit der Orientierung an »technischem Geist« und wissenschaftlicher Arbeitsweise an die Stelle gefühlsbetonten Schreibens die verstandesorientierte literarische Produktion setzen zu können. Wie Adolf Behne wertet Erik Reger, von dem der Ausdruck »Präzisionsästhetik« stammt, »Geist« und »Technik« als »Kontrollstation[en]« des Gefühls und als Gegenpole zu »lyrische[n] Gefühlsausbrüche[n]« und »neuromantische[r] Gefühlskultur«; Prämissen, die zugleich die Unterscheidung zwischen Dichtern und Literaten obsolet erscheinen lassen:

> Liebe Zeitgenossen: laßt euch vor dem Intellekt nicht bange machen. Gewöhnt euch die philiströsen Unterscheidungen ab zwischen »Literaten« und »Dichtern«. Glaubt nicht, daß ein Literat mit Intellekt weniger wert wäre als ein Dichter mit Seele.[126]

Bernhard Diebold erhebt – im gleichen Jahr wie Reger – ebenfalls die Forderung nach einer »Präzisionsästhetik«. Auch sein Aufruf wendet sich gegen einen »romantisch« aufgeladenen Stil, auch seine Definition einer solchen Ästhetik orientiert sich an dem technischen Geist einer industrialisierten Epoche:

---

[124] J. M. Lange: Einbahnstraße. In: Die Weltbühne 24 (1928), I, Nr. 4, S. 152f., hier S. 153. – Vgl. Bd. II, S. 86.

[125] Otto Flake: Drei Bücher zur Zeit. In: Die neue Rundschau 39 (1924), I, S. 69-76, hier S. 69.

[126] Enkenbach: Die Erneuerung des Menschen durch den technischen Geist oder: Das genau gebohrte Loch, S. 10. – Vgl. Bd. II, S. 88.

Stoffe bereitstellen! ist die kritische Forderung. Den Konflikt des Alltags zur Formel bringen! Noch tut ihr euch symbolisch statt ›naturalistisch‹. Unser Durchgang aber geht vorerst durchs Sachliche. Aber bitte mit letztem Wahrheitswillen und mit der letzten technischen Präzision des Ausdrucks! Dichter, ihr jubelt alle Tage vom Zeitalter der ›Technik‹! aber eure Arbeit bleibt romantische Schlamperei. Eure künftige Kunst gehorche der Präzisionsästhetik.[127]

In seiner bereits erwähnten Rezension von Roths »Bericht« *Die Flucht ohne Ende* benennt Ernst Glaeser in einer antipsychologisierenden und beobachtenden Schreibweise weitere Kriterien ästhetischer »Präzision«:

> Jeder Satz scheint, bevor er hingeschrieben wurde, doppelt geprüft, der Präzision des Ausdrucks entspricht die des Gedankens. Roth sagt nicht nur, was er beobachtet, er beobachtet auch das, was er sagt. Dabei ist die Sprache niemals psychologisch überziseliert, sie ist glatt, gebrauchsfertig; man kann sich auf sie verlassen.[128]

Mit der Forderung nach »Präzisionsästhetik« hat man weder Maschinenromantik noch Technikverherrlichung im Sinn; vielmehr wird die »Präzision«, mit der der Techniker arbeitet, als richtungweisend für die schriftstellerische Tätigkeit und für eine literarische Ästhetik herangezogen. Unter »Präzision des Ausdrucks« bzw. »technischer Präzision«[129] versteht man demzufolge die Entwicklung eines »darstellerischen Stils [...] aus der Sache«, aus dem Inhalt statt aus einer »Stilidee«.[130] Gefragt ist nun ein »einfacher, gerader, sachlicher«[131] Stil, »essentiell, präzis, beweglich, konzentriert, sachlich,

---

[127] Bernhard Diebold: Kritische Forderung 1928. In: Der Scheinwerfer 1 (1928), Nr. 14/15, S. 6f., hier S. 7. – Vgl. Bd. II, S. 115.

[128] Glaeser: Joseph Roth berichtet, S. 209. – Vgl. Bd. II, S. 203.

[129] Ebd., und Karl Westhoven [= Erik Reger]: [Rez.] Friedrich Wolf »Kampf im Kohlenpott« und Karl Grünberg »Brennende Ruhr«. In: Der Scheinwerfer 2 (1928), Nr. 5, S. 23f., hier S. 23. – Vgl. Bd. II, S. 236.

[130] Herbert Ihering: Bertolt Brecht: Mann ist Mann. In: Berliner Börsen-Courier, 5.1.1928.

[131] Westhoven: [Rez.] Friedrich Wolf »Kampf im Kohlenpott« und Karl Grünberg »Brennende Ruhr«. – Vgl. Bd. II, S. 236.

zeitgemäß[132]; zentrale Kennzeichen eines solchen Stils sind die »völlige Unsentimentalität der Betrachtung« und eine »knappe Bildhaftigkeit«[133], d.h. der Verzicht auf Metaphern[134], auf »Schmus und [...] Pathos« sowie auf »lyrische Zutaten«.[135]

Welch hohen Grad der Verbindlichkeit eine solche »Präzisionsästhetik« gegen Mitte des Jahrzehnts bereits erlangt hatte, belegen die Aussagen eines Autors wie Bruno Frank, der im Kontext der Neuen Sachlichkeit keine große Rolle spielt und der auch kaum als Verfechter einer neusachlichen Ästhetik in Erscheinung trat. In einem Gespräch mit Klaus Mann – ebenfalls kein Freund der Neuen Sachlichkeit – nennt Frank »äußerste Klarheit«, »das Komplizierte in schlichten Worten sagen«, einen »sachlich[en], konzentriert[en] Stil«, »große Einfachheit« sowie den »Wille[n] zur bescheidenen Klarheit« als poetologische Prämissen; auch zitiert er in Übereinstimmung mit der neusachlichen Ästhetik das Buch eines Historikers als für literarische Werke vorbildhaft.[136]

In neusachlichen Kreisen werden solche Vorgaben allerdings in Zusammenhang mit der kritischen Beurteilung der schriftstellerischen Praxis sowie des literarischen Nachwuchses vorgebracht. Kurt Tucholsky glaubt 1926 einen »preußischen Barock« unter den jungen Nachwuchsautoren auszumachen, dessen Merkmale »innere Unwahrhaftigkeit«, »Überladung« und »Aufplusterung der einfachsten Gedanken zu einer wunderkindhaften und gequollnen Form« mit »überfüllte[n] Sätze[n]« seien. Gegen diesen, wie er ihn nennt, »neudeutschen Stil« behauptet Tucholsky die Erfassung der »Dinge« mittels einer »glasklaren Darstellung«.[137] Auch die vier Preisrichter des 1926 von der *Literarischen Welt* anläßlich ihres einjährigen Bestehens unter Nachwuchsautoren organisierten literarischen Preis-

---

[132] Kurt Pinthus: Vierzig Jahre Kurt Pinthus. In: Die Literarische Welt 2 (1926), Nr. 19, S. 5.

[133] Paul Levi: Anita Loos: Blondinen bevorzugt. In: Die Literarische Welt 3 (1927), Nr. 9, S. 5.

[134] Vgl. Ihering: Bertolt Brecht: Mann ist Mann.

[135] Axel Eggebrecht: F.C. Weiskopf: Das Slawenlied. In: Die Literarische Welt 7 (1931), Nr. 40, S. 5. – Vgl. Bd. II, S. 145.

[136] Mann: Was arbeiten Sie? Gespräch mit Bruno Frank, S. 1.

[137] Peter Panter: Der neudeutsche Stil. In: Die Weltbühne 22 (1926), I, Nr. 14, S. 540-544, hier S. 544, 540, 544 u. 541.

ausschreibens legen die Einfachheit und Sachlichkeit des Stils als
zentrale Kriterien ihren Beurteilungen und Entscheidungen zugrunde. Ausnahmslos kritisieren sie »die eigentümliche, sehr prägnante
Zeitunkenntnis der Autoren« sowie die »Rückwärtsbewegung«[138] der
eingesandten Texte; ihre Kritik verdeutlicht die Diskrepanz zwischen ihrem eigenen neusachlich geprägten Verständnis von Literatur und dem Stil der Nachwuchsautoren. Bertolt Brecht, der für den
Bereich Lyrik zuständig war, zeichnet Hannes Küppers nicht einge-
sandtes Sportgedicht *He! He! The Iron Man* aus, da alle eingegangenen Gedichte, so Brechts Begründung, durch »Sentimentalität, Unechtheit und Weltfremdheit« gekennzeichnet seien. Küppers Poem
hingegen sei »ziemlich einfach« und von »dokumentarische[m]
Wert«.[139] Erwin Piscators Votum für den Bereich Schauspielkunst
und Inszenierungspraxis resultiert gleichfalls aus seiner Forderung
nach einem durch »Sachlichkeit« und Einfachheit gekennzeichneten
Stil: Die »ruhige Sachlichkeit des Vortrags«, die Gestaltung mit »einfachsten Mitteln«, die »schlicht[e] und einfach[e]« Sprache und der
»natürliche Ausdruck« sind die Maßstäbe seiner Beurteilung der vor-
tragenden Kandidaten, die er allerdings von kaum jemandem eingelöst glaubt.[140] Alfred Döblin – er befindet über »unbekannte junge
Erzähler« – urteilt ebenfalls auf der Grundlage neusachlicher Vorgaben: Den Stil und den überzogenen Stilwillen der jungen Autoren,
aber auch ihren Hang zur »Selbstdarstellung« und »Selbstzerfase-
rung« kritisiert er als »Mache« und »Arrangement«. In Anbetracht
des fehlenden Willens, zur »Sachlichkeit ihrer Sache« vorzudringen
und einen »Zugang zu den Objekten« zu finden, empfiehlt Döblin
den Nachwuchsautoren die journalistische Schreibweise und den Stil
wissenschaftlicher Abhandlungen und »technische[r] Beilagen« als
Maßstab ihrer literarischen Produktion.[141] Herbert Ihering, der die
eingesandten Dramen begutachtete, kam zu einem ähnlichen Urteil.
Wie Döblin rät er den jungen Autoren, sich an der journalistischen

---

[138] Alfred Döblin: Unbekannte junge Erzähler. In: Die Literarische Welt 3
(1927), Nr. 11, S. 1. – Vgl. Bd. II, S. 83.
[139] Bertolt Brecht: Kurzer Bericht über 400 (vierhundert) junge Lyriker. In:
Die Literarische Welt 3 (1927), Nr. 5, S. 1. – Vgl. Bd. II, S. 210.
[140] Erwin Piscator: Ein Geschenk an die Jugend. In: Die Literarische Welt 3
(1927), Nr. 26, S. 2. – Vgl. Bd. II, S. 260 u. 261.
[141] Döblin: Unbekannte junge Erzähler, S. 1. – Vgl. Bd. II, S. 82, 83 u. 82.

Praxis zu orientieren: »Wenn man diese unbekannten Schauspiele gelesen hat«, heißt es in seiner Urteilsbegründung, »muß man den Verfassern raten, sich vorläufig von Erfindungen und individuellen Zutaten freizuhalten. Die meisten wollen Dichter sein, bevor sie sich Rechenschaft über die thematische Gliederung des Stoffes abgelegt haben.«[142]

Die von Ihering in bezug auf die »Limonadenjugend« ausgemachten Eigenschaften – Geschwätzigkeit, »Familiensentimentalität«, fehlende »Härte« und »Widerstandsfähigkeit«, »weichliche Gefühlsduselei«[143] – steht seinem neusachlichen Verständnis einer Theater- und Schauspielpraxis diametral entgegen. Welchen Stellenwert in diesen Jahren der Aspekt der Sachlichkeit im Sinne von Nüchternheit und Klarheit der Ausdrucksweise für einen Kritiker wie Ihering besaß, zeigt die Tatsache, daß er nicht nur den Stil der Nachwuchsgeneration kritisierte, sondern auch die Arbeit eines im Umfeld der Neuen Sachlichkeit agierenden Autors wie Lion Feuchtwanger unter neusachlichen Prämissen einer kritischen Revision unterzog. Dessen 1928 uraufgeführtes Drama *Die Petroleuminseln*, das weniger im Hinblick auf formal-stilistische Aspekte als wegen seiner inhaltlichen Konzeption und thematischen Schwerpunkte als ein neusachliches Stück zu werten ist, wies Ihering auf das schärfste zurück: Feuchtwanger »diskreditier[e]« mit diesem Werk, so lautet sein Vorwurf, die »Sachlichkeit und die Klarheit«, die Drama und Theater anstrebten.[144] Insbesondere mißfällt ihm Feuchtwangers unsachliche Präsentation des Stoffs, die Iherings eigenen Vorstellungen von Anschaulichkeit und Nachprüfbarkeit des Dargestellten widersprechen. Ihnen zufolge muß der Stil aus der »Sache, aus dem Inhalt«, nicht aber aus einer »Stilidee« entwickelt werden.[145]

Feuchtwanger selbst verstand sein Stück als den Versuch, der Forderung nach einer sachlichen Gebrauchsliteratur nachzukommen, die den Zuschauer über reale Gegebenheiten und Zustände umfassend und plausibel zu informieren habe. Demzufolge führt er

---

[142] Herbert Ihering: Ungedruckte Dramatiker. In: Die Literarische Welt 3 (1927), Nr. 15/16, S. 1f., hier S. 2. – Vgl. Bd. II, S. 107.
[143] Herbert Ihering: Kindertheater. In: Berliner Börsen-Courier, 3.5.1927.
[144] Herbert Ihering: Lion Feuchtwanger: Die Petroleuminseln. In: Berliner Börsen-Courier, 29.11.1928.
[145] Ihering: Bertolt Brecht: Mann ist Mann. – Vgl. Bd. II, S. 85.

die Bühne – darin Brecht vergleichbar – als eine Kampfarena vor;
ein »Spielleiter« fordert zu Beginn des Stücks das Publikum auf:
»Schauen Sie scharf zu, bis der Kampf sich klärt«.[146] Doch Ihering
genügte diese funktionale Ausrichtung des Dramas nicht; Feuchtwanger bringe zwar, so formuliert er seine Kritik, neue Stoffe auf
die Bühne; doch die Behandlung des Themas bleibe letztlich zu stark
auf das individuelle Schicksal der Protagonistin fixiert, statt sich auf
einen Konflikt von weltpolitischer Bedeutung, auf den Kampf um
Öl, zu konzentrieren.[147]

Iherings Argumentation zeigt, daß mit dem Begriff der »Präzisionsästhetik« nicht nur die Präzision des Ausdrucks und des Stils,
sondern der gesamten Darstellung verstanden wurde. Die neusachliche Programmatik sieht eine Verbindung der »Präzisionsästhetik«
mit der Forderung nach einer Materialästhetik vor, deren Konzeption sich ihrer Eingebundenheit in die Werkbundtradition entsprechend aus der zentralen Stellung des Materials, der ›Sache‹, des behandelten Gegenstands also, ableitet. Diesem Aspekt der Neuen
Sachlichkeit entspricht nicht nur der von Kayser synonym verwendete Terminus »Neue Gegenständlichkeit«[148]; auch die französische
Übersetzung des Begriffs Neue Sachlichkeit mit »la nouvelle objectivité«[149] trägt dieser Dimension einer Ästhetik Rechnung, deren Basis die von Kisch für die Reportage eingeforderte »Hingabe an [das]
Objekt«, an die darzustellende Sache[150] und eine auktoriale »Sachlichkeit« im Sinne von »im Dienst einer Sache stehe[n]«[151] bzw. des
»*Beteiligtsein* an der *Sache*«.[152] abgeben.

In einem Gespräch mit Bernard Guillemin benennt Brecht die
Dominanz der »objektiv angeschaute[n] Sache« als das zentrale Mo-

---

[146] Lion Feuchtwanger: Die Petroleuminsel. Ein Stück in drei Akten. In:
Ders.: 3 angelsächsische Stücke. Berlin 1927, S. 1-108, hier S. 82.

[147] Ihering: Lion Feuchtwanger: Die Petroleuminseln.

[148] Kayser: Das junge deutsche Drama, S. 42. – Vgl. Bd. II, S. 54.

[149] Vgl. z.B. Germanica 9 (1991): Die »Neue Sachlichkeit«: Lebensgefühl
oder Markenzeichen?, S. [7].

[150] Egon Erwin Kisch: Der rasende Reporter. Vorwort. Berlin 1925, S. VII-
VIII, hier S. VII. – Vgl. Bd. II, S. 163. – Das Buch wurde bereits im November 1924 ausgeliefert.

[151] Piscator: Das politische Theater, S. 42.

[152] Bernhard Diebold: [Rez.] Peter Martin Lampel: Revolte im Erziehungshaus. In: Frankfurter Zeitung, 14.12.1928. – Vgl. Bd. II, S. 141.

ment seiner Arbeitsweise.[153] In diesem Punkt hatte Brecht von seinem Vorbild Döblin gelernt. Daß man mit »mächtiger Intensität und Sachlichkeit an seinen Stoff heran[gehe]«, mit »intensivster Sachlichkeit« bzw. mit einer »Intensität der Sachlichkeit« an die darzustellenden Gegenstände, ja selbst zur »Neuproduktion des Objekts« vordringe, fordert dieser im gleichen Jahr in der *Weltbühne*.[154] Döblin hatte bereits an anderer Stelle geklärt, was er unter solchen Prämissen verstanden wissen wollte. In seinem 1917 in der von Theodor Tagger herausgegebenen Zeitschrift *Marsyas* erschienenen Aufsatz *Über Roman und Prosa* propagiert Döblin das »Verschwinde[n]« des Autors hinter dem Geschilderten, seine Identifikation mit dem Gegenstand sowie die auktoriale Loyalität dem Material gegenüber: »Der Prosaautor preßt soviel Gegenständlichkeit aus seinem Material, den Worten, als das Material hergibt«, heißt es in Döblins Überlegungen, mit denen er seine schon 1912 in ihren Grundzügen entworfene Sachlichkeitsästhetik weiter ausbaut.[155] Noch im Jahr 1927 fordert er die junge Autorengeneration auf, sich einer solchen Materialästhetik zu bedienen. Nachwuchsschriftstellern rät Döblin zur »Sachlichkeit [der] Sache vorzudringen« und den »Zugang zu den Objekten«[156] zu finden. Er selbst hatte sich zu diesem Zeitpunkt längst einer solchen Materialästhetik verschrieben.

III.5. *Realitätsbezug/Aktualität*

Dem neusachlichen Ziel der Ausbildung einer Präzisions- bzw. Materialästhetik korrespondiert die Proklamation einer wirklichkeitsnahen Literatur. Man strebt eine Tatsachenpoetik an, deren Hauptmerkmale eine dokumentarische Schreibweise auf der stilistisch-formalen sowie Realitätsnähe und Aktualität auf der inhaltlichen Ebene

---

[153] Was arbeiten Sie? Gespräch mit Bernard Guillemin: Bertolt Brecht, S. 2.
[154] Alfred Döblin: Ausflug nach Mexiko. In: Die Weltbühne 22 (1926), I, Nr. 11, S. 421f., hier S. 421. – Vgl. Bd. II, S. 78.
[155] Alfred Döblin: Über Roman und Prosa. In: Marsyas 1(1917), Nr. 3, S. 213-218, hier S. 215.
[156] Döblin: Unbekannte junge Erzähler, S. 1. – Vgl. Bd. II, S. 83.

sind: Die »Kunst folgt der Wirklichkeit«[157], deklariert Brecht in seiner Antwort auf die vom *Berliner Börsen-Courier* organisierte Rundfrage *Über Stoffe und Form*, die man als einen Beitrag zur Diskussion um die Notwendigkeit eines »stofflichen« gegenüber einem »formalen Theater«, eines »Zeittheaters« im Gegensatz zu einem »zeitunabhängigen Theater« wertet.[158]

Nicht zuletzt versteht man unter einer Versachlichung der Literatur demnach die Versachlichung der Inhalte mittels der Aufwertung der empirischen Realität zu einem zentralen literarischen Sujet. Die Wirklichkeit gilt als weitaus »aufregender, romantischer, farbiger und dramatischer« als die »Phantasie eines Dichters«[159], die zeitgenössische Lebenswelt wird als »exotisch«, die Gegenwart als »sensationell« und die »Sachlichkeit« umgekehrt als »phantasievoll«[160] empfunden, statt »Romantik und Geschichte« sind »Sachlichkeit und Gegenwart«[161] gefragt. Das aus dieser veränderten Einstellung resultierende Bedürfnis nach mehr Realitätsbezug und Faktizität von Literatur, der Ruf nach Fakten statt nach Utopien korreliert unmittelbar mit der antiexpressionistischen Dimension der Neuen Sachlichkeit. Auf die »seelisch-geistige Abstraktion« folge, so die einhellige Meinung, ein »neues realistisches Lebensgefühl«[162], auf Grund dessen man einen »faktische[n] Kontakt zur Wirklichkeit«[163] herzustellen sucht. Egon Erwin Kisch betont im Vorwort seiner Reportagensammlung *Der rasende Reporter*, daß die von ihm beschriebenen »Orte« und »Erscheinungen« nicht einer »fern[en]«, sondern der

---

[157] Bertolt Brecht: Über Stoffe und Form (Antwort auf die Rundfrage *Das Theater von morgen*). In: Berliner Börsen-Courier, Nr. 151 vom 31.3.1929, S. 9f., hier S. 9.

[158] Das Theater von morgen. Rundfrage In: Berliner Börsen-Courier, Nr. 151 vom 31.3.1929, S. 9f., hier S. 9.

[159] Leo Lania: Das politische Drama. Alfons Paquets »Sturmflut« in der Volksbühne. In: Die Literarische Welt 2 (1926), Nr. 10, S. 3.

[160] Egon Erwin Kisch: Vorwort. In: Ders.: Der rasende Reporter. Berlin 1925, S. VII-VIII, hier S. VII. – Vgl. Bd. II, S. 163.

[161] Diebold: Kritische Rhapsodie 1928, S. 557. – Vgl. Bd. II, S. 274.

[162] Heinz Lippmann: Dichtung und Theater. In: Die Vierte Wand 1 (1927), Nr. 14/15, S. 50-52, hier S. 51. – Vgl. Bd. II, S. 104.

[163] Hermann Pongs: Aufriß der deutschen Literaturgeschichte X. Vom Naturalismus bis zur Gegenwart. In: Zeitschrift für Deutschkunde 45 (1931), S. 305-312, hier S. 311. – Vgl. Bd. II, S. 387.

alltäglichen Lebenswelt entnommen und von den Lesern mühelos »erreichbar« seien.[164] Noch 1929 resümiert Kurt Pinthus in seinem Aufsatz *Männliche Literatur* – offensichtlich noch immer in Anlehnung an Kischs 1925 ausgegebene Prämissen –, die Neue Sachlichkeit versuche im Gegensatz zum Expressionismus, »nicht das Unerreichbare, Ferne, Unendliche«, sondern das »Greifbare, Bescheidene, Wirkliche« darzustellen. Der utopisch-metaphysische Anspruch der spätexpressionistischen Bewegung weicht innerhalb der neusachlichen Programmatik der Forderung nach einer realitäts- und aktualitätsbezogenen Literatur, statt durch »aufgerissenes Gefühl, aufreißendes Wort, zukunftsreißende Idee« will man nun die »Dinge, Ereignisse und Empfindungen mit kurzem, scharfem Blick und Wort [...] fassen«, um »reale Wirkung im kleinen Bezirk« zu erzielen.[165] Das Schlagwort von der Neuen Sachlichkeit wird folglich gegen die »expressionistische Verseelung erfunden«.[166] Mit der Neuen Sachlichkeit habe sich, so eine allenthalben vorgebrachte Erklärung, »die Wirklichkeit gerächt« und »die Majestät des Wirklichen« durchgesetzt, mit der Neuen Sachlichkeit seien »die Schreienden [...] gerichtet«.[167] Die »Problematik von Halbverrückten«, konstatiert Erwin Piscator 1928 in nicht minder scharfer Diktion, interessiere in einer »Welt, in der die wahren Erschütterungen von der Entdeckung eines neuen Goldfeldes, von der Petroleumproduktion und vom Weizenmarkt ausgehen«[168], nicht mehr.

Zwar begrüßt man die Neue Sachlichkeit auch als einen »legitimen Gegenschlag gegen den deutschen Idealismus«[169], das Bedürfnis nach »gesellschaftliche[m] Diesseits« impliziere, hält Siegfried Kracauer 1930 fest, ein Desinteresse der Autoren an »idealistischen Wer-

---

[164] Kisch: Vorwort, S. VII. – Vgl. Bd. II, S. 163.

[165] Pinthus: Männliche Literatur, S. 903. – Vgl. Bd. II, S. 38.

[166] Diebold: Kritische Rhapsodie 1928, S. 554. – Vgl. Bd. II, S. 273.

[167] Schumann: Dichtung und Wirklichkeit, S. 13. – Vgl. Bd. II, S. 349.

[168] Erwin Piscator: Brief an die *Weltbühne*. In: Die Weltbühne 24 (1928), I, Nr. 10, S. 385-387, hier 386.

[169] Siegfried Kracauer: Die Angestellten. Aus dem neuesten Deutschland (Unbekanntes Gebiet). Frankfurt/Main 1930, S. 20f. (als Vorabdruck in der *Frankfurter Zeitung*, Nr. 915 vom 8.12.1929, S. 1f. erschienen). – Vgl. Bd. II, S. 290.

ten«.[170] Doch zuallererst setzt man sich – und das noch zu Ende des Jahrzehnts – mit der Forderung nach einer »wirklichkeitsbesessenen Dichtung« zumindest in den ersten Jahren der Weimarer Republik dezidiert vom spätexpressionistischen »Seelen-Zickzack«[171] ab; das Ziel der ›Materialisierung‹, d.h. der Verstofflichung der Literatur richtet sich explizit gegen die expressionistische ›Vergeistigung‹ und gegen die utopistisch-metaphysische Dimension des Spätexpressionismus. Der »naturalistische« Geist der Epoche erzwingt im künstlerischen Bereich einen »Naturalismus«, dessen »materialistisch[e]« Ausrichtung der »metaphysischen Periode« ein Ende setzt.[172] Zwar wird die Forderung nach einer funktionalen Ausrichtung der Literatur in der zweiten Hälfte des Jahrzehnts als eigenständiges Postulat vorgebracht; doch noch gegen Ende der zwanziger Jahre erläutert man das Realismuskonzept der Neuen Sachlichkeit in Verbindung mit der antiexpressionistischen Zielsetzung dieser Bewegung. In seinem 1928 veröffentlichten Beitrag *Neue Klassizität* umschreibt Max Freyhan den neusachlichen Realismus als das Produkt einer antiexpressionistischen Haltung:

Der Expressionismus wollte nichts wissen von Dingwelt, vom Konkreten, vom Seienden außerhalb der menschlichen Beseeltheit. Expressionismus war eine äußerste Anspannung der Ich-Kräfte, des Selbst-Bewußtsein. Das Ich, das Selbst konstituierte die Welt. Die Welt gewissermaßen war da von Gnaden des Selbst und des Ich.
  Neue Sachlichkeit ist Gegensatz hierzu. Der Blick, eben noch in Gesteigertheit, in Verzücktheit ganz in die eigene Sache gesenkt, beginnt

---

[170] Siegfried Kracauer: Über den Schriftsteller. In: Die neue Rundschau 42 (1931), I, Nr. 6, S. 860-862, hier S. 861. – Vgl. Bd. II, S. 194. – Vgl. auch Siegfried Kracauer: Deutsche Berufskunde [ca. 1930, unveröffentlicht]. In: Ders.: Schriften. Hrsg. v. Inka Mülder-Bach. Frankfurt/Main 1990. Bd. 5.2, S. 265-268, hier S. 265f.

[171] Johannes R. Becher: Wirklichkeitsbesessene Dichtung. In: Die neue Bücherschau 6 (1928), Nr. 10, S. 491-494, hier S. 491. – Vgl. Bd. II, S. 109. – Wiederabgedruckt als Vorwort von Karl Grünbergs Roman *Brennende Ruhr. Roman aus dem Kapp-Putsch.* Rudolstadt 1929, S. 5-16, hier S. 5.

[172] Alfred Döblin: Der Geist des naturalistischen Zeitalters. In: Die neue Rundschau 35 (1924), S. 1275-1293, hier S. 1280 u. 1276.

wieder und versucht wieder, sich nach außen zu wenden, die Dingwelt zu fassen und in sich hineinzunehmen.[173]

Freyhans Äußerungen verdeutlichen eine zentrale Komponente der neusachlichen Realismuskonzeption: Sachlichkeit verstanden als eine gegen die spätexpressionistische ›Vergeistigung‹ gerichtete Forderung zielt auf die Rückkehr zu der Sache, zum Ding und zur Dingwelt. In diesem Sinn gewinnt der Begriff der Versachlichung die Bedeutung von ›Materialisierung‹, Vergegenständlichung und Verstofflichung der Literatur. 1924 insistiert Rudolf Kayser auf einer »neue[n] geformte[n] Objektivität« und einer »neue[n] Gegenständlichkeit«[174] in der Literatur. Zwar darf vermutet werden, daß Kaysers Formulierung in Anlehnung an die Malerei gewählt ist; gleichwohl hat der Terminus »neue Gegenständlichkeit« auch für die Literatur seine Berechtigung und Stimmigkeit, handelt es sich doch bei dem Ruf nach mehr Realismus und nach »Materialismus« – wie Siegfried Kracauer in seiner Besprechung von Walter Benjamins *Einbahnstrasse* schreibt[175] – um eine programmatische Forderung auch der literarischen Neuen Sachlichkeit.

Das »[M]aterielle« und »[R]ealistische«[176], das man durch den Spätexpressionismus verdrängt sieht, möchte man uneingeschränkt rehabilitiert wissen. Demnach zielt man mit der geforderten »Präzisionsästhetik« nicht nur auf die Versachlichung von Sprache und Stil, sondern indiziert mit diesem Diktum zugleich den programmatischen Stellenwert der empirischen Realität innerhalb neusachlicher Ästhetik und Literatur: Die »Eroberung der Wirklichkeit«[177] avanciert zu einem vorrangigen Ziel der Neuen Sachlichkeit. Das Theater z.B. möchte man zu einer »Kultusstätte des Gottes der Dinge, wie sie sind«[178] ausgebaut wissen, folglich klagt man der Realität ge-

---

[173] Freyhan: Neue Klassizität, S. 19. – Vgl. Bd. II, S. 63.

[174] Kayser: Das junge deutsche Drama, S. 38 u. 42. – Vgl. Bd. II, S. 53 u. 54.

[175] Siegfried Kracauer: Zu den Schriften Walter Benjamins. In: Frankfurter Zeitung, Nr. 524 vom 15.7.1928. – Auch bei Leo Lania (Reportage als soziale Funktion. In: Die Literarische Welt 2 [1926], Nr. 26, S. 5) fällt der Begriff.

[176] Döblin: Bekenntnis zum Naturalismus, S. 1599. – Vgl. Bd. II, S. 64.

[177] Becher: Wirklichkeitsbesessene Dichtung, S. 494. – Vgl. Bd. II, S. 110.

[178] Bertolt Brecht: [Notizen ohne Titel]. In: Ders.: Gesammelte Werke. Bd. 15: Schriften zum Theater I, S. 68.

genüber eine sachliche Haltung ein: Die ästhetische Forderung, »sachlich« zu sein, akzentuiert in diesem Kontext das Bedürfnis, nicht mehr »über den Dingen [zu] stehen«, nicht den »Boden unter den Füßen [zu] verlieren«.[179] Unter Sachlichkeit versteht man somit nicht nur die »einfache Übersetzung des Namens Realismus«; vielmehr soll an die Stelle des »Kunstwerks« die »Sache selbst« treten, das »Ding, das Leben, der authentische Gegenstand«, und das meint die empirische Realität[180]; für die »Wirklichkeit, das Objekt selbst« soll eine »Sprache [...] gefunden« werden[181], heißt die Devise. Eine solche Erwartungshaltung zeitigt überdies gattungspoetologische Konsequenzen: Von den Autoren verlangt man eine sachlich-authentische Beschreibung zeitgenössischer Wirklichkeit. Warum man von der Neuen Sachlichkeit in diesem Zusammenhang auch als von einem »Idealismus der Nähe«[182] spricht, wird verständlich, wenn man sich Vorgaben wie die Alfred Döblins vergegenwärtigt: »Ganz nahe an die Realität heran, an ihre Sachlichkeit, an die Sache«[183], proklamiert dieser in *Der Bau des epischen Werks*.

Auch die im Rahmen des von der *Literarischen Welt* veranstalteten Nachwuchswettbewerbs abgegebenen Urteilsbegründungen Döblins, Piscators, Iherings und Brechts zeigen, welchen Stellenwert das Postulat einer realitätsbezogenen Darstellung innerhalb der neusachlichen Programmatik besitzt. Der Ausgangspunkt ihrer Kritik ist der fehlende Realitätsbezug der eingesandten Texte. Selbst der neusachlichen Ästhetik und Bewegung verpflichtet, monieren sie insbesondere den geringen Zeit- und Gegenwartsbezug der begutachteten Werke. Ihr Unverständnis und ihre Ratlosigkeit angesichts der eingegangenen Produkte ist allenthalben zu spüren, wird der

---

[179] Leo Lania: Ungestaltete Aktualität. In: Die Literarische Welt 2 (1926), Nr. 19, S. 6. – Vgl. Bd. II, S. 231.

[180] Wilhelm Michel: Physiognomie der Zeit und Theater der Zeit. In: Masken 22 (1928/29), Nr. 12, S. 111-113, hier S. 111. – Vgl. Bd. II, S. 231. – nochmals abgedruckt in: Masken 24 (1930/31), Nr. 20, S. 397-399.

[181] Becher: Wirklichkeitsbesessene Dichtung, S. 491. – Vgl. Bd. II, S. 110.

[182] Alois Bauer: Expressionismus. In: Zeitschrift für Deutschkunde 43 (1929), S. 401-407, hier S. 407, und in: Ders.: Vorläufiges zur sogenannten Neuen Sachlichkeit. In: Zeitschrift für Deutschkunde 44 (1930), S. 73-80, hier S. 79. – Vgl. Bd. II, S. 330.

[183] Alfred Döblin: Der Bau des epischen Werks. In: Die Neue Rundschau 40 (1929), I, S. 527-551, hier S. 530.

Wettbewerb doch von einer Zeitschrift ausgerichtet, die in diesen Jahren als ein Forum der Neuen Sachlichkeit fungiert. Das von der *Literarischen Welt* organisierte umfassendste Projekt zur Förderung des literarischen Nachwuchses jener Jahre machte die enormen Diskrepanzen zwischen der älteren Autorengeneration und den Nachwuchsschriftstellern deutlich: Hatte die erstere Anfang der zwanziger Jahre gegen den Spätexpressionismus die neusachliche Ästhetik durchgesetzt und deren Entwicklung von einer antiexpressionistischen Reaktionserscheinung zu einer eigenständigen Poetik betrieben, so fühlt sich die jüngere Generation an diese Ästhetik nicht bzw. nicht mehr gebunden. Allenfalls erkennt man die Neue Sachlichkeit als einen Lebensstil und Sachlichkeit als eine anthropologische Größe an, nicht aber als eine ästhetische Norm.[184]

Demgegenüber sieht sich die neusachliche Autorengeneration einem »Zeitalter des Stoffs« verpflichtet; sie diagnostiziert für sich selbst eine »fanatische Liebe zur Wirklichkeit«[185] und ein »neues, realistisches Lebensgefühl«, das sie auf den ästhetisch-literarischen Bereich zu übertragen sucht: Gegenüber der expressionistischen »Ideenzufuhr« behaupten neusachliche Autoren eine »Stoffzufuhr«; das »rein Dichterische« will die neusachliche Generation aus der Literatur verbannt wissen.[186] Galt die Beschäftigung mit »Aktuellem« innerhalb eines traditionellen Literaturkonzepts ihrer Auffassung nach als »journalistisch, undichterisch, gemein«[187], so avanciert die zeitgenössische Gegenwart nun zu einem bevorzugten Sujet. Die Geschehnisse der »Straße« nimmt man als »dramatische Stoffe« wahr, dem neusachlichen Verständnis nach ergeben sich die literarischen Themen aus den durch die Zeitung gelieferten Meldungen und beschriebenen Ereignissen.[188]

---

[184] Vgl. Frank Matzke: Jugend bekennt. So sind wir! Leipzig 1931, S. 41: »Man kann gegen unsere *neue* Sachlichkeit den Einwand hören, ›Sachlichkeit‹ habe es immer gegeben. [...] Dieser Einwand verwechselt Sachlichkeit in den Methoden mit Sachlichkeit im Lebensstil. [...] Sachlichkeit in der Form des gesamten Daseins aber ist etwas durchaus anderes [...].«

[185] Hermann von Wedderkop: Wandlungen des Geschmacks. In: Der Querschnitt 6 (1926), Nr. 7, S. 497-502, hier S. 498. – Vgl. Bd. II, S. 99.

[186] Lippmann: Dichtung und Theater, S. 51. – Vgl. Bd. II, S. 104 u. 103.

[187] Feuchtwanger: Von den Wirkungen und Besonderheiten der angelsächsischen Literatur. – Vgl. Bd. II, S. 113.

[188] Ihering: Zeittheater, S. 262. – Vgl. Bd. II, S. 124.

Kurze Zeit nach dem von ihr veranstalteten Wettbewerb reagiert die *Literarische Welt* auf dessen Resultate in Form eines Briefs des Herausgebers Willy Haas, mit dem die Zeitschrift sich hinter das Votum der Juroren stellt und zugleich jene Ziele bekräftigt, mit denen man 1925 angetreten war. Haas wendet sich an die »Leser und Freunde« der Zeitschrift und kündigt ihnen an, daß das Blatt den Bereich der »sogenannten schönen Literatur« zugunsten der »Totalität der Zeitbetrachtung« und der Einbeziehung anderer Wissenschaften wie Psychologie und Soziologie verlassen werde. Statt sich einer »Literatenliteratur«, einer im »luftleeren Raum« entstandenen Literatur zu verschreiben, möchte man die Zeitumstände, unter denen literarische Texte produziert werden, stärker in die Berichterstattung einbeziehen; überdies sollen der Wirklichkeitsgehalt von Literatur und das Realitätsbewußtsein der Autoren künftig zentrale Momente der Literaturkritik sein.[189]

Mit ihrer Entscheidung steht die *Literarische Welt* nicht allein, andere Zeitschriften verfahren ähnlich. Der Herausgeber des *Querschnitt*, Hermann von Wedderkop, kündigt 1926 an, daß die »Wirklichkeitsnähe« literarischer Werke, die Berücksichtigung des »Tatsächliche[n]« und der »Aktualität« als entscheidende Kriterien für die Bewertung von Literatur herangezogen werden sollen.[190] Auch die *Neue Bücherschau* will Literatur, insbesondere die des »Jahrgang[s] 1902«, einer Aussage des Herausgebers Gerhart Pohl zufolge, im Hinblick auf die Einfachheit und Klarheit der Darstellung, auf die Aktualität und den Gegenwartsbezug des Themas sowie unter Berücksichtigung des dokumentarischen Werts der Schilderung beurteilen.[191]

Im Rahmen solcher Vorgaben avanciert der Wirklichkeitsgehalt von Literatur zu einem zentralen Aspekt der Modernität literarischer Texte. Man spricht vom »›Veralten‹ älterer Dichtung« gerade wegen ihrer antirealistischen, ästhetizistischen Tendenzen, die man

---

[189] Willy Haas: An unsere Leser und Freunde. In: Die Literarische Welt 3 (1927), Nr. 13, S. 1. – Vgl. Bd. II, S. 105.

[190] Wedderkop: Wandlungen des Geschmacks, S. 501. – Vgl. Bd. II, S. 101.

[191] Vgl. Gerhart Pohl: Der Jahrgang 1902 ist aufgebrochen. In: Die neue Bücherschau 6 (1928), Nr. 12, S. 621-624.

mit dem »Wirklichkeitssinn«[192] der Nachkriegsgeneration nicht in Einklang zu bringen vermag. Wolfgang Schumann, dessen 1931 in der *Volksbühne* erschienener Aufsatz *Vom ›Veralten‹ älterer Dichtung* zahlreiche Proteste und eine Debatte über den Realismusbegriff auslöste[193], sieht durch die Neue Sachlichkeit den gesellschaftlichen Anspruch auf »Wirklichkeitgemäßheit«, »rationale Erklärtheit« und »Wissenschaftgemäßheit«[194] eingelöst. Neben der Rationalisierung des Denkens infolge der Technisierung der Gesellschaft wird der »Wirklichkeitssinn« der neusachlichen Generation jedoch vor allem als das Produkt der Erfahrung des Ersten Weltkriegs erklärt. Sachlichkeit als Verhaltensnorm verstehen viele als das Resultat der Desillusionierung des Menschen durch die Kriegserfahrung und demnach als einen Ausdruck ihrer Illusionslosigkeit.[195] Den Krieg wertet man als Einbruch der Realität in die Erfahrungswirklichkeit von Millionen von Menschen, durch die Ereignisse von 1914 fühlt man sich, so ein gängiges Erklärungsmodell, »hineingepreßt in Wirklichkeiterkenntnis«[196]:

> Nein, man will die Heutigen hinein zwingen in ein Anschauen der Wirklichkeit; will sie unwiderruflich vermählen mit jenem und diesem Harten und Furchtbaren; will eine Auseinandersetzung damit herbeiführen und damit eine neue Überwindung. Die Schreibenden selber haben Wirklichkeit in wahrhaft höllegeborener Kraßheit durchlitten, das gegenwärtige Geschlecht sieht alles Wortemachen, alle lyrischen und prophetischen Ausbrüche wider die »Hölle« gleich sinnlosen Lufthieben gescheitert, nun soll die Wirklichkeit selbst, abstrichlos und grau-

---

[192] Wolfgang Schumann: Vom ›Veralten‹ älterer Dichtung. In: Die Volksbühne 6 (1931), Nr. 1, S. 13-17, hier S. 14. – Vgl. Bd. II, S. 131.

[193] Vgl.: z.B. Hans Bänninger: Vom Veralten älterer Dichtung. In: Volksbühne 6 (1931), Nr. 2, S. 65-67; Klaus Ziegler: Dichtung und Zeit. Ein Beitrag zu Schumanns Aufsatz: »Vom Veralten älterer Dichtung«. In: Volksbühne 6 (1931), Nr. 3, S. 121-127; August Ziegler: Noch etwas zum »Veralten älterer Dichtung«. In: Volksbühne 6 (1931), Nr. 5, S. 200-202; Vom Veralten älterer Dichtung. Gegenantworten von Wolfgang Schumann. In: Die Volksbühne 6 (1931), Nr. 6, S. 246-254.

[194] Schumann: Vom ›Veralten‹ älterer Dichtung, S. 17. – Vgl. Bd. II, S. 132.

[195] Vgl. Max Brod: Die Frau und die neue Sachlichkeit. In: Friedrich M. Huebner: Die Frau von Morgen wie wir sie wünschen. Leipzig 1929, S. 38-48. – Vgl. Bd. II, S. 385-387.

[196] Schumann: Vom ›Veralten‹ älterer Dichtung, S. 14. – Vgl. Bd. II, S. 131.

sig, ernst zum Brechen und majestätisch zum Umsinken, im Schrifttum erscheinen und die längst wieder Ermatteten, Abgelenkten, Genußseligen, Traumseligen, Kunstseligen zum Gültigen erwecken. Wir wollen »Berichte der Wirklichkeit« hieß es in einer sehr charakteristischen Buchkritik des BT; [...]. Das ist das nicht nur hier erklärte Programm einer ganzen Gruppe und Richtung.[197]

Unter »Neue[r] Sachlichkeit« versteht man demnach von Beginn an auch die Wiederaneignung von »Stoff und Gesinnung«.[198] Bereits 1920 verdeutlicht Döblin die antiästhetizistischen Dimensionen der neusachlichen Ästhetik, wenn er in seinem *Bekenntnis zum Naturalismus* schreibt, »die ›Kunst‹ [habe] es nicht mit Kunst zu tun«.[199] Durch die Zurückdrängung des Formal-Ästhetischen, durch die Methodik, »über dem Inhalt die Aufmachung kaum mehr zu beachten«[200], glaubt man sich dem Ziel einer realistischen Literatur ein Stück näher; die angestrebte »Wiederannäherung von Theater und Leben« und die »Politisierung des Theaters« werden folglich an eine neue Gewichtung des Inhaltlichen geknüpft:

> Die Bühne hat wieder Tribüne zu sein, die dem Zuschauer bringt, was ihn nach Stoff und Gesinnung angeht. »Neue Sachlichkeit«, das mißbrauchte Schlagwort erhält auch hier seinen Sinn! Es kommt auf die Sache, auf den dargestellten Gegenstand des Theaters an, derart, daß das alte Wort gelte: tua res agitur! Wir müssen uns darüber klar sein, daß Kunst im Augenblick nicht wichtig ist, daß es die Überschätzung des Formalen, des Literarischen ist, die unser Theater dem Leben und den Lebenden entfremdet hat.[201]

Gegen Mitte des Jahrzehnts besteht Einigkeit darüber, daß die »Konstellation der Literatur«, so heißt es in Lion Feuchtwangers 1927 entstandenem gleichnamigen Aufsatz, einem Wandel unterworfen ist. Die Literatur beginne »allmählich die Inhalte aufzunehmen, die

---

[197] Schumann: Dichtung und Wirklichkeit, S. 14. – Vgl. Bd. II, S. 350.

[198] Friedrich Michael: Magdeburgs Aktuellstes Theater. In: Die Vierte Wand 1 (1927), Nr. 14/15, S. 52-54, hier S. 52. – Vgl. Bd. II, S. 105.

[199] Döblin: Bekenntnis zum Naturalismus, S. 1601. – Vgl. Bd. II, S. 65.

[200] Lion Feuchtwanger: Die Konstellation der Literatur. In: Berliner Tageblatt, Nr. 518 vom 2.11.1927. – Vgl. Bd. II, S. 211.

[201] Michael: Magdeburgs Aktuellstes Theater, S. 52f. – Vgl. Bd. II, S. 105.

Krieg, Revolution, gesteigerte Technik ins Licht rücken«; die Mehrzahl der Autoren gestalteten nun das »unmittelbar Greifbare: Sitten
und Gebräuche des heraufkommenden Proletariats, die Institutionen Amerikas, Fabriken, Konzerne, Autos, Sport, Sowjetrußland.
Dabei bezieht Feuchtwanger erstmals auch die Konsumentenseite in
seine produktionsästhetischen Überlegungen ein. Nicht nur Produzenten, auch Rezipienten hätten »formalistischen, ästhetisch tän-
delnden Kram ebenso satt wie alles Ekstatische, gefühlsmäßig Überbetonte«. In Fortführung der materialästhetischen Ansätze Brechts
und Döblins mahnt Feuchtwanger eine anschauliche, gegenstandsbezogene Darstellung der aktuellen Lebenswelt an: »Was Schreiben-
de und Leser suchen, ist nicht Übertragung subjektiven Gefühls,
sondern Anschauung des Objekts: anschaulich gemachtes Leben der
Zeit, dargeboten in einleuchtender Form.«[202] Zwei Jahre später gilt
das Bedürfnis der Rezipienten nach wirklichkeitsnaher und zeitbezogener Literatur als ausgemacht, und so scheint es nur folgerichtig,
daß die veränderte rezeptionsästhetische Situation allmählich die
literarische Produktion und Theaterarbeit zu beeinflussen beginnt.
In einem Rundfunkgespräch zwischen Herbert Ihering und Erwin
Piscator, die im Rahmen ihrer Tätigkeit in engem Kontakt zum
Publikum standen, konstatiert Ihering:

> Das Publikum will Stücke sehen, die etwas mit der Zeit zu tun haben,
> das Publikum will sich nicht mehr nur amüsieren, sich nur unterhalten,
> es will vom Theater Nahrung, es will wieder Substanz.[203]

Doch nicht nur im Hinblick auf die literarische Produktion werden,
ausgehend von einem veränderten Erwartungshorizont der Rezipienten, Aktualität und Zeitbezogenheit eingeklagt; auch die Literaturkritik definiert ihre »Aufgabe« in Zusammenhang »mit den Aufgaben der Zeit«: Der Kritiker habe sich an der »Klärung, Auswahl
und Ordnung der Rohstoffe« zu beteiligen, er müsse »Materialkritik«, d.h. die »Sichtung des Wichtigsten im Wirklichen« leisten und
»Stoffe bereitstellen«. Als das gemeinsame Ziel von Autoren und

---

[202] Feuchtwanger: Die Konstellation der Literatur. – Vgl. Bd. II, S. 212.
[203] Herbert Ihering: Das ABC des Theaters. Ein Rundfunkgespräch zwischen Herbert Ihering und Erwin Piscator [gesendet am 22. April 1929 im
Berliner Rundfunk]. In: Die Literatur 31 (1928/29), Nr. 9, S. 497-500, hier
S. 497.

Kritikern steht eine Literatur zur Debatte, in der der »Konflikt des Alltags zur Formel« gebracht werde.[204]

Im Jahr 1928 sieht man diese Forderung nach einer aktuellen, zeitbezogenen Literatur jedoch keineswegs eingelöst: Die neusachlichen Zeitromane erscheinen mehrheitlich erst gegen Ende des Jahrzehnts, und auch die Mehrzahl neusachlicher »Zeitstück[e]«[205] wird nach 1927 veröffentlicht. Bereits 1922 hatte ein Kritiker der *Neuen Bücherschau* den »Zeitroman«, den Roman, der »ein Bild der Gegenwart«[206] gibt, angemahnt. Noch drei Jahre später vermißt Kurt Tucholsky einen deutschsprachigen Zeit- und Reportageroman in der Nachfolge Sinclair Lewis', dessen *Babbitt* Tucholsky aufgrund der Zeitgemäßheit der Darstellung als den »aktuellste[n] Roman« jener Jahre schätzt – »aktuell« auch deshalb, weil sein »Wahrheit[s]«-Gehalt vom Leser »kontrollier[t] werden« könne.[207] Die für Deutschland gegen Mitte des Jahrzehnts diagnostizierte veränderte Rezeptionshaltung der Leserschaft glaubt man von seiten der Schriftsteller nur unzureichend berücksichtigt. Kritische Beobachter bemängeln das »Unvermögen« vieler Autoren, Realität adäquat wiederzugeben. Noch immer dominiere, so die Kritik, zuviel »Phantasie«, das »bürgerliche Ersatzprodukt«[208] einer gemäßen Wirklichkeitserfassung. Man beklagt das Defizit an Zeitstücken sowie die fehlende Beschäftigung mit zeitgenössischen Ereignissen, mit aktuellen »Zeitproblemen«. »Wo sind die Stücke der Prosaredner unserer Stunde? Wo sind die Romane? Wo bleibt ein Zola?«, fragt Bernhard Diebold in seinem Aufsatz *Kritische Rhapsodie 1928*, in dem er die Literatur der Neuen Sachlichkeit an ihren programmatischen Ansprüchen mißt

---

[204] Diebold: Kritische Forderung 1928, S. 7. – Vgl. Bd. II, S. 114.

[205] Herbert Ihering: Etappendramaturgie. In: Berliner Börsen-Courier, Nr. 85 vom 20.2.1927; Herbert Ihering: Theater an der Ruhr. In: Der Scheinwerfer 1 (1927), Nr. 2, S. 3. – Vgl. Bd. II, S. 108; Bertolt Brecht: Der soziologische Raum des bürgerlichen Theaters [um 1932; unveröffentlicht]. In: Ders.: Schriften 1, S. 557-559, hier S. 558.

[206] Max Krell: Neue deutsche Romane und Novellen. In: Die neue Bücherschau 2 (1922), Nr. 3, S. 100-117, hier S. 103. – Auch Alfred Kantorowicz (Denn sie wissen, was sie tun. In: Die Literarische Welt 8 [1932], Nr. 17, S. 5) verwendet den Begriff »Zeitroman«.

[207] Peter Panter: Babbitt. In: Die Weltbühne 21 (1925), I, Nr. 18, S. 665-669, hier S. 665. – Vgl. Bd. II, S. 95.

[208] Wedderkop: Wandlungen des Geschmacks, S. 499. – Vgl. Bd. II, S. 100.

und die Diskrepanzen zwischen Theorie und literarischer Praxis benennt.[209] Diebolds Kritik ist zu diesem Zeitpunkt keineswegs singulär: Die Autoren müssen sich von der Neuen Sachlichkeit nahestehenden Kritikern den Vorwurf gefallen lassen, sie seien unfähig zur realistischen, »sachgemäße[n]« Darstellung aktueller Probleme. Angesichts der »Realitätsunkenntnis« vieler Autoren und den daraus resultierenden »unwahre[n]« Schilderungen der »Wirklichkeit« geben Kritiker noch in diesen Jahren die Parole aus: »Dichter – in die Gegenwart« bzw. in die »Wirklichkeit« und mahnen mit diesem Slogan die »Darstellung von Zeitereignissen in konzentriertester Form« sowie der »großen ökonomisch-kulturellen Zusammenhänge« an.[210] Dieser Appell verweist wiederum auf die Einsicht in das gewandelte Rezeptionsverhalten der Leserschaft. Man geht von einem »neue[n] Rationalismus«[211] der Epoche aus, der nicht ohne Auswirkung auf die Erwartungshaltung der Konsumenten bleibe. So heißt es z.B. in dem bereits zitierten Aufsatz *Dichtung und Wirklichkeit* von Wolfgang Schumann:

> Das Begreifenwollen des Lebens mit Hilfe von Ideen, Ideologien, Idealen, Glaubensakten aller Art schwand entsprechend dahin – ein ungeheures Mißtrauen gegen alles dies verbreitete sich mehr und mehr. [...] Die erdrückende Mehrheit der Zeitgenossen läßt sich von diesen Versuchen nicht im geringsten anstecken. Diese Mehrheit, die wenig schreibende, redende und lärmende Vertreter hat, gleitet unaufhaltsam in zunehmenden Rationalismus hinein, und solcher bedeutet wie immer zunehmende Fühlung mit Wirklichkeit. Gleichviel, welche echten oder falschen Gelehrten in die glimmenden Aschenreste des »Idealismus« blasen, welche echten oder falschen Propheten Glaubensneugeburt und dergleichen predigen – der Vorgang der Annäherung an das Wirkliche ist unaufhaltsam ...[212]

---

[209] Diebold: Kritische Rhapsodie 1928, S. 555. – Vgl. Bd. II, S. 273.

[210] Herbert Becker: Dichter – in die Gegenwart. In: Die Scene 18 (1928), Nr. 12, S. 354-357, hier S. 355. – Vgl. Bd. II, S. 115.

[211] Paul Feldkeller: Der neue Rationalismus. In: Die Tat 20 (1928), Nr. 11, S. 614-616.

[212] Schumann: Vom »Veralten« älterer Dichtung, S. 14f. – Vgl. Bd. II, S. 131.

Hermann von Wedderkop glaubt bereits 1926 eine »Wandlung des Geschmacks« aufgrund eines veränderten Realitätsverhältnisses unter den Rezipienten von Literatur und Kunst ausmachen zu können; dementsprechend will er die Produzenten auf eine moderne, »neue« Literatur, die die »Wirklichkeit selber«, das »Gesicht der Zeit« zeige, festlegen; das Neue an dieser Literatur wäre seiner Vorstellung zufolge eine Sport, Technik, Zeitung und Kino angenäherte Ästhetik. In der Integration der innerhalb der Massenkultur entwickelten produktions- und rezeptionsästhetischen Strategien findet Wedderkop eine Möglichkeit, die Literatur aus der von ihm konstatierten selbstverschuldeten Isolation zu befreien, sie aus der »alten, vergilbten Psychologie« und den »Weitschweifigkeiten« einer traditionellen Ästhetik zu entlassen und für die Auseinandersetzung mit zeitgenössischer Wirklichkeit vorzubereiten. Das Ende des Expressionismus begreift man als den Beginn eines »Zeitalter[s] des Stoffs«, als den Anfangspunkt einer neuen Ära, die l'art pour l'art-Kunst und formalistische Literatur, die »bloße (sublime) Form«, als überflüssig und anachronistisch ablehnt.[213] Schriftsteller werden statt dessen auf das aktuelle Tagesgeschehen verpflichtet, literarische Wirkung knüpft man dementsprechend an die Aktualität des Geschilderten und an die Anschaulichkeit der Darstellung. Siegfried Kracauer diagnostiziert gar einen neuen Autorentypus, dessen Bedürfnis nach »gesellschaftlichem Diesseits« sich in einer »Zeitdramatik« und einer dem journalistischen Stil der Reporter angenäherten Schreibweise manifestiere:

> Im gleichen Maße, in dem der echte Journalist freigesetzt wird, kommt, wie mir scheint, *ein neuer Typus von Schriftstellern* herauf, dessen Bestreben es ist, den verlassenen Platz auszufüllen. Ein Typus, der sich nicht dazu berufen fühlt, dem ›Absoluten‹ zu dienen, sondern seine Aufgabe darin erblickt, sich (und dem großen Publikum) Rechenschaft abzulegen über unsere aktuelle Situation.[214]

Für das Theater leitet sich aus diesem Postulat die Forderung nach einem »Stofftheater«[215] bzw. »Zeittheater«[216] ab, die »Physiognomie

---

[213] Wedderkop: Wandlungen des Geschmacks, S. 497f. – Vgl. Bd. II, S. 99.
[214] Kracauer: Über den Schriftsteller, S. 861. – Vgl. Bd. II, S. 193f. u. 194.
[215] Morus: Öl-Konjunktur. In: Die Weltbühne 24 (1928), I, Nr. 16, S. 611-614, hier S. 612.

der Zeit« soll, so der Wunsch vieler Autoren und Kritiker, in einem
»Theater der Zeit«[217] seinen Niederschlag finden. Angesichts der sich
wandelnden Realität sowie einer veränderten Realitätserfahrung ist
man von der Notwendigkeit eines neuen »Theatertypus« überzeugt:
Gefragt ist das »Zeitstück«, als dessen zentrale Kennzeichen Realitätsnähe und Aktualität der dargestellten Probleme angeführt werden. Mit einem solchen »Zeitstück« bzw. »Zeittheater« – Herbert
Ihering sieht spätestens mit Peter Martin Lampels 1928 uraufgeführ-
tem Drama *Revolte im Erziehungshaus* die »Idee des Zeittheaters«
durchgesetzt[218] – verbindet man die Hoffnung, einen Weg aus der
Krise des traditionellen Theaterbetriebs und Alternativen zu einem
Theater zu finden, das man wegen des fehlenden Realitäts- und Le-
bensbezugs zum Scheitern verurteilt sieht. Von den Dramatikern
fordert man eine »reportagehafte Zubereitung der Stoffe«[219], erwartet
also, daß sie sich »sachlich und bescheiden«, »beinahe journalistisch,
berichtend, mit allen technischen Mitteln, die die Bühne jetzt

---

[216] Alfons Paquet: Die Lebensbedingungen der Schaubühne im Jahre 1927.
Antwort auf eine Umfrage. In: Die Scene 17 (1927), Nr. 1, S. 1-13, Nr. 2,
S. 33-43, hier Nr. 2, S. 34; Ihering: Zeittheater. – Vgl. Bd. II, S. 124-129;
ders.: Das ABC des Theaters. Ein Rundfunkgespräch zwischen Herbert
Ihering und Erwin Piscator; ders.: Das Theater orientiert sich rückwärts.
Leitsätze aus einem Vortrag. In: Berliner Börsen-Courier, Nr. 601 vom
25.12.1930; Alfred Polgar: Piscator-Bühne. In: Die Weltbühne 27 (1931), I,
Nr. 4, S. 144-146, hier S. 146.

[217] Michel: Physiognomie der Zeit und Theater der Zeit. – Vgl. Bd. II,
S. 231-233. – In diesem Zusammenhang taucht auch die Vorstellung vom
Theater als einer »Revue« auf. So heißt es z.B. bei Wedderkop (Wandlungen des Geschmacks, S. 501. – Vgl. Bd. II, S. 100), die »aktuelle Revue«
bringe »das Leben von heute auf die Bühne [...] mit allen Schikanen, mit
allen technischen und künstlerischen Möglichkeiten [...]«. – Wilhelm Bernhard (Der Untergang des Abendstückes oder das kommende Theater. In:
Der Querschnitt 6 [1926], Nr. 1, S. 55-58, hier S. 57. – Vgl. Bd. II, S. 62)
verwendet ebenfalls den Begriff »Revuestück« in Verbindung mit der Forderung nach einem aktualitätsbezogenen Zeitstück.

[218] Vgl. Herbert Ihering: Theaterwende? In: Berliner Börsen-Courier, Nr.
578 vom 10.12.1928.

[219] Herbert Ihering: Ernst Toller: Rasputin. In: Berliner Börsen-Courier,
11.11.1927.

bietet«, darum bemühen, »die Zeitstoffe zu gliedern und einzurichten«.[220]

Die Forderung nach Aktualität und Realitätsbezug der Literatur wird in neusachlichen Kreisen auch nach 1930 postuliert. Selbst Joseph Roth, der sich in seinem Aufsatz *Schluß mit der Neuen Sachlichkeit!* im Jahr 1930 in vielem von der neusachlichen Ästhetik und Programmatik absetzt, hält an der Forderung nach Realitätsnähe und Wirklichkeitsbezug literarischer Produkte und mithin an der Kategorie Sachlichkeit im Sinne von Aktualität der Sujets und Realismus der Darstellung fest. »Sachlichkeit«, verstanden als Plädoyer für einen »wache[n] Sinn für die Wirklichkeit« und als »Beobachtung« der Realität, hat für ihn weiterhin ihre Berechtigung und Gültigkeit. Die Wirklichkeit bleibe, so bekennt Roth, »immer sein Material«, ebenso wie der Autor als »künstlerisch[er] Berichter« sich stets an die Wirklichkeit gebunden fühle. Von ihm fordert Roth eine »genaue Kenntnis der Realität«, der »Berichter« müsse »beobachte[n] und die Wirklichkeit kennen«, da sie stets sein zentrales Thema sein und die Basis seiner Werke abgeben werde.[221]

Insbesondere in der Essener Zeitschrift *Der Scheinwerfer*, eines der wichtigsten Publikationsorgane neusachlicher Autoren und Kritiker, weicht man selbst im Jahr 1933 vom Realismuskonzept der Neuen Sachlichkeit nicht ab; vielmehr wird hier noch zu einem Zeitpunkt für eine neusachliche Schreibweise geworben, als der Einzug einer »neuen Unsachlichkeit« bzw. einer »neuen Romantik«[222] nicht mehr aufzuhalten war. Ein Aufsatz wie Fred A. Angermayers *Sie gehen zum Andreas*, erstmals 1930 im *Scheinwerfer* erschienen und bezeichnenderweise zwei Jahre später an gleicher Stelle leicht verändert nochmals abgedruckt, bestätigt diesen Befund. Angermayers unter dem Pseudonym Theodor Greif erschienener Beitrag darf als Beleg für die Wirkung neusachlicher Ästhetik nach

---

[220] Ihering: Zeittheater, S. 265f. – Vgl. Bd. II, S. 125.

[221] Joseph Roth: Schluß mit der Neuen Sachlichkeit! In: Die Literarische Welt 6 (1930), Nr. 3, S. 3f. und Nr. 4, S. 7f., hier Nr. 3, S. 4. – Vgl. Bd. II, S. 318.

[222] Guido Rain: Die gefangene Phantasie. In: Der Scheinwerfer 2 (1928), Nr. 10, S. 7-10, hier S. 8; Carl von Ossietzky: »Erfolg« ohne Sukzeß. In: Die Weltbühne 26 (1930), II, Nr. 46, S. 727-729, hier S. 728. – Vgl. Bd. II, S. 70.

1930 gelten; ungeachtet der Angriffe von Gegnern der Neuen Sachlichkeit und der Kritik eines renommierten Autors wie Joseph Roth hält man am Realismuskonzept der Neuen Sachlichkeit wie an der Forderung nach einer zeitgebundenen Literatur fest. »Zeitnähe«, verstanden als »Gegensatz zur Anmaßung von Monumentalität des Ewigen« und als Garant für einen »unbestechlichen Blick gegen rauschendes Pathos«, wertet man als die einzige Überlebenschance von Kunst und Literatur.[223]

III.6. *Reportagestil*

Die Forderungen nach Realitätsbezug und Aktualität von Literatur werden innerhalb der neusachlichen Programmatik in Verbindung mit den Postulaten der Entfiktionalisierung und Entidealisierung der literarischen Produktion vorgebracht. Dabei ist solchen Maximen die Annäherung der Literatur an ein exemplarisches Genre konsequent realistischer Berichterstattung, an die Reportage implizit. Siegfried Kracauer definiert diese als eine Reaktion auf den »schlechten Idealismus«, aber auch als den Versuch, der »Nachkriegsverhältnisse inne zu werden«[224]; ähnliches ließe sich für die neusachliche Belletristik formulieren. Ein zentrales Anliegen der neusachlichen Bewegung ist die Erneuerung von Dramatik und Epik, vornehmlich die des Romans, mit den Mitteln der Publizistik – ein Ziel, mit dem die Annäherung von Literatur und Journalistik vorgegeben ist. Für die literarische Praxis bedeuten derartige Prämissen die Verbindung von fiktionalem und dokumentarischem Schreiben, wobei allerdings nicht die uneingeschränkte Gleichsetzung von Schriftstellern mit Reportern intendiert ist. Ein solches Ziel wird zu keinem Zeitpunkt formuliert, auch arbeitet niemand auf die ›Abschaffung‹ der Literatur hin. Wohl aber geht es um die Ausbildung einer publizistischen

---

[223] Theodor Greif [= Fred Antoine Angermayer]: Sie gehen zum Andreas. In: Der Scheinwerfer 4 (1930), Nr. 8/9, S. 21-24, hier S. 23. – Vgl. Bd. II, S. 287; dasselbe leicht verändert und erweitert in: Der Scheinwerfer 6 (1932), Nr. 2, S. 10-15. – Vgl. hierzu auch Kapitel IV.1.
[224] Kracauer: Deutsche Berufskunde, S. 265f.

Prosa im speziellen bzw. einer operativen Literatur im allgemeinen und damit um die Integration journalistischer Schreibtechniken in die literarische Praxis. Rein fiktionale, erfundene Romane werden als Literatur nicht mehr anerkannt, die Vorstellung, daß man »Romane schreiben [müsse], um ein Dichter zu sein«, wird ad acta gelegt, Autoren, die eine Dokumentarliteratur »nicht für Kunst, also nicht für eine Aufgabe von Schriftstellern« halten, als Anachronisten wahrgenommen.[225] Daß man mit einem solchen Verständnis von Literatur zugleich ihre ›Entliterarisierung‹ betreibt, scheint symptomatisch für die Neue Sachlichkeit; dabei zielen insbesondere die Forderungen nach der Entfiktionalisierung und Funktionalisierung literarischer Texte auf die Ausbildung eines ›entpoetisierten‹ Stils. Der gegenüber traditioneller Dichtung erhobene Vorwurf, sie sei »zu unpolitisch, zu weltfremd, zu – literarisch«, verdeutlicht, was mit dieser Vorgabe im einzelnen gemeint war.[226]

Für die Ausbildung einer funktionalen Literatur und für die Produktion literarischer Texte auf ihren Nutz- und Gebrauchswert hin, erweist sich ein berichtender Reportagestil als unabdingbar. Mit der Reportage – der konsequentesten Form von »scharfe[r], klare[r], nüchterne[r] Beobachtung der Wirklichkeit« – glaubt man, ein »notwendiges Kunstmittel«, eine »Waffe zur Erhellung und Aufrüttelung der Zeit« gefunden zu haben. Dementsprechend wird sie als ein Medium begrüßt, mit dessen Hilfe man gegen eine »phantastisch verlogene ›Dichtung‹« angehen könne: Letztlich setzen viele die Reportage mit der »Anwendung des kontrollierbaren Verstandes gegenüber den Gaukeleien einer unkontrollierbaren ›Seele‹« gleich.[227] Literatur als ein Produkt nicht der dichterischen »Intuition« und »plötzliche[n] Eingebung«[228], sondern als das Resultat rationaler Tä-

---

[225] Bernard von Brentano: Kapitalismus und Schöne Literatur. Berlin 1930, S. 10 u. 11.

[226] Hermann Hieber: Reportage. In: Die Volksbühne 3 (1928), Nr. 2, S. 29-31, hier S. 30. – Vgl. Bd. II, S. 188.

[227] Greif: Sie gehen zum Andreas, S. 22. – Vgl. Bd. II, S. 286.

[228] Erik Reger: Antwort auf die Rundfrage nach den Tendenzen [des] Schaffens. In: Die Kolonne 2 (1929), Nr. 2, S. 7-14, hier S. 9. – Vgl. Bd. II, S. 306; dasselbe in Erik Reger: Die publizistische Funktion der Dichtung. In: General-Anzeiger (Dortmund), 31.3.1931. – Vgl. Bd. II, S. 190. – Der Aufsatz ist eine erweiterte Fassung von Regers Antwort auf die Rundfrage der *Kolonne*.

tigkeit; der Einsatz von Verstand statt von Gefühl, die Ausrichtung auf die Ratio statt auf die Emotionalität des Rezipienten, die stärkere Gewichtung der Informationen gegenüber den Identifikationsangeboten im Rahmen bürgerlicher Einfühlungsstrategien: solche Programmpunkte hofft man durch eine Literatur einlösen zu können, deren Grundlage Fakten und Tatsachen bilden und deren ästhetische Verfahrensweisen die der Reportage sind. Autoren, auch die der nachwachsenden literarischen Generation, werden daher auf eine Tatsachenpoetik festgelegt und verpflichtet, »Tatsachen, ungeschminkt durch Poesie« zu liefern[229], »journalistisch [zu] berichten« und »Zeitstoffe« zu verarbeiten.[230]

Schriftstellern schreibt man im Rahmen dieses Konzepts nunmehr keine »poetische[n]«, sondern »publizistische« Funktionen zu.[231] Auch werden die Grenzen zwischen Dichtung und Publizistik, zwischen fiktionaler und dokumentarischer Literatur fließend. Die traditionelle Unterscheidung zwischen Journalistik und Dichtung sowie zwischen Journalist und Schriftsteller, aber auch zwischen »Dichter« und »Schriftsteller«, verliert an Geltung: »Wir machen auch die philiströsen Unterscheidungen zwischen ›Schriftstellern‹ und ›Dichtern‹ nicht mit, denn wir glauben nicht, daß ein Schriftsteller mit Intellekt jemals weniger wert ist als ein Dichter mit Seele«, heißt es in Regers programmatischem Aufsatz *Die publizistische Funktion der Dichtung* aus dem Jahr 1931. Allenthalben wird zu Ende des Jahrzehnts ein neuer Autorentyp ausgemacht, der nicht mehr als »Produzent wertbeständiger literarischer Waren« agiert, und den man vom traditionellen Schriftstellertypus der Vorkriegszeit dadurch abgehoben glaubt, daß er weder für die »Ewigkeit« produziert, noch dem »Absoluten« dient, sondern seine Aufgabe darin findet, »sich (und dem großen Publikum) Rechenschaft abzulegen über [die] aktuelle Situation«. Als Ausgangspunkt für diese Unterscheidung wählt Siegfried Kracauer Tretjakows Überlegungen zu einem »neuen Typus des Schriftstellers«, die dieser im Rahmen einer Veranstaltung der Berliner ›Internationalen Tribüne‹ vorgetragen

---

[229] Ihering: Zeittheater, S. 264. – Vgl. Bd. II, S. 125.

[230] Ihering: Ungedruckte Dramatiker, S. 2. – Vgl. Bd. II, S. 107.

[231] Reger: Antwort auf die Rundfrage nach den Tendenzen [des] Schaffens, S. 9. – Vgl. Bd. II, S. 306; sowie in Reger: Die publizistische Funktion der Dichtung. – Vgl. Bd. II, S. 190.

hatte; als Beleg zitiert Kracauer die für die zweite Hälfte der zwanziger Jahre paradigmatische Produktion dokumentarischer Schriften und »Zustandsschilderungen« in Romanform, die sich die »Darstellung und Bewußtmachung der gesellschaftlichen Verhältnisse (Lage der Arbeitslosen, der Angestellten, der Parteien usw.)« zum Ziel gesetzt hätten.[232]

Aufgrund des engen Zusammenhangs mit gesellschaftspolitischen Prozessen, vor allem mit der Entstehung einer modernen Massen- und Industriegesellschaft, wird eine solche Entwicklung durchaus positiv bewertet. Die Reportage gilt vielen als ein Produkt der Technisierung der Gesellschaft; ihre Entstehung erklärt man mit der »Demokratisierung des Lebens«, die die Demokratisierung und »Popularisierung« der Literatur nach sich ziehe: Mit der Reportage etabliere sich, so die Überzeugung, Literatur als ein demokratisches Massenprodukt, mit dem historisierende, entfunktionalisierte und so ihre aktuelle politische Wirkung einbüßende Darstellungen vom literarischen Markt verdrängt würden.[233]

Es wurde bereits erwähnt, daß man innerhalb des neusachlichen Diskurses zu keinem Zeitpunkt den völligen Verzicht auf die Anfertigung literarischer Texte ins Auge faßte. Zwar verfolgen einige Autoren zu Anfang der dreißiger Jahre besorgt die zunehmende Literarisierung einer dokumentarischen Literatur und monieren, daß die »Tatsachen-Berichterstattung der Zeitung [...] bereits schon zu sehr Dichtung geworden« sei[234]; doch charakteristisch für neusachliche Argumentationsstrategien wie für die neusachliche Schreibpraxis gleichermaßen ist vielmehr das Operieren auf zwei Ebenen – der realistischen der empirischen Welt und der fiktionalen der literarischen Verarbeitung. Das zeigt nicht nur die umfangreiche neusachliche Romanproduktion, die Anfertigung von Zeitromanen also; auch die Entstehung neuer literarischer Genres verweist auf diesen

---

[232] Kracauer: Über den Schriftsteller, S. 861. – Vgl. Bd. II, S. 194; vgl. auch Kracauer: Deutsche Berufskunde, S. 265f.

[233] Hieber: Reportage, S. 30. – Vgl. Bd. II, S. 187.

[234] Franz Jung: Samt [1931; unveröffentlicht]. Zitiert nach: Walter Fähnders: »... auf der Plattform innerer Bereitschaft«. Franz Jung und die ›Neue Sachlichkeit‹: »Gequältes Volk. Ein oberschlesischer Industrieroman«. In: Sabina Becker, Christoph Weiß (Hrsg.): Neue Sachlichkeit im Roman. Neue Interpretationen zum Roman der Weimarer Republik. Stuttgart, Weimar 1995, S. 69-88, hier S. 78.

Aspekt der neusachlichen Theorie. In Zusammenhang mit der Forderung nach der Annäherung von Literatur und Journalistik wird
eine »›Reportage‹-Form« diagnostiziert, die sich gegen den traditionellen Roman zu behaupten beginne. Für diese Mischform setzt sich
in den zwanziger Jahren der Begriff »Tatsachenroman« durch, als
dessen zentrales Kennzeichen man seine funktionale Ausrichtung
nennt.[235] Dieses Genre des Zeit- bzw. Reportageromans erweist sich
als eine gattungspoetologische Konsequenz der programmatischen
Forderung nach einem Reportagestil. Viele Romanciers – man denke z.B. an die Werke von Joseph Roth und Erich Kästner – verzichten zwar auf die Genrebezeichnung ›Roman‹ zugunsten des Begriffs
»Bericht«, ein Terminus, den Roth für seine *Flucht ohne Ende* wählt
und in seinem programmatischen »Vorwort« näher beschreibt[236];
doch die Mehrheit der Autoren entsagt nicht gänzlich der literarischen Gestaltung empirischer Realität. Auch kann die poetische
Dimension ihrer Werke nicht geleugnet werden. Selbst Erik Reger,
ein konsequenter Vertreter des neusachlichen Reportagestils und der
von ihm proklamierten, aus einer journalistischen Schreibweise sich
ableitenden »Präzisionsästhetik«, belehrt die Leser seines Romans
Union der festen Hand (1931) in einer vorangestellten »Gebrauchsanweisung«: »1. Man lasse sich nicht dadurch täuschen, daß dieses
Buch auf dem Titelblatt als Roman bezeichnet wird.«[237] Doch auf die
Qualifikation seines Werks als »Roman« will auch er ungeachtet der
dadurch entstehenden Zweideutigkeit nicht verzichten. Und tatsächlich verdeutlichen neben dem Untertitel – »Roman einer Entwicklung« nennt er seine *Union der festen Hand* – die romanhaften Elemente des Werks Regers epische Ambitionen. Sein Vorgehen ist
symptomatisch für die neusachliche Schreibpraxis, mit der keineswegs der völlige Verzicht auf die belletristische Produktion intendiert ist; vielmehr pocht man auf die Ausbildung einer Reportageliteratur, die ihre Kriterien der genauen Beobachtung und präzisen,

---

[235] Ernst Ottwalt: »Tatsachenroman« u Formexperiment. Eine Entgegnung
an Georg Lukács. In: Die Linkskurve 4 (1932), Nr. 10, S. 21-26, hier S. 21f.
– Vgl. Bd. II, S. 148-152.
[236] Joseph Roth: Die Flucht ohne Ende. Ein Bericht. München 1927, S. 7. –
Vgl. Bd. II, S. 202.
[237] Erik Reger: Gebrauchsanweisung. In: Ders.: Union der festen Hand.
Roman einer Entwicklung. Berlin 1931, S. 6. – Vgl. Bd. II, S. 219f.

nüchternen Beschreibung gesellschaftlicher Realität aus dem journalistischen Schreiben bezieht. Bezeichnenderweise ist die Mehrheit neusachlicher Autoren journalistisch tätig, man schreibt Aufsätze, Essays, Reportagen, Reiseliteratur, veröffentlicht in Zeitschriften und Zeitungen und beteiligt sich intensiv an den von diesen organisierten Umfragen die literarische Produktion betreffend.

1929 veranstaltet die *Literarische Welt* eine Rundfrage, in der sie abermals – vorangegangen war die bekannte, thematisch vergleichbare Untersuchung »Reportage und Dichtung« aus dem Jahr 1926 – das Verhältnis von Journalistik und Literatur zu klären versucht. *Die Tagespresse als Erlebnis* ist der Titel der Aktion, in der man sich nach dem »Wert der Tagespresse« für Schriftsteller und für ihre literarische Tätigkeit erkundigt. Da sich die Frage an neusachliche und an der Neuen Sachlichkeit ablehnend gegenüberstehende oder gar feindlich gesinnte Autoren richtet, lassen die eingesandten Antworten ganz unterschiedliche Argumentationsstrategien und Ziele erkennen. Die Stellungnahmen machen sowohl die innovativen Verdienste der neusachlichen Bewegung als auch die Beweggründe der Ablehnung seitens konservativer Kreise deutlich. Die von der Neuen Sachlichkeit exponierte Methodik der Annäherung von belletristischer und journalistischer Literatur stellt ein traditionelles Konzept in Frage, nach dem Literatur mitnichten für den Tagesbedarf produziert werden soll, der Autor dementsprechend mehr zu sein hat als ein ›Tagesschriftsteller‹. Erkennt ein Autor wie Erwin Guido Kolbenheyer in der Zeitung lediglich ein »Mitteilungsorgan von Tagesereignissen«, von dem er sich »niemals [...] künstlerisch angeregt oder beeinflußt« glaubt, werten neusachlichen Strategien verpflichtete Befragte wie Lion Feuchtwanger, Joseph Roth, Oskar Maria Graf und Robert Neumann die Zeitung als unabdingbares Arbeitsinstrument für einen an die aktuelle Realität gebundenen Schriftsteller. Weist ein Autor wie Frank Thieß jeglichen journalistischen Einfluß auf seine literarische Tätigkeit entschieden zurück – »Ich kann mich nicht erinnern, jemals durch Zeitungslektüre zu einer dichterischen Arbeit angeregt worden zu sein«, heißt es in seiner Antwort –, so bekennt sich Oskar Maria Graf vorbehaltlos zur Bedeutung der Journalistik für seine schriftstellerische Tätigkeit: »Der Tagespresse verdanke ich die größten Anregungen«, notiert

Graf, und fügt hinzu: »Im Grunde genommen bin ich also bloß Nacherzähler.«[238]

Allein unter den Stellung nehmenden Autoren findet sich niemand, der für eine restlose Gleichsetzung von Roman und Drama mit der Reportage plädierte; vielmehr hat man eine im Reportagestil verfaßte Literatur vor Augen, eine Reportageliteratur also, die fiktionale Elemente ebenso wie dokumentarische Materialien beinhaltet. Dabei wird unter Reportagestil zum einen die Beschränkung auf die Schilderung realer Begebenheiten verstanden; zum anderen akzentuiert man mit einer journalistischen Schreibweise eine »knappere Ausdrucksform«, mittels derer man »schärfste Photographie des Alltags« und ein »Stenogramm der Wirklichkeit« liefern zu können glaubt.[239] Peter Behrens hat diesen Reportagestil 1929 folgendermaßen definiert:

> Die Anerkennung des Gebotes sachlichen Schaffens gilt nicht allein für die Baukunst, sondern für alle Künste, ja über die bildenden Künste hinaus, selbst für die Dichtkunst; auch hier liegt der neue künstlerische Geist im Sachlichen, wenn er im Formalen den Ausdruck sucht, indem er aller Lyrik abgewandt sich ganz auf Begebenheit beschränkt und in dieser Art nicht mit Unrecht Reportage-Stil genannt wird.[240]

Die der Ausbildung eines berichtenden Reportagestils implizite Erweiterung traditioneller Gattungen wie Roman und Drama läßt literarische ›Zwischenprodukte‹ entstehen, die, angesiedelt zwischen Literatur und Reportage, zwischen fiktionalem Text und dokumentarischem Bericht, für die gattungspoetologischen Neuerungen der Neuen Sachlichkeit stehen. Sowohl die Ausbildung der Reportage als auch die Integration journalistischer Techniken in die literarische Schreibpraxis sind mit dem Namen Egon Erwin Kischs verbunden. Bereits 1918 bestimmt Kisch das *Wesen des Reporters* als »immer von der Sachlichkeit«, und das heißt für ihn »immer von der Tatsache

---

[238] Die Tagespresse als Erlebnis. Eine Frage an deutsche Dichter. In: Die Literarische Welt 5 (1929), Nr. 39, S. 3f.; Nr. 40, S. 3f.; Nr. 41, S. 7f.; Nr. 43, S. 7, hier Nr. 39, S. 3f.

[239] Fritz Engel: Ferdinand Bruckner: Die Verbrecher. In: Berliner Tageblatt, 24.10.1928.

[240] Peter Behrens: Von der neuen Bewegung. In: Das Tage-Buch 10 (1929), Nr. 45, S. 1895f., hier S. 1895. – Vgl. Bd. II, S. 181.

abhängig«.[241] Die Aufgabe des Reporters sei es, so ergänzt Kisch im Vorwort seiner 1924 ausgelieferten Reportagensammlung *Der rasende Reporter*, »unbefangen Zeuge zu sein und unbefangene Zeugenschaft zu liefern, so verläßlich, wie sich eine Aussage geben läßt«.[242] Diese Verpflichtung des Autors und der Literatur auf die aktuelle Gegenwart, auf Realitätsnähe und Wirklichkeitsbezug, erkennt man als richtungweisend für die schriftstellerische Tätigkeit: Anfang der zwanziger Jahre ist die Diskussion um einen Reportagestil in die Debatte über die Entwicklung antiexpressionistischer Schreibstrategien eingebunden. Noch im Jahr 1926 bestimmt Klaus Herrmann in der *Neuen Bücherschau* die Arbeit der Reporter als eine »auf Tatsachenmaterial bauende Literatur«, die sich statt durch »[...] metaphysische« »Verstiegenheiten« durch eine auf »tatsächliche Zeitinhalte reduzierte Wirklichkeitsbetrachtung« auszeichne; statt »beschönigende« Literarisierung liefere sie »ernüchternde« »einfache Berichterstattung«.[243]

In Zusammenhang mit den antiexpressionistischen Tendenzen ist zu Beginn des Jahrzehnts ein sich wandelndes Literaturverständnis zu verzeichnen, nach dem literarische Produkte unter dem Aspekt ihrer Funktionalität innerhalb des gesellschaftlichen Prozesses produziert und beurteilt werden sollen. Dieser veränderte Erwartungshorizont bildet in den folgenden Jahren die Grundlage für die Ausbildung einer neuen Ästhetik: Der Publizistik im allgemeinen und der Reportage im besonderen schreibt man hinsichtlich der Entwicklung einer zweckhaften, realitätsnahen Gebrauchsliteratur eine Vorbildfunktion zu. Reporter gelten als Autoren, die mit ihrer Arbeit die »literarische Basis« und ein »tragfähige[s] Fundament einer Dichtung der neuen Sachlichkeit« zu leisten imstande sind.[244] Kischs schriftstellerische Eigenart macht man an seiner »parteilosen Sachlichkeit« fest, die, so heißt es in Theodor Lessings Rezension der 1928 erschienenen Rußland-Reportagen von Kisch, in der »Un-

---

[241] Egon Erwin Kisch: Wesen des Reporters. In: Das literarische Echo 20 (1918), Nr. 8, Sp. 437-440, hier Sp. 437.

[242] Kisch: Vorwort, S. VII. – Vgl. Bd. II, S. 162.

[243] Klaus Herrmann: Die Reporter. In: Die neue Bücherschau 4 (1926), Nr. 4, S. 166-169, hier S. 167. – Vgl. Bd. II, S. 177.

[244] Leo Lania: Die Erben Zolas. In: Die neue Bücherschau 4 (1926), Nr. 3, S. 111-115, hier S. 115. – Vgl. Bd. II, S. 179.

mittelbarkeit der Vermittlung von Tatsachen« und einer distanzierten Haltung dem Beschriebenen gegenüber zum Ausdruck komme,
eine Position, die Lessing als ein »sachliches Halbdrinnen« umschreibt.[245] Stefan Grossmann, der bis 1927 amtierende Herausgeber
des *Tage-Buchs*, wertet Kischs Reportagen gar als die Basis für das
noch zu entwickelnde Genre des »Zeitroman[s]«, den er als ein ad-
äquates, modernes Medium der Realitätsverarbeitung vorstellt. Dabei akzentuiert Grossmann insbesondere Kischs der traditionellen
psychologisierenden Erzählweise diametral entgegengesetzte sachlich
berichtende Darstellungsform:

> Ein neuer Pitaval ist notwendig. Aber wo sind die Erzähler, sachlich
> genug, bescheiden genug, umsichtig genug? Es gehört dazu die innere
> Disziplin des Reporters, der das Dichtertum verschmäht, um einen Fall
> einfach zu erzählen. Es gehört dazu der Sinn für das Zentrale einer Be-
> gebenheit und damit das Talent, einen Stoff richtig zu gruppieren. Psy-
> chologische Schöpfungen müssen ebenso untersagt sein wie lyrische
> Ausschweifungen. [...] Diese Darstellung des unvergleichlich spannen-
> den Falles verblaßt keinen Augenblick zu Literatur, sie ermattet nicht
> in psychologischen Arabesken, sie ist mit der festen Hand des seiner Sa-
> che gewachsenen Referenten geschrieben.[246]

Die neusachliche Bewegung bleibt in den folgenden Jahren eng mit
der Entwicklung der Reportage verbunden. Dabei wird bereits Anfang des Jahrzehnts deutlich, daß man insbesondere die antipsychologisierende Dimension der journalistischen Berichterstattung als für
eine moderne Ästhetik wegweisend begreift. Der Reportage verpflichtete Autoren wie Leo Lania knüpfen die Ausbildung einer
neusachlichen Poetik nahezu ausschließlich an die Form der Reportage und an einen entpsychologisierten Berichtstil. In seinem Aufsatz *Reportage als soziale Funktion* zitiert Lania den Verzicht auf
»psychologische Geheimniskrämerei« und »Ausbreitung der Seelennöte interessanter Helden« als die zentralen Aspekte des Reportagestils. Statt »Symbolik« und »Metaphern« garantiere dieser »Sachlichkeit« und »Materialismus«, an die Stelle subjektiver Reflexion

---

[245] Theodor Lessing: Egon Erwin Kischs Russland-Buch. In: Das Tage-Buch
8 (1927), Nr. 25, S. 974. – Vgl. Bd. II, S. 244.
[246] st. gr. [= Stefan Grossmann]: [Rez.] Egon Erwin Kisch: Der Fall des
Generalstabschefs Redl, S. 289. – Vgl. Bd. II, S. 165.

und subjektiver Gefühle setze er die am Gegenstand orientierte »objektive Wahrheit der Darstellung«. Den in der traditionellen Dichtung dominanten »künstlerische[n] Prozeß der Nachgestaltung« einer Sache sieht Lania innerhalb der Reportage durch das gesellschaftspolitisch motivierte Interesse am Objekt gebrochen. Wie viele andere Autoren glaubt er für die Allgemeinverbindlichkeit eines solchen literarischen Konzepts insofern eine realistische Chance auszumachen, als er unter Produzenten und Rezipienten ein gesellschaftliches Bedürfnis nach einer »Kunst der sachlichen Gestaltung unmittelbar-aktuellen Stoffes«, eine »Abkehr von aller Artistik und Romantik« und ein allgemeines »Interesse an sachlicher Schilderung und Gegenständlichkeit« diagnostiziert.[247]

Spätestens 1926 wird der Einfluß der Reportage auf die Ausbildung eines neusachlichen Stils kaum mehr bestritten. Die Kennzeichen der Reportage – Aufbau des »Berichts« auf das eigene Erlebnis, »Hingabe an [ein] Objekt« und der »Wille zur Sachlichkeit«[248] – werden in neusachlichen Kreisen vorbehaltlos als ästhetische Maximen eines modernen literarischen Stils befürwortet und praktiziert. Vor dem Hintergrund dieser Entwicklung versucht die *Literarische Welt* in einer »Rundfrage« das Verhältnis von »Reportage und Dichtung« zu klären. Hans Tasiemka, Organisator der Umfrage, richtet an zeitgenössische Autoren zwei Fragen; in der ersten erkundigt er sich nach dem Einfluß der Reportage und der »neuen Sachlichkeit der Reportage« auf die »epische Kunstform«. Seine zweite Frage zielt auf die veränderte Stellung des Massenmediums Zeitung: Von den angeschriebenen Autoren will Tasiemka wissen, ob »sie zur Durchführung [i]hrer Ideen das Buch oder die Zeitung für wesentlicher« halten.[249] Die den Fragen zugrunde gelegte Existenz einer neusachlichen Reportage wird außer von Leonhard Frank von keinem der

---

[247] Leo Lania: Reportage als soziale Funktion. In: Die Literarische Welt 2 (1926), Nr. 26, S. 5. – Vgl. Bd. II, S. 173.

[248] Hanns Heinrich Bormann: Die Zeitung: Darstellung und Bericht. In: Orplid 3 (1926), Nr. 9, S. 1-17, hier S. 13. – Vgl. Bd. II, S. 176.

[249] Reportage und Dichtung. Eine Rundfrage. In: Die Literarische Welt 2 (1926), Nr. 26, S. 2f., hier S. 2. – Die Fragen lauten im einzelnen: »1. Wird die Dichtung, insbesondere die epische Kunstform, von der neuen Sachlichkeit der Reportage entscheidend beeinflußt werden? 2. Halten Sie zur Durchführung Ihrer Ideen das Buch oder die Zeitung für wesentlicher?« – Vgl. Bd. II, S. 165f.

Stellung nehmenden Autoren angezweifelt, das neu entstandene
Genre der Reportage wie auch seinen Einfluß auf die traditionellen
Gattungen begrüßt man; dies ist um so erstaunlicher, als sich unter
den Befragten nur wenige der im Umkreis der Neuen Sachlichkeit
agierenden Autoren befinden – Feuchtwanger, Brecht, Bronnen,
Reger, Roth, Lania, Kisch u.a. fehlen. Einmal mehr verdeutlichen
die Antworten jene Positionen, die sich in den folgenden Jahren als
für die Neue Sachlichkeit programmatisch herauskristallisieren werden: Kaum jemand will die epische und dramatische Literatur gegen
die journalistische ausspielen, niemand will den Roman oder das
Drama durch die Reportage ersetzt wissen; allerdings zeigt sich die
Mehrheit der Autoren einer Annäherung von »Reportage und Dichtung« gegenüber aufgeschlossen. Den wachsenden Einfluß journalistischer Techniken auf die Literatur befürwortet man, publizistische
Darstellungsformen werden als eine Möglichkeit zur Erweiterung
der literarischen Praxis begrüßt. Insbesondere die journalistische
Verpflichtung auf die zeitgenössische politische und soziale Realität,
auf Aktualität und Realitätstreue möchte man für die schriftstellerische Produktion übernehmen. Mit dieser produktionsästhetisch motivierten Annäherung an die journalistische Arbeit verbindet man
über die Chancen der Modernisierung der traditionellen Gattungen
hinaus rezeptionsästhetische Erwartungen: Zwar will keiner der Befragten ausschließlich für die Zeitung produzieren, die Veröffentli-
chungsmöglichkeiten literarischer Werke in diesem Medium jedoch
will man aufgrund des größeren Rezipientenkreises und des dementsprechend höheren Wirkungspotentials vorbehaltlos nutzen.

Max Herrmann-Neiße kommt in seiner Antwort auf den franzö-
sischen Naturalismus zu sprechen: Er ist überzeugt, daß die »sachliche Reportage wiederum entscheidenden Einfluß auf Roman- und
Novellendichtung gewinnen wird.« »Wiederum«, weil Herrmann-
Neiße den Naturalismus eines Émile Zola, den er einen »dichten-
de[n] Reporter« nennt, ebenfalls als eine journalistisch ausgerichtete
Literatur qualifiziert. Allein die direkten zeitgenössischen Vorläufer
eines Reportagestils findet man innerhalb der angelsächsischen Literatur, die man bereits 1928 als eine »Tatsachenliteratur« beschreibt.[250] Vornehmlich die amerikanischen Realisten Upton Sin-

---

[250] Erik Reger: Der Kaiser von Amerika In: Die Literatur 31 (1928/29), Nr.
6, S. 272-274, hier S. 272.

clair, Sinclair Lewis und Frank Harris werden als Romanciers ge-
schätzt, deren Modernität in ihrer »innige[n] Verwachsenheit mit
der journalistischen Reportage« begründet liege.[251] Herrmann-Neiße
selbst hatte 1924 in einer umfangreichen, in der *Aktion* erschienenen
Rezension von Upton Sinclairs Abhandlung *Der Sündenlohn. Eine
Studie über den Journalismus* auf die Leistungen dieses Autors hingewiesen. Die nachhaltige Wirkung von Sinclairs Untersuchung resultiert Herrmann-Neißes Einschätzung nach aus dessen Methodik,
»den Tatbestand nüchtern« aufzunehmen und mit »Sachlichkeit an
einer Fülle von Faktenmaterial, von namentlich und zeitlich beleg-
ten Ereignissen, die journalistische Korruption dokumentarisch«
freizulegen.[252] Ein Jahr später stellt Leo Lania den Amerikaner in der
Neuen Bücherschau umfassend vor. Dabei lassen Lanias Ausführungen Rückschlüsse auf das Sachlichkeitskonzept jener Autoren zu, die
in Deutschland für eine Zusammenführung von Journalistik und
Belletristik eintreten. Sinclairs Stellenwert begründet Lania mit dessen Rolle als »sachliche[r], unerbittliche[r] Reporter« und »nüchterne[r] Schilderer« amerikanischer Wirklichkeit; seine spezifisch literarische Bedeutung, auch für die Entwicklung einer deutschsprachigen Reportage- und Tatsachenliteratur, schreibt er Sinclairs sachlichem Berichtstil zu. Dabei definiert Lania die Sachlichkeit des Ame-
rikaners als das Ergebnis der Abstraktionsfähigkeit von der eigenen
Person und der »Fähigkeit, bis auf den Grund einer ökonomischen
Erscheinung, einer sozialen Begebenheit vorzustoßen und dabei stets
sich selbst im Zaun, unter schärfster Kontrolle zu halten. Die Oberfläche der Dinge ist ihm ebenso wichtig wir ihr Kern«.[253] Ähnliches
wiederholt Lania in dem bereits erwähnten Aufsatz über die »soziale
Funktion« der Reportage im Hinblick auf den gesellschaftspolitischen Prozeß: »Die Voraussetzung der ›Enthüllung des Kerns‹ ist die
Kenntnis der Oberfläche der Dinge und Institutionen«, heißt es
dort. Mit diesen Sätzen spricht Lania ein zentrales Element der neusachlichen Ästhetik, das Verhältnis von berichtendem Autor und
empirisch wahrnehmbarer Realität, von Beobachter und Beobachte-

---

[251] Leo Lania: Upton Sinclair. In: Die neue Bücherschau 3 (1925), Nr. 5,
S. 12-15, hier S. 13. – Vgl. Bd. II, S. 164.
[252] Max Herrmann-Neiße: Die Entlarvung der Journaille. In: Die Aktion 12
(1924), Nr. 23/24, S. 330-334, hier S. 331.
[253] Lania: Upton Sinclair, S. 13f. – Vgl. Bd. II, S. 165.

tem an. Seinen Überlegungen ist zu entnehmen, daß man sich innerhalb einer neusachlichen Programmatik zwar an die zu beschreibende Sache gebunden fühlt, sich aber keineswegs zum »Knecht des darzustellenden Objekts« degradieren möchte. Die Kenntnis der »Oberfläche der Dinge und Institutionen« wird als eine unabdingbare Voraussetzung für die »Enthüllung des Kerns« gewertet[254]; man will nicht an der Oberfläche ›verweilen‹, sondern die dahinter liegenden, zumeist ökonomisch bedingten Strukturen und Verflechtungen freilegen.[255] Solche Ziele verdeutlichen, daß Sachlichkeit nicht als Synonym für Oberflächenwahrnehmung und Oberflächlichkeit verstanden werden darf und folglich auch nicht mit fehlendem Engagement und Parteilosigkeit gleichzusetzen ist. Innerhalb der neusachlichen Realismuskonzeption meint Sachlichkeit vielmehr die Beschreibung der empirisch wahrnehmbaren Realität wie die Sichtbarmachung der oberflächlich nicht zu erkennenden Gegebenheiten mittels der Recherche von Hintergrundinformationen gleichermaßen. Mit Hilfe der recherchierten Fakten möchte man ›hinter‹ die Oberfläche dringen; diese in Zusammenhang mit Journalistik und Reportage formulierte Sachlichkeitsästhetik wird innerhalb der epischen und dramatischen Produktion durch die Montageform auf der stilistischen Ebene und durch die Aufnahme von Dokumentarmaterial auf der inhaltlichen Ebene nachvollzogen.

Neben Upton Sinclair werden vor allem die Werke von Frank Harris, an dessen 1926 in deutscher Sprache erschienene Autobiographie Bertolt Brecht seine Überlegungen zur »Anfertigung von Dokumenten« knüpfte[256], als vorbildhaft für die Entwicklung eines Reportagestils rezipiert. Harris' Roman *Die Bombe*, eine Darstellung der Anarchistenprozesse im Chicago der 1880er Jahre – 1927 in der deutschen Übersetzung erschienen –, erfuhr in Deutschland große Beachtung. Harris' Werk führte vor, wie die neusachliche Forderung nach einer Reportageliteratur umzusetzen und wie mit den Mitteln der Reportage die Form des Romans zu erweitern war. Os-

---

[254] Lania: Reportage als soziale Funktion, S. 5. – Vgl. Bd. II, S. 173 u. 172.
[255] Vgl. Lania: Upton Sinclair, S. 13f. – Vgl. Bd. II, S. 165.
[256] Bertolt Brecht: Kleiner Rat, Dokumente anzufertigen [1926]. In: Ders.: Schriften 1, S. 163-165. – Vgl. Bd. II, S. 222f. – Die deutsche Übersetzung von Harris' *Mein Leben* (Band 1 von *My Live and Loves*, 1922), erschien 1926 im S. Fischer Verlag.

kar Maurus Fontana konzediert Harris eine »revolutionär[e]« Leistung: Der Roman erziele Wirkung durch seine »ganz ohne Pathos und Fett [...], mit einfachster Anschaulichkeit, mit dem Wert von Dokumenten [...], mit der Sachlichkeit der Reportage« konzipierten Schreibweise. Er moniert allerdings die gelegentliche »Romannähe« des Buchs.[257] Axel Eggebrecht bezeichnet den Roman in der *Literarischen Welt* als ein »einfaches und klares Buch, so lange es die sozialen und politischen Tatsachen« mitteile. Als schwach empfindet er ebenfalls jene Passagen, in denen Harris die »nackte und unerbittliche Wucht der Tatsachen durch kleine, menschliche Nebenhandlungen mildern oder gegensätzlich steigern möchte. (Beides mißlingt)«. Gelungen seien hingegen, so Eggebrechts Urteil, gerade jene Romanteile, die »mit wunderbarer Einfachheit und ohne jede mildernde Sentimentalität klar und deutlich« verfaßt seien. Harris führe vor, was man sich für die deutschsprachige Literatur wünschte: »sauberste, leidenschaftliche Reportage, [die] zur Dichtung wird«[258] mittels eines Reportagestils, den man als »Vorbereitung [einer] kommenden Dichtung«[259] versteht. Spätestens 1929 sieht man dieses Postulat eingelöst. Mit Joseph Roths *Flucht ohne Ende*, Ernst Glaesers *Jahrgang 1902*, Erich Maria Remarques *Im Westen nichts Neues*, Ludwig Renns *Krieg* liegen Zeitromane vor, durch die man die neusachliche Forderung nach einer Reportageliteratur realisiert glaubt: Mit diesen Werken, schreibt Kurt Pinthus zu Ende des Jahrzehnts, »erheb[e] sich die Reportage ins [sic] Bereich der Dichtung«, der »Bericht [werde] zur Kunstform«.[260] Immer häufiger tauchen nun Begriffe wie »Zeitungsprosa« und »zeitungshafte Prosabücher« auf, man redet von »Reportagen [...] in Buchform«[261] und »Reporterdichtung«.[262] Der

---

[257] Oskar Maurus Fontana: [Rez.] Frank Harris: Die Bombe. In: Das Tage-Buch 8 (1927), Nr. 43, S. 1784. – Vgl. Bd. II, S. 225.

[258] Axel Eggebrecht: [Rez.] Frank Harris: Die Bombe. In: Die Literarische Welt 3 (1927), Nr. 25, S. 5.

[259] Heinz Dietrich Kenter: Hans Sochaczewer. In: Die Literatur 31 (1928/29), S. 384. – Vgl. Bd. II, S. 248.

[260] Kurt Pinthus: Männliche Literatur. In: Das Tage-Buch 10 (1929), Nr. 22, S. 903-911, hier S. 904. – Vgl. Bd. II, S. 39.

[261] W[ilhelm] E[manuel] Süßkind: Kleine Lektüre. In: Die Literarische Welt 2 (1926), Nr. 33, S. 6.

[262] *Die neue Bücherschau* legt 1926 (Jg. 4, Nr. 4) ein Sonderheft unter diesem Titel vor.

Terminus Reportageroman allerdings, der die spezifische Eigenart des neuen Romangenres verzeichnet hätte, setzt sich nicht durch. Statt dessen spricht man von »politisch-historischer Reportage«[263], »Tatsachenroman«[264] oder von »Geschichtsdichtung«, ein Begriff, den Ludwig Marcuse in Zusammenhang mit Erik Regers Roman *Union der festen Hand* in die Diskussion einbringt; er versteht darunter eine »belletristische Wissenschaft, eine wissenschaftlich-anschauliche, systematisch-gedichtete Reportage«.[265] Auch der journalistischen Berichterstattung verpflichtete Autoren wie Kisch und Lania geben die klaren Grenzen zwischen Reportage und Literatur preis. Ihre Methodik, »Tatsachen« zu berichten, hindert sie indes nicht, sich als »Dichter« zu bezeichnen.[266] Alfons Paquet untertitelt seine Erzählung *Städte, Landschaften und ewige Bewegung* als einen »Roman ohne Helden«[267]; zu Recht, urteilt Kisch: Paquets Roman *Kamerad Fleming* qualifiziert er hingegen als eine Reportage, aufgrund der gestalteten Momente zugleich aber als »größte Dichtung«.[268] Ähnliches äußert Leo Lania über Kisch; die Einreihung Kischs unter die Reporter lehnt er mit dem Hinweis auf Kischs nicht an der Oberfläche der dargestellten Gegenstände verweilende, sondern deren Kern enthüllende Schreibweise ab.[269]

Kisch konzipiert die Reportage als »Kunstform« wie als »Kampfform«[270] gleichermaßen; nicht zuletzt ist es ihm um die Literarisie-

---

[263] Thomas Murner [= Carl von Ossietzky]: Der Kaiser ging, die Generäle blieben. In: Die Weltbühne 28 (1932), II, Nr. 27, S. 17f., hier S. 17. – Vgl. Bd. II, S. 229.

[264] Ottwalt: »Tatsachenroman« u. Formexperiment. Eine Entgegnung an Georg Lukács. – Vgl. Bd. II, S. 148-152.

[265] Ludwig Marcuse: Geschichtsdichtung. In: Das Tage-Buch 12 (1931), Nr. 27, S. 1062-1064, hier S. 1064. – Vgl. Bd. II, S. 252.

[266] Egon Erwin Kisch: Über Alfons Paquet. In: Die neue Bücherschau 6 (1928), Nr. 6, S. 285-288, hier S. 286. – Vgl. Bd. II, S. 180.

[267] Alfons Paquet: Städte, Landschaften und ewige Bewegung. Roman ohne Helden. Hamburg 1927.

[268] Kisch: Über Alfons Paquet, S. 286. – Vgl. Bd. II, S. 180.

[269] Lania: Reportage als soziale Funktion, S. 5. – Vgl. Bd. II, S. 171f.

[270] Egon Erwin Kisch: Reportage als Kunstform und Kampfform. In: Mitteilungen der Deutschen Freiheits-Bibliothek, Nr. 4 vom 27.6.1935, S. 2f. – Vgl. Bd. II, S. 194-196. – Es handelt sich um einen Auszug aus der Rede auf dem Pariser Kongreß zur Verteidigung der Kultur. – Vgl. Bd. II, S. 194-196.

rung und Literarizität des Genres zu tun. Indem er mit seinen in Buchform vorgelegten Reportagen *Der rasende Reporter* die Trennung der literarischen Reportage von der Zeitungsreportage durchsetzt und damit seine literarische Existenz begründet, forciert er zugleich die Durchlässigkeit der Grenzen zwischen Epik und Publizistik. Diese Verwischung der Gattungsgrenzen, insbesondere die zwischen Epik, Publizistik und Sachliteratur, erreicht in der Weimarer Republik über die Neue Sachlichkeit hinaus epochenspezifische Signifikanz. Das Resultat ist zum einen eine neue, durch die Integration von Reportageelementen gekennzeichnete Romanform; zum anderen ist auch die Reportage in diesen Jahren insofern einem Wandel, genauer einer Literarisierung unterworfen, als sie belletristische Elemente aufnimmt. Das hervorragende Merkmal neusachlicher Literatur ist die Verbindung von fiktionalen und nichtfiktionalen Texten, von Fiktionalität und Faktizität. So entstehen jene zwischen Belletristik und Sachliteratur zu verortenden Texte, die seit Mitte des Jahrzehnts die neusachliche Produktion ebenso wie die gesamte literarische Szene dieser Jahre dominieren. Siegfried Kracauer legt mit seinem Buch *Die Angestellten* ein derartiges Zwischenprodukt vor, handelt es sich hierbei doch um eine soziologische Studie mit einem hohen Grad von Literarizität. Ernst Bloch, mit seinen Essayband *Spuren* gleichfalls an der Ausbildung einer zwischen Literatur und Publizistik angesiedelten literarischen Form beteiligt, qualifiziert Kracauers Bericht über die Mentalität und Lebenswelt der Angestellten als ein »überlegtes Ineinander von Bericht, Interview, Genre-Szenen, Porträts, Ortsbestimmungen, Expedition«.[271] Bezeichnenderweise ist eine der bedeutendsten neusachlichen Anthologien ein solche Mischformen vorführender »Querschnitt durch die deutsche Publizistik«, wie Ernst Glaeser die von ihm 1929 zusammengestellte Sammlung *Fazit* im Untertitel nennt.[272]

---

[271] Ernst Bloch: Künstliche Mitte. Zu Siegfried Kracauers »Die Angestellten«. In: Die neue Rundschau 41 (1930), II, S. 861f., hier S. 861.

[272] Fazit. Querschnitt durch die deutsche Publizistik (1929). Hrsg. v. Ernst Glaeser. Hamburg 1929. – Vgl. weitere neusachliche Anthologien: 24 neue deutsche Erzähler. Hrsg. v. Hermann Kesten. Berlin 1929; Um uns die Stadt. Anthologie deutscher Großstadtdichtung. Hrsg. v. Robert Seitz, Heinz Zucker. Berlin, Hamburg 1931; Dreißig neue deutsche Erzähler des

Auch im Bereich der Dramatik wird systematisch auf ein »inhaltlich sachlich reportierende[s] Zeittheater« bzw. auf eine »journalistisch-szenische Aufmachung von Zeitstoffen«[273] und somit auf eine Angleichung von Literatur und Journalistik hingearbeitet, wenngleich man im Unterschied zur Epik von einer geringeren Affinität zwischen Drama und Reportage ausgeht. Zwar fällt zu keinem Zeitpunkt an exponierter Stelle der Begriff Reportagedrama; allein man spricht – vornehmlich in bezug auf die Dramen Alfons Paquets – von »dramatischen Reportage[n]«. Bereits Paquets erstes Drama *Fahnen*, von Erwin Piscator 1924 in der Berliner Volksbühne uraufgeführt, wertet man als ein Stück, mit dem die »reine Kunst« durch die »Journalistik«, die »Dichtung« durch die »Wirklichkeit« verdrängt wird; und mit Paquets zweitem Drama *Sturmflut* glaubt man das Genre der »dramatischen Reportage«, aber auch die »neue Sachlichkeit« bzw. einen »moderne[n] Naturalismus« im Theater etabliert. Die Stärke einer solchen Dramatik entdeckt Leo Lania in der »sachlichen Wiedergabe des politischen und sozialen Geschehens«, die er sowohl durch Paquets Schreibweise als auch durch Piscators Inszenierungspraxis – vor allem durch die Integration des Films bzw. der filmischen Reportage in die Bühnenhandlung – gewährleistet sieht.[274]

---

neuen Deutschland. Junge deutsche Prosa. Hrsg. und eingeleitet von Wieland Herzfelde. Berlin 1932.
[273] Ihering: Etappendramaturgie.
[274] Lania: Das politische Drama. Alfons Paquets »Sturmflut« in der Volksbühne, S. 3. – Vgl. Bd. II, S. 174.

III.7. *Beobachtung*

Fraglos stellt die Ausbildung eines Reportagestils und einer Reportageliteratur einen Schwerpunkt innerhalb der neusachlichen Programmatik dar; zahlreiche Definitionsversuche heben auf diese Dimension der Neuen Sachlichkeit ab. Im Verlauf der zwanziger Jahre werden im Namen der Neuen Sachlichkeit Verfahrensweisen erarbeitet, durch die man die Forderung nach der Entwicklung einer Reportageliteratur einzulösen sucht. Neusachliche Techniken wie die beobachtende, antipsychologisierende, berichtende Schreibweise, Dokumentarismus und Tatsachenpoetik korrespondieren unmittelbar mit dem Postulat einer publizistischen Berichtform.

Das entscheidende Moment eines solchen Stils ist die Aufwertung der Beobachtung zu einer ästhetischen Kategorie, eine Maßnahme, die zweifelsohne der Reportage abgeschaut ist. Die »voraussetzungslose Beobachtung«[275] der Zustände avanciert innerhalb der neusachlichen Theorie zu einer Basis literarischen Schreibens. Nicht ohne Grund kann daher von der neusachlichen Schreibweise als von einem beobachtenden Berichtstil gesprochen werden. Nicht zuletzt wird in den zwanziger Jahren die Entstehung der Neuen Sachlichkeit mit der veränderten visuellen Wahrnehmung und der wachsenden Bedeutung der Kategorie der Beobachtung erklärt:

Ein Schlagwort, und nicht das schlechteste, ist gefunden worden, um diese neue Haltung, diesen Stil, in künstlerischen Dingen vornehmlich, zu bezeichnen. Es ist die vielbesprochene »Neue Sachlichkeit«, die genau dies bedeutet: ein anderes Sehen, eine veränderte Wirklichkeitsskala den Eindrücken gegenüber. »Neu« ist diese Sachlichkeit insofern, als sie dienender, unpersönlicher ist als jede frühere Realistik. Es ist eine »ungeheure« Sachlichkeit, eine, mit der es nicht ganz geheuer ist, weil in Wirklichkeit die »Sachen« sich selber dichten und der Künstler nur seine Hand gibt, seine Feder, seinen Stift, sein spiegelndes Gedächtnis und Gewissen.[276]

---

[275] Franz Jung: Das Erbe. In: Das Vier-Männer-Buch. Erlebnisnovellen von Max Barthel, Franz Jung, Adam Scharrer, Oskar Wöhrle. Berlin 1929, S. 115-187, hier S. 178.
[276] Süskind: Hermann Bang und wir, S. 163.

Die Ausbildung einer publizistischen Prosa und einer journalistischen Dramatik glaubt man vornehmlich durch den »Übergang vom Erfinden zum Beobachten« leisten zu können, ein Paradigmenwechsel, mit dem man zugleich die Ablösung des »privaten Stoff[s]« durch ein »öffentliche[s] Thema« gewährleistet sieht. Beobachten und Sehen werden damit zu entscheidenden Kriterien der schriftstellerischen Tätigkeit, ja zu einer unabdingbaren Voraussetzung der literarischen Produktion: »Der publizistische Dichter muß viel sehen und viel lernen, um sich die Berechtigung zum entscheidenden Wort zu erwerben«, heißt es in Erik Regers Aufsatz *Die publizistische Funktion der Dichtung*[277] – eine Prämisse, die den für die gesamte Epoche repräsentativen Visualisierungstendenzen in der Literatur entspricht. Und tatsächlich wird beispielsweise in den Gesprächsrunden der ›Gruppe 1925‹, die Tatsache, daß die »Menschen in Zusammenhang mit ›Sachlichkeit‹, zu der sie sich selber durchgerungen haben« »sehen und beobachten gelernt« hätten, eigens hervorgehoben.[278]

Die im Hinblick auf eine journalistische Berichtform vorgenommene Festlegung der Literatur auf Aktualität und Zeitbezogenheit, auf Fakten statt auf Fiktionen, impliziert sowohl poetologische als auch formal-stilistische Konsequenzen: Gegenüber der Erfindung fiktionaler Fabeln behauptet sich nun die Beobachtung, statt Erdichtetem verlangt man nach Dokumentarischem, statt auf das Erzählen von Erfundenem legt man sich auf das Berichten realer Zustände fest. Diese Vorgabe ist die ästhetische Grundlage für die im Namen der Neuen Sachlichkeit vollzogenen gattungspoetologischen Veränderungen und entwickelten neuen Genres: Zeit- bzw. Reportageroman und Sachliteratur, Zeitstück, Reportagedrama und Gebrauchslyrik dürfen zweifelsohne als das Resultat der postulierten Annäherung der Literatur an die Publizistik gelten. Die Ausrichtung der literarischen Produktion nach Funktionalität und Gebrauchswert verpflichtet die Autoren auf einen engen Kontakt zur realen, zeitge-

---

[277] Erik Reger: Die publizistische Funktion der Dichtung. – Vgl. Bd. II, S. 190.

[278] Zeit und Dichtung. Ein Dialog zwischen Rudolf Leonhard und Walter Hasenclever, Sender Köln, 8.12.1929. In: Walter Hasenclever: Sämtliche Werke. Hrsg. v. Dieter Breuer, Bernd Witte. Bd. V: Kleine Schriften. Mainz 1997, S. 316-331, hier S. 319.

nössischen Lebenswelt und fordert einen hohen Realitätsgehalt ihrer Werke; in Zusammenhang solcher Richtlinien muß der Technik der Beobachtung bzw. dem Beobachten von Realität Tribut gezollt werden: Die ›beobachtende‹ Schreibweise der Neuen Sachlichkeit ist eine direkte Konsequenz aus der Forderung nach einer Reportageliteratur und einem Reportagestil. Die Schriftsteller sind aufgefordert, sich »Kenntnis [...] [zu] verschaffen« von den »Tatsachen« vorzugsweise durch »Beobachtung«; diese Maxime, erstmals von Egon Erwin Kisch formuliert, wird die Arbeitsgrundlage der Romanciers und Dramatiker.[279]

Von zentraler Bedeutung ist dabei, daß man von einer engen Verschränkung von Beobachten und Berichten ausgeht. Mit dem Anspruch, Beobachtetes mitzuteilen, d.h. beobachtete, erfahrene und erfahrbare Realität beschreiben zu wollen, geht die Präferenz für »ungeschminkte Berichte aus der Wirklichkeit«[280] einher. Schon 1924 werden »Beobachtungstreue« und »Sachlichkeit«[281] in einem Atemzug genannt. Dabei klagt man mit Sachlichkeit die Authentizität des Berichteten ein, identifiziert Sachlichkeit demnach mit »Ehrlichkeit«.[282] Für viele ergibt der Begriff Sachlichkeit gar erst dann einen Sinn, wenn man ihn in dieser Bedeutung verwendet:

---

[279] Kisch: Der rasende Reporter (Vorwort), S. VII. – Vgl. Bd. II, S. 162.

[280] Hans Georg Brenner: Berichte aus der Wirklichkeit. In: Die neue Bücherschau 6 (1928), Nr. 12, S. 577-579, hier S. 577. – Vgl. Bd. II, S. 109. – Vgl. dazu auch die von Eduard Trautner 1927 herausgegebene Reihe »Berichte aus der Wirklichkeit« (Verlag Die Schmiede, Berlin), in der u.a. Egon Erwin Kischs *Kriminalistisches Reisebuch* und Leo Lanias Erzählung *Indeta, die Fabrik der Nachrichten* erschien.

[281] Max Herrmann-Neiße: Ein wichtiger Theaterabend. Alfons Paquets »Fahnen«. In: Die Aktion 14 (1924), Nr. 11, Sp. 303f., hier Sp. 303.

[282] Brenner: Berichte aus der Wirklichkeit, S. 577. – Vgl. Bd. II, S. 108. – Auch Ernst Glaeser spricht von »journalistische[r] Ehrlichkeit« (Ernst Glaeser: Joseph Roth berichtet. In: Die neue Bücherschau 6 (1928), Nr. 4, S. 208-210, hier S. 209); ebenso Fallada in: Lampel, der Jäger, S. 189 u. 190. – »Ehrlichkeit« als literarästhetische Maxime war in den zwanziger Jahren keine unbekannte Größe. Die Frühexpressionisten Kurt Hiller und Ernst Blass, ein Vorläufer neusachlicher Gebrauchslyrik, hatten bereits 1912 »Ehrlichkeit« zu einer poetologischen Kategorie erklärt. Vgl. Kurt Hiller: Gegen-Lyrik. In: Der Sturm 1 (1910/11), Nr. 52, S. 314f., hier S. 315: »Ich setze als Ziel der Gedichtschreibung: das pathetische Ausschöpfen dessen,

Aber gibt es nicht doch noch eine Richtung, unter deren Namen die junge Generation in die Bücherschränke der Gebildeten von 1980 eingehen wird? Heißt sie nicht ›neue Sachlichkeit‹. Mit diesem Begriff, der in die Journalistensprache übertragen Reportage heißt, wird heute allerhand Unfug getrieben. [...]

Erst wenn wir an Stelle des Wortes Sachlichkeit das Wort Ehrlichkeit nehmen, gewinnt die heutige Kunstanschauung einen Sinn. Von 1914 bis 1918 sind ebensoviele Phrasen verschossen worden wie Granaten. Die Rauchwolken der Explosionen waren so dicht, daß die Tatsachen dahinter verschwanden.[283]

Die Beobachtung empirischer Wirklichkeit wird zu einer unabdingbaren Voraussetzung des sachlichen Berichtens und der objektiven Berichtform deklariert; bezüglich der Literatur spricht man von einem »notwendigen Übergang vom Erfinden zum Beobachten«.[284] So korrespondiert der neusachlichen Maxime »Berichten ist wichtiger als dichten«[285] die Überzeugung, es komme »nicht mehr auf Dichtung, sondern auf Beobachtung an«: Beobachtetes statt »willkürlich Erfundene[s]«[286], »Sehen« statt »Phantasieren«, »Darstellung

---

was dem entwickeltsten Typus Mensch täglich begegnet; also: ehrliche Formung der tausend kleinen und großen Herrlichkeiten und Schmerzlichkeiten im Erleben des intellektuellen Städters.« – Vgl. weiter Ernst Blass: Vor-Worte. In: Ders.: Die Straßen komme ich entlang geweht [1912]. München 1980, S. 8-12, hier S. 10: »Weil er [der Dichter] ehrlich ist und bewußt, wird er eins auch im Traume nie vergessen: daß er nicht immer ein Engel ist, nicht immer ein Urwesen, nicht immer schwebend und alltagsfern [...]. Noch im Traume wird er den ehrlichen Willen zur Klärung diesseitiger Dinge haben und den Alltag nicht leugnen. Und diese Ehrlichkeit wird die tiefste Schönheit sein.«

[283] Otto Alfred Palitzsch: Querschnitt 1928. In: Der Kreis 6 (1929), Nr. 1, S. 43-46, hier S. 45. – Vgl. Bd. II, S. 118f.

[284] Karl Westhoven [= Erik Reger]: O.S. Landkarte contra Dichter. In: Der Scheinwerfer 3 (1929), Nr. 2, S. 14f., hier S. 14. – Vgl. Bd. II, S. 90.

[285] Hans Natonek: Dichtung als Dokument. Der Roman, nach dem man sich sehnt. In: Neue Leipziger Zeitung, 27.11.1927. – Vgl. Bd. II, S. 226.

[286] Robert Neumann zitiert in: Otto Forst de Battaglia: Der Kampf mit dem Drachen. Zehn Kapitel von der Gegenwart des deutschen Schrifttums und von der Krise des deutschen Geisteslebens. Berlin 1931, S. 139.

der Wirklichkeit« statt »Gestaltung von Visionen«[287], so lauten die im Namen des »Jahrgangs 1902«[288] und der Neuen Sachlichkeit erhobenen Forderungen; die Autoren verstehen sich demzufolge als »Chronisten«[289] und »Fachmänner der Beobachtung«[290]; ihre Werke wollten sie als »Produkt[e] des Sehens« statt des »Hörens« gewertet wissen.[291] Das Resultat dieser Prämissen ist ein auf Beobachtung und objektiver Wiedergabe der Realität basierendes Schreiben, wobei man mit einer solchen Schreibweise zugleich die projektierte Authentizität und Aktualität der Darstellung einlösen zu können glaubt. Die vielen Romanen vorangestellten Mottos, in denen die Autoren versichern, ausschließlich selbst Beobachtetes und Erfahrenes zu berichten, sind Ausdruck dieser Tendenz. Insbesondere Joseph Roths Vorwort zu seinem 1927 erschienenen »Bericht« *Die Flucht ohne Ende* hat im Hinblick auf eine beobachtende Schreibweise Signalwirkung: »Ich habe nichts erfunden, nichts komponiert. Es handelt sich nicht mehr darum, zu ›dichten‹. Das wichtigste ist das Beobachtete. –«[292] Zwar heißt es nicht: ›Das wichtigste ist das Beobachten‹; doch das Berichten des Beobachteten beinhaltet den Vorgang des Beobachtens im Sinne des ›Nicht-Erfindens‹. Es ist ein erklärtes Ziel der Neuen Sachlichkeit, mit der »Exaktheit wissenschaftlichen Beobachtungsstils zu arbeiten«[293]; denn es herrscht Übereinkunft darüber, daß man nur durch eine »minutiöse Beobachtung der Wirklichkeit«, wie Roth an anderer Stelle formuliert,

---

[287] Heinz Lamprecht [= Erik Reger]: [Rez.] Ernst Glaeser »Jahrgang 1902«. In: Der Scheinwerfer 2 (1928), Nr. 3, S. 28f., hier S. 28. – Vgl. Bd. II, S. 238.

[288] Ernst Glaeser: Jahrgang 1902. Potsdam 1928.

[289] Neumann zitiert in: Battaglia: Der Kampf mit dem Drachen, S. 139.

[290] Bernard von Brentano, Ernst Glaeser: Neue Formen der Publizistik. Ein Zwiegespräch. In: Die Weltbühne 25 (1929), II, Nr. 28, S. 54-57, hier S. 55. – Vgl. Bd. II, S. 185.

[291] Westhoven: O.S. Landkarte contra Dichter, S. 15. – Vgl. Bd. II, S. 90.

[292] Joseph Roth: Die Flucht ohne Ende, S. 7. – Vgl. Bd. II, S. 202. – Vgl. dazu auch Reiner Wild: Beobachtet oder gedichtet? Joseph Roths Roman »Die Flucht ohne Ende«. In: Becker, Weiß (Hrsg.): Neue Sachlichkeit im Roman, S. 27-48.

[293] Pinthus: Männliche Literatur, S. 904. – Vgl. Bd. II, S. 39.

»zur Wahrheit [kommt]«.[294] Noch in seiner kritischen Auseinandersetzung mit der neusachlichen Ästhetik, in seinem Aufsatz *Schluß
mit der Neuen Sachlichkeit!* – der bislang zu Unrecht ausschließlich
als kritischer Abgesang auf die Neue Sachlichkeit gelesen und als
Beleg für das Ende der neusachlichen Bewegung in Parallelität zum
Ende der Stabilisierungsphase gewertet wurde, stellen sich Roths
Überlegungen doch weniger als eine konsequente Abrechnung mit
der Neuen Sachlichkeit als der Versuch eines Autors dar, trotz der
Eingebundenheit in eine literarische Bewegung individuelle Positionen zu behaupten –, verweist Roth auf die Bedeutung der Beobachtung für Schriftsteller und ihre literarische Tätigkeit. Von den Autoren – nach wie vor spricht Roth von »Berichter[n]« – erwartet er
»eine genaue Kenntnis der Realität«, um so die Authentizität des
Berichteten zu gewährleisten:

> Um diese [Wahrscheinlichkeit; S.B.] zu erzeugen, muß der Berichter
> ›beobachtet‹ haben, ›das Leben kennen‹, ›die Welt kennen‹. Ja, in der
> Kenntnis der ›nackten Tatsachen‹ mit dem Augenzeugen wetteifern.
> Der Erzähler ist ein Beobachter und ein Sachverständiger.[295]

Insbesondere im Hinblick auf die literarische Verarbeitung der
Kriegserfahrung beharrt Roth auf einer ›beobachtenden‹ Schreibweise, womit er indirekt seine in der *Flucht ohne Ende* vorgebrachten
Maximen bestätigt. Dem über Kriegserlebnisse berichtenden Autor
fordert er, da diese Thematik einer »künstlerischen Formung« nicht
bedürfe, die Rolle eines »mitteilende[n] Augenzeuge[n]« ab.
    Die Verpflichtung auf Beobachtung und berichtende Wiedergabe
des Beobachteten impliziert über den Verzicht auf die fabulierende
Gestaltung von Fiktionalem hinaus die Kritik des psychologisierenden, introspektiven Erzählstils. Die ›beobachtende‹ Berichtform der
Neuen Sachlichkeit deckt sich in vielem mit einer behavioristischen
Wahrnehmungsweise, der neusachliche Blick ist ein behavioristi-
scher. Dabei korreliert diese Dimension der Neuen Sachlichkeit mit
ihrem Antipsychologismus wie mit der Aufwertung des gesell-

---

[294] Joseph Roth: Dem lebendigen Geiste Émile Zolas. Antwort auf eine
Umfrage zum 25. Todestag. In: Die neue Bücherschau 5 (1927), Nr. 3,
S. 99f., hier S. 100.
[295] Roth: Schluß mit der Neuen Sachlichkeit!, Nr. 3, S. 4. – Vgl. Bd. II,
S. 318.

schaftspolitischen Lebensraums zu einem vorrangigen literarischen Sujet gleichermaßen. Die dem traditionellen Roman eigene Innenschau wird zugunsten der Konzentration auf die wahrnehmbaren Verhaltensweisen von Menschen und ihren Lebensbedingungen aufgegeben. Die Beschreibung von Emotionen wird ausgespart, vielmehr sollen diese aus dem mitgeteilten Verhalten der Figuren erschlossen werden. Statt Introspektion erwartet man Beobachtung und Beobachtetes, statt Psychologie also Physiologie.

Anfang der zwanziger Jahre konzipiert Bertolt Brecht einen Roman, der maßgeblich durch behavioristische Prinzipien bestimmt sein sollte: *Flucht Karls des Kühnen nach der Schlacht bei Murten* – so der Arbeitstitel des 1925 in Zusammenarbeit mit Elisabeth Hauptmann entworfenen, Fragment gebliebenen Projekts. Die einleitende Szene des dreiseitigen Entwurfs skizziert folgendes Bild: »Ein geschlagener Heereszug auf der Flucht, beobachtet von abends neun bis nachts drei Uhr von einem ununterrichteten Mann.« Deutet bereits diese Anweisung die Nähe zur behavioristischen Methodik (und filmischen Technik) der Oberflächenwahrnehmung an, so wird die Parallelität in dem darauffolgenden Satz vollends deutlich: »Von Karl selber nur so viel, als ein neben ihm Laufender sehen oder hören kann«, heißt es dort. Jegliche weitere introspektive Motivation der Handlung sowie der Handlungs- und Verhaltensweisen der beteiligten Personen möchte Brecht aussparen, obgleich er sich bewußt ist, daß der auf diese Weise vorgeführte Protagonist für den Leser nicht gänzlich durchschaubar und schlüssig wirken wird:

> Da er mehrere ›ihn verändernde‹ Erlebnisse hat und gerecht, das heißt ohne Vorstellung geschildert wird, kann die Aneinanderreihung aller Einzelzüge kein vorstellbares Charakterbild ergeben
> Seine Begleiter ohne Namen
> Nichts darüber, in welchem Verhältnis sie zu ihm stehen
> Seine Ermordung physikalisch.[296]

---

[296] Bertolt Brecht: Flucht Karls des Kühnen nach der Schlacht bei Murten [1925/26]. In: Ders.: Werke. Bd. 17: Prosa 2. Romanfragmente und Romanentwürfe. Hrsg. v. Werner Hecht, Jan Knopf, Werner Mittenzwei, Klaus-Detlef Müller. Berlin, Weimar, Frankfurt/Main 1989, S. 411-413, hier S. 411.

Eine Erklärung des Geschehens mittels einer introspektiven Beschreibung – Brecht spricht von »Vorstellung« – wird zurückgewiesen, der Blick auf die Geschehnisse und Begleitumstände soll ein physiologischer bleiben. Zwar erwähnt Brecht erst im Jahr 1931 den Behaviorismus namentlich[297], doch schon in den Notizbüchern von 1920 lassen sich behavioristische Positionen in Zusammenhang mit der Neuen Sachlichkeit und mit antiexpressionistischen Stellungnahmen nachweisen.[298] So notiert Brecht 1920: »Beispiel: Daß Burschen von einer gewissen, eigentümlichen Struktur die Schaufel aufs Genick kriegen, ist nicht das, was das Stück zeigen soll. Sondern: Wie sie sich dabei benehmen, was sie dazu sagen und was für ein Gesicht sie dabei machen.«[299] Und wenn er bereits im Jahr 1920 konstatiert, Autoren hätten »die Geschehnisse mit den Augen von Reportern«[300] zu sehen, wird auch der literarästhetische Kontext dieser Annäherung an behavioristische Grundsätze erkennbar.

Seiner Figur des Richters Lexer, die er im Rahmen der gegen Ende der zwanziger Jahre konzipierten *Tatsachenreihe* entwirft, legt Brecht ebenfalls eine auf die »Beobachtung der Wirklichkeit« abhebende Methodik zugrunde. Dessen wichtigstes Arbeitsinstrument und die »Hauptquelle seiner Dokumentation« ist eine »Kamera«, jenes Medium also, das wie kein anderes für die beobachtende Aufnahme der Realität steht.[301] Überdies läßt sich an der Konzeption dieser *Tatsachenreihe* und an der Figur des mit der Auflösung eines Kriminalfalls beschäftigten Richters die zeitweilige Vorliebe Brechts für Kriminalliteratur infolge seiner Präferenzen für eine beobachtende, antipsychologisierende Schreibweise zeigen. In der »Detektiv-

---

[297] Bertolt Brecht: Der Dreigroschenprozeß. Ein soziologisches Experiment. In: Ders.: Versuche 8-10, Heft 3. Berlin 1931, S. 256-306, hier S. 278.

[298] Vgl. hierzu: Hansjürgen Rosenbauer: Brecht und der Behaviorismus. Bad Homburg v.d.H., Berlin, Zürich 1970, S. 15-23.

[299] Bertolt Brecht: [Notiz, 21. August 1920]. In: Ders.: Werke. Bd. 26: Journale I, 1913-1941. Berlin, Weimar, Frankfurt/Main 1994, S. 137f., hier S. 137.

[300] Bertolt Brecht: Aus den Notizbüchern 1919-1926, 6. September 1929 [unveröffentlicht]. In: Ders.: Gesammelte Werke. Bd. 20: Schriften zu Politik und Gesellschaft Frankfurt/Main 1968, S. 13.

[301] Bertolt Brecht: Tatsachenreihe [Ende der zwanziger /Anfang dreißiger Jahre; unveröffentlicht]. In: Ders.: Werke. Bd. 17: Prosa 2, S. 443-445, hier S. 443 u. 444. – Vgl. hierzu auch Kapitel III.10.

geschichte«[302] findet Brecht die von ihm geforderte »Annäherung«
der literarischen Produktion an einen auf Beobachtung basierenden
»wissenschaftlichen Standpunkt« und einen »enormen Abstand zum
introspektiv psychologischen Roman«[303] am ehesten eingelöst. Eigene Versuche auf dem Gebiet der Kriminalgeschichte, so den 1921
entstandenen Kurzkrimi *Der Javameier*, bestätigen diese Vermutung.[304]

Ähnliche Überlegungen finden sich bei Siegfried Kracauer. In
Zusammenhang mit Gilbert K. Chestersons 1925 in deutscher Übersetzung erschienenen Detektivnovellen *Der Mann, der zuviel wußte*
hebt Kracauer an der Detektivfigur dessen zur Aufklärung der Fälle
entwickelte antipsychologische, »sachlich [g]emeinte« Vorgehensweise hervor:

> Statt in das Innere zu greifen, fahndet er rein oder doch vorwiegend im
> Äußeren. Seine Gleichgültigkeit gegen seelische Konflikte und derglei-
> chen beweist noch einmal mittelbar, daß nicht in ihrem Umkreis, son-
> dern im Bereich der sie bedingenden Fakten der Ort des Übels gesucht
> wird.[305]

Brecht knüpft an sein dem Behaviorismus korrespondierendes Ziel,
»die Handlungen als bloße Phänomene« und »die Figuren [...] ohne
Züge«[306] darzustellen, die Bevorzugung der berichtenden Mittei-
lungsform. Marieluise Fleißer vermittelt er bereits zu Anfang des
Jahrzehnts seine Auffassung vom Bericht als einer der modernen
Lebenswelt adäquaten literarischen Form. Den »Bericht gleich als
Ausdruck [zu] bringe[n]«, rät Brecht der jungen Schriftstellerkolle-

---

[302] So bezeichnete Brecht den 1921 entstandenen Kurzkrimi *Der Javameier*
in seinem Tagebuch (In: Werke. Bd. 26: Journale I, 1913-1941, Juli 1923,
S. 233).
[303] Bertolt Brecht: Über die Popularität des Kriminalromans. In: Ders.: Gesammelte Werke. Bd. 19: Schriften zur Literatur und Kunst 2 (Anmerkungen zur literarischen Arbeit 1935-1941), S. 450-457, hier S. 452.
[304] Bertolt Brecht: Der Javameier. In: Ders.: Gesammelte Werke. Bd. 11:
Prosa I. Frankfurt/Main 1967, S. 62-72.
[305] Siegfried Kracauer: Hamlet wird Detektiv. [Rez.] G. K. Chesterson: Der
Mann, der zuviel wußte. In: Frankfurter Zeitung, Nr. 13 vom 28.3.1926.
[306] Brecht: Über Stoffe und Form.

gin.[307] Fleißer selbst entwickelt sich im Verlauf der zwanziger Jahre zu einer konsequenten Verfechterin der beobachtenden und berichtenden Schreibweise, nicht ohne Grund bezeichnete Alfred Kerr sie als eine »begabt-naturalistisch[e] [...] Beobachterin« und »kostbare Abschreiberin.«[308] Vor allem Fleißers 1927 entstandener Essay *Der Heinrich Kleist der Novellen* darf als neusachliches Plädoyer für ein, wie Fleißer es 1973 rückblickend nennt, »primitiv[es]«[309] Schreiben gelten. Dabei befindet auch sie sich in Übereinstimmung mit der behavioristischen Wahrnehmungsweise, wenn sie die Anfertigung von »sachlichen und umfassenden Bericht[en] dessen fordert, was [...] Personen unter den und den Umständen taten und wohin sie damit gerieten«, mithin ein Berichten vorschlägt, das auf »jede Beobachtung, die nicht den Gang der Handlung vorwärtsschreiten läßt«, verzichtet. Sie verpflichtet den Autor damit gleichfalls auf die Rolle und Arbeit eines »guten Regisseurs«.[310] Nach ähnlichen Prinzipien arbeitet Erwin Piscator: Sowohl der literarischen Produktion als auch der Inszenierungspraxis will er die objektive Außensicht des Autors und eine »unpersönliche, sachliche Beziehung« zwischen dem Autor und seinen Figuren zugrunde legen.[311]

III.8. *Antipsychologismus*

Die Integration der Beobachtung in eine literarische Ästhetik impliziert die Forderung nach einer antipsychologischen Schreibweise. Aus der Verpflichtung der Autoren auf eine beobachtende Außenperspektive und auf eine ›beobachtende‹ Schreibweise resultiert der

---

[307] Marieluise Fleißer: Frühe Begegnung. In: Dies.: Gesammelte Werke. Hrsg. v. Günther Rühle. Frankfurt/Main 1972. Bd. 2: Roman, Erzählende Prosa, Aufsätze, S. 297-308, hier S. 299.

[308] Alfred Kerr: [Rez.] Marieluise Fleißer: Fegefeuer in Ingolstadt. In: Berliner Tageblatt, 26.4.1926.

[309] Marieluise Fleißer: Notizen. In: Rühle (Hrsg.): Materialien zum Leben und Schreiben der Marieluise Fleißer, S. 411-430, hier S. 413.

[310] Marieluise Fleißer: Der Heinrich Kleist der Novellen. In: Der Scheinwerfer 1 (1927), Nr. 2, S. 6-8, hier S. 8. – Vgl. Bd. II, S. 201.

[311] Piscator: Das politische Theater, S. 147.

Verzicht auf introspektive Schilderungen. Nicht innere Abläufe oder die emotionale Befindlichkeit der Protagonisten, sondern ihre äußerlich wahrnehmbaren Reaktionsweisen, die »bloßen Vorgänge«[312] sollen beschrieben, ihre »Handlungen als bloße Phänomene« gegeben werden, lautet eine in bezug auf Beobachtung und Antipsychologismus gleichermaßen erhobene produktionsästhetische Prämisse.[313] Zu einer rezeptionsästhetischen Maxime wird diese in dem Moment, in dem die Autoren bestimmen, daß es, wie Ernst Glaeser im Vorwort von *Fazit* reklamiert, weniger die »Herzen« als vielmehr den »Verstand zu rühren« gelte.[314] Der operative Literaturbegriff der Neuen Sachlichkeit, nach dem Schriftstellern »publizistische« Funktionen, ja gesellschaftspolitische Aufgaben übertragen werden, läßt keinen Raum für eine psychologisierende Erzählweise: Die Präferenz für die empirisch wahrnehmbare Außenwelt und die sich daraus ableitende Bevorzugung einer journalistischen, beobachtenden Berichtform geht mit der Kritik des psychologisierenden Erzählens einher; überdies empfindet man die »Psychologie« als ein kaum mehr brauchbares, nicht länger »zulässiges Kontrollmittel«[315], was innerhalb einer Programmatik, die dem Autor »publizistische« (Reger) und »soziale Funktion[en]« (Lania) zuschreibt, das Ende eines subjektiven, introspektiven Erzählstils bedeuten muß. Es erscheint daher nur folgerichtig, daß im Namen der Neuen Sachlichkeit das Ende der »psychologische[n] Epoche« in der Literatur proklamiert wird:

> Bedarf es noch eines Beweises, daß die psychologische Epoche die Kunst ruiniert hat? Sie hat den Versuch gemacht, den Menschen aus dem Menschen zu erklären, und der Erfolg ist, daß wir uns und die Kunst nicht mehr begreifen. [...]

---

[312] Was arbeiten Sie? Gespräch mit Bernard Guillemin: Bertolt Brecht, S. 2.
[313] Brecht: Über Stoffe und Form.
[314] Ernst Glaeser: Ansage. In: Fazit. Querschnitt durch die deutsche Publizistik (1929). Hrsg. v. Ernst Glaeser. Hamburg 1929, S. 5-7, hier S. 7. – Vgl. Bd. II, S. 183.
[315] Reger: Die publizistische Funktion der Dichtung. – Vgl. Bd. II, S. 190.

Jedoch, die psychologische Epoche ist vorüber und Wassermann – unter die Reporter gegangen.[316]

Für die literarästhetische Entwicklung bedeutet der Abgesang auf die »psychologische Epoche« im dramatischen Bereich das Ende des »psychologischen Problemdramas Ibsens«; dieses habe sich, so urteilt Herbert Ihering 1925, »selbst zu Ende entwickelt«[317]; »psychologische Geheimniskrämerei« und die »Ausbreitung der Seelennöte interessanter Helden [haben] ihren Zauber verloren«.[318] An die Stelle des »zerlegenden oder empfindsamen Problemstücks« tritt nun das »entfesselte Kampfstück«.[319] Innerhalb der Epik leitet der neusachliche Antipsychologismus das Ende des psychologischen Romans ein. Sucht die ältere Generation die zu Anfang des Jahrzehnts allenthalben diagnostizierte Krise des Romans mittels eines philosophisch-essayistischen Reflexionsromans – die Romane Thomas Manns, Hermann Brochs, Robert Musils und Otto Flakes stehen für diese Entwicklung – zu bewältigen, so setzt die neusachliche Generation auf einen konsequent entpsychologisierten, entsubjektivierten und entindividualisierten Gesellschaftsroman ganz neuer Prägung.

Zu Anfang der zwanziger Jahre hegt man eine tiefe Skepsis allen psychologisierenden Darstellungen und Darstellungsformen gegenüber, geradezu gereizt reagiert man auf »metaphysischen oder psychologischen Schwatz«.[320] Die epische Literatur sei, reflektiert Brecht in seinem *Kleine[n] Rat, Dokumente anzufertigen*, »durch Psychologie verwüstet«.[321] Psychologische Problematisierungen des Innenlebens von Privatpersonen werden als einem ›sachlichen‹ Zeitalter unangemessen zurückgewiesen, »psychologische Schöpfungen« und »psychologische Arabesken als mit einem sachlichen Berichtstil un-

---

[316] Bernard von Brentano: Über die Darstellung von Zuständen. In: Frankfurter Zeitung, Nr. 19 vom 12.5.1929. – Vgl. Bd. II, S. 158. – Gemeint ist Jakob Wassermann.

[317] Herbert Ihering: Das werdende Drama. In: Hannoverscher Kurier, 1.1.1925.

[318] Lania: Reportage als soziale Funktion, S. 5. – Vgl. Bd. II, S. 172.

[319] Ihering: Zeittheater, S. 272. – Vgl. Bd. II, S. 127.

[320] Anonym: Rudolf von Delius: Philosophie der Liebe. In: Das Tage-Buch 1 (1920), Nr. 39, S. 1284.

[321] Brecht: Kleiner Rat, Dokumente anzufertigen, S. 164. – Vgl. Bd. II, S. 233.

vereinbar empfunden[322], die Methodik der »psychologischen Erklärungen«[323] in Anbetracht einer modernen Massengesellschaft als Anachronismus zurückgewiesen. Brechts 1926 vorgenommene Umarbeitung seines 1923 entstandenen Stücks *Im Dickicht* zu dem »Schauspiel« *Im Dickicht der Städte. Der Kampf zweier Männer in der Riesenstadt Chicago*, das 1927 im Propyläen-Verlag erschien, ist ein Beispiel für die neue Bewertung einer psychologisierenden Erzählweise. Das Lyrische der ersten Fassung wird zurückgedrängt, auf eine psychologische Motivierung der Handlungen von Protagonisten hat Brecht zugunsten einer Beschreibung ihrer Verhaltensweisen verzichtet.

Von einem »Romanschriftsteller« erwartet die neusachliche Generation, daß er »aus seinem Roman alles heraus[werfe], was eine europäische Entwicklung hineingepackt hatte – jene Psychologie, jene Problematik, jene Erfahrung«; statt dessen habe er sich den »Bericht wieder vor[zunehmen]« und den »Tatbestand, das reine Geschehen« zu zeigen.[324] Solche poetologischen Prämissen resultieren aus der Überzeugung, daß die, wie Walter Benjamin formuliert, »Rekonstruktion des Lebens« nicht mehr über einen individuellen Zugang zur Realität, sondern durch die »Gewalt der Fakten« zu leisten sei.[325] Der subjektiven Einfühlung setzt man daher die objektive Beobachtung entgegen, statt auf die »Seele« will man sich künftig auf »Experimente, Statistiken, Akten berufen.«[326] Dabei erweist sich insbesondere die neusachliche Forderung nach einem »Nutzwert« von Literatur als unvereinbar mit einer psychologisierenden Erzählkunst:

Was geschrieben wird, soll eine Tendenz und keine Seele haben. Tendenz: es soll darstellen, es soll die Vernunft mobilisieren. Abwesenheit

---

[322] st. gr. [= Stefan Grossmann]: Kisch: Der Fall des Generalstabschefs Redl, S. 289. – Vgl. Bd. II, S. 165.

[323] Jung: Samt [1931], S. 78.

[324] Bernard von Brentano: Leben einer Schauspielerin. In: Die Weltbühne 24 (1928), II, Nr. 5, S. 170-174, hier S. 171. – Vgl. Bd. II, S. 155.

[325] Walter Benjamin: Einbahnstraße (Tankstelle). Berlin 1928, S. 7. – Vgl. Bd. II, S. 139.

[326] Feuchtwanger: Von den Wirkungen und Besonderheiten des angelsächsischen Schriftstellers. – Vgl. Bd. II, S. 111.

der Seele: es soll nicht dichten, es soll ohne Tiefsinn sein. Es muß einen Nutzwert haben. Es muß ein Werkzeug sein.[327]

Erzähltechnisch leitet sich aus dieser Aufforderung die Präferenz der Außenperspektive eines beobachtenden Berichterstatters gegenüber der psychologisierenden Innenperspektive eines einfühlsamen, allwissenden Erzählers ab, ein Perspektivenwechsel mit weitreichenden Konsequenzen insofern, als er das Ende bürgerlicher Einfühlungsstrategien bedeutet: »Psychologie als Rüstzeug für den Zeitschriftsteller« wird als unzulänglich empfunden, die »emotionale Erkenntnismethode« der traditionellen Literatur hat folglich ausgedient.[328] Die dem Autor vornehmlich im Roman zugeschriebene Rolle des »Seelenarzt[es]«[329] lehnt man ab; statt dessen präsentieren sich die Schriftsteller dem Leser als aufklärende Beobachter und ›Vorführer‹ zeitgenössischer gesellschaftlicher Realität, als politische und gesellschaftliche Zustände »darstellende Schriftsteller«, für die das »leidenschaftliche Innenleben von Herr und Frau Meier«[330] keinerlei Interesse besitzt. In dieser Funktion will man keine psychologisierende Schilderung von Einzelschicksalen liefern, sondern allenfalls eine »psychographische Beschreibung« bzw. »seelische Reportage[n]« anfertigen.[331]

Danach arbeitet der neusachliche Antipsychologismus einer traditionellen identifikatorischen Leserhaltung entgegen. Der bürgerliche Held wird verabschiedet und dem Leser damit die Möglichkeit genommen, sich restlos mit den vorgeführten Protagonisten zu identifizieren. Hinter dieser Konzeption steht die Vorgabe, nach der die gezeigten Charaktere »nicht mehr der Anlaß dafür [sein sollen], daß man sich in einen fremden Menschen hineinschmarotzt, Situationen nicht mehr der Anlaß dafür, daß man die seelische Existenz eines Unbekannten aussaugt«. Dieser Prämisse zufolge sieht die neusachliche Programmatik gar die Darstellung von Charakteren als »Zu-

---

[327] Reger: Antwort auf die Umfrage der Kolonne über die »Tendenzen [des] Schaffens«, S. 9. – Vgl. Bd. II, S. 306.

[328] H[ans] W[olfgang] Hillers: Thesen über einen dialektischen Realismus. In: Der Scheinwerfer 5 (1931) Nr. 1, S. 22f., hier S. 22. – Vgl. Bd. II, S. 159.

[329] Brentano: Leben einer Schauspielerin, S. 173. – Vgl. Bd. II, S. 155.

[330] Westhoven: O.S. Landkarte contra Dichter, S. 14. – Vgl. Bd. II, S. 89.

[331] Georg: Beobachtet, nicht »gedichtet«, S. 36. – Vgl. Bd. II, S. 204.

stände« und von »Situationen als Symptome [des] öffentlichen Lebens« vor.[332]

Die Forderung nach Sachlichkeit im Sinne einer Entpsychologisierung des Erzählens wird verstärkt zu Beginn des Jahrzehnts erhoben; als ästhetische Maxime allerdings ist sie spätestens mit Alfred Döblins »Berliner Programm« *An Romanautoren und ihre Kritiker* präsent. Döblins dort formulierte Romanpoetik zielt primär auf die Distanzierung von der »psychologische[n] Manier« traditioneller Romankunst; nachdrücklich ruft er zum Verzicht auf eine psychologisierende Schreibweise auf und verpflichtet die Schriftsteller auf die »Notierung der Abläufe, Bewegungen, – mit einem Kopfschütteln, Achselzucken für das Weitere und das ›Warum‹ und ›Wie‹« und die Kritiker auf eine dementsprechende Bewertung. Gegen die einfühlsame Erzählperspektive des traditionellen Romans möchte Döblin eine beobachtende Schreibweise durchsetzen, die die »entseelte Realität« statt über »Romanpsychologie« mit dem Mittel der »Tatsachenphantasie« erfassen soll.[333]

Döblins Anliegen wird anfangs der zwanziger Jahre fester Bestandteil einer entpsychologisierenden Sachlichkeitsästhetik. 1921 wertet Siegfried Jacobsohn Ibsens *Gespenster* der psychologisierenden Technik wegen als ein »erstaunlich altmodisches Theaterstück«; zwar gelinge durch sie die Freilegung der »feinsten Verstrickungen des Seelenlebens«; doch in einer »ruhige[n], sachlich wertende[n] Zeit« wirke eine solche Zielsetzung anachronistisch.[334] Bereits zwei Jahre später feiert man mit Karl Kraus' Drama *Die letzten Tage der Menschheit* jenen »Typus des neuen Dramas«, durch den man den »Neo-Romantismus« eines »lendenlahmen Expressionismus« wie den »Sumpf des Psychologismus« und »psychologischen Schwachsinn[s]« überwinden könne. Insbesondere die von Kraus vorgenommene Interessenverlagerung vom Einzelschicksal auf gesellschaftspolitische Fragen, auf die »Menschheit selbst [als dem] Objekt und Subjekt des Spiels«, wird als ein elementarer Beitrag zum neusachli-

---

[332] Reger: Antwort auf die Umfrage der *Kolonne* über die »Tendenzen [des] Schaffens«, S. 9. – Vgl. Bd. II, S. 307.
[333] Alfred Döblin: An Romanautoren und ihre Kritiker. Berliner Programm. In: Der Sturm 4 (1913), Nr. 158/159, S. 17f., hier S. 18, 17 u. 18.
[334] Siegfried Jacobsohn: Gespenster. In: Die Weltbühne 17 (1921), I, Nr. 2, S. 558-561, hier S. 560.

chen Antipsychologismus begriffen, durch den man zudem einen
Realismus der Darstellung garantiert sieht: Die vorgeführte Thema-
tik könne, so die Argumentation des *Weltbühne*-Rezensenten Oscar
Blum, im Gegensatz zu den von einer individualpsychologisierenden
Perspektivik dominierten Darstellungen als eine jederzeit im »Zu-
schauerraum« fortzusetzende Realität begriffen werden.[335]

Schon 1926 registriert man einen Antipsychologismus als festen
Bestandteil des zeitgenössischen Dramas. Das »psychologische Bei-
werk« sei, so bilanziert Wilhelm Bernhard in seinem Aufsatz *Der
Untergang des Abendstückes oder Das kommende Theater*, Autoren,
Schauspielern und Zuschauern gleichermaßen fremd geworden:

> Talentierte Schauspieler berichten, wie ihnen der kalte Angstschweiß
> auf der Bühne ausbricht, wenn sie veranlaßt sind, eine Exposition um-
> ständlich und mit logischem und psychologischem Beiwerk zu entwik-
> keln. Es hört niemand mehr zu![336]

Man setzt daher auf eine neue Form des Theaters, auf ein »einfaches
Theater«, in welchem nicht »seelische Komplikationen, sondern dramatische Tatbestände« vorgeführt werden; es soll in seinem »Tatsachengehalt« »einfach, naiv und primitiv« aufgebaut sein und zudem »sachlich gespielt« werden.[337] Entsprechend der Devise, der Autor habe »den Stoff in seiner ganzen Sachlichkeit [...] zu fassen« erwartet man aber auch vom Zuschauer »naive unkomplizierte, un-
psychologische Wirkungen«.[338]

---

[335] Oscar Blum: Die letzten Tage der Menschheit. In: Die Weltbühne 19
(1923), II, Nr. 27, S. 11-13, hier S. 11f. - Vgl. Bd. II, S. 154.

[336] Wilhelm Bernhard: Der Untergang des Abendstückes oder Das kommende Theater. In: Der Querschnitt 6 (1926), Nr. 1, S. 55-58, hier S. 56f. -
Vgl. Bd. II, S. 61.

[337] Herbert Ihering: [Rez.] Bertolt Brecht: Baal. In: Berliner-Börsen-Courier, 15.2.1926.

[338] Piscator: Das politische Theater, S. 241.

III.9. *Neutralität/Objektivität*

Eng verbunden mit der Präferenz für einen auf Beobachtung und Materialkenntnis basierenden Berichtstil ist die Festlegung des Berichtenden auf Neutralität und Objektivität. Eine solche Haltung wird für die Realisation einer beobachtenden Schreibweise als unabdingbar vorausgesetzt: An die beobachtende Berichtform knüpft man die Neutralität des Berichterstatters, und umgekehrt glaubt man mittels der Neutralität des Berichtenden die Objektivität der Darstellung und die »Ehrlichkeit« der »Beobachtung« garantiert.[339] Viele Autoren sehen in der beobachtenden Schreibweise ein aufklärendes und erkenntniskritisches Berichten sichergestellt. Marieluise Fleißer z.B. macht die subjektive Erzählweise, die auktoriale Gebundenheit an die Figuren und die daraus resultierende fehlende Neutralität diesen gegenüber gar für eine eingeschränkte Wahrnehmung und Erkenntnisfähigkeit des Autors verantwortlich:

> Bei aller sachlichen Berichtform, und obwohl er [Kleist; S.B.] historische Stoffe auswählt, geht ihm die Neutralität des Berichterstatters gänzlich ab. Er läßt seine Gestalten nicht, er segnet sie denn mit seinen Sinneswahrnehmungen, seinem Lebensgefühl. [...] Unermüdlich bläst er seinen Gestalten seines Wesens Hauch ein, es können gar nie genug da sein, er muß immer noch einmal einen Kleistischen haben. Eine ganze Welt will er mit diesem Vorzeichen versehen. So bleibt er rührend in den Grenzen seiner Sinneswahrnehmungen gefangen, es geht einmal nicht in seinen Schädel, daß anders sein auch noch leben ist.[340]

Eine auf Beobachtung basierende Darstellung schließt den Verzicht auf eine subjektive Deutung des Geschilderten ein. Über Zustände und Geschehnisse soll der neusachlichen Programmatik zufolge berichtet werden, ohne daß dem Leser eine Interpretation mitgeliefert wird. Neusachliche Autoren verstehen sich demnach als distanzierte Beobachter der aktuellen Gegenwart und Zeitgeschichte, ihre Aufgabe sehen sie in einer detaillierten Beschreibung und Analyse des Ist-Zustands, der vorgefundenen gesellschaftlichen Realität also; die wie auch immer geartete Perspektive auf einen Soll-Zustand indes verweigern sie. Man vertraut in das kritische Potential sowohl

---

[339] Brenner: Berichte aus der Wirklichkeit, S. 577. – Vgl. Bd. II, S. 108.
[340] Fleißer: Der Heinrich Kleist der Novellen, S. 8. – Vgl. Bd. II, S. 201.

der Dokumente als auch der objektiven Präsentation der Fakten, das Tatsachenmaterial soll für sich selbst sprechen.

Dabei wird die Erstellung eines »reale[n] Querschnitt[s]« durch das Zeitgeschehen einem Schreiben im Dienst von Ideologien und Ideen vorgezogen; für die literarische Praxis bedeutet eine solche Entscheidung zum einen den Verzicht auf einen »bekennerischen« Zug, auf den Konfessionscharakter von Literatur zugunsten der »Schlichtheit« und »Tendenzlosigkeit« literarischer Texte.[341] Zum anderen will man, »unbeirrt von parteipolitischen Doktrinen und Erwägungen Zustände und Charaktere [...] durchleuchten«, um so die »geistigen Ursachen zu erklären, die zu den wirtschaftlichen, politischen und sozialen Wirkungen« aktueller Gegenwart geführt haben.[342]

Dem neusachlichen Verständnis nach impliziert die unkommentierte Wiedergabe des Beobachteten und der Tatsachen die kritische Hinterfragung gesellschaftlicher Realität. Der »peinlich genauen Nachbildung der wirklichen Vorgänge« schreibt man die Fähigkeit zu, »Verflechtungen auf[zu]hellen, Aufschlüsse sozusagen aus dem Geschehen selbst entwickeln zu lassen«.[343] Eine solche Vorgehensweise wird keineswegs als eine affirmative Haltung gewertet; vielmehr schreibt man ihr kritisches, ja revolutionäres Potential zu. Was Herbert Ihering über Brecht äußert, ist für die Neue Sachlichkeit insofern paradigmatisch, als sie mit Neutralität weniger politische Abstinenz und Affirmation des Bestehenden als die Akzeptanz gesellschaftlicher Gegebenheiten meint, deren Realität nicht mehr zu leugnen ist und die die kaum mehr zu unterschreitende Basis für eine kritische Debatte über sie abgeben. Ihering zufolge beinhaltet gerade diese Einstellung der gesellschaftspolitischen Wirklichkeit gegenüber ein revolutionäres Element:

> Er [Brecht; S.B.] ist kein pathetischer Revolutionär. Er kämpft nicht für, nicht gegen. Er verherrlicht nicht die Technik, er verneint nicht die Mechanisierung der Zeit. Für ihn ist sie selbstverständlich. Er lebt in ihr. Für ihn ist sie Grundlage, Material, Stoff des Schaffens. Eine Um-

---

[341] Lion Feuchtwanger: Roda Rodas Roman. In: Die Weltbühne 21 (1925), I, Nr. 1, S. 31f., hier S. 31 u. 32.
[342] Reger: Die publizistische Funktion der Dichtung. – Vgl. Bd. II, S. 191.
[343] Jung: Samt, S. 78.

schichtung hat sich bereits vollzogen. Er ist Revolutionär, weil er in einer schon geänderten Welt lebt.[344]

Einer objektiv-neutralen Wiedergabe der Fakten, seien sie in Form von Beobachtungen und Dokumentarmaterial mitgeteilt oder als Tatsachenmaterial in den fiktionalen Erzählzusammenhang integriert, mißt man ein desillusionistisches bzw. antiillusionistisches Potential zu; in diesem Sinn redet z.B. Karl Mannheim von der Neuen Sachlichkeit in den zwanziger Jahren als von einem »spezifischen ›Realismus‹«, der »die Kunst durchdring[e]«.[345] Die Desillusionierungsstrategien der Neuen Sachlichkeit sind zunächst antiexpressionistisch motiviert: »Das sogenannte Allgemein-Menschliche und das Soziale wirken in den neuen Büchern nicht durch umschreibende, umschreiende Klage und Anklage, sondern durch die unmittelbar gezeigte Kraßheit des Zustands und Geschehens«, konstatiert Kurt Pinthus im Jahr 1929 im Hinblick auf neusachliche Antikriegs- und Zeitromane. Auch Erich Maria Remarque macht auf die antiexpressionistische Motivation der neusachlichen Neutralitätsklausel aufmerksam, wenn er im Vorwort zu *Im Westen nichts Neues* schreibt: »Dieses Buch soll weder eine Anklage noch ein Bekenntnis sein. Es soll nur den Versuch machen, über eine Generation zu berichten, die vom Kriege zerstört wurde – auch wenn sie seinen Granaten entkam.«[346] Sachlicher Bericht statt Anklage, objektive Schilderung statt Klage: In solchen Vorsätzen wird die antiexpressionistische Tendenz der neusachlichen Neutralitätsklausel manifest; Axel Eggebrecht bringt sie im Fall Remarques explizit mit der aufklärerischen Dimension des Romans in Verbindung:

Er [Remarque; S.B.] will weder eine Anklage noch ein Bekenntnis geschrieben haben. Wir erinnern uns, daß dies die beliebtesten Vokabeln eines ohnmächtigen und bekenntnisscheuen Jahrzehnts waren. Hier enthüllt sich der eine Grund, warum dieses Buch in unserm schlafen-

---

[344] Herbert Ihering: Drei Brecht-Bücher. In: Berliner Börsen-Courier, 30.4.1927.
[345] Karl Mannheim: Ideologie und Utopie. Bonn 1929, S. 233.
[346] Erich Maria Remarque: Vorwort. In: Ders.: Im Westen nichts Neues. Berlin 1929, S. 5. – Vgl. Bd. II, S. 204.

den, enttäuschten, ernüchterten Lande dennoch sofort durchdringen wird: Weil es selbst nüchtern ist.[347]

Das Objektivitätspostulat der Neuen Sachlichkeit sieht vor, mittels einer detailgetreuen Wiedergabe des Beobachteten und Erfahrenen Überzeugungsarbeit und Aufklärung im Sinne der Desillusionierung zu leisten. Diese Verpflichtung auf die sachlich-objektive Berichterstattung impliziert die Neutralität im Sinne von Unparteilichkeit: »Die Autoren berichten, aber sie richten nicht«, resümiert ein Kritiker der *Literarischen Welt* anläßlich von Brechts und Feuchtwangers gemeinsam verfaßten Drama *Kalkutta, 4. Mai*[348]; wohl aber vertraut man in die Beweiskraft der Materialien und in das Überzeugungspotential objektiver Tatsachenberichterstattung. Bereits 1921 begrüßt Kurt Tucholsky Emil Julius Gumbels Dokumentation *Zwei Jahre politischer Mord* gerade wegen ihrer sachlich-neutralen Präsentation des Materials:

> Gumbel hat die politischen Mordtaten der Jahre 1918-1920 kühl und sachlich gesammelt, alle die von rechts und die von links [...]. [...] es ist nirgends ein Anhaltspunkt dafür zu finden, daß der Verfasser Tatsachen umgekrempelt hat, um irgendeinen Standpunkt zu verfechten.[349]

Gegen Ende der Weimarer Republik hat sich an dieser Erwartungshaltung kaum etwas geändert. In Zusammenhang seiner Rezension der »Reiseaufzeichnungen und Reden« *Quer durch* von Ernst Toller (Berlin 1930) begründet Tucholsky den »Eindruck unbedingter Wahrhaftigkeit«, den Tollers Aufzeichnungen bei ihm hinterlassen haben, mit dem Argument, daß sie »ohne die leiseste Prätention« geschrieben seien.[350] Diese Einschätzung resultiert sowohl auf der Annahme eines veränderten Rezeptionsverhaltens und Erwartungshorizonts der Leser als auch auf einer sich wandelnden Wahrneh-

---

[347] Axel Eggebrecht: Paul Bäumer, der deutsche unbekannte Soldat. In: Die Weltbühne 25 (1929), I, Nr. 6, S. 211-213, hier S. 212. – Vgl. Bd. II, S. 92.

[348] P.A. Otte: Feuchtwanger – Brecht »Kalkutta, 4. Mai«. In: Die Literarische Welt 3 (1927), Nr. 48, S. 11.

[349] Ignaz Wrobel: Das Buch der deutschen Schande. In: Die Weltbühne 17 (1921), II, Nr. 36, S. 237-242, hier S. 237. – Vgl. Bd. II, S. 137.

[350] Kurt Tucholsky: Auf dem Nachttisch. In: Die Weltbühne 27 (1931), I, Nr. 9, S. 321-325, hier S. 323.

mung des Publikums seitens der Produzenten und Kritiker: Man erklärt dieses für mündig, hält es für autonom und kompetent genug, um aus den gelieferten Fakten eigene Schlüsse zu ziehen. »Der moderne Zuschauer« wünsche nicht, so lautet eine Überlegung Brechts aus dem Jahr 1929, »bevormundet oder vergewaltigt zu werden, sondern [er] will einfach menschliches Material vorgeworfen bekommen, *um es selber zu ordnen*« – eine Maxime, unter der Brecht dann auch die Erstfassung des Dramas *Mann ist Mann* konzipiert.[351]

Die Wirkungsästhetik der Neuen Sachlichkeit beruht auf solchen Erkenntnissen: Indem man sich auf die objektive Darstellung der Zustände beschränkt und sich expliziter Urteile und direkter Kommentierungen enthält, soll der Leser angeregt werden, sich eine politische Meinung zu bilden und Konsequenzen für sein politisches Handeln zu ziehen. Von einem hohen Aufklärungs- und Wirkungspotential objektiver Tatsachenberichterstattung und Faktenpräsentation ausgehend, verstehen viele Autoren ihre Arbeit als eine »Diagnose«: »Vorschläge für Verbesserungen« will man im Rahmen einer solchen Strategie ausgespart wissen, da an die Bestandsaufnahme einer Situation, so führt Kracauer in Zusammenhang mit seiner Untersuchung der Angestellten aus, zugleich die Kritik und »Veränderung«[352] gesellschaftlicher Tatbestände geknüpft werden; berücksichtigt man solche Vorgaben, so wird verständlich, warum innerhalb der neusachlichen Programmatik die Neutralitätsklausel sich nicht als Parteilosigkeit und Tendenzlosigkeit werten läßt. Die gesellschaftskritische Analyse der soziopolitischen Zustände von einem neutralen, die »festgefahrene parteipolitische Terminologie« umgehenden »Standpunkt« aus begrüßt man zum einen als eine wirksame »Entzauberungsmethode«[353]; zum anderen versteht man

---

[351] Bertolt Brecht: Die dialektische Dramatik [1930/31]. In: Ders.: Schriften 1, S. 441-443, hier S. 440. – Allerdings überarbeitete Brecht nach den ersten Aufführungen, die zu inhaltlichen Mißverständnissen und folglich zu Rezeptionsproblemen führten, das Stück dahingehend, daß dessen politische Aussage eindeutiger und die Vereinnahmbarkeit durch reaktionäre Kreise ausgeschlossen wurde.

[352] Kracauer: Vorwort. In: Dies.: Die Angestellten, S. 7-9, hier S. 8.

[353] Siegfried Kracauer: Vivisektion der Zeit. [Rez.] Erik Reger: Das wachsame Hähnchen. Polemischer Roman. In: Frankfurter Zeitung, Nr. 45 vom 6.11.1932. – Vgl. Bd. II, S. 130.

unter Objektivität »Ehrlichkeit«[354] und »aufrichtige Vorurteilslosig-
keit«. Demzufolge wird es für neusachliche Autoren zur einer vordringlichen Aufgabe, das »Vorhandene zu erkennen«[355]: eine Vorgabe, der die Aufforderung, sich damit zu »begnügen, darzustellen«,
korrespondiert, wie Ernst Glaeser in seinem Gespräch mit Bernard
von Brentano betont.[356]

Das Vorbild einer neutral und objektiv berichtenden Schreibweise findet man in Egon Erwin Kisch; im Vorwort seines *Rasenden
Reporters* legt Kisch den Reporter auf Neutralität und Unparteilichkeit fest: Der objektive Berichterstatter habe »nichts zu rechtferti-
gen« und dürfe keinen festen »Standpunkt« einnehmen. Seine Aufgabe sei vielmehr, den Leser in Form einer unkommentierten Wiedergabe der Fakten und Zustände umfassend zu informieren. Dabei
vertraut Kisch auf die Überzeugungskraft und Stichhaltigkeit der
Fakten und auf das kritische, aufklärerische Potential objektiver
Tatsachenberichterstattung. Daß man diese Form der distanzierten,
beobachtenden und unparteilichen Objektivität aber keineswegs als
eine unpolitische und unkritische Haltung verstanden wissen will,
daß die photographische nicht mit einer politischen Neutralität oder
mit Tendenzlosigkeit identifiziert wird, belegen u.a. Äußerungen
von Kisch und Lania, in denen diese über ihr Verständnis von Reportage und Reportern Auskunft geben. Die sich in Tagesgeschehen
und Tagespolitik einmischenden, am »Tageslärm« teilnehmenden
Reporter werden als »beim Aufbau eines neuen Deutschland [...]
unerläßliche Helfer« beschrieben[357]; ihre Funktion wird demgemäß
zwar jenseits der parteipolitischen, wohl aber im Rahmen soziopoli-
tischer Grenzen bestimmt. Zwar ist man nicht auf parteiliche Agitation aus; nichtsdestoweniger setzt man sich die Einmischung in den
politischen Tageskampf, ja selbst in das »Kampfgetümmel der Parteien«[358] zum Ziel und bezieht so letztlich doch Position. Man zwin-

---

[354] Brenner: Berichte aus der Wirklichkeit, S. 577 – Vgl. Bd. II, S. 108; Glaeser: Joseph Roth berichtet, S. 209. – Vgl. Bd. II, S. 203; Fallada: Lampel,
der Jäger, S. 190.
[355] Brentano: Kapitalismus und Schöne Literatur, S. 10 u. 59.
[356] Brentano, Glaeser: Neue Formen der Publizistik, S. 55. – Vgl. Bd. II,
S. 186.
[357] Lania: Reportage als soziale Funktion, S. 5. – Vgl. Bd. II, S. 172 u. 173.
[358] Lania: Upton Sinclair, S. 13. – Vgl. Bd. II, S. 164.

ge dem Leser mit dieser Methodik, wie der Herausgeber der *Neuen Bücherschau* Klaus Herrmann in Zusammenhang mit Kischs *Rasendem Reporter* festhält, unmerklich doch eine »Ansicht, [ein] Weltbild auf, [so] daß man es für sein eigenes nimmt«.[359]

Auch die Anfang der zwanziger Jahre im Umkreis der Neuen Sachlichkeit entstehenden Zeitschriften verfolgen solche Strategien. Ihre Konzeption und Positionsbestimmungen basieren in der Regel auf der Objektivität und Vielseitigkeit der Berichterstattung, journalistische Arbeit will man explizit von Parteiarbeit unterschieden wissen. Eine feste Bindung an parteipolitische Ziele und Ideologien lehnt man ab, statt Urteilen, Wertungen und Bewertungen sollen Tatsachen und Fakten geliefert werden. Nahezu alle von linksbürgerlichen Intellektuellen redigierten Zeitungen folgen diesem durchaus pädagogisch motivierten Konzept. Die Wiedergabe eines ausschließlich parteipolitischen und in diesem Sinne »konfektionierten Standpunkt[es]« – der »Leser mag selber nachdenken und aus den gebotenen Tatsachen lernen«, gibt Tucholsky noch 1931 zu bedenken[360] – lehnt man ab, da er lediglich die Meinung der Partei und den bereits eingenommenen Standpunkt der Leser bestätigen würde. Stefan Grossmann leitet die von ihm gegründete und herausgegebene Zeitschrift *Das Tage-Buch* im gleichen Jahr mit den Worten ein: »Das Tage-Buch kann und wird keiner Partei dienen, will lieber berichten als urteilen«, »will lieber Material zur Verurteilung als das Urteil selbst« erarbeiten. Als Leser hat man primär nicht die Mitglieder einer Partei, sondern »Sachverständige« und »Sachkenner« im Auge, die »urteilen, ohne nach rechts oder links zu schielen«. Daß man eine solche Position keineswegs mit einer unpolitischen Haltung gleichsetzte, bestätigen die von Grossmann formulierten Ziele: Die objektive Berichterstattung soll der »Verwirklichung des Sozialismus« dienen.[361] Die 1921 erstmals erscheinende, kurzlebige Zeitschrift *Faust* setzt sich die Darbietung eines »reichen Tatsachenstoffes« von einem »sachlichen Standpunkt aus« zum Ziel, um dem Leser auf diese Weise »Orientierung und Überblick [zu] ermögli-

---

[359] Klaus Herrmann: Egon Erwin Kisch: Der rasende Reporter. In: Die neue Bücherschau 3 (1925), Nr. 2, S. 43f., hier S. 43. – Vgl. Bd. II, S. 163.

[360] Kurt Tucholsky: Auf dem Nachttisch. In: Die Weltbühne 27 (1931), I, Nr. 22, S. 808-811, hier S. 811.

[361] Stefan Grossmann: Zum Anfang. In: Das Tage-Buch 1 (1920), Nr. 1, S. 1.

chen«.[362] Unter ähnlichen Prämissen leitet Hermann von Wedderkop den 1921 von Paul Flechtheim begründeten *Querschnitt*. Die
»Breite ihrer Basis« und die »Lebendigkeit der Anschauung« sind die
Kriterien, nach denen die Zeitschrift konzipiert und produziert
werden soll. Der *Querschnitt* folge, so resümiert Wedderkop im vierten Erscheinungsjahr der Zeitschrift, dem Ziel einer lebensnahen Berichterstattung; aufgrund der Themenvielfalt, der Offenheit den
unterschiedlichsten Bereichen gegenüber und der Gleichrangigkeit
der Sujets versteht sich das Blatt als »untendenziös«.[363] Statt parteipolitischer Ziele verfolge man eine untendenziöse »Gesinnung«, die
sich primär des »gehäuften Materials [...] bemächtig[e]«.[364] Im Hinblick auf die Präsentation der Fakten will man sich an die »Methoden der Sachlichkeit und Exaktheit« halten; statt »Ansichten« sollen
»Wissen und Tatsachen« geliefert, auf »spekulatives Gelehrtentum«
soll verzichtet werden.[365]

Die von Willy Haas 1925 gegründete Zeitschrift *Die Literarische
Welt* verfolgt gleichfalls das Konzept einer neutralen, überparteili-
chen Berichterstattung. In der ersten Nummer kündigt Haas hinsichtlich der Berichterstattung eine »sachliche Haltung« und »Methode« an, die er von der gängigen journalistischen Praxis durch
Objektivität und parteipolitische Offenheit abgehoben wissen will.
Die Zeitschrift will er unter der Devise der »gewissenhafte[n] Sachlichkeit« redigieren, worunter Haas die Einrichtung eines Forums
der »offensten Diskussion« und einer »Zeitung, die sich selbst widersprechen, sich selbst korrigieren, ja sich selbst offen dementieren
wird, wo es nötig erscheint«, versteht; überdies soll der *Querschnitt*
im Sinne seines Namens die Darstellung unterschiedlicher ideologi-
scher Positionen zulassen, Autoren aus allen politischen Lagern zu
Wort kommen lassen. Durch die so gebotene Meinungsvielfalt
glaubt man sich von einem »Parteiblatt« absetzen zu können: Denn
im Unterschied zu den Verfahrensweisen von parteilich redigierten

---

[362] [Einleitung]. In: Faust 1 (1921), Nr. 1, Rückseite.
[363] Hermann von Wedderkop: Der Siegeszug des »Querschnitt«. In: Der
Querschnitt 4 (1924), Nr. 2, S. 90-92, hier S. 90. – Vgl. Bd. II, S. 138.
[364] Hermann von Wedderkop: Querschnitt durch 1923. In: Der Querschnitt 3 (1923), Nr. 1, S. VIII-X, hier S. IX.
[365] von Wedderkop: Der Siegeszug des »Querschnitt«, S. 90. – Vgl. Bd. II,
S. 138.

Zeitschriften möchte man dem eigenen Lesepublikum die Pflicht auferlegen, »sich selbst zu entscheiden«. Einmal mehr wird in diesem Punkt die aufklärerisch-pädagogische Zielsetzung des neusachlichen Neutralitätskonzepts, das nicht zuletzt in Verbindung mit dem Postulat einer auf Nutzen und Gebrauch abgestimmten Literatur gesehen werden muß, deutlich, wenn Haas schreibt: »Wer Wert darauf legt, sich schnell und mühelos zu entscheiden, mag sein Parteiblatt lesen, das ihm die Schwierigkeit jeder groben Entscheidung hinlänglich vertuscht und verschweigt [...].«[366]

Und wirklich verbindet sich das neusachliche Neutralitätskonzept mit dem Entwurf einer aktiven Leserintegration. An die produktionsästhetische Maxime der unkommentierten Tatsachenschilderung knüpft man die Erwartung, daß die Rezipienten eigene »Schlußfolgerungen« ziehen, wie Franz Jung in seinem Roman *Gequältes Volk* schreibt.[367] Erik Reger konzipiert in Verbindung mit der Absage an traditionelle literarische Einfühlungsstrategien gar das Modell einer Lesereinbindung, nach dem der Rezipient an der Erarbeitung des Textes insofern mitarbeiten soll, als er die aus der Darstellung zu ziehenden Schlüsse selbst zu formulieren hat. Seiner *Union der festen Hand* stellt er folgendes Vorwort voran:

> Man beachte, daß in diesem Buch fünf Stationen durchlaufen werden, und bemühe sich, die Zahnräder des Getriebes zu erkennen. Der jeweilige Haltepunkt wird auf den ersten vier Strecken durch den Bericht des Generalanzeigers kenntlich gemacht. Bei genauer Befolgung dieser Anleitung wird es dem Leser möglich sein, nach der fünften Strecke den Bericht des Generalanzeigers selbst zu schreiben.[368]

Im Rahmen der neusachlichen Rezeptionsästhetik hat man in Analogie zu der von der Publizistik angestrebten »Herstellung einer Öffentlichkeit« die Erziehung eines »öffentlichen Leser[s]« und die Errichtung« einer literarischen Öffentlichkeit im Auge. In ihrem Gespräch über die publizistische Ausrichtung der Literatur beharren Ernst Glaeser und Bernard von Brentano darauf, daß literarische

---

[366] Willy Haas: An unsere Leser und Freunde. In: Die Literarische Welt 1 (1925), Nr. 1, S. 2.

[367] Jung: Gequältes Volk, S. 10.

[368] Erik Reger: Union der festen Hand. Berlin 1932, S. 6. – Vgl. Bd. II, S. 220.

Texte nicht konsumiert, sondern »diskutiert«[369] werden müßten, weil das, so formuliert Brentano auch in seiner Schrift *Kapitalismus und Schöne Literatur*, »was nicht diskutiert wird, nicht geschrieben worden« ist.[370]

III.10. *Dokumentarismus*

Innerhalb der Reportage- und Sachbuchliteratur genügte eine Berichterstattung, frei von »Phrasengeklingel« und »überflüssige[r] Sentimentalität«[371], um den geforderten Status der »unbefangene[n] Zeugenschaft«[372] zu garantieren. Die Reportage verbürgt, so die Überzeugung, a priori authentische Berichterstattung. Anders hingegen bewertet man die Situation im Fall der traditionellen Genres. Im Unterschied zur journalistischen Literatur insistiert man bezüglich Epik und Dramatik auf dem Nachweis der Authentizität der dargestellten Tatsachen – eine Vorgabe, der in der Regel mittels der Einbeziehung von Dokumentarmaterial nachgekommen wird und deren Resultat eine im literarischen Bewußtsein der zwanziger Jahre fest verankerte dokumentarische Schreibweise ist. Noch 1935 bezeichnet Walter Benjamin die »Neigung für das Dokumentarische« als das herausragende Kennzeichen neusachlicher Prosaliteratur und Alfred Döblin als einen ihrer bedeutendsten Vertreter.[373]

Tatsächlich ist mit dem Dokumentarismus ein zentraler Aspekt neusachlicher Ästhetik benannt; in Verbindung mit dem Ruf nach der Funktionalisierung der Literatur erlangt er epochenspezifische Signifikanz und Relevanz, da die dokumentarische Schreibweise den für die Literatur der Weimarer Republik paradigmatischen Wandel

---

[369] Brentano, Glaeser: Neue Formen der Publizistik, S. 56. – Vgl. Bd. II, S. 186.

[370] Ebd., und Brentano: Kapitalismus und Schöne Literatur, S. 53.

[371] Herrmann: Egon Erwin Kisch, S. 43. – Vgl. Bd. II, S. 163.

[372] Kisch: Der rasende Reporter. Vorwort, S. VII.– Vgl. Bd. II, S. 162.

[373] Walter Benjamin: Juden in der deutschen Kultur [1935]. In: Ders.: Gesammelte Schriften. Bd. II/2. Hrsg. v. Rolf Tiedemann, Hermann Schweppenhäuser. Frankfurt/Main 1977, S. 807-813, hier S. 813.

von einer ästhetisch-autonomen Kunst- zu einer für gesellschaftspolitische Ziele funktionalisierten Gebrauchsliteratur in entscheiden-
dem Maße mitbestimmt. Noch gegen Ende des Jahrzehnts herrscht
Übereinkunft darüber, daß man »hinter die Forderung des Dokumentarischen und Wirklichkeitsnahen«[374] nicht zurückgehen könne.
Sie sieht vor, daß, auch wenn auf die unbearbeitete Einbeziehung
und sichtbare Montage von Dokumenten verzichtet wird, die »Schilderungen« dennoch als »Tatsachen [...] belegbar« sein bzw. auf »Tatsachen beruhen«[375] müssen. Diese Methodik soll den dokumentarischen Charakter des Berichteten garantieren und den Sachlichkeits-
charakter von Literatur sicherstellen, wobei man insbesondere im
Hinblick auf die Verarbeitung der Kriegserfahrung die entfiktionalisierte, unkommentierte »Schilderung von Tatsachen« präferiert.[376]
Wie eine solche dokumentarische Arbeitsweise sich in der Praxis gestaltete, verdeutlichen z.B. Theodor Pliviers Auskünfte über die Entstehung seines Romans *Der Kaiser ging, die Generale blieben*:

> Bei meiner Arbeit stützte ich mich: erstens auf eigenes Erleben, zwei-
> tens auf die unten angegebenen Quellen, drittens auf zweiundneunzig
> Interviews mit Persönlichkeiten der Zeitgeschichte, unter denen sich
> Vertreter der einander bekämpfenden politischen Richtungen, Arbeiter,
> Soldaten, Matrosen, Abgeordnete, Offiziere, der leitende Ingenieur ei-
> nes Elektrizitätswerkes, sechs Parteiführer und zwei Minister befin-
> den.[377]

Der neusachlichen Materialtreue und Loyalität dem Material gegenüber ist die Absage an eine uneingeschränkt fiktionale Literatur
implizit. In Analogie zur Bevorzugung der Berichtform geht man
davon aus, daß das ›Gedichtete‹ gegenüber dem ›Aufgezeichneten‹
zunehmend an Bedeutung verliert und sowohl bei Autoren als auch
bei Lesern auf wenig Interesse stößt. Demzufolge wird ›Aufzeich-

---

[374] Alice Rühle-Gerstel: Anti-Sachlichkeit. In: Die Literarische Welt 5
(1929), Nr. 9, S. 5.

[375] Ernst Ottwalt: Denn sie wissen was sie tun. Ein deutscher Justizroman.
Vorwort. Berlin 1931, S. 7. – Vgl. Bd. II, S. 143.

[376] Ernst Weiss: Der Krieg in der Literatur. In: Die neue Rundschau 40
(1929), I, S. 675-679, hier S. 675.

[377] Theodor Plivier: Der Kaiser ging, die Generale blieben, ein deutscher
Roman. Nachwort. Berlin 1932, S. 346f.

nen‹[378] wichtiger als Dichten; dieser produktionsästhetischen Maxime folgen Romanciers und Dramatiker gleichermaßen. 1924 gründet Rudolf Leonhard die Dokumentarserie »Außenseiter der Gesellschaft. Die Verbrechen der Gegenwart«, mit der gesellschaftlich relevante Kriminal- und Justizfälle von Schriftstellern, mithin aus einer literarischen Perspektive, vorgestellt werden sollen. In der bis 1925 existierenden Reihe erschienen für die Neue Sachlichkeit paradigmatische, zwischen journalistischer Dokumentation und literarisierter Darstellung angesiedelte Mischtexte, u.a. Alfred Döblins dokumentarische Erzählung *Die beiden Freundinnen und ihr Giftmord*, Kischs Reportage *Der Fall des Generalstabschefs Redl*, weiterhin Texte von Ernst Weiß, Iwan Goll, Theodor Lessing, Karl Otten, Arthur Holitscher, Leo Lania, Franz Theodor Csokor und Hermann Ungar. In der »Vorbemerkung« zu dessen »Tragödie einer Ehe« *Die Ermordung des Hauptmanns Hanika* heißt es programmatisch:

> Die vorliegende Darstellung [...] stellt nur das dar, was aus dem Material, das zur Verfügung stand, hervorging. Dem Berichtenden widerstrebte es, bei der Schilderung eines Kriminalfalles [...] aus eigener Erfindung Lücken auszufüllen, die Charaktere durch Hinzufügen von erdachten Einzelzügen und Details zu vertiefen [...]. Der Zweck der Darstellung ließ nichts zu, als das Material zu ordnen und ohne Ambitionen aufzuzeichnen.[379]

Ungars Aussage ist symptomatisch für die neusachliche Produktionsästhetik, die dem dokumentarischen Wert von Literatur weitaus mehr Bedeutung zumißt als dem künstlerischen; damit wird die Frage des Stoffs die entscheidende. Herbert Ihering betont in Zusammenhang einer Auseinandersetzung mit Béla Balázs um die von Piscator initiierte Entwicklung eines politischen Theaters, daß die »ästhetische Frage nach Erfindung, Fabel und Gestaltung« kaum mehr relevant sei, der »Frage nach der Verteilung, der Gruppierung des Stoffes, die Erkenntnis und das Bekenntnis zu sachlicher Ten-

---

[378] Für den Begriff vgl. das im folgenden zitierte Vorwort von Hermann Ungars Erzählung sowie: Jung: Samt [1931], S. 78: »An sich wäre also kaum besonderer Anlaß vorhanden, diese Geschehnisse nochmals aufzuzeichnen [...].«

[379] Hermann Ungar: Vorbemerkung. In: Ders.: Die Ermordung des Hauptmanns Hanika. Tragödie einer Ehe. Berlin 1925, S. 7. – Vgl. Bd. II, S. 196.

denz, im Gegensatz zur deklamatorischen Tendenz« hingegen entscheidende Bedeutung zukomme.[380] In Verbindung mit der Forderung nach einer antipsychologischen Literatur und mit dem Ziel, der »Kunst einen objektiven Inhalt zu geben«, erlangen Prämissen wie die Orientierung am »Material« und die Berücksichtigung der »Eigengesetzlichkeit« des »Stoff[s]« äußerste Priorität: Richtlinien, die dazu berechtigen, von der Neuen Sachlichkeit als von einer Materialästhetik zu sprechen, innerhalb derer die »Eigengesetzlichkeit« des Materials nicht als eine formale, sondern als eine gesellschaftliche definiert wird; »ästhetischen Kriterien« und dem »Formprinzip«, kommen im Rahmen einer solchen Ästhetik gegenüber dem »Stofflichen« nur mehr sekundäre Bedeutung zu.

Dieser materialästhetische Ansatz, dessen zentrales Element in der literarischen Praxis ein forcierter Dokumentarismus ist, zeitigt gattungspoetologische Konsequenzen: Die Abwertung fiktionaler Genres führt in Verbindung mit der Präferenz für dokumentarisches Berichten zu einer Umgestaltung der traditionellen Gattungen wie zu der Aufweichung fester Gattungsgrenzen gleichermaßen. Dem »Romanhafte[n]« setzt man das Dokumentarische entgegen, literarische Texte werden auf ihren »Materialwert«[381] hin befragt und nach ihrer Funktionalität bewertet. Dabei verfolgt man mit der funktionalen Ausrichtung der Literatur zugleich die politische Instrumentalisierung der Lektüre: Die Funktionalisierung der Literatur müsse dazu führen, so lautet eine Forderung Leopold Jeßners aus dem Jahr 1926, »daß sich aus ihr [der Lektüre; S.B.] die Waffe der Sachlichkeit sowohl im fachpolitischen wie im großpolitischen Kampfe« ergebe.[382] Diesem Diktum unterwerfen Jeßner und Brecht die Anfertigung literarischer Produkte ebenso wie den Leseakt und Rezeptionsprozeß; Jeßner spricht folglich von einem »funktionale[n] Le-

---

[380] Ihering: Etappendramaturgie.

[381] Bertolt Brecht: Antwort auf die Umfrage *Die besten Bücher des Jahres*. In: Das Tage-Buch 7 (1926), Nr. 49, S. 1839. – Des weiteren taucht der Begriff in dem 1926 entstandenen, damals unveröffentlichten Typoskript *Kleiner Rat, Dokumente anzufertigen* (S. 164; vgl. Bd. II, S. 222) auf. – Vgl. zudem die 1929 entstandenen, zu diesem Zeitpunkt gleichfalls unpublizierten Typoskripte *Materialwert* und *Der Materialwert*. In: Brecht: Schriften 1, S. 285f. u. 288f.

[382] Leopold Jeßner: Antwort auf die Umfrage *Die besten Bücher des Jahres*. In: Das Tage-Buch 7 (1926), Nr. 49, S. 1838. – Vgl. Bd. II, S. 208.

sen«. Ihrem Verständnis nach weist eine Materialästhetik dementsprechend produktions- wie rezeptionsästhetische Dimensionen auf.
In Zusammenhang einer 1926 vom *Tage-Buch* organisierten Umfrage
nach den »besten Bücher[n] des Jahres« empfiehlt Brecht daher den
Lesern, vorzugsweise Biographien – nicht zuletzt von Sportlern –
historische Werke, Krimis und authentische Dokumentarberichte
zu lesen[383]; und im gleichen Jahr gibt er seinen Kollegen den Rat,
statt Romanen »Dokumente anzufertigen«[384], eine Devise, unter der
Brecht im gleichen Jahr seinen unvollendet gebliebenen Bericht *Der
Lebenslauf des Boxers Samson-Körner. Erzählt von ihm selber, aufge-
schrieben von Bert Brecht* verfaßt[385]:

> Praktisch gesprochen: wünschenswert ist die Anfertigung von Doku-
> menten.
> Darunter verstehe ich: Monographien bedeutender Männer, Aufris-
> se gesellschaftlicher Strukturen, exakte und sofort verwendbare Infor-
> mation über die menschliche Natur und heroische Darstellung des Le-
> bens, alles von typischen Gesichtspunkten aus und durch die Form
> nicht, was die Verwendbarkeit betrifft, neutralisiert.

Bezeichnenderweise verbindet Brecht mit der Befürwortung einer
dokumentarischen Schreibweise und der Insistenz auf dem dokumentarischen Wert von Literatur die Kritik einer ästhetizistischen
Behandlung des Stoffs. Weder eine psychologisierende, »assoziierende Schreibweise« noch die Episierung des »reinen unausgenützten
Materials«[386] sind seiner Meinung nach von Belang. In Anlehnung an
Döblins Diktum, daß die »Kunst [...] [es] nicht mit der Kunst zu
tun«[387] habe, hält Brecht zwar bezüglich der Darstellung von Inhal-

---

[383] Brecht: Antwort auf die Umfrage *Die besten Bücher des Jahres*, S. 1839. –
Vgl. Bd. II, S. 208.

[384] Brecht: Kleiner Rat, Dokumente anzufertigen, S. 165. – Vgl. Bd. II,
S. 223.

[385] Der Lebenslauf des Boxers Samson-Körner. Erzählt von ihm selber, auf-
geschrieben von Bert Brecht. In: Die Arena. Das Sportmagazin Jg. 1926/27,
Heft 1, Oktober 1926, S. 32-34; Heft 2, November 1926, S. 98-103; Heft 3,
Dezember 1926, S. 176-178; Heft 4, Januar 1927, S. 22-27.

[386] Brecht: Kleiner Rat, Dokumente anzufertigen, S. 166. – Vgl. Bd. II,
S. 223.

[387] Döblin: Bekenntnis zum Naturalismus, S. 1601. – Vgl. Bd. II, S. 65.

ten »die Anwendung von Kunst«, keineswegs aber die von »Kunstformen« für notwendig.[388] Innerhalb seiner vermutlich gegen Ende der zwanziger Jahre entstandenen *Tatsachenreihe* konzipiert er eine Romanfigur, mit der er eine solche Schreibweise als Verhaltensform nachzeichnet. Vorgeführt wird ein neusachlicher Tatsachenmensch, der nicht aufgrund von Ideologien, sondern auf der Basis des mittels Sachverstand, Beobachtung, Experiment und Dokumentation recherchierten Materials urteilt. Zwar wird diese »bürgerliche« Erkenntnismethode bereits von einem marxistischen Standpunkt aus problematisiert; gleichwohl konzediert Brecht ihr bei aller Distanz ein aufklärerisches Potential:

> Der Richter Lexer ist durch seine Erfahrung zu einem skeptischen Mann geworden, der allen Konstruktionen rechtlicher oder weltanschaulicher Art ohne Interesse gegenübersteht und die gesammelte Kraft seines Scharfsinns der Beobachtung der Wirklichkeit zuwendet. Dem verdankt er, daß die im Publikum wie in Romanen gleicherweise verbreiteten schablonenhaften Vorstellungen vom Handeln und von den Reaktionen der Leute ihn kaltlassen. Er bemüht sich, in jedem Falle dem wirklichen Sachverhalt auf den Grund zu gehen, und bevorzugt zu diesem Zwecke Experiment und Dokumentation.
> Die Hauptquelle seiner Dokumentation ist die Kamera. [...] Der Richter Lexer steht am vorgeschobensten Punkt der heute einem bürgerlichen Typ erreichbaren Erkenntnis. Diese Erkenntnis, die nirgends zu Grundsätzlichem vordringt, hat ihren Grundsatz ebendarin, von bürgerlichen Klassenvorteilen in hinreichendem Maße frei zu sein, um der Realität Rechnung tragen und Kriminalfälle, welche sich der Polizei entziehen, klarstellen zu können.[389]

---

[388] Brecht: Kleiner Rat, Dokumente anzufertigen, S. 165. – Vgl. Bd. II, S. 223.

[389] Bertolt Brecht: Tatsachenreihe [Ende zwanziger Jahre/Anfang dreißiger Jahre; unveröffentlicht]. In: Ders.: Werke. Bd. 17: Prosa 2, S. 443-455, hier S. 443f. – Eine ähnliche Figur entwirft Lion Feuchtwanger mit der Person des Anwalts Geyer in seinem Roman *Erfolg*. Geyer, für den Emil Julius Gumbel das Vorbild abgab, ist einer rein dokumentarischen Arbeitsweise verpflichtet. Feuchtwanger weist gleichfalls auf die Grenzen einer solchen Methodik hin, wenn er Geyer scheitern läßt und mit dem von Tüverlin verfaßten, auf der Vermischung von Fakten und Fiktion basierenden »Buch Bayern« eine Alternative entgegensetzt, unter der auch Feuchtwangers Roman geschrieben ist.

Mit Hilfe der Verfahrensweise, die »Dokumente sprechen [...] [zu] lassen«, will man indes nicht nur dem neusachlichen »Zwang zur Tatsächlichkeit«[390] nachkommen; an den Dokumentarismus knüpft man überdies die Hoffnung auf einen gesellschaftspolitischen Einfluß von Literatur. Da rein fiktionalen Texten die politische Wirksamkeit weitgehend abgesprochen wird, verlangt man statt »Dichtung« nun »dokumentarische Aussage[n]«, statt des künstlerischen verteidigt man den funktionalen Wert von Literatur. An Alfons Paquets Drama *Sturmflut*, von Erwin Piscator 1926 an der Berliner Volksbühne inszeniert, kritisiert Herbert Ihering z.B. Schwächen des Stücks gerade dort, wo Paquet »noch zu sehr Dichter ist«, zumal er den Wert des Stücks in dessen dokumentarischem Gehalt ausmacht. Gleichwohl würdigt man Paquets Drama in der Piscatorschen Inszenierung als ein Stück, durch das die neusachliche Forderung nach der dokumentarischen Ausrichtung von Literatur erstmals konsequent eingelöst werde.

Als literarische Technik zielt der neusachliche Dokumentarismus auf die »sachliche Darstellung«[391] unter Hinzuziehung von Dokumentarmaterialien; realisiert wird er mittels der offenen oder verdeckten Form der Montage von Dokumenten. Doch zu keinem Zeitpunkt wird in seinem Namen die Substitution literarischer Produkte durch Dokumente angestrebt, weder für den dramatischen Bereich noch innerhalb der epischen Genres will man gänzlich auf die Literarizität von Texten verzichten; vielmehr soll Literatur der Wert von »Dokument[en]« bzw. »Zeitdokument[en]«[392] zukommen. Herbert Ihering, ein konsequenter Befürworter und Repräsentant einer neusachlichen Dramen- und Bühnenästhetik, betont im Zusammenhang mit Hans J. Rehfischs Drama *Affäre Dreyfus*, die Dokumente dürften keineswegs die »Inspiration« verdrängen, Reportage dürfe nicht zu einem »Fremdwort für den Mangel an Einfall«[393]

---

[390] Herbert Ihering: [Rez.] Hans J. Rehfisch: Affäre Dreyfus. In: Berliner Börsen-Courier, 26.11.1929.

[391] Herbert Ihering: Alfons Paquets »Sturmflut«. In: Berliner Börsen-Courier, 22. und 23.2.1926. – Vgl. Bd. II, S. 224; Lion Feuchtwanger: Der Roman von heute ist international. In: Berliner Tageblatt, Nr. 39 vom 26.9.1932. – Vgl. Bd. II, S. 147.

[392] Alfred Kantorowicz: Zeitromane. In: Die neue Rundschau 40 (1929), II, S. 843-851, hier S. 846 u. 845. – Vgl. Bd. II, S. 340.

[393] Ihering: Hans J. Rehfisch: Affäre Dreyfus.

verkommen, literarische Texte sich nicht als »undichterische [...] Dokument[e]« präsentieren, wie Ihering anläßlich von Paquets *Fahnen* aufgrund der fehlenden Fabel des Stücks anmerkt.[394] Demnach darf der neusachliche Dokumentarismus nicht als eine Sammlung und Zusammenstellung von Dokumenten mißverstanden werden; sein Ziel ist vielmehr, wie Brecht schreibt, die ›Anfertigung‹ von Dokumenten. Diese Formulierung verdeutlicht, daß das Dokument durchaus vom Autor er- oder bearbeitet sein sollte. Zur Debatte steht letztlich also die Konzeption von »Dichtung als Dokument«. Diese Devise ist gegen die traditionelle Form des ›dichterischen Erfindens‹ gerichtet: Der dichterischen Intuition setzt man ein ›dokumentarisches Erleben‹ entgegen, an die Stelle »romantische[r] [...] Erfindung« soll die literarische Verarbeitung dokumentarischer Fakten treten: Statt auf »göttliche Erfindung« beruft man sich auf die »teuflische Wirklichkeit«.[395] Bezeichnenderweise benennt Lion Feuchtwanger in der Verbindung von realen mit fiktionalen Elementen, von Fakten mit Fiktionen, in der Vermischung von Fabel und Dokument die zentralen Merkmale der Neuen Sachlichkeit. Die Gleichzeitigkeit der Objektivität des Materials und seine subjektive Handhabung ist für ihn das Entscheidende und entscheidend Neue einer neusachlichen Ästhetik.[396] Alfred Döblin, gleichfalls ein dezidierter Verfechter und Repräsentant der neusachlichen Berichtform, geht bezüglich des literarischen Schreibens von einem »unumgänglichen Subjektivismus« aus, den es aber mittels einer sachlichen Schreibweise zu objektivieren gelte.[397] Feuchtwangers und Döblins Positionen sind paradigmatisch für die Argumentations- und Schreibstrategien der Neuen Sachlichkeit: Man nutzt den Dokumentarismus als ein ästhetisches Mittel zur Objektivierung eines subjektiven Stils und zur Entfiktionalisierung literarischen Schreibens; zu keinem Zeitpunkt plädiert man indes für eine Literatur, die

---

[394] Ihering: Alfons Paquets »Sturmflut«. – Vgl. Bd. II, S. 224.

[395] Natonek: Dichtung als Dokument. – Vgl. Bd. II, S. 226 u. 227.

[396] Lion Feuchtwanger: Historischer Roman – Roman von heute. In: Berliner Tageblatt, Nr. 540 vom 15.11.1931. – Vgl. Bd. II, S. 143f.

[397] Alfred Döblin: Brief an Herwarth Walden, November 1909. In: Ders.: Briefe. Hrsg. v. Heinz Graber. Olten und Freiburg i. Br. 1970, S. 49f., hier S. 50. – Diese Argumentation ist für Döblins Positionen der zwanziger Jahre gleichfalls repräsentativ.

auf jegliche fabulierende Elemente und subjektive Momente zugunsten der Zusammenstellung von Dokumentarmaterial verzichtet; so urteilt z.B. Alfons Goldschmidt über Regers *Union der festen Hand*, das Werk sei »kein »Dokumentenroman« und »doch [...] bis in die letzten Verästelungen dokumentarisch«.[398] Statt dessen sieht man in der Verschränkung fiktional-erzählender Passagen mit dokumentarischer Darstellung eine »neue literarische Form« gegeben, die »in einem zu leisten imstande [sei], was Roman, Abhandlung und Reportage bisher nur gesondert zu bewältigen«[399] vermochten.

Im Rahmen des auf Versachlichung und Entfiktionalisierung der Darstellung abzielenden Konzepts eines literarischen Dokumentarismus erlangen Film und Fotografie weitreichende Bedeutung. In Zusammenhang einer neusachlichen Inszenierungspraxis, wie sie z.B. von Piscator, Brecht und Ihering entworfen wird, schreibt man diesen Medien aufgrund der ihnen eigenen »nackte[n] Wiedergabe der Wirklichkeit« den »Wert echter Dokumente«[400] zu; daher will man sie als ein Mittel der Beweisführung in ein neusachliches »Zeittheater«[401] integrieren. Denn der Film, so die Überlegung, »gibt die objektiven Tatsachen, sowohl die aktuellen wie die historischen«, der Film »belehrt den Zuschauer über den Stoff«.[402] Überdies hält man die technischen Medien für geeignet, die aus dem Stoff resultierende Sachlichkeit auch für die Aufführung sicherzustellen. Mit Erwin Piscators Inszenierungen von Alfons Paquets Dramen *Fahnen* (Uraufführung 1924) und *Sturmflut* (Uraufführung 1926) findet man diese Hoffnung bestätigt. Piscators *Sturmflut*-Inszenierung wertet Ihering als eine »sachliche Darstellung«, mit der die Vermittlung »gegenwärtiger politischer Typen« in erster Linie durch die Anwendung des Films gelinge.[403] Doch insbesondere mit der gemeinsam mit Felix Gasbarra 1925 im Großen Schauspielhaus in Berlin uraufge-

---

[398] Alfons Goldschmidt: Union der festen Hand. In: Die Weltbühne 27 (1929), II, Nr. 27, S. 20-23, hier S. 21.

[399] Theodor Kramer: Eine neue literarische Form? In: Das Tage-Buch 13 (1932), Nr. 35, S. 1362. – Vgl. Bd. II, S. 230.

[400] Carl Koch: Ruhrepos. Das Bühnenbild [1927]. Zitiert nach Eckhardt Köhn: Das Ruhrepos. Dokumentation eines gescheiterten Projekts. In: Brecht-Jahrbuch 1977, S. 52-80, hier S. 63.

[401] Ihering: Zeittheater.

[402] Piscator: Das politische Theater, S. 171.

[403] Ihering: Alfons Paquets »Sturmflut«. – Vgl. Bd. II, S. 224.

führten politisch-historischen Revue *Trotz alledem!* von Ernst Toller
hebt sich Piscator dezidiert von einem traditionellen, auf Dekoration und Dekoratives setzenden Bühnenbild ab. Im Unterschied zu
einem bürgerlichen Illusionstheater konzipieren Piscator und Gasbarra Tollers Stück als eine »Montage von authentischen Reden,
Aufsätzen, Zeitungsausschnitten, Aufrufen, Flugblättern, Fotografi-
en und Filmen des Krieges und der Revolution, von historischen
Personen und Szenen«.[404] Auch Brecht, in diesen Jahren selbst an der
Piscator-Bühne als Mitglied des dramaturgischen Kollektivs tätig,
schreibt dem Film und der Fotografie die Bedeutung von Dokumenten zu. Für das zusammen mit Kurt Weill und dem Schauspieler und
Regisseur Carl Koch erarbeitete Projekt *Das Ruhrepos* – ein »künstlerisches Dokument des rheinisch-westfälischen Industrielandes« –
plant Brecht den Einsatz von »Lichtbilder- und Filmprojektionen«;
in ihrer Funktion als »tatsächliche Dokumente« hofft er das Epos zu
einem »zeitgeschichtliche[n] Dokument« ausweiten zu können.[405]

III.11. *Tatsachenpoetik*

Aus der Forderung nach Reportagestil und dokumentarischer
Schreibweise ergibt sich für die literarische Praxis eine Reihe von
Verfahrensweisen, die das spezifische Profil der Neuen Sachlichkeit
ausmachen. Aspekte wie Beobachtung der Realität, Realitätsnähe,
Objektivität der Darstellung, Neutralität und Materialtreue des be-
richtenden Autors, Dokumentarismus und Funktionalisierung der
Literatur sind die Eckpfeiler einer ganz eigenen Ästhetik der Neuen
Sachlichkeit, die mit dem Begriff Tatsachenpoetik adäquat umschrie-
ben scheint. Die neusachliche Faktenpräferenz darf als die Basis
dieser Poetik gelten.

Die Maxime, Tatsachen zu berichten statt Fabeln zu erdichten,
wirkt sich auf die thematisch-inhaltliche Ausrichtung der Literatur
ebenso wie auf ihre ästhetische Beschaffenheit aus. Das anspruchs-

---

[404] Piscator: Das politische Theater, S. 67.
[405] Bertolt Brecht: [Ruhrepos]. Die Dichtung. In: Ders.: Schriften 1, S. 205f.,
hier S. 205.

volle neusachliche Vorhaben, neue realistische literarische Genres und Schreibtechniken zu entwickeln, glaubt man vornehmlich in Verbindung mit lebens- und gegenwartsnahen Sujets und über die Integration von Dokumenten und Tatsachen in die literarische Darstellung einzulösen. Bei dem Begriff der Tatsache handelt es sich um einen der repräsentativsten Termini der neusachlichen Programmatik; auch ist er neben dem der Sachlichkeit der einzige für den literarischen Diskurs über die Neue Sachlichkeit symptomatische Ausdruck, dem nicht nur im ästhetischen Bereich Bedeutung zukommt; auch innerhalb der gesamtgesellschaftlichen Entwicklung ist ihm ein hoher Stellenwert zuzuschreiben. Über ihn ist der literarische mit dem gesamtgesellschaftlichen und kulturellen Diskurs verschränkt.[406] Allenthalben werden die zwanziger Jahre als eine »Zeit der Tatsachen« gewertet, die durch eine Skepsis philosophischen und metaphysischen Erklärungsmodellen und Denksystemen gegenüber gekennzeichnet sei. »Die Ungläubigkeit unserer Zeit, heißt, positiv gefaßt: sie glaubt nur an Tatsachen«, notiert Robert Musil bereits im Jahr 1923.[407] Die ›Macht des Faktischen‹ und den Glauben daran hat man im nachhinein als die Grundstruktur der Weimarer Republik eruiert.[408] Trifft dies zu, so scheint es nur konsequent, daß der Begriff der Tatsache auch innerhalb einer Poetik eine zentrale Rolle spielt, deren Kriterien sich primär aus ihrer Bestimmung als einer realitätsbezogenen Kunst ableiten. Die Forderung nach einem »Tat-

---

[406] Die Forderung, sich auf den »Boden der Tatsachen« zu stellen, ist eine für die Anfangsjahre der Weimarer Republik typische Redewendung. Vgl. Franz Schulz: Der Bürger und die Revolution. In: Der Gegner 1 (1920), Nr. 10/11, S. 42. – Otto Flake: Eine neue Zeit. In: Die neue Rundschau 38 (1927), Bd. 1, S. 1-11, hier S. 1. – Auch der Ausdruck »Politik der Tatsachen« ist kennzeichnend für diese Zeit. – Vgl. Olav Olsen: Inzwischen. In: Die Weltbühne 17 (1921), I, Nr. 2, S. 545-547, hier S. 545. – Stefan Grossmann spricht von »Politik der Nüchternheit« und »Tatsachenpolitik« (In: Ruf nach Prag. In: Das Tage-Buch 49 [1920], Nr. 49, S. 1551-1556, hier S. 1555).

[407] Robert Musil: Der deutsche Mensch als Symptom. Die Zeit der Tatsachen [1923; unveröffentlicht]. In: Ders.: Gesammelte Werke. Hrsg. v. Adolf Frisé. Reinbek 1978. Bd. 8, S. 1353-1400, hier S. 1382.

[408] Vgl. Detlev J. Peukert: Die Weimarer Republik. Krisenjahre der klassischen Moderne. Frankfurt/Main 1987, S. 182.

sachensinn«[409] wird nicht nur in bezug auf die allgemeine Lebenshaltung und -einstellung erhoben; auch für die literarische Produktion mahnt man Eigenschaften wie »Tatsachengefühl, Tatsachengesinnung, Tatsachenbewußtsein« an, mittels derer ein »Weg von verstiegenen, verblasenen Erfindungen zu klarem Wirklichkeitswillen« gefunden und der »Sinn für Themen, [der] Blick für Tatsachen« entwickelt werden sollen.[410] Lion Feuchtwanger zitiert angelsächsische Romane als Vorbilder einer solchen Tatsachenliteratur; denn im Gegensatz zu deutschen zeichnen sich angelsächsische Autoren seiner Ansicht nach durch einen »unerhört ausgeprägte[n] Tatsachensinn«[411] aus, ebenso die Leser. Auch sei man stets an der Welt der »Tatsachen« interessiert, der »Hauptbestandteil« der englischen Literatur seien, so Feuchtwanger, demnach »Tatsachen, geordnet und gestaltet«.[412]

Ein Urteil wie das Ernst Rowohlts zeigt, daß sich eine solche Erwartungshaltung gegen Ende der zwanziger Jahre auch im Hinblick auf die deutsche Literatur partiell durchgesetzt hatte: »Die junge Literatur wird immer mehr Tatsachen-Literatur werden, und nur nach dieser Richtung hin sehe ich für sie Erfolge«, diagnostiziert der Verleger 1930.[413] Bertolt Brecht bestätigt diese Einschätzung, wenn er die Dramatik der zwanziger Jahre als den Versuch wertet, »eine neue Ideologie zu schaffen, die mit den Tatsachen direkt zusammenhäng[t]« und deren Gott »der Gott der Dinge«[414] sei, und folglich das Theater mit einer »Kultusstätte des Gottes der Dinge,

---

[409] Wilhelm Michel: Programm der Programmlosigkeit. In: Die Weltbühne 19 (1923), I, Nr. 2, S. 31-33, hier S. 32; Feuchtwanger: Der Geschmack des englischen Lesers. – Vgl. Bd. II, S. 81; Westhoven [= Erik Reger]: O.S. Landkarte contra Dichter, S. 14. – Vgl. Bd. II, S. 90.

[410] Ihering: Zeittheater, S. 263 u. 264. – Vgl. Bd. II, S. 125.

[411] Feuchtwanger: Der Geschmack des englischen Lesers. – Vgl. Bd. II, S. 81.

[412] Feuchtwanger: Wirkungen und Besonderheiten der angelsächsischen Literatur. – Vgl. Bd. II, S. 111.

[413] Ernst Rowohlt: Von Paul Scheerbart zu Siegfried von Kardorff. Berlin 1930, S. 15.

[414] Bertolt Brecht: Die Dialektische Dramatik [1930/31; unveröffentlicht]. In: Ders.: Schriften 1, S. 431-443, hier S. 436.

wie sie sind«[415], identifiziert. Noch gegen Ende des Jahrzehnts geht man von einem »Wert der Tatsache« für die literarische Produktion aus, viele kritisieren gar die verwässernde Tendenz der Literarisierung, für die man unter anderem eine nicht konsequent gehandhabte Neue Sachlichkeit – Willy Haas spricht vom »Reportage-Feuilletonschmus der Neuen Sachlichkeit« – verantwortlich macht.[416]

Durch die Mitteilung von »Tatsachen« glaubt man nicht nur die stilistische »Klarheit und Einfachheit«[417] der Darstellung garantiert; vielmehr wird die »Tatsache« selbst zum »treibende[n] Motiv des Kunstwerks« und zum »unmittelbare[n] Objekt der dichterischen Technik« erhoben. Dem neusachlichen Verständnis nach haben Literatur und Poesie aus Tatsachen und Fakten zu entstehen[418], allenthalben exponiert man daher eine auf empirischer Realität, auf Fakten statt auf Fiktionen basierende Literatur. Von Autoren wird demzufolge auch nicht die Konstruktion einer Fabel, sondern ein Bericht über »Tatsächliches« erwartet. In seiner 1928 in der *Roten Fahne* erschienenen Erzählung *Zwei unterm Torbogen* reflektiert Franz Jung über das neue Autorenverständnis:

> Der Schriftsteller, behaupte ich, hat nicht nötig, große Geschichten zu erfinden. Seine Aufgabe ist es, Tatsächliches aus dem täglichen Leben wiederzugeben und in einer erklärenden Form der Beschreibung den Versuch zu machen, die näheren Umstände, Umgebung und Möglichkeiten [...] auf eine allgemeine Plattform zu heben.[419]

Im gleichen Jahr konstatiert Alfred Döblin:

> Die Autoren erleben von allen Seiten den dringenden Ruf nach Aktualität, nach Gegenwartsdichtung. Wenn man ganz ehrlich ist, sagt man heute sogar: man will überhaupt keine Dichtung, das ist eine überholte Sache, Kunst langweilt, man will Fakta und Fakta. Dazu sage ich bravo

---

[415] Bertolt Brecht: [Notizen ohne Titel, 1926]. In: Ders.: Gesammelte Werke, Bd. 15: Schriften zum Theater I. Frankfurt/Main, S. 68.

[416] Willy Haas: Der Wert der Tatsache. In: Die Literarische Welt 6 (1930), Nr. 48, S. 1 u. 10-12., hier S. 1.

[417] Eggebrecht: [Rez.] Frank Harris: Die Bombe, S. 5.

[418] Kurt Pinthus: Männliche Literatur. In: Tage-Buch 10 (1929), Nr. 22, S. 903-911, hier S. 904 u. 906. – Vgl. Bd. II, S. 38 u. 40.

[419] Franz Jung: Zwei unterm Torbogen. In: Die Rote Fahne, 1.12.1928.

und dreimal bravo. Man hat mir nichts vorzuphantasieren. [...] Der
wirkliche Dichter war zu allen Zeiten selbst ein Faktum.[420]

Diese Dominanz des Faktischen wird zum Ausgangspunkt neuer literarischer Strategien. »Die Rekonstruktion des Lebens liegt im Augenblick weit mehr in der Gewalt der Fakten als von Überlegungen«, konstatiert Walter Benjamin in den Eingangspassagen seines
1928 erschienenen Prosabandes *Einbahnstraße*; aus diesem Befund
leitet er die Forderung ab, daß »unter diesen Umständen [...] wahre
literarische Aktivität nicht beanspruchen [könne], in literarischem
Rahmen sich abzuspielen«; vielmehr sei eine solche ästhetische Vorgabe »der übliche Ausdruck ihrer Unfruchtbarkeit«. Zwar folgert
auch Benjamin aus dieser Einsicht nicht die Ersetzung des »Kunstwerk[s]« durch das Dokument; gleichwohl weist er ersterem entscheidende Bedeutung zu: Nach Benjamin ist das »Dokument« funk-
tionalisierbar, sowohl in produktions- als auch in rezeptionsästhetischer Hinsicht mißt er ihm daher über das »Kunstwerk« hinausge-
hende Möglichkeiten bei. Infolge der ihm eigenen Dominanz des
Stoffs, seiner analytischen Ausrichtung und seiner Einsetzbarkeit als
ein erzieherische Potentiale bergendes »Lehrstück« sei es dem formal
orientierten »Kunstwerk« überlegen.[421] Für die eigene literarische
Produktion leitet Benjamin – darin Siegfried Kracauer, Franz Hessel, Ernst Bloch vergleichbar – aus der Fakten- und Tatsachenorien-
tiertheit seiner Zeit einen feuilletonistischen Essayismus ab, der anhand der Analyse urbaner Oberflächen- und Alltagsphänomene die
Rekonstruktion der gesellschaftlichen Realität und Mentalität vor-
nehmen will. Dieses Ziel ist auch der Ausgangspunkt der Reportage-
technik; es erstaunt daher nicht, daß der Begriff der Tatsache innerhalb der literarischen Diskussion erstmals im Kontext der Reportage
auftaucht. Er ist demzufolge in Zusammenhang mit dem Versuch
einer größtmöglichen Annäherung an die Realität zu analysieren.

Neben innerästhetischen Gründen wie dem neusachlichen Antiexpressionismus, der auch hinsichtlich der Forderung nach der literarischen Verarbeitung empirischer Fakten statt der Projektion von
Ideen und Visionen zum Tragen kommt, geben gesellschaftspolitische Erfahrungen den Anstoß für die Entwicklung einer Tatsachen-

---

[420] Döblin: Der Bau des epischen Werks, S. 537.
[421] Benjamin: Einbahnstraße (Tankstelle), S. 7. – Vgl. Bd. II, S. 139.

literatur, zumal sich in ihr zweifelsohne die Erfahrungen des Ersten Weltkriegs und der Novemberrevolution manifestieren. Zeitgenössische Beobachter führen die Entstehung einer neusachlichen Tatsachenpoetik und Dokumentarliteratur auf den Umstand zurück, daß die Bewegung der Neuen Sachlichkeit von einer »junge[n] Generation« getragen werde, die nur die »nackten, präzisen Tatsachen erfahren hat und entschlossen ist, nicht über sie hinauszugehen«.[422] Sieht man die Vorkriegszeit durch den »deutsche[n] Neuidealismus« dominiert, so wertet man den durch den Krieg ausgelösten politischen Zusammenbruch der Monarchie als Auslöser eines »neue[n] Rationalismus«. Den »expressionistischen Hexensabbat« glaubt man durch eine »nüchterne Sachlichkeit« abgelöst, dessen Konsequenzen auch für den literarischen Bereich schnell erkannt werden:

> Schon interessiert nicht mehr das Symbol, sondern die alltägliche Wirklichkeit selber. Aufgeregtes Gestammel und Interjektionen weichen trockener Demonstration, subjektive Lebensphilosophie und wilde Metaphorik wieder objektiver Konstruktion.[423]

Im Laufe des Jahrzehnts setzt sich die Überzeugung durch, daß die Menschen infolge ihres neuen Realitätssinns und ihrer veränderten Realitätserfahrung weniger »Auffassungen« als »die Dinge selbst – so unmittelbar wie möglich« begehrten. Aus dieser veränderten Lebenshaltung und Mentalität heraus, deren Bedeutung für die Ausbildung der neusachlichen Ästhetik bei aller innerliterarischen Kontinuität nicht unterschätzt werden darf, resultiert ein völlig neues Konzept von Literatur und ihrer Vermittlung. Literarische Produktions- und Rezeptionsformen werden auf den sich wandelnden Erwartungshorizont der Autoren, Kritiker und Leser abgestimmt: Statt der Verbreitung »persönlicher Auffassungen« wird von Literatur und Kunst nun »objektive Berichterstattung«[424] erwartet, statt mit »allgemeinen Redensarten, Meinungen oder Grundsätzen« sucht man mit »Tatsachenmaterial: Verträgen, Akten, Zahlen und streng

---

[422] Fritz Landsberger: Von der fragwürdigen Welt. In: Die neue Rundschau 39 (1928), Bd. II, S. 455-462, hier S. 460.

[423] Feldkeller: Der neue Rationalismus, S. 615.

[424] Adolf Behne: Bilanz der Ausstellungen. In: Die Weltbühne 21 (1925), II, Nr. 28, S. 60-62, hier S. 60.

konkreten Angaben«⁴²⁵ zu wirken und zu überzeugen. Man »stellt sich auf den Boden der Tatsachen« und annonciert von dort aus das Ende der »abstrakten« literarischen Richtungen:

> Die man Expressionisten nannte, haben Grundsätze verkündet, Ideen und Richtungslinien wurden festgelegt. Ihre Nachfolger gestalten, was als Bild und Gleichnis, als Feststellungsklage und Urteil zu gestalten ist. Nicht mehr durch explodierende Worte, sondern durch unabweisbare Tatsachen. Ohne Makler und Händler vollzieht sich der Einbruch des Lebens in das Schrifttum. Eine Produktion schlägt durch, schlägt sich durch, fällt auf den Alltag. Erobert sich Lebensrecht auf der Bühne, in der Presse, im Buch. [...] Schlägt mit der Brutalität, ohne die es in grundsätzlichen Dingen zuweilen nicht abgeht, die Brücke zwischen dem Schrifttum und der Wirklichkeit.⁴²⁶

Tatsachenpoetik als eine Vermittlungsstrategie zwischen Literatur und Realität: die politischen Implikationen einer solchen Forderung klingen in Hermann Kessers Sätzen an. Vollends deutlich werden sie jedoch in den Plädoyers jener Autoren, die, das neusachliche Ziel einer Reportageliteratur vor Augen, sich verstärkt der journalistischen Tätigkeit zuwenden. Für sie bedeutet die »Verfälschung der Tatsachen durch Poesie [...] Hochverrat am Geist«. Folglich betreibt man mit der Entwicklung einer Tatsachen- und Dokumentarliteratur im Rahmen gesellschaftlicher Aufklärungsarbeit zugleich die Politisierung und Funktionalisierung literarischer Texte: »Politische, soziale und wirtschaftliche Zusammenhänge so zu sagen wie sie sind«⁴²⁷, lautet die Devise. Einer solchen Literatur schreibt man zwar nicht unbedingt eine Wirkung im »künstlerischen Sinne« zu; da man jedoch weniger einen künstlerischen denn einen gesellschaftspolitischen Einfluß im Auge hat, wird ihr größere »Wirkung«⁴²⁸ zugesprochen. Die neusachliche Tatsachenpoetik gilt demnach gerade wegen ihres gesteigerten Aufklärungspotentials in den zwanziger Jahren als eine avancierte literarische Technik. Im »Kampf um die Wahrheit« wird der Tatsache bzw. dem »Aufzeigen der Tatsachen« selbst von

---

⁴²⁵ Otte: Feuchtwanger-Brecht »Kalkutta, 4. Mai«, S. 11.
⁴²⁶ Hermann Kesser: Die deutsche Literatur zeigt ihr Gesicht. In: Die Weltbühne 25 (1929), I, Nr. 22, S. 789-793, hier S. 793. – Vgl. Bd. II, S. 123.
⁴²⁷ Glaeser: Rheinische Dichter, S. 19 u. 18. – Vgl. Bd. II, S. 233.
⁴²⁸ Ihering: Zeittheater, S. 265. – Vgl. Bd. II, S. 125.

Kritikern der Neuen Sachlichkeit der Stellenwert einer »entscheidende[n] Waffe« zugeschrieben[429] und Kunst demnach als eine »Waffe« verstanden.[430] Man stellt die neusachliche Tatsachenpoetik in den
Dienst einer Ideologiekritik und wendet sich gegen die kultur- und
geistesaristokratischen Literaturkonzepte konservativer Autoren wie
gegen »reines Ästhetentum« gleichermaßen; von Schriftstellern erwartet man daher eine Produktion nicht für »Auserlesene«, sondern
für die Masse.[431]

Zahlreiche zu Anfang des Jahrzehnts gegründete literarische Zeitschriften verschreiben sich diesem Konzept einer Tatsachenberichterstattung; in Korrespondenz zum neusachlichen Neutralitätspostulat formulieren sie die Darbietung eines »reichen Tatsachenstoffes
von einem sachlichen Standpunkt aus« als ihr primäres Ziel.[432] Die
Herausgeber der im Jahr 1920 erstmals erscheinenden Zeitschrift
Der Ararat stellen dem Inhalt der ersten Nummer z.B. folgendes
Motto voran:

> Der Ararat, der bisher als politisches Flugblatt erschienen ist, wird vom
> 1. Januar 1920 an nur mehr für die »Neue Kunst« eintreten; nicht wer-
> bend, durch Aufruf und Hymne, nicht theoretisierend durch Essay und
> Abhandlung, sondern sachlich berichtend durch Darbietung eines Tat-
> sachen- und Anschauungsmaterials, das sich auch auf das Kunstleben al-
> ler Kulturvölker bezieht. Er wird die knappsten Formen literarischer
> Mitteilung bevorzugen: die Skizze, die Glosse und die Notiz.[433]

1924 zieht Hermann von Wedderkop ein Resümee aus der Entwicklung des von ihm seit 1920 geleiteten *Querschnitt*. Den Erfolg der
Zeitschrift sieht er in der Verpflichtung auf eine Tatsachenberichterstattung begründet:

---

[429] Béla Balázs: Der Geist des Films. Haale (Saale) 1930, S. 217. – Vgl. auch
Durus [= Alfred Kemény]: Zwischen »neuer« und revolutionärer Sachlichkeit. In: Die Rote Fahne, 1.1.1929. – Vgl. Bd. II, S. 383.
[430] Friedrich Wolf: Kunst ist Waffe. Stuttgart 1928.
[431] Ernst Glaeser: Rheinische Dichter, S. 18f. – Vgl. Bd. II, S. 233.
[432] [Herausgeber]: Einleitung. In: Faust 1 (1921), Nr. 1, Rückseite.
[433] Hans Goltz: Der neue Ararat. In: Der Ararat. Ein Flugblatt 1 (1918/
1920), Nr. 4, S. 1.

Aus dem Gerede, das nunmehr länger als ein Jahrzehnt angedauert hat, wünschen wir endlich wieder zu den Tatsachen zurückzukommen. Wir werden uns daher, soweit es sich für uns um wissenschaftlich feststellbare Dinge handelt, an die Gelehrten halten, die nach den alten Methoden der Sachlichkeit und Exaktheit verfahren. Wir möchten statt Ansichten Wissen und Tatsachen, indem wir auf die Sensation des heute üblichen spekulativen Gelehrtentums verzichten. [...]
Imagination schätzen wir bei Künstlern, aber wir stehen auf dem Standpunkt, daß der deutsche Geist, ohne sich dessen immer bewußt zu sein, von den Tatsachen des heutigen Lebens sich weit entfernt hat, daß er, der sich an Exotismus berauscht, ohne jemals die deutschen oder die europäischen Grenzen verlassen zu haben, zweckdienlich handelt, wenn er sich zunächst einmal mit den Dingen selbst bekannt macht.[434]

Im Hinblick auf diese Zielsetzung von Publikations- und Rezensionsorganen verwundert es kaum, daß der Begriff der Tatsache schon Anfang der zwanziger Jahre auch als literarästhetischer und literaturkritischer Terminus seine Anwendung findet, mit positiver ebenso wie mit negativer Konnotierung – so rügt z.B. Arthur Eloesser bereits an Carl Sternheims 1921 erschienenem Drama *Manon Lescaut* die »kunstlose und ganz äußerliche Aufreihung des Tatsächlichen« und die »rohe Tatsächlichkeit dieser Bilderfolge«.[435] In neusachlichen Kreisen indes wird im Jahr 1924 mit Paquets Drama *Fahnen* das erste Beispiel einer konsequenten Tatsachenliteratur begrüßt. In der Piscatorschen Inszenierung wird dem Stück der Status eines in Absetzung zur expressionistischen »ekstatische[n] Predigt« auf »unwiderleglich Dokumentarischem aufgebaute[n] Tatsachenstück[s]« bescheinigt; Werk und Aufführung lobt man als gelungene Versuche, die »Anliegen der proletarischen Klasse« »realistisch, tatsachengetreu« auf die Bühne zu bringen.[436] Überhaupt konzediert man Paquets Dramen in ihrer Eigenschaft als eine der Reportage angenäherte Tatsachenliteratur herausragende Bedeutung. Kischs Meinung nach müßte der Präsident der Dichterakademie gar Alfons Paquet

---

[434] von Wedderkop: Der Siegeszug des »Querschnitt«, S. 91. – Vgl. Bd. II, S. 138.

[435] Arthur Eloesser: Von Sternheim zu Unruh. In: Das Blaue Heft 3 (1921), Nr. 5, S. 120-127, hier S. 121.

[436] Max Herrmann (Neiße): Ein wichtiger Theaterabend. In: Die Aktion 14 (1924), Nr. 11, Sp. 303f., hier Sp. 303.

heißen – doch der wurde nicht aufgenommen, offenbar weil er, so vermutet Kisch wohl nicht ganz zu Unrecht, »[d]enen nicht als Dichter [gilt], wahrscheinlich weil er nur Tatsachen schreibt«.[437]

Kisch hatte mit seiner Methodik, »Tatsachen [zu berichten], die jeder vom Hörensagen kennt oder nicht kennt« und »Tatsachen hin-[zustellen]«, Maßstäbe gesetzt[438]; er selbst hatte den Begriff der Tatsache in die literarische Diskussion eingebracht. Bereits 1918 bezieht er die beiden zentralen Termini neusachlicher Ästhetik aufeinander, wenn er in seinem Aufsatz *Wesen des Reporters* dessen Abhängigkeit von »Sachlichkeit« und »Tatsachen« hervorhebt.[439] Im Vorwort seiner Reportagensammlung *Der rasende Reporter* wiederholt Kisch diese Aussage: »[...] er [der Reporter; S.B.] ist von den Tatsachen abhängig, er hat sich Kenntnis von ihnen zu verschaffen, durch Augenschein, durch ein Gespräch, durch eine Beobachtung, eine Auskunft.«[440] Dabei knüpft Kisch an die Präferenz für Tatsachenberichterstattung die Objektivität und Neutralität des Reporters. Mit diesem vieldiskutierten Diktum, das in der Folge nicht nur bei Gegnern der Neuen Sachlichkeit auf Widerstand stößt[441], hatte Kisch das zentrale Kriterium einer Tatsachenschilderung dingfest gemacht, das nicht ohne Wirkung auf andere literarische Genres blieb: Kischs Methode der objektiven, unkommentierten Realitätsbeschreibung, seine Vorgehensweise, Zustände und Situationen zu beschreiben, sich jedoch ihrer Bewertung zu enthalten, wird für die gesamte literarische Produktion verbindlich. Für die in Zusammenhang mit der Neuen Sachlichkeit aufkommende Sachliteratur z.B., insbesondere für die Biographik, erlangt eine objektiv-neutrale Berichterstattung äußerste Priorität; spätestens mit Emil Ludwigs Untersuchung *Wil-*

---

[437] Kisch: Über Alfons Paquet, S. 286. – Vgl. Bd. II, S. 180.

[438] Herrmann: Egon Erwin Kisch, S. 43. – Vgl. Bd. II, S. 163.

[439] Kisch: Wesen des Reporters, Sp. 449.

[440] Kisch: Der rasende Reporter, Vorwort, S. VII.

[441] So schreibt z.B. Kurt Tucholsky in seiner Rezension von Kischs Reportagen: »Das gibt es nicht. Es gibt keinen Menschen, der nicht einen Standpunkt hätte. Auch Kisch hat einen. Manchmal – leider – den des Schriftstellers, dann ist das, was er schreibt, nicht immer gut. Sehr oft den des Mannes, der einfach berichtet: dann ist er ganz ausgezeichnet, sauber, interessant – wenngleich nicht sehr exakt, nicht sachlich genug.« (Peter Panter: Der rasende Reporter. In: Die Weltbühne 21 [1925], I, Nr. 7, S. 254f., hier S. 254f.)

helm II. sieht man sie in diesem Bereich eingelöst. Ludwig habe sich, vermerkt Kurt Tucholsky über dessen Biographie, »jedes persönlichen Angriffs enthalten und nur die Tatsachen sprechen lassen«. Einmal mehr werden die Beweggründe für die Bevorzugung einer objektiven Tatsachenschilderung deutlich, wenn Tucholsky Ludwigs Verfahrensweise breiteste Massenwirkung bescheinigt.[442] Für ihn erfüllt Ludwig mit seinen Büchern einen zentralen Programmpunkt der Neuen Sachlichkeit: die Funktionalisierung der Literatur, ihre Instrumentalisierung für eine sich aus der Masse rekrutierende Leserschicht. Im Hinblick auf dieses Ziel erlangen die Biographien Ludwigs, Valeriu Marcus, Werner Hegemanns und anderer insbesondere aufgrund ihrer Stellung zwischen Belletristik und Historiographie bzw. Sachliteratur Vorbildfunktion; mit dem Begriff der »Historische[n] Belletristik«[443] kennzeichnet man sie als literarische ›Zwischenprodukte‹. Die Fähigkeit und Methodik ihrer Verfasser, »vor den Tatsachen zu sitzen, bis sie sich [ihnen] erschließen«, gilt als vorbildlich, ihre Strategie des »sachliche[n] Hinschauen[s]«[444] möchte man auf die belletristische Produktion übertragen wissen.

Die Methodik, mit »würdiger Sachlichkeit« zu berichten und »sich immer eng ans Historische« bzw. an den »Gegenstand«[445] zu halten, avanciert demzufolge zu einer bedeutenden produktionsästhetischen Maxime. Die Relevanz der Übertragung dieser für Reportage und Sachliteratur ausgebildeten Tatsachenpoetik auf die

---

[442] Ignaz Wrobel [= Kurt Tucholsky]: Das Buch vom Kaiser. In: Die Weltbühne 21 (1925), II, Nr. 52, S. 980-982, hier S. 981.

[443] Der Begriff wurde erstmals von der *Historischen Zeitschrift* benutzt, die im Jahr 1928 ein Sonderheft zum Thema »Historische Belletristik« publizierte: Historische Belletristik. Ein kritischer Literaturbericht. Hrsg. v. der Schriftleitung der *Historischen Zeitschrift*. München, Berlin 1928. Die Beiträge lieferten Hans Delbrück, Fritz Hartung, Wilhelm Mommsen, Ernst Posner, Wilhelm Schüßler und Heinrich Ritter von Srbik. – Den Terminus verwenden die Autoren des Heftes allerdings in ausschließlich pejorativer Bedeutung. – Vgl. hierzu Christoph Gradmann: Historische Belletristik. Populäre historische Biographien in der Weimarer Republik. Frankfurt/Main 1993.

[444] Otto Zarek: Tisch mit Büchern. In: Das Tage-Buch 7 (1926), Nr. 12, S. 474-476, hier S. 474. – Vgl. Bd. II, S. 179.

[445] Klaus Mann: Kaspar Hauser. In: Die Weltbühne 21 (1925), I, Nr. 14, S. 511f., hier S. 511.

traditionellen Gattungen, insbesondere auf Epik und Dramatik, kann im Hinblick auf die Entwicklung einer neusachlichen Ästhetik nicht genügend hervorgehoben werden. Die Forderung nach einer tatsachengetreuen, entfiktionalisierten Schilderung gesellschaftspolitischer Tatbestände und nach der Verarbeitung realer Fakten bestimmt in den folgenden Jahren maßgeblich die literarische Produktion. Die Forderung nach »Tatsächlichkeit«, nach einem »Tatsachenstil«, dessen zentrale Kennzeichen »referierende, sachliche, dokumentarische Elemente«[446] sind, ist bereits zu Anfang der zwanziger Jahre präsent. Dabei besitzt die ästhetische Kategorie der Tatsache im Unterschied zu ihrer allgemeinkulturellen und gesamtgesellschaftlichen Bedeutung dezidiert antiexpressionistische Momente: Statt expressionistischer »Visionen, Klagen und Anklagen« favorisiert man nun »objektivierte Tatsachenbericht[e]«.[447] Den Expressionisten wirft man ihre Scheu vor den Tatsachen vor, diese hätten es versäumt, so lautet die Kritik, der Idee die Tatsache zur Seite zu stellen:

> Bekanntlich gedeiht in Deutschland eine nur in diesem Lande bekannte Abart des Expressionismus, die hier bedeutet Kunst des Ausdrucks, der Verinnerlichung, des Inhalts, der Seele, überhaupt alles dessen, was sich nicht darstellen läßt, d.h. des Gegenstands in der bildenden Kunst, der Tatsache in der Literatur. Der deutsche Expressionismus sucht indes mit der Idee allein auszukommen und aus ihr das letzte, auch den Ersatz des Lebens, wenn es sein muß, herauszupressen. [...] Dem Deutschen ist Bevorzugung des Gegenstands anscheinend zu nüchtern. Er [...] gerät sofort in Konflikt mit lebensstarken, harten Gegenständen oder Tatsachen. Diese bleiben indes unbeugsam, sie reklamieren genau soviel Liebe und Begeisterung wie die Idee, zu der sie an sich nicht die geringste Beziehung unterhalten.[448]

Der Ruf nach sachlicher Tatsachenberichterstattung richtet sich überdies gegen idealistische Tendenzen im allgemeinen. Die Autoren wollen – »mit einer Sachlichkeit ohnegleichen« – »entschiedene Realisten« sein, mit einer eindeutigen Präferenz für den »klare[n]

---

[446] Herbert Ihering: [Rez.] Franz Werfel: Juarez und Maximilian. In: Berliner Börsen-Courier, 23.4.1925.
[447] Pinthus: Männliche Literatur, S. 906. – Vgl. Bd. II, S. 39f.
[448] Wedderkop: Bühnenexpressionismus, S. 104 u. 105. – Vgl. Bd. II, S. 50f.

Alltag der Tatsachen«.[449] Ganz zweifelsohne steht die Neue Sachlichkeit in der Tradition der antiidealistisch ausgerichteten literarischen
Moderne; doch von kaum einer der vorangegangenen Moderneströmungen wird der innerhalb der deutschen Kultur- und Geistes-
geschichte des 18. und 19. Jahrhunderts dominanten idealistischen
Tradition eine so nachhaltige Absage erteilt wie von der neusachlichen Bewegung. In der Konstituierungsphase wird die expressionistische Tendenz, »das Tatsächliche [zu] übersehen«, zur wichtigsten
Negativfolie der Neuen Sachlichkeit. Als eine auf Funktionalität abhebende Kunst bezieht sie historische, politische und gesellschaftliche Tatbestände ein, wobei der Darstellung der »nackte[n], platte[n]
Wirklichkeit« ein außerliterarisches Wirkungspotential zugeschrieben wird. Man ist überzeugt, mit den »Mitteln der Tatsachen wir-
k[en]«, Veränderungen anregen und so zugleich das Bewußtsein der
Rezipienten für ihre reale Lebenswelt schärfen zu können.[450] Dramen wie Arnolt Bronnens *Vatermord* (1920) und Brechts *Baal* (1923)
werden Anfang des Jahrzehnts gerade aufgrund ihres Tatsachenge-
halts positiv aufgenommen und als Beginn einer weiteren Epoche
der literarischen Moderne gewertet. Ihre Methodik, statt »seelische[r] Komplikationen« »dramatische Tatbestände«[451] vorzuführen,
entspricht dem Tatsachenbedürfnis der Zeit. Konsequent neusachliche Autoren wie Erik Reger stellen den Tatsachenbericht über die
fiktionalisierende Darstellung gesellschaftspolitischer Ereignisse und
kritisieren die fabulierende Verwendung von Tatsachen gar als »poetisches Ornament«. »Der Anhang, ein zwei Seiten haltender Tatsachenbericht über die Aufreibung des Freikorps Lützow und die
Strafaktion Epps hat«, so urteilt Reger über Friedrich Wolfs Novel-
lensammlung *Kampf im Kohlenpott*, »mehr Atmosphäre als die ganze
Novelle.«[452] Daß diese Strategie mit dem Ende der Stabilisierungsphase und dem Schwinden des an sie gebundenen Vertrauens in die
›Sachwerte‹ keineswegs diskreditiert war, belegt der auch nach 1930

---

[449] Hermann Kesser: Expressionismus/Zeitgeschichte. In: Die neue Bücherschau 6 (1928), Nr. 10, S. 549-553, hier S. 553.

[450] Wedderkop: Wandlungen des Geschmacks, S. 501 u. 500. – Vgl. Bd. II,
S. 100.

[451] Ihering: [Rez.]: Bertolt Brecht: Baal. – Vgl. Bd. II, S. 242f.

[452] Westhoven: [Rez.] Friedrich Wolf »Kampf im Kohlenpott« und Karl
Grünberg »Brennende Ruhr«, S. 23. – Vgl. Bd. II, S. 236.

ungebrochene Glaube an die Wirkungskraft einer dokumentarisch fundierten Tatsachenliteratur. Noch immer werden Fakten als »beredter« denn als »Kommentare« eingestuft[453], die Methodik, die »Tatsachen durch sich selbst sprechen zu lassen, [...] ohne viel Kommentar zu liefern«, hält man nach wie vor für wirkungsvoll.[454]

Das gattungspoetologische Resultat dieses Bedürfnisses nach Tatsachen sind spezifisch neusachliche Genres wie »Tatsachenroman« und »Tatsachendrama«. Zwar kategorisieren nur wenige Autoren ihre Werke anhand solcher Begriffe[455]; gleichwohl verweisen zahlreiche Vorworte literarischer Werke und die gesamte Konzeption der Texte auf die exponierte Stellung von Fakten und Tatsachen innerhalb des literarischen Produktionsprozesses. Georg Lukács' Vorwurf, nach neusachlichen Prinzipien entstandene Werke wie Ernst Ottwalts *Denn sie wissen, was sie tun* und *Ruhe und Ordnung* oder Willi Bredels Romane vernachlässigten die Gestaltung – eine Kritik, die zweifelsohne auf die gesamte Neue Sachlichkeit zielt –, wird als eine unzeitgemäße Verpflichtung der Autoren auf »Formexperi-

---

[453] L. St. [= Ludwig Steinecke]: [Rez.] Bernard v. Brentano: Der Beginn der Barbarei in Deutschland, S. 5. – Vgl. auch Egon Erwin Kisch: Die Illustrierte Geschichte der deutschen Revolution. In: Die Volksbühne 3 (1928/29), Nr. 3, unpag.: »Wenn wir aber selbst einer Tendenzschrift über unser aller Gegenwartsleben eine Bedeutung beimessen, so müssen wir diese Bedeutung verhundertfachen, vertausendfachen für ein Werk, das das Entstehen unseres Heute, unseres aktuellen Schicksals ungeschminkt aufzeigt, die Tatsachen für sich selbst sprechen läßt. Solchermaßen sachlich und aktenkundig ist die ›Illustrierte Geschichte der Deutschen Revolution‹ angelegt, und es steht zu hoffen, daß dieser Ton der objektiven Gemäßigtheit bis zur letzten Lieferung durchgehalten wird, damit jeder erfahre, welche Welt er erlebt.«

[454] Carl von Ossietzky: [Gratulation zum einjährigen Bestehen von Berlin am Morgen]. In: Berlin am Morgen, 16.3.1930; L.St. [= Ludwig Steinecke]: Bernard von Brentano: Der Beginn der Barbarei in Deutschland, S. 5: »[...] aber die Tatsachen, die hier angeführt und durch viel Material belegt werden, sind zuweilen beredter als alle Kommentare.«

[455] Vgl. z.B. Berta Lask: Leunawerke 1929. Drama der Tatsachen. Berlin 1927. – Lask gibt an, sie habe das Stück »nach gründlichen Quellenstudien als protokollarisches Tatsachendrama« geschrieben (Berta Lask über ihre verbotenen Bücher. In: Die neue Bücherschau 7 [1929], Nr. 5, S. 239-246, hier S. 244); Heinz Liepmann: Das Vaterland. Ein Tatsachenroman aus dem heutigen Deutschland. Amsterdam 1934.

ment[e]« zurückgewiesen. Vorbehaltlos bekennt man sich demgegenüber zu einer Tatsachenberichterstattung. Vor die Wahl »Tatsachenroman« oder »Formexperiment« gestellt, habe sich der Autor, so antwortet Ottwalt auf Lukács' Angriffe, im Hinblick auf das Ziel einer funktionalen Ausrichtung von Literatur, unbedingt für die Tatsache zu entscheiden. Der »Jahrgang 1902«, aus dem sich die neusachliche Generation mehrheitlich rekrutierte, ist ihm in dieser Entscheidung zweifelsohne gefolgt. Plädoyers für eine solche aus dem Bedürfnis der Kriegs- und Nachkriegsgeneration nach Fakten resultierende Verfahrensweise integrierte man nicht zuletzt auch in die literarischen Werke. So heißt es z.B. in Ernst Glaesers repräsentativem Roman *Jahrgang 1902*:

> Er [...] schuf mit geringen Mitteln eine kleine Bibliothek, in der nur wissenschaftliche Bücher und Werke der Führer und Gründer der Partei Aufnahme fanden. Bücher unterhaltenden Inhalts verdammte er. Sie lenkten von der Hauptsache ab. Sie zwängen zu Gedanken, die mit dem Kampf des Proletariats nichts zu tun hätten. Denn dieser Kampf sei ein wirtschaftlicher Kampf. Statistiken über die Wohnungsnot, die Kindersterblichkeit in der Arbeiterschaft, Statistiken über die Unfälle in Fabriken und Bergwerken, die hochschwingenden Kurven der Tuberkulose, Statistiken über die Lebensgrenze in einzelnen Berufen (Bergarbeiter, chemische Industrie, Weber), die Bilanzen der Konzerne, Dividenden der Aktionäre, Bezüge der Direktoren, die Kurven der Börse, Statistiken über den gesamten sozialen Apparat erschütterten den Heizer Kremmelbein mehr, als es je ein Roman vermocht hätte.
> »Die Wahrheit liegt in den Zahlen«, hatte er einmal bei einer Tagung des Bildungsausschusses seiner Partei gesagt.
> Mit präzeptoralem Eifer widmete er sich der Aufklärungsarbeit unter seinen Genossen. Er ließ nichts als die Tatsachen gelten, und wo andere wortreiche Schlüsse zogen, beschränkte er sich auf die Mitteilung der Situation. Er revolutionierte durch Exempel. Statt Schlagworten gab er jedem eine Statistik in die Hand. Statt Metaphern gab er Zahlen. Die Bildungsabende, die er leitete, waren streng und nüchtern, wie Mathematikstunden. Mit fanatischer Sachlichkeit kommentierte er an großen Plakaten, auf die er in peinlicher Sauberkeit mit Tusche seine Statistiken übertragen hatte, seine Erkenntnisse [...] Sein Ehrgeiz war die Wahrheit.[456]

---

[456] Ernst Glaeser: Jahrgang 1902. Potsdam 1928, S. 80f.

III.12. *Bericht*

Für die Umsetzung der projektierten Annäherung von Literatur und Publizistik und für die Entwicklung einer Tatsachenliteratur insgesamt sieht die neusachliche Ästhetik neben der dokumentarischen Schreibweise den Bericht vor. Der Berichtstil ermöglicht das Operieren auf zwei Ebenen – der realen der empirischen Welt und der fiktionalen der literarischen Verarbeitung. Daß dabei die Ausbildung des Berichts zu einer bevorzugten literarischen Mitteilungsform eng mit der neusachlichen Faktenpräferenz verbunden ist, liegt auf der Hand; gleichfalls, daß die Entwicklung einer Tatsachenpoetik über die Form des Berichts vollzogen werden sollte, ja mußte. Der Bericht ist das Verbindungsstück zwischen Belletristik und Reportage, zwischen literarischer und journalistischer Darstellung; aus diesem Grund kommt ihm im Rahmen einer neusachlichen Ästhetik zentrale Bedeutung zu: Der Bericht ist das Kernstück der von der Neuen Sachlichkeit proklamierten dokumentarischen Tatsachenliteratur.

Innerhalb des neusachlichen Diskurses werden die Begriffe »nüchtern«, »sachlich«, »gegenständlich« und »Bericht« bzw. »Berichtsprache« bereits zu Beginn der zwanziger Jahre miteinander in Verbindung gebracht.[457] Man gibt die Devise »Berichten ist wichtiger als dichten«[458] aus; schildern statt gestalten ist demnach eine verbindliche Option neusachlicher Programmatik.[459] Ziel der literarischen Produktion ist nicht mehr die Erdichtung von Fiktionalem; statt dessen sollen Selbst-Erfahrenes und Authentisches mitgeteilt werden. Nicht nur die Konzeption literarischer Reihen wie die von Eduard Trautner 1927 herausgegebene Dokumentarserie »Berichte aus der Wirklichkeit«, innerhalb derer u.a. Egon Erwin Kischs *Kriminalistisches Reisebuch* und Leo Lanias dokumentarische Erzählung *Indeta, die Fabrik der Nachrichten* erschienen, oder die von Rudolf

---

[457] Berthold Viertel: [Rez.] Hermann Ungar: »Die Verstümmelten«. In: Die Weltbühne 19 (1923), I, Nr. 23, S. 661-663, hier S. 661.

[458] Natonek: Dichtung als Dokument. – Vgl. Bd. II, S. 226.

[459] Vgl. Anonym: Sigmund Graff/Carl Hintze: Die endlose Straße. Aufführung Stadttheater Aachen. Zitiert nach: Günther Rühle: Theater für die Republik 1917-1933 im Spiegel der Kritik. Frankfurt/Main 1967, S. 1048f., hier S. 1048.

Leonhard geleitete Schriftenreihe »Außenseiter der Gesellschaft. Die Verbrechen der Gegenwart«, in der ebenfalls repräsentative neusachliche Texte erschienen, u.a. Alfred Döblins Erzählung *Die beiden Freundinnen und ihr Giftmord* (1924), Kischs *Der Fall des Generalstabschefs Redl* und Hermann Ungars *Die Ermordung des Hauptmanns Hanika* (beide 1925), steht in direkter Verbindung mit dieser inhaltlichen Forderung; auch die Ausbildung neusachlicher Genres wie Zeitroman, Zeitstück und Gebrauchslyrik ist auf die Proklamation einer entfiktionalisierten Literatur zurückzuführen.

Im Einverständnis mit dem Erwartungshorizont der Kritiker und Leser verstehen sich die Autoren als zwischen realer Lebenswelt und Lesepublikum vermittelnde »Berichterstatter«.[460] Nicht nur die zahlreichen Vorworte neusachlicher Werke, in denen die Autoren ihrer Leserschaft versichern, ausschließlich selbst Gesehenes, Erlebtes oder Erfahrenes zu berichten, mithin Tatsachen und Authentisches zu schildern, belegen dies; vielmehr zieht sich die Präferenz für das Berichten aktueller, realitäts- und gesellschaftsbezogener Tatbestände durch die gesamte Diskussion um eine neusachliche Schreibweise. Anläßlich einer *Sophokles*-Inszenierung Leopold Jeßners im Jahr 1929 beschreibt Felix Holländer dessen Methodik der »referierende[n] Sachlichkeit«, das Verfahren, »Vorgänge und Tatsachen [...] nüchtern« und die dramatischen Ereignisse als »sachliche[n] Zeitungsbericht« zu geben, als eine dem Zeitgeschmack entsprechende Vorgehensweise.[461] Und selbst ein Gegner der Neuen Sachlichkeit wie Alfred Kerr lobt Marieluise Fleißer in Zusammenhang seiner Rezension des Stücks *Fegefeuer in Ingolstadt* als eine »begabt-naturalistisch[e]« »Beobachterin«, als eine »kostbare Abschreiberin« von Realitäten.[462]

Der Rückgriff auf naturalistisches Beschreiben und Berichten wendet sich Anfang der zwanziger Jahre gegen die pathosüberladene Ausdrucksweise der Spätexpressionisten. 1920 leitet Walter Hasenclever seinen im *Tage-Buch* erschienenen Aufsatz über die »Kieler Woche« mit den Worten ein: »Ich will das, was ich gesehen habe,

---

[460] Herbert Ihering: [Rez.] Marieluise Fleißer: »Fegefeuer in Ingolstadt«. In: Berliner Börsen-Courier, 26.4.1926.
[461] Felix Hollaender: Sophokles: »Ödipus«. In: 8-Uhr-Abendblatt, 5.1.1929. – Vgl. Bd. II, S. 265.
[462] Kerr: Marieluise Fleißer: »Fegefeuer in Ingolstadt«.

sachlich berichten«[463]; der ehemalige Expressionist Hasenclever formuliert mit dieser Vorgabe eine das neusachliche Jahrzehnt bestimmende Maxime: die Entwicklung eines auf Beobachtung basierenden Berichtstils. Im gleichen Jahr wendet sich Oskar Maria Graf »gegen den Dichter von heute« und damit zugleich gegen »psychologische Aufklärung«, gegen das spätexpressionistische Ideen- und Verkündigungsdrama, gegen die expressionistischen »Prediger«. Graf ruft zu mehr »Sachlichkeit« in Literatur, Kunst, Kritik und Politik auf: Obgleich an der traditionellen Unterscheidung zwischen Dichter und Reporter festhaltend, möchte er die Autoren auf »sachlichen Bericht« und mehr Realismus in der Literatur festlegen.[464] Kurze Zeit später wendet sich Alfred Döblin im *Tage-Buch* mit seinem *Bekenntnis zum Naturalismus* gegen die mit der antinaturalistischen Haltung verbundene Ablehnung der Berichtform innerhalb der expressionistischen Bewegung. Er ›bekennt‹ sich zu den naturalistischen Techniken des »Beschreiben[s]« und »Schildern[s]« realer »Gegenstandswelt« und ruft gegen die expressionistische Tendenz zur »Vergeistigung« zu mehr »Gegenständlichkeit« in der Literatur auf.[465]

Döblin wird in den folgenden Jahren konsequent für eine Verwissenschaftlichung des literarischen Stils bzw. für eine Orientierung der Autoren an einem objektiv berichtenden Wissenschaftsstil plädieren. 1923 verweist er auf den Einfluß des Zeitungsstils für seine literarische Produktion: »Diese bemühten, gefeilten, durchdachten Stile. Es kommt gar nicht darauf an. Ich halte mich über Stil auf dem Laufenden durch Zeitungslektüre: Aufsätze der Börsenspezialisten, Berichte von Generalversammlungen«[466], gesteht er in der Rezension eines heute nicht mehr zu identifizierenden Romans. Vier Jahre später empfiehlt Döblin den am Wettbewerb der *Literarischen Welt* teilnehmenden jungen Erzählern, sich an den Stil wissenschaftlicher Abhandlungen und journalistischer Berichterstattung zu

---

[463] Walter Hasenclever: Die Kieler Woche. In: Das Tage-Buch 1 (1920), Nr. 11/12, S. 393-395, hier S. 393.

[464] Oskar Maria Graf: Gegen den Dichter von heute. In: Die Bücherkiste 2 (1920/21), Nr. 5/6, S. 5f., hier S. 5. – Vgl. Bd. II, S. 48.

[465] Döblin: Bekenntnis zum Naturalismus, S. 1599f. – Vgl. Bd. II, S. 64.

[466] Alfred Döblin: Mehrfaches Kopfschütteln. In: Die Literatur 26 (1923/24), Nr. 1, S. 5f., hier S. 5. – Vgl. Bd. II, S. 94.

halten.[467] Auch in seinem 1928 erschienenen Aufsatz *Der Bau des epischen Werks* plädiert er für eine berichtende Schreibweise, obwohl er die Methodik, »unbändig [...] dem Bericht, dem Dogma des eisernen Vorhangs« sowie den »Mitteilungen von Fakta, Dokumente[n]« zu »huldig[en]«, lediglich als eine frühere Position reklamiert[468]; mit seinem kurz danach erschienenen, über weite Strecken in einem konsequenten Berichtstil verfaßten *Berlin Alexanderplatz* widerlegt er sich jedoch selbst. In zentralen Passagen des Romans verzichtet Döblin auf die Rolle des traditionellen, dominanten und allwissenden Erzählers zugunsten der Rolle eines Berichterstatters, Sammlers, Aufzeichners und Arrangeurs der Daten und Fakten. Folgerichtig vermeidet er es, von *Berlin Alexanderplatz* als von einem ›Roman‹ zu sprechen; statt dessen nennt er sein Werk im Untertitel eine »Geschichte« und redet von seinem »Buch« als von »Mitteilungen« bzw. von einem ›Bericht‹.[469]

Döblins Plädoyer für die journalistische Schreibweise macht deutlich, in welchem Bereich man einen an den Wissenschaftsstil angenäherten literarischen Berichtstil bereits entwickelt sah. Vergegenwärtigt man sich, daß ein Aspekt der Forderung nach Sachlichkeit seit Beginn der zwanziger Jahre die Ausbildung einer berichtenden Schreibweise war, so wird einmal mehr die Bedeutung der Reportage für eine neusachliche Ästhetik und Literatur verständlich. Im Verlauf der zwanziger Jahre werden die Techniken journalistischen Schreibens zunehmend für die literarische Praxis maßgeblich und verbindlich. Innerhalb der Diskussion um eine der zeitgenössischen Realität adäquate Literatur ist ein Erwartungshorizont auszumachen, vor dessen Hintergrund an literarische Texte der Publizistik vergleichbare Anforderungen gestellt werden. Die Strategien der Reporter, statt »Visionen« »Gegenständliches« zu liefern, »Klarheit« über ein Thema durch »vollkommenes Bei-der-Sache-sein« und »feinere[s] Beobachten« sowie mittels einer »außerordentliche[n], fast stechende[n] Präzision« und »vollkommene[n] Deutlichkeit« des Geschilderten zu erlangen, werden auf die epische und dramatische

---

[467] Döblin: Unbekannte junge Erzähler, S. 1. – Vgl. Bd. II, S. 82f.
[468] Döblin: Der Bau des epischen Werks, S. 535.
[469] Alfred Döblin: Berlin Alexanderplatz. Die Geschichte vom Franz Biberkopf. Berlin 1929, S. 9, 218 u. 9.

Produktion übertragen.[470] Was Autoren und Kritiker an Kischs Reportagen hervorheben und als richtungweisend für Epik und Dramatik zitieren, ist die, wie Stefan Grossmann 1923 im *Tage-Buch* schreibt, »unbedingte Nüchternheit und Tatsächlichkeit« sowie die »musterhafte Exaktheit« seiner Beschreibungen.[471] So überrascht es kaum, daß man bereits zu Beginn der zwanziger Jahre auf Erzählern in der Funktion von »Berichtende[n]« und »sachlichen Zeugen« insistiert. Eine dem Reporter abgeschaute »Unbewegtheit des Berichters« wird schon 1921 als Voraussetzung eines »männliche[n]« Erzählstils bzw. eines »männliche[n] Erzähler[s]« angeführt; »männlich« indiziert dabei die »Leidenschaft zur Sachlichkeit«, die »alles Persönliche nur durchs Medium der Hingabe an jene wahrnehmbar« mache.[472] Mittels einer solchen Methodik möchte man die subjektivistische Sprache der Expressionisten überwinden. Herbert Ihering nimmt daher in seiner 1924 erschienenen Schrift *Aktuelle Dramaturgie* die Unterscheidung zwischen der expressionistischen Verwendung der Sprache als »Ausdruck« und einem neusachlichen Verständnis von Sprache als »Mitteilung«, als »Bericht« vor. In diesem Sinn setze, so Iherings Argumentation, die Neue Sachlichkeit dem expressionistischen Gebrauch von Sprache als »Gefühlseruption, als seelische, als schöpferische Entladung« die »Sachlichkeit« von Sprache und Stil entgegen.[473] In Verbindung mit der Überlegung, daß eine »neue Zeit« einen neuen »schärferen Rhythmus« erfordere, akzentuiert man die Notwendigkeit einer »knapp[en], sachlich[en], geschäftlich[en]« Sprache, frei von »Sentimentalität« und jenseits aller »psychologische[n] Weitschweifigkeit«. Leo Rein zufolge, Kritiker der Zeitschrift *Das Blaue Heft*, ist dieses Ziel bereits im Jahr 1925 erreicht; jedenfalls glaubt er einen »neuen Stil« ausmachen zu kön-

---

[470] Alfons Paquet: Rußland heute. In: Das Tage-Buch 1 (1920), Nr. 31, S. 1006-1008, hier S. 1008, 1007, 1008 u. 1009.

[471] Stefan Grossmann: Das Prager Soldatenbuch. In: Das Tage-Buch 4 (1923), Nr. 21, S. 741f., hier S. 741 u. 742.

[472] Arnold Zweig: Willi Handl und sein Roman. In: Die Weltbühne 17 (1921), II, Nr. 29, S. 65-72, hier S. 68, 67 u. 72. – Vgl. Bd. II, S. 72.

[473] Herbert Ihering: Mitteilung und Ausdruck. In: Ders.: Aktuelle Dramaturgie. Berlin 1924, S. 104-106, hier S. 104 u. 106. – Vgl. Bd. II, S. 198.

nen, dessen hervorragendes Kennzeichen eine »sachlich-wissenschaftliche Ausdrucksweise« sei.[474]

Neben einer stärkeren Gewichtung der ›Gegenständlichkeit‹ von Literatur wird an einen sachlichen Berichtstil zudem die Hoffnung auf eine klare, nüchterne und unpathetische Ausdrucksweise geknüpft. Mittels des Berichts glaubt man die Entwicklung der geforderten »Präzisionsästhetik« vorantreiben zu können, worunter Erik Reger primär eine Präzision der Sprache, der Ausdrucksweise verstanden wissen will.[475] Nach Auffassung vieler Autoren gewährleistet der Bericht die »Präzision des Ausdrucks« und der »Gedanken«; er garantiert, so argumentiert z.B. Ernst Glaeser in Zusammenhang seiner Rezension von Joseph Roths »Bericht« *Die Flucht ohne Ende*, eine »journalistische Ehrlichkeit«, die »Unklarheit« und »deutsche[s] Dunkel« zu überwinden helfe.[476] Mit seinem nur wenige Jahre nach Kischs Reportagen *Der rasende Reporter* erschienenen »Bericht« und insbesondere mit dem diesem vorangestellten Vorwort hatte Roth erstmals die Verfahren journalistischer Berichterstattung auf die Prosaliteratur übertragen. Diese Vorgehensweise erklärt die Signalwirkung, die das Buch für die neusachliche Generation hatte. Selbst publizistisch tätig, war es kein Zufall, daß gerade Roth in diesen Jahren die Annäherung von journalistischem und literarischem Schreiben betrieb. Die Aufgabe von Autoren sei es nicht mehr, schreibt Roth in seinem Vorwort, »zu dichten«, zu »komponiere[n]« oder zu erfinden; statt dessen verpflichtet er sich und andere Autoren auf Beobachten und auf sorgfältiges Berichten des »Beobachtete[n]«:

> Im folgenden erzähle ich die Geschichte meines Freundes, Kameraden und Gesinnungsgenossen Franz Tunda.
> Ich folge zum Teil seinen Aufzeichnungen, zum Teil seinen Erzählungen.
> Ich habe nichts erfunden, nichts komponiert. Es handelt sich nicht mehr darum, zu »dichten«. Das wichtigste ist das Beobachtete. –[477]

---

[474] Leo Rein: Das junge Drama. In: Das Blaue Heft 4 (1925), Nr. 12, S. 331-338, hier S. 334 u. 338.

[475] Enkenbach [= Erik Reger]: Die Erneuerung des Menschen durch den technischen Geist oder: Das genau gebohrte Loch, S. 9. – Vgl. Bd. II, S. 87.

[476] Glaeser: Joseph Roth berichtet, S. 209. – Vgl. Bd. II, S. 203.

[477] Roth: Die Flucht ohne Ende. Vorwort, S. 7. – Vgl. Bd. II, S. 202.

Ein Jahr nach Roths »Bericht« erscheint Ernst Glaesers Roman *Jahrgang 1902*, der unter ähnlichen Prämissen geschrieben ist. In einer dem zweiten Teil des Romans (»Der Krieg«) beigefügten Vorbemerkung, auf die er in der zweiten Auflage aus dem Jahr 1931 allerdings verzichtet – beide Punkte erklären die weitaus intensivere Wirkung von Roths Vorwort –, deklariert Glaeser die Funktion des Schriftstellers, insbesondere des Romanciers, als die eines beteiligten Beobachters, der Erlebtes und Beobachtetes »berichte[t]«, nicht jedoch Fiktionales erdichtet:

> Im Folgenden berichte ich, was meine Freunde und ich vom Krieg gesehen haben. Es sind nur Episoden.
> Wir waren ganz unseren Augen ausgeliefert. [...]
> Vielleicht haben andere mehr gesehen. Sie sollen es sagen.
> Meine Beobachtungen sind lückenhaft. Es wäre mir leicht gewesen, einen »Roman« zu schreiben. Ich habe mit diesem Buch nicht die Absicht zu »dichten«.
> Ich will die Wahrheit sagen, selbst wenn sie fragmentarisch ist wie dieser Bericht.[478]

Roths und Glaesers Überlegungen stehen für die von der Neuen Sachlichkeit postulierte Annäherung der Literatur an die Publizistik, hier des Romans an die Reportage. Ihr Ziel ist die Öffnung des epischen Genres für journalistische Techniken; in der Regel wird dabei jedoch sowohl an der Bezeichnung ›Roman‹ als auch an einer – wenngleich mutierten – Romanform festgehalten, da man den Anspruch auf Allgemeingültigkeit und -verbindlichkeit durch die alleinige Präsentation des Dokumentarmaterials nicht eingelöst sieht. Allerdings versteht man unter dem Begriff ›Roman‹ nun ein »wahrheitsgetreues Protokoll« eigener Erlebnisse, in dem »keine Seite auf freier Erfindung« beruhen sollte. Dabei werden die berichteten Ereignisse aber mittels einer Personenkonstellation in einen fiktionalen Rahmen integriert und somit einer Literarisierung unterzogen. Diese Einbindung des Berichts authentischer Erfahrungen und Geschehnisse in einen ›romanhaften‹ Gesamtzusammenhang wird jedoch als eine Möglichkeit gewertet, den allgemeinen Aussagewert des hinzugezogenen Dokumentarmaterials zu erhöhen und zu belegen; man glaubt, auf diese Weise den Nachweis erbringen zu kön-

---

[478] Glaeser: Jahrgang 1902, S. 240. – Vgl. Bd. II, S. 202.

nen, daß die Dokumente nicht nur für den konkreten Einzelfall Verbindlichkeit haben, sondern überdies gesamtgesellschaftliche Relevanz besitzen. Gerade in diesem Akt der Verallgemeinerung sehen viele Autoren die spezifische Aufgabe des Schriftstellers. Im Vorwort seines »Roman[s] aus dem Leben der nationalgesinnten Jugend« *Ruhe und Ordnung* erläutert Ernst Ottwalt diese Vorgehensweise:

> Die Form des Romans wurde lediglich gewählt, weil hier nicht Schuld oder Verhängnis bestimmter Einzelpersonen dargestellt werden soll, sondern das Bild jener Nachkriegsjugend, die sich die nationale nennt. Die Gefühle, Meinungen und Taten dieser Jugend sind weder an eine bestimmte deutsche Stadt, noch an ein bestimmtes jener Jahre gebunden, die uns vom Ende des Weltkrieges trennen. Nichts Einmaliges und Zufälliges wird in diesem Buch geschildert.[479]

Solche Hinweise auf den allgemeinen Verbindlichkeitsgrad der unter Verwendung von Dokumentarmaterialien geschilderten Fälle leiten viele neusachliche Romane ein. So heißt es z.B. in Franz Jungs Roman *Samt*:

> Überdies hätte sich dasselbe zutragen können ebenso gut in einer Industriestadt des mittleren England oder in Rouen oder, um noch näher zu kommen, in Magdeburg oder Hannover. Die Menschen, die solchen Zufällen ausgesetzt werden, sind sich überall in der ganzen Welt gleich.[480]

Auch Lion Feuchtwanger gibt im Vorwort seines Romans *Erfolg* zwar die von ihm benutzten Quellen preis; innerhalb des Romans jedoch werden sie insofern einer Literarisierung unterzogen, als sie in eine fabulierende Romanhandlung eingebunden sind:

> Kein einziger von den Menschen dieses Buchs existierte aktenmäßig in der Stadt München in den Jahren 1921/24: wohl aber ihre Gesamtheit. Um die bildnishafte Wahrheit des Typus zu erreichen, mußte der Au-

---

[479] Ernst Ottwalt: Ruhe und Ordnung. Roman aus dem Leben der nationalgesinnten Jugend. Vorwort. Berlin 1929, S. 9. – Vgl. Bd. II, S. 205.
[480] Jung: Samt, S. 79.

tor die photographische Realität des Einzelgesichts tilgen. Das Buch *Er-*
folg gibt nicht *wirkliche*, sondern historische Menschen.[481]

Hans Fallada betont im Vorwort zu seinem die Vorfälle um die
schleswig-holsteinische Landvolkbewegung thematisierenden Roman *Bauern, Bomben und Bonzen*, über die er sowohl als angestellter
Redakteur des Neumünsteraner *General-Anzeigers* als auch in der
Weltbühne und im *Tage-Buch* mehrfach berichtete[482], ausdrücklich,
daß sein »Buch [...] ein Roman« sei und daß »seine kleine Stadt [...]
für tausend andere und für jede große auch« stehe.[483]

Joseph Roth hebt in seinem Aufsatz *Schluß mit der Neuen Sach-*
lichkeit! den »künstlerischen«, »poetischen« Bericht von der »dokumentarischen Mitteilung« ab; als Hauptunterscheidungsmerkmal
nennt er den höheren Grad der Gestaltung des letzteren: »Die Zeugenaussage, also die Mitteilung, ist eine Auskunft über das Ereignis.
Der Bericht gibt das Ereignis selbst wieder. Ja, er ist selbst das Ereignis.« Mit dieser Differenzierung befindet sich Roth durchaus in
Übereinstimmung mit der neusachlichen Programmatik, die die
Ausbildung des Berichts zu einer – wie Kisch bereits 1918 formuliert
– »Kunstform«[484] vorsieht. Wie Ottwalt mißt Roth der Form des
Berichts mehr Verbindlichkeit und Authentizität und folglich auch
größere Wirkung bei:

> Der ›künstlerische Bericht‹ erreicht jenen Grad, auf dem er des Details
> nicht mehr bedarf, um gültig zu sein. Die Zeugenaussage war ›au-
> thentisch‹. Aber sie erreicht beim Leser nicht einmal den Grad der
> Glaubwürdigkeit, weil er (zufälliger) Teilnehmer am Ereignis war, also
> die reale Unmittelbarkeit seiner Eindrücke nur in der ›poetischen‹ des

---

[481] Lion Feuchtwanger: Information. In: Ders.: Erfolg. Drei Jahre Geschichte einer Provinz. 2 Bde. Berlin 1930, hier Bd. 2, S. 7. – Vgl. Bd. II,
S. 227.

[482] Hans Fallada: Landvolkprozeß. In: Die Weltbühne 25 (1929), II, Nr. 49,
S. 832-835; ders.: Landvolkprozeß. In: Das Tage-Buch 10 (1929), Nr. 37,
S. 1516-1519; ders.: Landvolkprozeß. In: Das Tage-Buch 10 (1929), Nr. 47,
S. 2007f.

[483] Hans Fallada: Bauern, Bomben und Bonzen. Vorwort. Berlin 1929,
S. [5].

[484] Kisch: Reportage als Kunstform und Kampfform. – Vgl. Bd. II, S. 194-
196.

geformten Berichts wiederfinden kann; nicht aber in der ungeformten Simplizität der ›dokumentarischen‹ Mitteilung.[485]

Ottwalts, Jungs, Feuchtwangers, Falladas und Roths Überlegungen stehen für die neusachliche Definition des Berichts als einer dokumentarische und fiktionale Elemente integrierenden Mischform. Bezeichnenderweise redet Feuchtwanger in seinem Aufsatz *Der Roman von heute ist international* aus dem Jahr 1932 von der Neuen Sachlichkeit als von einem modernen »Darstellungsmittel« zeitgenössischer Realität, als von einem »Kunstmittel«, dessen zentrale Kennzeichen die »sachliche Darstellung«, und das heißt für Feuchtwanger eine berichtende Erzählweise, seien.[486]

Marieluise Fleißer hatte in ihrem bereits erwähnten Aufsatz *Der Heinrich Kleist der Novellen* gleichfalls präzisiert, was mit dieser Form des Erzählens gemeint war. Ihre Ausführungen dürfen als Kernsätze neusachlicher Programmatik gelten: Danach hat man unter sachlichem Erzählen die Anfertigung eines »sachlichen und umfassenden Bericht[s] dessen, was [...] Personen unter den und den Umständen taten und wohin sie damit gerieten«, zu verstehen. Der Verzicht auf »jede Beobachtung, die nicht den Gang der Handlung vorwärtsschreiten läßt«, ist das zentrale Moment eines solchen Stils, die jegliche subjektiv motivierte Ergänzungen ausschließende Neutralität des Berichterstatters den Protagonisten gegenüber seine unabdingbare Voraussetzung.[487] Dabei wird die Form des Berichts, darauf verweisen auch Fleißers Aussagen, an die beobachtende Tätigkeit des Erzählers rückgebunden; diese Methodik berechtigt, von einem ›beobachtenden Berichtstil‹ der Neuen Sachlichkeit zu sprechen. Ihm verdanken viele neusachliche Romane, so auch Fleißers *Mehlreisende Frieda Geier. Roman vom Rauchen, Sporteln, Lieben und Verkaufen*, ihre distanzierte Erzähltechnik, die den Leser selbst in die Rolle des distanzierenden Beobachters zwingt.

---

[485] Roth: Schluß mit der Neuen Sachlichkeit!, S. 4. – Vgl. Bd. II, S. 317f.
[486] Feuchtwanger: Der Roman von heute ist international. – Vgl. Bd. II, S. 147.
[487] Fleißer: Der Heinrich Kleist der Novellen, S. 8. – Vgl. Bd. II, S. 201.

III.13. *Gebrauchswert*

Die Forderungen nach Tatsachenpoetik, Reportagestil und Berichtform sind nicht zuletzt das Resultat eines in der neusachlichen Bewegung manifest werdenden Wandels des traditionellen Literaturverständnisses. Die Erwartungen an Literatur unterscheiden sich in
den zwanziger Jahren grundlegend von denen der Vorkriegszeit. Mit
Ausnahme des Dadaismus hat keine andere literarische Modernebewegung so konsequent die Ausbildung einer Gebrauchsliteratur betrieben wie die Neue Sachlichkeit. Dabei leitet sich das Ziel der
Funktionalisierung der Literatur aus dem Prozeß der Politisierung
der Gesellschaft in der Weimarer Republik ab. Mit der Verpflichtung der Autoren auf realitätsnahe und aktuelle Sujets korreliert die
Forderung nach einer lebensnahen Gebrauchsliteratur und umgekehrt. Man produziert und bewertet Literatur im Hinblick auf ihren
Nutzaspekt: Literatur müsse, so lautet eine allenthalben geäußerte
Vorstellung, einen funktionalen Charakter haben. Dem als »oppor-
tunistisch« empfundenen traditionellen Kunstverständnis setzt man
eine »sachliche oder erkennende« Kunstauffassung entgegen, nach
der man von einer »sachlichen Notwendigkeit« der Literatur und
Kunst für die gesellschaftspolitische Entwicklung und für den demokratischen Erziehungsprozeß auszugehen habe: »Wir betrachten
das Kunstwerk nicht mehr zeitlos-formal, sondern sachlich«, kündigt Adolf Behne in seinem Aufsatz *Kunst in der Gemeinschaft* an,
womit er zugleich eine Bewertung der Literatur nach ihrem Nutzen
für die Gesellschaft vornimmt: »Auch die vollendete Form muß sich
heute als notwendig erweisen. Wir lehnen uns heute auf gegen jede
ziellose Produktion ohne Qualität [...].«[488] Im Rahmen des innerhalb
der republikanischen Staatsform angestrebten Demokratisierungsprozesses schreibt man einer aufklärerischen Massenliteratur, deren
Gebrauchswert über ihre thematische und stilistisch-sprachliche Allgemeinverständlichkeit und -verbindlichkeit sichergestellt werden
soll, elementare Bedeutung zu. Diese Absage an eine autonome
Kunstproduktion zugunsten einer sachlich-kritischen Gebrauchsliteratur impliziert die Distanzierung von ästhetizistischen Positionen;
überdies leitet sie den die kulturelle Atmosphäre der zwanziger Jah-

---

[488] Adolf Behne: Kunst in der Gemeinschaft. In: Die Tat 16 (1926), Nr. 9,
S. 685-693, hier S. 686. – Vgl. Bd. II, S. 269.

re maßgeblich bestimmenden Prozeß der Entauratisierung der Literatur und Kunst ein.

Dabei scheint es gerade in diesem Punkt von entscheidender Bedeutung, die Literatur der Neuen Sachlichkeit von einer ebenfalls für die Masse bestimmten Zerstreuungs- und Unterhaltungskultur abzuheben. Zwar werden die in den zwanziger Jahren entstehenden Konsumformen amerikanischer Prägung ebenfalls unter dem Begriff der Neuen Sachlichkeit gefaßt; doch daß mit neusachlicher Gebrauchsliteratur keine »Ästhetik des laufenden Bandes« in der Art der Girlrevuen vorliegt, braucht kaum mehr bestätigt zu werden[489]; daß man aber mit einer massenorientierten Gebrauchsliteratur keine affirmative Massenkultur im Blick hatte, muß hingegen eigens hervorgehoben werden. Eine auf Verständlichkeit und Nutzen abhebende Gebrauchskunst sah man keinesfalls in den Freizeitangeboten industriellen Zuschnitts verwirklicht, die dem Dogma des Unterhaltungseffekts und -werts jegliche kritische Distanz zum Gegenstand und jegliche aufklärerische, hinterfragende Dimension unterordnen; vielmehr schreibt die neusachliche Konzeption einer massennahen, allgemeinverständlichen Zweckkunst dem gesellschaftlichen Erkenntniswert von Literatur zentrale Bedeutung zu. Vergegenwärtigt man sich z.B. die literarischen Erfolge und breite Rezeption der Werke Falladas, Keuns, Kästners, Remarques u.a., die Aufregungen und Skandale um Stücke von Brecht, Fleißer, Wolf, Lampel und Bruckner und um die Piscatorschen Inszenierungen, die publizistische Arbeit Tucholskys oder die soziologischen Essays Kracauers und Benjamins, so darf deren Realisierung zweifelsohne als gelungen gelten.

»Sachlichkeit und Zweckmäßigkeit« – Mies van der Rohe bringt die beiden Begriffe bereits 1924 miteinander in Verbindung – werden als notwendige »Forderungen der Zeit«[490] gewertet, denen man insbesondere in Architektur, Film, Literatur und Kunst Geltung zu verschaffen gedenkt. Für den literarischen Bereich leitet sich aus dieser Überzeugung ein operativer Literaturbegriff ab, der die

---

[489] Béla Balázs: Sachlichkeit und Sozialismus. In: Die Weltbühne 24 (1928), II, Nr. 52, S. 916-918, hier S. 917. – Vgl. Bd. II, S. 325; vgl. dazu auch Kapitel IV.3.

[490] Mies van der Rohe: Baukunst und Zeitwille. In: Der Querschnitt 4 (1924), Nr. 1, S. 31f., hier S. 32.

schriftstellerische Produktion vorzugsweise unter einem pädagogisch-didaktischen Aspekt bestimmt. Kunst wird als ein »Mittel zum
Zweck«[491] definiert – man spricht ihr den Status einer »Waffe«[492] zu.
Man glaubt an die »Wirkung des Wortes« ebenso wie an die Notwendigkeit und Berechtigung der literarischen Tätigkeit in einer
»korrumpierten«, »bedürftigen« Welt. Viele Autoren sind überzeugt,
daß ihr »Wort« zur »Tat«[493] wird, sie begreifen sich demnach als »un-
entbehrliche Helfer« beim Aufbau eines demokratischen Systems –
eine Bestimmung, in der die »soziale Funktion«[494] und »moralisch-
direkt[e]«, »ethisch[e]« Dimension[495] des Begriffs Sachlichkeit manifest wird.

Schriftstellern schreibt man die Funktion von Publizisten zu,
wobei die »Herstellung der Öffentlichkeit« als ihre dringlichste Aufgabe genannt wird; der höheren Wirksamkeit wegen werden »Bro-
schüren« als Publikationsort in Erwägung gezogen.[496] Viele Autoren
möchten sich als »nützliche Schriftsteller« verstanden wissen, wie
Hermann Kesten in seiner Vorrede zu der von ihm herausgegebenen
Anthologie *24 neue deutsche Erzähler*, der er in der Neuauflage des
Jahres 1973 den Untertitel *Frühwerke der Neuen Sachlichkeit* beifügt,
erläutert. Solche Bestimmungen indizieren das veränderte Literaturverständnis, aus dem heraus man die Pragmatisierung literarischer
Texte im Hinblick auf gesellschaftspolitische Aufgaben vornimmt;
sie zeitigen Konsequenzen, sowohl für die inhaltliche als auch für
die formale Ausrichtung von Literatur. Explizit setzt man sich von
ästhetizistischem »Virtuosentum« ab, gegen die »Formulierer und

---

[491] Das ABC des Theaters. Ein Rundfunkgespräch zwischen Herbert Ihering und Erwin Piscator.

[492] Wolf: Kunst ist Waffe; Adolf Behne: Die Kunst als Waffe. In: Die Weltbühne 27 (1931), II, Nr. 34, S. 301-304.

[493] Hermann Kesten: Vorwort. In: Ders. (Hrsg.): 24 neue deutsche Erzähler.
Berlin 1929, S. 7-10, hier S. 9 u. 7. – Vgl. Bd. II, S. 214.

[494] Lania: Reportage als soziale Funktion. – Vgl. Bd. II, S. 171-173.

[495] Ernst Glaeser: [Rez.] Erik Reger: Zu seinem Roman »Union der festen
Hand«. In: Die Literarische Welt 7 (1931), Nr. 34, S. 5f., hier S. 5. – Vgl.
Bd. II, S. 220; vgl. hierzu Pierre Vaydat: Neue Sachlichkeit als ethische Hal-
tung. In: Germanica 9 (1991): Die »Neue Sachlichkeit«. Lebensgefühl oder
Markenzeichen?, S. 37-54.

[496] Brentano, Glaeser: Neue Formen der Publizistik, S. 56. – Vgl. Bd. II,
S. 186.

Darsteller des ›Ewig-Menschlichen‹« formiert sich Widerstand, und einer zweckfreien »schöne[n] Literatur« sagt man den Kampf an. »Mit der deutschen Literatur verhält es sich ähnlich wie mit der deutschen Verfassung. Man kann sie lesen, aber nicht anwenden«, lautet ein kritisches Resümee Ernst Glaesers: »[...] man verdenke es uns nicht, wenn wir bei aller Bewunderung der künstlerischen Form und erzählerischen Virtuosität nicht wissen, was wir mit diesen Romanen anfangen sollen. Wir können sie nicht anwenden [...]«, polemisiert Glaeser anläßlich seiner Rezension von Erik Regers Roman *Union der festen Hand* gegen eine traditionelle Romanliteratur. Demgegenüber insistiert er auf einer »neue[n] Literatur«, die weniger auf einen Unterhaltungswert als auf den Gebrauchscharakter abhebt sowie »mit Verantwortung und Wissen und anwendbarem Beweis« geschrieben sein soll.[497]

Reger war mit seinem Roman den eigenen in seiner 1931 erschienenen programmatischen Schrift *Die publizistische Funktion der Dichtung* formulierten Forderungen nach einer publizistisch und auf den Gebrauchswert hin ausgerichteten Literatur nachgekommen. In Analogie zu der Vorgabe, daß die Aufgaben von Schriftstellern weniger »poetische« denn »publizistische« zu sein haben, sollen seiner Ansicht nach literarische Texte statt eines »Tiefsinn[s]« einen »Nutzwert« haben – eine Funktionszuschreibung, die thematische Schwerpunktsetzungen nach sich zieht: An die Stelle »privater Stoff[e]« müssen Reger zufolge »öffentliche Them[en]« treten, deren konsequente Behandlung dem Roman den Status einer »Zeugenaussage« und dem Drama die Bedeutung einer »vollständigen Beweisaufnahme« zuschreibt.[498] In diesem Sinn wird »Kunst« als »Waffe« verstanden: »*Die Szene wird zum Tribunal!*‹ . . . die Bühne wird zum Zeitgericht und Zeitgewissen.«[499]

Die Präferenz für eine zeitbezogene Gebrauchsliteratur muß zweifelsohne als Antwort auf die veränderten gesellschaftspolitischen Verhältnisse verstanden werden; doch reagiert man mit dem

---

[497] Glaeser: Erik Reger: Zu seinem Roman »Union der festen Hand«, S. 5f. – Vgl. Bd. II, S. 222.

[498] Reger: Die publizistische Funktion der Dichtung. – Vgl. Bd. II, S. 190 u. 191.

[499] Wolf: Kunst ist Waffe; dasselbe in: Friedrich Wolf: Kunst ist Waffe. In: Der Scheinwerfer 3 (1929), Nr. 15, S. 8.

Postulat einer funktionalen Literatur Anfang der zwanziger Jahre hauptsächlich auf eine ästhetizistische Kunstauffassung und -produktion wie auf die durch den Spätexpressionismus forcierte Abkehr von einer realitätsnahen, aktuellen Thematik infolge seiner utopistisch-visionären Zielsetzung gleichermaßen. In seinem Aufsatz *Die Konstellation der Literatur* verweist Feuchtwanger auf derartige Zusammenhänge:

> Die Literatur der weißhäutigen Völker, seit etwa zwanzig Jahren sinn- und zwecklose Spielerei, ohne Zusammenhang mit dem Leben, Beschäftigung für Zeittotschläger, beginnt allmählich die Inhalte aufzunehmen, die Krieg, Revolution, gesteigerte Technik ins Licht rücken. Produzierende und Konsumenten haben formalistischen, ästhetisch tändelnden Kram ebenso satt wie alles Ekstatische, gefühlsmäßig Überbetonte. Was Schreibende und Leser suchen, ist nicht Übertragung subjektiven Gefühls, sondern Anschauung des Objekts: anschaulich gemachtes Leben der Zeit, dargeboten in einleuchtender Form. [...] Den Schreiber und den Leser fesselt Gestaltung des unmittelbar Greifbaren [...].[500]

Das in den zwanziger Jahren aufkommende Bedürfnis nach »Sachlichkeit« wird als eine »Betonung der Zweckmäßigkeit gegenüber dem bloßen Zierat« gewertet.[501] Und tatsächlich wird der Gebrauchswert von Literatur zum eigentlichen Movens literarischen Schreibens. Die »erste Forderung des Tages an ein Buch« sei, so heißt es 1922 programmatisch in einer im *Querschnitt* erschienenen Rezension, daß es »unliterarisch sein solle«.[502] Mit diesem Verzicht auf eine zweckfreie Poetizität und Literarizität von Literatur verbindet sich innerhalb der neusachlichen Ästhetik die Forderung nach eine »Bedarfs-Produktion« für die »Masse« statt einer »Luxus-Produktion«[503] für »Auserlesene«.[504] Zwar räumt man dem Film als *dem* demokratischen Massenmedium, als der »Kunst der Masse« in einer modernen

---

[500] Feuchtwanger: Die Konstellation der Literatur. – Vgl. Bd. II, S. 211.

[501] Greif: Sie gehen zum Andreas, S. 22. – Vgl. Bd. II, S. 286.

[502] Anonym: Zwei unliterarische Bücher. In: Der Querschnitt 2 (1922), S. 217.

[503] Adolf Behne: Die Stellung des deutschen Publikums zur modernen Gesellschaft. In: Die Weltbühne 22 (1926), Nr. 20, I, S. 774-777, hier S. 775. – Vgl. Bd. II, S. 213.

[504] Glaeser: Rheinische Dichter, S. 20. – Vgl. Bd. II, S. 233.

Industriegesellschaft bessere Überlebenschancen ein als der »aristokratische[n] Buch-Dichtung«[505]; gleichwohl überträgt man der Literatur die Vermittlung demokratischen Denkens und Handelns. Für die Wahrnehmung dieser Aufgaben muß sie sich nach Meinung vieler Autoren selbst dem Prozeß der Demokratisierung unterwerfen, was primär über ihre Funktionalisierung geleistet werden soll. Das Ergebnis solcher Prämissen ist eine thematisch-inhaltliche Neuorientierung der Literatur, der sodann die Absage an das »zeitlos formale« Kunstwerk und an den Primat der Form korrespondiert. Gegen eine zweckfreie Produktion von Kunst sowie gegen die formal motivierte »Bildung eines ›Stils‹«[506] formiert sich massiver Widerstand: Die Anfertigung von Literatur und ihre Bewertung nach rein »künstlerischen Gesichtspunkten« weicht der Herstellung und Beurteilung literarischer Texte auf der Grundlage didaktischer Maßstäbe. Selbst von Gedichten erwartet man, daß sie, wie Herbert Ihering anläßlich einer Rezension der Werke Bertolt Brechts festhält, »anwendbar« sein müssen, daß sie sich durch »Sachdarstellung, Gebrauchsgehalt« auszeichneten und den Status von »Tatsachen, Dokumente[n]« aufwiesen.[507] Indem man den »Produktionscharakter«[508] von Literatur deutlich und nachprüfbar macht, soll dem Leser ein »Kontrollrecht«[509] eingeräumt werden. Brecht z.B. fordert seine Kollegen auf, Texte zu produzieren, denen »Nüchternes« und »Nachvollziehbares« eigne und in denen »jeder Gedanke« ohne »sorgfältige Stilisierung« formuliert werde.[510] Auf der Grundlage dieses material-ästhetischen Ansatzes beurteilt Brecht die im Rahmen des von der *Literarischen Welt* veranstalteten Wettbewerbs eingesandten Werke junger Nachwuchsautoren; er untersucht sie auf ihren »dokumentarischen Wert«, und das heißt auf ihren »Gebrauchswert« hin; »›rein‹ lyrische Produkte« in der Art Stefan Georges, Rainer Maria Rilkes

---

[505] Behne: Die Stellung des deutschen Publikums zur modernen Gesellschaft, S. 775f. – Vgl. Bd. II, S. 214.

[506] Erwin Piscator: Das politische Theater: Die neue Bücherschau 4 (1926), Nr. 4, S. 168-170, hier S. 169. – Vgl. Bd. II, S. 212.

[507] Ihering: Drei Brecht-Bücher.

[508] Bertolt Brecht: Kehren wir zu den Kriminalromanen zurück. In: Die Literarische Welt 2 (1926), Nr. 14, S. 4.

[509] Glaeser: Ansage, S. 7. – Vgl. Bd. II, S. 183.

[510] Brecht: Kehren wir zu den Kriminalromanen zurück, S. 4.

und Franz Werfels lehnt er ab. Der Sinn von Literatur besteht für Brecht in der zweckgerichteten »Mitteilung eines Gedankens«, keinesfalls jedoch in einem zweckfreien »Inhalt aus hübschen Bildern und aromatischen Wörtern«.[511] Noch im gleichen Jahr leitet er seine in der *Hauspostille* vereinten Gedichte mit einer ›Gebrauchsanweisung‹ ein, in der er, wenngleich mit ironischem Unterton, dem Leser eine »Anleitung zum Gebrauch der einzelnen Lektionen« zur Verfügung stellt: »Diese Hauspostille ist für den Gebrauch der Leser bestimmt. Sie soll nicht sinnlos hineingefressen werden«, belehrt er dort die Käufer und Leser des Buchs.[512]

Neben Brecht ist die Ausbildung einer »Gebrauchslyrik«[513] insbesondere mit den Namen Erich Kästners, Walter Mehrings und Kurt Tucholskys verbunden. Kästner möchte mit seinem Gedichtband *Lärm im Spiegel* den ›Gefühlslyrikern‹[514] und den »Grossisten der Intuition«[515] den »Gebrauchspoeten« entgegensetzen. Dessen »Gebrauchslyrik« sei aufgrund ihrer Zeitbezogenheit und Aktualität »seelisch verwendbar« und »nützlich« und somit auf ihre »Ge -

---

[511] Brecht: Kurzer Bericht über 400 (vierhundert) junge Lyriker, S. 1. – Vgl. Bd. II, S. 209.

[512] Bertolt Brecht: Anleitung zum Gebrauch der einzelnen Lektionen. In: Ders.: Hauspostille. Berlin 1927, S. IX-XII, hier S. IX.

[513] Erich Kästner: Prosaische Zwischenbemerkung. In: Ders.: Lärm im Spiegel. Leipzig, Wien 1929, S. 49-52, hier S. 51; dasselbe in: Erich Kästner: Prosaische Zwischenbemerkung. In: Die Literarische Welt 5 (1929), Nr. 13/14, S. 6. – Vgl. Bd. II, S. 217. – Auch Kurt Tucholsky verwendet anläßlich einer Rezension von Oskar Kanehls Gedichtband *Straße frei* (Berlin 1928) den Begriff »Gebrauchslyrik«; er beurteilt sie als eine »Sorte Lyrik«, »bei der die Frage nach dem Kunstwert eine falsch gestellte Frage ist« und verurteilt sie als »gereimtes oder rhythmisches Parteimanifest« (*Gebrauchslyrik*. In: Die Weltbühne 24 [1928], Nr. 48, S. 808-811, hier S. 808). – Im neusachlichen Verständnis von Gebrauchsliteratur, insbesondere von Gebrauchslyrik, indes ist Tucholsky selbst ein Vertreter dieses Genres. Sowohl unter produktions- als auch unter rezeptionsästhetischen Gesichtspunkten lassen sich seine Gedichte als Gebrauchslyrik bestimmen.

[514] Vgl. Erich Kästner: Lyriker ohne Gefühl. In: Neue Leipziger Zeitung, 4.12.1927. – Vgl. Bd. II, S. 243f.; ders.: Indirekte Lyrik. In: Das deutsche Buch 8 (1928), Nr. 3/4, S. 143-145. – Vgl. Bd. II, S. 245f.

[515] Erich Kästner: Diarrhoe des Gefühls. In: Die Weltbühne 25 (1929), I, Nr. 12, S. 446f., hier S. 447. – Vgl. Bd. II, S. 249.

brauchsfähigkeit« hin zu überprüfen. Für Kästner haben Lyriker
durch die Produktion einer gesellschaftspolitisch relevanten Lyrik
»wieder einen Zweck«, ihre Arbeit sei, so heißt es in der seinem
Lyrikband eingefügten *Prosaischen Zwischenbemerkung*, wieder einen
»Beruf«.[516]

Das Diktum, Literatur einen Gebrauchswert zuzuschreiben, war
gegen Ende der zwanziger Jahre keineswegs neu. Bereits 1920 hatte
Alfred Döblin in *Die Not der Dichter* für eine funktionale Ausrichtung der Literatur plädiert. »Kunst«, die nicht ›gebraucht‹ wird, Ek-
kenstehereien«, so Döblins Forderung, »haben zu verschwinden;
also Selektion.«[517] Für ihn impliziert der funktionale Charakter literarischer Texte die Kritik eines ästhetizistischen Kunstbegriffs und
einer autonomen Kunst, als deren Rezipienten er ein das »Bildungs-
monopol« innehabendes »gehobene[s] Bürgertum« ausmacht. In
seiner 1929 anläßlich einer Veranstaltung der ›Sektion für Dichtkunst der Preußischen Akademie‹ gehaltenen und 1930 im *Tage-
Buch* unter dem Titel *Vom alten zum neuen Naturalismus* veröffentlichten Rede über Arno Holz spricht sich Döblin gleichfalls für die
Entauratisierung der Kunst und für eine funktionalisierte Massenliteratur aus. Maßnahmen wie Allgemeinverständlichkeit, »Hinwen-
den zur breiten Volksmasse« und »Senkung des Gesamtniveaus« sollen die Literatur aus ihrem »Bildungskäfig« befreien.[518] Ein Jahr später legt er das Konzept einer *Ars militans* vor, mit dem er eine
»wirksam[e] Kunst«, d.h. eine auf gesellschaftspolitische Wirkung
abzielende Literatur zu realisieren hofft; den Autoren werden innerhalb einer solchen Programmatik neue Positionen und Funktionen zugeschrieben: Gegenüber einer von »Kunstproduzenten« – den
Begriff des Künstlers lehnt Döblin ab – verfaßten, von der ökonomisch herrschenden Klasse abhängigen Literatur behauptet er eine
›unfreie‹, mit einem gesellschaftspolitischen Auftrag versehene
Kunst: »Kunst ist nicht frei, sondern wirksam«, erklärt er in seiner
Ansprache in der Akademie der Künste – ein Kontext, der das Pro-

---

[516] Kästner: Prosaische Zwischenbemerkung, S. 52. – Vgl. Bd. II, S. 217.
[517] Alfred Döblin: Die Not der Dichter. In: Die Post, Nr. 97 vom
22.2.1920.
[518] Alfred Döblin: Vom alten zum neuen Naturalismus. In: Das Tage-Buch
11 (1930), Nr. 3, S. 101-106, hier S. 106.

vokative der Döblinschen Forderungen durchaus verstärkt haben dürfte.[519]

Die ausdrückliche Gewichtung des Wirkungsaspektes von Literatur ist fester Bestandteil des neusachlichen Entwurfs einer Gebrauchsliteratur, die sich neben produktionsästhetischen Maximen vorzugsweise als das Resultat rezeptionsästhetischer Vorgaben erklären läßt. Forderungen wie die nach der Produktion und Bewertung der Literatur nach »soziologischen« statt nach »ästhetischen [...] Kategorien« und nach einem »Kontrollrecht des Lesers«[520] stehen für diesen Befund. Von einem Zusammenhang zwischen der Qualität zeitgenössischer Literatur bzw. Theaterkultur und ihrer Publikumsnähe ausgehend, drängt beispielsweise Brecht darauf, die Anfertigung literarischer Texte von der Nachfrage abhängig zu machen:

> Aber ich glaube doch, daß ein Künstler, selbst wenn er in der berüchtigten Dachkammer unter Ausschluß der Öffentlichkeit für kommende Geschlechter arbeitet, ohne daß er Wind in den Segeln hat, nichts zustande bringen kann. [...] Ein Theater ohne Kontakt mit dem Publikum ist ein Nonsens.[521]

Brechts Überlegungen sind nicht etwa eine singuläre Meinung, sondern für den neusachlichen Diskurs sehr wohl repräsentativ; auch ist der Forderung nach der rezeptionsästhetischen Fundierung der literarischen Produktion für die zwanziger Jahre ein hoher Verbindlichkeitsgrad zuzuschreiben. »Kunst für die Leute – statt Kunst ohne Leute. Jede Kunst ist besser als die wirkungslose«[522], lautet eine zentrale rezeptionstheoretische Maxime; die produktionsästhetischen Folgen einer solchen Vorgabe allerdings sind nicht minder bedeutend. Die Forderung nach einer zweckgebundenen Gebrauchsliteratur ist nicht zuletzt das Resultat des von vielen Autoren ausgemachten veränderten Erwartungshorizonts des Publikums. Herbert Ihering und Erwin Piscator, die durch ihre Kritiker- bzw. Theatertätig-

---

[519] Alfred Döblin: Kunst ist nicht frei, sondern wirksam: Ars militans. In: Die Literarische Welt 5 (1929), Nr. 19, S. 1f., hier S. 1. – Vgl. Bd. II, S. 217-219.

[520] Glaeser: Ansage, S. 7 u. 6. – Vgl. Bd. II, S. 182 u. 183.

[521] Brecht: Mehr guten Sport. – Vgl. Bd. II, S. 207.

[522] Diebold: Kritische Rhapsodie 1928, S. 559. – Vgl. Bd. II, S. 276.

keit mit dem Verhalten des Theaterpublikums dauerhaft konfrontiert waren, diagnostizieren ein gesellschaftliches Bedürfnis nach Zeitbezogenheit und Aktualität der Aufführungen: »Das Publikum will Stücke sehen, die etwas mit der Zeit zu tun haben, das Publikum will sich nicht mehr nur amüsieren, sich nur unterhalten, es will vom Theater Nahrung, es will wieder Substanz«, konstatieren Ihering und Piscator in einem Rundfunkgespräch aus dem Jahr 1929.[523] Lion Feuchtwanger stellt für den epischen Bereich im Jahr 1928 gleichfalls ein sich wandelndes Bewußtsein der Rezipienten und eine veränderte Erwartungshaltung des Lesepublikums fest:

> Die Generation nach dem Krieg will nicht informiert sein über die subtilen Gefühle des Dichters X., sie lehnt solche Selbstbespiegelung ab als müßige Koketterie. Sie will informiert sein über reale, faßbare Zusammenhänge, über Lebensformen, Lebensziele fremder Klassen, Völker, Schichten. Die Weltgeltung der Literaturen entspricht der Art, wie sie die vielverspottete Forderung nach Sachlichkeit erfüllen.[524]

Den veränderten Ansprüchen einer potentiellen Leserschaft kommen zu Beginn der zwanziger Jahre auch die in diesen Jahren gegründeten Zeitschriften nach. Hermann von Wedderkop reklamiert 1924 für den *Querschnitt* eine »Literatur des Lebens«, man veröffentliche daher vorzugsweise Beiträge über vielen Lesern »gewohnte Gebiet[e] und die ihnen eigenen Erfahrungen«.[525] In Zusammenhang mit dieser Zielsetzung avanciert die Forderung nach dem Gebrauchswert von Literatur zu einem entscheidenden Bewertungskriterium der Literaturkritik, auch auf Seiten der Gegner einer neusachlichen Ästhetik wie Alfred Kerr und Rudolf Arnheim. Döblins 1931 uraufgeführtes neusachliches Drama *Die Ehe* verurteilt Kerr als eine »Nutzdramatik«, »deren Tiefstand« seiner Meinung nach »nicht mehr unterbietbar« sei.[526] Nach der Aufführung des Stücks galt Döb-

---

[523] Das ABC des Theaters. Ein Rundfunkgespräch zwischen Herbert Ihering und Erwin Piscator, S. 497.
[524] Feuchtwanger: Von den Wirkungen und Besonderheiten des angelsächsischen Schriftstellers. – Vgl. Bd. II, S. 111.
[525] von Wedderkop: Der Siegeszug des Querschnitt, S. 91. – Vgl. Bd. II, S. 138.
[526] Alfred Kerr: [Rez.] Alfred Döblins »Die Ehe«. In: Berliner Tageblatt, Nr. 183 vom 18.4.1931.

lin vielen Kritikern als ein »Künstler und Literat«, der gegen die
»Künste und die Literatur« »rast«[527], als ein Künstler, der »unaufhör-
lich gegen die Kunst wettert, sie als Zeitvertreib überfütterter Bour-
geois brandmarkt, niemals die Notwendigkeit und die Stoßkraft
echten Schaffens betont« und dabei die »merkwürdige Frage [stellt],
ob Kunst nötig sei [...]«.[528] Der Neuen Sachlichkeit nahestehende
Kritiker wie Bernhard Diebold hingegen verweisen auf die Notwendigkeit einer »Gebrauchskunst«; in Analogie zu ihrem schwindenden Vertrauen in eine für das »Ewige« produzierte Kunst und Literatur mahnen sie eine Kunst des »Augenblicks und des Gebrauchs«
an.[529]

Allerdings geben zahlreiche Kritiker und Autoren das Buch als
wichtigstes Medium gesellschaftlicher Kommunikation verloren.
Zum einen setzt man statt dessen auf den Film, der neuen »Dichtung [der] Zeit«[530]; zum anderen erkennt man die wachsende Bedeutung neuer »Formen der Mitteilung« und »Transportmittel«, insbesondere die von Rundfunk und Zeitung. Einer literarischen Ästhetik, die auf die Produktion einer lebensnahen Gebrauchsliteratur für
die Masse zielt, ist die Aufwertung der publizistischen Medien, und
zwar nicht nur im Hinblick auf die Distribution literarischer Werke, immanent. Die Bemühung um eine Annäherung der fiktionalen
an die nicht-fiktionale Literatur, der Belletristik an die Publizistik,
ist nicht zuletzt von dem Postulat einer Funktionalisierung der Literatur her zu verstehen. Indem man den Schriftstellern statt »poetische[r]« »publizistische«[531] Funktionen zuschreibt, arbeitet man zugleich auf eine konsequente Verbindung beider Bereiche hin. In der
Öffnung der Literatur gegenüber Rundfunk, Film und Zeitung sieht
man eine Überlebenschance für das literarische Medium. Ernst Glaeser und Bernard von Brentano plädieren 1929 in einem Rundfunk-
dialog über »neue Formen der Publizistik« für eine gesellschaftspoli-

---

[527] Paul Kornfeld: Revolution mit Flötenmusik. In: Das Tagebuch 12
(1931), Nr. 19, S. 736-742, hier S. 739.

[528] Rudolf Arnheim: Döblins Oratorium. In: Die Weltbühne 27 (1931), I,
Nr. 18, S. 625-627, hier S. 626f.

[529] Diebold: Kritische Rhapsodie 1928, S. 559. – Vgl. Bd. II, S. 276.

[530] Adolf Behne: Die Stellung des Publikums zur modernen deutschen Literatur, S. 775. – Vgl. Bd. II, S. 213.

[531] Reger: Die publizistische Funktion der Dichtung. – Vgl. Bd. II, S. 190.

tisch wirksame Gebrauchsliteratur. Den Typus des Romanschrift-
stellers, der sich statt der »Aufklärung« einer zweckfreien »Unterhaltung« verschrieben habe und dessen »Bemühungen dazu dienen
[...], die freien Abende der berufstätigen Bevölkerung auszufüllen«,
hält man angesichts solcher Ziele für unzeitgemäß und gibt ihn als
für eine moderne Gesellschaft unrelevant verloren. Ausgangsbasis
des Gesprächs zwischen Glaeser und Brentano ist die Überzeugung,
daß jeder Schriftsteller ein Publizist sei, der sich »mit allen Fragen,
die ihm seine Zeit geliefert hat«, auseinanderzusetzen habe und dessen vordringlichste Aufgabe die Einbindung des Lesers in eine literarische »Öffentlichkeit« sei.[532] Vom Rundfunk verspricht man sich
die Herstellung einer derartigen »Öffentlichkeit« und damit zugleich
den Aufbau einer genuin demokratisch-öffentlichen Kultur, mit
deren Hilfe man die Distanz zwischen Autoren und Publikum zu
überwinden hofft. In seinem 1929 auf einer Arbeitstagung der Preußischen Akademie der Künste und der Reichs-Rundfunk-Gesellschaft gehaltenen Vortrag *Literatur und Rundfunk* verweist Alfred
Döblin auf die verbesserten Rezeptionsbedingungen und hohen Ver-
breitungsmöglichkeiten von Literatur angesichts des neu entstandenen Massenmediums:

> Und weiter ein antreibendes Element aus dem Rundfunk: es handelt
> sich hier um das Sprechen vor einer wenn auch nicht sichtbaren, so
> doch real vorhandenen großen Masse. Dieses formale Merkmal des
> Rundfunks, an unbestimmt viele Menschen zu gelangen, kann im posi-
> tiven Sinne eine wichtige literarische Veränderung bewirken. Sie ken-
> nen die fatale, ja grausige Lage unserer Literatur: alles drängt nach Spit-
> zenleistungen, es besteht eine Riesenkluft zwischen der eigentlichen,
> schon überartistischen Literatur und der großen Volksmasse. Die große
> Literatur ist bald für 1000, bald für 10 000, höchstens für kaum 100 000
> Menschen da. Gelegentliche Massenauflagen können darüber nicht hin-
> wegtäuschen. Diese überaristokratische Haltung sterilisiert uns, sie ist
> ungesund und unzeitgemäß.[533]

---

[532] Brentano, Glaeser: Neue Formen der Publizistik, S. 54 u. 56. – Vgl. Bd.
II, S. 184.

[533] Alfred Döblin: Literatur und Rundfunk. In: Dichtung und Rundfunk.
Reden und Gegenreden. Hrsg. von der Sektion für Dichtkunst der Preußischen Akademie der Künste und der Reichs-Rundfunk-Gesellschaft. Berlin
1930. – Die Schrift war damals im Buchhandel nicht erhältlich. Daher wird
sie hier zitiert nach: Alfred Döblin: Literatur und Rundfunk. In: Ders.:

Im Rundfunk glaubt man ein Medium gefunden zu haben, mittels dessen die Ausbildung einer auf breiter Basis rezipierbaren Gebrauchsliteratur zu beschleunigen sei. Brecht, der bereits 1927 die Chance erkennt, »aus dem Radio eine wirklich demokratische Sache zu machen«[534], bezeichnet das neue Massenmedium als einen demokratischen »Kommunikationsapparat«, der im Gegensatz zu den traditionellen Institutionen und Formen der Kulturvermittlung wie Theater, Oper, Konzert, Vortrag und Lesung die Möglichkeit biete, »nicht nur auszusenden, sondern auch zu empfangen, also den Zuhörer nicht nur hören, sondern auch sprechen zu machen und ihn nicht zu isolieren, sondern ihn in Beziehung zu setzen«.[535]

III.14. *Entsentimentalisierung*

Neben den gattungspoetologischen und rezeptionsästhetischen Konsequenzen weist die Forderung nach einem Gebrauchswert von Literatur produktions- und literarästhetische Implikationen auf. Funktionale, auf ihren Nutzcharakter hin verfaßte Literatur unterliegt einer anderen Konzeption als eine zweckfreie Belletristik. Insbesondere betreibt man mit der Ausbildung einer der Publizistik angenäherten Literatur zugleich ihre »Entromantisierung«[536]: Unter dieser Devise werden die Entsentimentalisierung und Entindividualisierung literarischer Texte verfolgt.

   In den zwanziger Jahren herrscht Einigkeit darüber, daß »das Schlagwort [von] der Neuen Sachlichkeit« gegen die »expressionistische Verseelung«[537] erfunden wurde und der »fast krankhafte[n]

Schriften zu Ästhetik, Poetik und Literatur. Hrsg. v. Erich Kleinschmidt. Olten und Freiburg i. Br. 1989, S. 251-260, hier S. 255f.

[534] Bertolt Brecht: Vorschläge für den Intendanten des Rundfunks. In: Berliner Börsen-Courier, 25.12.1927.

[535] Bert Brecht: Der Rundfunk als Kommunikationsapparat. Aus einem Referat. In: Blätter des Hessischen Landestheaters 1932, Nr. 16, S. 181-184, hier S. 182.

[536] Lania: Alfons Paquets »Sturmflut«, S. 5. – Vgl. Bd. II, S. 174.

[537] Diebold: Kritische Rhapsodie 1928, S. 554. – Vgl. Bd. II, S. 273.

Sucht« des Expressionismus, »nur Menschlich-Persönliches gestalten« zu wollen, durch die »neue Sachlichkeit« die »Objektivierung des Fühlens«[538] entgegengesetzt werde; einig ist man sich aber auch, daß mit der neusachlichen Bewegung das Ende einer romantischen Kunstauffassung eingeleitet, daß mit der Neuen Sachlichkeit der »neuromantische[n] Gefühlskultur« eine sachlich-rationale Verstandeskultur entgegengesetzt werde, mit der statt der »Seele« der Geist zu einem produktionsästhetischen Maßstab erhoben wird[539]; die Neue Sachlichkeit gilt nicht zuletzt als eine Gegenbewegung zu romantischen Tendenzen in der Literatur:

Die verwirrende Fülle der geistigen Strömungen in der Gegenwart wirbelt um ein Zentrum, dessen Festigkeit sich immer haltbarer erprobte und das mit den Worten »Abkehr von der Romantik« gekennzeichnet und charakterisiert ist. Das Jahrhundert der »neuen Sachlichkeit« wurde der Romantik müde und überdrüssig. Die wundersüchtige blaue Blume, die Novalis blühte, verlor ihre Wunderkraft im harten Zeitalter, das der Jugend Traum und Sehnsucht an den schroffen Klippen der Tatsachen zerschellte. Erwerbskampf in erbitterten Fronten und: Romantik? Telephon, Radio, Flugzeug, Luftschiff und in Fernen schweifende Sehnsüchte? Das reimt sich nicht zusammen. Industrie, Maschinen, Technik, Sport – Menschen in Städte gepfercht – und Krieg, der entgötterte und entseelte – Not, die aufschrie, Armut, die in Gassen und Gossen schleifte – entfesselte Gier, die jedwede Schranken brach – mußte da nicht Romantik an der Lüge sterben, die sie geworden?[540]

Die Folgen der antiromantischen Grundstimmung der neusachlichen Generation sind die Ablehnung gefühlsbestimmten Handelns wie die Absage an einen gefühlsüberladenen literarischen Stil gleichermaßen. In Zusammenhang seiner Untersuchung der »geistigen Situation« jener Jahre betont Karl Jaspers diese für die zeitgenössische Mentalität und Literatur paradigmatische Haltung:

---

[538] Walter Reinhardt: Geschichtlicher Roman als neue Sachlichkeit. In: Literarische Blätter der Kölnischen Volkszeitung, Nr. 153 vom 12.7.1928, S. 610f., hier S. 610. – Vgl. Bd. II, S. 117.

[539] Enkenbach [= Erik Reger]: Die Erneuerung des Menschen durch den technischem Geist oder: Das genau gebohrte Loch, S. 10. – Vgl. Bd. II, S. 88.

[540] Max Herre: Erwin Dressels »Armer Columbus«. In: Der Scheinwerfer 3 (1929), Nr. 10, S. 3f. – Vgl. Bd. II, S. 256.

Die innere Haltung in dieser technischen Welt hat man Sachlichkeit genannt. Man will nicht Redensarten, sondern Wissen, nicht Grübeln über Sinn, sondern geschicktes Zugreifen, nicht Gefühl, sondern Objektivität [...]. In der Mitteilung verlangt man den Ausdruck knapp, plastisch, ohne Sentiment [...]. Man verwirft Umständlichkeit der Worte und fordert Konstruktion des Gedankens [...]. Das Individuum ist aufgelöst in Funktion. Sein ist sachlich sein.[541]

Noch Anfang der dreißiger Jahre gilt die Neue Sachlichkeit als eine Bewegung, die in Verbindung mit der »endgültige[n] Abwendung vom Individuellen« die »Sicherung dauernder Werte jenseits der Gefühle und Sensationen« vorgenommen habe.[542] In Anbetracht der neusachlichen Zielsetzung einer aufklärerischen, massenorientierten Gebrauchskunst erscheint es folgerichtig, daß man die literarische Produktion nicht mehr im Kontext einer bürgerlich-traditionellen Gefühlskultur definiert, sondern Literatur einen auf die Ratio der Rezipienten abhebenden Inhalt und Sinn abverlangt und demnach als eine Verstandeskultur begreift. In Analogie zu der Überzeugung, daß die Konsumenten von Literatur »alles Ekstatische, gefühlsmäßig Überbetonte«[543] ablehnten, appelliert man statt an die ›Seele‹ und an Emotionen an den Verstand; nicht »seelische Erschütterungen« und »seelische Einsichten«[544] will man beim Publikum auslösen, sondern den Zuschauer und Leser sachlich informieren und durch Fakten überzeugen, das Theater soll, so formuliert Erwin Piscator, »nicht mehr allein gefühlsmäßig auf den Zuschauer wirken, nicht mehr auf seine emotionelle Bereitschaft spekulieren«.[545]

Angesichts solcher Ziele, die fraglos in Zusammenhang mit dem angestrebten Ziel einer »Präzisionsästhetik« gesehen werden müssen, drängt man auf die Ausschaltung subjektiver »Empfindung[en]« seitens der Autoren oder zumindest auf die Unterwerfung »lyri-

---

[541] Karl Jaspers: Die geistige Situation der Zeit. Berlin 1931, S. 29.

[542] Hermann Pongs: Aufriß der deutschen Literaturgeschichte. X. Vom Naturalismus bis zur Gegenwart. In: Zeitschrift für Deutschkunde 45 (1931), S. 305-312, hier S. 311. – Vgl. Bd. II, S. 387.

[543] Feuchtwanger: Die Konstellation der Literatur. – Vgl. Bd. II, S. 211.

[544] Bertolt Brecht: Das Theater als sportliche Anstalt [1920]. In: Ders.: Schriften 1, S. 55f., hier S. 55. – Vgl. Bd. II, S. 241.

[545] Piscator: Das politische Theater, S. 41.

sche[r] Gefühlsausbrüche« unter die »Kontrollstation« des Geistes[546];
statt der »privaten Haus- und Seelendichter«, bei denen es »»von in-
nen herausquellen‹ kann«, wünscht man sich den über ein öffentli-
ches Thema berichtenden, sich durch »ordentliche Kenntnis«[547] bzw.
»Kenntnis der Materie«[548] ausweisenden Autor.

Auch für dieses Anliegen gelten die Reportagen von Kisch als
vorbildhaft: »Nur karg und selten rührt er an Gefühle; er macht
photographische, nicht sentimentale Reisen«, kommentiert Theodor
Lessing Kischs Reiseaufzeichnungen über die Sowjetunion. Kischs
Methodik des »sachliche[n] Halbdrinnen – Halbdraußen« will man
auf die gesamte Literatur übertragen wissen.[549] 1929 begrüßt Günther Müller in seinem resümierenden Bericht über die *Neue Sachlichkeit in der Dichtung* die »Gefühllosigkeit oder besser ›Ungefühligkeit‹ der Darstellung« und die »scharfe Kampfstellung gegen alles
Romantische«, den Bruch mit »romantischer Gefühligkeit« als die
Hauptmerkmale neusachlicher Literatur, mit denen er zugleich den
von ihm behaupteten Unterschied zwischen der Neuen Sachlichkeit
und dem historischem Naturalismus der 1890er Jahre begründet.
Die neusachliche Berichtweise definiert er als eine nüchterne, »unge-
fühlig[e]«, auf »stimmungshafte« Beschreibungen verzichtende Schilderung von »Zuständen und Begebenheiten«; strikt vermeide man
es, so Müllers Einschätzung, »Gefühle anläßlich von Begebenheiten
zur dichterischen Substanz« zu machen.[550]

Von zentraler Bedeutung für die neusachliche Ästhetik wird die
Forderung nach der Entsentimentalisierung der Literatur, indem
man mit ihr gegen das traditionelle Autoren- und Literaturverständnis opponiert: Kunst wird nicht mehr als das Produkt »derer, die es
›inwendig‹ haben«, als eine »Sache der Intuition« und der »plötzli-
chen Eingebung« gewertet, sondern als ein Produkt des »scharf be-

---

[546] Enkenbach [= Erik Reger]: Die Erneuerung des Menschen durch den
technischen Geist oder: Das genau gebohrte Loch, S. 10. – Vgl. Bd. II, S. 87
u. 88.

[547] Westhoven [= Erik Reger]: O.S. Landkarte contra Dichter, S. 14. – Vgl.
Bd. II, S. 90.

[548] Greif: Sie gehen zum Andreas, S. 23. – Vgl. Bd. II, S. 287.

[549] Theodor Lessing: Egon Erwin Kischs Russland-Buch. In: Das Tage-Buch
8 (1927), Nr. 25, S. 974f., hier S. 974 u. 975. – Vgl. Bd. II, S. 244.

[550] Müller: Neue Sachlichkeit in der Dichtung, S. 709 u. 710. – Vgl. Bd. II,
S. 34 u. 35.

obachtende[n] Verstand[es]«[551] respektiert; dem neusachlichen Literaturverständnis nach »gilt [es] [...] nicht mehr die Herzen – sondern den *Verstand* zu rühren«.[552] Folglich polemisiert man gegen die herkömmliche Vorstellung des Dichtens als eines originären Schaffensprozesses.[553] In Erik Regers Antwort auf eine von der Zeitschrift *Die Kolonne* veranstaltete Rundfrage nach »den Tendenzen [des] Schaffens« heißt es z.B.:

> Die je nach Bedarf beruhigende oder spannende Erlebnispoesie derer, die es ›inwendig‹ haben, ist heute sinnlos, weil sie keine öffentlichen Fragen aufrollt. Der private Illusionismus, der schon einmal ins Verderben führte, ist darum, daß er durch die technische Entwicklung deplaziert wurde, nicht ungefährlicher geworden.[554]

Insbesondere für die Lyrik beharrt man auf einer Entsentimentalisierung und dichterischen Entpersönlichung, zumal einer subjektzentrierten Stimmungs- und Erlebnispoesie innerhalb einer industrialisierten Massengesellschaft kaum mehr Überlebenschancen eingeräumt werden. Walter Kiaulehn proklamiert 1930 gar den *Tod der Lyrik*, da sie seiner Meinung nach angesichts einer technisierten Lebenswelt ihre Berechtigung eingebüßt habe. Lyrik setzt er mit »Romantik« gleich, der jedoch in einer kapitalisierten Industriegesellschaft der »Humusboden« entzogen sei:

> Die Lyrik stirbt an dem technischen Fortschritt, an den Automobilen, an der Hygiene und an den kurzen Röcken. [...]
> Die neue Sachlichkeit verträgt keinen Gestank mehr und keine Enge. Wo richtig gedichtet wird, muß es morastig stinken und die Lyriker

---

[551] Reger: Antwort auf die Umfrage der *Kolonne* über die »Tendenzen [des] Schaffens«, S. 9. – Vgl. Bd. II, S. 306; sowie in: Reger: Die publizistische Funktion der Dichtung. – Vgl. Bd. II, S. 190.

[552] Glaeser: Ansage, S. 7. – Vgl. Bd. II, S. 183.

[553] Vgl. Behne: Schreibmaschine, Frans Hals, Lilian Gish und andres, S. 457f.

[554] Reger: Antwort auf die Umfrage der *Kolonne* über die »Tendenzen [des] Schaffens«, S. 9. – Vgl. Bd. II, S. 306; dasselbe in: Reger: Die publizistische Funktion der Dichtung. – Vgl. Bd. II, S. 190.

können von uns nicht verlangen, daß wir ihretwegen dumpfige Straßen bauen.[555]

Kiaulehn vertritt innerhalb der neusachlichen Diskussion um die Stellung und Bedeutung von Lyrik sicherlich eine Extremposition. Mehrheitlich glaubt man Mittel für eine Aktualisierung und Modernisierung der Gattung durch die Versachlichung lyrischer Ausdrucksformen zu finden, die sodann Gedichte ebenso wie Sonette, Balladen und Lieder zulasse. Hermann Kesten faßt solche Tendenzen 1931 unter dem Begriff »neue Romantik« zusammen,

> deren echteste und beste Vertreter von der ›Neuen Sachlichkeit‹ herkommen und innerhalb der ›Neuen Sachlichkeit‹ den Geist und die Poesie besaßen, die man der ganzen Richtung fälschlicherweise heute abspricht, weil wiederum einmal ›die ganze Richtung ihnen nicht paßt‹.

Kestens Argumentation ist innerhalb des neusachlichen Diskurses durchaus konsensfähig. Über eine von ihm als »sachliche Romantik« bezeichnete versachlichte Ausdrucksweise hofft man, die betont subjektivistisch angelegte lyrische Gattung modernisieren zu können; eine sachliche Lyrik führe mit ›Klarheit‹ und Sachlichkeit die »Unfaßlichkeit psychologischer Motivationen« vor und schildere mittels »eine[r] großen Einfachheit des Vortrags [...] die komplizierten seelischen Vorgänge«.[556]

Das Postulat der Versachlichung der Lyrik im Sinne ihrer Entsentimentalisierung und Entsubjektivierung zielt letztlich ebenfalls auf die Funktionalisierung der Literatur – die Reintegration in die gesellschaftspolitische Sphäre soll den Fortbestand dieser Gattung sichern: Statt traditioneller Erlebnis- und Stimmungslyrik fordert man demzufolge eine prosaische Gebrauchslyrik. In seinem anläßlich des Wettbewerbs der *Literarischen Welt* verfaßten Aufsatz *Be-*

---

[555] Lehnau [= Walter Kiaulehn]: Der Tod der Lyrik. In: Der Schriftsteller 18 (1930), Nr. 8, S. 41f., hier S. 41 u. 42. – Vgl. Bd. II, S. 257.
[556] Hermann Kesten: Sachliche Romantik. In: Die Literarische Welt 7 (1931), Nr. 17, S. 5. – Vgl. Bd. II, S. 258. – In seinem Aufsatz *Literarische Moden* (In: Berliner Tageblatt, 19.8.1931) spricht Kesten ebenfalls von einer »Neue[n] Romantik«. – Auch spricht man von »romantische[r] Nüchternheit« im Sinne von »nackte[m] Realismus« (Alfred Polgar: Ernest Hemingway. In: Das Tage-Buch 10 (1929), Nr. 50, S. 2180-2182, hier S. 2181.

richt über 400 (vierhundert) junge Lyriker verbindet Brecht mit dem
Hinweis auf den fehlenden »Gebrauchswert« der begutachteten Ver-
se die Kritik an der »Sentimentalität, Unechtheit, Weltfremdheit«
der Lyriker ebenso wie ihrer Gedichte. Der bürgerlich sentimentalen Stimmungslyrik, den »rein lyrische[n]« Produkten setzt er Gedichte mit einem dokumentarischen Wert entgegen; Brecht versteht
darunter eine in möglichst »einfacher«, »unter Umständen sing-
bar[er]« Form verfaßte Lyrik, in der nicht die subjektive Befindlichkeit und persönliche Gefühlslage, sondern die gesellschaftspolitisch
relevante »Mitteilung eines Gedankens« im Mittelpunkt stehe.[557] Wie
Kesten will Brecht die Darstellung der »Empfindungen der Menschen in unserer Zeit« zwar nicht restlos aussparen; wohl aber sollen
sie mit »trockener Sachlichkeit« behandelt werden.[558] Brecht wußte,
wovon er sprach; seine eigenen Gedichte, insbesondere seine in der
Hauspostille versammelten Balladen, werden in den zwanziger Jahren als »Endpunkt« einer sentimentalen Stimmungslyrik und als
»Anfangspunkt einer unsentimentalen Lyrik dieser Zeit« gewertet,
die statt des »nebensächliche[n] Seelenleben[s]« von Privatpersonen
ihre »nüchterne Umgebung« thematisiere.[559]

Fünf Jahre nach Brechts Entscheidung und seiner barschen Kritik an der Lyrikproduktion der jungen Generation – die im übrigen
jedoch nicht unwidersprochen blieb und eine Protestwelle der Betroffenen wie der Kritiker der Neuen Sachlichkeit gleichermaßen
auslöste[560] – wendet sich Bernhard Diebold abermals »an die jungen
Lyriker«; wiederum stehen ihre Sentimentalität und Weltfremdheit
zur Debatte. Aus einem neusachlichen Verständnis von Lyrik heraus fordert Diebold der jungen Generation die adäquate Gestaltung

---

[557] Brecht: Bericht über 400 (vierhundert) junge Lyriker, S. 1. – Vgl. Bd. II,
S. 209 u. 210.

[558] Bertolt Brecht: Über die Grösse [Typoskript; unveröffentlicht, um
1929]. In: Ders.: Schriften 1, S. 302f., hier S. 302.

[559] Hans Georg Brenner: Bert Brechts »Hauspostille«. In: Der Scheinwerfer
1 (1928), Nr. 6, S. 23. – Vgl. Bd. II, S. 246.

[560] Vgl. z.B. Klaus Mann: Jüngste deutsche Lyrik. In: Der Bücherwurm 12
(1927), Nr. 7, S. 200; Bruno N. Haken: Brechts Geschenk an die Jugend.
In: Der Kreis 4 (1927), Nr. 3, S. 176-178; Rudolf Klutmann: Bertolt Brecht
– Praeceptor Germaniae? In: Der Kreis 4 (1927), Nr. 4, S. 242f.; Otto Alfred Palitzsch: Verteidigung Bertolt Brechts gegen ihn selbst. In: Der Kreis
4 (1927), Nr. 4, S. 243f.

der »versachlichten«, technisierten und urbanisierten Lebenswelt ab: Im Gegensatz zu einer seiner Meinung nach anachronistischen Natur- und Mondscheinpoesie mahnt er eine zeitgemäße Lyrik an, »poesie-fern, aber weltnahe«, prosaisch statt poetisch, besteht auf einer »Sach-Verdichtung«, in der die »Sache«, die gewählten Sujets weder »zergeistig[t]« noch »zerseel[t]« würden. Der Sentimentalität traditioneller Stimmungslyrik setzt Diebold »nüchterne Sachlichkeit« auch im Falle von Gefühlen entgegen, die für die Lyrik gemeinhin geltend gemachten Produktionsstrategien der »Einfühlung« und »Nachfühlung« und der »private[n] Gefühlskultur« will er durch den »Wille[n] zur Sachlichkeit«, der nur das »Sichtbare und Tastbare als ›sachlich‹« anerkennt, ersetzt wissen.[561]

Solche im Namen der Neuen Sachlichkeit erhobenen Forderungen nach der Entsentimentalisierung der Literatur im allgemeinen wie der Lyrik im besonderen stießen zu Anfang der dreißiger Jahre auf heftigen Widerstand. Zu kaum einem anderen Aspekt neusachlicher Ästhetik wurden so früh und so dezidiert Gegenpositionen formuliert wie zu der Maxime einer entsentimentalisierten und entsubjektivierten Literatur. Bereits 1928 prognostiziert man selbst in neusachlichen Kreisen, daß »nach der Neuen Sachlichkeit wieder (gottbehüte!) eine Strömung der Sentimentalität einsetz[en]«[562] wird. Im Jahr 1930 diagnostiziert Herbert Ihering dann tatsächlich eine »neue Sentimentalität«, im Zuge derer der »Geist« dem »Gemüt« weiche; daß solche Tendenzen durchaus unter gesellschaftspolitischen, ideologiekritischen Gesichtspunkten registriert wurden, wird deutlich, wenn Ihering in diesem Zusammenhang von einer »neue[n] Lethargie«, »neue[n] Sentimentalität« und »neue[n] Reaktion« spricht.[563]

---

[561] Bernhard Diebold: Lyrik – eine Frage. In: Frankfurter Zeitung, Nr. 802/803 vom 28.10.1931 (in Auszügen unter dem Titel *An die jungen Lyriker* nachgedruckt in: Die Kolonne 4 [1932], Nr. 1, S. 1f.). – Vgl. Bd. II, S. 253, 254, 255 u. 254.

[562] Kurt Pinthus: Carl Zuckmayer: Katharina Knie. In: 8-Uhr-Abendblatt, 22.12.1928.

[563] Herbert Ihering: Die getarnte Reaktion. In: Ders.: Die getarnte Reaktion. Berlin 1930, S. 43-45, hier S. 44 (wiederabgedruckt unter dem Titel *Die neue Illusion.* In: Das Tage-Buch 11 (1930), Nr. 16, S. 629-631. – Vgl. Bd. II, S. 250.

III.15. *Entindividualisierung*

Die Postulate der Entsentimentalisierung und Entpsychologisierung
der Literatur werden zumeist in Verbindung mit der Forderung
nach der Gestaltung von Kollektiv- bzw. Massenschicksalen statt
individueller Lebensläufe vorgebracht. Die neusachliche Ästhetik ist
in vielen ihrer Aspekte auf einen konsequenten Antiindividualismus
hin angelegt: Sowohl die Präferenz für den Reportage- und Berichtstil als auch die Maxime der Funktionalisierung von Literatur sind
ihrer Tendenz nach antiindividualistisch. Dabei besitzt der Antiindividualismus der Neuen Sachlichkeit insofern eine gesellschaftspolitische Dimension als er das Resultat der Erfahrung einer von der Masse bestimmten Lebenswelt ist: »Gibt es heute noch ein Einzelschicksal, das zu verfolgen sich lohnt? Ist es der Wirklichkeit entsprechend, wenn wir uns nur um ein Einzelschicksal bekümmern [...].
Sind wir tatsächlich noch – im Leben – imstande, uns in ein Einzelschicksal zu versenken?«, fragt Hermann von Wedderkop in seinem
1927 im *Querschnitt* erschienenen Aufsatz *Inhalt und Technik des
neuen Romans*.[564] Seine Zweifel sind durchaus repräsentativ für die
neusachliche Generation: Der Gestaltung individueller Anliegen
und subjektiver Konflikte entziehen Autoren und Kritiker ebenso
wie viele Leser ihr Interesse. Statt der Darstellung »individualisti-
scher Empfindsamkeit« ist die »direkte Gestaltung der Zeit« gefragt,
das »traditionelle Seelendrama« möchte man durch ein »Drama der
Gemeinschaft« abgelöst wissen.[565] Wurde im traditionellen Roman
minutiös der Werdegang einzelner Individuen verfolgt, so erwartet
man von der neusachlichen Literatur die Darstellung sozialer, ökonomischer, kultureller und politischer Lebensbedingungen einer
Schicht oder gar einer ganzen Nation, da man die »Zeit der Vereinzelung« bzw. der »individuellen Vereinzelung«[566] überwunden
glaubt. Eine solche Erwartungshaltung bedeutet das Ende individual-
psychologischer Erzählmuster, statt auf »Psychologie« besteht man

---

[564] Hermann von Wedderkop: Inhalt und Technik des neuen Romans. In:
Der Querschnitt 7 (1927), Nr. 6, S. 423-429, hier S. 426. – Vgl. Bd. II, S. 97.
[565] Richard Bie: Diagnose der Bühne. In: Der Scheinwerfer 2 (1928), Nr. 3,
7-9, hier S. 8.
[566] Ihering: Zeittheater, S. 269. – Vgl. Bd. II, S. 126 und 129.

auf »Soziologie« als die Basis literarischer Produktivität[567]; an die Stelle der Individualanalyse tritt die Sozioanalyse, die der psychologischen Ausleuchtung eines Individuums die Darstellung der soziologischen Gegebenheiten, unter denen das Individuum als Teil des Kollektivs lebt und handelt, entgegensetzt – »Vivisektion der Zeit«[568] statt psychologisierender Darstellung heißt demnach die Maxime.

Aus der Übereinkunft darüber, daß die historischen Ereignisse und die gesellschaftspolitische Situation andere Ursachen haben als »die Charaktere einzelner Bürger«[569] und daß gesellschaftliche Prozesse folglich nicht mittels der Vorstellung individueller Charaktere, sondern nur über die Thematisierung der Gesamtheit der »äußeren Umstände«[570] erklärt werden können, resultiert die Proklamation der Entindividualisierung und Entsubjektivierung der Literatur. Die Schilderung von Einzelpersonen soll der »Darstellung von Zuständen« weichen: »Wohin ich blicke, ich sehe nichts außer Zuständen. Also mögen die Schriftsteller von ihnen berichten«, erklärt Bernard von Brentano im Jahr 1929 in seinem in der *Frankfurter Zeitung* erschienenen programmatischen Aufsatz *Über die Darstellung von Zuständen.*[571] Erik Reger sucht diese Prämisse mit seinem Roman *Union der festen Hand* umzusetzen: »Man beachte, daß in diesem Buch nicht die Wirklichkeit von Personen und Begebenheiten wiedergegeben, sondern die Wirklichkeit einer Sache und eines geistigen Zustandes dargestellt wird«, annonciert Reger in der seinem Roman vorangestellten »Gebrauchsanweisung«.[572] Zwar bindet auch er diese objektive, entfiktionalisierte Schilderung eines Zustands, hier der ökonomischen und politischen Situation des Ruhrgebiets, in einen fiktionalen Kontext ein, in dem er nicht gänzlich auf handelnde Individuen verzichten kann; doch die angeführten Einzelpersonen fungieren in Regers Roman wie in der gesamten neusachlichen Lite-

---

[567] Bie: Diagnose der Bühne, S. 8.

[568] Erik Reger: Das wachsame Hähnchen. Polemischer Roman. Wegweiser. Berlin 1932, S. 7f., hier S. 7. – Vgl. Bd. II, S. 134f.

[569] Brentano: Über die Darstellung von Zuständen. – Vgl. Bd. II, S. 158.

[570] Feuchtwanger: Der Geschmack des englischen Lesers. – Vgl. Bd. II, S. 81.

[571] Brentano: Über die Darstellung von Zuständen. – Vgl. Bd. II, S. 159.

[572] Reger: Gebrauchsanweisung. In: Ders.: Union der festen Hand, S. 6. – Vgl. Bd. II, S. 219f.

ratur nicht als individuelle Subjekte, sondern als soziale Typen, mittels derer ein gesellschaftlicher Bewußtseinsstand und Zustand deutlich gemacht werden sollen. In *Die publizistische Funktion der Dichtung* schreibt Reger hierzu:

> Charakterschilderung – ja, aber nicht mehr als Anlaß dafür, die seelische Existenz eines Unbekannten auszusaugen. Vielmehr: Charaktere gewertet als Zustände, Situationen gewertet als Symptome unseres öffentlichen Lebens. Menschen, Gruppen, Schichten, Erscheinungen so dargestellt, daß wir ihnen die gegenwärtigen Zustände begreifen lernen: Voraussetzungen und Folgen.[573]

Regers *Union der festen Hand* hält sich an diese Devise; der Roman führt nicht die Schilderung eines bürgerlichen Werdegangs, sondern die »Entwicklung« einer Sache vor; die polemisierende Bezugnahme auf das traditionelle Genre des Entwicklungsromans, in dem das Schicksal eines bürgerlichen Helden in der Regel von dessen Geburt bis zu seinem Tod verfolgt wird, ist zweifelsohne intendiert, wenn Reger sein Werk im Untertitel »Roman einer Entwicklung« nennt. Die neusachliche Literatur hingegen gibt den traditionellen Romanhelden verloren. Ein Roman wie Alfred Döblins *Berlin Alexanderplatz* zelebriert seinen Untergang und führt zugleich die Überlebtheit eines solchen im 18. und 19. Jahrhundert ausgebildeten, sich auf das Schicksal eines Individuums bzw. individuellen Helden konzentrierenden Romanmodells angesichts des industriellen Massenzeitalters des 20. Jahrhunderts vor. Die gesellschaftspolitischen Tatbestände und das Massenschicksal interessieren, nicht das individuelle (bürgerliche) Einzelschicksal, das die Literatur des 18. und 19. Jahrhunderts zum Gegenstand von Romanen wählte. Folglich hegt man Bedenken gegen das Konzept des bürgerlichen Erziehungsromans sowie gegen die Thematisierung »privater Zusammenhänge«; demgegenüber wird die Gestaltung des »ganze[n] Zeitbild[s]«[574] akzentuiert. Mit dieser Haltung zollt man sicherlich auch der Erfahrung des Massensterbens auf den Schlachtfeldern des Ersten Weltkriegs Tribut. Die Gestaltung »jener ›Sache‹, die Millionen durchgemacht haben«, wird zu einer vordringlichen Aufgabe von Literatur erklärt; dabei

---

[573] Reger: Die publizistische Funktion der Dichtung. – Vgl. Bd. II, S. 191.
[574] Westhoven: [= Erik Reger]: [Rez.] Friedrich Wolf »Der Kampf im Kohlenpott« und Karl Grünberg »Brennende Ruhr«, S. 24. – Vgl. Bd. II, S. 236.

wünscht man sich für die Darstellung dieses Themenkomplexes eine
»nicht persönlich, sondern kollektivistisch getragen[e]« Form[575]:

> Daß die Tage des Romanhelden vielleicht überhaupt gezählt sind; daß
> sein Abbau bevorsteht. [...] Die Heldendämmerung ist nahe. Die neue
> Sachlichkeit ist der Helden, die ja zumeist ein unruhiges, lautes, ekelhaf-
> tes, anspruchsvolles und stänkerndes Geschlecht sind, müde. Es interes-
> siert der Einzelne nicht, seitdem man ihn millionenfach vermehrt in
> Feldgrau gesehen hat.[576]

»Einzelpersonen im Geschehen« denunziert man als »völlig gleich-
gültig«, man behandelt sie lediglich als »Fälle [...] aus einem Geschehen«. Diese Einstellung hat insofern poetologische Dimensionen, als
sie im Roman die Ablehnung einer individuell und »personal bestimmte[n] Haupthandlung«[577] zur Folge hat: eine Maxime, die man
insbesondere in den neusachlichen Antikriegs- und Zeitromanen der
späten zwanziger Jahre beherzigte.

»Ich bin ein Feind des Persönlichen. Es ist nichts als Schwindel
und Lyrik damit. Zum Epischen taugen Einzelpersonen und ihre sogenannten Schicksale nicht«[578], hatte Alfred Döblin bereits in Zusammenhang seines 1924 entstandenen Romans *Berge Meere und Giganten* entschieden – eine Vorgabe, unter der nicht nur *Berlin Alexanderplatz*, sondern nahezu alle neusachlichen Romane und Dramen
konzipiert sind. Die zeitgenössische Literatur, so konstatiert Ernst
Glaeser 1931, habe zumeist nicht den Menschen zum Gegenstand, ja
sie leugne sogar, »daß es ›den Menschen‹« gebe und konzentriere
sich folglich auf die Darstellung von gesellschaftlichen Kollektiven.[579] Und wirklich werden in den meisten neusachlichen Romanen
und Dramen statt individueller Helden gesellschaftliche und histori-

---

[575] Günther Müller: Katholische Gegenwartsdichtung. In: Schweizerische
Rundschau 31 (1931), Nr. 1, S. 9-20, hier S. 10f. – Vgl. Bd. II, S. 240.

[576] Arno Schirokauer: Garde-Ulanen – abgebaut! In: Die Literarische Welt 4
(1928), Nr. 21/22, S. 1f., hier S. 1 u. 2. – Vgl. Bd. II, S. 235.

[577] Müller: Katholische Gegenwartsdichtung, S. 10. – Vgl. Bd. II, S. 239.

[578] Alfred Döblin: Bemerkungen zu »Berge Meere und Giganten«. In: Die
neue Rundschau 35 (1924), I, S. 600-609, hier S. 600. – Vgl. hierzu Kapitel
II.2.

[579] Glaeser: Erik Reger. Zu seinem Roman »Union der festen Hand«, S. 5. –
Vgl. Bd. II, S. 220.

sche »Typen« entworfen, statt persönlicher Schicksale kollektive Biographien und Interessen vorgeführt: »Schafft Typen aus dem Chaos der Individuen. Klärt die Lage! [...] Typus ist Versachlichung der Verwirrung im Mannigfaltigen. Typus ist Klarheit«[580], regt Bernhard Diebold die Schriftsteller im Jahr 1928 an, offensichtlich mit Erfolg; jedenfalls treten zwar in den mehrheitlich gegen Ende des Jahrzehnts und Anfang der dreißiger Jahre entstandenen neusachlichen Romane Protagonisten auf; doch sie präsentieren sich keineswegs individuell, sondern als gesellschaftliche Typen; ihr Schicksal ist repräsentativ und in diesem Sinn austauschbar.[581]

Zudem läßt die Verpflichtung auf das Beobachten und Berichten nur mehr eine »psychographische Beschreibung« dieser ›Antihelden‹ zu, wie der *Weltbühne*-Rezensent Manfred Georg in bezug auf Joseph Roths »Bericht« *Die Flucht ohne Ende* konstatiert. Roth liefere, so heißt es in Georgs Rezension, »eine seelische Reportage« der Figur Franz Tunda und damit zugleich die »objektive« Schilderung eines »Menschentyps« der Nachkriegszeit.[582] Lion Feuchtwanger teilt in der seinem Roman *Erfolg* nachgestellten »Information« den Lesern mit, daß er, »um die bildnishafte Wahrheit des Typus zu erreichen, [...] die photographische Realität des Einzelgesichts tilgen [mußte]. Das Buch ›Erfolg‹ gibt nicht wirkliche, sondern historische Menschen.«[583] In dem ein Jahr nach Erscheinen des Romans verfaßten Aufsatz *Was bedeutet der Weltkrieg dem deutschen Romancier?* präzisiert Feuchtwanger diese Angaben dahingehend, daß er »als moderner deutscher Romanschriftsteller [...] an einem Helden oder einer Heldin kein Interesse« habe und demnach für seinen Roman »Gruppen von Charakteren und nicht Einzelindividuen« bzw. »das Land Bayern als [...] eigentlich[en] Held[en]« seines Romans gewählt habe.[584] Ernst Ottwalt betont im Vorwort seines Romans *Ruhe und Ordnung*, den er im Untertitel »Roman aus dem Leben der natio-

---

[580] Diebold: Kritische Rhapsodie 1928, S. 559 u. 560. – Vgl. Bd. II, S. 276.

[581] Döblin z.B. bezeichnet seinen »Mann« als »hergerufen« (*Berlin Alexanderplatz*, S. 9 und 49.

[582] Manfred Georg: Beobachtet, nicht ›gedichtet‹. In: Die Weltbühne 24 (1928), Nr. 1, I, S. 35f., hier S. 36. – Vgl. Bd. II, S. 204.

[583] Feuchtwanger: Information, S. 7. – Vgl. Bd. II, S. 227.

[584] Lion Feuchtwanger: Was bedeutet der Weltkrieg dem deutschen Romancier? In: Neue Freie Presse (Wien), 10.5.1931.

nalgesinnten Jugend« nennt, gleichfalls, daß nicht »Einzelpersonen, sondern das Bild der gesamten Nachkriegsjugend« dargestellt würden.[585]

Im Hinblick auf Drama und Theater werden in Zusammenhang mit der Präferenz für »Zeitstück[e]«[586] ähnliche Forderungen erhoben. Überzeugt, daß »jede einheitliche Handlung, jede Konzentration auf ein immer zufälliges Einzelschicksal Vergewaltigungen des Lebens sind«, prognostiziert Wilhelm Bernhard den »Untergang des Abendstückes« traditioneller Prägung; dieses werde durch das »Revuestück« ersetzt, worunter er nicht die amerikanische Revueshow, sondern ein modernes Zeittheater versteht:

> Dieses Revuestück hat keine durchlaufende Handlung mehr, die mühsam und voller Trugschlüsse ist und deren Ausgang, sei es Selbstmord, sei es Hochzeit des Helden, uns nicht interessiert. Sondern es hat viele wirkliche Kleinhandlungen, kongruent den Geschicken unserer Zeit, die die Kräfte kurz, schnell und intensiv in Anspruch nimmt. Diese Handlungen wollen sich nicht aufhalten bei Erzählungen von Vorgeschichten, Erläuterungen von Charakteren, die mit einem Satz lebendig sein können und Belauern von Lebenswegen mit Schlußmoralabsichten, sondern sichere und präzise Typen geraten jäh in eine wichtige Situation, die entweder mit ihnen oder sie mit ihr fertig werden [...].[587]

Die Schauspielkunst wird in diese Forderung nach der Thematisierung des kollektiven Zeitschicksals einbezogen. Erwin Piscator erwartet von einem Schauspieler, daß er »sich als Träger [der] Sache und nicht als Träger einer Rolle fühlt«:

> Aus dieser Grundeinstellung wird sich mit der Zeit eine neue Form der Darstellung ergeben, die den Schauspieler aus einem Verkörperer von Individualitäten wieder zum Träger weltgeschichtlicher Ideen macht. Nicht um die Subjektivierung des Weltbildes geht es uns, sondern um die Sachlichkeit, die aus dem Stoff entsteht.[588]

---

[585] Ottwalt: Ruhe und Ordnung. Vorwort, S. 9. – Vgl. Bd. II, S. 205.
[586] Ihering: Theater an der Ruhr, S. 3. – Vgl. Bd. II, S. 108.
[587] Bernhard: Der Untergang des Abendstückes oder das kommende Theater, S. 57. – Vgl. Bd. II, S. 62.
[588] Piscator: Das politische Theater. In: Die neue Bücherschau 4 (1926), Nr. 4, S. 170. – Vgl. Bd. II, S. 212f.

Hinsichtlich der Schauspielpraxis bedeutet »Neue Sachlichkeit« demnach gleichfalls Besinnung auf die »ureigene Sache: auf den Menschen« statt auf Individuen.[589]

---

[589] Felix Emmel: Schauspielertypen. In: Die vierte Wand 2 (1927), Nr. 18, S. 3-7, hier S. 3.

IV. DIE KRITIK AN DER NEUEN SACHLICHKEIT

Innerhalb der Neuen Sachlichkeit fernstehenden oder gar feindlich gesinnten Gruppierungen ebenso wie im Umfeld neusachlicher Kreise führt man den literarischen Diskurs über die Neue Sachlichkeit in den zwanziger und dreißiger Jahren auch als eine kritische Debatte; er umfaßt demnach nicht nur die Konstituierung, sondern auch die Kritik der neusachlichen Programmatik und Ästhetik. Für diesen Bereich sind die bisherigen Untersuchungsergebnisse gleichfalls zu korrigieren und zu erweitern. Denn zum einen kam die Kritik nicht ausschließlich, ja nicht einmal vorwiegend, wie in der Forschung bislang dargestellt[1], von seiten der bürgerlichen und marxistischen Linken; rechtskonservativ und völkisch-national sowie nach 1930 auch nationalsozialistisch gesinnte Gruppierungen trugen weitaus massivere Angriffe gegen die Neue Sachlichkeit vor. Auch die von konservativen Kreisen formulierten Vorwürfe, denen die neusachliche Bewegung sich gegen Ende der zwanziger Jahre ausgesetzt sah, waren wesentlich dominanter und aggressiver als die aus einer marxistischen Position heraus vorgetragenen Urteile Georg Lukács', Bela Balázs', Alfred Kemènys und Walter Benjamins. Die Beachtung des gesamten kritischen Diskurses macht deutlich, daß die Überbewertung der marxistischen und linksbürgerlichen Kritik an der Neuen Sachlichkeit in den Jahren nach 1930 in ihrer Verkürzung unzulässig ist. Die Demontage der neusachlichen Ästhetik wurde nicht erst und auch nicht vorwiegend nach Beginn der Weltwirtschaftskrise durch die marxistische Linke betrieben; sie ist ebensowenig ein Phänomen der Stabilisierungsphase wie die Neue Sachlichkeit selbst. Zwar nahmen die Angriffe auf die neusachliche Bewegung nach 1930 deutlich zu, jedoch hat die wachsende Kritik an der Neuen Sachlichkeit weniger mit der Verschlechterung der ökonomischen Situation als mit der Dominanz dieser Strömung am Ende der zwanziger Jahre sowie mit dem Erstarken rechtskonserva-

---

[1] Vgl. Lethen: Neue Sachlichkeit, S. 114-139; Prümm: Die Literatur des Soldatischen Nationalismus der 20er Jahre, S. 265-276; Hermand: Einheit in der Vielheit? Zur Geschichte des Begriffs Neue Sachlichkeit, S. 89-91.

tiver und nationalsozialistischer Tendenzen zu tun. Daß die von der marxistischen Linken geäußerten Vorbehalte der Neuen Sachlichkeit gegenüber sich in vielen Punkten mit den durch rechtskonservative Gruppierungen erhobenen Vorwürfen decken, sollte nicht einfach als Kuriosum dieses kritischen Diskurses angesehen werden; vielmehr ist dieses Phänomen als Beleg dafür zu werten, daß es sich weniger um eine Kritik der neusachlichen Ideologie als um eine von ökonomischen Gegebenheiten und Lebensbedingungen unabhängige Aburteilung der neusachlichen Ästhetik handelte. Auch darf diese Entwicklung nicht einseitig als ein Indiz für das Scheitern der neusachlichen Ästhetik aufgrund ihrer mangelnden programmatischen Schlüssigkeit und Stimmigkeit gedeutet werden. Das Ende der neusachlichen Bewegung wird nicht mit dem Jahr 1929, sondern mit dem Jahr der Machtübertragung auf die Nationalsozialisten eingeläutet: Fast alle Autoren, die im Umkreis der Neuen Sachlichkeit agierten, verlassen Deutschland. Neusachliche Tendenzen finden sich nach 1933 demnach nicht innerhalb der in Deutschland produzierten, sondern in Zusammenhang mit der im Exil verfaßten Literatur.[2] Zwar kommt die intensive Diskussion der zwanziger und frühen dreißiger Jahre um eine neusachliche Ästhetik infolge der Exilsituation zwangsläufig zum Erliegen; gleichwohl finden unter Exilautoren neusachliche Schreibtechniken vereinzelt ihre Anwendung.

IV.1. *Die neusachliche Kritik an der Neuen Sachlichkeit*

Eine Dimension, wenngleich nicht die dominierende, des kritischen Diskurses über die Neue Sachlichkeit ist ihre Binnenkritik. Schon früh benennen Befürworter einer Sachlichkeitsästhetik deren Defizite sowie die negativen Auswirkungen des literarischen Versachlichungsprozesses. Zum einen wird moniert, daß viele Autoren »Sach-

---

[2] Vgl. z.B. Bruno Frei: Die Männer von Vernet. Ein Tatsachenbericht. Berlin 1950; Paul Zech: Deutschland, dein Tänzer ist der Tod. Ein Tatsachenroman [Februar, März 1933 u. 1937] Rudolstadt 1980; Lili Körber: Eine Jüdin erlebt das neue Deutschland. Wien 1934.

lichkeit« forderten, selbst aber nicht »sachlich« seien.[3] Und zum anderen wird auf die »trostlose Oede der sogenannten neuen Sachlichkeit«[4] und auf die »pedantische Trockenheit« einer ansonsten »re-
spektvollen Sachlichkeit«[5] aufmerksam gemacht. Lion Feuchtwanger
– obgleich ein bedeutender Vertreter der Neuen Sachlichkeit –
warnt bereits 1925 davor, einen »Hymnus auf Nüchternheit und
Sachlichkeit« zu entwerfen.[6] Des weiteren taucht wiederholt die Klage über »Neuesachlichkeits-Schwindler«[7] auf, wobei dieser Vorwurf
die Enttäuschung über eine »mißverstandene Sachlichkeit«[8] wie die
über eine nicht eingelöste Sachlichkeitsästhetik gleichermaßen beinhaltet.

Ein bedeutendes Dokument der selbstkritischen neusachlichen
Position ist Bernhard Diebolds im Jahr 1928 in der *Neuen Rundschau* publizierter Aufsatz *Kritische Rhapsodie 1928*. Diebold, in seiner Funktion als Feuilletonredakteur der *Frankfurter Zeitung* von
1917 bis 1934 der bedeutendste Literaturkritiker außerhalb Berlins,
bekannte sich in mehreren Stellungnahmen zu einer neusachlichen
Ästhetik – noch 1931 wird er neusachliche Programmpunkte gegen
aufkommende Romantisierungstendenzen verteidigen; in seiner *Kritischen Rhapsodie 1928* unterzieht er die neusachliche Literatur jedoch einer kritischen Überprüfung. Keineswegs geht es ihm um eine
prinzipielle Verurteilung der neusachlichen Ästhetik, wohl aber
möchte er die Diskrepanzen zwischen theoretischem Anspruch und
literarischer Praxis benennen. Dabei tritt er derart vehement als
Verteidiger neusachlicher Postulate auf, daß sich die *Neue Rundschau*
zu einer »Anmerkung« veranlaßt sah, mit der man sich nachdrück-

---

[3] Bernhard Diebold: Kritische Rhapsodie 1928. In: Die neue Rundschau 39
(1928), Bd. II, S. 550-561, hier S. 553. – Vgl. Bd. II, S. 272.
[4] Hermann von Wedderkop: Inhalt und Technik des neuen Romans. In:
Der Querschnitt 7 (1927), Nr. 6, S. 423-429, hier S. 429. – Vgl. Bd. II, S. 98.
[5] Siegfried Jacobsohn: Grabbe und Nestroy. In: Die Weltbühne 18 (1922), I,
Nr. 20, S. 507f., hier S. 508.
[6] Lion Feuchtwanger: »Tage des Königs«. In: Die Weltbühne 21 (1925), I,
Nr. 2, S. 71f., hier S. 72.
[7] von Wedderkop: Inhalt und Technik des neuen Romans, S. 429. – Vgl.
Bd. II, S. 98.
[8] Friedrich Sternthal: Politisches Theater. In: Die Literarische Welt 6
(1930), Nr. 37, S. 7. – Vgl. Bd. II, S. 410.

lich von Diebolds Positionen distanzierte. Insbesondere die von ihm
geforderte Aktualität und Zeitbezogenheit literarischer Texte stieß
innerhalb der einem traditionellen Literaturbegriff verpflichteten
Redaktion auf massiven Widerspruch:

> Wir stimmen mit Diebold keineswegs in allen Punkten überein. Vor al-
> lem scheint uns die innere Aktualität doch weit wichtiger als die äußere
> zu sein. Zu allen Zeiten schafft nur sie das literarische Abbild der Ge-
> genwarten, wobei es recht gleichgültig ist, ob der Stoff der Vergangen-
> heit oder der Gegenwart entstammt.

Diebold hingegen bekennt sich zur »Lust der Aktualität« und mahnt
eine der aktuellen Gegenwart verpflichtete Literatur an, da er die
zentralen neusachlichen Forderungen – Sachlichkeit im Sinne von
Aktualität, Zeit- und Gegenwartsbezug, von Funktionalität und
berichtendem Reportagestil – im Jahr 1928 nicht eingelöst glaubt. Er
vermißt den Zeitroman, das »große Abbild dieser Gegenwart«, und
auch die neusachliche Prämisse, Literatur vornehmlich unter rezeptionsästhetischen Gesichtspunkten zu produzieren, findet er keineswegs realisiert: »Aber Wirkung, der wir jedes Mittel zugestehen,
Wirkung fordern wir vom aktuellen Kunstwerk des Moments«.
Doch Autoren, die diese neusachliche Vorgabe als Produktionsma-
xime beherzigten, kennt er nicht. Arnolt Bronnens *Vatermord*
(1920; Uraufführung 1922) und Bertolt Brechts *Trommeln in der
Nacht* (1922) gelten ihm zwar als gelungene Verarbeitungen zeitgenössischer Realität; jene Massenwirkung, die die Neue Sachlichkeit
über die Funktionalisierung von Literatur zu erlangen suchte, sieht
er indes durch diese und andere Dramen kaum umgesetzt. Statt des
»Volk[es]« erreichten Dramatiker wie Brecht und Bronnen lediglich
eine »Clique«[9] – ein Begriff, den auch Benjamin in seiner Kritik der
Neuen Sachlichkeit als eine Literatur »linke[r] Melancholi[ker]« anführen wird[10] –, der Massenandrang zu den Aufführungen ihrer Stücke bleibe aus. Auch habe die Neue Sachlichkeit unter den Autoren

---

[9] Diebold: Kritische Rhapsodie 1928, S. 550 u. 551. – Vgl. Bd. II, S. 272 u.
277.
[10] Walter Benjamin: Linke Melancholie. Zu Erich Kästners neuem Ge-
dichtbuch. In: Die Gesellschaft 8 (1931), Bd. 1, S. 181-184. – Vgl. Bd. II,
S. 327.

nicht jene Verbindlichkeit erreicht, die die Basis für die Formierung einer »Schule der Neuen Sachlichkeit« bilden könne; die Realisierung eines »neue[n] Naturalismus«, an den man in der Konstituierungsphase der neusachlichen Bewegung Anfang der zwanziger Jahre die Hoffnung der »Versachli[chung] und Verdicht[ung]« geknüpft hatte, steht Diebold zufolge gleichfalls noch aus. Überdies vermißt er das »Wirkliche«, das »Sachliche«, statt postulierter »Sachlichkeit und Gegenwart« sei die literarische Produktion durch »Romantik und Geschichte« gekennzeichnet.[11]

Diebolds *Kritischer Rhapsodie* ist im Jahr 1928 der Stellenwert eines Aufrufs zuzuschreiben. Als ein der Neuen Sachlichkeit verpflichteter Kritiker mahnt er eine konsequente Realisation ihrer programmatischen Forderungen an, wobei er zugleich auf seiner Meinung nach falsch verstandene Umsetzungen hinweist. Nach 1930 gewinnen solche Aufsätze den Stellenwert von Verteidigungsschriften. In diesem Sinn sind sie ein Beleg dafür, daß noch gegen Ende des Jahrzehnts über eine angemessene Realisierung neusachlicher Theoreme diskutiert wird; auch widerlegen sie die These von der uneingeschränkten Tabuisierung der Neuen Sachlichkeit nach 1930. In diesem Jahr erscheint Joseph Roths Aufsatz *Schluß mit der Neuen Sachlichkeit!*, mit dem sich der ehemalige Repräsentant und Wortführer der neusachlichen Bewegung demonstrativ (und doch nur partiell) von der neusachlichen Ästhetik abwendet. Ungeachtet dieses Aufrufs eines prominenten Vertreters der Neuen Sachlichkeit entsteht weiterhin neusachliche Literatur; auch die Diskussion um eine neusachliche Schreibweise kommt keineswegs zum Erliegen, an neusachlichen Forderungen wird, dies hat die bisherige Forschung zur Neuen Sachlichkeit durchgängig übersehen, auch nach Roths Diktum festgehalten. Seiner Aufforderung, »Schluß mit der Neuen Sachlichkeit« zu machen, folgt die Mehrheit neusachlicher Autoren und Kritiker nicht. Seine Urteile bleiben zudem nicht unwidersprochen: Eine »Idee« werde nicht »durch desertierende Mitläufer und Nutznießer der Konjunktur vernichtet«, kommentiert Theodor Greif – unter diesem Pseudonym publizierte der in Berlin arbeitende Dramaturg und Dramatiker Fred Antoine Angermayer im *Schein-*

---

[11] Diebold: Kritische Rhapsodie 1928, S. 555 u. 556. – Vgl. Bd. II, S. 273 u. 274; weitere Aspekte von Diebolds Binnenkritik der Neuen Sachlichkeit werden in Kapitel IV.4. und IV.5. behandelt.

werfer – Roths Positionswechsel und Kritik an der Neuen Sachlichkeit in seinem 1930 erschienenen Aufsatz *Denn sie gehen zum Andreas*[12]; bezeichnenderweise druckt die Essener Zeitschrift Greifs Aufsatz im Oktober 1932 nur leicht verändert nochmals ab.[13]

Unbeirrt hält Greif an den neusachlichen Kriterien »Sachlichkeit«, »Reportage« und »Zeitnähe« als Elemente einer zeitgemäßen, modernen Literatur und Literaturkritik fest und verteidigt sie gegen eine aufkommende ›neue Romantik‹: Eine »unfertige, abrupte, nur im ständigen Wechsel dauerhafte Zeit« müsse, so seine Argumentation, »dokumentarisch festgehalten« werden. Für ihn bleibt die Forderung nach Sachlichkeit als »Reaktion auf eine tollkühn fabulierende, Nebensächliches aufbauschende und das Wesentliche vernachlässigende oder verschleiernde Kunst, als Betonung der Zweckhaftigkeit gegenüber dem bloßen Zierat« ein »herrlicher und richtiger Kampfruf«; eingelöst glaubt er diese neusachliche Forderung indes nicht. Vielmehr sieht er die im Namen der Neuen Sachlichkeit angestrebte Versachlichung des literarischen Schreibens durch den Hang zu einem »Biedermeier«-Stil bedroht, und das vorzugsweise bei jenen Autoren, die zuvor konsequente Sachlichkeit postuliert hätten. Insbesondere die Reportage – von Greif als ein »notwendiges Kunstmittel«, als eine »Waffe zur Erhellung und Aufrüttelung der Zeit« gewertet – hält er für gefährdet, weniger infolge der Angriffe von Gegnern der neusachlichen Ästhetik denn aufgrund der von vielen Autoren betriebenen »Synthese« von Reportage und Dichtung:

> Plötzlich wollen sie die »Synthese«: Reportage, ja, *aber auch* Dichtung; Vernunft, ja, *aber auch* Gemüt; Augen, ja, *aber auch* Herz; Gehirn, ja, *aber auch* Seele. Gegensätze, kaum offenbar geworden, sind plötzlich wieder aufgehoben. Unvereinbares, kaum ehrlich geschieden, wird plötzlich wieder im großen Suppentopf durcheinandergekocht. [...]
> Die »Synthese« ist eine schöne Erfindung derjenigen, die nicht von Rede und Gegenrede, sondern von Ausreden leben. Aber eine Sache wird nicht dadurch falsch, daß einige Literaten haltlos sind, und nicht

---

[12] Theodor Greif: Sie gehen zum Andreas. In: Der Scheinwerfer 4 (1930), Nr. 8/9, S. 21-24, hier S. 22 – Vgl. Bd. II, S. 285.
[13] Theodor Greif: Sie gehen zum Andreas. In: Der Scheinwerfer 6 (1932), Nr. 2, S. 10-15.

dadurch lächerlich, daß gewisse Spötter in ihrer Rolle als abgedankte Psalmodisten komische Figuren abgeben.

Die Reportage habe, so Greifs Überzeugung, kaum etwas von ihrer Bedeutung eingebüßt. Gegenüber einer »phantastisch verlogenen ›Dichtung‹« favorisiert er sie als ein Instrument der »scharfe[n], klare[n], nüchterne[n] Beobachtung der Wirklichkeit«; den »Gaukeleien einer unkontrollierbaren Seele« setzt er sie als eine »Anwendung des kontrollierbaren Verstandes« entgegen und schreibt ihr in diesem Sinn noch 1930 die Fähigkeit zur Modernisierung der Literatur zu.

Mit diesem Ansatz steht Greif zu Beginn der dreißiger Jahre nicht allein. In neusachlichen Kreisen glaubt man nach wie vor an das aufklärerische Potential eines berichtenden Reportagestils, der zu diesem Zeitpunkt keineswegs abgeschrieben wird, wie eine einseitige Gewichtung der Rothschen Position suggeriert. Indem Greif z.B. die Reportage primär nicht gegen traditionelle Literaturkonzepte verteidigt, sondern gegen Aufweichungsversuche ihrer prinzipiellen Befürworter abzugrenzen sucht und sich gegen den inflationären Gebrauch des Kriteriums »Zeitnähe« ausspricht, erweist er sich als konsequenter Verteidiger der Neuen Sachlichkeit wie als ihr Kritiker gleichermaßen. Nicht nur, daß Greif sich gegen die »Synthese« von Reportage und Dichtung wendet – eine innerhalb der neusachlichen Debatte sicherlich radikale Position –, seiner Meinung nach sichert das Kriterium der »Zeitnähe«, mit dem man sich von der »Anmaßung der Monumentalität des Ewigen«, von »Sentiments« und »rauschende[m] Pathos« absetzen und der »Kulisse« traditioneller Dichtung »Leben« entgegensetzen wollte, überdies den Fortbestand von Literatur. Allerdings moniert Greif zugleich, daß man literarische Produkte als zeitgemäße Literatur würdige, in denen zwar aktuelle Sujets aufgegriffen, jedoch in traditioneller Form und ohne ausreichende »Kenntnis der Materie« verarbeitet würden. Trotz des verständlichen Mißtrauens, mit dem man im Jahr 1930 dem Begriff des »Zeittheater[s]« begegne, hat dieser für ihn seine Berechtigung keineswegs eingebüßt; doch auch dieses Genre werde von »Falschmünzer[n]« genutzt, die ihre Stücke als Zeitdramen deklarierten, in Wahrheit jedoch das »tiefe Erlebnis« und den »poetischen Nebel« wieder einzuführen suchten. Gegen sie möchte Greif die »Idee« der Neuen Sachlichkeit verteidigen.

Greifs Kritik richtet sich insbesondere gegen Joseph Roth. Dessen Angriffe auf das neusachliche Aktualitätspostulat wertet er als die Folge eines fehlenden Konsenses: Daß ein ehemaliger Vertreter der Neuen Sachlichkeit die Forderungen nach Aktualität und Zeitbezogenheit von Literatur attackiert, ist für ihn das Resultat einer »Begriffsverwirrung«. Die Tatsache, daß Roth ungeachtet seiner polemischen Urteile weiterhin aktualitätsbezogene Werke verfasse, deren zentraler Bezugspunkt die Gegenwart sei, mache deutlich, daß sein Verhalten kaum als Beleg für den Anachronismus einer solchen Forderung gewertet werden könne:

> Besinnungslos wird jedem literarischen Produkt die Zeitgemäßheit bescheinigt, das mit einem Thema der Zeit auf die herkömmliche Weise jongliert, und das, bar jeder geistigen Haltung und bar jeder Kenntnis der Materie, mit neuen Stoffen alte Phrasen und Gefühlskomplexe anheizt. [...] Nur infolge dieser katastrophalen Begriffsverwirrung ist es möglich, daß ein Schriftsteller wie *Joseph Roth*, während sein Element nach wie vor die Gegenwart, das Zeitgenössische ist, einen unsubstantiierten Angriff auf imaginäre »Zeitgenössische Trottel« unternimmt. Er zeugt wider sich selbst: nie war Roth ein so schlechter Schriftsteller wie in dieser Polemik gegen Unbekannt.[14]

In seinem 1929 in der *Literarischen Welt* erschienenen Aufsatz *Zeitgenössische Trottel* hatte Roth gegen die Forderung nach einer inhaltlich-thematischen Aktualität von Literatur polemisiert, der zeitgenössischen Gegenwart verpflichtete Autoren als »Dummköpfe der Gegenwart« und »Nützlichkeitsfanatiker« verspottet und auf »ganz andere Gesetze verwiesen, nach denen ein Roman ›zeitgemäß‹ ist oder nicht, als das Gesetz der behandelten Materie«. Eine genauere Bestimmung dieser Gesetze und einer nicht ausschließlich inhaltlich bestimmten Form aktueller Literatur ist Roth seinen Lesern allerdings schuldig geblieben.[15] Berücksichtigt man zudem Greifs berechtigten Hinweis, daß Roths literarische Produktion zu diesem Zeitpunkt durchaus noch zeitbezogenen, aktuellen Themen verpflichtet

---

[14] Theodor Greif: Sie gehen zum Andreas. In: Der Scheinwerfer 4 (1930), Nr. 8/9, S. 21-24, hier S. 22, 24 u. 23. - Vgl. Bd. II, S. 285f., 286, 287, 285f., 286, 287, 288 u. 287.
[15] Joseph Roth: Zeitgenössische Trottel. In: Die literarische Welt 5 (1929), Nr. 46, S. 1f., hier S. 2. - Vgl. Bd. II, S. 378.

war, so erstaunt es nicht, daß er in seinem heute zu Unrecht lediglich als eine Abrechnung mit der Neuen Sachlichkeit gewerteten Artikel *Schluß mit der Neuen Sachlichkeit!* den Vorwurf des Aktualitäts- und Gegenwartsfanatismus wenngleich nicht restlos zurücknimmt, so doch zumindest differenziert. Zwar lassen sich seine Äußerungen nicht als eine unmittelbare Reaktion auf Greifs Kritik deuten – beide Aufsätze erscheinen im Januar 1930; dennoch ist es offensichtlich, daß Roth die zuvor erhobenen Vorwürfe deutlich abschwächt und seine Argumente – auch im Hinblick auf seine eigenen Werke – weitaus differenzierter vorbringt. Sein Bekenntnis, »der künstlerische Berichter [sei] an die Wirklichkeit gebunden«, und diese bleibe »immer sein Material«[16], liest sich wie ein nachträgliches Zugeständnis an zuvor von ihm selbst vertretene neusachliche Positionen[17] und legt die Annahme nahe, daß Roth nach Erscheinen seiner Polemik *Zeitgenössische Trottel* mit Gegenreaktionen konfrontiert worden ist.

Zwei Jahre nach der Erstveröffentlichung publiziert Greif seinen Aufsatz unter gleichem Titel in nur leicht veränderter Form nochmals im *Scheinwerfer*, womit auch die Redaktion der Zeitschrift ihre nicht zurückgenommene Akzeptanz neusachlicher Positionen demonstriere. Nach wie vor beharrt Greif auf der Bedeutung von Sachlichkeit im Sinne von »Reportage«, »Zeitnähe«, »Beobachtung«, »Wirklichkeitsbezug« und »Tatsachensinn« für eine moderne Literatur. Sein im Hinblick auf die Realisation dieser Ziele getroffenes Urteil fällt im Jahr 1932 allerdings vernichtend aus: Zum einen konstatiert er beträchtliche Diskrepanzen zwischen programmatischem Anspruch und literarischer Praxis; die erhobenen Forderungen seien lediglich zu »alberne[m] Firlefanz« verarbeitet worden. Zum anderen habe sich die Mehrheit der Autoren »desavouier[t]«: Ohne sich explizit auf Roth zu beziehen, spricht Greif wiederum von »Abtrünnige[n]« und »Falschmünzer[n]«, die ohne Skrupel zur »Firma

---

[16] Roth: Schluß mit der Neuen Sachlichkeit!, S. 4. – Vgl. Bd. II, S. 318.
[17] Vgl. Joseph Roth: Der idealistische Scharlatan. In: Frankfurter Zeitung, Nr. 902 vom 4.12.1927; ders.: Émile Zola – Schriftsteller ohne Schreibtisch. In: Die neue Bücherschau 5 (1927), Nr. 3, S. 99f. – Weitere Aspekte von Roths Kritik der Neuen Sachlichkeit werden in Kapitel IV.4. behandelt.

Biedermeier« übergelaufen seien, anstatt an der »Sache mit Ernst und Ausdauer« zu arbeiten.[18]

Diebolds und Greifs Argumentationen sind exemplarische Positionen neusachlicher Binnenkritik. Ihr ging es weniger darum, hinter die von der Neuen Sachlichkeit geschaffenen Standards zurückzugehen: Die kritische Diskussion um die neusachliche Ästhetik wurde vielmehr vor dem Hintergrund der Übereinkunft darüber geführt, daß Postulate wie Realitäts- bzw. Gegenwartsbezug, Aktualität und Gebrauchswert von Literatur, Antipsychologismus und Entsentimentalisierung ihre Berechtigung haben und als eine poetologische Basis zu werten seien, die keinesfalls unterschritten werden dürfe. Bertolt Brechts 1929 entstandene, in diesen Jahren allerdings nicht publizierte Kritik der Neuen Sachlichkeit im Rahmen seiner Auseinandersetzung mit Hannes Küpper – mit dem er seit der Auszeichnung von dessen Sportgedicht *He, He! The Iron Man!* im Rahmen des 1926 von der *Literarischen Welt* organisierten Nachwuchswettbewerbs zusammenarbeitete – ist durchaus repräsentativ für eine solche Einschätzung. Brecht zweifelt die Berechtigung einer Sachlichkeitsästhetik nicht grundsätzlich an; wohl aber stellt er ihre Bindung an die bürgerliche Klasse zur Disposition. Demnach betreibt er also weniger eine Aburteilung der neusachlichen Ästhetik als Ideologiekritik. Auch geht es ihm nicht um die Rehabilitierung der – wie er es nennt – »Unsachlichkeit« einer bürgerlich-traditionellen Literatur; Sachlichkeit im Sinne einer Versachlichung literarischen Schreibens wird als ein »unvermeidliche[r] und absolut nötige[r] Fortschritt«[19], als ein notwendiges, ja unabdingbares Durchgangsstadium auf dem Weg zu einer dialektischen Literatur, als der »vorgeschobenste Punkt der Erkenntnis«[20] innerhalb der bürgerlichen Sphäre gewertet:

---

[18] Greif: Sie gehen zum Andreas. In: Der Scheinwerfer 6 (1932), Nr. 2, S. 10-15, hier S. 12, 14, 13 u. 14.

[19] Bertolt Brecht: Neue Sachlichkeit [um 1929; unveröffentlicht]. In: Ders.: Werke. Bd. 21: Schriften I, S. 352-356, hier S. 356. – Vgl. Bd. II, S. 280.

[20] Bertolt Brecht: Tatsachenreihe [Ende zwanziger/Anfang dreißiger Jahre]. In: Ders.: Werke. Bd. 17: Prosa 2. Berlin, Weimar, Frankfurt/Main 1989, S. 443-455, hier S. 444.

Über dieser Leute Unsachlichkeit lache ich, aber über Ihre Sachlichkeit bin ich erbittert. Ich nehme an, daß sie kommen wird, in der Malerei ist sie schon da. Auf dem Theater muß sie kommen. Die Theater können viel zuwenig, als daß sie noch lang etwas anderes machen könnten als etwas rein Sachliches. Die Sachlichkeit wird kommen, und es wird gut sein, wenn sie kommt – ich wünsche es bei Lenin –, vorher kann man gar nichts weiter unternehmen; aber dieser unvermeidliche und absolut nötige Fortschritt wird eine reaktionäre Angelegenheit sein, das ist es, was ich behaupten möchte: Die neue Sachlichkeit ist reaktionär.[21]

Die Neue Sachlichkeit als eine bürgerliche und demzufolge »reaktionäre« Bewegung sieht Brecht zum Scheitern verurteilt; Sachlichkeit als ein ästhetisches Kriterium hingegen nimmt er von seiner Kritik aus. Diese Differenzierung ermöglicht ihm sodann die Unterscheidung einer bürgerlichen von einer »wirklichen Sachlichkeit«, wobei die letztere von der ersteren zumindest in formaler Hinsicht profitiert:

An der wirklichen *Sachlichkeit* hat das Bürgertum absolut kein Interesse, da, wenn einer sachlich ist, ja immer die Frage vorliegt, was seine Sache ist; daher muß die bürgerliche Richtung der »neuen Sachlichkeit« notgedrungen bald abwirtschaften, und dies geschieht gewöhnlich in Form formaler Bereicherung.

Brechts Kritik der »bürgerliche[n] Richtung der neuen Sachlichkeit« setzt bei ihrer Forderung nach objektiver Zustandsschilderung an. Zwar glaubt auch er mit dieser Vorgabe einen Standard erreicht, der keinesfalls unterlaufen werden dürfe; doch die nüchterne Bestandsaufnahme, die »Zustandsschilderung« bzw. »Zuständeschilderung«, müsse, so Brechts Überlegung in Zusammenhang seiner Ausführungen zum »Zeitstück«, sich zu einer »Kritik oder Diskussion des Gesamtzustands selber« ausweiten, da die »Kenntnisnahme des Zustandes« nicht gleichbedeutend sei mit seiner Kritik, wie Brecht im Gegensatz zu vielen neusachlichen Autoren formuliert.[22]

---

[21] Brecht: Neue Sachlichkeit, S. 356. – Vgl. Bd. II, S. 280.
[22] Bertolt Brecht: Der soziologische Raum des bürgerlichen Theaters (Rolle des Zeitstücks) [um 1932; unveröffentlicht]. In: Ders.: Schriften 1, S. 557-559, hier S. 558.

Mit dieser Argumentation befindet sich Brecht in Übereinstimmung mit den Urteilen anderer marxistischer Theoretiker. Die neusachliche Ästhetik wird zwar nicht grundlegend abgelehnt, man will sie jedoch um eine agitatorische Dimension erweitert wissen. Der bürgerlichen Kunstform der Neuen Sachlichkeit setzt man eine »revolutionäre Sachlichkeit« im Sinne der »revolutionären Tatsächlichkeit« einer proletarischen Kunst entgegen. Indem man aber die »neue« Sachlichkeit als Voraussetzung einer »revolutionären« Sachlichkeit wertet, verleiht man zugleich der Einsicht in die Verwandtschaft beider Formen von Sachlichkeit Ausdruck.[23] Sowohl die Beschaffenheit proletarisch-revolutionärer Romane als auch der Verlauf der Diskussion um einen proletarischen Realismus und um eine marxistische Literaturästhetik berechtigen zu der Annahme, daß von seiten der BPRS-Autoren den von der »bürgerlichen« Neuen Sachlichkeit entwickelten poetologischen Verfahrensweisen kaum wesentlich Neues hinzugefügt wurde. Bei den in Zusammenhang mit der Entwicklung eines ›proletarischen Realismus‹ vorgebrachten Forderungen nach Gebrauchswert und Massenwirkung von Literatur, nach der Beschreibung von Massen- statt von Einzelschicksalen sowie nach der Ausbildung eines Reportagestils handelt es sich um bereits etablierte ästhetische Elemente, deren Entstehung untrennbar mit der Neuen Sachlichkeit verbunden war. Noch Ernst Blochs 1935 vorgenommene Unterscheidung einer »unmittelbar kapitalistischen« von einer »reflexiven«, »mittelbar brauchbaren« »Sachlichkeit«[24] resultiert letztlich aus der Anerkennung dieser kritischen Potentiale der literarischen Neuen Sachlichkeit im Gegensatz zu der affirmativen Tendenz der unter dem gleichen Begriff subsumierten Unterhaltungskultur amerikanischen Zuschnitts. Mit seiner positiven Bewertung der im Namen der Neuen Sachlichkeit für die Darstellung gesellschaftspolitischer Prozesse entwickelten literarischen Methoden, insbesondere der Montage, revidiert Bloch jene undifferenzierte Kritik Béla Balázs', der mit der Verurteilung der Neuen Sachlichkeit als einer »Ästhetik des laufenden Bandes« weniger auf die literarischen denn auf die allgemeinkulturellen Ausprägungen

---

[23] Durus [= Alfred Kemény]: Zwischen »neuer« und revolutionärer Sachlichkeit. In: Die Rote Fahne, 1.1.1929. – Vgl. Bd. II, S. 382.
[24] Ernst Bloch: Großbürgertum, Sachlichkeit und Montage (1924-1933). In: Ders.: Erbschaft dieser Zeit. Zürich 1935, S. 149-310, hier S. 156.

der neusachlichen Bewegung Bezug genommen hatte, ohne dies eigens kenntlich zu machen.[25] Demgegenüber unterscheidet Bloch dezidiert zwischen einer Kultur der Neuen Sachlichkeit als der »oberste[n], auch unkenntlichste[n] Form der Zerstreuung« und den auch im Rahmen einer Kapitalismuskritik »brauchbaren« neusachlichen literarischen Techniken.[26]

Ein weiterer Ansatzpunkt sowohl der linksbürgerlichen Binnenkritik als auch der marxistischen Kritik der Neuen Sachlichkeit ist die neusachliche Neutralitätsklausel. Ging man im Umfeld der neusachlichen Bewegung anfänglich von der Möglichkeit einer impliziten Standortbestimmung objektiver Schilderungen aus, so schwindet gegen Ende der zwanziger Jahre das Vertrauen in das kritische Potential einer dokumentarischen Schreibform. Weist Kurt Tucholsky noch 1925 Kischs im Vorwort seines *Rasenden Reporters* aufgestellte Forderung nach der Neutralität bzw. der Tendenz- und Standpunktlosigkeit des Autors wegen nicht zu tilgender subjektiver Momente jeglicher literarischer Darstellung als Widerspruch zurück – »Es gibt keinen Menschen, der nicht einen Standpunkt hätte. Auch Kisch hat einen«, erklärt er in seiner Rezension[27] –, so ist die Verpflichtung auf die neutrale Beobachterposition im Jahr 1928 bereits Ausgangspunkt einer ganz anders motivierten Kritik. »Wer sachlich ist, kann nicht kritisch sein [...]«[28], entscheidet Heinrich Mann anläßlich seiner Besprechung der von Kesten herausgegebenen Anthologie *24 neue deutsche Erzähler* – ein Urteil, mit dem er der Meinung vieler linksbürgerlicher Kritiker Ausdruck verleiht. Die für die Neue Sachlichkeit zentrale Methodik des Dokumentarismus wird als Schwachstelle dieser Ästhetik ausgemacht. Immer mehr Autoren bezweifeln, daß mittels der dokumentarischen, neutralen Berichtform und einer kommentarlosen Präsentation des Materials zugleich die ideologische Position des Autors deutlich zu machen sei. Das Dokument,

---

[25] Béla Balázs: Sachlichkeit und Sozialismus. In: Die Weltbühne 24 (1928), II, Nr. 52, S. 916-918, hier S. 917.

[26] Bloch: Großbürgertum, Sachlichkeit und Montage (1924-1933), S. 157 u. 158.

[27] Peter Panter [= Kurt Tucholsky]: Der rasende Reporter. In: Die Weltbühne 21 (1925), I, Nr. 7, S. 254f., hier S. 254f.

[28] Heinrich Mann: Gelegentlich der jüngsten Literatur. In: Die Literarische Welt 6 (1930), Nr. 14, S. 1f., hier S. 2. – Vgl. Bd. II, S. 380.

warnen selbst viele Befürworter der Neuen Sachlichkeit, sei für jeden verfügbar, für rechte wie für linke Autoren gleichermaßen, die neusachliche Schreibweise könne letztlich, so die Befürchtung, für alle politischen Richtungen nutzbar gemacht werden. »Der Wille zum Dokumentarischen, zur Wirklichkeit, die durch sich selber sprechen soll, kann durch die notwendige Auswahl, die Färbung des Zusammentreffens jedesmal wechselnden Inhalten dienen«, gibt z.B. Friedrich Burschell in seinem 1928 in der *Literarischen Welt* erschienenen, resümierenden Aufsatz *Die Dichtung dieses Jahrzehnts* zu bedenken. Solche Zweifel an der unkommentierten Ausbreitung des Materials wurden dann auch tatsächlich bestätigt. Die Romane *O.S.* (1929) von Arnolt Bronnen und *Die Geächteten* (1930) von Ernst von Salomon machten deutlich, daß die dokumentarische Methodik partiell für die Zwecke rechter Autoren genutzt werden konnte. Bronnens Roman wurde vom Rowohlt Verlag mit folgenden Bemerkungen angekündigt:

> Dies ist Wirklichkeitsdichtung. Und zugleich Tendenz, die Tendenz, die Bronnen selbst einmal in die Worte zusammengefaßt hat: Revolutionäre Umgestaltung unsres Daseins nach rechts, nach Nation, nach Kampf, Risiko, Ideenherrschaft und Reinheit.[29]

Erstmals versuchte ein Autor, neusachliche Verfahrensweisen für seine rechte Ideologie und für nationalistische Ziele zu vereinnahmen. Zwar handelte es sich um einen singulären Fall; doch erhielt er durch die Tatsache besondere Brisanz, daß der Versuch von einem Schriftsteller unternommen wurde, der bis 1928 an der Seite Bertolt Brechts gearbeitet hatte und dessen frühen Dramen innerhalb der Entwicklung einer antiexpressionistischen, neusachlichen Ästhetik keine unbedeutende Rolle zukam. Mit Werken wie *Rheinische Rebellen* (1924), *Katalaunische Schlacht* (1924), *Anarchie in Sillian* (1925) und dem Roman *Film und Leben Barbara La Marr* (1928) hatte man Bronnen als einen Autor gewürdigt, der – als ehemaliger Expressionist – mittels seines entschiedenen Antiexpressionismus und der Rückkehr zu naturalistischen Stilelementen die Etablierung der neu-

---

[29] Waschzettel zu Arnolt Bronnens Roman *O.S.* Zitiert nach: Ignaz Wrobel [= Kurt Tucholsky]: Ein besserer Herr. In: Die Weltbühne 25 (1929), I, Nr. 26, S. 953-960, hier S. 953.

sachlichen Ästhetik vorantreibt.[30] Es ging also um einen Schriftsteller, der nach seinem Positionswechsel problemlos auf neusachliche
Schreibverfahren zurückgreifen und sie für seine neue ideologische
Position zu nutzen vermochte, was Bronnen in seinem Oberschlesi-
en-Roman tatsächlich vorführte. Der Bucheinband zeigt eine Gene-
ralstabskarte von Oberschlesien (mit der rot eingezeichneten De-
markationslinie zwischen Polen und Deutschland), womit der dokumentarische Anspruch des Werks untermauert werden sollte. In
neusachlicher Manier gibt sich Bronnen als ein »Zeitdichter«[31], als
ein berichtender Erzähler, als ein das Dokumentarmaterial und die
Fakten objektiv präsentierender Berichterstatter. Seinem Roman
stellt er folgende Vorbemerkungen voran:

> Die meisten Namen in diesem Buch stellen zwar frei erfundene Persön-
> lichkeiten dar; [...] es wird jedoch der Versuch gemacht, hinsichtlich der
> unzweifelhaft historischen Akteure jener Tage, der Minister, Führer,
> Generäle, historische Treue soweit zu wahren, als es sich bei der Kürze
> der zeitlichen Distanz überhaut wahren läßt. [...]
> Über das benutzte, zum Teil private, Material möge folgendes genü-
> gen: die zitierten Dokumente und Berichte sind zumeist den amtlichen
> Publikationen entnommen.[32]

Die linksbürgerliche Kritik indes nahm diese Vereinnahmung neusachlicher, u.a. gegen »nationalistische Verdummung«[33] entwickelter
Verfahrensweisen für nationalistische, revanchistische Zwecke nicht
kommentarlos hin. Kurt Tucholsky und Erik Reger verfaßten umfangreiche Rezensionen, in denen sie Bronnens Vorgehensweise als
Pseudosachlichkeit zu entlarven suchten, um so zugleich neusachliche Techniken vor der Instrumentalisierung für rechtskonservative,
nationalistische Ziele zu schützen und vor ideologischem ›Miß-
brauch‹ zu bewahren. Tucholsky hebt in seiner Besprechung eigens
hervor, daß es nicht darum gehe, einem Schriftsteller der »Gegen-

---

[30] Vgl. z.B. Alfred Döblins Kritik des Dramas *Anarchie in Sillian*. In: Prager
Tageblatt, Nr. 87 vom 11.4.1924, S. 6. – Vgl. Bd. II, S. 69f.
[31] Wrobel: Ein besserer Herr, S. 953.
[32] Arnolt Bronnen: O.S. (Statt Sternchen). In: Ders.: O.S. Berlin 1929, S. VI.
[33] Ernst Glaeser: Rheinische Dichter. In: Die Weltbühne 24 (1928), II, Nr.
27, S. 18-21, hier S. 20.

seite« die Begabung abzuerkennen. Auch die von Bronnen vertretene rechte Gesinnung ist letzlich nicht der Anlaß seiner Kritik –
wenngleich er die »Echtheit der Gesinnung«[34] Bronnens anzweifelt.
Vielmehr bezichtigt er Bronnen des Mißbrauchs der neusachlichen
Methodik, insbesondere des Dokumentarismus. Bronnen gebe vor,
so lautet Tucholskys zentraler Einwand, die neusachliche Forderung
nach einer umfassenden »Kenntnis der Materie«[35] zu erfüllen, löse sie
aber an keiner Stelle ein. Bronnens mangelnde Informiertheit über
die dargestellte Thematik, der schlampige Umgang mit den historischen Tatbeständen und die Verfälschung der Fakten aus ideologischen Motiven sind Tucholskys Hauptkritikpunkte:

> Bronnens Material ist mehr als kümmerlich; im Vorwort werden ein-
> mal die berüchtigten Cossmannschen Monatshefte angeführt [...], und
> auch die hat der Verfasser noch »aus dem Gedächtnis« zitiert; so, mit
> der linken Hand, wer hat denn Zeit, alles zu lesen! Dabei spielt Bron-
> nen »neue Sachlichkeit« – der Innenumschlag des Buches enthält die
> Generalstabskarte noch einmal [...] wir sind ja so nüchtern! und kalt!
> Und wirklichkeitsnah! – und haben auch noch nicht die allereinfachste
> Statistik über dieses sehr verwickelte Oberschlesien gelesen [...].[36]

Erik Reger, der den Roman im *Scheinwerfer* bespricht, schickt seiner
Kritik gleichfalls die Bemerkung voraus, die Beurteilung des Buchs
dürfe sich primär nicht durch die Tatsache leiten lassen, daß »Bronnen früher links war und heute rechts ist«. Wie Tucholsky nimmt
Reger Bronnens Werk als einen Zeitroman ernst, der vorgibt, mittels neusachlicher Darstellungsformen historische Entwicklungen
und aktuelles Zeitgeschehen objektiv zu schildern. Doch auch der
bedeutendste Vertreter der neusachlichen »Präzisionsästhetik«[37],

---

[34] Wrobel: Ein besserer Herr, S. 954.
[35] Greif: Sie gehen zum Andreas, S. 23. – Vgl. Bd. II, S. 287; Erik Reger: Die
publizistische Funktion der Dichtung. In: General-Anzeiger (Dortmund),
31.3.1931. – Vgl. Bd. II, S. 190; ders.: Antwort auf die Umfrage nach den
»Tendenzen [des] Schaffens«. In: Die Kolonne 2 (1930), Nr. 2, S. 7-14, hier
S. 9. – Vgl. Bd. II, S. 307.
[36] Wrobel: Ein besserer Herr, S. 954.
[37] Walter Enkenbach [= Erik Reger]: Die Erneuerung des Menschen durch
den technischen Geist oder: Das genau gebohrte Loch. In: Der Scheinwerfer 2 (1928), Nr. 2, S. 9-11, hier S. 9. – Vgl. Bd. II, S. 87.

deren zentrales Moment die genannte »Kenntnis der Materie« ist, moniert die im Unterschied zu Bronnens früheren Arbeiten fehlende »Sachlichkeit«, womit er ebenfalls Bronnens ungenügende »ordentliche Kenntnis der Verwicklungen und Hintergründe« der Thematik und den mangelnden »Einblick in die Struktur der Ereignisse« anspricht. Indem er den fehlenden »Tatsachensinn« des Autors rügt – statt Tatsachenliteratur liefere der lediglich »Dichtung«, lautet der Tenor der Rezension – stellt auch Reger den Einwand, Bronnen kenne seinen Gegenstand nicht und sei mit dem Sujet, insbesondere mit den ökonomischen Voraussetzungen des beschriebenen Konflikts, nicht vertraut, in den Mittelpunkt seiner Kritik. Da seine Argumentation exemplarisch für die neusachliche Vorgehensweise ist, sei sie hier mit einer längeren Passage zitiert:

> Der Dichter, der sich ein politisches Thema setzt, ist verpflichtet, bis zu ihnen vorzustoßen. Bronnen verzichtet darauf, uns zu sagen, was Oberschlesien eigentlich ist und bedeutet. Damit entzieht er seinem Roman die Grundlage. Man sieht nicht, worum es darin geht. Man erfährt nicht, daß dieser Landstrich nicht nur etliche Ideale von unbestimmbarem Gewichte, sondern auch ungefähr 67 Kohlengruben, 16 Zink- und Bleierzgruben, 22 Zinkhütten und Schwefelsäurefabriken, 25 Stahlwerke, 14 Walzwerke und dazu pro Jahr 2½ Millionen Tonnen Koks und 1 Million Tonnen Roheisen wert war. [...] Es handelt sich darum, um wieviel Deutschlands Stellung in der internationalen Wirtschaft geschwächt und um wieviel Polens Stellung gestärkt werden sollte. Vermutlich weiß Bronnen dieses gar nicht. Vermutlich weiß er überhaupt nichts von den *wirklichen Geschichtskräften*, von dem Gegen- und Ineinanderspiel bestimmter Wirtschaftsgruppen, von den ökonomischen Gesetzen, die in solchen Fällen ein eigentümliches und höchst unklares Zusammengehen zwischen Kapital und Arbeit zulassen. Dann fehlen ihm also die Voraussetzungen zur Darstellung eines politischen Themas. Wüßte er davon und hätte er dies alles nur unterschlagen, so bliebe nur übrig, ihn einen schlechten Schriftsteller zu nennen – was er bestimmt nicht ist.

Darüber hinaus wirft Reger Bronnen die Vernachlässigung publizistischer Pflichten vor, so vor allem die Praxis, auf eine »öffentlich gestellte Frage öffentlich zu antworten«: Indem Bronnen auf die Verwendung von zugänglichem Dokumentarmaterial und auf die Offenlegung seiner Quellen verzichte, seine Darstellung Regers Meinung nach folglich im wesentlichen auf »private[m] Sentiment und Ressentiment« basiere, desavouiere er die journalistische Arbeitsweise und mißachte publizistisches Ethos.[38] Ähnliches hielt der Rezensent der *Literarischen Welt* fest; unumwunden wirft er Bronnen die Verfälschung des Materials aufgrund seiner unzureichenden Kenntnis und mangelhaften Informiertheit vor. »Bronnen hat keine Ahnung von dem Tatbestand. Bronnen hat sich nicht unterrichtet. Er hat gepfuscht«, heißt es in einer Rezension Friedrich Sternthals. Aus diesem Grund entbehre der Roman eines soliden »Fundaments«.[39]

Obgleich man Bronnen nachweisen konnte, daß er, wie Tucholsky sich ausdrückte, »neue Sachlichkeit« nur »spiele« und neusachliche Verfahrensweisen wenig seriös und kaum konsequent genug handhabe, war das Vertrauen in Dokumentarismus und Tatsachenpoetik nach der Oberschlesien-Debatte nachhaltig erschüttert. Ernst von Salomons 1930 erschienener Roman *Die Geächteten*, der gleichfalls im dokumentarischen Stil Salomons politischen Werdegang vom preußisch-nationalen Kadetten zum antidemokratischen Kämpfer eines neuen, nationalen Deutschlands beschrieb, löste zwar im Vergleich zu Bronnens Roman nur geringen Protest aus; doch dieses Werk machte gleichfalls deutlich, daß die in Verbindung mit den Antikriegsromanen als Aufklärungsstrategie entwickelte dokumentarische Schreibweise auch von rechten, nationalgesinnten Autoren für revanchistische Ziele nutzbar gemacht werden konnte. Die Handhabung des Dokumentarmaterials – das hatte der »Fall Bronnen«[40] gezeigt – war zwar zu kontrollieren; doch die Methodik, das zeigte Bronnens Vorgehensweise ebenfalls, konnte manipuliert oder gar simuliert und demzufolge für jede Art von Ideologie instrumentalisiert werden. Auch die Tatsache, daß deutschnationale Kreise Ludwig Renns 1928 erschienenen, neusachlichen Antikriegsroman *Krieg* zu vereinnahmen suchten, verwies auf die Anfälligkeit und Unzulänglichkeit objektiv-neutraler Berichterstattung. Renn sah sich nach diesem Vorfall zu einer Präzisierung seiner Intentionen gezwungen; in seiner Rechtfertigungsschrift *Über die Voraussetzungen zu meinem Buch »Krieg«* macht er die neutrale Berichterstattung,

---

[38] Karl Westhoven [= Erik Reger]: O.S. Landkarte contra Dichter. In: Der Scheinwerfer 3 (1929), Nr. 2, S. 14f., hier S. 14 u. 15. – Vgl. Bd. II, S. 91.

[39] Friedrich Sternthal: O.S. In: Die Literarische Welt 5 (1929), Nr. 29, S. 5.

[40] Westhoven: O.S. Landkarte contra Dichter, S. 14. – Vgl. Bd. II, S. 91.

die »Objektivität« allenfalls als Tendenzlosigkeit zulasse, für die
›falsche‹ Rezeption seines Werks verantwortlich. Explizit distanziert
sich Renn, zwischenzeitlich in die KPD eingetreten, von seinem Roman und damit auch von einem dokumentarischen Stil im speziellen
wie der neusachlichen Schreibweise insgesamt.[41]

In neusachlichen Kreisen hingegen leitet man aus dieser Erfahrung weder die völlige Diskreditierung einer objektiven Berichtform
noch die Ablehnung des Dokumentarismus ab; allerdings drängt
man auf eine stärkere ideologische Festlegung des Geschilderten, die
deutlich machen sollte, daß Sachlichkeit keinesfalls mit Parteilosigkeit gleichzusetzen sei; eine solche Präzisierung schien insbesondere
in Anbetracht des erstarkenden Nationalsozialismus nach 1930 geboten. Anläßlich einer Aufführung des Antikriegsstücks *Die endlose
Straße* von Sigmund Graff und Carl Ernst Hintze am Berliner Schil-
ler-Theater im Februar 1932 macht Herbert Ihering auf die Gefah-
ren einer unkommentierten Darstellung aufmerksam: »Aber das
Stück kommt in eine Situation, in der jedes Wort, das gesprochen
wird, für eine bestimmte Richtung mit Beschlag belegt wird, nach
links oder nach rechts.« Angesichts der bezogen auf die politischen
Zustände des Jahres 1932 gefährlichen Offenheit des Stücks besteht
Ihering auf »geistige[r] Klärung« und auf einem Appellcharakter literarischer Texte.[42] Leo Lania, zuvor ein vehementer Vertreter und
Befürworter des Dokumentarismus, sieht sich aufgrund der politischen Verhältnisse im Jahr 1933 gleichfalls zur partiellen Revision
früherer Positionen gezwungen. In Zusammenhang einer Rezension
von Erik Regers Roman *Das wachsame Hähnchen* distanziert sich
Lania von einer »reine[n] Sachlichkeit«. Zwar betont er die Wichtigkeit einer dokumentarischen, den »soziologischen Wert« des Buchs
sichernden Schreibweise; doch zugleich mahnt er die »stärkere Einmischung« der Autoren und ihre eindeutige Positionsbestimmung
an:

---

[41] Ludwig Renn: Über die Voraussetzungen zu meinem Buch »Krieg«. In:
Die Linkskurve 1 (1929), Nr. 1, S. 11-14; Nr. 2, S. 6-9; Nr. 3, S. 6-9; Nr. 4,
S. 5f., hier Nr. 4, S. 6.
[42] Herbert Ihering: [Rez.] Sigmund Graff, Carl Ernst Hintze: Die endlose
Straße. In: Berliner Börsen-Courier, 24.2.1932. – Vgl. Bd. II, S. 136.

Die sachliche Objektivität, das Zurücktreten des Autors hinter dem Stoff ist ausgezeichnet, doch darf diese Selbstbescheidung nicht so weit gehen, daß der Leser ohne Führung bleibt. Reger ist unter den Jungen der stärkste jener Richtung, die dem Märchen von der »reinen Kunst« die Verpflichtung zur Darstellung und Durchleuchtung der zeitlich bedingten Realität entgegenstellen. Dieser so wichtige Versuch darf nicht in der gleichen »Parteilosigkeit« enden. Diese sogenannte »reine« Sachlichkeit ist nicht minder feig als die »reine« Kunst.[43]

Ähnliche Einwände gegen das neusachliche Neutralitätspostulat kamen von seiten der marxistischen Linken. Sieht man in konservativen Kreisen sehr wohl die Möglichkeit zur Verbindung von »Tendenz und ›Sachlichkeit‹«[44] oder kritisiert die Neue Sachlichkeit als Tendenzdichtung[45] und spricht von ihr gar als von einer »neue[n] Parteilichkeit«[46], so setzen die Marxisten umgekehrt Sachlichkeit mit Tendenzlosigkeit gleich und unterstellen demzufolge der Neuen Sachlichkeit eine reaktionäre Gesinnung. Der Ausgangspunkt ihrer Kritik ist ebenfalls die Verpflichtung des Autors auf die sachliche Wiedergabe von Geschehnissen, Zuständen und Entwicklungen. Allerdings hat die marxistische Linke bei ihrer Verurteilung des neusachlichen Neutralitätspostulats hartnäckig ignoriert, daß es sich bei dieser neusachlichen Vorgabe weniger um eine politisch-ideologische als um eine formal-ästhetische Devise handelte. Die Festlegung auf die Objektivität der Darstellung wird statt dessen als eine Flucht vor einer klaren Stellungnahme und einem eindeutigen politischen Bekenntnis gedeutet, die Praxis der unkommentierten Wiedergabe der Fakten als die Unparteilichkeit, Unverbindlichkeit und Perspektivlosigkeit einer »sozial freischwebende[n] Intelligenz« bzw.

---

[43] Leo Lania: Erik Reger: Das wachsame Hähnchen. In: Der Querschnitt 13 (1933), Nr. 2, S. 150. – Vgl. Bd. II, S. 292.

[44] Wolfgang Schumann: Vom Veralten älterer Dichtung. In: Volksbühne 6 (1931), Nr. 6, S. 246-254, hier S. 249. – Vgl. Bd. II, S. 133.

[45] Vgl. Julius Bab: Bilanz des Dramas. In: Volksbühne 5 (1930), Nr. 3, S. 97-108, hier S. 102f.

[46] Alfred Kerr: Spanische Rede vom deutschen Drama. In: Die neue Rundschau 49 (1929), II, S. 793-806, hier S. 797. – Vgl. Bd. II, S. 343, sowie ders.: Was wird aus Deutschlands Theater? Dramaturgie der späten Zeit. Berlin 1932. – Vgl. Bd. II, S. 360.

»Geistigkeit«[47] oder als »Süffisanz«, »Melancholie« und »Fatalismus«
der »linksradikale[n]« Intellektuelle[n]« gewertet. Walter Benjamin,
auf den letztere Kennzeichnung zurückgeht, kritisiert Autoren wie
Erich Kästner, Walter Mehring und Kurt Tucholsky und mit ihnen
die gesamte Neue Sachlichkeit als die »proletarische Mimikry des
zerfallenden Bürgertums«, deren literarische Produktion gänzlich ins
Unpolitische und Unverbindliche und damit Privat-Persönliche ab-
geglitten sei. Ihren Arbeiten entspreche keinerlei »politische Aktion«, ihre Werke seien auf ästhetizistische Selbstgenügsamkeit, auf
»Amüsement und Konsum« statt auf politische Aufklärung angelegt,
Autoren bildeten statt »Parteien« und »Schulen« nur mehr »Cli-
quen« und seien daher weniger »Produzenten« als in den amerikanisierten Kulturbetrieb integrierte »Agenten« literarischer »Moden«,
insbesondere von Expressionismus und Neuer Sachlichkeit.

Angesichts von Benjamins eigenen, direkter parteipolitischer Bekenntnisse und Bindungen sich enthaltenden Schriften und in Anbetracht seines geringen parteilichen Engagements – Benjamin war
weder in der KPD organisiert noch in sonstige politische Aktivitäten involviert – fällt die Diskrepanz zwischen formuliertem Anspruch und eigener Praxis besonders auf. Vermag man seinem Vorwurf im Falle Kästners noch einige Berechtigung abzugewinnen, so
fällt es hinsichtlich der Gebrauchslyrik Tucholskys schwer, Benjamins Diagnose zu folgen. Auch der Hinweis auf Bertolt Brechts
Lyrik, in der Benjamin wegen ihres Bezugs zum »Produktions-
prozeß« und infolge der sie kennzeichnenden Verbindung von »Besinnung« und »Tat« ein positives Gegenbeispiel zu dieser vermeintlich entpolitisierten Literatur zu finden glaubt, kann nicht überzeugen.[48] Zwar läßt sich Brecht im Jahr 1931 nicht mehr uneingeschränkt zur Neuen Sachlichkeit zählen; doch daß Benjamin gerade
jenen Autor als Alternative anführt, dem die neusachliche Gebrauchslyrik ihre entscheidensten Impulse verdankt, verweist auf
den überspannten polemischen Charakter seines Aufsatzes, mit dem
er sich wohl nicht zuletzt für Kästners Bezugnahme auf seine Biographie durch die Figur des gescheiterten Hochschullehrers Stephan
Labude in dem Roman *Fabian. Die Geschichte eines Moralisten* revan-
chierte, zumal Benjamin ja selbst als ein Repräsentant der aus dem

---

[47] Karl Mannheim: Ideologie und Utopie. Bonn 1929, S. 123 u. 245.
[48] Benjamin: Linke Melancholie, S. 184. – Vgl. Bd. II, S. 327, 328 u. 329.

Bürgertum stammenden linken, nicht parteipolitisch organisierten
Intelligenz gelten darf.

Mit der Diskreditierung der Neuen Sachlichkeit als einer durch
»Melancholie« und »Fatalismus« gekennzeichneten Haltung steht
Benjamin jedoch nicht allein. Bereits 1929 hatte Béla Balázs den für
die weitere Debatte um die Neue Sachlichkeit folgenreichen Begriff
der »Resignation« verwendet. Mit seinem Aufsatz *Männlich oder
kriegsblind* antwortet Balázs auf Kurt Pinthus' Beitrag *Männliche Literatur*, in dem dieser die antiexpressionistische Tatsachenpoetik der
Neuen Sachlichkeit mit den Worten umschrieb:

> Nicht das Unerreichbare, Ferne, Unendliche, sondern das Greifbare,
> Bescheidene, Wirkliche wird gesucht; das Gegebene wird hergenom-
> men, um überwältigt zu werden. Die Erscheinungen der Realität wer-
> den nicht übersteigert oder zur Explosion gebracht, sondern beim rech-
> ten Namen genannt.[49]

Diese Sätze werden Balázs zum Ausgangspunkt der Verurteilung der
Neuen Sachlichkeit als eine resignative, unpolitische Bewegung:

> »Das Gegebene wird hergenommen« – so charakterisiert Pinthus weiter
> – [...]. Und das wäre männlich? Das Gegebene einfach hinzunehmen –
> und zu kuschen? Männlich, keine eigne Meinung auszusprechen, nicht
> Stellung zu nehmen? Männlich, keine Absicht, keine Idee, kein Kampf-
> ziel zu haben? Gegebene Tatsachen einfach hinzunehmen und zu regi-
> strieren?[50]

---

[49] Kurt Pinthus: Männliche Literatur. In: Das Tage-Buch 10 (1929), Nr. 1,
S. 903-911, hier S. 903. – Vgl. Bd. II, S. 38.

[50] Balázs: Sachlichkeit und Sozialismus, S. 969. – Vgl. Bd. II, S. 400. – Auch
innerhalb der konservativen Sachlichkeitskritik spielt der Begriff der »Resignation« eine Rolle, interessanterweise in einer nahezu identischen Verwendung wie innerhalb der marxistischen Kritik Balázs'. In dem Aufsatz
Der gewendete Weltschmerz des *Tat*-Kritikers Roman Hoppenheit (In: Die
Tat 22 [1930], Nr. 1, S. 380-384, hier S. 383. – Vgl. Bd. II, S. 390) wird er
innerhalb des Oppositionsschemas »Empfindsamkeit« versus »Sachlichkeit«
als eine anthropologische Kategorie im Sinne von »seelische[r] Schwäche«,
»Mattheit der Instinkte« und fehlender Aktivität angeführt: »Dieser noch
verdeckten Resignation folgt in der neuen Sachlichkeit die *unverhüllte* Resignation. Also: [...] Man ist ›sachlich‹, d.h. man regt sich nicht mehr auf,

Balázs' Schlußfolgerungen und Bewertungen scheinen aus zwei Gründen wenig überzeugend. Zum einen werden ästhetische Prämissen uneingeschränkt als politisches Bekenntnis gedeutet und Pinthus' poetologische Überlegungen demnach unter rein ideologischen Aspekten bewertet. Zum anderen interpretiert Balázs Pinthus' Satz »Das Gegebene wird hergenommen« in seinen Ausführungen zu »Gegebene Tatsachen einfach hinzunehmen« um und baut auf dieser unzulässigen Auslegung seine Kritik an der Neuen Sachlichkeit als eine durch »Resignation«, »Ohnmacht« und »seelische Müdigkeit« gekennzeichnete Bewegung auf – eine wenig überzeugende Argumentation, gehen doch Vertreter der neusachlichen Programmatik von der Erkenntnis aus, daß die Zustände durch »Zynismus und Resignation [nicht] zu verändern sind«.[51] Die Methodik, soziopolitische Gegebenheiten und Entwicklungen unter Verzicht auf jegliche Kommentierung und einen wie auch immer gearteten Ausblick auf mögliche Alternativen oder positive Perspektiven zu schildern, wird mit einer die Zustände akzeptierenden, affirmativen Haltung gleichgesetzt. Der neusachlichen Festlegung des Autors auf die Objektivität der Schilderung und auf die Loyalität dem Stoff gegenüber sowie dem neusachlichen Zutrauen in die kritischen Implikationen einer faktenorientierten Darstellung entgegnet Balázs gleich Benjamin mit dem Hinweis auf die fehlende agitatorische Dimension einer solchen Strategie.

Balázs' Argumentation indiziert den problematischen Umgang der Marxisten mit der Neuen Sachlichkeit[52]: Eine literarische Ästhe-

---

weil die abgematteten Energien nicht einmal zu solchem theoretischen Aufschwung langen. Diese für die ›sachliche‹ Jugend so charakteristische Wesensgrundhaltung hat eine überaus treffende Bezeichnung gefunden in dem Titel des Romans eines jungen Autoren: A.E. Johann ›Die innere Kühle‹.

Was ist nun diese ›innere Kühle‹? ... Letzten Endes doch nur innere Leere, eine große seelische Müdigkeit. Erschöpfung, die keiner ekstatischen, geschweige denn gar einer sinnvoll produktiven Geste mehr fähig ist, keines gewaltsamen Aufschwunges und Abschwunges, keiner lodernden Begeisterung und keiner verzehrenden Leidenschaft.«

[51] Ernst Glaeser: [Rez.] Erik Reger: Zu seinem Roman »Union der festen Hand«. In: Die Literarische Welt 7 (1931), Nr. 34, S. 5f., hier S. 5.

[52] Georg Lukács' Kritik der Reportage wäre auszunehmen.

tik wird nach rein ideologischen Gesichtspunkten beurteilt, das Resultat ist die Kritik der neusachlichen Bewegung als eine ›falsche‹
Ideologie; was sie als literarische Ästhetik innerhalb des gesellschaftspolitischen und ökonomischen Prozesses an Aufklärungsarbeit leisten könnte, war dabei zu keinem Zeitpunkt einer detaillierteren
Untersuchung wert. Wegen des ausgesparten Bekenntnisses neusachlicher Autoren zu Proletariat und Klassenkampf, aufgrund der fehlenden Thematisierung des klassenbewußten, optimistischen Arbei-
ters, der »Kämpfer, die noch aufrecht stehen und handeln«[53], – Vorgaben, die z.B. die marxistische Kritik an Alfred Döblins Roman
Berlin Alexanderplatz maßgeblich bestimmten[54], – sieht man die gesamte neusachliche Poetik diskreditiert. Dabei wußte man allerdings
für die proletarische Literatur sehr wohl zwischen Ästhetik und
Ideologie zu unterscheiden und hinsichtlich der stilistischen Verarbeitung proletarischer Themen eine Sachlichkeitsästhetik zu schätzen. Denn ganz abgesehen davon, daß die Maxime einer sachlich-
objektiven Präsentation der Fakten auch in viele BPRS-Romane Eingang gefunden hat und als »revolutionäre Sachlichkeit«[55] zudem fester Bestandteil der Theorie des proletarischen Realismus wurde, proklamieren BPRS-Autoren im Hinblick auf die Überwindung des
traditionellen bürgerlichen und den »Aufbau des proletarischen Romans« die Hinwendung zu im Umfeld der Neuen Sachlichkeit ausgebildeten veristischen Genres und Darstellungsformen, insbesondere zu Chronik, Bericht, Protokoll, Reportage[56]; zudem schätzt man
die Fähigkeit proletarischer Schriftsteller, »diszipliniert« und »sach-

---

[53] Béla Balázs: Arbeitertheater. In: Die Weltbühne 26 (1930), I, Nr. 5,
S. 166-169, hier S. 169.

[54] Vgl. dazu die Auseinandersetzung zwischen Alfred Döblin, Klaus Neu-
krantz und Otto Biha: Klaus Neukrantz: Berlin Alexanderplatz. In: Die
Linkskurve 1 (1929), Nr. 5, S. 30f.; Alfred Döblin: Katastrophe in einer
Linkskurve. In: Das Tage-Buch 11 (1930), Nr. 18, S. 694-698; Otto Biha:
Herr Döblin verunglückt in einer Linkskurve. In: Die Linkskurve 2 (1930),
Nr. 6, S. 21-24.

[55] Durus [= Alfred Kemény]: Zwischen »neuer« und revolutionärer Sachlichkeit. – Vgl. Bd. II, S. 382.

[56] F.C. Weiskopf, Kurt Hirschfeld: Um den proletarischen Roman. Rund-
funkgespräch, 13. Juni 1930, Berliner Rundfunk, Sendereihe ›Funkstunde‹.
Zitiert nach: Zur Tradition der sozialistischen Literatur in Deutschland.
Eine Auswahl von Dokumenten. Berlin ²1967, S. 196f.

lich bis ans Herz« zu sein, sowie ihre Methodik, »Berechnungen
auf[zu]stellen« und »Wortträume durch[zu]konstruieren wie Ma-
schinenbauer«.[57] Auch die Tatsache, daß Egon Erwin Kisch einer der
exponiertesten Vertreter der neusachlichen Neutralitätsformel ist,
aber zugleich als Mitglied der KPD agiert, verweist auf die Unzulänglichkeit insbesondere der Balázs'schen Argumentation. Durch
die Unterscheidung einer »revolutionären Sachlichkeit« von der bürgerlichen »neuen Sachlichkeit« glaubt man, die Differenzen zwischen beiden Formen in Parallelität zu den Klassengrenzen deutlich
machen zu können: Die Neue Sachlichkeit wird als die »über den
Klassen stehende« Kunst der bürgerlichen »freischwebenden Intelligenz«, die »revolutionäre Sachlichkeit« demgegenüber als eine für
den politischen Kampf instrumentalisierte Kunstform der klassenbewußten, sich zum Proletariat bekennenden Autoren eingestuft.[58]
Das Resultat der klassenübergreifenden, nicht parteipolitisch enga-
gierten Ausrichtung einer von bürgerlichen Autoren geschaffenen
Kunst und Literatur wertet man als eine unverbindliche, entpoliti-
sierte Produktion, die letztlich mit einer unkritischen Akzeptanz
und Affirmation des Bestehenden gleichzusetzen sei. Durch die regi-
strierende, unkommentierte Aufnahme von Tatsachen und die Wei-
gerung der »Tatsachendichter«, diese zu deuten, gerate die revolutionäre Gebärde der Neuen Sachlichkeit zum »Schwindel«.[59] Zwar
befürwortet Balázs die Notwendigkeit einer Versachlichung des Stils
im Sinne der Negierung der expressionistischen pathetischen Ausdrucksweise und einer realitätsbezogenen Darstellung; Versachlichung verstanden als die objektiv-neutrale Berichtform indes lehnt
er ab: »Die neutrale Sachlichkeit aber, die sie [die Wirklichkeit; S.B.]
bloß registriert und dazu ›bescheiden‹ und unpathetisch schweigt –
ist eine der traurigsten und gefährlichsten Kriegsschäden.« Neben
dem auch von Lukács angeführten Erklärungsmuster der Neuen
Sachlichkeit als »Impotenz« und »Schwäche« sieht Balázs gleich
konservativen Kritikern die Gründe einer solchen Haltung demnach
in der »innere[n] Kriegsverletzung«, die die betroffene Generation

---

[57] Johannes R. Becher: Unsere Front. In: Die Linkskurve 1 (1929), Nr. 1,
S. 1.
[58] Durus [= Alfred Kemény]: Zwischen »neuer« und revolutionärer Sachlichkeit. – Vgl. Bd. II, S. 382.
[59] Balázs: Sachlichkeit und Sozialismus, S. 917. – Vgl. Bd. II, S. 399 u. 398.

»kriegsblind«[60] zurückgelassen habe. Dabei konzediert er neusachlichen Autoren zwar einen »sozialistischen Wirklichkeitssinn«; doch indem sie auf die Deutung der Wirklichkeit, auf die Herstellung von »Sinn«[61] verzichteten, verkomme die Neue Sachlichkeit zu einer reaktionären Angelegenheit, die weder mit Revolution noch mit Sozialismus etwas zu tun habe.

Ob Balázs' Argumentation tatsächlich etwas über die Effizienz der neusachlichen Theorie aussagt, ist fraglich, da ästhetische Vorgabe und literarische Werke letztlich nur auf einen einzigen Aspekt hin befragt werden: Ist Literatur im Sinne des proletarischen Klassenkampfes verfaßt, formuliert sie den Sieg des Proletariats als das Endziel dieses Kampfes oder thematisiert sie das Klassenbewußtsein optimistisch denkender und agierender Arbeiter? Berücksichtigt man jedoch die Wirkung, die die von Balázs als »soziale Dramen der bürgerlichen Theater«[62] bezeichneten neusachlichen Zeit- bzw. Reportagestücke von Ferdinand Bruckner, Peter Martin Lampel, Hans José Rehfisch, Carl Credé u.a. besaßen – sie reichte bis zur Abänderung bestehender Gesetze und Vorschriften –, so wird deutlich, daß Balázs' Kritik das Resultat einer einseitigen ideologisierenden Wertung ist. Bezeichnenderweise liegen gegenteilige Einschätzungen vor, so die Urteile Carl von Ossietzkys und Kurt Tucholskys, deren literarische Tätigkeit eng mit ihrem politischen Engagement verbunden war und deren Positionen sich zu Ende der Weimarer Republik zunehmend denen der KPD näherten; statt »Resignation« und »Melancholie« bescheinigen sie den Autoren neusachlicher Zeitromane einen operativen, politisierten Literaturbegriff und klassifizieren ihre literarische Produktion als eine Arbeit mit »Emblemen der republikanischen, der sozialistischen und demokratischen Epoche«.[63]

---

[60] Béla Balázs: Männlich oder kriegsblind? In: Die Weltbühne 25 (1929), I, Nr. 26, S. 969-971. – Vgl. Bd. II, S. 401 u. 400.

[61] Balázs: Sachlichkeit und Sozialismus, S. 917. – Vgl. Bd. II, S. 399.

[62] Balázs: Arbeitertheater, S. 168. – Vgl. Bd. II, S. 406.

[63] Celsus [= Carl von Ossietzky]: »Erfolg« ohne Sukzeß. In: Die Weltbühne 26 (1930), II, Nr. 46, S. 727-729, hier S. 729. – Vgl. zudem: Kurt Tucholsky: Bauern, Bomben und Bonzen. In: Die Weltbühne 27 (1931), I, Nr. 14, S. 496-503.

IV.2. *Die marxistische Kritik an der Neuen Sachlichkeit*

Es ist ein hervorstechendes Merkmal der gemäßigt konservativen und rechtskonservativen Literaturkritik, daß sie die proletarische Literatur unterschiedslos in ihre Verurteilung der ›bürgerlichen‹ Neuen Sachlichkeit einbezieht: »Die ›neue Sachlichkeit‹, angeblich der neue künstlerische Stil unserer Zeit, ist ein Ausdruck proletarischer Nüchternheit«[64], heißt es 1930 in dem in Joseph Goebbels *Angriff* erschienenen Aufsatz *Geburt der neuen Kultur* von Heinz Henkel. Die 1929 von Martin Raschke zusammen mit Arthur Kunert gegründete Zeitschrift *Die Kolonne* tritt gleichfalls mit dem Ziel an, die Vorherrschaft der Neuen Sachlichkeit zu brechen, da sie »den Dichter zum Reporter erniedrigt und die Umgebung des proletarischen Menschen als Gefühlsstandard modernen Dichtens propagiert« habe.[65] Raschkes Sätze sind für die gesamte konservative Kritik der neusachlichen Ästhetik kennzeichnend, in deren Mittelpunkt der im Namen der Neuen Sachlichkeit vollzogene »Kniefall vor der Reportage« und die Verbannung der dichterischen Intuition stehen.[66]

Daß mit diesen Einwänden zugleich der Hauptvorwurf des neben Balázs wichtigsten marxistischen Kritikers benannt ist, bleibt ein bemerkenswerter Aspekt innerhalb des kritischen Diskurses über die Neue Sachlichkeit. Denn die Bedenken, die Georg Lukács den im Reportagestil verfaßten Romanen der BPRS-Mitglieder Ernst Ottwalt und Willi Bredel sowie ihrem Entwurf eines ›proletarischen Realismus‹ gegenüber hegt, kommen letztlich einer Kritik der neusachlichen Ästhetik gleich. Seine aus marxistischer Sicht vorgenommene Verurteilung der Arbeiterkorrespondenten- und BPRS-Literatur am Beispiel von Ottwalts und Bredels Romanen stützt sich weder primär auf den Vorwurf der »ungenügenden Handhabung der

---

[64] Heinz Henkel: Geburt der neuen Kultur. In: Der Angriff 4 (1930), Nr. 33.

[65] Martin Raschke: Vorspruch. In: Die Kolonne 1 (1929), Nr. 1, S. 1. – Vgl. Bd. II, S. 302. – Den gleichen Vorwurf formuliert Raschke in seiner Rezension: Richard Billingers Gedichte. In: Die Literarische Welt 5 (1929), Nr. 22, S. 5f.

[66] Martin Raschke: Gottfried Benn. In: Die Kolonne 2 (1930), Nr. 4/5, S. 35f., hier S. 35.

Dialektik auf dem Gebiet der Literatur«, noch spricht Lukács ihren Werken eine bedeutende Stellung innerhalb der Entwicklung der proletarisch-revolutionären Literatur in Deutschland ab. Seine Kritik zielt vielmehr auf ihre vermeintliche stilistisch-formale Inkompetenz, auf die »Unzulänglichkeit« ihres Stils, auf den »Grundmangel der künstlerischen Gestaltung« ihrer Werke. Wie im Fall der konservativen Kritik der Neuen Sachlichkeit stehen damit Reportagestil und Berichtform zur Disposition. Bredels Darstellungsweise diskreditiert Lukács als »Presseberichterstattung« und »Versammlungsbericht«, seine Romane verurteilt er als eine »Art von Reportage«, die jede »künstlerische Gestaltung« vermissen lasse. Mit Hilfe des auch von der konservativen Kritik wiederholt vorgebrachten Kriteriums der »Gestaltung« konstruiert er eine Opposition, die die Grundlage seiner Bewertung abgibt: Dem Roman fordert Lukács ›gestaltete‹ Momente ab; dieser müsse, so seine These, mit anderen Mitteln arbeiten als Reportagen.[67] Dementsprechend akzentuiert Lukács, der bekanntlich die Literatur und Theorie des bürgerlichen Realismus favorisierte, in der ein Jahr später entstandenen Besprechung der Romane Ernst Ottwalts seine Kritik am proletarischen Realismus und am neusachlichen Reportagestil in der Kontrastierung von »Reportage« und »Gestaltung«. Ottwalts 1931 im Malik-Verlag erschienener Roman *Denn sie wissen was sie tun* wird als repräsentativ für eine »ganze Literaturrichtung« und für eine auf die Mittel der Reportage zurückgreifende »schöpferische Methode« zitiert. Dabei zeigt Lukács für die Motivation der Autoren, eine solche Methode zu entwickeln, durchaus Verständnis: Die Absage an den »Psychologismus« der traditionellen Romanform, die Kritik eines Genres, das sich zunehmend »in der psychologischen Darstellung privater Schicksale und Privatgefühle« verloren habe, befürwortet Lukács nachdrücklich; die Reportage jedoch akzeptiert er zwar als eine »berechtigte, unerläßliche Form der Publizistik«, keinesfalls aber als eine der »gestaltenden Dichtung« gleichberechtigte Ausdrucksform. Im Gegensatz zur ›gestalteten‹ Realität des Romans beschränke sie sich auf die »wissenschaftliche Reproduktion der Wirklichkeit«. Sie zeige »beobachtet[e], gesammelt[e] und systematisiert[e]« Einzelfälle, eine »Gestaltung des Gesamtprozesses« vermöge sie

---

[67] Georg Lukács: Willi Bredels Romane. In: Die Linkskurve 3 (1931), Nr. 11, S. 23-27, hier S. 25 u. 24. – Vgl. Bd. II, S. 354.

indes nicht zu leisten. Für Lukács ist der Unterschied zwischen Roman und Reportage bzw. Reportageroman, zwischen »Gestaltung« und Reportagestil letztlich gleichbedeutend mit dem zwischen Kunst und Wissenschaft. Verharre die letztere in der Konkretheit des Einzelfalls, so leiste allein eine »dichterische Gestaltung« von Realität die geforderte Erschließung des »Gesamtzusammenhangs«.[68]

Weder Bredel noch Ottwalt akzeptieren diese an Hegels Totalitätskonzept orientierte Kritik des neusachlichen Reportageromans. Lukács' Forderung nach der Erfassung von »Totalität«[69] setzen sie das Konzept eines »Tatsachenroman[s]« entgegen, der die mittels der Konstruktion eines fiktiven »Gesamtzusammenhangs« suggerierte Totalität durch die Beschränkung auf einzelne Bereiche – im Fall von Ottwalts Roman z.B. auf den der Justiz – ersetzt. Lenkt Lukács die Aufmerksamkeit auf das Verhältnis von literarischer Ästhetik zur Klassenzugehörigkeit der Autoren, so stellt Ottwalt in seiner »Entgegnung« auf Lukács' Angriffe in Übereinstimmung mit der neusachlichen Programmatik die Bedeutung eines engen Zusammenhangs von aktueller Realität und ihrer literarischen Erfassung in den Mittelpunkt und leitet aus dieser Vorgabe die Notwendigkeit einer Tatsachenberichterstattung sowie deren Status als zeitgemäße literarische Methode ab. Lukács' Prämisse der »dichterische[n] Gestaltung« weist er als mit einer funktionalen Ausrichtung proletarisch-revolutionärer Literatur unvereinbar zurück. Auch die von diesem eingeforderte Aufwertung des Formalen gegenüber dem Inhalt lehnt Ottwalt als Mißachtung der Realität und der angestrebten Funktionalisierung der Literatur, ja als ästhetizistische Manier ab:

> Der größere oder geringere Grad dichterischer Gestaltung schlechthin kann also niemals das ausschließliche Kriterium der proletarisch-revolutionären Literatur sein. Nicht die schöpferische Methode ist Objekt der Analyse, sondern die funktionelle Bedeutung, die ein Buch in einer ganz bestimmten, von ganz bestimmten ökonomischen und politischen Einflüssen gebildeten Wirklichkeit hat. Wenn Lukács in seinem Artikel

---

[68] Georg Lukács: Reportage oder Gestaltung. In: Die Linkskurve 4 (1932), Nr. 7, S. 23-31; Nr. 8, S. 26-29, hier Nr. 7, S. 23, 25, 26, 27 u. 29. – Vgl. Bd. II, S. 364, 366, 367, 366 u. 369.

[69] Georg Lukács: Aus der Not eine Tugend. In: Die Linkskurve 4 (1932), Nr. 11, S. 15-24, hier S. 23. – Vgl. Bd. II, S. 371.

zu der Feststellung kommt, daß der Tatsachenroman [...] als Formexperiment abzulehnen sei, dann zwingt ihn die absolute Vernachlässigung der Wirklichkeit dazu, die Begründung für diese Behauptung aus abstrakten literarphilosophischen Theorien herzuholen [...].

Auch die von Lukács entworfene Opposition zwischen »Reportage« und »Gestaltung« bzw. zwischen »Tatsache« und »dichterische[r] Gestaltung« erkennt Ottwalt nicht an; der von Lukács erhobenen Forderung nach der fabulierenden Ausgestaltung aktueller Sujets erteilt er eine klare Absage. Indem Ottwalt sich »unbedingt für die Tatsache« entscheidet und sich vorbehaltlos für den »funktionellen« Charakter der Literatur ausspricht, verteidigt er Lukács gegenüber neusachliche Programmpunkte. Insbesondere mit der Insistenz auf einer authentischen »Beziehung« zur Wirklichkeit und deren Verarbeitung argumentiert Ottwalt im Sinne der Neuen Sachlichkeit. Lukács' Präferenzen für die fiktionalisierende Ausgestaltung realer Geschehnisse lehnt er als einen nicht zweckbestimmten Umgang mit Literatur ab; die von diesem den Autoren abverlangte erzählerische Ausschmückung der Fakten vermag in seinen Augen die angestrebte Funktionalisierung nicht zu leisten. Dabei scheut er sich nicht, Lukács' einen ›ästhetizistischen‹ Zugang zu Kunst und Literatur zu unterstellen:

Denn das Ziel dieser Arbeiten ist die Gestaltung, das Streben nach einem abgeschlossenen, in sich ruhenden und in sich vollendeten Kunstwerk, vor dem der Leser sich automatisch in einen Genießer verwandelt, keine Folgerungen zieht und sich mit dem, was da ist begnügt, mit der emotionellen Erregtheit, mit der sanften Genugtuung, ein schönes Buch gelesen zu haben.[70]

Aufgrund der ästhetizistischen Dimension[71] des von Lukács favorisierten Gestaltungsverfahrens spricht sich Ottwalt uneingeschränkt für Reportagestil und Reportageroman aus. »Gestaltung« widerspre-

---

[70] Ernst Ottwalt: »Tatsachenroman« u. Formexperiment. Eine Entgegnung an Georg Lukács. In: Die Linkskurve 4 (1932), Nr. 10, S. 21-26, hier S. 22, 23 u. 24. – Vgl. Bd. II, S. 149 u. 150.
[71] Vgl. hierzu auch Peter Bürger: Zur Kritik der idealistischen Ästhetik. Frankfurt/Main 1983, S. 48f.

che der Realität, so lautet seine Conclusio; auch sei das Ergebnis einer solchen »Gestaltung« eine »dichterische Wirklichkeit«, in der statt »praktische[r]« allenfalls »ästhetische« Folgerungen abgeleitet und die intendierte Instrumentalisierung der Literatur unterlaufen würden.[72]

Auf Ottwalts »Entgegnung« reagiert Lukács mit seinem Aufsatz *Aus der Not eine Tugend.* Auch mit den in diesem Beitrag gegen Ottwalt vorgebrachten Argumenten befindet sich Lukács, wie im Detail noch zu zeigen sein wird, weitgehend in Übereinstimmung mit der konservativen Literaturkritik, obgleich die Debatte in dieser Form fast ausschließlich im Umfeld der KPD und des BPRS geführt wurde. Der neusachliche Reportagestil wird als das Resultat der Inkompetenz und Unzulänglichkeit der Autoren abgetan, Berichtstil und Berichtform als ein Mangel an gestalterischen Fähigkeiten erklärt. Der Titel von Lukács' Antwort exponiert jenen Vorwurf, den er Ottwalt und anderen der neusachlichen Ästhetik verpflichteten Autoren, Bertolt Brecht eingeschlossen, gegenüber erhebt: Hartnäckig weigert sich Lukács, Reportagestil und dokumentarisches Schreiben als Elemente eines auf die veränderte Realität reagierenden ästhetischen Konzepts anzuerkennen; seiner Meinung nach zeugt die neusachliche Tatsachenpoetik lediglich von der unzureichenden künstlerischen Kompetenz ihrer Vertreter. Daß Lukács in dieser von ihm als »Antigestaltungstheorie« bezeichneten Methodik explizit die »neue Sachlichkeit« kritisiert, wird deutlich, wenn er den Verzicht auf die fabulierende Ausschmückung der Fakten bei Autoren wie Bredel, Ottwalt, Brecht u.a. als den Versuch einer »Wiederannäherung der linken Intelligenz an die Bourgeoisie« bzw. an ihre Verfahrensweisen qualifiziert: »Es ist also nur allzu verständlich, daß diese Schriftsteller formal an die oben skizzierte schöpferische Methode anknüpfen und diese [...] als etwas ›radikal‹ Neues verkünden.« Dieses »Neue«, die »Theorie des Nichtgestaltens«, deren Basis die »neue Sachlichkeit« sei, lehnt Lukács als eine innerhalb der Bourgeoisie entwickelte Richtung ab. Ihre Darstellung der Realität müsse, so sein Vorwurf, oberflächlich und abstrakt bleiben, da sie die »Gestaltung« von »Totalität« und des »Gesamtzusammenhangs« vernachlässige. Mit dieser Begründung wiederholt Lukács die bereits

---

[72] Ottwalt: »Tatsachenroman« u. Formexperiment. Eine Entgegnung an Georg Lukács, S. 22, 23 u. 24. – Vgl. Bd. II, S. 150.

in seinem vorangegangenen Aufsatz formulierten Bedenken; er erweitert sie allerdings um die Kritik der von Ottwalt skizzierten Realismuskonzeption. Dessen Plädoyer für eine Tatsachenschilderung kritisiert er als eine »unmittelbar gegebene Oberflächenerrechnung«, die keineswegs identisch sei mit der geforderten »Gestaltung« von »Totalität«. Die »Summe von ›Tatsachen‹«, so sein Einspruch, ergebe keineswegs »Totalität«.[73]

Die Basis von Lukács' Verurteilung der neusachlichen Ästhetik, insbesondere der Tatsachenpoetik, des Berichtstils und des Dokumentarismus, ist ein idealistisches Literaturkonzept, das zugleich die Grundlage des damaligen konservativ-traditionellen Dichtungsverständnisses abgibt. Nur so ist es zu erklären, daß die Kritik des marxistischen Literaturtheoretikers Lukács sich zu großen Teilen mit den Vorbehalten und Angriffen konservativer und rechter Autoren deckt. Außer Lukács setzt sich Béla Balázs umfassend mit der Neuen Sachlichkeit auseinander, wobei Balázs allerdings keine strikte Trennung zwischen der neusachlichen Kultur als Teil einer amerikanisierten Unterhaltungsindustrie und der Neuen Sachlichkeit als einer literarischen Ästhetik vornimmt; seine Ausführungen bleiben in vielen Punkten entsprechend undifferenziert. Walter Benjamins knapp gehaltene Äußerungen über die »linke[n] Melancholi[ker]« der Neuen Sachlichkeit in Zusammenhang mit seiner Kritik des Romans *Fabian* von Erich Kästner sind weniger als kritische Auseinandersetzung mit der neusachlichen Ästhetik denn als persönliche Abrechnung mit Kästner konzipiert.[74] Und nicht zuletzt zeigt auch die neusachliche Praxis vieler BPRS-Autoren, daß Lukács' Ausführungen primär nicht aus einer intensiven Diskussion marxistischer Kritiker um die Neue Sachlichkeit gewonnen sind und auch nicht als das Resultat einer marxistisch fundierten Kritik gewertet werden können; seine Urteile sind vielmehr einem idealistischen Literaturkonzept geschuldet, das gerade jene Elemente festzuschreiben suchte, deren Überwindung die Neue Sachlichkeit sich zum Ziel gesetzt hatte.

Neben Lukács war, wie bereits erwähnt, Béla Balázs' einer der schärfsten marxistischen Kritiker der Neuen Sachlichkeit. Balázs'

---

[73] Lukács: Aus der Not eine Tugend, S. 18, 21, 23 u. 22. – Vgl. Bd. II, S. 371 u. 372.
[74] Benjamin: Linke Melancholie. – Vgl. Bd. II, S. 327-329.

Verurteilung liegt ebenfalls die Unterscheidung zwischen dem Dichter und dem Reporter oder »Tatsachensammler«[75] zugrunde, wie
Lukács qualifiziert auch Balázs die »bloße Reportage« als ein »Zeichen primitiven Banausentums« und als eine »Parole der Unbegab-
ten«. In seinem 1928 in der *Weltbühne* veröffentlichten Aufsatz *Sachlichkeit und Sozialismus*, der bislang zumeist nur wegen der griffigen
Gleichsetzung der Neuen Sachlichkeit mit der »Ästhetik des laufenden Bandes« und dem »Lebensgefühl des Trustkapitals«[76] zitiert
wurde, stellt Balázs die Verurteilung der neusachlichen Entpoetisie-
rungstendenzen der Literatur in den Mittelpunkt. Wie Lukács geht
Balázs von der Notwendigkeit einer Gestaltung des »Ganze[n]« aus,
denn »nur das Ganze«, so heißt es in seiner Studie *Der Geist des
Films* aus dem Jahr 1930 »hat eine Bedeutung«.[77] Da auch seiner Meinung nach dieses »Ganze« nur über die dichterische Verarbeitung
der Realität erfaßt werden kann, kritisiert er die Preisgabe der Trennung zwischen Dichter/Schriftsteller und Reporter/Journalist als
eine gegen die Literatur gerichtete Entscheidung; das Bekenntnis
vieler Autoren zu einer Sachlichkeitsästhetik wertet er als Einge-
ständnis ihrer »eignen Überflüssigkeit«, als die freiwillige Verab-
schiedung vom Status des Dichters, als dessen »Abdankung« und
»Selbstmord«. Zu dieser Überzeugung kommt Balázs primär nicht
etwa aus parteipolitischen und ideologischen Vorbehalten; sein Urteil ist in diesem Punkt vielmehr das Resultat ästhetischer Einwände.
Wegen des Verzichts auf die fabulierende Ausgestaltung der berichtenden Darstellungsform und die poetische Dimension von Texten
bezeichnet er neusachliche Literatur als kunst- und poesiefeindlich
und die neusachliche Tatsachenpoetik als eine freiwillige Degradierung der Autoren zu »bloßen Registraturmaschinen«. Angesichts
eines »ungeistig[en]« Bürgertums und einer »kleinbürgerlich-stumpf-
sinnige[n]« Leserschaft ist eine solche Entwicklung Balázs zufolge
insofern nachvollziehbar, als die Kapitalisierung und Versachlichung
der Lebenswelt das Verlangen nach einer poetischen Verklärung der
Wirklichkeit zurückgedrängt habe. Im Falle des Proletariats hinge-

---

[75] Hans Georg Brenner: Das Gut im Elsaß. In: Die Weltbühne 28 (1932), II,
Nr. 43, S. 632-634, hier S. 632. – Vgl. Bd. II, S. 357.
[76] Balázs: Sachlichkeit und Sozialismus, S. 917. – Vgl. Bd. II, S. 398.
[77] Béla Balázs: Der Geist des Films. Halle (Saale) 1930, S. 202. – Vgl. Bd. II,
S. 324.

gen müssen seiner Meinung nach andere Maßstäbe angelegt werden – dem Proletarier will Balázs seine Dichter erhalten: »Er will seine Dichter haben«, konstatiert er, da er »›nackte‹ Tatsachen« nicht kenne und sein Verhältnis zur Realität sich auch nicht auf solche reduzieren lasse. Aus diesem Grund reklamiert Balázs, zumindest für die Arbeiterklasse, eine Dichtung, die mit »Sensibilität«, »Farbe«, »feiner Stimmung und Atmosphäre« sowie – parallel zum Empfinden der Arbeiter – mit »Leidenschaft und Pathos«, »Wärme und Gefühl« und »wunderbar reich und fast musikalisch« geschrieben sein sollte. Die produktionsästhetische Maxime der Versachlichung vermag Balázs ausschließlich als Teil des gesellschaftlichen Rationalisierungsprozesses, als eine »Verdinglichung« der Rezipienten zu werten, die Entpoetisierung der Literatur lediglich als den »Rückzug des Menschlichen vor der mechanisierten Wirklichkeit«, als die ›Entseelung‹ literarischer Texte wahrzunehmen – Balázs spricht von dem Rückzug der »Seele« aus Literatur und Kultur, was insofern von Interesse ist, als dieser Begriff in Heinz Kindermanns völkisch-nationaler Neue-Sachlichkeits-Kritik eine zentrale Rolle spielen wird. Gegen die Neue Sachlichkeit erhebt Balázs den Vorwurf, daß sie die Gefühle der Konsumenten ignoriere und diese zu einer ›Sache‹, zu einem Glied in der Kette des mechanisierten Produktionsprozesses degradiere. Eine solche Gleichsetzung der Versachlichung literarischer Ausdrucksformen mit den rationalisierten Produktionsmechanismen einer kapitalisierten Gesellschaft übersieht nicht nur die rezeptionstheoretischen Voraussetzungen der neusachlichen Ästhetik, sondern ist zudem weniger aus einer literarischen Neuen Sachlichkeit als aus der amerikanisierten Girl- und Unterhaltungskultur abgeleitet.

Für Balázs steht fest, daß das Proletariat auch im Zeitalter der Mechanisierung und Rationalisierung aller Lebensbereiche poetisch fühle und sich einen emotionalen Zugang zur Realität sowie sein »Menschentum« bewahrt habe. Folglich reklamiert er für dieses statt Tatsachenpoetik eine mit »Leidenschaft« und »Gefühl« geschriebene Literatur, die es »sich selber [...] fühlen« lasse.[78] Abgesehen davon, daß Balázs' Ausführungen an das marxistische Konzept einer proletarischen ›Feierabendpoesie‹ erinnern, gemahnt die Hartnäckigkeit,

---

[78] Balázs: Sachlichkeit und Sozialismus, S. 917, 916, 918, 917 u. 918. – Vgl. Bd. II, S. 397, 398, 397, 398 u. 399.

mit der er für den Proletarier eine gefühlsbetonte, subjektivistische
Literatur einfordert, an dezidiert bürgerliche Erwartungshorizonte.
Und wirklich hat Balázs mit seinem ein Jahr darauf erschienenen
Roman *Unmögliche Menschen* gegen neusachliche Tendenzen den
Versuch unternommen, die Darstellung der »Seelenwelt« wieder
literaturfähig zu machen. Der Roman erzählt von »unsachlichen
Menschen«, von Menschen, die »ohne Sinn für die Alltagsrealität
nach ›Forderungen ihrer Seele‹ leben wollten«. Sie werden einerseits
als Produkte einer anachronistischen bürgerlichen Gesellschaft vorgeführt; andererseits aber verkörpern sie für Balázs die »letzten ethi-
schen« Züge einer entseelten bürgerlichen Kultur und somit gegen
die »innerlich leer gewordene konventionelle bürgerliche Gesellschaft« revoltierende »Rebellen der Seele«. Seinen Roman versteht
Balázs als den Beitrag einer »neuen Geistigkeit« gegen die »Dürftig-
keit der ›neuen Sachlichkeit‹«; doch sein Bemühen, gegenüber der
»Sachlichkeit des Amerikanismus« und »Bolschewismus« die »Seelenwelt« zu verteidigen, die Beharrlichkeit, mit der Balázs im Zeitalter der Massen die Rekonstruktion des Individuums vornimmt, steht
in einer bürgerlichen Tradition. Seine Romanprotagonisten, die
späteren Helden der Revolution, spüren die »Not der Seele«, sie
empfinden also individuell und subjektiv.[79] In *Der Geist des Films*
wird Balázs abermals in einer durchaus bürgerlichen Terminologie
den Versuch zur Rettung des bürgerlich-empfindenden proletarischen Subjekts unternehmen. Die Ausschaltung von »Sentiment«,
»Gefühl« und »Empfindung« innerhalb der neusachlichen Literatur
und Kunst erklärt er als die Folge der »Verdinglichung und Versachlichung des Lebens in der kapitalistischen Gesellschaft« und einer
»mechanisierten Wirklichkeit«. Der aus dieser Entwicklung resultierende Verzicht auf eine »gefühlsbetonte Deutung der Zusammenhänge« zugunsten objektiven Berichtens impliziert für Balázs jedoch
die Unmöglichkeit, Rezipienten zu einer Stellungnahme zu zwingen. Statt dessen ermögliche die »Tatsachenreportage« den Lesern eine »ästhetische Flucht« vor der Wirklichkeit; im Gegensatz zu Ottwalts in Einklang mit der neusachlichen Programmatik vorgebrach-
ter Überzeugung, daß die Fiktionalisierung der Fakten und Tatsachen nur mehr ästhetische, nicht aber politische Schlußfolgerungen

---

[79] Béla Balázs: Unmögliche Menschen. In: Die Weltbühne 25 (1929), II, Nr.
46, S. 734f., hier S. 734 u. 735. – Vgl. Bd. II, S. 405 u. 406.

ermögliche, ist für Balázs umgekehrt eine ›entsentimentalisierte‹ Darstellung gleichbedeutend mit einer l'art pour l'art-Kunst.[80]

Neben dieser rezeptionsästhetisch untermauerten Forderung nach einer literarischen Gefühlskultur im Gegensatz zu einer rationalisierten Sachlichkeitskultur – Literatur müsse den Menschen in seinem »Empfinden«, in seiner »Sehnsucht« darstellen, hatte Balázs bereits in *Sachlichkeit und Sozialismus* gefordert[81] – legt auch Balázs' Kritik des neusachlichen Antiindividualismus die Parallelen zu einer traditionell-bürgerlichen Erwartungshaltung an Literatur offen. Dabei stößt die Prämisse, Typen statt Individuen zu zeigen, Massen- statt Einzelschicksalen zu porträtieren, statt Individualanalyse also Sozioanalyse zu betreiben, im gesamten marxistischen Lager auf wenig Gegenliebe. In der *Linkskurve* erscheint 1929 eine Antwort auf Erik Regers Rezension des Romans *Brennende Ruhr* von Karl Grünberg[82], eine, so der Untertitel des Aufsatzes, »Antwort auf eine bürgerliche Kritik« von Anton Gantner. Regers »sachliche ›Schriftstellerkunst‹« und »proletarische Romantheorie« werden als eine »bürgerliche Reportagekunst« verurteilt, die über die Darstellung der soziologischen und sozialpolitischen Rahmenbedingungen individueller Lebensumstände nicht hinausgehe. Die Vorgabe, Individuen als soziale Typen zu kennzeichnen, denunziert Gantner als eine »neusachliche, monotone und gestellte Typenanalyse«, die in ihrem Versuch der »Typisierung« die subjektiven Eigenarten der Beschriebenen und die individualpsychologischen Motive ihres Handelns ignoriere.[83] Die photographische Reproduktion der Arbeits- und Lebensbedingungen innerhalb einer kapitalistischen Gesellschaft vernachlässige, so lautet auch Balázs' Einwand, das »private Schicksal« der Betroffenen. Eine als Typenanalyse angelegte Darstellung unterwerfe die Beschriebenen folglich außerhalb des Produktionspro-

---

[80] Balázs: Der Geist des Films, S. 199, 204 u. 212. – Vgl. Bd. II, S. 323, 325 u. 327.

[81] Balázs: Sachlichkeit und Sozialismus, S. 918. – Vgl. Bd. II, S. 401.

[82] Karl Westhoven [= Erik Reger]: [Rez.] Friedrich Wolf »Kampf im Kohlenpott« und Karl Grünberg »Brennende Ruhr«. In: Der Scheinwerfer 2 (1928), Nr. 5, S. 23f. – Vgl. Bd. II, S. 236f.

[83] Anton Gantner: Gestalt und Gestaltung der proletarischen Welt (Antwort auf eine bürgerliche Kritik). In: Die Linkskurve 1 (1929), Nr. 2, S. 20-25, hier S. 22.

zesses ebenfalls einer »Versachlichung« und »Verdinglichung« und behandle sie als »mechanisierten« Teil des Systems. Die Ausschaltung »inneren Erleben[s]« im Zuge einer objektiven Tatsachenerfassung setzt Balázs daher mit der Vernachlässigung des ›ganzen‹ Menschen, mit der Verbannung des Menschen mit seinen »Sehnsüchten, Phantasien und Träumen« aus der Literatur gleich. Zwar willigt er ein, daß das »Allgemeine« wichtiger sei als das »Private«, die »Masse« bedeutender als der »Einzelfall«; doch die neusachliche Absage an jegliche »Privatpsychologie« lehnt er strikt ab, da seiner Ansicht nach nur das Einzelschicksal das Paradigmatische und Repräsentative des Geschilderten erkennen lasse. Wenn Balázs aus dieser Behauptung die These ableitet, daß das psychologische Profil der Masse in der Haltung einzelner Menschen greifbar sei und es demzufolge nicht darum gehe, den »Menschen in der Masse, sondern die Masse im Menschen zu zeigen«, wird seine Kritik insofern widersprüchlich, als er mit dieser Forderung neusachliche Programmpunkte umschreibt, nach denen Individuen als Typen vorzuführen und das Sozialtypische bzw. Allgemeine im Menschen deutlich zu machen wären.

Doch ungeachtet dieser Übereinstimmungen weist Balázs neusachliche Zeitstücke mit dem Argument zurück, sie gestalteten nur »Einzelschicksale«.[84] Irritierte bereits die Klage über den Verlust einer subjektzentrierten und individualitätsorientierten Schilderung, die, einmal abgesehen davon, daß sie statt des bürgerlichen Subjekts das proletarische thematisieren soll, eher von einer traditionell-bürgerlichen als von einer revolutionär-proletarischen Erwartungshaltung zeugt, so erstaunt Balázs' im gleichen Jahr entstandener Aufsatz *Arbeitertheater* ebenfalls. Denn räumt er in *Der Geist des Films* und in *Unmögliche Menschen* dem Individuum, dessen subjektiven Erleben bzw. Empfinden uneingeschränkte Priorität ein und mahnt die Thematisierung des »konkreten Individuums«[85] statt des allgemeintypischen Falls an, so erhebt er der Neuen Sachlichkeit gegenüber nun den Vorwurf, sie gestalte Einzelschicksale ohne Berücksichtigung der sozioökonomischen und politischen Rahmenbedingungen eines persönlichen Werdegangs:

---

[84] Balázs: Der Geist des Films, S. 205, 206 u. 207. – Vgl. Bd. II, S. 323 u. 326.
[85] Ebd., S. 207. – Vgl. Bd. II, S. 326.

Sie [die Dramen; S.B.] schildern das Elend des Proletariats, was das Zeug hält, und kommen sich und der Kritik fürchterlich revolutionär vor mit ihrer »naturalistischen« Schilderung des Miljöhs in allen konkreten Einzelheiten. Hingegen: die wirtschaftlichen, sozialen, politischen Ursachen dieses Elends werden nur beiläufig und ganz allgemein gestreift. Gemäß den Forderungen der bürgerlichen Ästhetik wird der persönliche Charakter (die Rolle) und das persönliche Schicksal (die Handlung) gestaltet.

Zwar wiederholt Balázs mit dem Vorwurf, das neusachliche Zeittheater – er spricht von »›sozialen Dramen‹ des bürgerlichen Theaters« – erschöpfe sich in der unrevolutionären »naturalistischen« Wiedergabe »sachliche[r] Wirklichkeit«; doch wenn er für das »Arbeitertheater« reklamiert, es führe »soziale Typen, Symbole und politische Begriffe« statt eines »persönlichen Charakter[s] und [...] persönliche[n] Schicksal[s]« vor, so widerspricht er damit nicht nur seinen in den vorangegangenen Beiträgen getroffenen Aussagen, sondern befindet sich zudem abermals in Übereinstimmung mit der neusachlichen Programmatik.[86]

IV.3. *Dokumentarismus*

Ein Aspekt der marxistischen Kritik wie der linksbürgerlichen Binnenkritik gleichermaßen ist die Demontage des neusachlichen Abbildrealismus. Balázs' Ablehnung der Neuen Sachlichkeit resultiert nicht zuletzt aus der Tatsache, daß er für das von neusachlichen Autoren in die Überzeugungspotentiale von Dokumenten und in die ›ehrliche‹, wahrheitsgetreue Schilderung der Zustände gesetzte Vertrauen keinerlei Verständnis aufbringt. Bertolt Brecht verleiht im Jahr 1931 diesem schwindenden Vertrauen vieler Autoren in die Beweiskraft der Dokumente Ausdruck, wenn er auf die Unzulänglichkeit einer ausschließlichen Abbildung des visuell Sichtbaren und empirisch Wahrnehmbaren aufmerksam macht. Mittels der reali-

---

[86] Balázs: Arbeitertheater, S. 168, 167 u. 168. – Vgl. Bd. II, S. 407, 406 u. 407.

tätsgetreuen Nachzeichnung seien, so Brechts Bedenken, die tatsächlichen Zusammenhänge kaum transparent zu machen. Am Beispiel ökonomischer Verflechtungen versucht er, die Mängel eines der Oberfläche verhafteten Realismus aufzuzeigen:

> Die Lage wird dadurch so kompliziert, daß weniger denn je eine einfache »Wiedergabe der Realität« etwas über die Realität aussagt. Eine Fotografie der Kruppwerke oder der A.E.G ergibt beinahe nichts über diese Institute. Die eigentliche Realität ist in die Funktionale gerutscht.

Aufgrund dieser Unzulänglichkeit photographischer Wiedergabetechniken der veristischen Genres plädiert Brecht für ein Montageverfahren, mit dessen Hilfe »›etwas aufzubauen‹ sei, etwas ›Künstliches‹, ›Gestelltes‹«.[87] In Anbetracht der Tatsache, daß diese Problematik innerhalb der Neuen Sachlichkeit durchaus reflektiert wird[88] und daß viele im Umkreis der Neuen Sachlichkeit entstandene Romane auf die Schwierigkeit einer objektiven Erfaßbarkeit und Darstellbarkeit der empirisch wahrnehmbaren Realität wie der Reproduzierbarkeit von Wirklichkeit überhaupt in Form von Montagetechniken reagieren – man denke an die neusachlichen Montageromane von Alfred Döblin (*Berlin Alexanderplatz*), Edlef Köppen (*Heeresbericht*) und Erik Reger (*Union der festen Hand*) oder an die Inszenierungspraxis Erwin Piscators –, kann Brechts Beitrag schwerlich, wie in der bisherigen Forschung üblich[89], als eine Kritik der Neuen Sachlichkeit interpretiert werden; warum sollte ein so aufmerksamer Beobachter der zeitgenössischen literarischen Entwicklung im Jahr 1931 den Versuch unternehmen, die Neue Sachlichkeit unter Hinweis auf die von ihr selbst entwickelten Techniken zu kritisieren? Vielmehr müssen Brechts Überlegungen als repräsenta-

---

[87] Bertolt Brecht: Der Dreigroschenprozeß (Kritik der Vorstellungen). In: Ders.: Versuche 8-10. Heft 3. Berlin 1931, S. 256-306, hier S. 271.

[88] Vgl. Erik Reger: Gegenspieler der Publizistik. In: Die Weltbühne 25 (1929), II, Nr. 39, S. 471-479; ders.: Reporter im Kohlenpott. In: Die Weltbühne 26 (1930), I, Nr. 22, S. 792-797.

[89] Vgl. z.B. Prümm: Die Literatur des Soldatischen Nationalismus der 20er Jahre, S. 276; Hermand: Einheit in der Vielheit. Zur Geschichte des Begriffs Neue Sachlichkeit, S. 89-91, hier S. 91; Wege: Bertolt Brecht, Lion Feuchtwanger: »Kalkutta, 4. Mai«, S. 150.

tives Dokument einer produktiven neusachlichen Binnenkritik des Abbildrealismus verstanden werden, der man Anfang der dreißiger Jahre mittels der Entwicklung von Montageverfahren und dokumentarischer Schreibweise nachzukommen suchte, und zwar durchaus erfolgreich; jedenfalls konzediert Ernst Bloch der Neuen Sachlichkeit noch im Jahr 1935 gerade aufgrund der Montagetechnik ein kritisch-reflexives Potential und somit Kritikfähigkeit auch innerhalb einer kapitalisierten und industrialisierten Gesellschaft.[90]

Siegfried Kracauer hingegen hat der Neuen Sachlichkeit eine solche kritische Dimension weitgehend abgesprochen. Indem er seine Kritik der neusachlichen Realismuskonzeption auf die Reportage begrenzt, vermag er die Modifikation des Abbildrealismus durch die Montage nicht in seine Bewertung einzubeziehen. Die Bedenken, die er im Vorwort seiner 1930 erschienenen Studie *Die Angestellten. Aus dem neuesten Deutschland* gegen die Reportage vorbringt, sind zwar mit Brechts Einwänden weitgehend identisch; dadurch daß sie jedoch ausschließlich auf die Reportage bezogen bleiben, kommt ihnen ein anderer Stellenwert zu. Kracauer sah sich offenbar zu einer Stellungnahme gezwungen, da seine Untersuchung unübersehbar mit Reportageelementen arbeitete. Wie Brecht glaubt er nicht mehr an die Darstellbarkeit der Realität mittels einer genauen Abbildung. Zwar schätzt er die Reportage als einen »legitimen Gegenschlag gegen den Idealismus«, nicht aber als eine Methode, mittels derer sich zuverlässige und verbindliche Aussagen über die Wirklichkeit treffen ließen:

> Die Dichter kennen kaum einen höheren Ehrgeiz, als zu berichten; die Reproduktion des Beobachteten ist Trumpf. [...] Aber das Dasein ist nicht dadurch gebannt, daß man es in einer Reportage bestenfalls noch einmal hat. [...] Hundert Berichte aus einer Fabrik lassen sich nicht zur Wirklichkeit der Fabrik addieren, sondern bleiben bis in alle Ewigkeit hundert Fabrikansichten. Die Wirklichkeit ist eine Konstruktion.

Wie Brecht leitet Kracauer aus der Einsicht in den fragmentarischen Charakter der Realitätswahrnehmung und -erfahrung die Notwendigkeit einer montierenden Arbeitsweise ab; Kracauer spricht von einem »Mosaik«, das es zu erarbeiten gelte. Das Resultat der photo-

---

[90] Bloch: Erbschaft dieser Zeit, S. 159-162.

graphischen Reproduktion von Wirklichkeit, der Beobachtungs-
technik der Reportage also, vermag in seinen Augen keine Aufklärungsarbeit zu leisten; die Überführung eines Tatbestandes in den
literarischen Bericht, seine ›Verdoppelung‹, impliziert für Kracauer
weder einen Mehrwert an Information noch eine aufklärerische
Dimension.

Bezogen auf die Flut von heute nicht mehr bekannten Reportagen, die im Zuge der Konjunktur dieses Genres in den zwanziger
Jahren entstanden, mag dieser Vorwurf seine Berechtigung haben;
gemessen an dem insbesondere von Kisch, Lania und Reger formulierten Anspruch scheint Kracauers Kritik kaum haltbar, haben diese ihre Reportertätigkeit doch gerade als Aufklärungsarbeit hinter
der Kulisse, unter der Oberfläche verstanden. Nicht minder wichtig
für die Bewertung von Kracauers Einwand ist die Tatsache, daß
Kracauer selbst mit den Mitteln der Reportage arbeitet – »Zitate«,
»Gespräche«, »Beobachtungen«, Befragungen, Recherchen und Statistiken sind seiner Aussage zufolge in die Studie eingeflossen –, seine
Untersuchung liefert, so heißt es im Vorwort, »Anschauungsmaterial aus Berlin«. Dabei geht es ihm um eine möglichst exakte Erschließung und Rekonstruktion der Wirklichkeit (hier der Angestellten), aufgezeigt an den Berliner Verhältnissen; einzelne Beispiele
werden als »exemplarische Fälle der Wirklichkeit« vorgeführt. Kracauer versteht seine Arbeit demzufolge als eine »Diagnose«, die Gültigkeit nicht nur für Berlin, sondern für die gesamte Republik beanspruchen könne. Zwar bezeichnet er das zusammengetragene Material lediglich als den »Grundstock« seiner Studie; doch nachdrücklich betont Kracauer, daß er bewußt darauf verzichtet habe, »Vorschläge für Verbesserungen« zu machen, da »Rezepte« nicht angebracht seien. Und wenn er hervorhebt, daß es sich primär darum
handele, »einer noch kaum gesichteten Situation innezuwerden«, so
befindet er sich in völliger Übereinstimmung mit der neusachlichen
Strategie eines ›Aufklärungsrealismus‹, zumal er dem von ihm beschriebenen Verfahren einer empirisch-soziologischen Essayistik be-
wußtseinsverändernde und demnach aufklärerische Momente zuschreibt: »Die Erkenntnis dieser Situation ist zudem nicht nur die
notwendige Voraussetzung aller Veränderungen, sondern schließt
selber schon eine Veränderung mit ein«, heißt es in Übereinstimmung mit der neusachlichen Strategie eines erkenntniskritischen
Realismus, der von einer Einheit von Abbildung und kritischem

Erkenntniswert ausgeht.[91] Völlig zu Recht wird daher Kracauers
Studie heute im Kontext der Neuen Sachlichkeit besprochen, ebenso
Walter Benjamins ähnlich verfahrende essayistische Prosastücke
Einbahnstraße; auch wenn dieser in Zusammenhang mit Kracauers
Arbeiten gegen die »radikalen Modeprodukte der neuesten Schule«,
gegen den »neuberliner Radikalismus und neue Sachlichkeit, diese
Paten der Reportage« und des »rüden Fakten- und Reportierkram«
polemisierte[92], so trug er mit seinem Konzept einer ›Entauratisierung‹ literarischer Sujets und der Ausbildung einer sich an Alltags-
und Massenphänomenen orientierenden Kulturkritik doch Wesent-
liches zur Theoriebildung der Neuen Sachlichkeit bei. Die Nähe
ihrer Methodik des essayistischen Prosastils, der mittels der Fixie-
rung der empirisch wahrnehmbaren Oberflächenphänomene eine
kritische Rekonstruktion gesellschaftlicher Realität und Mentalität
versucht, zur neusachlichen Vorgehensweise ist kaum zu übersehen.

Georg Lukács und Béla Balázs wenden sich gleichfalls gegen das
Realismuskonzept der Neuen Sachlichkeit. Wie Kracauer ziehen sie
die Montagetechnik als eine kritische Erweiterung des Abbildrealismus nicht in ihre Beurteilung ein. Trägt dieser aber der Erkenntnis
Rechnung, daß Realität aufgrund ihrer Komplexität nur mehr frag-
mentarisch erfahrbar und montierend darstellbar sei, so fordern
Lukács und Balázs ungeachtet der eingeschränkten Erfahrbarkeit
einer ›Gesamtrealität‹ sowie der veränderten Wahrnehmungsbedingungen und Wahrnehmungsformen von Wirklichkeit die Gestaltung der »Gesamtheit der *Momente* der Wirklichkeit« und damit die
Gestaltung von »Totalität«[93] und des »Gesamtzusammenhangs« ein.
Reklamieren Brecht und Kracauer in Anbetracht des Fragmentcha-
rakters der Lebenswirklichkeit und der Wirklichkeitserfahrung das
konstruierte, montierte Kunstwerk, so bestehen sie umgekehrt auf
der literarischen Wiederherstellung einer Realität, die in der von
ihnen indizierten Form gar nicht mehr zu erfahren war. Ihre Kritik

---

[91] Siegfried Kracauer: Die Angestellten. Aus dem neuesten Deutschland.
Frankfurt/Main 1930, S. 8 (als Vorabdruck in der *Frankfurter Zeitung*, Nr.
915 vom 8.12.1929, S. 1f., erschienen). – Vgl. Bd. II, S. 289.

[92] Walter Benjamin: Politisierung der Intelligenz. Zu S. Kracauers »Die Angestellten«. In: Die Gesellschaft 7 (1930), Bd. 1, S. 473-477, hier S. 477, 473
u. 477. – Vgl. Bd. II, S. 348.

[93] Lukács: Aus der Not eine Tugend, S. 23 u. 22. – Vgl. Bd. II, S. 371 u. 372.

konzentriert sich demzufolge im wesentlichen auf die Verurteilung der neusachlichen Tatsachenpoetik, da für sie »Totalität« keineswegs mit der »*Summe* der ›Tatsachen‹« identisch ist. Der neusachlichen Verpflichtung auf die möglichst authentische Schilderung der realen Zustände unter weitgehender Aussparung subjektiver Wertungen setzen Lukács und Balázs die Interpretation der wahrgenommenen Fakten, d.h. die »Gestaltung des Gesamtprozesses«[94] entgegen; denn ihrer Meinung nach ergeben die »Tatsachen an sich [...] gar keine Wirklichkeit«. Die »Wirklichkeit« liege vielmehr in dem »Sinn der Tatsachen, die gedeutet werden müssen«, weil erst ihre Deutung, die Feststellung ihres »Sinn[s]« Wirklichkeit konstituiere.[95] Zwar erkennt Balázs die Wichtigkeit der Fakten an; doch in einem »bloß registrierenden Bericht«, so heißt es in *Männlich oder kriegsblind*, »ergeben die Tatsachen keine Wirklichkeit«.[96] In *Der Geist des Films* wendet er sich wiederum gegen die neusachliche Tatsachenschilderung, diesmal mit dem Argument, daß ein »Tatsachenfanatismus« die Wiedergabe von Details, von Einzelphänomenen aufzeigen, nicht aber die notwendige Gestaltung des »Ganze[n]« leisten könne – ein Einwand, der auch die Grundlage der Lukács'schen Kritik abgeben wird und mit dem auch Balázs Hegels für das 19. Jahrhundert formuliertes Totalitätskonzept zur Grundlage einer Ästhetik des 20. Jahrhunderts heranzieht. In Vorwegnahme der Positionen Lukács' insistiert Balázs auf der Darstellung einer ›Gesamtrealität‹:

> Dieser neue Tatsachenfanatismus, die Freude an kleinen lebensnahen Beobachtungen, diese Betonung der Alltagsmomente ist eine Flucht vor dem Ganzen, in die Einzelheiten. Denn aus Einzelheiten kann man keine Konsequenzen ziehen. Nur das Ganze hat Bedeutung.

Balázs zufolge schließen »Sachlichkeit« und »Wirklichkeit« einander aus, da durch die Beschränkung auf die empirisch wahrnehmbaren, erfahrbaren oder recherchierbaren Fakten lediglich eine »Einzel-

---

[94] Lukács: Reportage oder Gestaltung, S. 29. – Vgl. Bd. II, S. 369.
[95] Balázs: Sachlichkeit und Sozialismus, S. 917. – Vgl. Bd. II, S. 399.
[96] Balázs: Männlich oder kriegsblind, S. 970. – Vgl. Bd. II, S. 401.

wirklichkeit« vorgeführt werde, aus der sich jedoch weder »Wirklichkeit« noch »Wahrheit« ergebe.[97]

IV.4. *Reportagestil*

Diskutiert man in linken Kreisen die unzureichende aufklärerische Dimension der neusachlichen Realismuskonzeption, so werden von konservativer Seite die Chancen einer Annäherung an die Realität sowie die Notwendigkeit und poetologische Legitimität eines solchen Vorhabens überhaupt in Frage gestellt. Zwar verurteilt man z.B. Egon Erwin Kischs Arbeiten auch unter ideologiekritischen Aspekten – ein Kritiker der *Tat* bemängelt, daß das, was Kisch »sieht, bis zu einem gewissen Grade bestimmt [sei] davon, wie er sieht«, daß er statt des geforderten »Auge[s]« eine auf seiner »sozialistische[n] Überzeugung« basierende »Optik« anwende[98]; doch im Zentrum der konservativen Kritik steht die von der Neuen Sachlichkeit infolge ihrer journalistischen Ausrichtung vorgenommene Negation einer ›höheren‹ künstlerischen Wirklichkeit. Die Vermischung von »Wirklichkeitsberichte[n] und Dichterische[m]« wird aufs schärfste verurteilt, der »künstlerisch[e]« Status von Reportageroman und Reportage angezweifelt, da Kunst als »umgewertete, und zwar ganz und gar umgewertete, unter ein höheres Gesetz gestellte Wirklichkeit« der empirischen Wirklichkeit enthoben sei.[99] Kritiker aus dem Umfeld des konservativen *Tat*-Kreises – die Zeitschrift brachte 1932 ein Themenheft zur Reportage – lehnen die neusachliche Forderung nach der Thematisierung der »realen Welt« im Gegensatz zu einer »phantastischen« als »Unfug« ab; zudem bestreitet man die Möglichkeit, reale Gegenwart unter völliger Ausschaltung

---

[97] Balázs: Der Geist des Films, S. 202, 205 u. 210. – Vgl. Bd. II, S. 324 u. 325.

[98] Jörg Lampe: Reportage über Reporter. In: Die Tat 24 (1932), Nr. 9, S. 814-816, hier S. 815.

[99] H.S.: Reportage. In: Der Tag, Nr. 201 vom 23.8.1929. – Vgl. Bd. II, S. 347 u. 346.

fiktionaler Elemente literarisch verarbeiten und trotzdem die Literarizität der Darstellung gewährleisten zu können:

> Was also will die Neue Sachlichkeit? Radikal gedeutet doch wohl die Erhebung des Tatsachenbestandes, die Darstellung der realen Welt im Gegensatz zu einer phantastischen; ebenso radikal kritisiert ist diese Forderung Unfug; in der Literatur gibt es keine reale Welt im Gegensatz zu einer phantastischen; kaum angeschaut ist die Welt schon ihrer ungetrübten Realität enthoben [...].[100]

Befürworter einer neusachlichen Realismuskonzeption sahen solche Einwände seitens konservativer Kritiker voraus: »Denn die Forderung, der Kunst einen objektiven Inhalt zu geben, wird der bürgerliche Schriftsteller damit beantworten, daß er seine philosophischen Freunde mobilisiert, die festgestellt haben, daß es eine objektiv erkennbare Wirklichkeit gar nicht gibt«, heißt es in Hans Wolfgang Hillers im *Scheinwerfer* erschienenen *Thesen über einen dialektischen Realismus*.[101] Und tatsächlich ist das »Sachlichkeitstheorem« nach Meinung vieler konservativer Kritiker aufgrund der unabdingbaren Selektion der Vielfalt darstellbarer Sujets, denen im Zuge ihrer Literarisierung der Wert von »Symbolen« zukomme, nicht haltbar. Zwar akzeptiert Joachim Maaß, Mitarbeiter der *Tat*, die Ziele der neusachlichen Programmatik, ihre Realisationsmöglichkeiten hält er indes wegen der Unmöglichkeit der Darstellung einer »Tatsachenwelt [...] ohne Anwendung der vertrackten Phantasie« für äußerst gering.[102]

Diese Argumentation war im Jahr 1932 keineswegs neu. Bereits 1928 hatte Fritz Landsberger in seinem in der *Neuen Rundschau* erschienenen Aufsatz *Der Geist im Wirklichen* der Neuen Sachlichkeit die Möglichkeit abgesprochen, eine realistische und sachliche, die subjektive Phantasie ausschaltende Darstellungsform zu finden.

---

[100] Joachim Maaß: Junge deutsche Literatur. Versuch einer zusammenfassenden Darstellung. In: Die Tat 24 (1932), Nr. 9, S. 794-802, hier S. 800. – Vgl. Bd. II, S. 45f.

[101] H[ans] W[olfgang] Hillers: Thesen über einen dialektischen Realismus. In: Der Scheinwerfer 5 (1931), Nr. 1, S. 22f., hier S. 22. – Vgl. Bd. II, S. 160.

[102] Maaß: Junge deutsche Literatur, S. 800 u. 801. – Vgl. Bd. II, S. 46.

Sie ignoriere, darin jedweder Art von naturalistischer Darstellung vergleichbar, eine der Kunst implizite Aufgabe, sie vernachlässige das »Grundprinzip des Künstlerischen«, das »Streben nach Sinngebung der Welt«: »Man kann also nicht einfach ›Neue Sachlichkeit‹ postulieren und dann munter ›Sachen‹ darstellen. Es bleibt die – vielleicht naive, aber richtige – Frage nach dem Warum.« Mit ihrer »restlose[n] Hingabe an die Realität«, mit ihrer »naturalistische[n] Tendenz, das Leben zu photographieren«, stehe die Neue Sachlichkeit »außerhalb der Kunst«: Mit diesem Argument formuliert Landsberger den zentralen Einwand, den die konservative, aus einem traditionellen Literaturverständnis heraus argumentierende Kritik gegen die neusachliche Ästhetik vorbringt. Indem die Neue Sachlichkeit den Sieg der Realität über »Leben und geistige Bemühung« zu erlangen suche, erweise sie sich als eine aufgrund ihrer Programmatik zum Scheitern verurteilte Bewegung. Ihrem literarischen Konzept liege eine »Geisteshaltung« zugrunde, die die industrialisierte, mechanisierte Welt hinnehme, statt sie von einem überzeitlichen »Standpunkt des Geistes« aus zu bewerten.[103]

Die Basis solcher Urteile ist ein idealistisches Literaturverständnis, nach dem ein Erzählkonzept, das die fiktionale und erzählerische Ausgestaltung der dargestellten Zustände und Entwicklungen weitgehend ausspart, den Anforderungen an Literatur kaum genügen kann, verzichtet es doch strikt auf eine überzeitliche Dimension der Literatur. Auf dieser jedoch beharrt die konservative Literaturkritik; die Mehrheit konservativer Kritiker leitet aus dem Verzicht auf die erzählerische Ausschmückung und poetische Dimension die Unzulänglichkeit des neusachlichen Reportagestils wie der gesamten neusachlichen Schreibverfahren ab. So steht hinter dem gegen die Neue Sachlichkeit erhobenen Vorwurf der ›Geistesfeindschaft‹ letztlich die Kritik einer auf die unmittelbare Aktualität bezogene journalistischen Schreibweise.

1929 polemisiert Joseph Roth in seinem Aufsatz *Es lebe der Dichter!* gegen das neusachliche Autorenverständnis, in dem Begriffe wie »dichterische Intuition und Gnade« sowie das »Schöpferische«[104]

---

[103] Fritz Landsberger: Der Geist im Wirklichen. In: Die neue Rundschau 39 (1928), I, S. 337-346, hier S. 341 u. 344. – Vgl. Bd. II, S. 413 u. 414.
[104] Urteile über die *Kolonne* (Schleswiger Nachrichten). In: Die Kolonne 4 (1932), Nr. 1, S. 1.

nicht vorgesehen waren. Zwar wendet sich Roth nicht gänzlich von der neusachlichen Ästhetik ab – zu »konstruierten, also verlogenen ›Erfindungen‹« als dem Inhalt von Romanen will er nicht zurück[105]; auch nicht – wie sein nur wenige Monate später erschienener Aufsatz *Lob der Dummheit* zeigt – zu einem traditionellen Dichtertypus, dessen Werke ausschließlich dem dichterischen »Wahn«[106] entsprungen seien. Dezidiert wendet er sich jedoch gegen die neusachliche Tendenz, das »Dokumentarische mit dem Kunstlosen [zu] verwechseln«, und gegen das Bestreben, »nur mehr das erkennbar Dokumentarische anzuerkennen«. Hatte Roth in seinem berühmten Vorwort zu dem 1927 erschienenen Roman *Flucht ohne Ende*, das von der neusachlichen Generation als ein Manifest gelesen wurde, das »Beobachten« ausschließlich an die empirisch wahrnehmbare Wirklichkeit gebunden, so hat diese Tätigkeit für ihn nun die Bedeutung des »Erfinden[s]« und des »gesteigerte[n] Finden[s]«. Indem er das »Erfundene« von »Konstruierte[m]« unterscheidet, glaubt er, die auktoriale Phantasie für einen modernisierten Dichtungsbegriff retten zu können. Die neusachlichen Kategorien des Authentischen und des Dokumentarischen haben für ihn in der Bedeutung von Plausibilität, Wahrscheinlichkeit und Gegenwartsbezug weiterhin ihre Geltung. Demzufolge bezeichnet er »ein gutes ›Dichten‹ [als] immer authentisch« und den »Dichter« als »immer ›dokumentarisch‹«.[107]

Mit dieser Argumentation plädiert Roth für einen Realitätsbezug von Literatur wie für eine »künstlerische Gestaltung« der Wirklichkeit gleichermaßen. Doch setzt er ersterem im Gegensatz zu seinen früheren Arbeiten deutliche Grenzen, was in einer entschiedenen Ablehnung der Berichtform zum Ausdruck kommt: Den ›ungestalteten‹ Bericht weist Roth als eine »nicht-künstlerische Form« zurück; einzig dem »künstlerischen Bericht«, der sich grundsätzlich von der neusachlichen Form der »›dokumentarischen‹ Mitteilung« unterscheide, gesteht er seine Berechtigung zu. Gleich Lukács, in dessen Argumentation dem Begriff der »Gestaltung« ebenfalls eine zentrale Bedeutung zukommt, erkennt Roth in dem durch die Neue

---

[105] Joseph Roth: Es lebe der Dichter! In: Frankfurter Zeitung, Nr. 240 vom 31.3.1929. – Vgl. Bd. II, S. 376.
[106] Joseph Roth: Lob der Dummheit. In: Die literarische Welt 5 (1929), Nr. 30, S. 3. – Vgl. Bd. II, S. 300
[107] Roth: Es lebe der Dichter. – Vgl. Bd. II, S. 377.

Sachlichkeit propagierten Verzicht auf »Gestaltung« eine Gefahr für die künftige Entwicklung der Literatur:

> Gefährlich aber wird das Dokument in dem Augenblick, in dem es anfängt, die Gestaltung zu ersetzen und zu verdrängen. Die Mitteilung tritt an Stelle des Berichts. Das mitteilende Wort an Stelle des Geformten und Formenden, des »gedichteten« also.

Zwar räumt Roth ein, daß bestimmte Themen, insbesondere die Kriegsthematik, um »künstlerische Wirkung« zu erzeugen, einer »künstlerischen Formung« nicht bedürften: Im Hinblick auf die Verarbeitung der Kriegserfahrung wird dem Autor folglich die Funktion des »mitteilende[n] Augenzeuge[n]« zugestanden; doch das literarische Produkt seiner Augenzeugenschaft habe dann zwar einen »dokumentarischen«, nicht aber einen künstlerischen »Wert«; Roth erkennt es allenfalls als ein Dokument an, den Rang eines »gestaltete[n] Kunstwerk[s]« indes spricht er ihm ab.[108]

Hinter dieser Entscheidung steht der Glaube an die Notwendigkeit einer gestalterischen, schöpferischen Veränderung empirischer Realität, an die Überlegenheit einer »umgewandelten Realität«. Die neusachliche dokumentarische Wirklichkeitsaneignung erkennt Roth nicht an, da eine solche Realitätserfassung seiner Meinung nach weder »Wahrheit« noch »Objektivität« garantiere. Roth hatte bereits an anderer Stelle formuliert, daß es keine andere »Objektivität« gebe als die »künstlerische«, nur »sie allein vermag«, so heißt es in Roths Antwort auf die von der *Literarischen Welt* veranstalteten Umfrage *Die Tagespresse als Erlebnis*, »einen Sachverhalt wahrheitsgemäß darzustellen«.[109] Diese nicht näher ausgeführte, einer traditionellen Vorstellung von der Überlegenheit einer »künstlerische[n]« gegenüber einer wissenschaftlich-dokumentarischen Aneignung und Gestaltung von Wirklichkeit verpflichtete Behauptung ergänzt Roth in *Schluß mit der Neuen Sachlichkeit!* mit dem expliziten Hinweis auf eine »innere«, »höhere Wahrheit« des »künstlerische[n]«, »geformten Berichts«, der Höherwertigkeit einer durch

---

[108] Roth: Schluß mit der Neuen Sachlichkeit!, Nr. 4, S. 8. – Vgl. Bd. II, S. 319, 321 u. 322.

[109] Roth: Die Tagespresse als Erlebnis. Eine Frage an deutsche Dichter [Antwort], S. 8.

schöpferische Gestaltung »umgewandelte[n] Realität« gegenüber einer dokumentarisch erfaßten Wirklichkeit.[110]

Zwar ließe sich mit Recht fragen, ob Roth hier nicht Scheingefechte führt, sieht die Neue Sachlichkeit doch keineswegs die Substitution literarischer Texte durch Dokumente vor. Aber Roth steht mit diesem Ansatzpunkt innerhalb des kritischen Diskurses über die Neue Sachlichkeit keineswegs allein; der Ruf nach künstlerischer, dichterischer Gestaltung der Realität im Gegensatz zu einer dokumentarisch-berichtenden Wiedergabe realer Zustände, die Forderung nach »Gestaltung« statt bloßer »Schilderung«[111], ist ein zentraler Bestandteil der Kritik der Neuen Sachlichkeit sowohl von marxistischer – Lukács spricht von der »Antigestaltungstheorie« der Neuen Sachlichkeit[112] – als auch von konservativer Seite. Zwar werden unterschiedliche Argumentationsstrategien benutzt, man greift jedoch auf die gleichen Termini zurück, insbesondere auf den der »Gestaltung«: Den neusachlichen Verzicht auf »künstlerische Gestaltung« moniert die rechte wie die linke Literaturkritik über ideologische Grenzen hinweg gleichermaßen. Lediglich hinsichtlich der Ziele und aufgezeigten Perspektiven hebt man sich voneinander ab. Verbinden linksbürgerliche Kritiker ihre Bewertung der dokumentarischen Schreibweise mit der kritischen Beurteilung des neusachlichen Abbildrealismus und des uneingeschränkten Vertrauens in die Aussage- und Beweiskraft unkommentierter Dokumente, so konzentrieren sich Lukács und die konservative, nach traditionellen Normen urteilende Literaturkritik auf die fehlende gestalterische Dimension des neusachlichen Dokumentarismus.

Von letzterer wird der dokumentarische Roman allenfalls als historischer Roman, die Einbeziehung von Dokumentarmaterial lediglich in Form einer Verschmelzung von »Akten und Phantasie« akzeptiert. Den neusachlichen Dokumentarismus und den berichtenden Reportagestil kritisiert man in Analogie zu Lukács und Balázs

---

[110] Roth: Schluß mit der Neuen Sachlichkeit!, Nr. 3, S. 4. – Vgl. Bd. II, S. 318.

[111] Anonym: Sigmund Graff/Carl Ernst Hintze: Die endlose Straße [Uraufführung Stadttheater Aachen 1930]. Zitiert nach: Günther Rühle (Hrsg.): Theater für die Republik 1917-1933. Im Spiegel der Kritik. Frankfurt/Main 1967, S. 1047f., hier S. 1047.

[112] Lukács: Aus der Not eine Tugend, S. 18. – Vgl. Bd. II, S. 371.

als eine »Sammlung von Oberflächenrealitäten«, die keinesfalls mit der Realität gleichgesetzt werden dürfe. Statt »Gegenwärtige[s]«, so moniert z.B. Alfred Kantorowicz in einem Aufsatz über »Zeitromane« in der *Neuen Rundschau*, liefere man »Dokument[e]« bzw. »Zeitdokumente«; wie Balázs setzt Kantorowicz eine solche Vorgehensweise mit »Resignation« gleich: An die Stelle von »Auseinandersetzung« trete innerhalb der neusachlichen Programmatik die »Flucht«, wobei auch Kantorowicz damit weniger eine Flucht vor politischer Festlegung als die Verweigerung auktorialer Verpflichtungen anspricht. Durch die neusachliche Theorie sieht man, so die Befürchtung, den Epiker durch den Reporter und Chronisten verdrängt. Epik aber beginne, so formuliert Kantorowicz in Übereinstimmung mit der Mehrheit konservativer Kritiker, jenseits der Chronik, ihr Ziel sei es, die »Oberflächenrealität zu sprengen«[113], da die Wirklichkeit zwar die Voraussetzung, nicht aber der eigentliche Inhalt eines Romans sein dürfe. An diesen Vorwurf knüpfen viele Kritiker die Beanstandung der Stoff- und Inhaltsbezogenheit neusachlicher Werke. So glaubt z.B. Joseph Roth, in der ausschließlich auf die empirisch erfahrbare Wirklichkeit bezogenen Realismuskonzeption einen entscheidenden Irrtum neusachlicher Ästhetik auszumachen. Der Neuen Sachlichkeit sei der Fehler unterlaufen, den »Schatten, den die Gegenstände werfen, mit den Gegenständen verwechselt zu haben«: »Das Wirkliche begann man für wahr zu halten, das Dokument für echt, das Authentische für gültig.«[114]

In fast allen linksbürgerlichen Zeitschriften – im *Tagebuch*, im *Querschnitt*, in der *Weltbühne* und der *Literarischen Welt* – erscheinen Aufsätze, in denen Bedenken gegen eine journalistische Ausrichtung der Literatur und gegen das neusachliche Postulat einer Annäherung von Literatur und Berichterstattung geäußert werden. Reportagestil und Tatsachenpoetik deutet man als das Resultat einer Gestaltungsunfähigkeit, als eine Kapitulation der Autoren vor den Anforderungen schriftstellerischer Tätigkeit; allenthalben wird von der künstlerischen »Impotenz als Neue Sachlichkeit verkleidet« ge-

---

[113] Alfred Kantorowicz: Zeitromane. In: Die neue Rundschau 40 (1929), II, S. 843-851, hier S. 845, 844 u. 843. – Vgl. Bd. II, S. 340 u. 339.
[114] Roth: Schluß mit der Neuen Sachlichkeit!, Nr. 3, S. 3. – Vgl. Bd. II, S. 316.

sprochen[115], es ist von »Ist-Schriftsteller[n]«, »Tatsächler[n]«, »Tatsa-
chenmänn[ern] und »Deskribent[en]« die Rede.[116] Ein Kritiker der
Literarischen Welt bezeichnet die Vorgabe, sich auf die »rohe Empi-
rie« zu beschränken, als eine »steril-bequeme[n] Entartungsform«
und wertet diese Ausprägung von »Sachlichkeit« als einen »Vorwand
[dafür], auf alle Qualitäten, die einem fehlen, hochtrabend verzichten zu dürfen«.[117] Béla Balázs spricht von der Neuen Sachlichkeit
wegen ihrer Orientierung an der journalistischen Berichterstattung
als von einem »Passierschein für die Talentlosigkeit phantasiearmer,
gefühlsleerer, banaler ›Tatsachendichter‹« und unterstellt ihr
»Ungeistigkeit«.[118] In diesem Vorwurf trifft er sich mit Bernhard
Diebold, der sich, obwohl in vielerlei Hinsicht noch im Jahr 1931
ein Fürsprecher und Verteidiger neusachlicher Ästhetik, bereits 1928
gegen die »Geist«- und »Phantasie«-Feindschaft der Neuen Sachlichkeit wendet. Explizit verurteilt er die in ihrem Namen vorgebrachte
Aufkündigung der traditionellen Identifikation von »Kunst«, »Stil«
und »Geist« und wendet sich gegen die daraus resultierende Mißachtung des Unterschieds zwischen Kunst und Leben sowie zwischen
Literatur und Journalistik:

> Die Sachlichen tendieren weder zum Abbild, noch zum Sinnbild, noch
> zum Schönbild in der Kunst. Denn Kopie wäre nur Handwerk; Geist
> wäre Professorentum; Stil wäre Kunstgewerbe. Wirklichkeit reprodu-
> zieren? Diese Sachlichkeit des Lebens besorgen Zeitung, Lichtbild,
> Film, Grammophon und Radio. Was also soll noch Kunst, wenn auch
> Symbol und Stil verpönt sind! Denn Symbol und Stil schaffen »ro-
> mantische Distanz«. Nennen Sie mir Kunst, die nicht »romantischer
> Distanz« bedarf?

Auch Diebold wertet die »Kunstscheu« der Neuen Sachlichkeit als
ein Indiz für die »künstlerische Impotenz« ihrer Vertreter. Den

---

[115] Hü.: [Rez.] Marieluise Fleißer: »Ein Pfund Orangen«. In: Münchner
Neueste Nachrichten, 23.7.1929.
[116] Kurt Hiller: Kisch über Rußland. In: Die Weltbühne 24 (1928), I, Nr.
16, S. 586-590, hier S. 586. – Vgl. Bd. II, S. 335.
[117] Harald Landry: Joseph Roth: Panoptikum. In: Die Literarische Welt 6
(1930), Nr. 7, S. 5. – Vgl. Bd. II, S. 353.
[118] Balázs: Sachlichkeit und Sozialismus, S. 917. – Vgl. Bd. II, S. 399.

Vorwuf Fritz Landsbergers wiederholend, identifiziert er »sachliche Kunst« mit einem »Streben außerhalb des Kunstmöglichen«.[119] Auf der Basis solcher Vorentscheidungen spricht man neusachlichen Werken, die sich auf Beobachtung und Bericht beschränken, die es beim »[S]ehen« belassen – so ein Rezensent über Ludwig Renns Antikriegsroman *Krieg* – den ›Kunstwerkcharakter‹ ab.[120] Ungeachtet gegenteiliger neusachlicher Zielsetzungen gesteht man ihnen einen dokumentarischen, nicht aber einen künstlerischen Wert zu; die Tatsache, daß eine solche Ausrichtung exakt der Programmatik der Neuen Sachlichkeit entsprach – man denke z.B. an Brechts Forderung nach Gedichten, die den »Wert von Dokumenten« haben sollten[121] – interessiert dabei offenbar wenig. Im Hinblick auf die Qualität der Erfahrung des Ersten Weltkriegs wird die Berichtform von vielen Kritikern zwar durchaus positiv bewertet: Der »Frontgeneration« konzediert man, daß sie nur das berichten könne, was sie »gesehen hat, nicht mehr«, »nur das Greifbare, nur das Sichtbare«, da für die »wichtigen Dinge, also die seelischen, die Worte fehlen«.[122] Hinsichtlich der literarischen Verarbeitung sonstiger Themen indes werden die neusachlichen »Materialbeschaffer und Tatsachensammler«, die aus der »Not ihres bescheidenen Gestaltungs-Talents keine künstlerischen Dogmen« abzuleiten vermögen, auf das schärfste attackiert, und zwar nicht nur von Lukács, der ebenfalls mit dem Begriff der »Not« im Sinne von Talentlosigkeit argumentiert.[123] Der »Dichter der Zeit« wird von einem »Zeitdichter« unterschieden, wobei man letzteren als Verfasser von »Tatsachen-Romane[n]« und »Zeitromane[n]« kritisiert, der Literatur mit Reportage verwechsle und seine literarische Produktion nach »den vagen Grundsätzen einer von heute auf morgen lebenden Sachlichkeit« ausrichte.[124] Zwar erkennen viele Kritiker die von der Neuen Sachlichkeit praktizierte »Durchsiebung der Sprache auf ihre direkteste Gebrauchsfertigkeit«

---

[119] Diebold: Kritische Rhapsodie 1928, S. 558 u. 557. – Vgl. Bd. II, S. 275.

[120] Oskar Maurus Fontana: Die Frontgeneration spricht. In: Das Tage-Buch 10 (1929), Nr. 4, S. 153-156, hier S. 154.

[121] Brecht: Kurzer Bericht über 400 (vierhundert) junge Lyriker, S. 1. – Vgl. Bd. II, S. 209.

[122] Fontana: Die Frontgeneration spricht, S. 153.

[123] Lukács: Aus der Not eine Tugend. – Vgl. Bd. II, S. 357.

[124] Brenner: Das Gut im Elsaß, S. 632 u. 633. – Vgl. Bd. II, S. 356 u. 357.

hin an; doch die Mehrheit befürchtet, daß über das bloße Registrieren von Tatsachen und »über dem Zeitbewußtsein die überzeitliche Persönlichkeit« vergessen werde:

> Denn der Referent tritt zurück. Mit dem Vorgeben, sachlich zu sein, hat sich ein Kreis geschlossen, der eine Schule sein könnte, ein Dichterkreis, der von der Sachlichkeit in die Routine stürzt. [...] Das Erlebnis wird ausgeschaltet. Erlebnisempfänger wird das Auge, das Ohr, zur Retorte das Hirn.[125]

Durch die »reporterhaft[e]« Berichterstattung glaubt man darüber hinaus die »überzeitliche« Bedeutung von Literatur in Gefahr, denn gerade die »Fernsicht«, so argumentiert Otto Rombach in seinem 1929 in der *Weltbühne* erschienenen Beitrag *Die Reporter*, unterscheide den Dichter von einem Reporter.

Wird die Kritik der Neuen Sachlichkeit aus einer linken Perspektive heraus zumeist mit der vermeintlichen Tendenzlosigkeit dieser Bewegung begründet, so bemängeln konservative Kritiker umgekehrt die ihrer Meinung nach aus der sachlichen Anschauungsweise resultierende »tendenziöse« Darstellungsweise sowie die offene Tendenz neusachlicher Werke. Man spricht – zumeist in auffallender Parallelität zu ästhetizistischen Positionen – wegen des fehlenden »Selbstzweck[s]« neusachlicher Werke und der »allzu bewußten Absicht« ihrer Verfasser abfällig von »Tendenzdichter[n]«: »Die tendenziösen Reporter haben die Theater besetzt und spiegeln sich vor, Dichter zu sein«, heißt es in Rombachs Aufsatz.[126] Auch in der *Volksbühne*, der »Zeitschrift für soziale Theaterpolitik und Kunstpflege«, wie sie sich im Untertitel bezeichnete, schreibt man gleich in mehreren Aufsätzen gegen die Dominanz der »Reportagedramen der Neuen Sachlichkeit« an. Curt Elwenspoek, der in diesem Zusammenhang Autoren wie Bertolt Brecht, Arnolt Bronnen, Ferdinand Bruckner, Marieluise Fleißer, Peter Martin Lampel und Günther Weisenborn nennt, vermag in neusachlichen Zeitstücken kaum mehr als die »Dramatisierung einer Zeitungsnotiz« und die »Übertragung der [...] Filmwochenschau ins Sprechtheater« zu erkennen.

---

[125] Otto Rombach: Die Reporter. In: Die Weltbühne 25 (1929), II, Nr. 49, S. 847-849, hier S. 848. – Vgl. Bd. II, S. 337.
[126] Ebd., S. 848 u. 849. – Vgl. Bd. II, S. 337, 338 u. 339.

Durch ihre Tendenz, weniger »künstlerisches Spiegelbild der Zeit«
als vielmehr »dokumentarische Wiedergabe eines Tatsächlichen« zu
sein, seien das neusachliche »Reportagedrama« und der »dokumentarisch aufgemachte Tatsachenroman« als zweitrangig einzustufen,
verglichen mit »großer Dichtung« erwiesen sie sich als »Halbkunst«.
Den gegenüber neusachlichen Autoren vielfach erhobenen Vorwurf,
ihre berichtende Schreibweise resultiere aus ihrer Unfähigkeit zur
künstlerischen Gestaltung, variiert Elwenspoek insofern, als er die
neuen Medien als eine mögliche Ursache dieser Entwicklung ausfin-
dig macht. Film und Photographie hätten, so seine Erklärung des
neusachlichen Reportagestils, den Sinn und das Bedürfnis für den
»Schwarz-auf-Weiß-Besitz des Tatsächlichen« aufkommen lassen.[127]
Ein Jahr später bezeichnet Wolfgang Schumann in seinem ebenfalls
in der *Volksbühne* erschienenen Aufsatz *Dichtung und Wirklichkeit*
das Phänomen, daß eine »ganze, zeitbeherrschende Gruppe« dem
»Kunstschaffen absagt und sich auf die Reportage verlegt« habe, als
einen »seltsam primitiven Irrtum«. Zwar zeigt auch er für diese
Entwicklung Verständnis, wenn er die Neue Sachlichkeit als die
Haltung einer Kriegsgeneration diagnostiziert, die die traditionelle
Auffassung von Kunst als »gescheitert« und Dichtung als
»diskreditiert« erfahren habe; die von der neusachlichen Ästhetik für
ein verändertes Verhältnis zwischen »Dichtung und Wirklichkeit«
ausgebildeten Schreibverfahren akzeptiert er jedoch nicht: Auch er
setzt der Reportage eine »Wirklichkeitsdichtung« und dem
»Reporter, Erinnerungsschreiber, ›Dokument‹-Verfasser« den
»Wirklichkeitsdichter« entgegen.

Bleibt Elwenspoek die Erklärung dessen, was er unter »großer
Dichtung« versteht, weitgehend schuldig, so führt Schumann zumindest das Kriterium der größeren Wirkungschancen einer nicht
ausschließlich an zeitgenössischer Gegenwart orientierten Dichtung
im Gegensatz zur aktualitätsgebundenen Reportageliteratur an.
Zwar befürwortet er die neusachlichen Prämissen der Funktionalität
und Wirksamkeit von Literatur; dem von der Neuen Sachlichkeit
proklamierten höheren Wirkungspotential einer auf Gestaltung verzichtenden Dokumentarliteratur mag er sich jedoch nicht anschlie-

---

[127] Curt Elwenspoek: Stoff und Form des neuen Dramas. In: Die Volksbühne 4 (1929), Nr. 2, S. 49-54, hier S. 51. – Vgl. Bd. II, S. 340 u. 341.

ßen. Kriterien wie »Wahreres, Echteres und tiefer Wirkendes«
glaubt er mittels einer »primitive[n] ›Sachlichkeit‹« nicht einlösbar:

> Dies in vollstem Umfang anerkannt – – *dennoch, ja gerade dann* steckt
> die Schar der Dokumentarischen in einem seltsam primitiven Irrtum!
> Nämlich in dem, daß »dokumentarische«, reportagehafte, berichterstat-
> tend-nüchterne, streng sachliche, »aktenmäßige« oder irgendeine sonsti-
> ge unkünstlerische Niederschrift der Wirklichkeit »wirksamer« sein
> werde im Sinne der eigentlichen Tendenz der Wirklichkeitssucher als
> *dichterische* Darstellung.

Der Neuen Sachlichkeit gegenüber erhebt Schumann den Vorwurf,
sie habe den eigentlichen »Kunstgedanken« übersehen: Nicht der
Reporter erziehe am wirkungsvollsten zur »Wirklichkeit«, sondern
der »Wirklichkeitsdichter«. In Parallelität zu Lukács' und Balázs'
Forderung nach der Darstellung des Gesamtprozesses mahnt er demzufolge eine »volle Wirklichkeiteroberung« an, die nur in Form einer »dichterische[n] Eroberung« der Realität, und das heißt für ihn
mittels einer »erlebnisgeboren[en] und individualistisch[en]«[128] Verarbeitung der Wirklichkeit zu leisten sei.

Zwar liefert Schumann für seine Kritik der Neuen Sachlichkeit
insofern plausible Argumente, als er auf einen möglichen subjektiven und selektiven Umgang sowohl mit der Realität als auch mit
dem hinzugezogenen Dokumentarmaterial verweist; nicht zu Unrecht bezeichnet er das Berichten von Tatsachen sowie die Verwendung von Dokumentarmaterialien als eine »geistige Umbildung«.
Doch über diesen sicherlich berechtigten Einwand hinaus vermag
auch er keinen überzeugenden Nachweis der Überlegenheit und größeren Wirksamkeit einer gestaltenden, stärker fiktionalisierenden
gegenüber einer berichtenden literarischen Verarbeitung von Realität zu führen. Letztlich geht seine Argumentation, die in Ansätzen
die Problematik neusachlicher Ästhetik – insbesondere die Reali-
sierbarkeit eines entsubjektivierten Umgangs mit Wirklichkeit –
benennt, kaum über die Bewertungen anderer konservativer Kritiker hinaus, die den neusachlichen »Dokumentarismus« als »Doku-
mentenabschrift« diskreditieren und auf einer höheren Wirkung der

---

[128] Wolfgang Schumann: Dichtung und Wirklichkeit. In: Die Volksbühne 5
(1930), Nr. 1, S. 11-17, hier S. 14, 15 u. 17. – Vgl. Bd. II, S. 350, 351 u. 352.

»echte[n] Dichtung« im Gegensatz zur neusachlichen Literatur bestehen.[129] Auch Schumann bezeichnet neusachliche Autoren als
»›Dokument‹-Verfasser« und greift mit dieser Gleichsetzung auf die
gegen die neusachliche Ästhetik stereotyp vorgebrachte Unterscheidung zwischen »›bloßen‹ Reportern« und »dichterische[n] Kön-
ner[n]« zurück.[130]

1932 veröffentlicht die *Volksbühne* einen weiteren Aufsatz, der die
Frage nach dem Kunstcharakter und dem künstlerischen Wert neusachlicher Reportageliteratur und der Reportage diskutiert. In seinem Beitrag *Der Tatsachenbericht als Kunstmittel* greift Gustav Leuteritz die von Wolfgang Schumann angeführte Verbindung von
Kriegserlebnis und Reportage- bzw. Dokumentarliteratur auf; er erklärt das Bedürfnis der neusachlichen Generation nach einer dokumentarischen Tatsachenberichterstattung gleichfalls mit der Erfahrung der bis zu diesem Zeitpunkt beispiellosen Materialschlachten.
Die »Manie für Tatsachenberichte« versteht er als den Versuch einer literarischen Aufarbeitung dieser Erfahrung; der Stellenwert,
den die Front- und Nachkriegsgeneration diesem bis dahin einmaligen Ereignis beimesse, habe das Bedürfnis nach seiner möglichst
realistischen Darstellung und dementsprechend eine Flut von
Kriegs- bzw. Reportageliteratur ausgelöst. Wie Schumann zeigt Leuteritz Verständnis für die Beweggründe der betroffenen Autoren; die
Resultate aber lehnt auch er ab. Die neusachliche Reportageliteratur,
die dem Wunsch nach einer möglichst plastischen Beschreibung der
Kriegserlebnisse ihre Entstehung verdanke, qualifiziert er als künstlerisch minderwertig; der neusachliche Dokumentarismus und die
Montagetechnik stellen in seinen Augen lediglich den Versuch dar,
»anhand von Akten, Protokollen und Notizen eine ›Sache [zu] machen‹« bzw. einen Roman oder ein Drama »aus dem Rohstoff zu
montieren«, um so »den langwierigen Prozeß des Dichtens« abzu-
kürzen:

> Sie griffen hinein mit festen, erfolggierigen Händen und hielten am En-
> de doch nur Rohstoff, Gerippe, Material ungestaltet in den Fingern,
> denn sie waren durchaus keine Dichter, sondern nur bezahlte Monteure
> ihrer Auftraggeber.

---

[129] Sternthal: Politisches Theater, S. 7. – Vgl. Bd. II, S. 411.
[130] Schumann: Dichtung und Wirklichkeit, S. 15. – Vgl. Bd. II, S. 351.

Gegen den neusachlichen »Tatsachenbericht« führt Leuteritz gleichfalls das Argument der geringen Wirkung an, wobei auch er seine
These mit dem Hinweis auf die »überzeitliche« (Rombach) Dimension ›gestalteter‹, »hoher Dichtung« (Elwenspoek) untermauert. Der
künstlerisch gestaltete Text entwerfe, so Leuteritz' für die konservative Kritik repräsentatives Argumentationsschema, mit Hilfe der
»Phantasie« eine »höhere Wirklichkeit«, die über die »Realität des
Lebens« hinausführe. Indem er eine »höhere Wirklichkeit« von einer aus dem »Rohstoff des Lebens« sich konstituierenden banalen
Alltagswelt unterscheidet, kann er zudem einen Gegensatz zwischen
dem mit »genialer Einfühlungsgabe« ausgestatteten Dichter und dem
sich »photographisch streng an die Wirklichkeit« haltenden »Tat-
sachenjäger« konstruieren. Was man unter einer »höheren Wirklichkeit« im Jahr 1932 zu verstehen hat, bleibt jedoch bei Leuteritz
ebenfalls offen. Wenn er allerdings, mit Goethe als Gewährsmann,
von der Notwendigkeit einer »höhere[n] und darum lebenswichtige-
re[n] Wahrheit des Kunstwerks« spricht[131] – »Das eben ist die wahre
Idealität, die sich realer Mittel so zu bedienen weiß, daß das erscheinende Wahre eine Täuschung hervorbringt, als sei es wirklich«[132],
hatte Goethe Eckermann gegenüber geäußert –, werden die Gründe
für die Ablehnung der Neuen Sachlichkeit seitens der konservativen
Literaturkritik einmal mehr deutlich: Man bewertet und verurteilt
sie vor dem Hintergrund einer idealistischen Literaturkonzeption,
wobei die Mehrheit der Kritiker sich nur bedingt auf die Vorstellungen und Ziele dieser Bewegung einzulassen sucht. Ihre enge Bindung
an eine idealistische Tradition und die durch sie bestimmte Erwartungshaltung lassen eine differenzierte Auseinandersetzung mit der
Neuen Sachlichkeit nicht zu. Stereotyp wiederholt man das Argument, neusachliche Literatur sei keine ›wahre‹, keine »hohe« Dichtung, ohne sich ernsthaft verpflichtet zu fühlen, für dieses Urteil
erklärende Kriterien zu liefern; einzig der Hinweis auf die vermeintliche Existenz einer sogenannten »höheren Wirklichkeit« wird wiederholt angeführt. Hartnäckig ignoriert man jedoch den neusachli-

---

[131] Gustav Leuteritz: Der Tatsachenbericht als Kunstmittel. In: Die Volksbühne 7 (1932), Nr. 10, S. 410-412, hier S. 410, 411 u. 412.
[132] Johann Wolfgang Goethe: Gespräche mit Eckermann, 10.4.1829. In:
Ders.: Gedenkausgabe der Werke, Briefe und Gespräche. Hrsg. v. Ernst
Beutler. Bd. 24. Zürich 1948, S. 355.

chen Versuch der konsequenten Überwindung einer idealistischen Ästhetik und Tradition; die Einwände erschöpfen sich zumeist in dem Hinweis auf die Unfähigkeit oder Unwilligkeit neusachlicher Autoren zur Gestaltung und auf die Höherwertigkeit einer ›wahren‹ Dichtung gegenüber der in einer realistischen Tradition stehenden neusachlichen Literatur. Den Nachweis für diese These allerdings ist die konservative Literaturkritik seinerzeit schuldig geblieben.

Ebenso Lukács, dessen Ausgangspunkt der Verurteilung der Neuen Sachlichkeit gleichfalls eine an Hegels Totalitätskonzept geschulte idealistische Poetologie war. Insofern erstaunt es nicht, daß sowohl von marxistischer als auch von konservativer Seite die Neue Sachlichkeit insbesondere aufgrund einer vermeintlichen Vernachlässigung formaler Aspekte von Literatur, wegen des Verzichts auf die künstlerische »Gestaltung« des Dargestellten kritisiert wurde – ein Vorwurf, der als das zentrale Unterscheidungsmerkmal zwischen ›hoher‹ und ›trivialer‹ Literatur innerhalb einer idealistischen Ästhetik gelten darf.[133] Das Auffallende an der konservativen Kritik der Neuen Sachlichkeit ist die bereits erwähnte Tatsache, daß ihr Urteil in der Regel nicht auf einer Analyse neusachlicher Theorie basiert, sondern das Ergebnis einer normativen Verfahrensweise ist: Aus einem idealistischen Literaturverständnis heraus, nach dem Kunst mehr zu leisten habe als die bloße ›Verdoppelung‹ von Realität, weist man die neusachliche Literatur als ungenügend zurück und erteilt auf diese Weise realistischen Literaturkonzepten insgesamt eine Absage. Daß es sich dabei um eine literarische Bewegung handelte, die wie keine andere vor ihr die Frage nach dem Verhältnis zwischen Dichtung und Realität eindeutig zugunsten einer realitätsnahen bzw. realistischen Literatur entschied, hat dieses Urteil maßgeblich mitbestimmt. Denn im Gegensatz zum Bürgerlichen Realismus des 19. Jahrhunderts verzichtet die Neue Sachlichkeit auf dessen Poetisierungs- und Verklärungsformen. Zwar findet sie in diesem Punkt im historischen Naturalismus der 1890er Jahre einen direkten Vorläufer; auch der Naturalismus setzte sich die genaue Erfassung empirischer Wirklichkeit und beobachtbarer Realität zum Ziel. Doch im Unterschied zur Neuen Sachlichkeit lösten die Naturalisten diese Zielsetzung unter Rückgriff auf konventionelle literari-

---

[133] Vgl. Jochen Schulte-Sasse: Literarische Wertung. Stuttgart ²1976, S. 39 u. 54-58; Bürger: Zur Kritik der idealistischen Ästhetik, S. 10ff. u. 45ff.

sche Genres ein und blieben so innerhalb der traditionellen literarischen ›Grenzen‹. Daß die Neue Sachlichkeit diese hinter sich lassen wollte und auch tatsächlich überschritt, hat die konservative Literaturkritik ihr nicht verziehen.

IV.5. *Entpoetisierung/Entsentimentalisierung*

Die Verteidigung eines traditionellen Dichtungskonzepts aus einem idealistischen Literaturverständnis heraus impliziert die Kritik an den neusachlichen Maximen der Entpoetisierung und Entsentimentalisierung. Beide Postulate stoßen in Zusammenhang mit der Unterscheidung einer ›wahren‹ Dichtung von künstlerisch minderwertiger Reportageliteratur insbesondere bei konservativen Autoren und Kritikern auf massiven Widerstand. Wird die Vorstellung dessen, was man unter ›wahrer‹ Dichtung zu verstehen hat, je präzisiert, dann mit Hilfe dieser beiden Kriterien. Die neusachliche Tendenz zur Entpoetisierung nimmt man als einen Angriff auf die traditionelle Bestimmung von Dichtung wahr. Letztlich steht hinter den von konservativer Seite gegen die Neue Sachlichkeit vorgebrachten Einwänden die kompromißlose Ablehnung einer Funktionalisierung der Literatur. Die neusachliche Forderung nach dem Gebrauchswert der Literatur, nach einer Instrumentalisierung literarischer Werke für gesellschaftspolitische Zwecke und Ziele im Rahmen einer demokratisch strukturierten Massengesellschaft sowie der literarische Entwurf einer pädagogisch-didaktisch ausgerichteten Aufklärungskonzeption insgesamt erweisen sich als mit einem idealistischen Dichtungskonzept unvereinbar.

Doch nicht nur die konservative Literaturkritik beklagt den Verlust an Poetizität literarischer Texte infolge der Zuschreibung publizistischer Aufgaben an Autoren und Literatur. Auch im linken und linksbürgerlichen Spektrum finden die neusachlichen Funktionalisierungstendenzen keine uneingeschränkte Zustimmung, auch hier opponiert man gegen die Preisgabe der poetischen Ausrichtung von Literatur zugunsten ihres Gebrauchswerts. Bereits 1926 wertet Ernst Kamnitzer in seinem in der *Literarischen Welt* veröffentlichten Auf-

satz *Zeitungs-Sachlichkeit* die Neue Sachlichkeit als eine literarische
Bewegung, die »aus einer Sache allen Geist, alles Leben, alle Schönheit« verbanne, so daß letztlich statt der »Sache« nur mehr eine »tote
entseelte Sache« fixiert werde. Das von der journalistischen Berichterstattung übernommene »Sachlichkeitsgesetz« impliziere die Nivellierung der poetischen Dimension von Literatur. Die »Poesie des
Geschehens« aber, den »Schönheitswert« literarischer Texte will
man nicht restlos zugunsten des Gebrauchswerts von Werken preis-
geben, zumindest nicht für die Epik.[134] Bernhard Diebold, der für die
Lyrik die neusachliche Forderung nach einer konsequenten Entsentimentalisierung mitträgt, reklamiert für die epische Literatur die
Notwendigkeit poetisierender Elemente. Eine konsequente Tatsachenpoetik setzt er mit einem »Streben außerhalb des Kunstmöglichen« gleich, den Verzicht auf die Fiktionalisierung der zugrunde
gelegten Fakten und die Entfabelung epischer Texte wertet er als
eine gegen die Kunst gerichtete Entscheidung, da mit ihr die Vernei-
nung von »Geist«, »Stil«, »Phantasie«, »Seele« und »Romantik« ein-
hergehe.[135] Darüber hinaus moniert man die Ausschaltung von Subjektivität und Sentiment, den Verzicht auf alles Subjektive und Persönliche stuft man als poesiefeindlich ein. Neusachlicher Literatur
fehle, so lautet ein repräsentativer Einwand des jungen Max Frisch
gegen die Reiseaufzeichnungen Marieluise Fleißers, die »lyrische Beziehung zu den Gegenständen«, das »Rauschen aus der Tiefe« sowie
die »Lust, [...] hinter die Oberfläche zu greifen«.[136] Stimmt man einer
solchen Form »absoluter Sachlichkeit« für den Film zu, so ist man
in bezug auf die Literatur nicht bereit, diese Entwicklung zu unter-
stützen, glaubt man doch die Position des Schriftstellers in Gefahr:

> *Die politische Reportage* soll nun gepriesen werden. Seit Jahren schreit
> man nach Sachlichkeit: Auf das Theater! Vor das Film-Objektiv! In den
> Roman und in das journalistische Feuilleton! Keiner belästige mehr mit
> seiner privaten Empfindung! Keiner stelle seine Persönlichkeit frech

---

[134] Ernst Kamnitzer: Zeitungs-Sachlichkeit. In: Die Literarische Welt 2
(1926), Nr. 21/22, S. 10.
[135] Diebold: Kritische Rhapsodie 1928, S. 552 u. 556. – Vg. Bd. II, S. 272,
274 u. 275.
[136] Max Frisch: Andorranische Abenteuer. In: Neue Zürcher Zeitung,
21.12.1932.

zwischen die Tatsache und das Publikum! Unmittelbarer Bericht!
Trockener Transport! Gäbe es doch nur schon mechanische Mittel, die
direkt vom Ding zur Masse hinüberführen und den vermittelnden Autor überhaupt überflüssig machen![137]

Die dem Reportagestil implizite Konzentration auf Beobachtung
und Beobachtetes sowie die Ausschaltung subjektiver Empfindungen und Reaktionen auf Wahrgenommenes und Erfahrenes stoßen
auf Unverständnis oder massive Ablehnung. Diebold bezeichnet die
entsentimentalisierte Schreibweise der Neuen Sachlichkeit als eine
»romantische Vorstellung von ›Sachlichkeit‹« bzw. als »Romantik«
und »Unwirklichkeit«[138]; selbst Tucholsky lehnt sie als einen, wie er
in seiner Rezension des von Kesten zusammengestellten Erzähl-
bands *24 neue deutsche Erzähler* schreibt, aus »Furcht vor Pathos und
Ergriffenheit« resultierenden »kühle[n]«, »kalt[en], scheinbar unbe-
teiligt[en]« Stil ab.[139]
Ihren extremsten Ausdruck finden solche Urteile in der Gleichsetzung der Entsentimentalisierung der Literatur mit ihrer Entromantisierung und ›Vermännlichung‹. So heißt es z.B. in Max Brods
Aufsatz *Die Frau und die neue Sachlichkeit*:

Die neueste Literatur bekommt mehr und mehr einen harten, kalten
männlichen Zug. Ganz ebenso wie die moderne Musik antiromantisch,
antisentimental klingt. Von Liebe darf weder geredet noch gesungen
werden. Das verträgt sich nicht mit der »Sachlichkeit«, dem obersten
Postulat der Zeit. [...]
Die jungen Autoren sehen nur den Alltag, das Dokument, die Photographie, Reportage, Sachlichkeit, über die hinaus es nichts zu er-
obern, hinter der es keinen Sinn zu erschließen gibt.[140]

---

[137] Hans Kafka: Hunger in Waldenburg. In: Die Literarische Welt 5 (1929),
Nr. 15, S. 7. – Vgl. Bd. II, S. 336.
[138] Diebold: Kritische Rhapsodie 1928, S. 338. – Vgl. Bd. II, S. 274 u. 275.
[139] Kurt Tucholsky: Auf dem Nachttisch. In: Die Weltbühne 26 (1930), I,
Nr. 17, S. 621-626, hier S. 623.
[140] Max Brod: Die Frau und die neue Sachlichkeit. In: Friedrich M. Huebner (Hrsg.): Die Frau von morgen wie wir sie wünschen. Leipzig 1929,
S. 38-48, hier S. 40f. – Vgl. Bd. II, S. 385f.

Das Bemerkenswerte an der zu Beginn der dreißiger Jahre aufkommenden Kritik der neusachlichen Entromantisierung ist die Tatsache, daß sie zumeist als Abgesang auf die Neue Sachlichkeit vorgebracht wird.[141] Verbindet man sonstige Kritikpunkte lediglich mit dem Hinweis auf die im idealistischen Literaturverständnis bestehende Alternative einer »wahren« Dichtung, so verweist man in Zusammenhang mit der Verurteilung der neusachlichen Entromantisierungstendenzen gegen Ende der zwanziger Jahre auf Gegenströmungen, die den Niedergang der Neuen Sachlichkeit ankündigten. Bereits 1929 verabschieden viele ihrer Kritiker die Neue Sachlichkeit als eine »alte Sachlichkeit«, die, so heißt es in Peter Flamms in der *Weltbühne* erschienenem gleichnamigem Beitrag, hinsichtlich der literarischen Verarbeitung der Kriegserfahrung »ihre Schuldigkeit getan« habe. Als Reaktion auf Krieg und Nachkriegszeit sowie als adäquater ästhetischer Ausdruck einer Zeit, die durch die »Angst vor dem Gefühl« gekennzeichnet gewesen sei, gesteht man der Neuen Sachlichkeit ihre Berechtigung für die ersten Jahre der Weimarer Republik zu. Doch gegen Ende des Jahrzehnts hält man eine sich auf die Darstellung der empirischen Realität beschränkende, Gefühle und Emotionen aussparende Ästhetik für überholt:

> Die menschliche Seele mit aller Leidenschaft, Sehnsucht, Not und Einsamkeit läßt sich nicht mit Schlagworten zudecken, es gibt keine Scheiterhaufen mehr, eine wohl temperierte Sachlichkeit hat die Fugen verstopft: aber die Flamme wird in Millionen von Menschen weiter fressen, und keine Hand voll »sachlicher« Literaten, keine noch so in Technik und plattestem Realismus eingefrorene Lebensform wird die Wurzeln des Dichterischen verdorren können.

Für den diagnostizierten Mißerfolg der Neuen Sachlichkeit macht man die durch sie praktizierte Höherbewertung der »sozialen Dinge« gegenüber den »seelische[n]« verantwortlich; man habe, so heißt es in Flamms Aufsatz, die »Urform aller Dichtung, nämlich Magie,

---

[141] Franz Werfel z.B. spricht in seiner 1931 im Wiener Kulturbund gehaltenen Rede *Realismus und Innerlichkeit* (Wien 1931, S. 31) von der »gestrige[n] Mode, ›neue Sachlichkeit‹ genannt«; diese sei, so Werfel, »im Grunde ›die alte Unwirklichkeit‹, nur verlogen. Sie ist gewendete Romantik, die an Stelle mondbeglänzter Ruinen mit Chicagos Wolkenkratzern operiert.«

nämlich Besessenheit, nämlich Zwang, Nacht, Taumel, Orphik und dunkles Stoßen geheimnisvoller Rhythmen und Kräfte« negiert, um mit »maschinengekühltem Hirn« die literarische Verarbeitung von Realität vorzunehmen[142]; ein solcher Versuch jedoch sei zum Scheitern verurteilt. Ebenfalls 1929 kündigt der Freiburger Urban-Verlag den im gleichen Jahr publizierten Roman *Das Linsengericht* des Schweizer Autors Rudolf Jacob Humm, der den bezeichnenden Untertitel *Analysen eines Empfindsamen* trägt, mit der Vorgabe an, es handele sich nicht um einen Roman, sondern um eine »Auseinandersetzung«: Indem das Buch die Wirkung des »modernen Rationalismus auf die Psyche« zeige, sei es »ein scharfer Protest gegen die Neue Sachlichkeit«.[143] Bereits ein Jahr darauf präsentieren Max Tau und Wolfgang von Einsiedel in der von ihnen zusammengestellten Anthologie *Vorstoß. Prosa der Ungedruckten* Autoren, die »allesamt jenen Zustand innerer Dürre überwunden haben, den man ›Neue Sachlichkeit‹ zu nennen beliebte: es glüht wieder unter harter Kruste«, heißt es im Vorwort der Sammlung.[144]

Und tatsächlich muß die Neue Sachlichkeit Anfang der dreißiger Jahre gegen eine »neue Sensibilität« – ein von Béla Balázs in die Diskussion eingebrachter Begriff[145] – und gegen eine, so eine weitere Formulierung, »neue Herzlichkeit« verteidigt werden: Eine Auswahlausgabe von Peter Altenbergs Prosaskizzen wird 1932 im *Querschnitt* mit den Worten angekündigt, »sie komm[e] zurecht in eine Zeit, die der ›neuen Sachlichkeit‹ den Laufpaß gibt, um sich für die ›neue Herzlichkeit‹ freizumachen«.[146] Der Kabarettist Werner Finck polemisiert gegen solche neoromantische Tendenzen: »Wir stehn vor einer neuen Periode. / Die Sachlichkeit verliert an Sympathie, / Die kalte Schnauze kommt schon aus der Mode, / Zurück zur Seele,

---

[142] Peter Flamm [= Eric(h) Mosse]: Alte Sachlichkeit. In: Die Weltbühne 25 (1929), II, Nr. 36, S. 363-366, hier S. 366, 365 u. 366. – Vgl. Bd. II, S. 385, 384 u. 385.

[143] Anzeige des Urban-Verlags, Freiburg i. B. In: Die Literarische Welt 5 (1929), Nr. 12, S. 6.

[144] Vorstoß. Prosa der Ungedruckten. Hrsg. v. Max Tau, Wolfgang von Einsiedel. Berlin 1930, (Vorbericht) S. 9.

[145] Balázs: Sachlichkeit und Sozialismus, S. 918. – Vgl. Bd. II, S. 399.

[146] V.W.: Peter Altenberg. In: Der Querschnitt 12 (1932), Nr. 11, S. 838f., hier S. 838.

Herz ist dernier cri!«[147], heißt es in seinem Gedicht *Neue Herzlichkeit.*

Daß jüngere Autoren der neusachlichen Generation in dem Vorhaben der Entsentimentalisierung der Literatur mehrheitlich nicht zu folgen bereit waren, hatte sich bereits in Zusammenhang mit dem 1927 von der *Literarischen Welt* organisierten literarischen Wettbewerb gezeigt. Unmißverständlich hatten die eingegangenen Texte deutlich gemacht, daß die Nachwuchsschriftsteller den neusachlichen Postulaten keinen allzu hohen Stellenwert einräumten; auch hatten viele Kritiker schon zu diesem Zeitpunkt in der »Stellung gegen die Neue Sachlichkeit« das entscheidende Kennzeichen der »Jungen Deutschen« gesehen. Wegen der von diesen verfolgten »Wiederentdeckung der Seele« und »Neu-Sentimentalisierung der Welt« sprach man gar von ihnen als von einer »Re-Generation der Romantik«[148], als von einem anderen »Jahrgang 1902«:

> Hier bricht die neue Generation durch, der rasende Unglaube an die bis dato seligmachende Sachlichkeit. Nur die kommende Generation, der wirkliche Jahrgang 1902 vermag so zu schreiben,

heißt es 1929 wiederum in einer Anzeige des Urban-Verlags für den Roman *Die Engel im Diesseits* des heute weitgehend vergessenen Autors Egon Vietta.[149] Immer öfter taucht in Zusammenhang mit der Kritik an der Neuen Sachlichkeit der Romantikbegriff auf. Nach 1930 gibt es kaum mehr Zweifel daran, daß sich die jüngere Autorengeneration einer »neuen Romantik«[150] verschrieben habe. 1930 er-

---

[147] Werner Finck: Neue Herzlichkeit. In: Die Weltbühne 26 (1930), I, Nr. 7, S. 260; wiederabgedruckt in: Werner Finck: Neue Herzlichkeit. Berlin 1931, S. 9.

[148] K[arl] H[einrich] Ruppel: Die »Jungen Deutschen« des Verlags Philipp Reclam. In: Die Literarische Welt 4 (1928), Nr. 14/15, S. 5.

[149] Egon Vietta wird vorgestellt [Anzeige]. In: Der Querschnitt 9 (1929), Nr. 12, S. 876.

[150] In folgenden Aufsätzen wird der Begriff verwendet: Hermann Kesten: Literarische Moden. In: Berliner Tageblatt, 19.8.1931; L.M.: ›Die neue Sachlichkeit‹. Uraufführung in Frankfurt. In: Berliner Börsen-Courier, 8.3.1930 (Es handelt sich um eine Rezension des »Schwank[s] von heute« von Karl Mathern und Anton Impekoven mit dem Titel *Die neue Sachlich-*

klärt Carl von Ossietzky die negative Aufnahme des Romans *Erfolg* von Lion Feuchtwanger als einen Hinweis darauf, daß sich gegen die Neue Sachlichkeit eine neue »Romantik« formiere:

> Feuchtwangers Roman, in einer ganz andern Zeit konzipiert und in langen Jahren ausgeführt, wirkt jetzt wie ein Nachzügler. Inzwischen ist die Romantik eingebrochen, der Naturalismus hat wieder ausgespielt. Man ist wieder ritterlich, man sitzt träumend im Remter, und an die Stelle von Herrn Professor Vandeveldes heidnischer Liebestechnik tritt die hohe, reine Minne. Die soziale Anklage sinkt im Kurs, die Aktien von Narciss & Goldmund steigen. Das absinkende Bürgertum celebriert ein letztes Mal noch ein Biedermeier ohne alle Biederkeit. Dreieinhalb Millionen Arbeitslose nehmen sich, durch Butzenscheiben gesehen, viel manierlicher aus, fast wie ein Pilgerzug ins Heilige Land.[151]

Zwar versuchen einige Autoren, die aufkommenden, gegen die Neue Sachlichkeit gerichteten neoromantischen Tendenzen durch den Hinweis auf die Existenz einer »sachliche[n] Romantik« zu entkräften; so spricht z.B. Hermann Kesten 1931 in seinem Aufsatz *Sachliche Romantik* von einer »neuen Romantik« als von einer Dimension der Neuen Sachlichkeit. Die Erklärung dessen, was man unter »sachlicher Romantik« zu verstehen habe – »komplizierte seelische Vorgänge sehr klar, sehr überzeugend«, mit »große[r] Einfachheit des Vortrags«, mit »epische[r] Ruhe« und »schneidende[r] Ironie« darzustellen –, beschreibt zwar in erster Linie seine eigene sachliche Erzählweise, seine Definition steht aber durchaus in Übereinstimmung mit der neusachlichen Programmatik.[152] Doch im Jahr 1931 vermag er sich mit diesem Hinweis nicht mehr durchzusetzen; zu diesem Zeitpunkt ist die Neue Sachlichkeit in den Reihen ihrer Gegner bereits als eine gefühls- und menschenfeindliche Ästhetik abgestempelt. Daß das Ziel der Entsentimentalisierung weniger die

---

keit); Madrei [= Martha M. Gehrke, Lisa Matthias]: Neue Linie, neue Romantik. In: Die Weltbühne 26 (1930), II, Nr. 43, S. 622-624; Guido Rain: Die gefangene Phantasie. In: Der Scheinwerfer 2 (1928), Nr. 10, S. 7-10, hier S. 8.
[151] Ossietzky: »Erfolg« ohne Sukzeß, S. 728. – Vgl. Bd. II, S. 70.
[152] Kesten: Sachliche Romantik, S. 5. – Kesten rezensiert den Novellenband *Die Portugalesische Schlacht* von Ernst Penzoldt, erschienen bei R. Piper in München 1931. – Vgl. Bd. II, S. 258.

Inhalte als den Stil und die Ästhetik betrifft, will man nicht mehr
zur Kenntnis nehmen; auch nicht, daß viele neusachliche Romane –
man denke an Kestens eigene Romane oder an die Werke von Irmgard Keun und Erich Kästner – die von Kesten beschriebene versachlichte Darstellung subjektiven Erlebens leisten.

Statt dessen formiert sich auf konservativer Seite heftiger Widerstand gegen die neusachliche Prämisse einer entsubjektivierten und
entsentimentalisierten literarischen Verarbeitung empirischer Realität. Den Roman *Frieden*, in dem sich Ernst Glaeser wie in seinem
einige Jahre zuvor erschienenen *Jahrgang 1902* konsequent an eine
beobachtende Berichtweise hält, kritisiert Martin Raschke z.B. wegen der Konzeption eines Protagonisten, der zwar mit Beobach-
tungsgabe und Reportereigenschaften, nicht aber mit einem subjektiven Empfinden und Erleben ausgestattet werde. Der von Glaeser
vorgeführte Romanheld sei – wie Glaeser selbst – nur ein »Beobachtender« und »Reporter«, nie aber ein »Erlebender«; da die Beobachtung durch keinen »individuellen Willen« gelenkt werde, könne der
Romanprotagonist lediglich die »Rolle eines Photographenappara-
tes« und »Berichterstatters« wahrnehmen. Dieser entsubjektivierte
Umgang mit der Realität ebenso wie die verstandesorientierte Realitätsaneignung ignorierten die Notwendigkeit einer Deutung des
Beobachteten:

> Der Junge bleibt immer Beobachtender, nie wird er zum Erlebenden.
> Die Entscheidungen der Menschheit fallen für ihn außerhalb der Berei-
> che des Ich. [...] Deshalb muß er immer mit dem Notizbuch neben der
> Zeit herlaufen und sich Notizen für das Abendblatt machen. [...] Alles
> ist nur aufgeschrieben und nirgends gedeutet und nirgends ins Gleich-
> nishafte erhoben.[153]

Daß die Entsentimentalisierung und Entsubjektivierung von neusachlichen Autoren und Kritikern auch für jene Gattung betrieben
und gefordert wurde, die ihrer traditionellen Bestimmung nach auf
subjektive Stimmung und Sentiment angelegt war und die Raschke

---

[153] Otto Merz [= Martin Raschke]: Ernst Glaeser rührt den Verstand. In:
Die Kolonne 2 (1930), Nr. 9, S. 2. – Vgl. Bd. II, S. 391 u. 392.

als das »einzig gültige Maß unseres Fühlens«[154] bezeichnet, legte die
Diskrepanzen zwischen Neuer Sachlichkeit und konservativer Lite-
raturkritik endgültig offen. Bertolt Brechts Entscheidung anläßlich
des von der *Literarischen Welt* veranstalteten Wettbewerbs löste gerade aufgrund der schroffen Kritik an der »Sentimentalität« und
»Weltfremdheit«[155] der jungen Lyriker und an der ungehemmten
Sentimentalisierung ihrer Gedichte nicht nur bei den Betroffenen
Empörung aus. Klaus Mann z.B., am Wettbewerb selbst nicht beteiligt, fühlte sich persönlich angegriffen, da er zur gleichen Zeit eine
Anthologie jüngster Lyrik herausgab. Brechts neusachliche Argumentation hält Mann für einen »Trugschluß«, da »jede Zeit [...] jenseits
ihrer sozialen Problematik, den Ausdruck ihres geheimsten Erlebens
im Lied, im Gedicht« finden müsse. Knüpft Brecht die Überlebenschance der lyrischen Gattung an ihre Versachlichung und Entsentimentalisierung, so ist Mann von der Dringlichkeit einer literarischen
Verarbeitung subjektiver Gefühle auch angesichts einer versachlichten Lebenswelt überzeugt.[156] In seinem Nachwort, das er der von
ihm zusammen mit Willi R. Fehse herausgegebenen Anthologie beifügt, reagiert er nochmals auf Brechts Vorwürfe, wenn er schreibt:

> Er [der Lyriker] muß gewärtig sein, daß sogar Dichter, die sich unserer
> Generation zurechnen, ihm die geschmacklosesten Grobheiten sagen,
> ihn sentimental und bürgerlich schelten, es sei denn, seine Verse han-
> deln vom Sechs-Tage-Rennen und gefallen durch einen möglichst phan-
> tasielosen amerikanischen Refrain.[157]

Brecht hatte mit seiner Urteilsbegründung nicht nur die Kernpunkte
eines konventionellen Dichtungsbegriffs attackiert; auch die Tatsache, daß seine Kritik der subjektivistischen Stimmungslyrik gerade

---

[154] Martin Raschke: Hat das lyrische Gedicht noch Lebenswert? In: Die Literarische Welt 7 (1931), Nr. 29, S. 7. – Vgl. Bd. II, S. 408.

[155] Brecht: Bericht über 400 (vierhundert) junge Lyriker, S. 1. – Vgl. Bd. II,
S. 210.

[156] Klaus Mann: Antwort auf Brechts Entscheidung. In: Der Bücherwurm
12 (1927), Nr. 7, S. 200.

[157] Klaus Mann: Nachwort. In: Anthologie jüngster Lyrik. Hrsg. v. Willi R.
Fehse, Klaus Mann. Geleitwort von Stefan Zweig. Hamburg 1927, S. 159-
162, hier S. 161.

auf jene Gattung zielte, die den traditionellen Erwartungen an Literatur in den zwanziger Jahren am ehesten gerecht wurde, erklärt die Aufregung konservativer Autoren und Kritiker. Als Walter Kiaulehn 1930 angesichts einer industrialisierten und urbanisierten Realität den *Tod der Lyrik* konstatiert, bricht ein Sturm der Entrüstung los. Seine Aussage, der »Verkehr [...] und die neue Sachlichkeit [hätten] der Lyrik den Todesstoß« versetzt, wird dabei weniger gegen ihn persönlich als gegen die Neue Sachlichkeit gewendet.[158] Man verweist Kiaulehn auf die Berechtigung einer ungeachtet des technischen Fortschritts und der technisierten Lebenswelt existierenden »reine[n], unabhängige[n] Dichtung«:

> Als ob sämtliche Errungenschaften der Technik einen Dichter hindern könnten, sogar aus dem alltäglichen Sprachstoff von heute reinste Dichtung zu machen. [...] Weil es Automobile, Motorräder, Jazzband und neusachliche Architektur gibt, deshalb soll die Sprache nicht mehr die Kraft lyrischen Atems und dichterischer Anschauung haben?[159]

Auch die Zeitschrift *Die Kolonne*, die die Wahrung einer traditionellen Lyrik zum Programm erhoben hatte – »Zeitschrift für Dichtung« nennt sie sich im Untertitel –, reagiert empört auf Kiaulehns Statement. In einer ebenfalls mit *Tod der Lyrik* betitelten Gegenantwort weist Martin Raschke, der 1926 mit dem Gedichtband *Winde, Wolken, Palmen* und mit der 1930 erschienenen Sammlung lyrischer Prosa *Himmelfahrt zur Erde* eine mit klassizistischen Elementen durchsetzte spätexpressionistische Stimmungs- und Erlebnislyrik vorgelegt hatte, die von Kiaulehn vertretenen Thesen entschieden zurück:

> Und inmitten dieses Wustes von geistiger Mittelmäßigkeit, für die der Verfasser richtungsbeflissen den Namen »Neue Sachlichkeit« beansprucht, bekennt Herr Lehnau, daß das letzte lyrische Gedicht von Dehmel geschrieben wurde. [...] Wir bedauern seine Armut. Und er hat nie über eine Dichtung nachgedacht, denn sonst müßte es ihm bewußt

---

[158] Lehnau [= Walter Kiaulehn]: Der Tod der Lyrik. In: Der Schriftsteller 18 (1930), Nr. 8, S. 41f., hier S. 42. – Vgl. Bd. II, S. 257.
[159] Paul Rilla: Der Tod der Lyrik. In: Der Schriftsteller 18 (1930), Nr. 9, S. 38-40, hier S. 39.

geworden sein, daß die Lyrik keine Verdunkelung des Denkens und Empfindens darstellt, sondern eine Kurzsprache von äußerster Prägnanz.[160]

In dem ein Jahr später erschienenen Aufsatz *Hat das lyrische Gedicht noch Lebenswert?* kommt Raschke anläßlich der Rezension des von Karl Rauch herausgegebenen Bandes *Der Lyrik eine Bresche* nochmals auf die Frage der Existenzberechtigung einer subjektiven Stimmungslyrik zurück. Als Reaktion auf ihre Diskreditierung durch die Neue Sachlichkeit wirft er die Frage auf, nach welchem Kriterium Gedichte zu beurteilen seien. Da er, wie erwähnt, von dem Gedicht als dem »einzig gültige[n] Maß menschlichen Erlebens und Empfindens« ausgeht, kann seiner Meinung nach von einem »Tod der Lyrik« nicht gesprochen werden. Indem er Lyrik diese existentielle Aufgabe überträgt, glaubt er, jegliche neusachliche Ansprüche auf die Modernisierung der Gattung zurückweisen zu können:

> Warum will »unsere Zeit«, die sich doch mit Vorliebe »sachlich« nennt, nicht merken, daß ein Gedicht keine Verzierung eines Gefühles ist, nichts, was man auch »kürzer sagen« könnte, sondern die präziseste Niederschrift eines inneren Vorganges, nur in den Bereich des Gleichnishaften gerückt? Gedichte sind keine Lektüre, [...] Gedichte sind keine Genußmittel. Sie sind die genauesten Karten unserer inneren Landschaft. Mit ihrer Hilfe erst findet man sich in den Zeiten und in sich zurecht [...].[161]

Raschke hatte bereits mit der ein Jahr zuvor gegründeten Zeitschrift *Die Kolonne* ein dezidiertes Gegenprogramm zum literarischen Konzept der Neuen Sachlichkeit, insbesondere zu ihren Prämissen der Entsentimentalisierung und Entsubjektivierung der Literatur entwickelt. Gegen die auf eine urbanisierte und versachlichte Lebenswelt reagierende entsentimentalisierte und entsubjektivierte neusachliche Gebrauchslyrik setzt er eine zweckfreie Naturlyrik. Zwar steht ihm dabei kein »weltferne[r] Ästhetizismus« vor Augen, auch will er

---

[160] Otto Merz [= Martin Raschke]: Tod der Lyrik. In: Die Kolonne 1 (1930), Nr. 7/8, S. 58.
[161] Martin Raschke: Hat das lyrische Gedicht noch Lebenswert? In: Die Literarische Welt 7 (1931), Nr. 29, S. 7. – Vgl. Bd. II, S. 408.

die Literatur nicht von der Verpflichtung auf »Aufgaben des Tages«
entbinden; gleichwohl geht er von einem vom tagespolitischen Geschehen unabhängigen »Daseinsrecht« der Kunst aus.[162]

1931 antwortet Martin Raschke unter seinem für Publikationen
in der *Kolonne* verwendeten Pseudonym Otto Merz auf Ernst Glaesers Besprechung von Erik Regers Roman *Union der festen Hand*.
Entschieden wendet sich Raschke darin gegen Glaesers Beurteilung
der Literatur nach ihrem Gebrauchswert. Glaeser hatte moniert, daß
man die Mehrzahl zeitgenössischer Romane zwar »lesen, aber nicht
anwenden« könne, und eine zweckfreie Literatur als anachronistisch
verurteilt.[163] Will Glaeser dem »künstlerischen Wert« von Literatur
nur eine geringe Bedeutung zumessen, so betont Raschke die Wichtigkeit der »künstlerische[n] Qualität« literarischer Texte und die Dimension der »Ewigkeit der Kunst«. Demzufolge hat für ihn die Darstellung des von der zeitgenössischen Aktualität unabhängigen
»Ewig-Menschlichen« weit mehr Bedeutung als die Thematisierung
zeitbezogener, aktueller Ereignisse. Mit Blick auf Regers Roman und
Glaesers Rezension stellt Raschke die »sekundäre« Bedeutung der
Abhängigkeit der Menschen und somit auch der Literatur von zeitgenössischer Gegenwart und aktuellem Geschehen heraus:

> Denn der Mensch ist auch ein Teil des unendlichen Lebens, das in ihm
> wirkt, trächtig an Glück und Gefahren. Alle Gestalten dort verankern
> zu können, eingefügt in den lebendigen Ablauf, das scheint mir die
> Voraussetzung jeder epischen Leistung [...].[164]

Dieser Überzeugung und Zielsetzung entsprechend nennen die Herausgeber Raschke und Kunert die *Kolonne* im Untertitel »Zeitschrift
für Dichtung«; ihr Ziel ist die Rehabilitierung der von der Neuen
Sachlichkeit in Frage gestellten Begriffe Kunst, Kunstwerk und dichterische Intuition. Folglich legen sie den Schwerpunkt der Zeitschrift von Beginn an auf jene Gattung, der diese Attribute vorzugsweise zugeschrieben werden: Dem engeren Kreis der Mitarbei-

---

[162] Raschke: Vorspruch, S. 1. – Vgl. Bd. II, S. 302.

[163] Glaeser: [Rez.] Erik Reger. Zu seinem Roman »Union der festen Hand«,
S. 5f. – Vgl. Bd. II, S. 220.

[164] Otto Merz: Ernst Glaeser rührt abermals den Verstand. In: Die Kolonne
3 (1931), Nr. 4, S. 46. – Vgl. Bd. II, S. 393 u. 394.

ter gehören Lyriker an, man druckt unter anderen Gedichte von Peter Huchel, Georg Britting, Gertrud Kolmar, Elisabeth Langgässer
und Günter Eich.

Ernst Glaeser rührt abermals den Verstand nennt Raschke seinen
Aufsatz, mit dem er sowohl auf Glaesers Schlußsatz seiner Einleitung der Anthologie *Fazit* – »Es gilt heute nicht mehr die Herzen –
sondern den *Verstand* zu rühren«[165], hatte Glaeser dort postuliert –,
als auch auf dessen Rezension des Regerschen Romans antwortet.
Zudem nimmt er mit dem Titel auf eine von der *Kolonne* im Februar 1930 organisierte Rundfrage Bezug, mit der man Autoren aufforderte, über die »Tendenzen ihres Schaffens Auskunft zu geben«. Gefragt wurde nach der »Verantwortlichkeit [der Autoren] vor der
Zeit« und ihren »sozialen Aufgaben«, aber auch nach dem »Mut zu
künstlerischer Arbeit«. An der Umfrage beteiligten sich sowohl
neusachliche Autoren als auch Gegner der Neuen Sachlichkeit. Nir-
gendwo sonst treffen ihre Positionen, die zweifelsohne die gesamte
ästhetische Debatte zu Ende der Weimarer Republik beherrschen,
derart offen aufeinander wie in dieser Rundfrage. Argumentieren
Vertreter der Neuen Sachlichkeit – u.a. beteiligen sich Ernst Glaeser, Erik Reger, Hermann Kesten, Joseph Breitbach und Rudolf
Braune, von Erich Kästner wird ein Teil der Einleitung seines Ge-
dichtbandes *Lärm im Spiegel* abgedruckt – im Sinne der neusachlichen Prämisse der Funktionalisierung der Literatur, so opponieren
Autoren wie Raschke, Günter Eich, Otto Heuschele, Klaus Mann
(von Joseph Roth druckt man Teile aus seinem Aufsatz *Schluß mit
der Neuen Sachlichkeit!*) und andere heute weniger bekannte Schriftsteller gegen eine Bewertung der Literatur unter dem Aspekt der
Zweckmäßigkeit und plädieren statt dessen für eine strikte Trennung zwischen Literatur und gesellschaftspolitischen Zielsetzungen.
Die unterschiedlichen Positionen spiegeln sich in den Gegensatzpaa-
ren »Verstand« und »Gemüt«, »Seele« und »Geist« (Otto Heuschele),
schriftstellerische Produktion und dichterische Intuition. Die im
Sinne eines traditionellen Dichtungsverständnisses argumentieren-
den Autoren lehnen den »Verstand« als die alleinige Basis der dichterischen Tätigkeit ab, ja man weist diesen Ansatz als eine »Irrlehre«
zurück: »[...] der Verstand, der kalte Rechner und Wäger« habe, so
die Erklärung, »Leben« wie »Dichtung« gleichermaßen »mechani-

---

[165] Glaeser: Ansage, S. 7. – Vgl. Bd. II, S. 183.

siert und verkümmert«, habe »Gemüt und Phantasie ganz überwuchert und verdrängt« (Gottfried Kapp). Gegenüber der vom »Verstand« dominierten und »in die nackten Tatsachen verliebten Zeit« möchte man die »freie und wissende Phantasie« (Martin Beheim-Schwarzbach) rehabilitiert und die Produktion von Lyrik folglich nicht an den Verstand, sondern an das »Herz« gebunden wissen: »Was kümmern mich erwogene Gesetze; so schreibe ich, so verlangt es mein Herz«, heißt es beispielsweise in Raschkes Antwort. Neusachliche Autoren hingegen setzen auf eine mit »Verstand« produzierte und die Ratio des Lesers ansprechende Literatur. In nur einem Satz antwortet Ernst Glaeser: »– – – unumstößliche These: Es gilt heute nicht mehr die Herzen – sondern den Verstand zu rühren«, mit eben genau jenem Satz also, auf den Raschke in seinem bereits erwähnten Aufsatz Bezug nehmen wird. Auch Erik Reger verweist in seiner Antwort auf den »Verstand« im Gegensatz zu »Herz« und »Intuition« als einer zentralen Komponente literarischen Schreibens:

> Es ist uns erzählt worden, daß Kunst eine Sache der Intuition sei – aber das ist eine Legende. Keines unserer großen Kunstwerke ist durch eine plötzliche Eingebung entstanden, und wenn ihm eine Erleuchtung vorausging, so war es die Erleuchtung des Verstandes. Alle diese Kunstwerke sind nachweisbar mit mathematischer Berechnung hergestellt worden. Um so selbstverständlicher ist es, daß der Verstand, und nichts als der scharf beobachtende Verstand, Werke dirigieren muß, die mehr als Kunst, nämlich: Wahrheit sein wollen.

Im Unterschied zu Raschke, der bekennt, er wolle sich um »Gesetze« nicht kümmern, gehen Glaeser und Reger im Sinn der neusachlichen Programmatik von einem Grundgesetz literarischen Schreibens aus: Nicht »plötzliche Eingebung«, sondern die »genaue Kenntnis der Materie« und eine bewußt erarbeitete, der wissenschaftlichen Tätigkeit vergleichbare Konzeption geben ihrer Meinung nach die Basis einer schriftstellerischen Tätigkeit ab. Solchen Forderungen nach der verstandesorientierten Produktion einer Gebrauchsliteratur setzen Raschke und Kunert ein traditionelles Dichtungskonzept entgegen. Polemisiert Reger gegen eine subjektivistische »Erlebnispoesie« und gegen die, »die es ›inwendig‹ haben«, so führt Kunert die Entstehung von Literatur einzig auf dichterische Intuition zurück. Realität wird ihm zur Spiegelung der inneren

Welt, zu einer »verwandelte[n] Landschaft« der subjektiven Gefühls-welt:

> So geht man lange Zeit, und die Sehnsucht wächst, bis sie die Land-schaft ganz einhüllt und alle Dinge in ihr zu dem verwandelt, was in ei-nem liegt. [...] In ungeheurer Vielfalt drängt sich dann alles zusammen, staut sich und steigt, bis man erzählen muß, immer nur erzählen.

Die Mehrheit der sich gegen die Neue Sachlichkeit aussprechenden Autoren will sich zwar nicht gänzlich ihrer sozialen Verantwortung als Schriftsteller entziehen; doch Werte und Begriffe wie »subjek-tiver Bestand«, »Berufung«, »schöpferische Kraft«, »blinder Gestal-tungsdrang« (Hermann Roßmann) und dichterische »Sendung« (Klaus Mann) möchte man unbedingt bewahrt wissen. Den »sozio-logischen, ökonomischen, kulturellen Formen« (Willi Schäferdiek) angenäherte Schreibtechniken hingegen werden abgelehnt: »Die letzten Ursachen und Antriebe meiner und wohl aller Kunst [...] sind persönlicher Natur«, heißt es z.B. in der Antwort Ernst San-ders. Man fühlt sich an »überzeitliche Notwendigkeiten« gebunden (Ernst Sander), viele sehen sich daher außerstande, die von den Her-ausgebern aufgeworfene Frage nach der Motivation künstlerischer Arbeit zu beantworten. Mehrheitlich nennt man den »Spieltrieb der menschlichen Seele« als Ausgangspunkt dichterischen Schaffens: »Dieser blinde Gestaltungsdrang, diese Sehnsucht der Einzelseele, sich in unendlich vielen Formen und Schicksalen zu verkörpern, ist der Quell der schöpferischen Kraft«, schreibt Hermann Roßmann in seiner Antwort. Von der schriftstellerischen Tätigkeit spricht man folglich nicht als von einem »Beruf«, sondern versteht sie als eine »Berufung«, Künstlertum wird als ein »Geschenk einer unerforschli-chen Gnade« (Hermann Roßmann) begriffen, Kunst zum »Schick-sal« erklärt (Joachim Maaß). Daß einer aktuellen Thematik und einer aktualitätsbezogenen Kunst innerhalb dieses Dichtungsver-ständnisses keinerlei Bedeutung beigemessen werden, erstaunt daher nicht. Sachlichkeit im Sinne von Aktualität und Zeitbezogenheit empfindet man als gegen das »innerste Wesen jeder Dichtung, jeder Kunst« gerichtet; zwar wird die zeitgenössische Lebenswelt als eine »Epoche absoluter Sachlichkeit« und »absoluter Diesseitigkeit« ak-zeptiert; doch die von der Neuen Sachlichkeit in Anbetracht einer versachlichten Realität gezogenen ästhetischen Konsequenzen wer-

den aufs schärfste kritisiert. Autoren, die einer »Nur-Sachlichkeit,
Nur-Aktualität, Nur-Reportage« huldigten, die »Politik mit Dichtung, soziale Anklage mit Literatur« zu identifizieren suchten, werden als »Diener der Zeit« verurteilt, nicht aber als »Dichter«, die
man dem »Zeitlose[n]« verpflichtet glaubt (Otto Heuschele), anerkannt. Dezidiert wenden sich viele gegen die neusachliche Festlegung des Autors auf gesellschaftspolitische Aktualität und berichtende Darstellung. Wohl fühlt sich Raschke als »Aktivist« »lei-
denschaftlich dem Tag und seinen Aufgaben« verbunden; dabei ord-
net er jedoch seine literarische ›Aktivität‹ primär der »Stimme des
Herzens« unter und versteht sie dementsprechend als eine Mischung
aus »Zeit und Zeitlosem«. Auch eine »Auseinandersetzung mit der
Zeit« (Klaus Mann) wird zwar nicht grundsätzlich abgelehnt, doch
mit der Definition dessen, was man unter einer gegenwartsbezoge-
nen Kunst zu verstehen habe, unmißverständlich die neusachliche
Programmatik negiert:

> Mit ihrem propagandistischen Wert entschuldigt sich gern die krasseste
> Unkünstlerischkeit. Mir scheint aber, je passionierter, bekenntnishafter,
> ›künstlerischer‹ ein Kunstwerk ist, desto intensiver wird auch seine
> ethisch-zeitverbessernde Wirkung sein,

heißt es in Klaus Manns Beitrag. Daß diese Sätze gegen die Neue
Sachlichkeit gerichtet sind, wird klar, wenn er, die Argumente Joseph Roths übernehmend, hinzufügt: »Ich wünsche mir, nie eine
Zeile geschrieben zu haben, die nicht von mir, mir, mir, ganz persönlich blutige Notwendigkeit hatte, geformte, gestaltete Berichte
und also Kunstwerk war.« Mann ist es auch, der auf dem Verständnis des Dichters als eines mit Sendungsbewußtsein ausgestatteten
»Propagandist[en]« beharrt und aus dieser Position heraus neusachlichen Zielen wie der entsubjektivierten, objektiv-berichtenden Darstellungsweise eine klare Absage erteilt.

Deutlicher als andere distanziert sich Günter Eich, der von Beginn
an in Raschkes *Kolonne* veröffentlichte und auch in der bereits erwähnten von Fehse und Mann herausgegebenen *Anthologie jüngster
Lyrik* vertreten war, von einer pädagogisch-didaktische Ziele verfolgenden Gebrauchsliteratur. Ausdrücklich bezeichnet sich Eich als
»Lyriker«, seine Gedichte will er als »innere Dialoge« verstanden
wissen. Eine »Verantwortung vor der Zeit« lehnt er ab, »Verant-

wortung« empfinde er nur sich selbst gegenüber, auch habe er, so gesteht Eich, »nicht das geringste auszusagen«.[166]

Mit seinem Bekenntnis umreißt Eich das Programm der *Kolonne*, die sich die Rehabilitierung eines traditionellen Lyrikverständnisses zum Ziel gesetzt hatte. 1932 bringt sie unter dem Titel *An die jungen Lyriker* in Auszügen einen Nachdruck von Bernhard Diebolds Aufsatz *Lyrik – eine Frage*, der im Oktober 1931 in der *Frankfurter Zeitung* erschienen war. Aus einer neusachlichen Position heraus hatte Diebold die lyrische Produktion jüngerer Autoren der Zeit- und Weltfremdheit bezichtigt.[167] Im Namen der Zeitschrift nimmt Günter Eich wenige Monate danach zu Diebolds Vorwürfen Stellung. Die Forderung nach einer aktualitäts- und zeitbezogenen Lyrik weist er in den *Bemerkungen über Lyrik*, so der Titel seiner »Antwort an Bernhard Diebold«, mit dem Hinweis auf die Unangemessenheit des Kriteriums »Zeit« für die Beurteilung von Gedichten zurück. Die Maßstäbe, nach denen man Lyrik zu bewerten habe, müssen Eich zufolge vielmehr dem »psychologischen Ursprung des Gedichtes« Rechnung tragen:

> Der Lyriker entscheidet sich für nichts, ihn interessiert nur sein Ich, er schafft keine Du- und Er-Welt wie der Epiker und der Dramatiker, für ihn existiert nur das gemeinschaftslose vereinzelte Ich.

Eichs Ausführungen machen einmal mehr deutlich, daß man den funktionalisierten, operativen Literaturbegriff der Neuen Sachlichkeit insbesondere im Hinblick auf seine Konsequenzen für das Autorenverständnis kritisierte. Mit ihren Präferenzen für eine Gebrauchsliteratur stellt die neusachliche Bewegung das traditionelle Bild vom Dichter als der über dem Zeitgeschehen stehenden, primär sich selbst verpflichteten Einzelpersönlichkeit in Frage. Demgegenüber beharrt Eich auf der Bedeutung einer subjektiven Gestaltungsfähigkeit und Schreibmotivation. Nicht die ideologisch fundierte »richtige Erkenntnis von Zeitproblemen« sei, so sein Einwand, die

---

[166] Rundfrage nach den »Tendenzen [des] Schaffens«. In: Die Kolonne 2 (1930), Nr. 2, S. 7-14, hier S. 7, 12, 14, 7, 9, 13, 14, 10, 8, 10, 9, 10 u. 7. – Vgl. Bd. II, S. 304-315.

[167] Bernhard Diebold: Lyrik – eine Frage. In: Frankfurter Zeitung, Nr. 802/803 vom 28.10.1931. – Vgl. dazu Kapitel III.14.

Voraussetzung lyrischen Schreibens, sondern die »schöpferische Kraft«. Diebolds Postulat einer gesellschaftspolitisch orientierten, kollektiven, »ich-losen« Lyrik lehnt Eich als eine »politische Forderung, die das Schöpferische des Künstlers« unberücksichtigt lasse, ab; im Unterschied zu der von Diebold vertretenen Prämisse einer funktionalen Ausrichtung der Lyrik insistiert er auf ihrer »Absichtslosigkeit«, gegen gesellschaftliche »Wirkung« als das Ziel lyrischer Produktion verwahrt er sich entschieden: »Die Größe der Lyrik und aller Kunst aber ist es, daß sie, obwohl vom Menschen geschaffen, die Absichtslosigkeit eines Naturphänomens hat«, notiert Eich in direkter Opposition zu neusachlichen Devisen und stellvertretend für die Positionen der *Kolonne* wie für die gesamte konservative Kritik einer im Rahmen des gesellschaftspolitischen Demokratisierungsprozesses nutzbar zu machenden Gebrauchsliteratur.[168]

IV.6. *Antiindividualismus*

In die Kritik der durch die Neue Sachlichkeit forcierten Entsentimentalisierung und Entsubjektivierung der Literatur fließen zugleich die Vorbehalte dem neusachlichen Antiindividualismus gegenüber ein. Vereinzelt wird bereits in neusachlichen Kreisen Kritik an dieser Vorgabe geübt; so wendet sich z.B. Hermann Kesten in seiner Antwort auf die von der *Kolonne* organisierte Rundfrage nach den »Tendenzen [des] Schaffens« gegen den Begriff der »kollektiven Kunst« und gegen die einseitige Darstellung der »Kollektiva«. Für Kesten bleibt »wahres Kunstinteresse an die Darstellung des Individuellen gebunden«, wobei er aber die Notwendigkeit der Herausarbeitung des »Kollektive[n] am Individuum« betont.[169] Ähnlich argumentiert Willy Haas in seiner Rezension der Amerika-Reportagen

---

[168] Günther Eich: Bemerkungen über Lyrik. Eine Antwort an Bernhard Diebold. In: Die Kolonne 4 (1932), Nr. 1, S. 3f., hier S. 3. – Vgl. Bd. II, S. 395, 396 u. 397.

[169] Hermann Kesten: Antwort auf die Rundfrage nach den »Tendenzen [des] Schaffens«, S. 11. – Vgl. Bd. II, S. 311.

Egon Erwin Kischs. Haas verweist auf die im Rahmen einer Sach-
lichkeits-Konzeption unabdingbare Methodik, den »Typus aus den
allgemeinen Zusammenhängen« zu destillieren, um so das »Allge-
mein-Sachliche« von Individuen transparent zu machen. Dieses Verfahren komme allerdings ohne die Kennzeichnung der dargestellten
Typen als individuelle Subjekte, ohne die Schilderung ihrer »innere[n] Situation« nicht aus.[170] Man kritisiert also die einseitige Gewichtung des Kollektivschicksals, erwähnt jedoch zugleich die Verpflichtung der Autoren, die kollektive Dimension individueller
Schicksale deutlich zu machen.

Konservative Kritiker hingegen sehen die Ausrichtung der künstlerischen Tätigkeit auf die Masse sowohl aus produktions- als auch
aus rezeptionsästhetischen Gründen zum Scheitern verurteilt, da
eine kollektive Ausrichtung von Kunst ihrem subjektiv-individu-
ellen Charakter widerspreche. Demzufolge kritisieren sie die Neue
Sachlichkeit als eine an den städtischen Massen orientierte Literatur,
die aufgrund ihres Antiindividualismus die eigentlichen Ziele von
Dichtung verfehle und sich in einen unauflöslichen Widerspruch
begebe: Sie zeige sich »unaristokratisch, unpersönlich, kollektivistisch«, verfehle aber gerade deshalb ihre Wirkung bei der »anony-
me[n] Masse«, da Kunst stets subjektivistisch sei und Gegenwart sich
ausschließlich im Individuum manifestiere, wie Rudolf Kayser in
seinem Beitrag *Deutsche Situation* im Jahr 1930 festhält:

Da man das Lyrische, das Subjektive, das isolierte Ich aber auslöschen
will, nur um dem berauschenden Erlebnis realer Gegenwart zu huldi-
gen, löscht man diese Gegenwart selbst aus. Sie existiert immer nur
noch durch uns. Kunst ist nur subjektivistisch, solipsistisch möglich.
Oder sie ist ein Irrtum.[171]

Die Maxime, statt privater Einzelschicksale kollektive Erfahrungen
und soziale Typen darzustellen, widersprach einem traditionellen
Dichtungsverständnis, nach dem Kunst »wesentlich das Individuelle
zum Gegenstand« hat. Innerhalb der konservativen Literaturkritik

---

[170] Willy Haas: Egon Erwin Kisch und die »Neue Sachlichkeit«. In: Die Literarische Welt 6 (1930), Nr. 1, S. 5f., hier S. 6. – Vgl. Bd. II, S. 281.
[171] Rudolf Kayser: Deutsche Situation. In: Die Literarische Welt 6 (1930),
Nr. 14, S. 5f., hier S. 5. – Vgl. Bd. II, S. 410.

gibt es einen Konsens darüber, daß Kunst eine »spezifisch individualisierende Geistesform« sei, die in der »Auswahl ihrer Objekte viel
mehr auf Individuen als auf Gesamtheiten«[172] setze. Nicht ohne einen gewissen elitären Gestus geht man davon aus, daß Kunst letztlich nur individuell rezipierbar bleibe, da ihre Grundsubstanz, die
Sprache, ein Kommunikationsmittel des einzelnen sei, die Masse
aber keine spezifische Ausdrucksform besitze. Demzufolge wirft
man der Neuen Sachlichkeit vor, daß sie wegen ihrer Ausrichtung
auf die »Sachen« den Menschen vernachlässige; das »Wesen des
Kunstwerks« jedoch liege in der Darstellung einer »Ich-Du-Bezie-
hung« begründet, das Kunstwerk sei, so formuliert Wilhelm Michel,
ein »Ort, wo das Ich dem Ding wahrhaft und real begegnet«. Die
Neue Sachlichkeit hingegen habe Kunst auf die »Dinge« reduziert,
auf die Außenwelt, auf eine »Gesinnungswelt«, in der das »leben-
dige, große Ich der Menschheit« keine Rolle mehr spiele. Das Resultat dieser Vorgehensweise sei ein kunstfremdes, ein auf lange Sicht
gesehen zum Scheitern verurteiltes »kunstfeindliches Gesinnungstheater«.[173]

IV.7. *Gebrauchsliteratur*

Die Auseinandersetzung konservativer Autoren und Kritiker mit
der Neuen Sachlichkeit ist, das haben bereits die vorangegangenen
Ausführungen deutlich gemacht, wesentlich intensiver als die Diskussion der marxistischen Linken. Erstere dominieren nicht erst
nach dem Ende der Stabilisierungsphase den kritischen Diskurs über
die Neue Sachlichkeit. Wie für Lukács und Balázs war auch für die
konservative Literaturkritik die Annäherung von Belletristik und
Publizistik der Ausgangspunkt ihrer ablehnenden oder feindlichen
Haltung der neusachlichen Ästhetik gegenüber. Die Festlegung des

---

[172] Landsberger: Der Geist im Wirklichen, S. 342. – Vgl. Bd. II, S. 413 u.
314.
[173] Wilhelm Michel: Weltanschauung und Kunst. In: Masken 22 (1928/29),
Nr. 12, S. 237-239, hier S. 238.

Autors auf die Rolle eines objektiven Beobachters und neutralen Berichterstatters, die Absage an den die Realität fiktional gestaltenden und damit ›neuschaffenden‹ Dichter fand von Beginn an wenig Zustimmung. Mit der Annäherung von Epik und Dramatik an Journalismus bzw. Reportagestil setzte man auf ein derart radikales und das traditionelle Literaturverständnis negierendes Konzept, das selbst in den zwanziger Jahren zu keinem Zeitpunkt eine reale Aussicht auf breite Akzeptanz oder gar Allgemeinverbindlichkeit hatte. Selbst der Neuen Sachlichkeit nahestehende Schriftsteller waren z.T. nicht bereit, dieses Modell konsequent mitzutragen. Die Reaktionen von Feuchtwanger[174], Döblin und Roth belegen, daß viele sich mit der – wenn auch nur partiell gedachten – Identifikation des Schriftstellers mit dem Reporter letztlich nicht arrangieren konnten. Auch sie empfanden dieses Ziel als Degradierung ihrer Position wie als Nivellierung der Autorpersönlichkeit und der schriftstellerischen Tätigkeit und beharrten daher auf der Subjektivität des Erzählers und auktorialer Eigenheit. Wohl aber befürwortete man vorbehaltlos die Integration journalistischer Techniken in die literarische Praxis – Döblins Argumentation ist für diese Position paradigmatisch. Mit seinem 1928 entstandenen Essay *Der Bau des epischen Werks* nimmt er zwar ansatzweise eine Revision früherer Überzeugungen vor, indem er sich gegen die Zurückdrängung auktorialer Subjektivität und Individualität im Zuge der Aufwertung des Dokuments bzw. des Dokumentarischen wendet[175]; dennoch wird auch er, so zeigt sein ein Jahr später erschienener *Berlin Alexanderplatz*, auf die Berichtfom und die »bloße Mitteilung von Fakta, Dokumenten« nicht gänzlich verzichten.

Demgegenüber ist die konservative Autorenschaft und Literaturkritik nicht bereit, eine derartige Gattungsaufweichung mitzutragen. Die Aufnahme von Reportageelementen in die Epik und Dramatik wird als ein Angriff auf traditionelle Werte und als eine ›Entweihung‹ der ›Dichterpersönlichkeit‹ aufgenommen. Dementsprechend kritisieren sie die im Umfeld der Neuen Sachlichkeit entstehenden Werke als die Produkte von Schriftstellern, denen das »Ge-

---

[174] Vgl. Feuchtwanger: Der Roman von heute ist international. – Vgl. Bd. II, S. 146-148.

[175] Alfred Döblin: Der Bau des epischen Werks. In: Die neue Rundschau 40 (1929), I, S. 527-551, hier S. 535f.

heimnis wirklicher Dichtung« aufgrund ihrer »Sachlichkeit« verborgen bleiben müsse, wie Martin Rockenbach, der Herausgeber der Zeitschrift *Orplid*, 1927 im Rahmen einer Sichtung der deutschsprachigen Gegenwartsliteratur bemerkt. Statt der »lyrische[n] Wärme« eines »reine[n] Dichter[s]«, statt »liebevoller Betreuung des Idyllischen« legten neusachliche Autoren eine »konstruiert[e], intellektuell[e] Sachlichkeit« an den Tag. Die »Kühle« ihrer Werke rühre daher, so hält Rockenbach in Zusammenhang mit Leonhard Franks Roman *Das Ochsenfurter Männerquartett* fest, daß die Autoren lediglich »›beruflich‹-sachlich interessiert« seien, statt »dichterhaft-jungenhaft in die Welt verliebt« zu sein.[176]

Diese Unterscheidung des »reine[n]« Dichters von einem der Gegenwart und der objektiv-berichtenden Darstellung verpflichteten Schriftsteller ist ein zentraler Aspekt der konservativen Kritik an der Neuen Sachlichkeit; insbesondere dominiert er die nach 1927 einsetzende Debatte um die Funktion der Autoren und von Literatur. Der aktualitätsbezogenen, zeitgemäßen, vermeintlich für den Moment produzierten neusachlichen Gebrauchsliteratur setzt man eine ›wahre‹, zeitlos gültige und für die ›Ewigkeit‹ gestaltete Dichtung entgegen; die Bewertung der Neuen Sachlichkeit durch die konservative Literaturkritik wird maßgeblich durch dieses Oppositionsschema bestimmt. Mittels der Postulate der Aktualität und Funktionalität von Literatur negiert die neusachliche Ästhetik die Berechtigung oder zumindest die Vorrangigkeit und vermeintliche Höherwertigkeit einer zeitlos gültigen Dichtung; das Ziel konservativer Autoren und Kritiker hingegen ist es, diesen traditionellen Erwartungshorizont auch in einer veränderten Lebenswelt und unter veränderten kulturellen Gegebenheiten zu verteidigen. Die von der Neuen Sachlichkeit postulierte gegenwartsbezogene, auf ihren Nutzwert hin produzierte Literatur wird demzufolge von Beginn an bekämpft und als minderwertige »Zweckdramatik« bzw. »Nutzdramatik« zurückgewiesen[177], das neusachliche Zeittheater von vornherein als eine »Totgeburt« abqualifiziert: In seiner Ausrichtung auf Aktualität und »Zeitgebundenheit« fehle diesem »Transzendenz«; die »neue Sach-

---

[176] M.R. [= Martin Rockenbach]: Deutsche Dichtung weiterhin. In: Orplid 4/5 (1927), Nr. 9/10, S. 125-127, hier S. 126.

[177] Alfred Kerr: [Rez.] Alfred Döblin: »Die Ehe«. In: Berliner Tageblatt, 18.4.1931.

lichkeit« insgesamt, so lauten die Anwürfe, verharre an der »äußersten Schale«.[178] Der Darstellung einer »äußere[n] Tatsachenwelt dieser Gegenwart« spricht man jedoch jegliche Relevanz ab; der auf die aktuelle gesellschaftspolitische Realität festgelegte Autor wird als »Aktualitätenjäger« diffamiert, der von der Neuen Sachlichkeit proklamierte »Maßstab« der »äußere[n] Zeitgemäßheit« von Literatur als belanglos zurückgewiesen. Der sich in »zufälligen Äußerlichkeiten« konstituierenden »niedrige[n]«, »äußere[n]« »Aktualität« setzt man eine höher zu bewertende »innere Aktualität« entgegen, dem an die aktuelle Gegenwart gebundenen Schriftsteller den einer »Überzeit« verpflichteten Dichter. Werner Bergengruen, der 1932 in der Zeitschrift *Nation und Schrifttum* eine *Rede über die Aufgabe des Dichters in der Gegenwart* veröffentlicht, gibt die Warnung aus: »Der Dichter aber hüte sich davor, seiner Zeit dienstbar sein zu wollen, denn nur so wird er ihr dienen können. Dienstbar sei er allein der Überzeit. Er wende sich [...] an die Ewigkeit.«[179]

Das neusachliche Aktualitätspostulat wird zum Stein des Anstoßes. In der von der Neuen Sachlichkeit im Anschluß an die dadaistische ›Kunst=Leben-Konzeption‹ proklamierten aktualitätsbezogenen, lebensnahen Gebrauchsliteratur vermag die konservative und rechtskonservative Literaturkritik lediglich eine »Sabotage aller großen Dichtung« zu sehen, wobei unter »große[r] Dichtung« eine »unzeitgemäße«, nicht auf die Gegenwart ausgerichtete und nicht »zweckmäßige« Literatur verstanden wird. Hermann Kasack beklagt 1929 anläßlich der Rezension von Gottfried Benns Prosa die zunehmende Dominanz einer zeitgebundenen Gebrauchsliteratur:

---

[178] Hans Schaarwächter: Kritik der Kritik [Antwort auf eine Umfrage]. In: Der Scheinwerfer 2 (1928), Nr. 14/15, S. 14f., hier S. 14. – Vgl. Bd. II, S. 334.

[179] Werner Bergengruen: Rede über die Aufgabe des Dichters in der Gegenwart. In: Nation und Schrifttum 1 (1932), Nr. 2, S. 1-6, hier S. 6. – Vgl. Bd. II, S. 381. – Der Begriff der »inneren Aktualität« wird auch in der auf Bernhard Diebolds Aufsatz *Kritische Rhapsodie 1928* hin von der Redaktion der *Neuen Rundschau* verfaßten Anmerkung verwendet. – Vgl. Bernhard Diebold: Kritische Rhapsodie 1928. In: Die neue Rundschau 39 (1928), Bd. II, S. 550-561, hier S. 550. – Vgl. Bd. II, S. 277.

Zeitgemäß scheint alles Das zu sein, was schon durch sogenannte Aktualität des Stoffes zu wirken verspricht: [...] das augenblicklich Typische [soll] herausgestellt werden. Derartige zeitgemäße Literatur ist heute einmal wieder die große Mode. Song statt des Gedichts, Reportage statt der Epik, Tendenz statt des Dramas ergeben die billige Gleichung: Leben des Lesers, Durchschnittsleben, gleich Kunst.[180]

Max Herrmann-Neiße nutzt gleichfalls eine Besprechung der Bennschen *Gesammelten Prosa*, die 1929 bei Kiepenheuer in Berlin erscheint, für einen Angriff auf den funktionalisierten Literaturbegriff der Neuen Sachlichkeit. Von den »vielseitigen, wandlungsfähigen Macher[n]«, den »literarischen Lieferanten politischer Propagandamaterialien« und »schnellfertigen Gebrauchspoeten« hebe Benn sich als ein »unabhängige[r] und überlegene[r] Welt-Dichter« und »Schöpfer« ab. Seine Prosa zeichne sich durch einen Stil, der das »Gegenteil von Allgemeinverständlichkeit«, und durch einen »Stoff, der das Gegenteil von populär« sei, aus.[181] Zwar fühlten sich insbesondere die Mitherausgeber der *Neuen Bücherschau*, in der Herrmann-Neißes Aufsatz erschien, Egon Erwin Kisch und Johannes R. Becher, durch Herrmann-Neißes Ausführungen angegriffen; gleichwohl richteten diese sich nicht ausschließlich gegen sie, sondern gegen die gesamte neusachliche Ästhetik wie gegen eine politisch engagierte Literatur gleichermaßen. Benn selbst schaltete sich mit seinem Aufsatz *Über die Rolle des Schriftstellers in dieser Zeit* in die Kontroverse ein; darin polemisiert er nicht nur gegen die Verknüpfung von literarischer Produktion und parteipolitischen Interessen; seine Angriffe zielten insbesondere auf die von der Neuen Sachlichkeit praktizierte Annäherung von Dichtung und Publizistik. Benn konfrontiert den ›Gebrauchsliteraten‹ mit der »Aristokratie« seiner eigenen »schriftstellerischen Art« und mit jenem »Typ« Schriftsteller, den er selbst zu repräsentieren glaubt: den »reservierteren« Typus, der, ausgestattet mit »eigenem geistigen Besitz« und legitimiert durch »ältere Herkunft«, im Gegensatz zu einem aktuelle Gescheh-

---

[180] Hermann Kasack: Unzeitgemäße Literatur. Notizen zu Gottfried Benns »Gesammelter Prosa«. In: Die literarische Welt 4 (1929), Nr. 35, S. 5f., hier S. 5. – Vgl. Bd. II, S. 375.

[181] Max Herrmann-Neiße: Gottfried Benns Prosa. In: Die neue Bücherschau 7 (1929), Nr. 7, S. 376-380, hier S. 376. – Vgl. Bd. II, S. 344.

nisse verarbeitenden Autor »produktive Vorstöße [...] in ein Weites und Allgemeines« wage.

IV.8. *Die rechtskonservative und völkisch-nationale Kritik an der Neuen Sachlichkeit*

Die scharfe Kritik des renommierten Autors Benn am neusachlichen Bericht- und Reportagestil – Begriffe wie »unfundierte[r] Rum- und Mitläufer«, »wichtigtuerischer Meinungsäußerer«, »feuilletonistische[r] Stoffbesprengerer«, »Verschleuderer des Worts« waren gefallen[182] – hatte offenbar Initialwirkung: Nach 1929 geraten die kritischen Stellungnahmen zur Neuen Sachlichkeit auf konservativer Seite meist zu Abrechnungen; sie bereiten den Boden für die völkisch-nationale Kritik. Die anfängliche Ablehnung schlägt in offene Feindseligkeit um, zumal die neusachliche Bewegung als eine für den Prozeß der Verstädterung der Literatur repräsentative Bewegung gilt. Der konservativen ebenso wie der rechtskonservativen Literaturkritik wird die Neue Sachlichkeit zum Inbegriff einer großstädtischen Ästhetik wie der literarischen Moderne insgesamt. Bereits 1930 diskreditiert Wilhelm Stapel in der Zeitschrift *Deutsches Volkstum* die neusachliche Ästhetik als eine »geistige Impotenz« der Berliner Intellektuellen. Für ihn ist die Neue Sachlichkeit, darin Georg Lukács' Argumentation und Terminologie vorwegnehmend, lediglich das Resultat fehlender »Gestaltungskraft«: Diese »Not« erkläre man, so seine Überzeugung, zur »Tugend der Sachlichkeit«: »Alle diese verschlissenen Ironien, alle diese neuen Sachlichkeiten, alle diese Reportage – dieser aufgeregte Cri de Berlin ist ja nichts als die Unfähigkeit, die Probleme unserer Zeit geistig zu bezwingen.«[183] Auch *Die Kolonne* wird letztlich aus einer solchen Anschauung heraus gegründet; entschlossen treten ihre Herausgeber und Autoren

---

[182] Gottfried Benn: Über die Rolle des Schriftstellers in dieser Zeit. In: Die neue Bücherschau 7 (1929), Nr. 10, S. 531-535, hier S. 532. – Vgl. Bd. II, S. 345.

[183] Wilhelm Stapel: Der Geistige und sein Volk. In: Deutsches Volkstum 12 (1930), Nr. 1, S. 1-8, hier S. 7. – Vgl. Bd. II, S. 424.

gegen die literarische Moderne an, die sich im Jahr 1929 in der Neu-
en Sachlichkeit manifestiert. In konservativen Kreisen stößt man
mit diesen Zielen auf ungeteilte Zustimmung. So heißt es z.B. in
einem Urteil der *Schleswiger Nachrichten* über Raschkes Zeitschrift:

> Die Gesinnung dieser Blätter [der *Kolonne*; S.B.] bedeutet eine Absage an
> jene »neue Sachlichkeit«, die den Dichter zum Reporter erniedrigt. Man
> hat wieder den Glauben an das Wesen der dichterischen Intuition und
> Gnade, an das Schöpferische schlechthin.[184]

Daß sich die durch die konservative Kritik vorgetragenen Positionen – abgesehen vom nationalen Element – inhaltlich und in der
Terminologie nur unwesentlich von rechtskonservativen, ja z.T.
von völkisch-nationalen Argumentationen, die nach 1933 bruchlos
in die nationalsozialistische Dichtungstheorie integriert werden können, unterscheiden, ist ein bemerkenswerter Aspekt der konservativen Kritik an der Neuen Sachlichkeit. Seit 1932 diagnostizieren
rechtskonservative Kreise eine gesellschaftspolitische »Krisis«, die
nicht ohne Auswirkungen auf die deutsche Literatur bleibe: *Die
deutsche Literatur in der Krise* betitelt Detmar Heinrich Sarnetzki
seinen Beitrag für den von Oscar Müller 1932 herausgegebenen Sammelband *Krisis. Ein politisches Manifest*, in der er die Neue Sachlichkeit für diese Krise verantwortlich macht. Dabei werden nahezu alle
von der konservativen Literaturkritik gegen die Neue Sachlichkeit
vorgebrachten Argumente aufgegriffen, erweitert allerdings um das
nationale Moment:

> Wir müssen wieder lernen, der *reinen Dichtung* zu dienen eines *politi-
> sierten Dichtertums*, Ehrfurcht zu empfinden vor dem Schöpfungspro-
> zeß, vor der magischen Wirkung seherischen Vermögens, müssen vom
> Holzpferd sachlicher Reportage oder vom Maulesel psychologischer
> Saumpfaderei herab und den alten Hippogryphen satteln zum Ritt in
> das Land der ewig schöpferischen Phantasie, des Herzens, der ehrlichen
> Hingabe um der Sache der Kunst willen. Die Zeit muß vorbei sein, wo
> über *Gefühl*, über selbstbewußte und eigentlich selbstverständliche *na-
> tionale Gesinnung*, über geistige Würde und geistige Haltung skeptisch
> gelächelt wird, der kalte Intellektualismus, der unwürdige und unter-
> würfige Internationalismus, die Verleugnung des Großen der Vergan-

---

[184] Urteile. In: Die Kolonne 4 (1932), Nr. 1, S. 1.

genheit – Döblin spricht davon, daß unsere gesamte vergangene sogenannte Literatur in Inzucht gelebt habe – aus beherrschender Stellung
beseitigt werden. [...] Dem *Dichter* fällt die besondere Aufgabe zu, sich
von der Wucherung unkünstlerischer Einflüsse loszulösen, in seiner
Dichtung wieder das *große Gleichnis des Zukünftigen* zu sehen und zu
prägen, Vorbild zu sein in der führerhaften Einheitlichkeit von Leben
und Werk. Nichts ist für immer verloren, wenn die Dichter, die die be-
ruflichen Künder von Seele und Geist ihres Volkes sind, ihrem Volke
mit bildhafter Kraft und mit der Reinheit ihres Wollens voranschrei-
ten.[185]

Seele statt Geist, Gefühl statt Verstand, Phantasie statt Intellektualismus, der Dichter als Seher, die Kunst als Schöpfungsprozeß, schöpferische Dichtungskraft statt sachlicher Reportagetätigkeit, die Ablehnung eines politisierten, funktionalisierten Literaturbegriffs, die
Kritik der »Hingabe an die Sache« zu Lasten der reinen Kunst, der
Ruf nach einer Zweckfreiheit der Literatur: diese Oppositionen sind
1932 nicht neu; mit ihnen greifen völkisch-national gesinnte Kreise
die bereits im Rahmen der konservativen Kritik der Neuen Sachlichkeit vorgebrachten Angriffspunkte auf. Die von Sarnetzki an-
gemahnte Befreiung der Literatur von »unkünstlerische[n] Einflüsse[n]« zielt unmittelbar auf die neusachliche Integration journalistischer Elemente in die literarische Praxis, seine Forderung nach der
Konzeption von Literatur als dem »große[n] Gleichnis des Zukünftigen« ist unmißverständlich gegen das Aktualitätspostulat der Neu-
en Sachlichkeit gerichtet.
  Nun gehört es allerdings zu den Besonderheiten der rechts- und
nationalkonservativ ausgerichteten Literaturkritik, daß sie den Begriff der Sachlichkeit zunächst für ihren traditionellen, dann für
einen völkisch-nationalen Dichtungsbegriff zu retten sucht. Und so
erstaunt es nicht, daß der Terminus innerhalb eines nationalsozialistischen Literaturkonzepts zumindest in der Konstituierungsphase
des Dritten Reichs keine geringe Bedeutung spielt. Im Mai 1933 hebt
Goebbels in einer »Rede über die Stellung des neuen Staates zur
Kunst« die Bedeutung des Kriteriums »Sachlichkeit« für eine nationalsozialistische Literatur hervor. Den von der konservativen Kritik

---

[185] Detmar Heinrich Sarnetzki: Die deutsche Literatur in der Krise. In:
Oscar Müller (Hrsg.): Krisis. Ein politisches Manifest. Weimar 1932, S. 307-
315, hier S. 313. – Vgl. Bd. II, S. 363f.

ausgebildeten Begriff der »neue[n] Romantik« aufgreifend, verweist
Reichsminister Goebbels auf die Notwendigkeit einer »stählernen«,
»stahldurchzitterten, eiserne[n] Romantik«, deren wesentlichstes
Moment eine »nüchterne, vollkommen sentimentalitätslose Sachlichkeit« sei. Daß Goebbels aber nicht die in den zwanziger Jahren
ausgebildete literarische Sachlichkeitsästhetik meint, machen seine
inhaltlichen Präzisierungen des Begriffs unmißverständlich deutlich:

> Da stoßen wir nun auf das Element der Sachlichkeit [...], die den Pro-
> blemen grausam ins Auge schaut, die sich nicht mehr bekreuzt vor der
> Notwendigkeit des Krieges, des Kampfes, die sich nicht mit falschem
> Pathos umgibt, die nicht rührselig verherrlicht, um dahinter eigene
> Furcht zu verstecken, sondern die vor dem Kriege steht mit derselben
> inneren Erschütterung wie vor der Geburt.

Mit »Sachlichkeit« assoziiert Goebbels stählerne, harte, autoritäre
Gesinnung – »eine Diskussion, über das, was notwendig ist, ist un-
zweckmäßig. Das ist die Sachlichkeit«, heißt es in seiner Rede –, mit
Sachlichkeit fordert er »nationale[s] Pathos«, furchtloses Heldentum
und Disziplinierung ein. Der Terminus fungiert demnach nicht als
ein ästhetisches Kriterium, sondern indiziert eine ideologische Haltung. Ästhetisch fundiert ist er nur mehr insofern, als er die Basis
einer »heroische[n]« Kunst abgibt, die »stählern-romantisch«, »senti-
mentalitätslos-sachlich«, »national« und »mit großem Pathos« ihr
Publikum auf den nationalsozialistischen Staat und seinen Vernich-
tungsfeldzug vorbereiten soll.[186] Damit nimmt Goebbels weniger auf
den literarischen neusachlichen Diskurs des vergangenen Jahrzehnts
Bezug, ließen die Nationalsozialisten doch schon im Oktober 1933
durch ihren Reichsinnenminister Frick auf einer »Kundgebung für
Deutsche Kunst und Kunsterziehung« verkünden:

> Auch jene eiskalten, gänzlich undeutschen Konstruktionen, wie sie un-
> ter dem Namen der neuen Sachlichkeit ihr Geschäft trieben, müssen
> heute ausgespielt haben. [...] Echte Kunst ist nie neu und ist nie alt,

---

[186] Joseph Goebbels: Die Aufgaben des deutschen Theaters. Zitiert nach:
Das deutsche Reich von 1918 bis heute. Hrsg. v. Cuno Horkenbach. Berlin
1935, S. 207f., hier S. 207 u. 208.

sondern sie entströmt dem Herzblut des Volkes, das auch nie neu oder alt ist, sondern von Ewigkeit zu Ewigkeit pulst.[187]

Vielmehr bezieht sich Goebbels auf jene Tradition, die der Begriff im Sinne einer Verhaltensnorm und eines preußisch-autoritären Führungsstils aufwies. Den Grundstein dieser Traditionslinie hatte Arthur Moeller van den Bruck mit seinem 1916 erschienenen Buch *Der preußische Stil* gelegt, indem er Sachlichkeit mit »Preußentum« und den damit assoziierten Tugenden wie Pflichtbewußtsein und Pflichterfüllung, Arbeitsdisziplin, Strenge und Gefolgschaft identifizierte.[188] In den zwanziger Jahren werden solche Maximen für die Literatur maßgeblich durch Ernst Jünger vertreten. Mit Sachlichkeit benennt Jünger die aus dem Fronterlebnis resultierenden Tugenden wie stählerne Härte, Männlichkeit, Pflichterfüllung, Mut, Angstlosigkeit, Kameradschafts- und Gemeinschaftsgefühl im Kampf gegen den Feind. In seinem Kriegsroman *In Stahlgewittern* ist von der »sachliche[n] Freude an der Gefahr« und vom »sachliche[n] Zwang« des Soldaten im »Gefecht« die Rede.[189] In dieser Bedeutung hat der Begriff der Sachlichkeit in das rechtskonservative und völkisch-nationale Denksystem Eingang gefunden.[190] Jünger selbst hat dieser Bestimmung von Sachlichkeit nachträglich mit seiner Programmatik eines »heroischen Realismus«[191] eine theoretische Fundierung gegeben, die deutlich macht, daß Goebbels' Verständnis von Sachlichkeit als Heroismus im Jahr 1933 zwar keine literarästhetische, wohl aber eine ideologische Vorgeschichte hatte.

---

[187] Zitiert nach dem Artikel: Schluß mit dem Geist der Zersetzung! Kundgebung für Deutsche Kunst und Kunsterziehung. In: Völkischer Beobachter, Nr. 294 vom 21.10.1933.
[188] Arthur Moller van den Bruck: Der preußische Stil. München 1916, S. 32 u. 69.
[189] Ernst Jünger: In Stahlgewittern. Stuttgart [26]1961, S. 155 u. 212.
[190] Vgl. hierzu: Willibald Steinmetz: Anbetung und Dämonisierung des »Sachzwangs«. Zur Archäologie einer deutschen Redefigur. In: Obsessionen. Beherrschende Gedanken im wissenschaftlichen Zeitalter. Hrsg. v. Michael Jeismann. Frankfurt/Main 1995, S. 293-332; Peter Sloterdijk: Kritik der zynischen Vernunft. 2 Bde. Frankfurt/Main 1983, Bd. 2, S. 748-806.
[191] Ernst Jünger: Der heroische Realismus. In: Die Literarische Welt 7 (1931), Nr. 13, S. 3f.

Neben dieser Tradition des Begriffs Sachlichkeit als einer Denkfi-
gur der kriegsbegeisterten Jungkonservativen um den Juni-Klub
konnte Goebbels sich jedoch auch auf die lebensphilosophischen Be-
kenntnisbücher der frühen dreißiger Jahre beziehen. Durch die Arbeiten von Heinz Kindermann, dem diese Schriften zum Ausgangspunkt seiner Überlegungen zu einem Typus des idealistisch-sachlichen Tatmenschen dienten, hatten sie Eingang sowohl in die Literaturwissenschaft insgesamt als auch in die Diskussion über die
Neue Sachlichkeit im speziellen gefunden. Kindermann bemühte
sich seit 1930 um die Integration des Terminus Sachlichkeit in ein
nationalkonservatives Dichtungskonzept. Daß seine Anstrengungen
mit Erfolg gekrönt waren, belegt u.a. die 1934 erschienene Disserta-
tion *Ein neuer Typus der Lyrik* von Gertrud Hilgers, eine Studie über
die Anfang der dreißiger Jahre entstandene, von Hilgers mit dem Begriff der »idealistischen Sachlichkeit« gekennzeichnete Tendenz innerhalb der Lyrik.[192]

Den Begriff der »idealistische[n] Sachlichkeit« verwendet Kindermann erstmals in dem 1930 in der Zeitschrift *Universum* erschienenen Aufsatz *Idealistische Sachlichkeit* sowie in den zeitgleich publizierten Untersuchungen *Das literarische Antlitz der Gegenwart* und
Vom Wesen der »Neuen Sachlichkeit«. Mit diesen Schriften stellte er
sich an die Seite der »junge[n] Generation«[193], die in ihren programmatischen kulturphilosophischen Bekenntnisbüchern die Rückkehr
zu einer neuen Form sachlichen Handelns, Denkens und Fühlens
für sich reklamierte, aber auch für die gesamte Gesellschaft propagierte. Durch die Verbindung der Termini Sachlichkeit und Idealismus sowie durch die Unterscheidung einer »radikalen« von einer
»idealistischen« Sachlichkeit, gelingt es Kindermann, die neusachli-

---

[192] Gertrud Hilgers: Ein neuer Typus der Lyrik. Leipzig 1934, S. 1. – Hilgers spricht von einer »unbeseelte[n] Nurtatsachenlyrik«, die sie von der
durch »starke Seelenhaftigkeit« gekennzeichnete »idealistische[n] Sachlichkeit« unterschieden sieht. – Auch Hans Naumann spricht in der 5., durch-
gesehenen und erweiterten Auflage seiner Untersuchung *Die deutsche Dichtung der Gegenwart. Vom Naturalismus bis zur Neuen Sachlichkeit* (= Epochen der deutschen Literatur. Geschichtliche Darstellungen. Hrsg. v. Julius
Zeitler, Bd. VI. Stuttgart 1931, S. 391) von »*beseelte[r]* Sachlichkeit« im Gegensatz zu Sachlichkeit im Sinne eines »bloßen Naturalismus«.
[193] Leopold Dingraeve: Wo steht die junge Generation? Jena 1931.

che Bewegung abzuurteilen, den Begriff der Sachlichkeit indes für
sein nationalkonservatives Literaturverständnis zu retten und ein
»neues Sachlichkeitsideal« zu propagieren.[194] Innerhalb der in den
sechziger und siebziger Jahren einsetzenden Forschung über die
Neue Sachlichkeit hat kaum ein Beitrag zu mehr Verwirrungen und
Fehleinschätzungen geführt als die Argumentation des völkisch-
nationalen Antidemokraten Kindermann. Nur durch die ungenügende Kenntnis oder unzureichende Berücksichtigung sonstiger
Quellen ist es zu erklären, daß Kindermann wiederholt als Gewährsmann der Neuen Sachlichkeit zitiert wurde, obwohl er sich in
seinen Beiträgen als einer der schärfsten Gegner der neusachlichen
Bewegung und Ästhetik präsentiert.[195] In keinem seiner Aufsätze ist
es ihm um die genaue Kennzeichnung einer zu diesem Zeitpunkt
seit mehr als zehn Jahren wirkenden literarischen Bewegung und
Ästhetik zu tun; vielmehr zielen seine Bemühungen auf eine norma-
tive Kategorisierung und ideologische Umdeutung des literarischen
Begriffs Sachlichkeit im Sinne einer völkisch-nationalen Germanistik.

Mit seinem Versuch, zwischen zwei Formen von Sachlichkeit zu
differenzieren, steht Kindermann zu Beginn der dreißiger Jahre zunächst nicht allein. In seinem 1929 erschienenen Aufsatz *Aufriß der
deutschen Literaturgeschichte* verweist Hermann Pongs, in den zwanziger Jahren neben Kindermann der wichtigste Wegbereiter einer
völkischen Literaturwissenschaft, auf eine idealistische Dimension
der Neuen Sachlichkeit; dafür greift er auf die zu diesem Zeitpunkt
in der Malerei bereits etablierte Differenzierung zwischen einem
»magischen Realismus« und einem neusachlichen Verismus zurück:

---

[194] Heinz Kindermann: Idealistische Sachlichkeit. In: Universum 1930, Nr.
9, S. 385-387, hier S. 387. – Vgl. Bd. II, S. 417.
[195] Vgl. z.B. Gero v. Wilpert: Sachwörterbuch der Literatur. Stuttgart
²1959, S. 533; Schäfer: Naturdichtung und Neue Sachlichkeit, S. 380; Hermand: Einheit in der Vielheit, S. 82; Midgley: Schreiben um der Vergeistigung des Lebens willen. Das Verhältnis Arnold Zweigs zur Neuen Sachlichkeit, S. 100; Michel Reffet: Franz Werfel entre expressionnisme et
»Neue Sachlichkeit«. In: Germanica 9, 1991: Die »Neue Sachlichkeit«. Lebensgefühl oder Markenzeichen?, S. 191-215, hier S. 209.

Im Erschließen einer von der naturalistischen Oberfläche verdeckten Wesenswelt berührt sich diese neue Sachlichkeit mit der Erneuerung des Idealismus. Bei beiden liegt der Schlüssel im Irrationalen. Wenn man heute von »magischem Realismus«, zugleich auch von einer neuen »Klassik« spricht, so deutet sich darin jenes Tiefer-Gemeinsame an, das vielleicht auf einen neuen Begriff der Humanität zu visieren ist. Die Frage ist nicht nur, wie weit die Werte der idealistischen Tradition umschmelzbar sind für das neue Weltverhältnis der durch den Expressionismus hindurchgegangenen Generation, die tiefere Frage geht dahin, wie weit dichterisches Sprechen als Ausdruck neuer Sachlichkeit sich in seiner umformenden Eigenfunktion behaupten kann.[196]

Ein Jahr danach unternimmt Alois Bauer gleichfalls den Versuch, den Terminus »Sachlichkeit«, ja sogar den der »Neuen Sachlichkeit« für ein idealistisches Literaturkonzept zu vereinnahmen. In seinem wie Pongs' Beitrag in der *Zeitschrift für Deutschkunde* erschienenen Aufsatz *Vorläufiges zur sogenannten Neuen Sachlichkeit* unterscheidet Bauer, die Argumentationen der konservativen Kritik aufgreifend, eine »künstlerische« von einer »kunstlose[n] Sachlichkeit«: Verknüpfe die erstere in überzeugender Weise die »Absichten des poetischen Realismus mit Neigungen des ästhetischen Idealismus«, so sei die letztere nichts weiter als eine »alte Unsachlichkeit«, die aktuelle Stoffe mit den »Mitteln und Absichten allgemeinpolitischer und sogar parteipolitischer Werbe« zu bewältigen suche. Im Namen dieser »kunstlose[n] Sachlichkeit« werde unter Verzicht auf eine künstlerische Gestaltung nur mehr »dokumentarisches‹, urkundliches Schrifttum« und »kunstlos[e], kunstfremd[e], ja kunstwidrig[e]« Parteiliteratur produziert; als Vertreter dieser Richtung werden u.a. Ferdinand Bruckner, Ernst Glaeser, Karl Grünberg, Peter Martin Lampel genannt. Gegenüber dieser Form von »mißverstandene[r] Sachlichkeit« manifestiert sich Bauer zufolge in repräsentativen Werken einer »künstlerische[n] Sachlichkeit« eine »maßvolle Sachlichkeit«, mit der statt Thematik und Gesinnung die zentrale Frage nach den zeitunabhängigen formalen Gesetzen in den Mittelpunkt rücke. Hans Grimms *Volk ohne Raum*, das *Rumänische Kriegstagebuch* von Hans Carossa, Friedrich Grieses *Winter* sowie Werke von Friedrich

---

[196] Hermann Pongs: Aufriß der deutschen Literaturgeschichte. X. Vom Naturalismus bis zur Gegenwart (Neue Sachlichkeit). In: Zeitschrift für Deutschkunde 43 (1929), Nr. 5, S. 305-312, hier S. 312. – Vgl. Bd. II, S. 387.

Schnack, Wilhelm Speyer, Paul Alverdes und Ernst Penzoldt zitiert Bauer als Beispiele einer solchen Sachlichkeitsliteratur.[197]

Die von Pongs und Bauer vorgenommene, hauptsächlich ästhetisch fundierte und motivierte Unterscheidung zwischen einer »kunstlose[n]« neuen und einer »künstlerische[n]« idealistischen Sachlichkeit wird nun von Kindermann systematisiert und kategorisiert. In Anlehnung an die Malerei, aber auch aus seiner Verbundenheit mit einem idealistischen Literaturkonzept heraus, führt er den Begriff der »idealistischen Sachlichkeit« ein. Diese möchte er von einer »radikalen Sachlichkeit« unterschieden wissen, von den Tendenzen einer »Nur-Sachlichkeit«, der er zwar das Verdienst der Ablösung des Expressionismus zuerkennt, deren ausschließlicher Aktualitäts- und Gegenwartsbezug und »fanatisch-alleinige[r] Glaube an dieses Erdendasein« allerdings die idealistische Zielsetzung von Literatur ignoriere. Für die Begründung dieser Aussage greift Kindermann anfangs auf die Argumentation der konservativen Kritik der zwanziger Jahre zurück. Die »Sachlichkeit« der Neuen Sachlichkeit sei durch den Ausschluß alles Gefühlsmäßigen, durch den Verzicht auf die »Verlebendigung des Tatsächlichen durch das Gefühl« und durch die Verbannung des »Ewige[n]« und »Zeitlose[n]« insofern völlig unzureichend, als sie keine – wie Kindermann mit einem Ausdruck aus Emil Utitz' Untersuchung *Die Überwindung des Expressionismus* formuliert – »Vollwirklichkeit«[198] zu erfassen vermöge. Bei allem Realitätssinn dürfe, so Kindermanns Mahnung, der »Herzschlag dieser Erde« nicht überhört werden. Einzig durch die »Idealisierung des Nursachlichen« könne Realität umfassend dargestellt werden. Die Autoren einer solchen Literatur bezeichnet er mit Bezugnahme auf Hegel als »Idealrealisten«, die im Gegensatz zu den Vertretern einer »Nursachlichkeit« der empirischen Realität zwar ›offenen Auges‹ gegenüberstünden, gleichwohl aber mit dem »Herzen zu schauen« und so die »Seele dieser Tatsachenwelt« zu erkennen vermögen.[199]

---

[197] Alois Bauer: Vorläufiges zur sogenannten Neuen Sachlichkeit. In: Zeitschrift für Deutschkunde 44 (1930), S. 73-80, hier S. 75, 76 u. 77.
[198] Emil Utitz: Die Überwindung des Expressionismus. Stuttgart 1927, S. 38. – Vgl. Bd. II, S. 329 u. 330.
[199] Kindermann: Idealistische Sachlichkeit, S. 385-387, hier S. 385 u. 386. – Vgl. Bd. II, S. 416.

Mit seinen Überlegungen unterstützt Kindermann den Kampf jener Autorengeneration, die »Sachlichkeit« als das »erste und durchgehendste Zeichen« sowohl ihres »Lebensstil[s]« als auch ihres gesamten »Daseins« postuliert, darunter jedoch alles andere als »Seelenlosigkeit« und »Gefühllosigkeit« verstanden wissen will.[200] Auch für Kindermann hat Sachlichkeit letztlich nur in Verbindung mit der Konzentration auf eine subjektive »Geistes- und Seelenwelt in uns selber« Relevanz. In wie enger Nachbarschaft er sich mit diesem Ansatz zu dem kurze Zeit später dominierenden »heroischen« Realismus der nationalsozialistischen Literatur befindet, belegen bereits die seinen Aufsatz beschließenden Sätze:

> Es ist gewiß kein Zufall, daß eben jetzt wieder deutsche Dichtung sich deutschem Volksempfinden nähert und infolgedessen die Nötigung entstand, mehr als bisher wieder neueste Literatur breitesten Kreisen leicht zugänglich zu machen. Denn unsre neue, idealrealistische Dichtung ist volksnahe und erdfroh, ist glaubensvoll und zuversichtlich. Bleibt unsre Dichtung auf diesem idealrealistischen Weg, dann darf uns um das deutsche Geistesleben des reifenden Morgen nicht bange sein . . .[201]

In Anbetracht solcher Ziele erstaunt es nicht, daß auch Kindermann der Neuen Sachlichkeit primär wegen ihrer urbanen Ausrichtung, ihres Auftretens als eine großstädtische Zivilisationskunst, der engen Verknüpfung mit Berlin und aufgrund ihrer Zugehörigkeit zur literarischen Moderne, die sich statt um das ›deutsche Volk‹ um die großstädtische Masse bemühte, kompromißlos gegenübersteht. Die Neue Sachlichkeit war weder »volksnahe« noch »erdenfroh«, sondern als eine massenorientierte Asphaltliteratur konzipiert. Neue Sachlichkeit innerhalb einer auf die ländlich-bäuerliche Kultur und Lebensform ausgerichteten Provinz- und Heimatliteratur gab es nicht, sie war vielmehr das Ergebnis einer Auseinandersetzung mit der technisierten und industrialisierten Lebenswelt; ihre Urbanität bot der konservativen und nationalkonservativen Literaturkritik zentrale Angriffspunkte. »Man trägt wieder Erde«, mit dieser Maxime ruft Martin Raschke 1931 zur Distanzierung von einer auf die moderne Zivilisationsgesellschaft und großstädtische Lebenswelt ab-

---

[200] Franz Matzke: Jugend bekennt: So sind wir. Leipzig 1930, S. 44.
[201] Kindermann: Idealistische Sachlichkeit, S. 387. – Vgl. Bd. II, S. 417.

gestimmten Literatur und zur Rückkehr zu einer auf den bäuerlichen Lebensraum zielenden Dichtung auf, zu einem Bereich also, der Raschke zufolge noch »bestimmte Ordnungen [...] und eigene Gesetze« kennt. Durch einen solchen Themenwechsel könne seiner Meinung nach die verlorengegangene Rückbindung der Literatur an das »kosmische Geschehen« wiederhergestellt und ein »gesundes und aufrichtiges Ja zum Leben« eingelöst werden.[202] Nach fast zwanzigjähriger Dominanz der städtischen Thematik in Zusammenhang mit den urbanen Bewegungen des Expressionismus, Futurismus und Dadaismus wird in Verbindung mit dem Kampf gegen die Neue Sachlichkeit die Rehabilitierung einer erd- und volksverbundenen Dichtung angemahnt und schließlich mit Hilfe der Politik durchgesetzt. Die Forderung nach der thematischen Rückkehr zu Landschaft und Natur, zum »ewige[n] Land«, zu »uralter Erde und ewigen Wassern, mit Wiesen und Wäldern« jenseits der »Stein-Burgen unsrer Groß-Städte«, ist fester Bestandteil der konservativen und völkisch-nationalen Kritik der Neuen Sachlichkeit. Diese Thematik sei, so begründet der von Kindermann als Wortführer der »Idealrealisten«[203] genannte Otto Heuschele in seiner bereits zitierten Antwort auf die Rundfrage der *Kolonne* nach den »Tendenzen [des] Schaffens« dieses Anliegen, »[z]eitlos« und »ewig«[204] und demnach die allein gültige. Das Bekenntnis zur »Erde« – die Parallelität zu dem von den Nationalsozialisten favorisierten Begriff ›Scholle‹ ist kaum zu überlesen – geht in den folgenden Jahren mit dem Kampf gegen jenen »Berliner Rationalismus« einher, der das »Deutsche«, das sich zu diesem Rationalismus in direktem Widerspruch befinde, in die Provinz verwiesen habe.[205] Der Ruf nach dem »Aufstand der Landschaft gegen Berlin« meint daher auch die Kampfansage an »alle diese neue Sachlichkeiten« der Berliner Intellektuellen. Dem Rationalismus der »Berliner Geistigkeit« setzt man das »biologisch gesunde Gefühl« der für die Natur empfindenden Autoren, dem großstädtischen Rationa-

---

[202] Martin Raschke: »Man trägt wieder Erde«. In: Die Literarische Welt 7 (1931), Nr. 25, S. 5.

[203] Kindermann: Idealistische Sachlichkeit, S. 386. – Vgl. Bd. II, S. 416.

[204] Otto Heuschele: Antwort auf die Rundfrage nach den Tendenzen [des] Schaffens, S. 12. – Vgl. Bd. II, S. 312.

[205] Wilhelm von Schramm: Berlin als geistiger Kriegsschauplatz. In: Süddeutsche Monatshefte 28 (1931), Nr. 7, S. 513-518, hier S. 513.

lismus die »romantische Provinz« entgegen.[206] Der Kampf gegen die
Neue Sachlichkeit ist in diesen Aufstand des »platten Landes«[207] gegen die Berliner Kulturmetropole integriert. Erich Ebermayer, selbst
Vertreter der jungen Generation der »Idealrealisten«, kommt 1931
auf Kindermanns Mahnung, wieder »auf den Herzschlag dieser Erde
zu hören«, zurück und verbindet sie mit dem Aufruf zu mehr
»Herz«. In nicht minder autoritärem Sprachgebrauch als Kindermann fordert er zum Kampf gegen die »Sachlichkeits-fanatische
Gruppe von Literaten« und gegen die »extreme[n] Verfechter bloß-
nüchterner Sachlichkeit« auf, die Begriffe wie »Herz«, »Erde« und
»Gefühl« als »Sentimentalität« und »Gefühlsduselei« diffamiert hätten. Dabei will auch er im Rahmen einer »idealistischen Sachlichkeit« das Gefühl wieder zu seinem Recht kommen lassen, wobei
man allerdings über den Inhalt des Kriteriums Sachlichkeit nichts
weiter erfährt, als daß es auf einer »neuen, gefaßten Männlichkeit«
basieren müsse.[208] Kindermann faßt diese Tendenz zur ›Resentimentalisierung‹ der Literatur in seinem 1933 erschienenen Aufsatz *Idealismus und Sachlichkeit in der deutschen Gegenwartsdichtung* unter der
griffigen, offenbar in Analogie zu Raschkes Aufsatz konzipierten
Formel »Man trägt wieder Herz« zusammen.

Gibt Ebermayers Beitrag nur wenig Aufschluß darüber, warum
konservative Autoren und Kritiker am Begriff der Sachlichkeit fest-
halten, obgleich er noch zu Anfang der dreißiger Jahre fest in die
neusachliche Programmatik eingebunden und überdies nahezu ausschließlich in Verbindung mit einer großstädtischen Literatur wie
mit der literarischen Moderne insgesamt zu bringen war, so finden
sich in Kindermanns Arbeiten schon mehr Hinweise. Kindermann
darf zweifelsohne als der wichtigste Vorbereiter und Vertreter einer
völkisch-nationalen Germanistik gelten.[209] Weder Expressionismus

---

[206] Wilhelm Stapel: Der Geistige und sein Volk. In: Deutsches Volkstum 12
(1930), Nr. 1, S. 1-8, hier S. 7.
[207] Alfred Döblin: Bilanz der Dichterakademie. In: Vossische Zeitung, Nr.
21 vom 25.1.1931.
[208] Erich Ebermayer: Zur menschlichen und geistigen Situation der jungen
Schriftstellergeneration. In: Zeitschrift für Deutschkunde 45 (1931), S. 381-
394, hier S. 391 u. 392. – Vgl. Bd. II, S. 426, 425 u. 426.
[209] Zu Kindermann als Vorläufer einer völkisch-nationalen Germanistik vgl.
Sander L. Gilman (Hrsg.): NS-Literaturtheorie. Eine Dokumentation.

noch Neue Sachlichkeit waren seiner Ansicht nach mit einer ›völkischen‹ Literaturtheorie und Kulturpolitik zu vereinbaren, als deren hervorragendes Ziel er die Integration der »neue[n] Kraft [des] Volkstums« und der »bodennahen Kräfte des Bauerntums« in die Literatur nennt.[210] Für Kindermann ging es nun darum, den Begriff der Sachlichkeit mit seinem Konzept eines lebensphilosophischen Irrationalismus, der dann ja auch Teil der nationalsozialistischen Dichtungstheorie wie der gesamten nationalsozialistischen Ideologie werden sollte, in Einklang zu bringen; sowohl für Kindermann als auch für Pongs gestaltete sich das Erreichen dieses Ziel als keine schwere Aufgabe, war ihrer Meinung nach doch die Verbindung von Sachlichkeit und Idealismus, die »Erneuerung des Idealismus« durch die »neue Sachlichkeit« vornehmlich über einen Irrationalismus zu leisten: »Bei beiden liegt der Schlüssel im Irrationalen«, verkündete Pongs bereits 1929.[211] In seinem 1930 erschienenen Beitrag *Vom Wesen der »Neuen Sachlichkeit«* konzentriert sich Kindermann folglich wiederum auf die Herausarbeitung der Unterschiede zwischen einer »radikalen« und einer »idealistischen Sachlichkeit«. Letztere definiert er als eine »neue Form sachlicher Kunst«, deren Kennzeichen eine »starke Seelenhaftigkeit« und ein »bei aller Sachlichkeit doch idealistische[r] Grundzug« seien, wohingegen er die »radikale Sachlichkeit« als eine »destruktive«, »nihilistische« Kunst bekämpft. Auf der Grundlage solcher Zuschreibungen sucht Kindermann sodann das »Wesen« der eigentlichen Sachlichkeitskunst zu erfassen. Dabei konzentriert er sich auf die Lyrik, auf jene Gattung also, die zwar innerhalb der neusachlichen Bewegung nur eine geringe Rolle spielte, im Rahmen eines traditionellen Literaturverständnisses jedoch eine um so größere Bedeutung hatte, und hier wiederum auf die ebenfalls für die Neue Sachlichkeit untypischen Themenbereiche »Mensch und Natur« sowie »Frau und Mann«.

Frankfurt/Main 1971, S. 23f.; Uwe K.-Ketelsen: Literatur und Drittes Reich. Schernfeld 1992.

[210] Heinz Kindermann: Idealismus und Sachlichkeit in der deutschen Gegenwartsdichtung. In: Germanisch-Romanische Monatshefte 21 (1933), S. 82-110, hier S. 107. – Vgl. Bd. II, S. 437.

[211] Pongs: Aufriß der deutschen Literaturgeschichte (Neue Sachlichkeit), S. 312. – Vgl. Bd. II, S. 387.

Gegen das von ihm als disharmonisch bezeichnete Naturverständnis und -verhältnis neusachlicher Autoren, gegen die von diesen vorgebrachten Zweifel an einem harmonischen Verhältnis von
Mensch und Natur und gegen die neusachliche Degradierung der
Natur zur »Sache« verteidigt Kindermann wie Raschke und Kunert
die Natur als eine »schöpferische Quelle« jeglicher »dichterischen
Formung«. Die Radikalsachlichen hätten die Natur infolge der Bevorzugung großstädtischer Thematik und im Zuge der Konzentration auf den Großstadtmenschen und die technisierte Lebenswelt
ihrer Sonderstellung beraubt und statt dessen eine »unbeseelte« Welt
zum Gegenstand von Literatur erhoben. Mit dieser Präferenz für
den urbanisierten Lebens- und Erfahrungsraum habe die Neue Sachlichkeit Kindermann zufolge in Verbindung mit einer »radikal-sachliche[n] Geisteshaltung« zugleich die Entsubjektivierung und Entsentimentalisierung von Literatur forciert: Der Verzicht auf die Natur als ein zentrales literarisches Sujet ist für ihn identisch mit der
Entseelung und ›Entmenschlichung‹ von Literatur, die Neue Sachlichkeit habe die »Entpersönlichung« der Dichtung vorgenommen,
wie Kindermann unter Rückgriff auf eine Formulierung von Ricarda Huch schreibt.[212] Auf die bereits in den zwanziger Jahren von der
konservativen Kritik vorgebrachte Rede von der »Kühle«[213] der
Neuen Sachlichkeit zurückgreifend, behauptet Kindermann, daß
mit der Entscheidung für die »unbeseelte« Großstadt in die Dichtung eine »beleidigende Kälte« eingezogen sei; gefühlsbetonte Schil-

---

[212] Kindermann: Vom Wesen der »Neuen Sachlichkeit«, S. 355, 371, 365,
357, 367, 366, 368, 366, 365, 371, 367, 381, 370, 381 u. 371. – Vgl. Bd. II,
S. 417-423.

[213] Rockenbach: Deutsche Dichtung weiterhin, S. 126. – Rockenbach
spricht vom »kalt[en] Humor« und von »›intellektueller‹ Kühle« der Neuen
Sachlichkeit bzw. von »lyrischer Wärme« einer traditionellen Literatur.
Solche literarästhetischen Bedeutungen wären den von Helmut Lethen benutzten Kategorien Kälte/Wärme für die Beschreibung eines spezifisch
sachlichen Habitus der Weimarer Republik hinzuzufügen. Zugleich macht
auch die Kindermannsche Verwendung des Begriffs »Kälte«, der ansonsten
innerhalb des literarischen Diskurses über die Neue Sachlichkeit keine
Rolle spielt, deutlich, wie einseitig und in ihrer Verkürzung auch brisant
Lethens Rede von der »Kälte« der Neuen Sachlichkeit ist, wenn er damit
(freilich indirekt) Kindermann als einen Kronzeugen dieser Auslegung von
Neuer Sachlichkeit zitiert.

derungen seien innerhalb der »radikalsachlichen« Literatur einer la-
konischen, gefühllosen, »versteinerte[n] Objektivität«, die harmonische Naturverbundenheit einer disparaten »Großstadt- und Chauf-
feur-Natur« gewichen. Gegen die von ihr vorgenommene »Entgötterung« der Natur im Zuge der Konzentration auf die »rationalisierte« großstädtische Welt, auf eine »rationalisierte Alltäglichkeit«,
setzt Kindermann die Naturauffassung der »Idealrealisten«. Die
»idealistische Sachlichkeit« sehe die Welt als eine »leib-seelische Einheit«, ihr zentrales Thema sei dementsprechend eine »Vollwirklichkeit«, in der Seele, Gefühl und materiell-empirische Welt gleichermaßen berücksichtigt seien und die Natur in ihrer Sonderstellung
respektiert würde.

Im Hinblick auf solche Forderungen benötigt Kindermann den
Begriff der Sachlichkeit nicht; die von ihm formulierten Vorgaben
für eine naturverbundene, gefühlsbetonte, »beseelte« Literatur dek-
ken die idealistische Dimension der proklamierten »idealistischen
Sachlichkeit« umfassend ab. Was nun aber den notwendigen ›sachlichen‹ Anteil einer solchen Poetik angeht, bleibt Kindermann zwar
weitaus undeutlicher; gleichwohl lassen sich aus seinen Äußerungen
die Beweggründe für die Reklamation eines Sachlichkeitsaspektes
bzw. des Sachlichkeitsterminus eruieren. Was er unter Sachlichkeit
versteht, wird deutlich, wenn er die »idealistische Sachlichkeit« als
eine »erdverbundene, aus dem Objekt herausfühlende Art« und Darstellungsform bestimmt. Indem Kindermann die Natur als eine Absolutheit vorgibt, deklariert er ihre »seelenhafte Verlebendigung«
und »Vermenschlichung« als die vordringlichste Aufgabe von Literatur. Dieses Ziel erfordert seiner Vorstellung nach eine nicht subjekt-
bezogene, »wahrhaftig[e]« Objektivierung der literarischen Darstellung, und genau diese Form der Objektivierung bezeichnet Kindermann mit Sachlichkeit. Sachlichkeit bedeutet ihm demnach die Abstraktion von den subjektiven Bedürfnissen und Ansprüchen des
einzelnen Individuums, von der persönlichen, individuellen Befindlichkeit zugunsten der Bestimmung des Menschen als Teil der Natur
und des Kosmos, von den Einzelinteressen zugunsten der natur- und
erdverbundenen Volksgemeinschaft. Folglich meint Sachlichkeit in
seinem Verständnis zuallererst die Enthaltung des Subjekts gegenüber den kosmischen Ansprüchen der Natur; die sachliche Haltung
garantiere, so Kindermanns Überzeugung, daß »nichts aus dem eigenen Ich hinüberwandert in die Beseelungsvorgänge, sondern diese

Beseelung objektiv aus dem Komplex: Natur erwächst«. Bezeichnenderweise nennt Kindermann das »bäuerliche Wesen« als eine paradigmatische Form sachlicher Mentalität, der Bauer gilt ihm als der Prototyp des idealistisch-sachlichen Menschen, da er »seine Welt unsentimental sieht und dennoch innerlich ergriffen zu sein vermag«. Sachlichkeit indiziert innerhalb eines solchen Erklärungsmusters den Grad der Naturnähe und Naturverbundenheit, sachliche Mentalität wird zu einer Voraussetzung des religiösen Einfühlungsvermögens in die Natur und mithin zu einer Vorbedingung der selbstlosen Integration in die dem größeren Komplex der Natur untergeordneten Volksgemeinschaft.[214]

Seinem Aufsatz *Idealistische Sachlichkeit* fügt Kindermann ein Photo bei, das gleichfalls Aufschluß über sein Verständnis von Sachlichkeit gibt und erahnen läßt, warum ihm als völkisch-national gesinntem Literaturwissenschaftler an dem Begriff der Sachlichkeit gelegen war, obwohl die Bezugnahme auf ihn die intensive Auseinandersetzung mit einer Modernebewegung erforderlich machte. Die Abbildung zeigt eine Plastik des Bildhauers Hans Damman, die Bildunterschrift lautet: »Moderne Monumentalplastik ›Falkenjägerin‹. Von Hans Damman in archaischem Stil.«[215] Die Ablichtung dieser im Stil späterer faschistischer Monumentalplastiken gehaltenen Skulptur im Kontext seines Aufsatzes über die »idealistische Sachlichkeit« legt einen weiteren Aspekt des Kindermannschen Verständnisses von Sachlichkeit offen: Sachlichkeit als eine Form des Verhaltens eröffnet nicht nur die Möglichkeit der Erfahrung und literarischen Darstellung einer »seelenhafte[n]«, verlebendigten Natur; Sachlichkeit als ästhetische Maxime gilt ihm zudem als ein Mittel, das vom Expressionismus in Frage gestellte positive, ganzheitliche Menschenbild zu rehabilitieren. Sachlichkeit im Sinne von Heroismus und Größe, von Männlichkeit und Stärke: Mit diesen Inhalten und Assoziationen nimmt Kindermann die nationalsozialistischen Vorstellungen einer heroisch-germanischen Kunst vorweg.

Sein 1933 publizierter Beitrag zum Thema Neue Sachlichkeit, *Idealismus und Sachlichkeit in der deutschen Gegenwartsdichtung*, be-

---

[214] Kindermann: Vom Wesen der »Neuen Sachlichkeit«, S. 355, 371, 365, 357, 367, 366, 368, 366, 365, 371, 367, 381, 370, 381 u. 371. – Vgl. Bd. II, S. 417-423.

[215] Kindermann: Idealistische Sachlichkeit, S. 385.

stätigt diese bereits in den 1930 entstandenen Arbeiten sich abzeich-
nende Tendenz. Sachlichkeit hat für Kindermann nur mehr die Bedeutung von »Selbstzucht«, »Selbstdisziplin« und »Wille zur Tat«,
Objektivität ist nun ein Indiz für den »Wille[n] zu Einfachheit, Sau-
berkeit, Ehrlichkeit und Klarheit«. Positiv konnotiert sind die beiden Begriffe allenfalls noch in der Bedeutung von »nüchterne[r] und
harte[r] Praxis«, von »mannhafter Zucht«, von »Nichtsichdrücken-
wollen von [!] der Welt und ihren Aufgaben«, von »preußisch-har-
te[m] Pflichtbegriff«, von »Vermännlichung« und »harte[m], ent-
schlossene[m] Tatmenschentum«. Zwar wird Sachlichkeit weiterhin
als ein ästhetischer, die »zeitbewußte[n], notbewußte[n], erdnahe[n]
Züge« der deutschen Literatur exponierender Begriff verwendet;
doch primär führt Kindermann ihn nun als einen ideologisch fundierten Terminus vor, mit dessen Hilfe die »deutsche Wandlung«
zum faschistischen Staat vorbereitet und vollzogen werden könne.
Bezeichnenderweise unterscheidet sich Kindermanns Terminologie
kaum mehr vom faschistischen Sprachgebrauch, Formulierungen
wie »neues deutsches Tatmenschentum« oder »heroische Führerer-
ziehung« verweisen auf seine politisch-ideologische Position. Die
Ausbildung einer »idealistischen Sachlichkeit« sieht er durch die
kulturphilosophischen Schriften von Eugen Diesel[216], Franz Matzke[217], Leopold Dingraeve[218], Günther E. Gründel[219] vorbereitet. Abgesehen davon, daß Kindermann die Bestimmung der »idealistischen
Sachlichkeit« nun gänzlich in sein Konzept eines lebensphiloso-
phisch fundierten Irrationalismus einbezieht – »die idealistische
Sachlichkeit« habe eine zugleich »sachlich« und »irrational« bedingte
Willenswelt vorzuführen, heißt es in seinem Aufsatz –, rekurriert
seine Unterscheidung zwischen der »radikalen« und der »idealistischen Sachlichkeit« auf die gleichen Kriterien wie in den früheren
Aufsätzen. Das »seelische« Sachlichkeitsprinzip wertet er als eine
Möglichkeit der »Versenkung« in die »beseelte Wirklichkeit«; Sachlichkeit erhält in diesem Sinn für ihn die Bedeutung von »Zurück-

---

[216] Eugen Diesel: Der Weg durch das Wirrsal. Das Erlebnis unserer Zeit.
Stuttgart 1926.

[217] Matzke: Jugend bekennt: So sind wir.

[218] Dingraeve: Wo steht die junge Generation?

[219] Günther E. Gründel: Die Sendung der jungen Generation. Versuch einer
umfassenden revolutionären Sinndeutung der Krise. München 1932.

haltung« und »Schweigenkönnen«, Voraussetzungen einer Abstraktion von der eigenen Person zugunsten der Absolutheit der Natur
und des Volks. Sieht Kindermann die »radikalsachliche« Literatur
durch die »notwendig breite« Reportage und folglich durch »Redseligkeit« gekennzeichnet, so nennt er als das entscheidende Merkmal
idealsachlicher Dichtung eine aus der Einsicht in die »Urkraft alles
wahrhaft schöpferischen Lebens« resultierende Fähigkeit zum
Schweigen. Neben diesem »bäuerliche[n] Erbe«, das Kindermann
von der »Großstadtbedingtheit« »radikalsachlicher« Literatur abhebt, und der Naturverbundenheit bestimmt er in der positiv-optimistischen Lebenseinstellung der Idealrealisten einen weiteren
Aspekt ihrer Sachlichkeit. Exponiere die »radikalsachliche« Literatur
das »Depressive, das Erbarmungslos-Negative ihres Weltbildes«, eine
»skeptisch-zerstörende oder höhnisch-ironische Haltung« sowie
»Zerstörung«, »Trostlosigkeit« und »Isolierung«, so seien die aus einer »idealistischen Sachlichkeit« heraus entstandenen Werke durch
ein positives Lebensgefühl und einen starken Glauben an die deutsche Kultur und die »Wiedergeburt der eigenen Nation« gekennzeichnet. Die Differenzen, die Kindermann vor 1933 noch von
Goebbels' Verständnis von Sachlichkeit trennten, werden endgültig
aufgehoben, wenn er diesem Verständnis von Sachlichkeit zugleich
die »Pflicht zum Dienst gegenüber der Gemeinschaft, gegenüber
dem eigenen Volk« auferlegt. Eine so definierte Sachlichkeit garantiert sodann die Beteiligung der Schriftsteller an der »deutsche[n]
Wandlung« und an dem »ersehnten Neuaufstieg« der deutschen Nation:

> Ebendeshalb aber wissen die Weiterschauenden, daß es nun nur eines
> geben darf: nicht ausweichen! Das nun deutet auch der geistige Weg an,
> der etwas seltsam mit dem Wort »Sachlichkeit« gemeint ist.[220]

War Kindermanns ästhetische Bestimmung von Sachlichkeit 1931
noch von einem Vertreter der jungen »Dichtergeneration« kritisiert
und seine »idealistische Sachlichkeit« als »wirklichkeitsfeindliche

---

[220] Kindermann: Idealismus und Sachlichkeit in der deutschen Gegenwartsdichtung, hier S. 83, 90, 84, 85, 106, 107, 96, 108, 103, 110 u. 93. – Vgl. Bd.
II, S. 426-438.

Romantik«[221] zurückgewiesen worden, so können seine Thesen und Überlegungen im Jahr 1933 übergangslos in die Dichtungstheorie des nationalsozialistischen Regimes integriert werden. Mit dem literarischen Diskurs der zwanziger und dreißiger Jahre hat dieses Literaturkonzept dann allerdings nichts mehr gemein. Dieser ist mit der Errichtung des nationalsozialistischen Staats beendet, im Exil wird die Debatte nicht fortgesetzt; die von Lukács angezettelte Expressionismusdebatte beherrscht den infolge der Exilsituation und des Emigrantenschicksals vieler Autoren und Kritiker sehr eingeschränkten Austausch über literarische und ästhetische Fragen. In Deutschland sind die Radikalsachlichen nahezu ausnahmslos zu ›personis non gratis‹ degradiert und ihre Werke in den Feuern der Nationalsozialisten verbrannt. Gescheitert scheint die Neue Sachlichkeit demnach weniger, um auf die eingangs gestellte Frage zurückzukommen, an der eigenen Programmatik und an ihrem – bezogen auf die Jahre nach 1929 – vermeintlichen Status als eine Theorie ohne Vertreter und Befürworter als vielmehr an den Scheiterhaufen der Nazis.

---

[221] Erich Reinhardt: Achtung! Eine neue Dichtergeneration hat gestartet! Magdeburg 1931, S. 35. – Reinhardt stellt seine Schrift unter das Motto: »In Ihrem literarischen Antlitz der Gegenwart vermisse ich wesentliche Züge. Eine Kritik des Buches: ›Das literarische Antlitz der Gegenwart‹ von Heinz Kindermann.«

V. DIE NEUE SACHLICHKEIT IM HORIZONT DER LITERARISCHEN MODERNE

Die Ablehnung, die die Neue Sachlichkeit durch konservative und rechtskonservative ebenso wie durch die völkisch-nationale Literaturkritik erfahren hat, geht mit deren Kampf gegen die gesamte literarische Moderne einher. Es ist die Feindseligkeit einer modernen Ästhetik gegenüber, aus der heraus die konservative Literaturkritik so explizit wie kaum jemand sonst die Zugehörigkeit der neusachlichen Bewegung zur literarischen Moderne benennt. In der Neuen Sachlichkeit bekämpft man zuallererst eine großstädtische Zivilisationskunst und urbane Asphaltliteratur. Dies macht nicht nur Wilhelm Stapels Kritik der Neuen Sachlichkeit in Zusammenhang mit seinem Aufruf gegen den »Geist von Berlin« und seine Parole vom »Aufstand der Landschaft gegen Berlin«[1], der im Jahr 1930 letztlich ein Aufbegehren gegen die Neue Sachlichkeit meint, deutlich; in fast allen Aufsätzen, die gegen die neusachliche Bewegung Stellung beziehen, spielen Begriffe eine Rolle, mittels derer man gegen die literarische Moderne insgesamt angeht – und das nicht erst seit den frühen dreißiger Jahren: Stereotyp vorgebrachte Argumentationsmuster und Oppositionsschemata wie Seele/Geist, Gefühl/Verstand, Sentiment/Vernunft, Seele/Ratio, Land/Stadt, Idealismus/Realismus, dichterische Intuition/Reportagetätigkeit, Zweckfreiheit der Kunst/Funktionalität, Phantasie/Intellektualismus, Zeitlosigkeit/Aktualität, Volksgemeinschaft/großstädtisch-anonyme Masse oder Heimatdichtung/Asphaltliteratur stehen beispielhaft für solche Parallelitäten.

Tatsächlich ist die Neue Sachlichkeit, obgleich sie terminologisch die Ismenkette der Modernebewegungen nicht fortsetzt, in jene literarische Moderne eingebunden, die mit dem Naturalismus der 1890er Jahre beginnt; in ihrer Konstituierungsphase nimmt sie dezidiert auf diesen Bezug, und sie darf innerhalb der deutschsprachigen

---

[1] Wilhelm Stapel: Der Geistige und sein Volk. Eine Parole. In: Deutsches Volkstum. Monatsschrift für das deutsche Geistesleben 12 (1930), Nr. 1, S. 1-8, hier S. 8. – Vgl. Bd. II, S. 425.

Literatur als die letzte Phase dieser literarischen Moderne gelten, die
sich in Auseinandersetzung mit den Prozessen der Industrialisierung
und Urbanisierung konstituierte.[2] Statt, wie bislang in der Forschung zur Neuen Sachlichkeit üblich, die neusachliche Bewegung
in der Literatur von der Malerei der Neuen Sachlichkeit herzuleiten,
wurden dementsprechend (insbesondere in Kapitel II) in Verbindung mit dem Versuch der Rekonstruktion eines spezifisch literarischen neusachlichen Diskurses die innerliterarischen Kontinuitäten
und Bezüge des Begriffs Sachlichkeit stärker herausgearbeitet. Zweifelsohne bestehen Gemeinsamkeiten zwischen Neuer Sachlichkeit in
Malerei und Literatur, insbesondere im Hinblick auf ihre Entwicklung als gegenexpressionistische Strömungen. Ihre jeweiligen Ausprägungen weisen allerdings ebenso viele Unterschiede auf, wobei
der entscheidende darin liegt, daß die neusachliche Malerei nie so
konsequent wie die Literatur der Neuen Sachlichkeit auf die Entwicklung einer Gebrauchskunst hinarbeitete.

Berücksichtigt man eine solche Eingebundenheit der Neuen
Sachlichkeit in die literarische Moderne, so fällt auf, daß diese Moderne bereits in ihrer Entstehungsphase infolge des Bemühens um
die Ausbildung einer der industrialisierten Lebenswelt adäquaten urbanen Literatur mit Begriffen wie Sachlichkeit, Wahrheit, Objektivität, Beobachtung der äußeren Wirklichkeit, Realitätsbezug, Antisubjektivismus und Antipsychologismus argumentiert. Insbesondere
die Kategorie der Sachlichkeit fungiert von Beginn an als ein im
Umgang mit der urbanisierten Lebenswelt zentrales Moment wie
gleichermaßen als wesentlicher Bestandteil einer urbanen Ästhetik.
Auch wenn sich die Modernebewegungen des Impressionismus, Naturalismus, des italienischen Futurismus, des deutschen Frühexpressionismus und Dadaismus in der Konstituierungsphase einer modernen Industriegesellschaft formieren, die Neue Sachlichkeit jedoch an
eine fortgeschrittene, kapitalisierte Zivilisationsgesellschaft gebunden ist, läßt sich die Kontinuität der in Auseinandersetzung mit
einer veränderten Realität, vorzugsweise mit dem urbanisierten Lebensraum, entworfenen literarischen Strategien kaum übersehen. Eine terminologische Verbindung fällt dabei vornehmlich zwischen

---

[2] Vgl. hierzu: Sabina Becker: Urbanität und Moderne. Studien zur Groß-
stadtwahrnehmung in der deutschen Literatur 1900-1930. St. Ingbert 1993.

Frühexpressionismus und Neuer Sachlichkeit auf; ein Autor wie
Alfred Döblin steht für diese Kontinuität.

Die Neue Sachlichkeit entfaltet zwar den früheren Modernebewegungen keine vergleichbaren Aktions- und Wirkungsformen;
auch ist ihr Ringen um moderne Ausdrucksmittel und Schreibweisen bei weitem nicht so eng an neue Erfahrungswerte und Wahr-
nehmungsmechanismen innerhalb einer urbanisierten Moderne gebunden, wie dies für Impressionismus, Futurismus, Expressionismus
und Dadaismus zutrifft. Dennoch ist sie als eine Bewegung zu werten, die wesentliche Programmpunkte und poetologische Prämissen
der vorangegangenen Moderneströmungen weiterführt. Wie diese ist
die Neue Sachlichkeit um eine zeitgemäße, der modernen Lebenswelt adäquate Ästhetik bemüht; allerdings versteht man unter zeitgemäß in den zwanziger Jahren primär nicht mehr den großstädtischen Gegebenheiten und Wahrnehmungsbedingungen angepaßte
Schreibtechniken; die im Namen der Neuen Sachlichkeit vorgenommenen Erneuerungsversuche zielen statt dessen auf eine aktuelle, den gesellschaftspolitischen Verhältnissen gemäße Literatur und
Kunst. Die Tatsache, daß eine moderne Poetik den industrialisierten, großstädtischen Gegebenheiten zu entsprechen hat, wird in der
Weimarer Republik – sieht man von den Anfangsjahren und dem
Dadaismus ab – kaum noch diskutiert: Daß die neusachliche Poetik
eine urbane zu sein hat und die Thematik eine großstädtische, wird
stillschweigend vorausgesetzt. Die Übereinkunft darüber, daß eine
zeitgemäße Ästhetik und Literatur modern im Sinne von den Verhältnissen einer urbanisierten Industrie- bzw. Zivilisationsgesellschaft adäquat sein muß, ist die Grundlage des neusachlichen Diskurses. Die Entwicklung von den gesellschaftlichen Modernisierungsprozessen synchronen literarischen Produktions- und Rezeptionsformen ist ein zentrales Anliegen der neusachlichen Bewegung.
Dabei liegt der Schwerpunkt aber weniger auf der zunehmenden
Verstädterung und Industrialisierung des Lebens und der Lebenswelt
als auf der Industrialisierung der Kultur bzw. der Entwicklung moderner Massenmedien. So treffend die Beschreibung der Weimarer
Republik als einer Zeit der Modernisierung aller Lebensbereiche im
Zeichen der Urbanisierung sein mag: die dominante Ästhetik dieses
Jahrzehnts, als die die Neue Sachlichkeit sich zweifelsfrei benennen
läßt, reagiert weniger auf solche zivilisatorischen Prozesse als auf gesamtgesellschaftliche Entwicklungen, insbesondere auf die der Poli-

tisierung und Demokratisierung der Gesellschaft. Der Umstand, daß die Neue Sachlichkeit sich innerhalb einer republikanischen Staatsform ausbildet, hebt sie nachhaltig von den vorangegangenen Modernesströmungen ab. Sowohl ihre Programmatik als auch ihre ästhetischen Postulate sind an die spezifischen gesellschaftspolitischen Rahmenbedingungen der zwanziger Jahre gebunden. Derartige Zusammenhänge lassen sich für alle anderen Richtungen zwar ebenfalls konstatieren; doch nie zuvor hatte es innerhalb der deutschen Gesellschaft eine derartige Politisierung der Öffentlichkeit gegeben; Erster Weltkrieg, Revolution sowie das Ende der Monarchie dürften in nicht unerheblichem Maße zu dieser Entwicklung beigetragen haben. Die Neue Sachlichkeit ist das Resultat dieser Politisierung der Gesellschaft, sie ist das Ergebnis einer vorher nicht gekannten Politisierung von Literatur und Kunst. In Analogie zu den gesellschaftspolitischen Zuständen präsentiert sie sich als eine Gebrauchskunst, geschrieben oder zumindest offen für ein Massenpublikum, konzipiert mit dem Anspruch, sich an der gesellschaftlichen Demokratisierung aktiv zu beteiligen. Mit Blick auf dieses Ziel öffnet sich die neusachliche Literatur der in diesen Jahren entstehenden Massenkultur und gibt damit den konventionellen Dichtungsbegriff preis. In Abgrenzung zu traditionellen Auffassungen definiert sie sich als eine der Publizistik angenäherte Gebrauchsliteratur, verfaßt unter dem Aspekt des Nutzens und der pädagogisch-didaktischen Prämisse der Aufklärung, der Leserschaft übergeben mit der Hoffnung auf ihren informierenden, aufklärenden Charakter. Doch als solche unterscheidet sie sich nachhaltig von der literarischen Moderne früherer Jahrzehnte. Keine andere Modernesströmung hat ihre poetologischen und ästhetischen Prämissen so ausschließlich dem Gebrauchswert unterworfen wie die Neue Sachlichkeit der zwanziger und dreißiger Jahre. Es ist diese funktionale Ausrichtung der neusachlichen Literatur, ihr erzieherischer Impetus, sei es in der Lyrik, Epik oder Dramatik, durch die sich die literarische Moderne der zwanziger und frühen dreißiger Jahre von den vorangegangenen Modernebewegungen abhebt. Zweifelsohne kündigt sich diese Entwicklung im Dadaismus bereits an; doch im Hinblick auf die Exklusivität dieser Kunstrichtung, exklusiv in bezug auf ihre Aktionsformen ebenso wie auf ihre Rezeptions- und Distributionsbedingungen, lassen sich im Vergleich zu den massenorientierten Schreibkonzepten der Neuen Sachlichkeit neben vielen Gemeinsamkeiten ähnlich viele Unterschiede benennen. Reagiert z.B. der Dadaismus mit der Montageform in erster Linie auf die urbanen Wahrnehmungsverhältnisse, so findet diese in der neusachlichen Romanliteratur vorzugsweise als Aufklärungsinstrument ihre Anwendung; belegt sie im Dadaismus vornehmlich die Simultaneität des städtischen Lebens und des gesamten Geschehens, so garantiert sie innerhalb der neusachlichen Ästhetik über die Einbeziehung gesellschaftlichen Dokumentarmaterials die Authentizität und Objektivität des Berichteten auch im Rahmen einer belletristischen Literatur.

Trotz dieser fundamentalen Unterschiede steht außer Frage, daß die Neue Sachlichkeit der literarischen Moderne zugerechnet werden muß und daß sie wesentliche Programmpunkte früherer Modernebewegungen fortführt. Viele der hier als zentrale Bestandteile neusachlicher Ästhetik vorgestellten Elemente tauchen bereits in früheren Strömungen auf, ja z.T. sind sie dort dezidierte Diskussionspunkte innerhalb der Auseinandersetzungen um die jeweilige Ästhetik. Die Kategorie der Beobachtung z.B. stellt für die Frühexpressionisten in Zusammenhang mit der Visualisierung der Literatur und der Dynamisierung literarischer Ausdrucksformen eine zentrale poetologische Komponente dar; auch den Kategorien Realitätsbezug, Antipsychologismus, und Entsentimentalisierung kommt sowohl im Naturalismus als auch im Frühexpressionismus zentrale Bedeutung zu. Indem die Neue Sachlichkeit solche insbesondere auf die Versachlichung literarischen Schreibens zielende Forderungen fortführt, steht sie in der Tradition der literarischen Moderne des 20. Jahrhunderts; trägt man der Tatsache Rechnung, daß die Weimarer Republik als Paradigma der Moderne gelten darf, wäre sie letztlich sogar als eine dieser Moderne synchrone Kunst die Quintessenz derselben, obwohl oder auch gerade weil sie dem Begriff der Sachlichkeit im Sinne einer Funktionalisierung und Materialisierung der Literatur umfassende gesellschaftspolitische Implikationen verleiht. Durch ihre dezidiert funktionale Ausrichtung hebt sich die Neue Sachlichkeit grundsätzlich von früheren Ismen der Moderne ab. Entwarfen Futurismus und Expressionismus ihre Ästhetik entsprechend den Erfahrungshorizonten und Wahrnehmungsbedingungen innerhalb einer industrialisierten Lebenswelt als Absage an formale Kohärenz und mimetische Wiedergabe, so läßt sich die Neue Sachlichkeit keineswegs als eine, wie Walter Benjamin im Hinblick auf die literarische Moderne formulierte, durch die »Krise der Wahrnehmung«

ausgelöste »Krisis der künstlerischen Wiedergabe«[3] definieren. Die durch die angeführten Modeneströmungen in Gang gesetzten literarischen Neuerungen, wozu insbesondere die hier vorgestellten Aspekte zählen, sind dementsprechend weniger formal-stilistischer Natur; vielmehr werden in ihrem Namen sowohl neue Schreibweisen und Genres geschaffen und traditionelle Gattungsgrenzen auf diese Weise aufgelöst. Im Gegensatz zu Impressionismus, Futurismus, Expressionismus und Dadaismus ist die neusachliche Literatur eine mimetische Kunst, bezeichnenderweise ist die Epik eine von der Neuen Sachlichkeit bevorzugte Gattung. Die durch die Modernebewegungen in Gang gesetzten ästhetischen Neuerungen finden innerhalb der neusachlichen Literatur nur bedingt ihre Weiterführung. Der in Reaktion auf die fragmentarischen Wahrnehmungsformen entwickelte Simultan- bzw. Reihungsstil der Expressionisten z.B., dem noch im Dadaismus zentrale Bedeutung zukommt, oder die expressionistische ›Wortkunst‹ spielen innerhalb der neusachlichen Ästhetik keine Rolle mehr. Zwar werden die im Expressionismus eingeführten parataktischen Satzkonstruktionen beibehalten, hypotaktische Satzformen kennt auch die neusachliche Erzählliteratur nicht; dennoch knüpft das Realismuskonzept der Neuen Sachlichkeit vorzugsweise an den Naturalismus der 1890er Jahre an; die Tatsache, daß sich die neusachliche Bewegung zu Beginn der zwanziger Jahre als ein ›neuer Naturalismus‹ konstituiert, verleiht diesen Bezügen Ausdruck. Zwar glaubt man in Übereinstimmung mit den vorangegangenen Modernebewegungen nicht mehr an die Plausibilität eines mimetischen und fiktionalen Erzählens; doch die Erneuerung traditioneller Erzählweisen nimmt die Neue Sachlichkeit primär nicht über die Absage an ein chronologisches Erzählen, sondern durch eine dokumentarische Schreibweise, d.h. durch die Aufnahme dokumentarischen Materials in literarische Texte und durch den Rückgriff auf publizistische Schreibpraktiken, vor. In diesem Sinn ist dem innovativen Charakter urbaner Erfahrung und Wahrnehmung nicht mehr die Bedeutung zuzumessen, die er für Impressionismus, Futurismus, Expressionismus und Dadaismus hatte. Für die neusachliche Ästhetik sind vielmehr gesellschaftspolitische Erfah-

---

[3] Walter Benjamin: Über einige Motive bei Charles Baudelaire [1939/40]. In: Ders.: Gesammelte Werke. Bd. II/2. Hrsg. v. Rolf Tiedemann, Hermann Schweppenhäuser. Frankfurt/Main 1977, S. 605-653, hier S. 645.

rungswerte wie die Demokratisierung der Gesellschaft und die Entstehung einer modernen Massenzivilisation relevant. Sie sind die Grundlage für die durch die Neue Sachlichkeit eingeleiteten Innovationsschübe, die in den zwanziger Jahren insbesondere mit dem Begriff der ›Entauratisierung‹ der Kunst und Literatur verbunden sind. Berücksichtigt man solche Faktoren, so ist nachvollziehbar, daß die Neue Sachlichkeit als eine zentrale Phase der literarischen Moderne zu gelten hat, insofern unter dem Terminus Moderne eine Epoche der gesellschaftlichen Modernisierung im Anschluß an Industrialisierung und Urbanisierung verstanden wird und mit literarischer Moderne der Wandel der Literatur in Verbindung mit diesen gesellschaftlichen Transformationsprozessen beschrieben ist. Verständlich wird aber auch, daß sie im Gegensatz zu den genannten Strömungen nicht als eine Avantgardebewegung charakterisiert werden kann, da das zentrale Kennzeichen der Avantgarde, die Produktion einer ›nicht-organischen‹ Kunst, d.h. die Absage an die formale Kohärenz des Kunstwerks, auf sie nicht anwendbar ist. Die neusachliche Ästhetik ist keine »Poetik des Experiments«[4] und damit auch nicht dem engeren Kreis der Avantgardebewegungen des 20. Jahrhunderts zuzurechnen. In Hinblick auf die Umsetzung des von der gesamten literarischen Moderne verfolgten Ziels, Literatur in die Lebenspraxis zu integrieren, geht die Neue Sachlichkeit andere, dezidiert ›neue‹ Wege, die mit denen der Avantgardebewegungen nur wenig Gemeinsames aufweisen; keine andere Modernebewegung hat der Autonomieästhetik der ästhetizistischen Strömungen so explizit eine Absage erteilt und sich so vehement für eine Funktionalisierung der Literatur ausgesprochen wie die Neue Sachlichkeit der zwanziger Jahre. Mit der von ihr betriebenen Annäherung der Literatur an die Publizistik unterscheidet sie sich nachhaltig von der Programmatik anderer Modeneströmungen. Gleichwohl ist sie der literarischen Moderne zu subsumieren: In ihrem Versuch, der zeitgenössischen Lebens- und Erfahrungswelt adäquate ästhetische Ausdrucksformen zur Seite zu stellen und die Strukturen und Mechanismen einer urbanisierten, hochkapitalisierten Industriegesellschaft mittels synchroner Aufklärungsstrategien zu hinterfragen, darf sie zweifelsohne als die Hochphase der Moderne gelten.

---

[4] Uwe Japp: Die Moderne. Elemente einer Epoche. In: Ders.: Literatur und Modernität. Frankfurt/Main 1987, S. 294-349, hier S. 320.

VI. ANHANG

VI.1. *Liste der ausgewerteten Zeitschriften*
(Verlagsorte und Herausgeber für die Jahre 1920-1933)

- *Aktion*, Die. Zeitschrift für freiheitliche Politik und Literatur. Hrsg. v. Franz Pfempfert. Berlin 1911-1932.
- *Ararat*. Glossen, Skizzen und Notizen zur neuen Kunst. Hrsg. v. Leopold Zahn. München 1919-1921.
- *Blaue Heft*, Das. Hrsg. v. Max Epstein. Berlin 1921/22-1929.
- *Bücherkiste*, Die. Hrsg. v. Leo Scherpenbach. München 1919-1920/21.
- *Bücherwurm*, Der. Eine Monatsschrift für Bücherfreunde. Hrsg. v. Walter Weichardt. München 1910-1943.
- *Charivari*. Hrsg. v. Verlag Felix Bloch Erben. Berlin 1886-1942.
- *Der, Die, Das*. Verantwortliche Redakteure Arthur Ploch, Max Krell. Leipzig 1924/25-1925.
- *Deutsche Bühne*, Die. Amtliches Blatt des Deutschen Bühnenvereins. Berlin 1909-1935.
- *Deutsche Buch*, Das. Monatsschrift für die Neuerscheinungen deutscher Buchhändler. Leipzig 1921-1931.
- *Deutsche Drama*, Das. Zeitschrift für Freunde dramatischer Kunst. Hrsg. v. Richard Elsner. Berlin 1918-1927/28 (1923/24 nicht erschienen).
- *Deutsche Rundschau*, Die. Hrsg. v. Rudolf Pechel. Berlin, seit 1874.
- *Deutsches Volkstum*. Monatsschrift für das deutsche Geistesleben. Hrsg. v. Wilhelm Stapel, Albrecht Erich Günther. Hamburg 1917-1938.
- *Einzige*, Der. Mitteilungen der Gesellschaft für individuelle Kultur. Hrsg. v. Anselm Ruest, Mynona. Berlin 1919-1925.
- *Faust*. Eine Rundschau. Hrsg. v. Ludwig Sternaux, Paul Landau, Anton Mayer. Berlin 1921-1926.
- *Feuer*. Illustrierte Monatsschrift für Kunst und künstlerische Kultur. Hrsg. v. Guido Bagier. Saarbrücken 1919-1922.
- *Feuerreiter*. Blätter für Dichtung, Kritik und Graphik. Hrsg. v. Fritz Gottfrucht, Heinrich Eduard Jacob. Berlin 1921-1924.
- *Form*, Die. Zeitschrift für gestaltende Arbeit. Hrsg. v. Deutschen Werkbund und dem Verband deutscher Kunstgewerbevereine. Berlin 1925/26-1934/35.

- *Forum*, Das. Hrsg. v. Wilhelm Herzog. Berlin 1918-1924.
- *Freihafen*, Der. Blätter der Hamburger Kammerspiele. Hrsg. v. Erich Ziegel. Hamburg 1918-1933/34.
- *Gegenwart*, Die. Hrsg. v. Heinrich Ilgenstein, Wilhelm Bolze. Berlin 1872-1931.
- *Germanisch-Romanische Monatsschrift*. Hrsg. v. Heinrich Schröder, Franz R. Schröder. Heidelberg, seit 1909.
- *Grosse Welt*, Die. Verantwortliche Redakteure Arthur Ploch, Max Krell. Leipzig 1924/25-1925 (1926 vereinigt mit *Das Leben* und *Der Die Das*).
- *Hellweg*, Der. Westdeutsche Wochenschrift für deutsche Kunst. Hrsg. v. Theodor Reismann-Grone. Essen 1920-1927.
- *Horen*, Die. Hrsg. v. Hanns Martin Elster, Wilhelm v. Scholz, Willy Storer. Berlin 1924-1930.
- *Inselschiff*, Das. Zweimonatsschrift für die Freunde des Inselverlags. Redaktion: Karl Weisser. Leipzig 1919/20-1942.
- *Jahresbilanz* über die wissenschaftlichen Erscheinungen auf dem Gebiet der Neuen Deutschen Literatur. Hrsg. v. der Literaturarchiv-Gesellschaft. Berlin, Leipzig 1920-1935.
- *Kolonne*, Die. Hrsg. v. Artur Kuhnert, Martin Raschke. Dresden 1929-1932.
- *Kuckucksei*. Hrsg. v. Walter Reiß. Berlin 1924-1933.
- *Kunstblatt*, Das. Hrsg. v. Paul Westheim. Berlin 1917-1933.
- *Leben*, Das. Verantwortliche Redakteure Arthur Ploch, Max Krell, Erich Kästner, Hans Natonek. Leipzig 1923/24-1934.
- *Lebenden*, Die. Hrsg. v. Ludwig Kunz. Berlin 1923/27-1930/31.
- *Linkskurve*, Die. Hrsg. v. Johannes R. Becher, Andor Gabor, Kurt Kläber, Erich Weinert, Ludwig Renn. Berlin 1929-1932.
- *Literarische Echo*, Das / Die Literatur. Hrsg. v. Ernst Heilborn. Stuttgart 1898-1944.
- *Literarische Welt*, Die. Hrsg. v. Willy Haas. Berlin 1925-1933.
- *Masken*. Zeitschrift für deutsche Theaterkultur. Hrsg. v. Düsseldorfer Schauspielhaus. Redaktion Louise Dumont. Düsseldorf 1905/06-1932/33.
- *Nation und Schrifttum*. Führer durch das Schaffen der Zeit. Hrsg. v. Franz Alfons Gayda, Franz Schauwecker u.a. Berlin 1932-1936.
- *Neue Blätter für Kunst und Dichtung*. Hrsg. v. Hugo Zehder. Dresden 1918-1921.
- *Neue Bücher*. Hrsg. v. der Freien Arbeitsgemeinschaft der deutschen Volksbibliothekare. Bonn 1924/25-1932.

- *Neue Bücherschau*, Die. Hrsg. v. Gerhart Pohl. Berlin 1929-1929.
- *Neue Merkur*, Der. Monatsschrift für geistiges Leben. Hrsg. v. Efraim Frisch. München 1919-1925.
- *Neue Revue*. Literarisches Magazin. Hrsg. v. Gert von Gontard. Berlin 1930/31-1932.
- *Neue Rundschau*, Die. Verantwortlicher Redakteur: Rudolf Kayser. Berlin seit 1890.
- *Neue Schweizer Rundschau*. Hrsg. v. Henri Herr, Redaktion Max Rychner. Zürich 1908-1931.
- *Nyland*. Vierteljahresschrift des Bundes für schöpferische Arbeit. Redaktion Wilhelm Vershofen, Joseph Winkler. Jena 1919-1920.
- *Orplid*. Literarische Monatsschrift in Sonderheften. Hrsg. v. Martin Rokkenbach. Leipzig, ab 1925 München-Gladbach 1924-1928.
- *Preußische Jahrbücher*. Hrsg. v. Walter Schotte. Berlin 1858-1935.
- *Querschnitt*, Der. Hrsg. v. Hermann v. Wedderkop. Frankfurt, ab 1924 Berlin 1921-1936.
- *Scene*, Die. Hrsg. von der Vereinigung künstlerischer Bühnenvorstände. Redaktion Heinz Liepmann. Berlin 1911/12-1933.
- *Scheinwerfer*, Der. Hrsg. v. Hannes Küpper. Essen 1927/28-1932/33.
- *Schöne Literatur*, Die. Hrsg. v. Will Vesper. Leipzig, ab 1929 Hamburg 1900-1943.
- *Schriftsteller*, Der. Hrsg. v. Schutzverband deutscher Schriftsteller. Redaktion Artur Eloesser, Max Freyhan u.a. Berlin 1910/11-1935.
- *Sturm*, Der. Hrsg. v. Herwarth Walden. Berlin 1910-1932.
- *Süddeutsche Monatshefte*. Hrsg. v. Paul Nikolaus Cossmann. München, Leipzig, Berlin 1904-135/37.
- *Tagebuch*, Das. Hrsg. v. Stefan Grossmann, Leopold Schwarzschild. Berlin 1920-1933.
- *Tat*, Die. Hrsg. v. Eugen Diederichs. Jena 1909-1938.
- *Theater*, Das. Illustrierte Halbmonatsschrift für internationale Bühnenkunst. Hrsg. v. Erich Köhrer, Arthur Kürschner. Berlin 1925-1942.
- *Uhu*, Der. Hrsg. v. Peter Pfeffer. Berlin 1924/25-1932/33.
- *Vierte Wand*, Die. Hrsg. v. der Mitteldeutschen Ausstellungsgesellschaft. Magdeburg 1926-27. Redaktion Paul Alfred Merbach.
- *Volksbühne*, Die. Zeitschrift für soziale Theaterpolitik und Kunstpflege. Hrsg. v. Verband der deutschen Volksbühnenvereine. Redaktion Hans von Zwehl, Arthur Krämer u.a. Berlin 1926-1933.

- *Weltbühne*, Die. Wochenschrift für Politik, Kunst, Wirtschaft. Hrsg. v. Siegfried Jacobsohn, Kurt Tucholsky, Carl v. Ossietzky. Berlin 1905-1933.
- *Zeitschrift für Bücherfreunde*. Hrsg. v. G. Witkowski. Leipzig 1897-1936.
- *Zeitschrift für Deutschkunde*. Hrsg. v. Wilhelm Hofstaetter, Hermann August Korff. Leipzig, Berlin 1920-1943.
- *Zwiebelfisch*, Der. Eine kleine Zeitschrift für Buchwesen und Typographie. Hrsg. v. H. v. Weber. München 1909-1934.

VI.2. *Liste der ausgewerteten Texte*

1918/1919

- Hausenstein, Wilhelm: Die Kunst in diesem Augenblick. In: Der neue Merkur 3 (1919/20), Sonderheft »Werden«, S. 113-127.
- Kisch, Egon Erwin: Das Wesen des Reporters. In: Das literarische Echo 20 (1918), Nr. 8, S. 437-440.
- Rathenau, Walter: Neue Gesellschaft. Berlin 1919.
- Wachler, Ernst: Ziele des deutschen Dramas. In: Das deutsche Drama. Zeitschrift für Freunde dramatischer Kunst 1 (1918), Nr. 1, S. 42-48.
- Weber, Max: Brief an Otto Crusius vom 24. November 1918. In: Ders.: Gesammelte politische Schriften (Politische Briefe 1906-1919). München 1921, S. 512-517.

1920

- anonym: [Rez.] Rudolf von Delius: Philosophie der Liebe. In: Das Tage-Buch 1 (1920), Nr. 39, S. 1284.
- Brecht, Bertolt: Das Theater als Sport [1920; unveröffentlicht]. In: Ders.: Werke. Hrsg. v. Werner Hecht, Jan Knopf, Werner Mittenzwei, Klaus-Detlef Müller. Bd. 21: Schriften 1, 1914-1933. Berlin, Weimar, Frankfurt/Main 1992, S. 56-58.
- Döblin, Alfred: Bekenntnis zum Naturalismus. In: Das Tage-Buch 1 (1920), Nr. 50, S. 1599-1601.
- Döblin, Alfred: Die Not der Dichter. In: Die Post, Nr. 97 vom 22.2.1920.
- Goldschmidt, Alfons: Moskauer Tagebuch. In: Das Tage-Buch 1 (1920), Nr. 30, S. 980-984.
- Grossmann, Stefan: Zum Anfang. In: Das Tage-Buch 1 (1920), Nr. 1, S. 1.
- Graf, Oskar Maria: Gegen den Dichter von heute. In: Die Bücherkiste 2 (1920/21), Nr. 5/6, S. 5.
- Hasenclever, Walter: Die Kieler Woche. In: Das Tage-Buch 1 (1920), Nr. 12, S. 393-395.
- Kayser, Rudolf: Das Ende des Expressionismus. In: Der Neue Merkur 4 (1920), Nr. 4, S. 251-258.
- Kracauer, Siegfried: Schicksalswende in der Kunst. In: Frankfurter Zeitung, Nr. 606 vom 18.8.1920, S. 1f.
- Moellendorff, Wichard von: Goldschmidts Moskau. In: Das Tage-Buch 1 (1920), Nr. 32, S. 1045-1048.

- Moellendorff, Wichard von: Drei Variationen eines Themas. In: Das Tage-Buch 1 (1920), Nr. 15, S. 512-517.
- Paquet, Alfons: Rußland heute. In: Das Tage-Buch 1 (1920), Nr. 31, S. 1006-1009.
- Zweig, Stefan: Aufruf zur Geduld. In: Das Tage-Buch 1 (1920), Nr. 1, S. 7-10.
- Zweig, Stefan: Bilanz eines Jahres. In: Das Tage-Buch 1 (1920), Nr. 50, S. 1581-1582.

1921

- Blei, Franz: Döblins Wallenstein. In: Das Tage-Buch 2 (1921), Nr. 13, S. 400f.
- Edschmid, Kasimir: In eigener Sache. In: Das Tage-Buch 2 (1921), Nr. 18, S. 551-554.
- Eloesser, Arthur: Von Sternheim zu Unruh. In: Das Blaue Heft 3 (1921), Nr. 15, S. 120-127.
- Feuchtwanger, Lion: Wallenstein. In: Die Weltbühne 17 (1921), I, Nr. 21, S. 573-576.
- Haas, Willy: Das künstlerische Film-Manuskript. In: Das Blaue Heft 3 (1921), Nr. 13, S. 371-376.
- Jacobsohn, Siegfried: Gespenster. In: Die Weltbühne 17 (1921), I, Nr. 2, S. 558-561.
- Pinthus, Kurt: So siehst du aus! In: Das Tage-Buch 2 (1921), Nr. 46, S. 1405-1409.
- Wedderkop, Hermann von: Expressionismus und Wirklichkeit. In: Feuer 3 (1921), Nr. 1, S. 141-144.
- Wrobel, Ignaz: Das Buch von der deutschen Schande. In: Die Weltbühne 17 (1921), II, Nr. 36, S. 237-242.
- Zweig, Arnold: Willy Handl und sein Roman. In: Die Weltbühne 17 (1921), II, Nr. 29, S. 65-72.

1922

- Antworten auf die Rundfrage: »Ein neuer Naturalismus??« In: Das Kunstblatt 6 (1922), Nr. 9, S. 369-414.
- Diebold, Bernhard: Sachlichkeit am Wort. In: Das Kunstblatt 6 (1922), Nr. 1, S. 37.

- Eloesser, Arthur: Theater. In: Das Blaue Heft 3 (1922), Nr. 22, S. 568-574.
- Feuchtwanger, Lion: Bertolt Brecht. In: Das Tage-Buch 3 (1922), Nr. 40, S. 1417-1419.
- Hiller, Kurt: Antiliteratur. In: Das Tage-Buch 3 (1922), Nr. 9, S. 333-336.
- Hiller, Kurt: Wort und Tat. In: Das Tage-Buch 3 (1922), Nr. 17, S. 656.
- Jacobsohn, Siegfried: Bertolt Brecht: Trommeln in der Nacht. In: Die Weltbühne 18 (1922), II, Nr. 52, S. 680f.
- Jacobsohn, Siegfried: Grabbe und Nestroy. In: Die Weltbühne 18 (1922), I, Nr. 20, S. 507-509.
- Jacobsohn, Siegfried: Vatermord. In: Die Weltbühne 18 (1922), I, Nr. 21, S. 530-532.
- Schacht, Roland: Raoul Hausmann tanzt. In: Das Blaue Heft 3 (1922), Nr. 40/41, S. 887f.
- Wedderkop, Hermann von: Bühnenexpressionismus. In: Der Neue Merkur 6 (1922), Nr. 2, S. 103-110.
- Wedderkop, Hermann von: Querschnitt durch 1922. In: Der Querschnitt 2 (1922), Nr. 1, S. [1-8].
- Westheim, Paul: Kleines Kolleg über ›Naturalismus‹. In: Das Kunstblatt 6 (1922), Nr. 3, S. 93-95.

1923

- Blum, Oscar: Die letzten Tage der Menschheit. In: Die Weltbühne 19 (1923), II, Nr. 27, S. 11-13.
- Diebold, Bernhard: Bilanz der jungen Dramatik. In: Die neue Rundschau 34 (1923), Bd. I, S. 740.
- Fechter, Paul: Die nachexpressionistische Situation. In: Das Kunstblatt 7 (1923), Nr. 10, S. 321-329.
- Feuchtwanger, Lion: Ein deutscher Shakespeare. In: Die Weltbühne 19 (1923), I, Nr. 5, S. 136-138.
- Flake, Otto: Bücher. In: Die Weltbühne 19 (1923), I, Nr. 7, S. 186-189.
- Grossmann, Stefan: Das Prager Soldatenbuch. In: Das Tage-Buch 4 (1923), Nr. 21, S. 741f.
- Heimann, Moritz: Biographie. In: Die Weltbühne 19 (1923), II, Nr. 51, S. 626.
- Ihering, Herbert: Bertolt Brecht: Baal. In: Berliner Börsen-Courier, 9., 10. u. 11.12. 1923.
- Ihering, Herbert: Ernst Weiß: »Olympia«. In: Berliner Börsen-Courier, 19.3.1923.

- Jacobsohn, Siegfried: Nebeneinander. In: Die Weltbühne 19 (1923), II, Nr. 46, S. 482f.
- Lilliput: Ohne Titel. In: Die Weltbühne 19 (1923), I, Nr. 1, S. 26.
- Viertel, Berthold: Hermann Ungar: »Die Verstümmelten«. In: Die Weltbühne 19 (1923), I, Nr. 23, S. 661-663.
- Wedderkop, Hermann von: Querschnitt durch 1923. In: Der Querschnitt 3 (1923), Nr. 1, S. VIII-XIV.
- Wedderkop, Hermann von: Standpunkt. In: Der Querschnitt 3 (1923), Nr. 1, S. 1-6.
- Wedderkop, Hermann von: Moskauer Kammertheater. In: Der Querschnitt 3 (1923), Nr. 1, S. 65-67.
- Westheim, Paul: Maschinenromantik. In: Das Kunstblatt 7 (1923), Nr. 2, S. 33-39.
- Wolfradt, Willi: Die Situation der bildenden Kunst. In: Die Lebenden (Flugblätter) 1 (1923), Nr. 1, S. 1.
- Zweig, Arnold: Der Angriff der Gegenstände. In: Das Tage-Buch 4 (1923), Nr. 16, S. 557-560.

1924

- Bach, Rudolf: Werfels »Juarez und Maximilian«. In: Masken 18 (1924/25), Nr. 15, S. 238-242.
- Döblin, Alfred: Der Geist des naturalistischen Zeitalters. In: Die neue Rundschau 35 (1924), Bd. II, S. 1275-1293.
- Döblin, Alfred: Arnolt Bronnen: »Anarchie in Sillian«. In: Prager Tageblatt 49 (1924), Nr. 87, S. 6.
- Flake, Otto: Drei Bücher zur Zeit. In: Die neue Rundschau 35 (1924), Bd. I, S. 69-76.
- Ihering, Herbert: Arnolt Bronnen »Katalaunische Schlacht«. In: Berliner Börsen-Courier, 2.12.1924.
- Ihering, Herbert: Mitteilung und Ausdruck. In: Ders.: Aktuelle Dramaturgie. Berlin 1924, S. 104-106.
- Ihering, Herbert: Georg Kaiser Kolportage. In: Berliner Börsen-Courier, 28.3.1924.
- Neisse-Herrmann, Max: Ein wichtiger Theaterabend. In: Die Aktion 13 (1924), Nr. 11, Sp. 303f.
- Osborn, Max: Alfons Paquet »Fahnen«. In: Berliner Morgenpost, 28.5.1924.
- Wedderkop, Hermann von: Der Siegeszug des »Querschnitt«. In: Der Querschnitt 4 (1924), Nr. 2, S. 90-92.

1925

- Behne, Adolf: Vorsicht! Frisch gestrichen! In: Die Weltbühne 21 (1925), I, Nr. 16, S. 596f.
- Behne, Adolf: Bilanz der Ausstellungen. In: Die Weltbühne 21 (1925), II, Nr. 28, S. 60-62.
- Behne, Adolf: Schreibmaschine, Frans Hals, Lilian Gish und andres. In: Die Weltbühne 21 (1925), II, Nr. 38, S. 456-458.
- Behne, Adolf: Meyerhold. In: Die Weltbühne 21 (1925), II, Nr. 45, S. 727f.
- Diebold, Bernhard: Carl Zuckmayer »Der fröhliche Weinberg«. In: Frankfurter Zeitung, 26.12. 1925.
- Feuchtwanger, Lion: Roda Rodas Romane. In: Die Weltbühne 21 (1925), I, Nr. 1, S. 31f.
- Feuchtwanger, Lion: Tage des Königs. In: Die Weltbühne 21 (1925), I, Nr. 2, S. 71f.
- Gaupp, Fritz: Um das Theater. In: Die neue Bücherschau 3 (1925), Nr. 2, S. 8-12.
- Haas, Willy: An unsere Leser und Freunde. In: Die Literarische Welt 1 (1925), Nr. 1, S. 2.
- Herrmann, Klaus: Egon Erwin Kisch »Der Rasende Reporter«. In: Die neue Bücherschau 3 (1925), Nr. 2, S. 43f.
- Heynicke, Kurt: Aufbau des Theaters. In: Masken 19 (1925/26), Nr. 10, S. 145-148.
- Holländer, Felix: Carl Zuckmayer: Der fröhliche Weinberg. In: 8-Uhr-Abendblatt, 29.12. 1925.
- Ihering, Herbert: Publikum und Bühnenwirkung. In: Berliner Börsen-Courier, 15.2.1925 u. 22.2.1925.
- Kaus, Gina: Mechtilde Lichnowsky: Der Kampf mit dem Fachmann. In: Die Literarische Welt 1 (1925), Nr. 4, S. 4.
- Kisch, Egon Erwin: Vorwort. In: Ders.: Der rasende Reporter. Berlin 1925, S. VII-VIII.
- Lania, Leo: Upton Sinclair. In: Die neue Bücherschau 3 (1925), Nr. 5, S. 12-15.
- Lichnowsky, Mechtilde: Der Kampf mit dem Fachmann. In: Der Querschnitt 5 (1925), Nr. 2, S. 128-131.
- Mann, Klaus: Kaspar Hauser. In: Die Weltbühne 21 (1925), I, Nr. 4, S. 511f.
- Panter, Peter: Babbitt. In: Die Weltbühne 21 (1925), I, Nr. 18, S. 665-669.
- Pinthus, Kurt: Arnolt Bronnen »Rheinische Rebellen«. In: 8-Uhr-Abendblatt, 18.5.1925.

- Rein, Leo: Das junge Drama. In: Das Blaue Heft 6 (1925), Nr. 12, S. 331-338.
- Saiko, George: Surrealismus – Neue Sachlichkeit. Einiges zu ihrer Symptomatologie. [um 1925; Typoskript; unveröffentlicht]. In: Ders.: Sämtliche Werke in fünf Bänden. Hrsg. v. Adolf Haslinger. Bd. IV: Drama und Essays. Salzburg 1986 S. 268.
- Sternheim, Carl: Kurt Pinthus. In: Der Querschnitt 5 (1925), Nr. 7, S. 593-596.
- st. gr. [= stefan grossmann]: Egon Erwin Kisch: Der Fall des Generalstabschefs Redl. In: Das Tage-Buch 6 (1925), Nr. 8, S. 289.
- Troß, Erich: Die Neue Sachlichkeit. In: Frankfurter Zeitung, Nr. 659, 1925.
- Ungar, Hermann: Vorbemerkung. In: Ders.: Die Ermordung des Hauptmanns Hanika. Tragödie einer Ehe. Berlin 1925, S. 7.
- Wedderkop, Hermann von: Jahresbilanz. In: Der Querschnitt 5 (1925), Nr. 3, S. 193-197.
- Wrobel, Ignaz: Das Buch vom Kaiser. In: Die Weltbühne 21 (1925), II, Nr. 52, S. 980-982.

1926

- a.: Larissa Reissner. In: Die Literarische Welt 2 (1926), Nr. 9, S. 2.
- b.v.: Ein Schema. In: Masken 20 (1926/27), Nr. 3, S. 53.
- Behne, Adolf: Die Stellung des Publikums zur modernen deutschen Literatur. In: Die Weltbühne 22 (1926), I, Nr. 20, S. 774-777.
- Behne Adolf: Anton von Werner-Renaissance. In: Die Form 1 (1926), Nr. 6, S. 130.
- Behne, Adolf: Kunst in der Gemeinschaft. In: Die Tat 16 (1926), Nr. 9, S. 685-693.
- Bormann, Heinrich Hanns: Die Zeitung: Darstellung und Bericht. In: Orplid 3 (1926), Nr. 9, S. 1-17.
- Bernhard, Wilhelm: Der Untergang des Abendstückes oder das kommende Theater. In: Der Querschnitt 6 (1926), Nr. 1, S. 55-58.
- Brecht, Bertolt: Mehr guten Sport. In: Berliner Börsen-Courier, 6.2.1926.
- Brecht, Bertolt: Kehren wir zu den Kriminalromanen zurück? In: Die Literarische Welt 2 (1926), Nr. 14, S. 4.
- Brecht, Bertolt: Kleiner Rat, Dokumente anzufertigen [1926; unveröffentlicht]. In: Ders.: Werke. Bd. 21: Schriften 1. Hrsg. v. Werner Hecht, Jan Knopf, Werner Mittenzwei, Klaus-Detlef Müller. Berlin, Weimar, Frankfurt/Main 1992, S. 163-165.

- Brecht, Bertolt: Antwort auf die Umfrage *Die besten Bücher des Jahres*. In: Das Tage-Buch 7 (1926), Nr. 49, S. 1839.
- Buesche, Albert: Besinnung auf dem Theater. In: Die Scene 16 (1926), Nr. 6, S. 179f.
- Die besten Bücher des Jahres – Eine Umfrage. In: Das Tage-Buch 7 (1926), Nr. 49, S. 1833-1839 (Antworten von Leopold Jessner und Bert Brecht).
- Döblin, Alfred: Ausflug nach Mexiko. In: Die Weltbühne 22 (1926), I, Nr. 11, S. 421f.
- Ehrenburg, Ilja: Verteidigung der neuen Romantik. In: Die Literarische Welt 2 (1926), Nr. 24/25, S. 5-7.
- Ehrentreich, Alfred: Die neue Sachlichkeit in der Schule. In: Die Tat 18 (1926), Nr. 3, S. 234f.
- Eipper, Paul: Neue Sachlichkeit – im Elefantenhaus. In: Das Tage-Buch 7 (1926), Nr. 37, S. 1369f.
- Feuchtwanger, Lion: Über R.L. Stevenson. In: Die Weltbühne 22 (1926), II, Nr. 38, S. 465-468.
- Freyhan, Max: Das neue Drama – seine Ergebnisse, seine Krise. In: Die Vierte Wand 1 (1926), Nr. 2, S. 1-3.
- Glaeser, Ernst: Jahrgang 1902. Vorwort zu Teil II des Romans. Potsdam 1926.
- Glücksmann, Josef: Übergänge und Entwicklungen. In: Masken 20 (1926/27), Nr. 3, S. 49-52.
- Glücksmann, Josef: Über Georg Kaiser. In: Masken 20 (1926/27), Nr. 17, S. 326-329.
- Glücksmann, Josef: Das Drama von morgen. In: Masken 20 (1926/27), Nr. 20, S. 401-407.
- Graetzer, Franz: Wandlungen im Typus des Schauspielers. In: Die Gegenwart 55 (1926), Juli, S. 158-161.
- Haas, Willy: Meine Meinung. In: Die Literarische Welt 2 (1926), Nr. 39, S. 1f.
- Herrmann-Neiße, Max: Junge Dichtung. In: Die Literarische Welt 2 (1926), Nr. 36, S. 5.
- Herrmann, Klaus: Die Reporter. In: Die neue Bücherschau 4 (1926), Nr. 4, S. 166-169.
- Ihering, Herbert: Alfons Paquet »Sturmflut«. In: Berliner Börsen-Courier, 22. u. 23.2.1926.
- Ihering, Herbert: Brechts Baal. In: Berliner-Börsen-Courier, 15.2.1926.
- Jeßner, Leopold: Antwort auf die Umfrage *Die besten Bücher des Jahres*. In: Das Tage-Buch 7 (1926), Nr. 49, S. 1838.
- Kalenter, Ossip: Tisch mit Büchern. In: Das Tage-Buch 7 (1926), Nr. 29, S. 1054.

- Kamnitzer, Ernst: Zeitungs-Sachlichkeit. In: Die Literarische Welt 2 (1926), Nr. 21/22, S. 10.
- Kayser, Rudolf: Die »Neue Rundschau«. In: Das vierzigste Jahr 1886-1926. Fischer-Almanach 1926. Berlin 1926, S. 74-80.
- Kisch, Egon Erwin: Soziale Aufgaben der Reportage. In: Die neue Bücherschau 4 (1926), Nr. 4, S. 163-166.
- Kunze, Paul: Neue Sachlichkeit – nur Anton von Werner-Renaissance? In: Die Form 1 (1926), Nr. 11, S. 256.
- Lania, Leo: Ungestaltete Aktualität. In: Die Literarische Welt 2 (1926), Nr. 19, S. 6.
- Lania, Leo: Das politische Drama. Alfons Paquets »Sturmflut« in der Volksbühne. In: Die Literarische Welt 2 (1926), Nr. 10, S. 3.
- Lania, Leo: Reportage als soziale Funktion. In: Die Literarische Welt 2 (1926), Nr. 26, S. 5.
- Lania, Leo: Die Erben Zolas. In: Die neue Bücherschau 4 (1926), Nr. 3, S. 111-115.
- Lernet-Holenia, Alexander: Theatralische Thesen. In: Die Scene 16 (1926), Nr. 9, S. 256-260.
- Männer der Wissenschaft über moderne Literaturprobleme. In: Die Literarische Welt 2 (1926), Nr. 3, S. 1.
- Mann, Klaus: Was arbeiten Sie? X. Gespräch mit Bruno Frank. In: Literarische Welt 2 (1926), Nr. 29, S. 1.
- Natonek, Hans: Ford, der Schriftsteller. In: Das Blaue Heft 8 (1926), Nr. 22, S. 555-557.
- Panter, Peter: Der neudeutsche Stil. In: Die Weltbühne 22 (1926), I, Nr. 14, S. 540-544.
- Pinthus, Kurt: Vierzig Jahre Kurt Pinthus. In: Die Literarische Welt 2 (1926), Nr. 19, S. 5.
- Piscator, Erwin: Das politische Theater. In: Die neue Bücherschau 4 (1926), Nr. 4, S. 168-171.
- Piscator, Erwin: Stirbt das Drama? In: Der Freihafen 9 (1926), Nr. 2, S. 1-4.
- Pohl, Gerhart: Deutsche Kulturchronik V. In: Die neue Bücherschau 4 (1926), Nr. 2, S. 79-82.
- Reger, Erik: Soziologie des Theaters im Industriebezirk. In: Die Scene 16 (1926), Nr. 9, S. 260-264.
- Reportage und Dichtung. Eine Rundfrage. Veranstaltet von Hans Tasiemka. Mit Antworten von Max Brod, Alfred Döblin, Leonhard Frank, George Grosz, Max Herrmann-Neiße, Hermann Kasack, Klabund, Hans Leip, Emil Ludwig, Heinrich Mann, Erich Mühsam, Hans José Rehfisch, Ernst Toller und Ernst Weiss. In: Die Literarische Welt 2 (1926), Nr. 26, S. 2f.

- Schnack, Anton: Absturz. In: Die Literarische Welt 2 (1926), Nr. 30, S. 8.
- Sieburg, Friedrich: Anbetung von Fahrstühlen. In: Die Literarische Welt 2 (1926), Nr. 30, S. 8.
- W[ilhlem] E[manuel] Süskind: Kleine Lektüre. In: Die Literarische Welt 2 (1926), Nr. 33, S. 6.
W[ilhlem] E[manuel] Süskind: Herman Bang und wir. In: Das vierzigste Jahr. 1886-1926 (Fischer-Almanch). Berlin 1926, S. 159-165.
- Stark, Günther: Piscators Regieabsichten in der »Sturmflut«-Inszenierung. In: Die Scene 16 (1926), Nr. 5, S. 149-152.
- Voigt-Diederichs, Helene: Neue Sachlichkeit. In: Vossische Zeitung, 1.8.1926, Beilage »Literarische Umschau«.
- Walden, Herwarth: Beziehungen hergestellt. In: Die Weltbühne 22 (1926), I, Nr. 18, S. 714f.
- Walden, Herwarth: Die neue Sachlichkeit. In: Der Sturm 17 (1926), S. 145f.
- Wedderkop, Hermann von: Wandlungen des Geschmacks. In: Der Querschnitt 6 (1926), Nr. 7, S. 497-502.
- Zarek, Otto: Tisch mit Büchern. In: Das Tage-Buch 7 (1926), Nr. 4, S. 155f.
- Zarek, Otto: Tisch mit Büchern. In: Das Tage-Buch 7 (1926), Nr. 12, S. 474-476.

1927

- Antworten auf die Umfrage »Die Lebensbedingungen der Schaubühne im Jahre 1927«. In: Die Scene 7 (1927), Nr. 1, S. 1-13 u. Nr. 2, S. 33-43.
- Arnheim, Rudolf: Neue Sachlichkeit und alter Stumpfsinn. In: Die Weltbühne 23 (1927), I, Nr. 15, S. 591f.
- Blum, Oscar: Boris Pilnjak. In: Die Weltbühne 23 (1927), I, Nr. 20, S. 788-790.
- Brecht, Bertolt: Anleitung zum Gebrauch der einzelnen Lektionen. In: Ders.: Hauspostille. Berlin 1927, S. IX-XII, hier S. IX.
- Brecht, Bert: Kurzer Bericht über 400 (vierhundert) junge Lyriker. In: Die Literarische Welt 3 (1927), Nr. 5, S. 1.
- Brecht, Bertolt: Vorspruch zu »Im Dickicht der Städte« [1927]. In: Bertolt Brecht: Werke. Bd. 1: Stücke I. Berlin, Weimar, Frankfurt/Main 1989, S. 438-497.
- Dem Lebendigen Geist Émile Zola. Worte zum 25. Todestage von Max Hermann-Neiße, Arthur Holitscher, Herbert Ihering, Joseph Roth, Hermann Kesser u.a. In: Die neue Bücherschau 5 (1927), Nr. 3, S. 92-101.

- Döblin, Alfred: Unbekannte junge Erzähler (Votum Döblins zum »Geschenk an die Jugend«). In: Die Literarische Welt 3 (1927) , Nr. 11, S. 1.
- Eggebrecht, Axel: Frank Harris »Die Bombe«. In: Die Literarische Welt 3 (1927), Nr. 25, S. 5.
- Emmel, Felix: Schauspielertypen. In: Die Vierte Wand 2 (1927), Nr. 18, S. 3-7.
- Feuchtwanger, Lion: Zu meinem Stück »Die Petroleuminseln«. In: Die Weltbühne 23 (1927), II, Nr. 42, S. 602f.
- Feuchtwanger, Lion: Die Konstellation der Literatur. In: Berliner Tageblatt, Nr. 518 vom 2.11.1927.
- Feuchtwanger, Lion: Der Geschmack des englischen Lesers. In: Berliner Tageblatt, 1.12.1927.
- Fleißer, Marieluise: Der Heinrich Kleist der Novellen. In: Der Scheinwerfer 1 (1927), Nr. 2, S. 6-8.
- Fontana, Oskar Maurus: Frank Harris: »Die Bombe«. In: Das Tage-Buch 8 (1927), Nr. 43, S. 1734.
- Gleichen-Rußwurm, Alexander: Neue Sachlichkeit. In: Der Hellweg 7 (1927), Nr. 12, S. 191f.
- Graetzer, Franz: Neue Sachlichkeit im Drama? In: Die Gegenwart 56 (1927), Mai, S. 109-112.
- Graetzer, Franz: Umwertung des Theaters. In: Die Gegenwart 56 (1927), Februar, S. 27-30.
- Haas, Willy: An unsere Leser und Freunde! In: Die Literarische Welt 3 (1927), Nr. 13, S. 1.
- Herrmann-Neiße, Max: Ein guter Theaterroman. In: Die Literarische Welt 3 (1927), Nr. 4, S. 5.
- Hieber, Hermann: Theater in Moskau. In: Die Weltbühne 23 (1927), I, Nr. 22, S. 869-872.
- Holthaus, Friedrich: Alte und neue Schule in der Schauspielkunst. In: Die Vierte Wand 2 (1927), Nr. 14/15, S. 21-23.
- Ihering, Herbert: Das Theater an der Ruhr. In: Der Scheinwerfer 1 (1927), Nr. 2, S. 3.
- Ihering, Herbert: Drei Brecht-Bücher. In: Berliner Börsen-Courier, 30.4.1927.
- Ihering, Herbert: Erwin Piscator/Alexej N. Tolstoi/Schtschegolew: »Rasputin«. In: Berliner Börsen-Courier, 11.11.1927.
- Ihering, Herbert: Ungedruckte Dramatiker. In: Die Literarische Welt 3 (1927), Nr. 15/16, S. 1f.
- Ihering, Herbert: Etappendramaturgie. In: Berliner Börsen-Courier, Nr. 85 vom 20.2.1927.
- Ihering, Herbert: Ernst Toller: Rasputin. In: Berliner Börsen-Courier, 11.11.1927.

- Kahane, Arthur: Politik im Theater. In: Das Theater 8 (1927), Nr. 10, S. 250-252.
- Kamphausen, Reydt, Alfred: Die Kunst des Tages. Ausdruckswerte der »neuen Sachlichkeit«. In: Der Hellweg 7 (1927), Nr. 1, S. 42.
- Knab, Armin: Ludwig Weber und die neue Tonkunst. In: Der Scheinwerfer 1 (1927), Nr. 3, S. 8f.
- Knudsen, Hans: Technik als Ausdruck. In: Masken 21 (1927/28), Nr. 18, S. 356-359.
- Lessing, Theodor: Egon Erwin Kischs Russland-Buch. In: Das Tage-Buch 8 (1927), Nr. 25, S. 974.
- Levi, Paul: Blondinen bevorzugt. In: Die Literarische Welt 2 (1927), Nr. 9, S. 5.
- Lippmann, Heinz: Dichtung und Theater. In: Die Vierte Wand 2 (1927), Nr. 14/15, S. 50-52.
- Lop, Jacob: Neue Sachlichkeit. In: Das Blaue Heft 9 (1927), Nr. 10, S. 307f.
- Lustig, Hanns G.: Sternheim und der gelockerte Eros. In: Das Blaue Heft 9 (1927), Nr. 9, S. 50-52.
- M.R. [=Martin Rockenbach]: Deutsche Gegenwart weiterhin. In: Orplid 4/5 (1927/28), Nr. 9/10, S. 125-127.
- Mann, Klaus: Nachwort. In: Anthologie jüngster Lyrik. Hrsg. v. Willi R. Fehse, Klaus Mann. Hamburg 1927, S. 159-162.
- Michael, Friedrich: Magdeburgs aktuelles Theater. In: Die Vierte Wand 2 (1927), Nr. 14/15, S. 52-54.
- Michel, Artur: Kleist und die Berliner Theater. In: Die Weltbühne 23 (1927), II, Nr. 42, S. 603-606.
- Natonek, Hans: Dichtung als Dokument. Der Roman, nach dem man sich sehnt. In: Neue Leipziger Zeitung, 27. 11.1927, S. 33.
- Neumann, Robert: Zum Problem der Reportage. In: Die Literatur 30 (1927/28), S. 3f.
- Otte, P.A.: Feuchtwanger-Brecht »Kalkutta, 4. Mai«. In: Die Literarische Welt 3 (1927), Nr. 48, S. 11.
- Pinthus, Kurt: Kortner, Typ künftiger Kunst. In: Das Theater 8 (1927), Nr. 9, S. 227f.
- Polgar, Alfred: »Die Schule von Uznach«. In: Die Weltbühne 23 (1927), II, Nr. 60, S. 902f.
- Rehfisch, Hans José: Sport und Theater. In: Das Theater 8 (1927), Nr. 6, S. 126.
- Rosenthal, Friedrich: Heinrich Laubes Burgtheater. In: Die Vierte Wand 2 (1927), Nr. 14/15, S. 18-21.
- Roth, Joseph: Flucht ohne Ende. Vorwort. München 1927.

- Roth, Joseph: Der idealistische Scharlatan. In: Frankfurter Zeitung, 4.12.1927.
- Roth, Joseph: Émile Zola – Schriftsteller ohne Schreibtisch (Antwort auf eine Umfrage zum 25. Todestag). In: Die neue Bücherschau 5 (1927), Nr. 3, S. 99f.
- Schaffner, Hermann: Theater des Ruhrgebiets. In: Die Vierte Wand 2 (1927), Nr. 2, S. 12-14.
- Tietze, Hans: Was geht uns die Kunst an? In: Der Bücherwurm 13 (1927), Dezember, S. 68-71.
- Walden, Herwarth: Theater. In: Die Vierte Wand 2 (1927), Nr. 4, S. 8.
- Wedderkop, Hermann von: En avant, Die Literaten! In: Der Querschnitt 7 (1927), Nr. 4, S. 247-251.
- Wedderkop, Hermann von: Inhalt und Technik des neuen Romans. In: Der Querschnitt 7 (1927), Nr. 6, S. 423-429.
- Wolfradt, Willi: Die neue Sachlichkeit. In: Der Querschnitt 7 (1927), Nr. 6, S. 464f.

1928

- Adler, Leo: Kunst und Technik. In: Die Literarische Welt 4 (1928), Nr. 10, S. 1.
- Antworten auf die Umfrage. Was Reporter verschweigen müssen. Bekenntnisse und Anektoden. In: Die Literarische Welt 4 (1928), Nr. 12, S. 3f.
- Antworten auf die Umfrage: Tendenz im Drama? In: Der Scheinwerfer 2 (1928), Nr. 4: Sonderheft zum gleichnamigen Thema.
- Arnheim, Rudolf: Die Akademie-Ausstellung. In: Die Weltbühne 24 (1928), I, Nr. 21/22, S. 867-870.
- Arnheim, Rudolf: Konkrete Aufgaben. In: Die Literarische Welt 4 (1928), Nr. 21/22, S. 13.
- Balázs, Béla: Sachlichkeit und Sozialismus. In: Die Weltbühne 24 (1928), II, Nr. 52, S. 916-918.
- Becher, Johannes R.: Antwort eines Radikalen. In: Die Literarische Welt 4 (1928), Nr. 46, S. 11.
- Becher, Johannes R.: Wirklichkeitsbesessene Dichtung. In: Die neue Bücherschau 6 (1928), Nr. 10, S. 491-494.
- Becker, Herbert: Dichter! – In die Gegenwart. In: Die Scene 18 (1928), Nr. 12, S. 354-357.
- Bertaux, Félix: Panorama de la littérature allemande contemporaine. Paris 1928.

- Bie, Richard: Diagnose der Bühne. In: Der Scheinwerfer 2 (1928), Nr. 3, S. 7-9.
- Brenck-Kalischer, Bess: Meyerhold, ein Regisseur unserer Zeit. In: Die Scene 18 (1928), Nr. 4, S. 104-107.
- Brenner, Hans Georg: Berichte aus der Wirklichkeit. In: Die neue Bücherschau 6 (1928), Nr. 12, S. 577-579.
- Brenner, Hans Georg: [Rez.]: Bert Brecht »Hauspostille«. In: Der Scheinwerfer 1 (1928), Nr. 6, S. 23.
- Brentano, Bernard von: Leben einer Schauspielerin. In: Die Weltbühne 24 (1928), II, Nr. 5, S. 170-174.
- Bühner, Karl H.: Das Vermächtnis des dichterischen Expressionismus. In: Die Literatur 31 (1928/29), Nr. 8, S. 445-448.
- Burschell, Friedrich: Die Dichtung dieses Jahrzehnts. In: Die Literarische Welt 4 (1928), Nr. 45, S. 3f.
- Das ABC des Theaters. Ein Rundfunkgespräch zwischen Herbert Ihering und Erwin Piscator [gesendet am 22.4.1929 im Berliner Rundfunk]. In: Die Literatur 31 (1928/29), Nr. 9, S. 497-500.
- Diebold, Bernhard: Das Piscator-Drama. Kritischer Versuch. In: Die Scene 18 (1928), Nr. 2, S. 33-40.
- Diebold, Bernhard: Der Fall Wagner. Eine Revision. In: Der Scheinwerfer 2 (1928), Nr. 3, S. 3-7.
- Diebold, Bernhard: Kritische Forderung. In: Der Scheinwerfer 2 (1928), Nr. 14/15, S. 6f. (Antwort auf die Umfrage »Kritik der Kritik«).
- Diebold, Bernhard: Georg Kaiser und die Situation von heute. In: Die Literarische Welt 4 (1928), Nr. 47, S. 2.
- Diebold, Bernhard: Kritische Rhapsodie 1928. In: Die neue Rundschau 39 (1928), Bd. II, S. 550-561.
- Diebold, Bernhard: Peter Martin Lampel »Revolte im Erziehungshaus«. In: Frankfurter Zeitung, 14.12.1928.
- Döblin, Alfred: Der Bau des epischen Werks. In: Die neue Rundschau 40 (1929), Bd. I, S. 527-551.
- Eggebrecht, Axel: Walter Mehring »Paris in Brand«. In: Die Literarische Welt 4 (1928), Nr. 4, S. 5.
- Ehrentreich, Alfred: Carl Sternheim und die neue Sachlichkeit. In: Die Tat 19 (1928), Nr. 11, S. 55f.
- Elster, Hanns Martin: Die deutsche Dichtung der Gegenwart. In: Die Gegenwart 57 (1928), November, S. 256-259.
- Engel, Fritz: Ferdinand Bruckners »Die Verbrecher«. In: Berliner Tageblatt, 24.10.1928.
- Engel, Fritz: Peter Martin Lampel »Revolte im Erziehungshaus«. In: Berliner Tageblatt, 9.12.1928.

- Enkenbach, Walter [= Erik Reger]: Die Erneuerung des Menschen durch den technischen Geist oder: Das genau gebohrte Loch. In: Der Scheinwerfer 2 (1928), Nr. 2, S. 9-11.
- Fallada, Hans: Bauern, Bomben und Bonzen. Vorwort. Berlin 1929, S. [5].
- F.B.: Adolf Weissmann »Die Entgötterung der Musik«. In: Der Scheinwerfer 2 (1928), Nr. 14/15, S. 34f.
- Feldkeller, Paul: Der neue Rationalismus. In: Die Tat 20 (1928), Nr. 11, S. 614-616.
- Feuchtwanger, Lion: Von den Wirkungen und Besonderheiten des angelsächsischen Schriftstellers. In: Berliner Tageblatt, 29.3.1928.
- Franzen, Erich: Ernst Glaeser »Jahrgang 1902«. In: Die Literarische Welt 2 (1928), Nr. 42, S. 5.
- Freyhan, Max: Neue Klassizität. In: Die Volksbühne 3 (1928), Nr. 4, S. 16-21.
- Gabel, Richard: Gedichte, Prosa und Klassenstaat. Notizen über Martin Kessel. In: Die neue Bücherschau 2 (1928), Nr. 1, S. 36-38.
- Gehrke, M.M.: Bertolt Brecht »Im Dickicht der Städte«. In: Die Literarische Welt 4 (1928), Nr. 1, S. 7.
- Gehrke, M.M.: Hans José Rehfisch »Der Frauenarzt«. In: Die Literarische Welt 4 (1928), Nr. 7, S. 7.
- Georg, Manfred: Beobachtet, nicht ›gedichtet‹. In: Die Weltbühne 24 (1928), I, Nr. 1, S. 35f.
- Glaeser, Ernst: Joseph Roth berichtet. In: Die neue Bücherschau 6 (1928), Nr. 4, S. 208-210.
- Glaeser, Ernst: Rheinische Dichter. In: Die Weltbühne 24 (1928), II, Nr. 27, S. 18-21.
- h. [=Willy Haas]: Berliner Theatersommer. In: Die Literarische Welt 4 (1928), Nr. 25, S. 1.
- h. [=Willy Haas]: Wedekind-Feier. In: Die Literarische Welt 4 (1928), Nr. 11, S. 1f.
- Haas, Willy: Der Herausgeber an die Leser. In: Die Literarische Welt 4 (1928), Nr. 6, S. 1f.
- Halfeld, Alfred: Amerika und die Neue Sachlichkeit. In: Der Diederichs-Löwe 2 (1928), Nr. 4, S. 244-248.
- Hieber, Hermann: Reportage. In: Die Volksbühne 3 (1928), Nr. 2, S. 29-31.
- Hiller, Kurt: Kisch über Rußland. In: Die Weltbühne 24 (1928), I, Nr. 16, S. 586-590.
- Ihering, Herbert: [Rez.] Bertolt Brecht »Mann ist Mann«. In: Berliner Börsen-Courier, 5.1.1928.
- Ihering, Herbert: [Rez.] Günther Weisenborn »U-Boot S4«. In: Berliner Börsen-Courier, 17.10.1928.

- Ihering, Herbert: Lion Feuchtwanger: Die Petroleuminseln. In: Berliner Börsen-Courier, 29.11.1928.
- Ihering, Herbert: Theaterwende? In: Berliner Börsen-Courier, 10.12.1928.
- Joest, Elisabeth: Idyll der Sachlichkeit. In: Das Blaue Heft 19 (1928), Nr. 13, S. 413f.
- Kästner, Erich: Indirekte Lyrik. In: Das deutsche Büch 8 (1928), Nr. 3/4, S. 143-145.
- Kästner, Erich: Prosaische Zwischenbemerkung. In: Ders.: Lärm im Spiegel. Leipzig, Wien 1928, S. 49-52; wiederabgedruckt in: Die Literarische Welt 5 (1929), Nr. 13/14, S. 6.
- Kahn, Harry: Renaissance des Schauspielers. In: Die Weltbühne 24 (1928), I, Nr. 6, S. 221-223.
- Kenter, Hans Dietrich: Hans Sochaczewer. In: Die Literatur 31 (1928/29), Nr. 7, S. 384-386.
- Kesser, Hermann: Jahrgang 1902. In: Die neue Bücherschau 6 (1928), Nr. 11, S. 598f.
- Kesser, Hermann: Expressionismus/Zeitgeschichte. In: Die neue Bücherschau 6 (1928), Nr. 10, S. 549-553.
- Kesten, Hermann: Vorwort. In: Ders. (Hrsg.): 24 neue deutsche Erzähler. Berlin 1929, S. 7-10.
- Kisch, Egon Erwin: Alfons Paquet. In: Die neue Bücherschau 6 (1928), Nr. 6, S. 285-288.
- Kisch, Egon Erwin: Gibt es eine proletarische Kunst. Antwort auf eine Umfrage. In: Die neue Bücherschau 6 (1928), Nr. 12, S. 585.
- Klein Bernhard: Provinztheater und Bühnenbild. In: Die Scene 18 (1928), Nr. 1, S. 7f.
- Kordt, Walter: Über Otto Rombach. In: Masken 22 (1928/29), Nr. 18, S. 349-351.
- Kracauer, Siegfried: Zu den Schriften Walter Benjamins. In: Frankurter Zeitung, Nr. 524 vom 15.7.1928.
- Lamprecht, Heinz: Ernst Glaeser »Jahrgang 1902«. In: Der Scheinwerfer 2 (1928), Nr. 3, S. 28f.
- Landgrebe, Walter: Drama, Theater und Politik. In: Das Blaue Heft 10 (1928), Nr. 6, S. 200-204.
- Landgrebe, Walter: Junge Bühne! Aktuelles Drama! Zeittheater! In: Das Blaue Heft 19 (1928), Nr. 18, S. 572-574.
- Landsberger, Fritz: Der Geist im Wirklichen. In: Die neue Rundschau 39 (1928), Bd. I, S. 337-346.
- Leuteritz, Gustav: Die junge Generation und das Theater. In: Die Volksbühne 3 (1928), Nr. 6, S. 6.
- Ludwig, Emil: Das neue politische Drama. In: Die Literarische Welt 4 (1928), Nr. 4, S. 1.

- Meckauer, Walter: Neue Unsachlichkeit. In: Das Blaue Heft 10 (1928), Nr. 2, S. 59-61.
- Michel, Wilhelm: Physiognomie der Zeit und Theater der Zeit. In: Masken 22 (1928/29), Nr. 6, S. 111-113.
- Michel, Wilhelm: Weltanschauung und Kunst. In: Masken 22 (1928/29), Nr. 12, S. 227-230.
- Morus: Oel-Konjunktur. In: Die Weltbühne 24 (1928), I, Nr. 16, S. 611-614.
- Natonek, Hans: Werfel, Joseph Roth und der 5. Schwejk. In: Das Blaue Heft 19 (1928), Nr. 13, S. 437-440.
- Ossietzky, Carl von: Ernst Glaesers erster Roman. In: Die Weltbühne 24 (1928), II, Nr. 40, S. 528f.
- Ottwalt, Ernst: Ruhe und Ordnung. Roman aus dem Leben der national-gesinnten Jugend. Vorwort. Berlin 1929, S. 9.
- Pinthus, Kurt: Carl Zuckmayer »Katharina Knie«. In: 8-Uhr-Abendblatt, 22.12.1928.
- Piscator, Erwin: Brief an die *Weltbühne*. In: Die Weltbühne 24 (1928), I, Nr. 10, S. 385-387.
- Pohl, Gerhart: Der Jahrgang 1902 ist aufgebrochen. In: Die neue Bücher-schau 6 (1928), Nr. 12, S. 621-624.
- Rain, Guido: Die gefangene Phantasie. In: Der Scheinwerfer 2 (1928), Nr. 10, S. 7-10.
- Reger, Erik: Der Kaiser von Amerika. In: Die Literatur 31 (1928/29), Nr. 6, S. 272-274.
- Remarque, Erich Maria: [Vorwort]. In: Ders.: Im Westen nichts Neues. Berlin 1929, S. [5].
- Reinhardt, Walter: Geschichtlicher Roman als neue Sachlichkeit. In: Lite-raturbeilage der Kölner Volkszeitung, Nr. 153 vom 12.7.1928, S. 610f.
- Ruppel, K[arl] H[einrich]: Die »Jungen Deutschen« des Verlags Philipp Reclam. In: Die Literarische Welt 4 (1928), Nr. 14/15, S. 5.
- Schaarwächter, Hans: Kritik der Kritik. Antwort auf eine Umfrage. In: Der Scheinwerfer 2 (1928), H. 14/15, S. 14f.
- Schacht, Roland: Große Kunstausstellung und Akademie. In: Das Blaue Heft 10 (1928), Nr. 11, S. 361-365.
- Schirokauer, Arno: Garde-Ulanen – abgebaut! In: Die Literarische Welt 4 (1928), Nr. 21/22, S. 1f.
- Sieburg, Konrad: N.A. Stankoff »Im Dienste des Kapitals«. In: Der Scheinwerfer 2 (1928), Nr. 3, S. 27f.
- Sternthal, Friedrich: Paul Wiegler »Der Antichrist«. In: Die Literarische Welt 4 (1928), Nr. 43, S. 5.
- Strobel, Heinrich: Gebrauchsmusik. In: Der Scheinwerfer 2 (1928), Nr. 5, S. 5-7.

- Wagner, Ludwig: Rundtheater, ein neuer Typus der variablen Bühne. In: Der Scheinwerfer 2 (1928), Nr. 10, S. 14-16.
- Walden, Herwarth: Lebende Kunst. In: Die Weltbühne 24 (1928), II, Nr. 31, S. 175-177.
- Weltmann, Lutz: Lebensdienst. In: Das Blaue Heft 10 (1928), Nr. 24, S. 759-763.
- Westhoven, Karl: Friedrich Wolf »Kampf im Kohlenpott« und Karl Grünberg »Brennende Ruhr«. In: Der Scheinwerfer 2 (1928), Nr. 5, S. 23f.
- Wolf, Friedrich: Kunst ist Waffe. Stuttgart 1928.
- Wrobel, Ignaz: Gebrauchslyrik. In: Die Weltbühne 24 (1928), II, Nr. 48, S. 808-811.
- Zwehl, Hans von: »Die Weber« und Jessner-Kurs. In: Die neue Bücherschau 6 (1928), Nr. 3, S. 158f.

1929

- anonym: A.E. Johann »Die innere Kühle«. In: Der Scheinwerfer 3 (1929), Nr. 2, S. 22f.
- Antwort auf die Rundfrage nach den Tendenzen [des] Schaffens. In: Die Kolonne 2 (1929), Nr. 2, S. 7-14
- Antworten auf die Rundfrage »1928. Versuch einer Literaturbilanz«. In: Die Literarische Welt 5 (1929), Nr. 1, S. 1f.
- Antworten auf die Rundfrage »Die Tagespresse als Erlebnis«. In: Die Literarische Welt 5 (1929), Nr. 30, S. 3; Nr. 40, S. 3f.; Nr. 41, S. 7f.; Nr. 43, S. 7.
- Arnheim, Rudolf: Alte Chaplinfilme. In: Die Weltbühne 25 (1929), II, Nr. 27, S. 20-23.
- Balázs, Béla: Unmögliche Menschen. In: Die Weltbühne 25 (1929), II, Nr. 46, S. 734f.
- Balázs, Béla: Männlich oder kriegsblind. In: Die Weltbühne 25 (1929), I, Nr. 26, S. 969-971.
- Bauer, Alois: Expressionismus. In: Zeitschrift für Deutschkunde 43 (1929), S. 401-407.
- Behrens, Peter: Von der neuen Bewegung. In: Das Tage-Buch 10 (1929), Nr. 45, S. 1895f.
- Benn, Gottfried: Über die Rolle des Schriftstellers in dieser Zeit. In: Die neue Bücherschau 7 (1929), Nr. 10, S. 531-535.
- Böhme, Fritz: Gebrauchstanz. In: Der Scheinwerfer 3 (1929), Nr. 14, S. 14-18.

- Brattskoven, Otto: Radio-Kritik. Hörspielfragen – zwei Bilanzen. Europäische Konferenz in Prag. In: Die neue Bücherschau 7 (1929), Nr. 4, S. 223f.
- Brecht, Bertolt: Neue Sachlichkeit [um 1929; unveröffentlicht]. In: Ders.: Werke. Bd. 21: Schriften 1. Hrsg. v. Werner Hecht, Jan Knopf, Werner Mittenzwei, Klaus-Detlef Müller. Berlin, Weimar, Frankfurt/Main 1992, S. 352-356.
- Brecht, Bertolt: Dekoration [um 1929; unveröffentlicht]. In: Ders.: Schriften 1, S. 283f.
- Brecht, Bertolt: Über Stoffe und Form (Antwort auf die Rundfrage *Das Theater von morgen*). In: Berliner Börsen-Courier, Nr. 151 vom 31.3.1929, S. 9f.
- Breitbach, Josef: Hermann Kesten. In: Die Literatur 32 (1929/30), S. 6.
- Brentano, Bernard von, Ernst Glaeser: Neue Formen der Publizistik. Ein Zwiegespräch. In: Die Weltbühne 25 (1929), II, Nr. 28, S. 54-57.
- Brentano, Bernard von: Über die Darstellung von Zuständen. In: Frankfurter Zeitung, Nr. 19 vom 12.5.1929.
- Max Brod: Die Frau und die neue Sachlichkeit. In: Friedrich M. Huebner: Die Frau von morgen wie wir sie wünschen. Leipzig 1929, S. 38-48.
- Bühner, Karl Hans: Probleme der neuen Erzählkunst. In: Die Literatur 32 (1929/30), S. 337.
- Christiansen, Broder: Die vier Stile der Gegenwart. In: Ders.: Das Gesicht unserer Zeit. Buchenbach i. Br. 1929 (Auszug abgedruckt in: Der Bücherwurm 14 [1929], Nr. 7, S. 203f.).
- Cysarz, Herbert: Über den jüngsten Realismus in der deutschen Dichtung. In: Jahrbuch des Freien Deutschen Hochstifts 1929, S. 21-58.
- Döblin, Alfred: Kunst ist nicht frei, sondern wirksam: Ars militans. In: Die Literarische Welt 5 (1929), Nr. 19, S. 1f.
- Durus [= Alfred Kemény]: Friedrich Wolf »Cyankali«. In: Die Rote Fahne, 8.9.1929.
- Durus [= Alfred Kemény]: Zwischen »neuer« und revolutionärer Sachlichkeit. In: Die Rote Fahne, 1.1.1929.
- Eggebrecht, Axel: Paul Bäumer, der deutsche Soldat. In: Die Weltbühne 25 (1929), I, Nr. 6, S. 211-213.
- Feuchtwanger, Lion: Roman-Rezept. In: Der Querschnitt 9 (1929), Nr. 10, S. 720.
- Flamm, Peter: Alte Sachlichkeit. In: Die Weltbühne 25 (1929), II, Nr. 36, S. 363-366.
- Flechsig, Otto: Paradies Amerika. In: Die neue Bücherschau 7 (1929), Nr. 12, S. 684f.
- Fontana, Oskar Maurus: Die Frontgeneration spricht. In: Das Tage-Buch 10 (1929), Nr. 4, S. 153-156.

- Frenzel, Christian Otto: Literatur der Gegenwart. In: Die Böttcherstraße. Internationale Zeitschrift 1 (1928/29), Nr. 12, S. 31f.
- G.B.: Robert Neumann »Die Sintflut«. In: Der Scheinwerfer 3 (1929), Nr. 18/19, S. 25f.
- Gantner, Anton: Gestalt und Gestaltung der Proletarischen Welt (Antwort auf eine bürgerliche Kritik). In: Die Linkskurve 1 (1929), Nr. 2, S. 20-24.
Glaeser, Ernst: Ansage. In: Fazit. Ein Querschnitt durch die deutsche Publizistik (1929). Hamburg 1929, S. 5-7.
- Gleissberg, Gerhart: Tucholskys Bilderbuch. In: Die neue Bücherschau 7 (1929), Nr. 9, S. 512f.
- Gleissberg, Gerhart: Wir wissen nicht mehr, was Literatur ist. In: Die neue Bücherschau 7 (1929), Nr. 11, S. 579-583.
- Graetzer, Franz: Hermann Essig und seine »Glückskuh«. In: Der Scheinwerfer 3 (1929), Nr. 15, S. 35.
- Graff, Hans: Ein neuer Unterhaltungsschriftsteller. In: Die neue Bücherschau 7 (1929), Nr. 4, S. 229f.
- Herre, Max: Erwin Dressels »Armer Columbus«. In: Der Scheinwerfer 3 (1929), Nr. 10, S. 3f.
- Herrmann-Neisse, Max: Gottfried Benns Prosa. In: Die neue Bücherschau 7 (1929), Nr. 7, S. 376-380.
- Holländer, Felix: Sophokles »Ödipus«. In: 8-Uhr-Abendblatt, 5.1.1929.
- Ihering, Herbert: Zeittheater. Ein Vortrag. In: Fazit. Ein Querschnitt durch die deutsche Publizistik (1929). Hamburg 1929, S. 261-286.
- Ihering, Herbert: [Rez.] Hans J. Rehfisch: »Affäre Dreyfus«. In: Berliner Börsen-Courier, 26.11.1929.
- Jacobs, Monty: Hans José Rehfisch »Affäre Dreyfus«. In: Vossische Zeitung, 26.11.1929.
- Jeßner, Leopold: Regie. In: Der neue Weg 58 (1929), Nr. 8, S. 149-150.
- Joachim, Hans A.: Lion Feuchtwanger. In: Das Blaue Heft 11 (1929), Nr. 1, S. 37f.
- Kantorowicz, Alfred: Zeitromane. In: Die neue Rundschau 40 (1929), Bd. II, S. 843-851.
- Kästner, Erich: Diarrhoe des Gefühls. In: Die Weltbühne 25 (1929), I, Nr. 12, S. 446f.
- Kästner, Erich: Prosaische Zwischenbemerkung. In: Die Literarische Welt 5 (1929), Nr. 13/14, S. 6.
- Kafka, Hans: »Hunger in Waldenburg«. In: Die Literarische Welt 5 (1929), Nr. 15, S. 7.
- Kahn, Harry: Giftgase. In: Die Weltbühne 25 (1929), I, Nr. 11, S. 417-419.
- Kahn, Harry: Berliner Festspiele. In: Die Weltbühne 25 (1929), I, Nr. 17, S. 643f.

- Kasack, Hermann: Unzeitgemäße Literatur. Notizen zu Gottfried Benns »Gesammelter Prosa«. In: Die Literarische Welt 4 (1929), Nr. 35, S. 5f.
- Kerr, Alfred: Spanische Rede vom deutschen Drama. In: Die neue Rundschau 40 (1929), Bd. II, S. 793-806.
- Kesser, Hermann: Die deutsche Literatur zeigt ihr Gesicht. In: Die Weltbühne 25 (1929), I, Nr. 22, S. 789-793.
- Kerr, Alfred: Spanische Rede vom deutschen Drama. In: Die neue Rundschau 40 (1929), Bd. II, S. 793-806.
- Kesten, Hermann: Junge Schriftsteller. In: Die Weltbühne 25 (1929), II, Nr. 44, S. 670f. (=Vorwort zu *24 neue deutsche Schriftsteller*. Hrsg. v. Hermann Kesten. Berlin 1929).
- Kisch, Egon Erwin: Über die Rolle des Schriftstellers in dieser Zeit. In: Die neue Bücherschau 7 (1929), Nr. 10, S. 535-538.
- Kuhnert, Arthur, Martin Raschke: [Vorspruch]: In: Die Kolonne 1 (1929), Nr. 1, S. 1f.
- Lamprecht, Heinz: Problemlose Jugend. In: Der Scheinwerfer 3 (1929), Nr. 9, S. 23-26.
- Ludwig, Emil: Historie und Dichtung. In: Die neue Rundschau 40 (1929), Bd. I, S. 358-381.
- Mann, Heinrich: Zeit und Kunst. In: Das Tage-Buch 10 (1929), Nr. 1, S. 24-27.
- Melchinger, Siegfried: Über das neue Drama. In: Die christliche Welt. Protestantische Halbmonatsschrift 43 (1929), Sp. 796-800.
- Möller, Eberhard Wolfgang: Über »Douaumont oder Die Heimkehr der Soldaten in Odysseus«. In: Der Scheinwerfer 3 (1929), Nr. 10, S. 8-14.
- Müller, Günther: Neue Sachlichkeit in der Dichtung. In: Schweizerische Rundschau 29 (1929), S. 706-716.
- Müller, Erich: Historische Literatur. In: Die neue Bücherschau 7 (1929), Nr. 4, S. 220-222.
- Nürnberg, Rolf: Der politische Schriftsteller Karl Kraus. In: Der Scheinwerfer 3 (1929), Nr. 4, S. 20f.
- Ossietzky, Carl von: Ludwig Renn. In: Die Weltbühne 25 (1929), I, Nr. 10, S. 381-383.
- Ossietzky, Carl von: Peter Martin Lampel. In: Die Weltbühne 25 (1929), II, Nr. 46, S. 747-749.
- Ottwalt, Ernst: Ruhe und Ordnung. Roman aus dem Leben der nationalgesinnten Jugend. Vorwort. Berlin 1929.
- Pinthus, Kurt: Friedrich Wolf »Cyankali«. In: 8-Uhr-Abendblatt, 7.9.1929.
- Pinthus, Kurt: Männliche Literatur. In: Das Tage-Buch 10 (1929), Nr. 1, S. 903-911.
- Piscator, Erwin: Das politische Theater. Berlin 1929, S. 41.

- Pohl, Gerhart: Nachwort zu der Rundfrage. In: Die neue Bücherschau 7 (1929), Nr. 4, S. 218f.
- Pohl, Gerhart: Noch immer gehts um die Gestaltung. In: Die neue Bücherschau 7 (1929), Nr. 5, S. 267-269.
- Pohl, Gerhart: Über die Rolle des Schriftstellers in dieser Zeit. Brief an Johannes R. Becher und E.E. Kisch. In: Die neue Bücherschau 7 (1929), Nr. 9, S. 463-470.
- Remarque, Erich Maria: Im Westen nichts Neues. Vorwort. Berlin 1929, S. [5].
- Remarque, Erich Maria: Gespräch mit Axel Eggebrecht. In: Die Literarische Welt 5 (1929), Nr. 24, S. 1f.
- Renn, Ludwig: Über die Voraussetzungen zu meinem Buch »Krieg«. In: Die Linkskurve 1 (1929), Nr. 4, S. 5f.
- Rombach, Otto: Die Reporter. In: Die Weltbühne 25 (1929), II, Nr. 49, S. 847-849.
- Roth, Joseph: Lob der Dummheit. In: Die Literarische Welt 5 (1929), Nr. 30, S. 3.
- Roth, Joseph: Es lebe der Dichter. In: Frankfurter Zeitung, 31.3.1929.
- Roth, Joseph: Zeitgenössische Trottel. In: Die Literarische Welt 5 (1929), Nr. 46, S. 1f.
- Rühle-Gerstel, Alice: Anti-Sachlichkeit. In: Die Literarische Welt 5 (1929), Nr. 9, S. 5.
- Schirokauer, Arno: Kleist-Preis für Seghers. In: Die Literarische Welt 5 (1929), Nr. 2, S. 3.
- Schlemmer, Oskar: Moderne Bühnenmittel. In: Die Scene 19 (1929), Nr. 9, S. 258-261.
- Schmitz, Heinrich: Joseph Roth »Rechts und Links«. In: Der Scheinwerfer 3 (1929), Nr. 5, S. 23-26.
- Steinbach, Walter: Adele Gerhards »Via sacra«. Replik zu einer Kritik. In: Die neue Bücherschau 7 (1929), Nr. 12, S. 686f.
- Sternaux, Ludwig: Robert Cedric Sheriff »Die andere Seite«. In: Berliner Lokal-Anzeiger, 30.8.1929.
- Sternthal, Friedrich: O.S. In: Die Literarische Welt 5 (1929), Nr. 29, S. 5.
- Toller, Ernst: »Im Westen nichts Neues«. In: Die Literarische Welt 5 (1929), Nr. 8, S. 5.
- Toller, Ernst: Bemerkungen zum deutschen Nachkriegsdrama. In: Die Literarische Welt 5 (1929), Nr. 16, S. 9f.
- Wedderkop, Hermann von: Literaturbetrieb. In: Der Querschnitt 9 (1929), Nr. 12, S. 871-877.
- Weiskopf, F[ranz] C[arl]: Mister Herrgott, Reporter aus U.S.A. Bemerkungen über Theodore Dreiser. In: Die neue Bücherschau 7 (1929), Nr. 2, S. 81-84.

- Wellenkamp, Bruno: Antwort auf eine Rundfrage. In: Das Theater 10 (1929), S. 150.
- W. L. [=Lutz Weltmann]: Das Verhüllte. In: Die Literatur 32 (1929/30), S. 254.
- Wesemann, Hans: Bassermann über Theater. In: Die Weltbühne 25 (1929), I, Nr. 14, S. 537f.
- Westhoven, Karl: O.S. Landkarte contra Dichter. In: Der Scheinwerfer 3 (1929), Nr. 2, S. 14-16.
- Westhoven, Karl: Der neue Roman. In: Der Scheinwerfer 3 (1929), Nr. 18/19, S. 18f.
- Wrobel, Ignaz: Ein besserer Herr. In: Die Weltbühne 25 (1929), I, Nr. 26, S. 953-960.
- Zeit und Dichtung. Ein Dialog zwischen Rudolf Leonhard und Walter Hasenclever, Sender Köln, 8.12.1929. In: Walter Hasenclever: Sämtliche Werke. Hrsg. v. Dieter Breuer, Bernd Witte. Bd. V: Kleine Schriften. Mainz 1997, S. 316-331.

1930

- Adorno, Theodor Wiesengrund: Mahagonny. In: Der Scheinwerfer 4 (1930), Nr. 14, S. 12-15.
- Antworten auf die Rundfrage nach den »Tendenzen [des] Schaffens«. In: Die Kolonne 2 (1930), Nr. 2, S. 7-14.
- Bab, Julius: Bilanz des Dramas. In: Volksbühne 5 (1930), Nr. 3, S. 97-108.
- Balázs, Béla: Arbeitertheater. In: Die Weltbühne 26 (1930), I, Nr. 5, S. 166-169.
- Balázs, Béla: Der Geist des Films. Halle 1930.
- Bauer, Alois: Vorläufiges zur sogenannten Neuen Sachlichkeit. In: Zeitschrift für Deutschkunde 44 (1930), S. 73-80.
- Beheim-Schwarzbach, Martin: Versuch eines Bekenntnisses. In: Die Kolonne 2 (1930), Nr. 4, S. 24f.
- Behl, C.F.W.: Gerhart Hauptmanns neue Dichtungen. In: Die Gegenwart 59 (1930), Januar, S. 811.
- Benn, Gottfried: Können Dichter die Welt verändern? In: Die Literarische Welt 6 (1930), Nr. 23, S. 3f.
- Bie, Richard: Rossbach. In: Der Scheinwerfer 4 (1930), Nr. 5/6, S. 22-24.
- Bloch, Ernst: Künstliche Mitte. Zu Siegfried Kracauers »Die Angestellten«. In: Die neue Rundschau 41 (1930), II, S. 861f.
- Brenner, Hans Georg: Georg Fink »Mich hungert«. In: Der Scheinwerfer 4 (1930), Nr. 10, S. 24f.

- Brentano, Bernard von: Kapitalismus und Schöne Literatur. Berlin 1930.
- Brod, Max: Wolf Solents romantische Sendung. In: Das Tage-Buch 11 (1930), Nr. 44, S. 1759-1761.
- Celsus [= Carl von Ossietzky]: »Erfolg« ohne Sukzeß. In: Die Weltbühne 26 (1930), II, Nr. 46, S. 727-729.
- Eloesser, Arthur: Wo bleiben die deutschen Autoren. In: Der Querschnitt 10 (1930), Nr. 10, S. 673-676.
- Döblin, Alfred: Vom alten zum neuen Naturalismus. In: Das Tage-Buch 11 (1930), Nr. 3, S. 101-106.
- Fink, Werner: Neue Herzlichkeit. In: Die Weltbühne 26 (1930), I, Nr. 7, S. 260.
- Gieseking, Walter: Neue Sachlichkeit im Klavierspiel. In: Der Querschnitt 10 (1930), Nr. 4, S. 239-241.
- Greif, Theodor [= Fred A. Angermayer]: Machtfragen und Grenzen der Dramatik. In: Der Scheinwerfer 4 (1930), Nr. 3, S. 14-16.
- Greif, Theodor [= Fred A. Angermayer]: Sie gehen zum Andreas. In: Der Scheinwerfer 4 (1930), Nr. 8/9, S. 21-24.
- Haas, Willy: An unsere Leser und Freunde. In: Die Literarische Welt 6 (1930), Nr. 14, S. 1f.
- Haas, Willy: Egon Erwin Kisch und die ›Neue Sachlichkeit‹. In: Die Literarische Welt 6 (1930), Nr. 1, S. 5f.
- Henkel, Heinz: Geburt einer neuen Kultur. In: Der Angriff 4 (1930), Nr. 33, unpaginiert.
- Heuer, Alfred: Ausdruckskunst und Neue Sachlichkeit. In: Zeitschrift für Deutschkunde 44 (1930), S. 325-332.
- Hiller, Kurt: Aus meinem Kalikobuch. In: Die Weltbühne 26 (1930), II, Nr. 42, S. 582f.
- Hoppenheit, Roman: Der gewendete Weltschmerz. In: Die Tat 22 (1930), Nr. 8, S. 380-384.
- Ihering, Herbert: Die neue Illusion. In: Das Tage-Buch 11 (1930), Nr. 16, S. 629-631 (Auszug aus: Ders.: Die getarnte Reaktion. Berlin 1930).
- Kállai, Ernst: Rhythmus in Bildern. In: Die Weltbühne 26 (1930), II, Nr. 41, S. 553-556.
- Kantorowicz, Alfred: Zwischen den Klassen. In: Die Tat 21 (1930), Nr. 10, S. 765-771.
- Kayser, Rudolf: Deutsche Situation. In: Die Literarische Welt 6 (1930), Nr. 14, S. 5f.
- Kiaulehn, Walther: Der Tod der Lyrik. In: Der Schriftsteller 18 (1930), Nr. 8, S. 41f.
- Kindermann, Heinz: Idealistische Sachlichkeit. In: Universum 47 (1930), Nr. 9, S. 385-387.

- Kindermann, Heinz: Vom Wesen der ›Neuen Sachlichkeit‹. In: Jahrbuch des Freien Deutschen Hochstifts 1930, S. 354-386.
- Kracauer, Siegfried: Die Biographie als neubürgerliche Kunstform. In: Frankfurter Zeitung, 26.9.1930.
Siegfried Kracauer: Die Angestellten. Aus dem neuesten Deutschland Berlin 1930 (Vorabdruck in: Frankfurter Zeitung, Nr. 915 vom 8.12.1929, S. 1f.).
- Landry, Harald: Joseph Roth: Panoptikum. In: Die Literarische Welt 6 (1930), Nr. 7, S. 5.
- Liepmann, Heinz: Das Ende der jungen Generation. In: Die Weltbühne 26 (1930), II, Nr. 31, S. 171-173.
- Madrei [= Martha M. Gehrke, Lisa Matthias]: Neue Linie, neue Romantik. In: Die Weltbühne 26 (1930), II, Nr. 43, S. 622-624.
- Mann, Heinrich: Gelegentlich der jüngsten Literatur. In: Die Literarische Welt 6 (1930), Nr. 14, S. 1.
- Matzke, Frank: Sachlichkeit. In: Ders.: Jugend bekennt: So sind wir. Leipzig 1930, S. 41-56.
- Merz, Otto [=Martin, Raschke]: Ernst Glaeser rührt den Verstand. In: Die Kolonne 2 (1930), Nr. 9, S. 2.
- Natonek, Hans: Der Widerstand gegen das politische Theater. In: Der Scheinwerfer 4 (1930), Nr. 13, S. 11f.
- Nürnberg, Rolf: Frieden. In: Der Scheinwerfer 4 (1930), Nr. 5/6, S. 24f.
- Pohl, Gerhart: »Heeresbericht«. In: Die Weltbühne 26 (1930), I, Nr. 22, S. 812f.
- Raschke, Martin: Gottfried Benn. In: Die Kolonne 2 (1930), Nr. 4/5, S. 35f.
- Roth, Joseph: Schluß mit der Neuen Sachlichkeit! In: Die Literarische Welt 6 (1930), Nr. 3, S. 3f. u. Nr. 4, S. 7f.
- Rühle-Gerstel, Alice: Bücher der sozialen Anklage. In: Die Literarische Welt 6 (1930), Nr. 9, S. 5f.
- Schumann, Wolfgang: Dichtung und Wahrheit. In: Die Volksbühne 5 (1930), Nr. 1, S. 11-17.
- Schwarz, Georg: Junge Schriftsteller des Ruhrgebiets. In: Die Literatur 33 (1930/31), S. 188.
Segal, Arthur: Einem neuen Naturalismus entgegen. In: Das Tage-Buch 12 (1930), Nr. 15, S. 589.
- Sternthal, Friedrich: Politisches Theater. In: Die Literarische Welt 6 (1930), Nr. 37, S. 7.
- Tau, Max, Wolfgang von Einsiedel: Vorstoß. Prosa der Ungedruckten. Berlin 1930
- Tritsch, Walther: Geistiges aus Frankreich in Berlin. In: Die Literarische Welt 6 (1930), Nr. 20, S. 1f.

- W.H. [= Willy Haas]: Der Wert der Tatsache. In: Die Literarische Welt 6 (1930), Nr. 48, S. 1 u. 10-12.
- W.H. [= Willy Haas]: Erneuerung. In: Die Literarische Welt 6 (1930), Nr. 51/52, S. 1f.
- Weill, Kurt: Aktuelles Theater. In: Die Scene 20 (1930), Nr. 1, S. 4-7.
- Zarek, Otto: Der Romancier als Kritiker. In: Die Weltbühne 26 (1930), II, Nr. 34, S. 275-278.
- Zimmer, Albert: Der Dramatiker Friedrich Wolf. In: Die Literatur 33 (1930/31), S. 21.
- Zucker, Wolf: Frühjahrsmode 1930. In: Die Literarische Welt 6 (1930), Nr. 10, S. 1.

1931

- Antworten auf die Rundfrage »Der heutige Darstellungsstil«. In: Die Scene 21 (1931), Nr. 3, S. 68-90.
- Antworten auf die Rundfrage »Die dramatische Produktion«. In: Die Scene 21 (1931), Nr. 5, S. 133-152.
- Arnheim, Rudolf: Die Gefühle der Jugend. In: Die Weltbühne 27 (1931), I, Nr. 4, S. 136-141 u. Nr. 5, S. 172-174.
- Behne, Adolf: Die Kunst als Waffe. In: Die Weltbühne 27 (1931), II, Nr. 34, S. 301-304.
- Belzner, Emil: Wohin treibt die Jugend? Zu dem neuen Roman von Frank Thiess. In: Die Literarische Welt 7 (1931), Nr. 27/28, S. 1f.
- Benjamin, Walter: Linke Melancholie. In: Die Gesellschaft 8 (1931), Nr. 1, S. 181-184.
- Brendel, Robert: Eine Erwiderung. In: Die Literarische Welt 7 (1931), Nr. 8, S. 7f.
- Diebold, Bernhard: Lyrik – eine Frage. In: Frankfurter Zeitung, Nr. 802/803 vom 28.10.1931. – In Auszügen unter dem Titel *An die jungen Lyriker* nachgedruckt in: Die Kolonne 4 (1932), Nr. 1, S. 1f.
- Ebermayer, Erich: Zur menschlichen und geistigen Situation der jungen Schriftstellergeneration. In: Zeitschrift für Deutschkunde 45 (1931), S. 381-394.
- Eggebrecht, Axel: F.C. Weiskopf »Das Slawenlied«. In: Die Literarische Welt 7 (1931), Nr. 40, S. 5.
- Eggebrecht, Axel: Hans Fallada »Bauern, Bonzen und Bomben«. In: Die Literarische Welt 7 (1931), Nr. 25, S. 6.
- Fallada, Hans: Bauern, Bonzen und Bomben. Vorwort. Berlin 1931.

- Fallada, Hans: Lampel, der Jäger. In: Die Literatur 34 (1931/32), Nr. 4, S. 187-190, hier S. 190.
- Feuchtwanger, Lion: Historischer Roman – Roman von heute. In: Berliner Tageblatt, Nr. 540 vom 15.11.1931.
- Feuchtwanger, Lion: Was bedeutet der Weltkrieg dem deutschen Romancier? In: Neue Freie Presse (Wien), 10.5.1931.
- Hildenbrandt, Fred: Zeitgemäss. In: Der Scheinwerfer 4 (1930), Nr. 10, S. 15.
- Georg, Manfred: Ernst Ottwalt »Denn sie wissen was sie tun«. In: Die Literarische Welt 7 (1931), Nr. 49, S. 14.
- Glaeser, Ernst: Erik Reger. Zu seinem Roman »Union der festen Hand«. In: Die Literarische Welt 7 (1931), Nr. 23, S. 5f.
- Goldschmidt, Alfons: Union der festen Hand. In: Die Weltbühne 27 (1931), II, Nr. 27, S. 20-23.
- h. [= Willy Haas]: Berliner Theaterwinter 1930. In: Die Literarische Welt 7 (1931), Nr. 24, S. 3f. u. 8.
- Haas, Willy: Der Fall Brecht. Zum Berliner Theaterskandal bei »Mann ist Mann«. In: Die Literarische Welt 7 (1931), Nr. 8, S. 7.
- Hillers, H[ans] W[olfgang]: Thesen über einen dialektischen Realismus. In: Der Scheinwerfer 5 (1931), Nr. 1, S. 22f.
- Jaspers, Karl: Die geistige Situation der Zeit. Berlin 1931, S. 29.
- Jünger, Ernst: Der heroische Realismus. In: Die Literarische Welt 7 (1931), Nr. 13, S. 3f.
- Kellner, D.S.: Maria Leitner »Hotel Amerika«, ein Reportageroman. In: Die Literarische Welt 7 (1931), Nr. 2, S. 6.
- Kesten, Hermann: Sachliche Romantik. In: Die Literarische Welt 7 (1931), Nr. 17, S. 5.
- Kracauer, Siegfried: Über den Schriftsteller. In: Die neue Rundschau 42 (1931), Bd. I, S. 860-862.
- Krenek, Ernst: Neue Humanität und alte Sachlichkeit. In: Neue Schweizer Rundschau 24 (1931), Nr. 4, S. 244-258.
- Kracauer, Siegfried: Neue Jugend? In: Die neue Rundschau 42 (1931), Bd. I, S. 138-140.
- Lukács, Georg: Willi Bredels Romane. In: Die Linkskurve 3 (1931), Nr. 11, S. 23-27.
- Marcuse, Ludwig: Geschichtsdichtung. In: Das Tage-Buch 12 (1931), Nr. 27, S. 1062-1064.
- Matzke, Frank: Jugend bekennt. So sind wir! Leipzig 1931.
- Merz, Otto [= Martin Raschke]: Ernst Glaeser rührt abermals den Verstand. In: Die Kolonne 3 (1931), Nr. 4, S. 46.
- Michel, Wilhelm: Dichtung und Gegenwart. In: Die neue Rundschau 42 (1931), Bd. II, S. 120-127.

- Natonek, Hans: Der Standort des Erzählers. In: Der Schweinwerfer 4 (1931), Nr. 16, S. 17-20.
- Nürnberg, Rolf: »Erfolg«. In: Der Scheinwerfer 4 (1931), Nr. 10/11, S. 16-19.
- Ottwalt, Ernst: Denn sie wissen was sie tun. Vorwort. Ein deutscher Justizroman. Berlin 1931, S. 7.
- Pongs, Hermann: Aufriß der deutschen Literaturgeschichte. X. Vom Naturalismus bis zur Gegenwart. In: Zeitschrift für Deutschkunde 45 (1931), S. 305-312.
- Raschke, Martin: Man trägt wieder Erde. In: Die Literarische Welt 7 (1931), Nr. 25, S. 5.
- Reger, Erik: Gebrauchsanweisung. In: Ders.: Union der festen Hand. Berlin 1931.
- Reger, Erik: Die publizistische Funktion der Dichtung. In: General-Anzeiger (Dortmund), 31.3.1931.
- Rühle-Gerstel, Alice: Erich Kästner »Fabian, die Geschichte eines Moralisten«. In: Die Literarische Welt 7 (1931), Nr. 45, S. 5.
- Schramm, Wilhelm von: Berlin als geistiger Kriegsschauplatz. In: Süddeutsche Monatshefte 28 (1931), Nr. 7, S. 513-518.
- Schumann, Wolfgang: Vom ›Veralten‹ älterer Dichtung. In: Die Volksbühne 6 (1931), Nr. 1, S. 13-17.
- Sieburg, Konrad: Jahrmarkt der Eitelkeit. In: Der Scheinwerfer 4 (1931), Nr. 16, S. 10-14.
- Sternberg, Fritz: An die Intellektuellen. In: Die Literarische Welt 7 (1931), Nr. 13, S. 7f.
- Taut, Bruno: Der Schrei nach dem Bilde. In: Die Weltbühne 27 (1931), I, Nr. 26, S. 956-959.
- Wollenberg, Ernst: Kunstschutz und Neue Sachlichkeit. In: Die Form 6 (1931), Nr. 2, S. 80.
- Ziege, Felix: Produktionsweise und Drama. In: Die Literatur 33 (1931/32), Oktober, S. 23.

1932

- anonym: Theodor Plivier: »Der Kaiser ging – die Generäle blieben«. In: Die Literarische Welt 8 (1932), Nr. 19/20, S. 3.
- Antworten auf die Rundfrage »Das Gesicht des Naturalismus«. In: Die Literarische Welt 8 (1932), Nr. 46, S. 3f.
- Arnheim, Rudolf: Theater ohne Bühne. In: Die Weltbühne 28 (1932), I, Nr. 23, S. 861-864 u. Nr. 24, S. 899-902.

- Bb.: Hermann Kesten »Der Scharlatan«. In: Die Literarische Welt 8 (1932), Nr. 40, S. 5.
- Bergengruen, Werner: Rede über die Aufgabe des Dichters in der Gegenwart. In: Nation und Schrifttum 1 (1932), Nr. 2, S. 1-6.
- Bredel, Willi: Einen Schritt weiter. Ein Diskussionsbeitrag über unsere Wandlung an der Literaturfront. In: Die Linkskurve 4 (1932), Nr. 2, S. 21f.
- Brenner, Hans Georg: Das Gut im Elsaß. In: Die Weltbühne 28 (1932), II, Nr. 43, S. 632-634.
- Diebold, Bernhard: Dramatische Zwischenstufen. In: Der Scheinwerfer 5 (1932), Nr. 14, S. 12-15.
- Eggebrecht, Axel: Gerhard Menzel »Wieviel Liebe braucht der Mensch«. In: Die Literarische Welt 8 (1932), Nr. 1, S. 5f.
- Eich, Günther: Bemerkungen über Lyrik. Antwort an Bernhard Diebold. In: Die Kolonne 3 (1932), Nr. 1, S. 3f.
- Einsiedel, Wolfgang von: August Scholtis »Ostwind«. In: Die Kolonne 4 (1932), Nr. 3, S. 45f.
- Feuchtwanger, Lion: Der Roman von heute ist international. In: Berliner Tageblatt, 26.9.1932 (Beiblatt »Die Brücke«, Nr. 39).
- Fischer, Hugo: Schlagworte von heute. In: Die Literarische Welt 8 (1932), Nr. 7, S. 3.
- Flesch, Hans: Georg Kaiser »Es ist genug«. In: Die Literarische Welt 8 (1932), Nr. 17, S. 5.
- Greif, Theodor: Sie gehen zum Andreas. In: Der Scheinwerfer 6 (1932), Nr. 2, S. 10-15.
- Gollong, Heinz: Jugend im Niemandsland. In: Die Literarische Welt 8 (1932), Nr. 7, S. 1f.
- Gutman, Hanns: Gebrauchs- oder Verbrauchsmusik? Eine unerläßliche Richtigstellung. In: Der Scheinwerfer 5 (1932), Nr. 17, S. 13-16.
- Haas, Willy: Ende des Theaters? In: Die Literarische Welt 8 (1932), Nr. 2, S. 1f.
- Kantorowicz, Alfred: Denn sie wissen, was sie tun. In: Die Literarische Welt 8 (1932), Nr. 17, S. 5.
- Kantorowicz, Alfred: Heinrich Hauser »Noch nicht«. In: Die Literarische Welt 8 (1932), Nr. 41/42, S. 11f.
- Kerr, Alfred: Was wird aus Deutschlands Theater? Dramaturgie der späten Zeit. Berlin 1932.
- Kesten, Hermann: Erich Kästner und die neue Lyrik. In: Die Literarische Welt 8 (1932), Nr. 52, S. 5f.
- Kracauer, Siegfried: Vivisektion der Zeit. Erik Reger: Das wachsame Hähnchen. Polemischer Roman. In: Frankfurter Zeitung, Nr. 45 vom 6.11.1932.

- Kramer, Theodor: Eine neue literarische Form? In: Das Tage-Buch 13 (1932), Nr. 35, S. 1362.

- L. St. [= Ludwig Steinecke]: Bernard von Brentano: Der Beginn der Barbarei in Deutschland. In: Die Literarische Welt 8 (1932), Nr. 33, S. 5.

- Lamprecht, Heinz [=Erik Reger]: Dichter lieben das Laster. In: Der Scheinwerfer 5 (1932), Nr. 8, S. 7-10.

- Leuteritz, Gustav: Der Tatsachenbericht als Kunstmittel. In: Die Volksbühne 7 (1932), Nr. 10, S. 410-412.

- Lukács, Georg: Aus der Not eine Tugend. In: Die Linkskurve 4 (1932), Nr. 11, S. 15-24.

- Lukács, Georg: Reportage oder Gestaltung? Kritische Bemerkungen anläßlich des Romans von Ottwalt. In: Die Linkskurve 4 (1932), Nr. 7, S. 23-30 u. Nr. 8, S. 26-31.

- Lukács, Georg: Tendenz oder Parteilichkeit? In: Die Linkskurve 4 (1932), Nr. 6, S. 13-21.

- Maaß, Joachim: Junge deutsche Literatur. Versuch einer zusammenfassenden Darstellung. In: Die Tat 24 (1932), Nr. 9, S. 794-802.

- Maier, Hans Georg: Über den Nutzwert von Kunst. In: Der Scheinwerfer 5 (1932), Nr. 11, S. 17-19.

- Thomas Murner: Der Kaiser ging, die Generäle blieben. In: Die Weltbühne 28 (1932), II, Nr. 27, S. 17f.

- Ottwalt, Ernst: »Tatsachenroman« und Formexperiment. Eine Entgegnung an Georg Lukács. In: Die Linkskurve 4 (1932), Nr. 10, S. 21-26.

- Plivier, Theodor: Der Kaiser ging, die Generäle blieben. Ein deutscher Roman. Vorwort. Berlin 1932.

- Raschke, Martin: Zur jungen Literatur. In: Die Literarische Welt 8 (1932), Nr. 8/9, S. 7.

- Reger, Erik: Wegweiser. In: Ders.: Das wachsame Hähnchen. Ein polemischer Roman. Berlin 1932.

- Reinhold, Kurt: Roman-Premiere. In: Das Tage-Buch 13 (1932), Nr. 8, S. 299-301.

- Rosenthal, Friedrich: Theater im Aufruhr. Zürich, Leipzig, Wien 1932.

- Sarnetzki, Detmar Heinrich: Die deutsche Literatur in der Krise. In: Oscar Müller (Hrsg.): Krisis. Ein politisches Manifest. Weimar 1932, S. 307-315.

- V.W.: Peter Altenberg. In: Der Querschnitt 12 (1932), Nr. 11, S. 838f.

- Weissinger, Friedrich: Martin Kessel »Herrn Brechers Fiasko«. In: Die Literarische Welt 8 (1932), Nr. 46, S. 7.

- Westhoven, Karl [= Erik Reger]: Kleine Bilanz des Dramas. In: Der Scheinwerfer 5 (1932), Nr. 17, S. 11-13.

1933

- Broch, Hermann: Das Weltbild des Romans [1933; unveröffentlicht]. In: Ders.: Schriften zur Literatur II. Hrsg. v. Paul Michael Lützeler. Frankfurt/Main 1975, S. 89-118.
- Clément, Frantz: Überschätzung der Reportage. In: Das Tage-Buch 14 (1933), Nr. 8, S. 310-314.
- Ewald, Oskar: Rationalisierung – das Schicksalswort der Zeit. In: Die Literatur 35 (1933), Nr. 7, S. 373-375.
- F.B.: Die Sachlichkeit. In: Der Querschnitt 13 (1933), Nr. 4, S. 301.
- Feuchtwanger, Lion: Selbstdarstellung. In: Die Literarische Welt 9 (1933), Nr. 4, S. 1.
- Goebbels, Joseph: Die Stellung der Kunst im neuen Reich [1933]. In: Das deutsche Reich von 1918 bis heute. Hrsg. v. Cuno Horkenbach. Berlin 1935, S. 207f.
- Kindermann, Heinz: Idealismus und Sachlichkeit in der deutschen Gegenwartsdichtung. In: Germanisch-Romanische Monatsschrift 21 (1933), S. 81-110.
- Krammer, Susanne: Wir sind gar nicht sachlich! In: Der Querschnitt 13 (1933), Nr. 3, S. 205.
- Lania, Leo: Erik Reger »Das wachsame Hähnchen«. In: Der Querschnitt 13 (1933), Nr. 2, S. 150.
- Naumann, Hans: Versuch über die Neue Sachlichkeit. In: Ders.: Die deutsche Dichtung der Gegenwart. Vom Naturalismus bis zur Neuen Sachlichkeit. 5 durchgesehene und erweiterte Auflage Stuttgart 1933 (= Epochen der deutschen Literatur, Bd. 6).

1934

- Benjamin, Walter: Der Autor als Produzent. Ansprache im Institut zum Studium des Fascismus in Paris, 27.4.1934. Abgedruckt in: Ders.: Gesammelte Schriften. Bd. II, 2. Hrsg. v. Rolf Tiedemann, Hermann Schweppenhäuser. Frankfurt/M. 1977, S. 683-701.
- Hilgers, Gertrud: Ein neuer Typus der Lyrik. Emstetten i.W. 1934.

1935

- Bloch, Ernst: Großbürgertum, Sachlichkeit und Montage (1924-1933). In: Ders.: Erbschaft dieser Zeit. Zürich 1935, S. 149-310.
- Kisch, Egon Erwin: Reportage als Kunstform und Kampfform. In: Mitteilungen der Deutschen Freiheits-Bibliothek, Nr. 4 vom 27.6.1935, S. 2f.

Antosh, John Henry: Georg Kaisers Comedies of the Twenties: An expressionist playwriters escape into Neue Sachlichkeit. Indiana University 1977.

Baureithel, Ulrike: »... In dieser Welt von Männern erdacht«. Versuch über die Dialektik der »Sachlichkeit« im Weimarer Modernisierungsprozeß und ihre Auswirkung auf die Geschlechter- und Gesellschaftsverfassung. Dargestellt an ausgewählten literarischen Zeugnissen der »Neuen Sachlichkeit«. Karlsruhe 1987 (Magisterarbeit).

Dies.: Die letzte tolle Karte im Männerspiel. In: Literatur für Leser 10 (1990), Nr. 3, S. 141-154.

Dies.: »Kollektivneurose moderner Männer«. Die Neue Sachlichkeit als Symptom des männlichen Identitätsverlusts – sozialpsychologische Aspekte einer literarischen Strömung. In: Germanica 9 (1991), S. 123-144.

Dies.: Zivilisatorische Landnahmen: Technikdiskurs und Männeridentität in Publizistik und Literatur der zwanziger Jahre. In: Der Technikdiskurs in der Hitler-Stalin-Ära. Hrsg. v. Wolfgang Emmerich, Carl Wege. Stuttgart, Weimar 1995, S. 28-46.

Becker, Frank: Die Rechtfertigung des Sports als ästhetisches Phänomen durch die neue Sachlichkeit. In: Zeitschrift für Ästhetik und allgemeine Kunstwissenschaft 39 (1994), Nr. 1, S. 55-77.

Becker, Sabina, Christoph Weiß: Neue Sachlichkeit im Roman. Neue Interpretationen zu Romanen der Weimarer Republik. Stuttgart 1995.

Dies.: Neue Sachlichkeit im Roman. In: Becker, Weiß (Hrsg.): Neue Sachlichkeit im Roman. Neue Interpretationen zu Romanen der Weimarer Republik, S. 7-26.

Dies.: »Hier ist nicht Amerika«. Marieluise Fleißers »Mehlreisende Frieda Geier. Roman vom Rauchen, Sporteln, Lieben und Verkaufen. In: Becker, Weiß (Hrsg.): Neue Sachlichkeit im Roman, S. 212-234.

Dies.: Alfred Döblin im Kontext der Neuen Sachlichkeit I. In: Jahrbuch zur Literatur der Weimarer Republik. Hrsg. in Zusammenarbeit mit Eckhard Faul und Reiner Marx von Sabina Becker. St. Ingbert 1995, Bd. 1, 1995, S. 202-229.

Dies.: Alfred Döblin im Kontext der Neuen Sachlichkeit II. In: Jahrbuch zur Literatur der Weimarer Republik. Hrsg. in Zusammenarbeit mit Eckhard Faul und Reiner Marx von Sabina Becker. St. Ingbert 1996, Bd. 2, 1996, S. 157-181.

Dies.: »Wider die Grossisten der Intuition«. Erich Kästners Lyrik der zwanziger und dreißiger Jahre: In: Jahrbuch zur Literatur der Weimarer Republik. Hrsg. in Zusammenarbeit mit Eckhard Faul und Reiner Marx von Sabina Becker. St. Ingbert 1998, Bd. 4, 1998, S. 205-224.

Dies.: Zwischen neusachlichem Kunstanspruch und Unterhaltungsliteratur. Vicki Baums erzählerisches Werk der zwanziger und frühen dreißiger Jahre: In: Jahrbuch zur Literatur der Weimarer Republik. Hrsg. in Zusammenarbeit mit Eckhard Faul und Reiner Marx von Sabina Becker. St. Ingbert 1999, Bd. 5, 1999.

Dies.: Porträt eines anderen »Brechtmädchens: Marieluise Fleißers Beitrag zur neusachlichen Erzählliteratur der zwanziger Jahre. In: Porträts neusachlicher Künstlerinnen und Schriftstellerinnen. Hrsg. v. Britta Jürgs. Berlin 2000.

Berle, Waltraud: Bubikopf, Boxkämpfe und schnelle Autos Die Republik der Sachlichkeit. In: Dies.: Heinrich Mann und die Weimarer Republik. Bonn 1983.

Bier, Jean Paul: Hermann Broch und der Begriff der Neuen Sachlichkeit. In: Modern Austrian Literature 13 (1980), Nr. 4, S. 145-158.

Bolz, Norbert: Auszug aus der entzauberten Welt. Philosophischer Extremismus zwischen den Weltkriegen. München 1989.

Bullivant, Keith (Hrsg.): Das literarische Leben der Weimarer Republik. Königstein/Ts. 1978.

Campbell, Joan: Entwurf der »Neuen Zeit«. Der Deutsche Werkbund in den zwanziger Jahren. In: Peter Alter (Hrsg.): Im Banne der Metropolen. Berlin und London in den zwanziger Jahren. Göttingen 1993, S. 298-313.

Cluet, Marc: Le naturalisme »fonctionel« sous Weimar. In: Germanica 9 (1991), S. 271-290.

Combes, André: Die sachliche Verzauberung der Großstadt im Film. In: Germanica 9 (1991), S. 245-270.

Denkler, Horst: Die Literaturtheorie der Zwanziger Jahre. Zum Selbstverständnis des literarischen Nachexpressionismus. In: Monatshefte für den Deutschunterricht 4 (1967), S. 305-319.

Ders.: Sache und Stil. Die Theorie der Neuen Sachlichkeit und ihre Auswirkungen auf Kunst und Dichtung. In: Wirkendes Wort 3 (1968), S. 167-185.

Ders.: Auf dem Wege zur proletarisch-revolutionären Literatur und zur Neuen Sachlichkeit. Zu frühen Publikationen des Malik-Verlags. In: Die deutsche Literatur in der Weimarer Republik. Hrsg. v. Wolfgang Rothe. Stuttgart 1974, S. 143-168.

Ders.: Der Fall Franz Jung. Beobachtungen zur Vorgeschichte der Neuen Sachlichkeit. In: Franz Jung. Leben und Werk eines Rebellen. Hrsg. v. Ernst Schürer. New York, Bern, Frankfurt/Main 1994, S. 245-275.

Dörr, Karin: Joseph Breitbach: Breitbachs frühe Prosa im Licht der Neuen Sachlichkeit. Mc Gill University Canada 1988.

Fähnders, Walter: »... auf der Plattform innerer Bereitschaft«. Franz Jung und die ›Neue Sachlichkeit‹: »Gequältes Volk. Ein oberschlesischer Industrieroman«. In: Becker, Weiß (Hrsg.): Neue Sachlichkeit im Roman, S. 69-88.

Ders.: Neue Sachlichkeit, proletarisch-revolutionäre Literatur und ›Moderne‹. In: Ders.: Avantgarde und Moderne 1890-1933. Stuttgart, Weimar 1998.

Gay, Peter: Die Republik der Außenseiter. Geist und Kultur in der Weimarer Zeit in 1918-1933. Frankfurt/Main 1970.

Geisler, Michael: Die literarische Reportage in Deutschland. Möglichkeiten und Grenzen eines operativen Genres. Königstein/Ts. 1982.

Gemanica 9 (1991): Die »Neue Sachlichkeit«. Lebensgefühl oder Markenzeichen? Coordination scientifique: Pierre Vaydat.

Giesing, Michaela, Theo Girshausen, Horst Walter: Fetisch ›Technik‹. Die Gesellschaft auf dem Theater der ›Neusachlichkeit‹. Max Brands »Machinist Hopkins« als Beispiel. In: Weimarer Republik. Hrsg. v. Kunstamt Kreuzberg Berlin und dem Institut für Theaterwissenschaft der Universität Köln. Berlin, Hamburg 1977, S. 783-822.

Goedebuure, Jaap: New objectivity, realism and avant-garde. In: The turn of the century. Modernism and modernity in literature and the arts. Ed. By Christian Berg. Berlin u.a. 1995.

Grimm, Reinhold, Hermand, Jost (Hrsg.): Die sogenannten Zwanziger Jahre. Bad Homburg, Berlin, Zürich 1970.

Dies.: Realismustheorien in Literatur, Malerei, Musik und Politik. Stuttgart, Berlin, Köln, Mainz 1975.

Grosch, Nils: Die Musik der Neuen Sachlichkeit. Stuttgart, Weimar 1999.

Grüttemeier, Ralf: »Von der dreimal heiligen Sachlichkeit. Religiöses bei Alfred Döblin. In: Neophilologus (1993), Nr. 77, S. 285-296.

Ders.: »La métaphore dans le réalisme: la Nouvelle Objectivité«. In: Henriette Ritter, Annelies Schulte Nordholt (Hrsg.): La Révolution dans les lettres. Textes pour Fernand Drijkonigen. Amsterdam, Atlanta 1993, S. 345-356.

Ders.: Hybride Welten. Aspekte der »Nieuwe Zakelijkheid« in der niederländischen Literatur. Stuttgart, Weimar 1995.

Gruber, Helmut: Neue Sachlichkeit and the World War. In: German Life and Letters, Vol. XX (1967), Nr. 2, S. 138-149.

Gustafson, Daryl Lee: Neue Sachlichkeit and the German war novel from 1928-30. Diss. John Hopkins University, 1981.

Haefs, Wilhelm: Nachexpressionismus. Zur literarischen Situation um 1920. In: Bernhard Gajek, Walter Schmitz (Hrsg.): Georg Britting (1891-1964). Vorträge des Regensburger Kolloquiums 1991. Frankfurt/Main, Berlin, Bern, New York, Paris, Wien, Regensburg 1993, S. 74-98.

Haupt, Jürgen: Heinrich Mann und »Die jungen Leute«. Zwei kulturkritische Essays zur Neuen Sachlichkeit (1925-28). In: Siegfried Sudhof zu Gedenken. Lübek 1981 (= Arbeitskreis Heinrich Mann Mitteilungsblatt. Sonderheft).

Hecht, Werner: Brechts Weg zum epischen Theater (1918-1932). Berlin 1962.

Heizmann, Jürgen: Joseph Roth und die Ästhetik der Neuen Sachlichkeit. Heidelberg 1990.

Hermand, Jost: Einheit in der Vielheit? Zur Geschichte des Begriffs Neue Sachlichkeit. In: Keith Bullivant: Das literarische Leben in der Weimarer Republik. Königstein/Ts. 1978, S. 71-88.

Ders.: Erik Regers »Union der festen Hand« (1931). Roman oder Reportage. In: Monatshefte für den deutschen Unterricht 57 (1965), Nr. 3, S. 113-133.

Ders.: Neue Sachlichkeit: Ideology, Lifestyle, or Artistic Movement? In: Dancing on the Volcano. Essays on the culture of the Weimar Republic. Edited by Thomas W. Kniesche, Stephen Brockmann. Camden House 1994, S. 57-67.

Ders.: Neue Sachlichkeit: Stil, Wirtschaftsform oder Lebenspraxis? In: Weltbürger – Textwelten. Helmut Kreuzer zum Dank. Hrsg. v. Leslie Bodi, Günter Helmes, Egon Schwarz, Friedrich Voit. Frankfurt/Main, Berlin, Bern, New York, Paris, Wien 1995, S. 325-342.

Hermand, Jost/Trommler, Frank: Die Kultur der Weimarer Republik. München 1978.

Hima, Gabriella: Dunkle Archive der Seele in hellen Gebärden des Körpers. Die Anthropologie der neusachlichen Prosa. Frankfurt/Main, Berlin, Bern, New York, Paris, Wien 1999.

Hirdina, Karin: Pathos der Sachlichkeit. Tendenzen materialistischer Ästhetik in den 20er Jahren. Berlin 1981.

Hütt, Wolfgang: Neue Sachlichkeit und darüber hinaus. In: Tendenzen 46 (1967), S. 205-208.

Jäger, Andrea: »Ich wollte den wahren Helden zeigen«. Ludwig Renns Antikriegsroman »Krieg«. In: Becker, Weiß (Hrsg.): Neue Sachlichkeit im Roman, S. 157-175.

Jäger, Christian: Phase IV. Wandlungen des Sachlichkeitsdiskurses im Feuilleton der Weimarer Republik. In: Jahrbuch zur Literatur der Weimarer Republik. Hrsg. in Zusammenarbeit mit Eckhard Faul und Reiner Marx von Sabina Becker. St. Ingbert 1996, Bd. 2, 1996, S. 77-108.

Jahrbuch zur Literatur der Weimarer Republik. Hrsg. in Zusammenarbeit mit Eckhard Faul und Reiner Marx von Sabina Becker. St. Ingbert Bd. 1: 1995 ff.

Jaretzky, Reinhold: Lion Feuchtwanger und die Neue Sachlichkeit. In: German Studies in India 10 (1986). Teil 1: S. 27-34; Teil 2: S. 55-70.

Jogot, Anne: La littérature féminine de la Nouvelle Objectivité. In: Germanica 9 (1991), S. 71-104.

Jürgs, Britta: Neusachliche Zeitungsmacher, Frauen und alte Sentimentalitäten. Erich Kästners Roman »Fabian. Die Geschichte eines Moralisten«. In: Becker, Weiß (Hrsg.): Neue Sachlichkeit im Roman, S. 195-211.

Jung-Hofmann, Christina: Wirklichkeit, Wahrheit, Wirkung – Untersuchungen zur funktionalen Ästhetik des Zeitstückes der Weimarer Republik. Frankfurt/Main, Berlin, Bern, New York, Paris, Wien 1999.

Kaes, Anton (Hrsg.): Manifeste und Dokumente zur deutschen Literatur 1918-1933. Stuttgart 1983.

Kappelhoff, Hermann: Der möblierte Mensch. G.W. Pabst und die Utopie der Sachlichkeit. Ein poetologischer Versuch zum Weimarer Autorenkino. Berlin 1993.

Karrenbrock, Helga: Das stabile Trottoir der Großstadt. Zwei Kinderromane der Neuen Sachlichkeit: Wolf Durians »Kai aus der Kiste« und Erich Kästners »Emil und die Detektive«. In: Becker, Weiß (Hrsg.): Neue Sachlichkeit im Roman, S. 176-194.

Klatt, Gudrun: Streitpunkt Moderne: ästhetische Positionen und literarische Kommunikation innerhalb der internationalen kommunistischen Bewegung der 30 Jahre. 2 Bde. Berlin 1963.

Klein, Alfred: Wirklichkeitsbesessene Dichtung. Zur Geschichte der deutschen sozialistischen Literatur. Leipzig 1977.

Klein, Wolfgang: »Réalisme socialiste« – sur l'histoire du terme dans les années trente. In: Beiträge zur romanischen Philologie 21 (1982), S. 113-119.

Klotz, Volker: Lyrische Anti-Genrebilder. Notizen zu neusachlichen Ge-dichten Erich Kästners. In: Walter Müller-Seidel (Hrsg.): Historizität in Sprach- und Literaturwissenschaft. München 1971, S. 479-495.

Ders.: Forcierte Prosa. In: Dialog. Festschrift für Josef Kunz. Hrsg. v. Rai-ner Schönhaar. Berlin 1983, S. 244-270.

Knobloch, Hans Jörg: Von Lilien, weißen Jungfrauen und ›Bibi‹: Heinrich Mann zwischen Expressionismus und Neuen Sachlichkeit. In: Heinrich-Mann-Jahrbuch 12 (1994), S. 113-129.

Ders.: Krieg, Revolution, Inflation: Epochenschwelle zwischen Expressio-nismus und Neuer Sachlichkeit. In: Acta Germanica 46 (1996), S. 197-202.

Knopf, Jan: Veränderung der Lyrik. Lion Feuchtwangers »Amerikanisches Liederbuch« *Pep*. In: Jahrbuch zur Literatur der Weimarer Republik. Hrsg. in Zusammenarbeit mit Eckhard Faul und Reiner Marx von Sabi-na Becker. St. Ingbert 1997, Bd. 3, 1997, S. 202-229.

Koebner, Thomas: Das Drama der Neuen Sachlichkeit und die Krise des Li-beralismus. In: Die deutsche Literatur in der Weimarer Republik. Hrsg. v. Wolfgang Rothe. Stuttgart 1974, S. 19-46.

Komfort-Hein, Susanne: Physiognomie der Moderne zwischen Metropole und Provinz. Fleißers Roman *Eine Zierde für den Verein* im Kontext neusachlicher Diskurse. In: Internationales Archiv für Sozialgeschichte der deutschen Literatur 23 (1998), Nr. 1, S. 48-65.

Kreuzer, Helmut: Kultur und Gesellschaft in der Weimarer Republik. In: Ders.: Aufklärung über Literatur. Epochen, Probleme, Tendenzen. Aus-gewählte Aufsätze. Hrsg. v. Peter Seibert, Rolf Bäumer, Georg Bollen-beck. Heidelberg 1992, S. 100-117.

Kreuzer, Helmut: Biographie, Reportage, Sachbuch. Zu ihrer Geschichte seit den zwanziger Jahren. In: Ders.: Aufklärung über Literatur, S. 118-139.

Kunst und Technik in den 20er Jahren. Neue Sachlichkeit und Gegenständli-cher Konstruktivismus. Katalog zur Ausstellung der Städtischen Galerie im Lenbachhaus. München 1980.

Ladenthin, Volker: Erich Kästners Bemerkungen über den Realismus in der Prosa. Ein Beitrag zum poetologischen Denken Erich Kästners und zur Theorie der Neuen Sachlichkeit. In: Wirkendes Wort 38 (1988), S. 62-77.

Lagny, Anne: Personnages juifs dans le Zeitroman de la République de Weimar. In: Germanica 9 (1991), S. 145-168.

Lee, Jeong-Jun: Tradition und Konfrontation. Die Zusammenarbeit von Marieluise Fleißer und Bertolt Brecht. Frankfurt/Main, Berlin, Bern, New York, Paris Wien 1992.

Ders.: Die neusachliche Literatur in den zwanziger Jahren: die Neue Sachlichkeit als Ausdruck des Generationenkonflikts. In: Dogilmunhak 34
(1993), Nr. 2, S. 752-768.

Lethen, Helmut: Neue Sachlichkeit 1924-1932. Studien zur Literatur des
Weißen Sozialismus. Stuttgart 1970.

Ders.: Neue Sachlichkeit. In: Deutsche Literatur. Eine Sozialgeschichte.
Hrsg. v. Horst Albert Glaser. Bd 9: Weimarer Republik – Drittes Reich:
Avantgardismus, Parteilichkeit, Exil 1918-1945. Reinbek bei Hamburg
1983, S. 168-179.

Ders.: Chicago und Moskau. Berlins moderne Kultur der 20er Jahre zwischen Inflation und Weltwirtschaftskrise. In: Die Metropole. Industrie-
kultur in Berlin im 20. Jahrhundert. Unter Beteiligung zahlreicher Autoren hrsg. v. Jochen Boberg, Tilman Fichter u. Eckhart Gillen. München 1986, S. 190-215.

Ders.: Lob der Kälte. Ein Motiv der historischen Avantgarden. In: Die
unvollendete Vernunft: Moderne versus Postmoderne. Hrsg. v. Dietmar
Kamper und W. Reijen. Frankfurt/Main 1987, S. 282-325.

Ders.: Freiheit von Angst. Über einen entlastenden Aspekt der Technik-
Moden in den Jahrzehnten der historischen Avantgarde 1910-1930. In:
Literatur in einer industriellen Kultur. Hrsg. v. Götz Grossklaus u.
Eberhard Lämmert. Stuttgart 1989.

Ders.: Kältemaschinen der Intelligenz. Attitüden der Sachlichkeit. In: Indu-
striegebiet der Intelligenz. Hrsg. v. Ernest Wichner, Herbert Wiesner.
Literaturhaus Berlin 1990, S. 118-153.

Ders.: Philosophische Anthropologie und Literatur in den zwanziger Jahren. Helmut Plessners Mantel- und Degenstück. In: Germanistentreffen
Benelux (Belgien, Niederlande, Luxemburg, Deutschland). Hrsg. v. R.
Werner Roggausch. Bonn (Deutschen Akademischen Austauschdienst)
1993, S. 123-155.

Ders.: Der Jargon der Neuen Sachlichkeit. In: Germanica 9 (1991), S. 11-36.

Ders.: Verhaltenslehren der Kälte. Lebensversuche zwischen den Kriegen.
Frankfurt/Main 1994.

Ders.: Unheimliche Nachbarschaften. Neues vom neusachlichen Jahrzehnt.
In: Jahrbuch zur Literatur der Weimarer Republik. Hrsg. in Zusam-
menarbeit mit Eckhard Faul und Reiner Marx von Sabina Becker. St.
Ingbert 1995, Bd. 1, 1995, S. 76-92.

Ders.: Der Habitus der Sachlichkeit in der Weimarer Republik. In: Literatur der Weimarer Republik 1918-1933. Hrsg. v. Bernhard Weyergraf
(= Hansers Sozialgeschichte der deutschen Literatur vom 16. Jahrhundert bis zur Gegenwart). München 1995, S. 371-445.

Ders.: Neusachliche Physiognomik. Gegen den Schrecken der ungewissen Zeichen. In: Der Deutschunterricht, 1997, Heft 2 (Weimarer Republik), S. 6-19.

Lichtmann, Tamás: Zerfall der Werte oder die Anarchie der Sachlichkeit. In: Hermann Broch und die Angst vor der Anarchie. Hrsg. v. Wilhelm Petrasch, John Pattillo-Hess. Wien 1993, S. 67-76.

Lindner, Martin: Leben in der Krise. Zeitromane der Neuen Sachlichkeit und die intellektuelle Mentalität der klassischen Moderne. Stuttgart, Weimar 1994.

Literatur der Weimarer Republik 1918-1933. Hrsg. v. Bernhard Weyergraf (= Hansers Sozialgeschichte der deutschen Literatur vom 16. Jahrhundert bis zur Gegenwart). München 1995.

Lohse, Petra: Neue Sachlichkeit in der Essener Zeitschrift »Der Scheinwerfer« (1927-1933). Siegen 1992.

Magical realism: theory, history, community. Ed. By Lois P. Zamora, Wendy B. Faris. Durham u.a. 1995.

Mahlow, Verena: »Die Lieben, die uns immer zur Hemmung wurde...«. Weibliche Identitätsproblematik zwischen Expressionismus und Neuer Sachlichkeit am Beispiel der Prosa Claire Golls. Frankfurt/Main, Berlin, Bern, New York, Paris, Wien 1995.

Mayer Dieter: »Naturalismus, wie ich ihn meine.« Alfred Döblin und die Neue Sachlichkeit. In: Literatur für Leser 7 (1987), Nr. 2, S. 125-134.

Ders.: [Artikel] Neue Sachlichkeit. In: Moderne Literatur in Grundbegriffen. Hrsg. v. Dieter Borchmeyer u. Viktor Žmegač. Frankfurt/Main 1987, S. 275-282.

Ders.: Legendendichtung in wüster Zeit. Arnold Zweigs Roman »Der Streit um den Sergeanten Grischa«. In: Becker, Weiß (Hrsg.): Neue Sachlichkeit im Roman, S. 131-156.

Meyer, Jochen: Berlin – Provinz. Literarische Kontroversen um 1930. Marbach 1985.

Midgley, David: Schreiben um der Vergeistigung des Lebens willen. Das Verhältnis Arnold Zweigs zur Neuen Sachlichkeit. In: Arnold Zweig. Jahrbuch für Internationale Germanistik Reihe A (1989), Nr. 25, S. 97-110.

Ders.: Asphalt jungle. Brecht and German poetry of the 1920s: In: Unreal City. Urban experience in modern European literature and art. Ed. by Edward Tims and David Kelley. Manchester University Press 1985.

Mittner, Ladislao: La Neue Sachlichkeit. In: Ders.: La letteratura tedesca del Novecento e altri saggi. o.O. 1960, S. 194-202.

Ders.: L'Expressionismo fra L'Impressionismo e la Neue Sachlichkeit: fratture e continuita. In: Studi germanici II, 1964, S. 37-82.

Modick, Klaus, Egon Brückener: Lion Feuchtwangers Roman »Erfolg«. Leistung und Problematik schriftstellerischer Aufklärung in der Endphase der Weimarer Republik. Kronberg/Ts. 1978.

Ders.: Lion Feuchtwanger im Kontext der 20 Jahre. Autonomie und Sachlichkeit. Königstein/Ts. 1981.

Möhrchen, Helmut: Vorkriegszeit, Pubertät und Krieg in deutscher Provinz. Ernst Glaesers »Jahrgang 1902« als Roman wider Willen. In: Bekker, Weiß (Hrsg.): Neue Sachlichkeit im Roman, S. 157-175.

Molderings, Herbert: Amerikanismus und Neue Sachlichkeit in der deutschen Fotografie der zwanziger Jahre. In: Germanica 9 (1991), S. 229-244.

Muller, Françoise: Neue Sachlichkeit und Arbeitswelt. In: Germanica 9 (1991), S. 55-70.

Olbrich, Harald: Die Neue Sachlichkeit im Widerstreit der Ideologien und Theorien zur Kunstgeschichte des 20. Jahrhunderts. In: Weimarer Beiträge 26 (1980), Nr. 1, S. 65-76.

Paucker, Henri M. (Hrsg.): Neue Sachlichkeit, Literatur im »Dritten Reich« und Exil. Stuttgart 1984.

Petersen, Klaus: Neue Sachlichkeit: Stilbegriff, Epochenbezeichnung oder Gruppenphänomen? In: DVjs 56 (1983), Nr. 3, S. 463-477.

Peukert, Detlev J. K.: Die Weimarer Republik. Krisenjahre der Klassischen Moderne. Frankfurt/Main 1987.

Philippoff, Eva: Das neusachliche junge Mädchen zwischen Uznach und dem Oktoberfest. In: Germanica 9 (1991), S. 105-122.

Pietzcker, Carl: Sachliche Romantik. Verzaubernde Entzauberung in Erich Kästners früher Lyrik. In: Germanica 9 (1991), S. 169-190.

Ders.: Verzaubernde Entzauberung in der Lyrik der »Neuen Sachlichkeit«. In: Der Deutschunterricht, 1997, Heft 2 (Weimarer Republik), S. 42-53.

Potdevin, *Arndt*: Franz Hessel und die Neue Sachlichkeit. In: Berlin-Flaneure. Stadt-Lektüren in Roman und Feuilleton 1910-1930. Hrsg. v. Peter Sprengel. Berlin 1998, S. 101-135.

Prümm, Karl: Neue Sachlichkeit. Anmerkungen zum Gebrauch des Begriffs in neueren literaturwissenschaftlichen Publikationen. In: Zeitschrift für deutsche Philologie 91 (1972), S. 606-616.

Ders.: Die Literatur des Soldatischen Nationalismus der 20er Jahre (1918-1933). Gruppenideologie und Epochenproblematik. 2 Bde. Kronberg/Ts. 1974.

Ders.: Nachwort. In: Erik Reger: Union der festen Hand. Roman einer Entwicklung. Königstein/Ts. 1978.

Ders.: Exzessive Nähe und Kinoblick. Alltagswahrnehmung in Hans Falladas Roman »Kleiner Mann – was nun?« In: Becker, Weiß (Hrsg.): Neue Sachlichkeit im Roman, S. 255-272.

Realismus und Sachlichkeit. Aspekte deutscher Kunst 1919-33. Staatliche Museen zu Berlin, Nationalgalerie. Wissenschaftliche Bearbeitung v. Roland März und Gottfried Riemann. Berlin 1974.

Reffet, Michel: Franz Werfel entre expressionnisme et »Neue Sachlichkeit«. In: Germanica 9 (1991), S. 191-216.

Rühle, Günther (Hrsg.): Theater für die Republik 1917-1933 im Spiegel der Kritik. Frankfurt/Main 1967.

Riha, Karl: Zwischen Jugendstil und Neuer Sachlichkeit. Zu zwei Großstadtlyrik-Anthologien. In: Archiv für Kommunal-Wissenschaften 19 (1980), S. 200-216.

Rosenstein, Doris: »Mit der Wirklichkeit auf du und du«? Zu Irmgard Keuns Romanen »Gilgi, eine von uns« und »Das kunstseidene Mädchen«. In: Becker, Weiß (Hrsg.): Neue Sachlichkeit im Roman, S. 273-290.

Salyámosy, Miklós: Von neuer Sachlichkeit zu proletarisch-revolutionärer Literatur. In: Germanistisches Jahrbuch der DDR 5 (1986), S. 9-19.

Sanford, John: Neue Sachlichkeit and German realism of the twenties. In: Quinquereme 2 (1979), S. 263-268.

Schalk, Axel: Franz Werfels Historie »Juarez und Maximilian«. Schicksalsdrama, ›Neue Sachlichkeit‹ oder die Formulierung eines paradoxen Geschichtsbilds. In: Wirkendes Wort 38 (1988), Nr. 1, S. 78-87.

Schäfer, Hans Dieter: Naturdichtung und Neue Sachlichkeit. In: Die deutsche Literatur in der Weimarer Republik. Hrsg. v. Wolfgang Rothe. Stuttgart 1974, S. 359-381.

Schmalenbach, Fritz: Die Malerei der Neuen Sachlichkeit. Berlin 1973.

Schmied, Wieland: Neue Sachlichkeit und Magischer Realismus in Deutschland 1918-1933. Hannover 1969.

Ders.: Die Neue Sachlichkeit. Malerei der Weimarer Zeit. In: Germanica 9 (1991), S. 217-228.

Schneede, Uwe M. (Hrsg.): Die zwanziger Jahre. Manifeste und Dokumente deutscher Künstler. Köln 1979.

Schürer, Ernst: Georg Kaiser und die Neue Sachlichkeit (1922-32). Themen, Tendenzen, Formen. In: Georg Kaiser: eine Aufsatzsammlung nach einem Symposium in Edmonton, Kanada. Hrsg. u. eingel. von Holger A. Pausch. Berlin, Darmstadt 1980, S. 115-138.

Ders.: »Die Entsühnung« und das Drama der neuen Sachlichkeit. In: Modern Austrian Literature 13 (1980), Nr. 4, S. 77-98.

Schütz, Erhard: Kritik der literarischen Reportage. Reportagen und Reiseberichte aus der Weimarer Republik über die USA und die Sowjetunion. München 1977.

Ders., Jochen Vogt: Der Scheinwerfer – ein Forum der Neuen Sachlichkeit (= Ruhrland-Dokumente, Bd. 2). Essen 1986.

Ders.: Romane der Weimarer Republik. München 1986.

Ders.: Neue Sachlichkeit: In: Literaturwissenschaftliches Lexikon. Grundbegriffe der Germanistik. Hrsg. v. Horst Brunner, Rainer Moritz. Berlin 1997, S. 245-248, hier S. 245f.

Ders., Matthias Uecker: »Präzisionsästhetik«? Erik Regers »Union der festen Hand« – Publizistik als Roman. In: Becker, Weiß (Hrsg.): Neue Sachlichkeit im Roman, S. 89-111.

Sloterdijk, Peter: Literatur und Organisation von Lebenserfahrung. Autobiographien der 20er Jahre. München 1978.

Smail, Deborah: White-collar Workers, Mass Culture and Neue Sachlichkeit in Weimar Berlin. A Reading of Hans Fallada's »Kleiner Mann – was nun«, Erich Kästner's »Fabian« and Irmgard Keun's »Das kunstseidene Mädchen«. Frankfurt/Main, Berlin, Bern, New York, Paris, Wien 1999.

Soltau, Heide: Trennungs-Spuren. Frauenliteratur der zwanziger Jahre. Frankfurt/Main 1984.

Sommer, Monika: Literarische Jugendbilder zwischen Expressionismus und Neuer Sachlichkeit. Studien zum Adoleszenzroman der Weimarer Republik. Frankfurt/Main, Berlin, Bern, New York, Paris, Wien 1996.

Spies, Bernhard: Konkurrenz und Profit als zeitgemäße Lebenswelt. Illusionslosigkeit und Idealismus im Drama der Neuen Sachlichkeit. In: literatur für leser 12 (1992), Nr. 1, S. 51-65.

Ders.: Die Angestellten, die Großstadt und einige »Interna des Bewußtseins«. Martin Kessels Roman »Herrn Brechers Fiasko«. In: Becker, Weiß (Hrsg.): Neue Sachlichkeit im Roman, S. 235-254.

Streim, Gregor: »Flucht nach vorn zurück«. Heinrich Hauser – Porträt eines Schriftstellers zwischen Neuer Sachlichkeit und »reaktionärem Modernismus«. In: Jahrbuch der Deutschen Schillergesellschaft XLIII (1999), S. 403-430.

Subiotto, V. A.: Neue Sachlichkeit. A Reassessment. In: Deutung und Bedeutung. Studies in German and comperative literature. Festschrift für Karl-Werner Maurer. Hrsg. v. Brigitte Schludermann, Victor G. Doerksen, Robert J. Glendinning, Evelyn Scherabon Firchow. Den Haag, Paris 1973, S. 248-274.

Stephan, Inge: Stadt ohne Mythos. Gabriele Tergits Berlin-Roman »Käsebier erobert den Kurfürstendamm«. In: Becker, Weiß (Hrsg.): Neue Sachlichkeit im Roman, S. 291-313.

Tendenzen der Zwanziger Jahre. Katalog zur 15. Europäischen Kunstausstellung in Berlin 1977.

Thöming, Jürgen C.: Literatur zwichen sozial-revolutionärem Engagement, Neuer Sachlichkeit und bürgerlichem Konservativismus. In: Sozialgeschichte der deutschen Literatur von 1918 bis zur Gegenwart. Hrsg. v. Jan Berg, Hartmut Böhme, Walter Fähnders u.a. Frankfurt/Main 1981, S. 87-256.

Trommler, Frank: Joseph Roth und die Neue Sachlichkeit. In: David Bronsen (Hrsg.): Joseph Roth und die Tradition. Aufsatz- und Materialsammlung. Darmstadt 1975.

Ders.: Technik, Avantgarde, Sachlichkeit. Versuch einer historischen Zuordnung. In: Literatur in einer industriellen Kultur. Hrsg. v. Götz Grossklaus, Eberhard Lämmert. Stuttgart 1989, S. 46-71.

Vaydat, Pierre: Neue Sachlichkeit als ethische Haltung. In: Germanica 9 (1991), S. 37-54.

Vinzent, Jutta: Edlef Köppen – Schriftsteller zwischen den Fronten. Ein literaturhistorischer Beitrag zu Expressionismus, Neuer Sachlichkeit und innerer Emigration mit Edition, Werk- und Nachlaßverzeichnis. München 1997.

Vierhuff, Hans Gotthard: Die Neue Sachlichkeit. Malerei und Fotografie. Köln 1980.

Voigt, Günther: Sachlichkeit und Industrie. Anmerkungen zu zwei Büchern über die Neue Sachlichkeit. In: Das Argument 72 (1972), S. 243-257.

Wagener, Hans: Mit Vernunft und Humanität. Hermann Kestens sachliche Denkspiele in seinen ›Josef‹-Romanen. In: Becker, Weiß (Hrsg.): Neue Sachlichkeit im Roman, S. 49-68.

Weber, Markus: Expressionismus und Neue Sachlichkeit. Paul Kornfelds literarisches Werk. Frankfurt/Main, Berlin, Bern, New York, Paris, Wien 1997.

Wege, Carl: Bertolt Brecht und Lion Feuchtwanger. Kalkutta, 4. Mai. Ein Stück Neue Sachlichkeit. München 1988.

Ders.: Gleisdreieck, Tank und Motor. Figuren und Denkfiguren aus der Technosphäre der Neuen Sachlichkeit. In: DVjs 68 (1994), Nr. 2, S. 306-332.

Weigel, Hans: Klassiker der neuen Sachlichkeit. In: Die Furche 32, 10.8.1974.

Weiß, Christoph: »Gestaltung des unmittelbar Greifbaren«. Lion Feuchtwanger und sein Roman »Erfolg« im Kontext der Neuen Sachlichkeit. In: Becker, Weiß (Hrsg.): Neue Sachlichkeit im Roman, S. 314-332.

Weisstein, Ulrich: »Die große Sache«. Unsachliche Kritik an neuer Sachlichkeit. In: Helmut Koopmann, Peter Paul Schneider (Hrsg.): Heinrich Mann. Sein Werk in der Weimarer Republik. Frankfurt/Main 1983, S. 221ff.

Wild, Reiner: Beobachtet oder gedichtet? Joseph Roths Roman »Die Flucht ohne Ende«. In: Becker, Weiß (Hrsg.): Neue Sachlichkeit im Roman, S. 27-48.

Williams, Cederic Ellis: Writers and politics in modern Germany (1918-1945). London, Sidney, Auckland 1977.

Willet, John: Explosion der Mitte. Kunst und Politik 1917-1933. München 1981.

Witte, Bernd: Neue Sachlichkeit. Zur Literatur der späten zwanziger Jahre in Deutschland. In: Études germaniques 27 (1972), S. 92-99.

Wittmann, Livia L.: Der Stein des Anstoßes. Zu einem Problemkomplex in berühmten und gerühmten Romanen der Neuen Sachlichkeit. In: Jahrbuch für Internationale Germanistik 14 (1982), Nr. 2, S. 56-78.

VI.4. *Personenregister*

(Personen aus rein bibliographischen Angaben wurden nicht aufgenommen)

Adorno, Theodor Wiesengrund 34
Altenberg, Peter 319
Alverdes, Paul 347
Angermayer, Fred Antoine 153f., 261-265; s. auch Theodor Greif
Arnheim, Rudolf 77, 130f., 239

Baader, Johannes 95
Bab, Julius 100, 114, 276
Bach, Rudolf 122
Balázs, Béla 26-28, 55, 124, 198, 211, 231, 257, 268f., 278-282, 288-295, 298-300, 305-308, 311, 319, 334
Bauer, Alois 143, 346f.
Becher, Johannes R. 141, 143, 281, 338
Becker, Herbert 150
Beckmann, Max 85
Beheim-Schwarzbach, Martin 328
Behne, Adolf 103, 105, 113, 130-132, 210, 230, 234, 240, 246
Behrens, Peter 42, 160
Benjamin, Walter 27f., 55, 65, 95, 132, 142, 183, 196, 209, 231, 257, 260, 277-279, 288f., 298
Benn, Gottfried 339
Bergengruen, Werner 337
Bernhard, Wilhelm 152, 186, 255
Bertaux, Félix 103
Bie, Richard 250
Biha, Otto 280
Billinger, Richard 60
Blass, Ernst 47, 173f.
Blei, Franz 130,
Bloch, Ernst 169f., 209, 268f., 296
Blum, Oscar 104, 186
Blunck, Hans Friedrich 60
Bötticher, Hermann von 43
Bormann, Hanns Heinrich 163
Brahm, Otto 43

Brand, Guido K. 77
Brecht, Bertolt 28, 33, 43, 48, 54, 60, 63, 114f., 126-128, 135, 137-139, 143f., 148f., 164, 166, 177-179, 182f., 188, 190f., 199-205, 207, 217, 231, 235f., 238, 242, 244, 248, 260, 266-268, 270, 277, 287, 295f., 298, 308f., 323
Braune, Rudolf 328
Brattskoven, Otto 41
Bredel, Willi 22, 218, 283-285, 287
Breitbach, Joseph 327
Brenner, Hans Georg 173, 187, 192
Brentano, Bernard von 155, 175, 181, 183f., 192, 195f., 218, 233, 240f., 251
Britting, Georg 327
Broch, Hermann 182, 209
Brod, Max 146, 317
Bronnen, Arnolt 60, 64, 113, 115f., 164, 217, 260, 270-274, 309
Bruckner, Ferdinand 58, 231, 282, 309, 346
Buesche, Albert 106f.
Bühner, Karl Hans 99f.
Burschell, Friedrich 270

Carossa, Hans 346
Chesterson, Gilbert K. 179
Credé, Carl 282
Csokor, Franz Theodor 198
Crusius, Otto 97

Damman, Hans 354
Davringhausen, Heinrich Maria 42
Delbrück, Hans 215
Denkler, Horst 14, 20, 18, 28, 40, 59
Diebold, Bernhard 122, 125, 132f., 138-140, 149f., 238, 240, 248f.,

254, 259-261, 266, 307f., 317, 331f., 337

Diesel, Eugen 355

Dingraeve, Leopold 345, 355

Döblin, Alfred 18, 41, 45, 47, 56, 65-74, 80, 82f., 85-88, 95, 102, 110-113, 116, 130, 135f., 138, 143, 147f., 185, 196, 198, 200, 203, 208, 220, 222f., 237-239, 241, 242-253, 271, 280, 295, 335, 341

Doesburg, Theo van 42

Dürer, Albrecht 43

Durus [= Alfred Kemény] 211, 281

Ebermayer, Erich 350

Eckermann, Johann Peter 314

Edschmid, Kasimir 113

Eggebrecht, Axel 134, 167, 189, 208

Ehrentreich, Alfred 98

Eich, Günther 327, 330-332

Einsiedel, Wolfgang von 123, 319

Eloesser, Arthur 213

Elwenspoek, Curt 310f., 313

Emmel, Felix 256

Engel, Fritz 110, 160

Enkenbach, Walter [= Erik Reger] 129, 133, 225, 243f., 273

Fallada, Hans 58, 117, 173, 190, 228f., 231

Fechter, Paul 111, 114

Fehse, Willi R. 323, 330

Feldkeller, Paul 150, 210

Feuchtwanger, Lion 43, 48, 51f., 55, 58, 94, 117, 128-130, 136f., 145, 147f., 159, 164, 183, 188, 190, 201-203, 207, 227-229, 234, 239, 244, 251, 254, 259, 321, 335

Feuchtwanger, Martha 51f.

Finck, Werner 319

Fischer, Heinrich 41

Flake, Otto 113, 130, 132, 182, 206

Flamm, Peter [= Eric(h) Mosse] 318

Flechtheim, Paul 194

Fleischer, Victor 124

Fleißer, Marieluise 33, 43f., 48, 58, 94, 179f., 187, 221, 229, 231, 309, 316

Fontana, Oskar Maurus 111, 167

Franck, Hans 114

Frank, Leonhard 163f., 336

Frank, Bruno 120, 124, 134

Frei, Bruno 258

Freyhan, Max 107-109, 114f., 116, 141f.

Frick, Wilhelm 342

Frisch, Max 317

Gantner, Anton 292

Gasbarra, Felix 205

Gehrke, Martha M. 321

Georg, Manfred 184, 254

George, Stefan 235

Glaeser, Ernst 118, 120, 125, 133, 167, 170, 173, 175, 181, 192, 195, 211f., 219, 225f., 233, 234f., 238, 240f., 246, 253, 271, 279, 322, 326-328, 346

Goebbels, Joseph 283, 341-344

Goering, Reinhard 118

Goethe, Johann Wolfgang von 313

Goldschmidt, Alfons 204

Goll, Iwan 198

Goltz, Hans 212

Graetzer, Franz 109

Graf, Oskar Maria 42f., 159f., 222

Graff, Sigmund 275

Greif, Theodor [= Fred Antoine Angermayer] 154, 156, 234, 244f., 261-266, 272

Griese, Friedrich 346

Grimm, Hans 346

Gropius, Walter 79f.

Grossmann, Stefan 120, 162, 182, 193, 206, 224

Grosz, George 92

Grünberg, Karl 141, 292, 346

Gründel, Günther E. 355

Grüttemeier, Ralf 26

Guillemin, Bernard 117, 137, 181, 248

Gumbel, Emil Julius 190, 201

Haas, Willy 126, 145, 194f., 208,
   332f.
Haefs, Wilhelm 16
Hamman, Richard 90
Handl, Willy 120, 123
Haken, Bruno N. 248
Harris, Frank 165, 167
Hartlaub, Gustav Friedrich 41-43
Hartung, Fritz 215
Hasenclever, Walter 172, 221f.
Hauptmann, Elisabeth 177
Hausmann, Raoul 93-95
Hausmann, Manfred 60
Hegel, Georg Wilhelm Friedrich
   285, 299, 314, 347
Hegemann, Werner 215
Hemingway, Ernest 22
Heimann, Moritz 41, 102, 119
Heizmann, Jürgen 26
Henkel, Heinz 283
Hermand, Jost 28, 88-90
Herre, Max 243
Herrmann, Klaus 161, 193, 196, 213
Herrmann-Neiße, Max 164f., 173,
   213, 338
Herzfelde, Wieland 95
Hessel, Franz 209
Heuschele, Otto 60, 327, 330, 349
Heynicke, Kurt 123
Hieber, Hermann 155, 157
Hilgers, Gertrud 344
Hiller, Kurt 173
Hillers, Hans Wolfgang 184, 301
Hindemith, Paul 48
Hintze, Carl 275
Hirschfeld, Kurt 281
Höch, Hannah 95
Holitscher, Arthur 198
Holländer, Felix 116, 221
Holz, Arno 68, 237
Hoppenheit, Roman 279
Horkheimer, Max 34
Huch, Ricarda 352
Huchel, Peter 327
Huelsenbeck, Richard 92-94
Humm, Rudolf Jacob 319

Ibsen, Hendrik 182
Ihering, Herbert 47-49, 103, 120,
   125, 128, 135-137, 143, 148, 152f.,
   156, 170, 182, 186, 188, 198, 202,
   204, 207, 216f., 221, 224, 231,
   235, 238f., 249, 255, 275
Impekoven, Anton 320f.

Jacobsohn, Siegfried 106, 115, 185
Jaspers, Karl 243f.
Jeßner, Leopold 106, 199f.. 221
Jung, Franz 158, 171, 182, 188, 195,
   197, 208, 227, 229
Jünger, Ernst 29, 60-64, 343

Kaes, Anton 19, 46
Kästner, Erich 158, 231, 236f., 277,
   288, 322, 327
Kaiser, Georg 42, 105, 113, 115, 122
Kalenter, Ossip 124
Kalischer 67
Kamnitzer, Ernst 315f.
Kandinsky, Wassily 86
Kanehl, Oskar 236
Kantorowicz, Alfred 149, 202, 306
Kapp, Gottfried 328
Kasack, Hermann 338
Kaus, Gina 97f.
Kayser, Rudolf 72, 101-103, 107f.,
   137, 142, 333
Kenter, Heinz Dietrich 41, 167
Kerr, Alfred 108f., 180, 221, 239,
   276
Kesser, Hermann 99f., 113, 211, 216
Kesten Hermann 58, 232, 247, 269,
   317, 321f., 327, 332
Ketelsen, Uwe-K. 60
Keun, Irmgard 231, 322
Kiaulehn, Walter 246f., 324
Kindermann, Heinz 34, 60, 290,
   344-357
Kisch, Egon Erwin 119f., 137, 139f.,
   160-162, 164, 168f., 173, 192f.,
   196, 213f., 217, 221, 224f., 228,
   245, 269, 281, 297, 300, 333, 338
Kleinschmidt, Erich 21
Kleist, Heinrich von 106, 187

Klutmann, Rudolf 248
Koch, Carl 205
Köpke, Wulf 22
Köppen, Edlef 95, 295
Körber, Lili 258
Kokoschka, Oskar 84
Kolbenheyer, Erwin Guido 159
Kolmar , Gertrud 327
Kornfeld, Paul 118, 120, 239
Kracauer, Siegfried 103, 140f., 151,
    154, 156f., 169, 179, 191, 209,
    231, 296-298
Kramer, Theodor 204
Kraus, Karl 84f., 115, 185
Krell, Max 149
Küpper, Hannes 135, 266
Kunert, Arthur A. 283, 326, 328,
    352

Lampel, Peter Martin 117, 152, 231,
    282, 310, 346
Lamprecht, Heinz [= Erik Reger]
    175
Landry, Harald 307
Landsberger, Fritz 209, 301f., 308,
    334
Lange, J. M. 132
Langgässer, Elisabeth 327
Lania, Leo 111, 139, 143, 162-166,
    168, 170, 173, 181f., 192, 198,
    220, 233, 242, 275, 297
Lask, Berta 218
Leonhard, Rudolf 48, 198, 220f.
Lenau [= Walter Kiaulehn] 246,
    324f.
Lessing, Theodor 161, 198, 245
Lethen, Helmut 13, 18, 20, 24, 28f.,
    30-35, 37, 41, 59, 90, 98, 352
Leuteritz, Gustav 107, 312-313
Levi, Paul 134
Lewis, Sinclair 149, 165
Lichnowsky, Mechthilde 97
Lindner, Martin 35f.
Lion, Marga 78
Liepmann, Heinz 218
Lippmann, Heinz 140, 145
L.M. 321

Lohs, Karl 58
Loos, Adolf 70, 74, 82-88, 131
Ludwig, Emil 214f.
Lukács, Georg 26-28, 218f., 257, 281,
    283-289, 298f., 303, 305, 308, 311,
    334, 339, 357

Maaß, Joachim 49, 301, 329
Mann, Heinrich 269
Mann, Klaus 49f., 120, 134, 215, 248,
    323, 327, 329f.
Mann, Thomas 182
Mannheim, Karl 189, 276
Marc, Franz 85
Marcu, Valeriu 215
Marcuse, Ludwig 116, 168
Marinetti, Filippo Tommaso 69-71
Mathern, Karl 320
Matthias, Lisa 321
Matzke, Frank 144, 348, 355
Mayer, Dieter 24
Mehring, Walter 92, 236, 277
Melchinger, Siegfried 119
Merz, Otto 326; s. auch Martin
    Raschke
Messel, Alfred 81
Meyerhold, Wsewolod 104f.
Michael, Friedrich 147f.
Michel, Wilhelm 113, 143, 152, 206,
    334
Moeller, van Bruck, Arthur 343
Mommsen, Wilhelm 215
Morus 152
Müller, Günther 74, 110, 245, 252f.
Müller, Oscar 340
Müller-Seidel, Walter 51
Murner, Thomas [= Carl von Os-
    sietzky] 168
Musil, Robert 182, 206
Muthesius, Hermann 75-78, 80-82,
    88, 131

Natonek, Hans 174, 203, 220
Naumann, Hans 344
Neukrantz, Klaus 280
Neumann, Robert 159, 174f.

Olsen, Olav 206

Ossietzky, Carl von 154, 218, 282, 321

Oud, J. P. 42

Otte, P.A. 190, 210

Otten, Karl 198

Ottwalt, Ernst 158, 168, 197, 218f., 227-229, 254f., 283-288, 291

Palitzsch, Otto Alfred 174, 248

Paquet, Alfons 152, 168, 170, 202-204, 213

Penzoldt, Ernst 321, 347

Petersen, Klaus 29

Peuckert, Detlef J. 46, 55

Picard, Max 113

Pilnjak, Boris 104

Pinthus, Kurt 43, 87f., 121, 123-126, 129, 134, 140, 144, 168, 189, 208, 216, 249, 278f.

Piscator, Erwin 47f., 125f., 135, 138, 140, 143, 148, 152, 170, 180, 198, 202, 204f., 213, 231, 235, 238f., 244, 255f., 295

Plivier, Theodor 197

Poelzig, Hans 80-82

Pohl, Gerhard 43, 145

Polgar, Alfred 152, 247

Pongs, Hermann 140, 244, 345-347, 351

Posner, Ernst 215

Prümm, Karl 14, 18, 28-30, 41, 59, 100

Rain, Guido 154

Raschke, Martin 60, 283f., 322f., 325-331, 340, 348f., 351; s. auch Otto Merz

Rathenau, Walter 97

Rauch, Karl 325

Reger, Erik 58, 132f., 156, 158, 164, 168, 172, 181, 183, 188, 195, 204, 217, 225, 233, 240, 246, 251f., 271-273, 275f., 292, 295, 297, 326-328; s. auch Walter Enkenbach, Karl Lamprecht, Karl Westhoven

Rehfisch, Hans J. 202, 282

Rein, Leo 224f.

Reinhardt, Erich 357

Reinhardt, Max 48, 106

Reinhardt, Walter 242

Reinhold, Kurt 105

Remarque, Erich Maria 25, 167, 189, 231

Renn, Ludwig 167, 274f., 308

Rilke, Rainer Maria 235

Ring, Thomas 87

Ritter von Srbik, Heinrich 215

Rockenbach, Martin 336, 352

Roh, Franz 16, 39, 100f., 106f.

Rohe, Mies van der 231

Rombach, Otto 309, 313

Roßmann, Hermann 329

Roth, Joseph 27, 56-58, 103, 118, 133, 153f., 158f., 164, 167, 175f., 225f., 228f., 254, 261-265, 302-306, 327, 330, 335

Rowohlt, Ernst 207

Rubiner, Ludwig 91

Rudolf Leonhard 172

Rühle, Günther 44

Rühle-Gerstel, Alice 196

Salomon, Ernst von 270, 274

Sander, Ernst 329

Sarnetzki, Detmar Heinrich 340f.

Schäfer, Wilhelm 76

Schäferdiek, Willi 329

Schiffer, Marcellus 78

Schirokauer, Arno 253

Schlichter, Rudolf 92

Schmalenbach, Fritz 42

Schmitz, O.H. 67

Schnack, Anton 124, 347

Schüßler, Wilhelm 215

Schulz, Franz 206

Schumacher, Fritz 80

Schumann, Wolfgang 110, 146f., 150, 276, 310-312

Segal, Arthur 115

Shakespeare, William 130

Simmel, Georg 33, 74

Sinclair, Upton 164-166

Speyer, Wilhelm 347

Spoliansky, Mischa 78
Sprengel, Peter 81
Stapel, Wilhelm 339
Steinecke, Ludwig 116, 217f.
Stendhal 130
Sternheim, Carl 121f., 213
Sternthal, Friedrich 274
Stramm, August 86
Süskind, [W]ilhelm [E]manuel 50,
    123, 168, 171

t. 77
Tagger, Theodor 138
Tasiemka, Hans 163
Tau, Max 123, 319
Thieß, Frank 159
Tietze, Hans 97
Toller, Ernst 91f., 190, 205
Trakl, Georg 84
Trautner, Eduard 220
Tretjakow, S. M. 156
Tucholsky, Kurt 134, 149, 190, 193,
    214f., 231, 236, 269, 271f., 274,
    277, 282, 317
Tzara, Tristan 84

Ungar, Hermann 198, 221
Unruh, Fritz von 122
Utitz, Emil 16, 39, 347

Vesper, Will 60
Viertel, Berthold 220
Vietta, Egon 321

Waasdijk, Albert 77
Walden, Herwarth 66-69, 73, 81-87
Wassermann, Jakob 182
Weber, Max 97
Wedderkop Hermann von 103f.,
    117, 121, 145, 151f., 194, 212f.,
    216f., 239, 250, 259
Wege, Carl 19, 45
Weill, Kurt 48, 205
Weisenborn, Günther 309
Weiskopf, F[ranz] C[arl] 281
Weiss, Ernst 197f.,
Werfel, Franz 122, 236, 318

Westheim, Paul 45, 111-113
Westhoven, Karl s. Reger, Erik
Wölfflin, Heinrich 42
Wolf, Friedrich 211, 217, 231
Wrobel, Ignaz s. Tucholsky, Kurt

Zarek, Otto 43, 119, 215
Zech, Paul 22, 258
Zola, Émile 149, 164
Zucker, Wolf 58
Zuckmayer, Carl 115f., 122
Zweig, Arnold 120, 123, 224
Zweig, Stefan 118f.

Abbildrealismus 294, 296, 298, 305
abstrakte Richtungen 211
Abstraktion 139
Affirmation des Bestehenden 188,
281
Agitation 268, 279
Aktualität 22, 132, 138-154, 164,
172, 175, 208, 236, 239, 260, 264-
266, 302, 326, 329f., 336-338, 341,
347, 359
- äußere 337
- innere 260, 337
Akzeptanz des Bestehenden 188
Allgemeingültigkeit 226
Allgemeinverbindlichkeit 226-228,
230
Allgemeinverständlichkeit 94, 230,
237, 338
Amerikanismus 291
angelsächsische Literatur 117, 128,
207
Anschaulichkeit
- der Darstellung 129, 136, 151, 167
Anschauung
- der Darstellung 148
- des Objekts 148, 234
Anschauungsmaterial 212, 297
antiidealistische, Tradition 217
Antiästhetizismus 147f., 230
Antiexpressionismus 88, 97-110,
114, 116, 123, 129f., 140f., 160f.,
178, 189, 209, 213, 216f., 270,
278, 281, 350
Antigestaltungstheorie 287, 305
Antiindividualismus 89, 185, 292f.,
332-334
Antikriegsroman, neusachlicher
253, 274f.
Antinaturalismus 106
Antipsychologismus 68f., 89, 120,
133, 162, 171, 176, 179-186, 199,
222, 266, 360, 363
antiromantische Grundstimmung
243

Antisubjektivismus 68, 148, 360
Anwendbarkeit von Literatur 233-
235
Architekturtheorie der Jahrhundertwende 73-85
aristokratischer Dichtertypus 333,
339
Ars militans 237
Asphaltliteratur 359
- massenorientierte 348
Ästhetik des laufenden Bandes 289
Ästhetik
- funktionale 67, 237
- gefühlsfeindliche 321
- großstädtische 339
- urbane 360f.
Ästhetizismus 211, 234, 285f., 365
ästhetizistische Kunstauffassung 234,
237
Aufklärung 25f., 189, 191, 211, 219,
241, 274, 277, 280, 297, 315, 362,
365
Aufklärungsrealismus 297
Aufzeichnen 197f., 223
Aufzeichnungen 225
Ausdrucksweise
- knappe 89
- schmucklose 88
Außenperspektive, beobachtende
184
Ausgestaltung
- fabulierende 172, 262, 286f., 289
- fiktionalisierende 172
Authentisches 220, 303, 306
Authentizität 175f., 196, 228, 363
Autobiographien 21
Autonomieästhetik 365
Autorentypus, neuer 151, 156
Autorpersönlichkeit 335
Avantgardebewegung 365

Bauhaus, Weimarer 76, 79, 81, 89f.
Bedarfs-Produktion 234
Behaviorismus 176-180

Bei-der-Sache-sein 223
Belletristik, Historische 215
beobachten 174, 223, 225
Beobachter 21, 72, 165, 184, 226, 295, 321f., 335
Beobachterposition, neutrale 269
Beobachtete, das 165, 175, 225f., 296, 317, 322
Beobachtung 72, 153f., 159, 171-181, 183, 187, 201, 205, 222, 263, 297, 299, 308, 317, 360, 363
Beobachtungsstil, wissenschaftlicher 175
Beobachtungstreue 173
Bericht 67f., 158, 167, 179, 220-230, 280, 297, 330
 - als Kunstform 228
 - dokumentarischer 21
 - künstlerischer 228, 303f.
 - poetischer 228
 - registrierender 299
 - sachlich-neutraler 72, 189, 222
 - ungestalteter 303
 - unmittelbarer 318
Berichten 172-174, 190, 220f., 225, 296, 308, 311
 - dokumentarisches 199
 - naturalistisches 221
 - sachliches 222
berichtende Erzählweise 229
Berichter, künstlerischer 153
Berichterstatter 221f., 271, 322, 335
Berichterstattung 161
 - journalistische 162, 222, 225
 - objektiv-neutrale 275
 - überparteiliche 194
Berichtform 111f., 171f., 174, 197, 275, 284, 287, 303, 308, 336
 - beobachtende 176, 181
 - journalistische 181
 - neutrale 269
 - objektiv-neutrale 73, 275, 281
Berichtstil 68, 220, 222, 230, 250, 287f., 339
 - beobachtender 171, 222, 229
Berliner Programm 65-73
bescheiden 118, 134, 152, 162, 282

Bescheidene, das 121, 140, 277f.
Bescheidenheit 119f.
Beschreiben 112
 - naturalistisches 221f.
Beschreibung
 - beobachtende 23
 - introspektive 23, 176-179, 181
 - psychographische 184, 254
Bestandsaufnahme, nüchterne 267
Beseeltheit, expressionistische 141
Biedermeier-Stil 262, 266, 321
Bildhaftigkeit, knappe 134
Binnenkritik, neusachliche 258-282
Biographik 214f.
Bolschewismus 291
BPRS-Autoren 280f., 283, 288
Bühnenexpressionismus 121

Charakterschilderung 184, 252
Chronisten 175, 306

Dadaismus 92-96, 230, 349, 360-364
Darstellung
 - aktualitätsbezogene 329, 336, 337
 - berichtende 330, 336
 - dichterische 311
 - entpsychologisierte 181
 - gegenstandsbezogene 148
 - gegenwartsbezogene 330
 - naturalistische 302
 - neutrale 188f.
 - objektiv-neutrale 24, 189f.
 - psychologisierende 106, 251
 - realitätsbezogene 143
 - sachgemäße 150
 - sachliche 229
 - unkommentierte 270, 275, 281
 - von Individuen 251f.
 - von Zuständen 101, 110, 171f., 184f., 251f.
Dekoration 67, 205
Dekorative, das 76, 205
Demokratisierung
 - der Gesellschaft 230, 235, 361f., 365
 - der Literatur 157, 361f.
 - der Öffentlichkeit 361f.

Demut 120
demütig 119
depersonale Poetik 71
Depersonation 73
Desillusionierung 118, 189f.
Deutlichkeit 121, 223
Deutung
- der Wirklichkeit 282
- der Zusammenhänge 291, 299
- des Beobachteten 322
dichten 220, 225
Dichter / Schriftsteller 132, 155, 335f.
Dichterpersönlichkeit 336
Dichtung
- als Berufung 329
- als Beruf 237, 329
- echte 312
- erdenfrohe 348
- erdverbundene 349, 353
- hohe 313f.
- idealrealistische 348
- radikalsachliche 353, 356
- reine 324, 336, 340f.
- überzeitliche 302, 309, 313
- volksverbundene 349
- volksnahe 348
- wahre 313, 318
- wirklichkeitsbesessene 141
- zeitlos gültige 336, 350
Dichtungstheorie, nationalsozialistische 341f., 351, 356
Diesseitigkeit 109, 329
Ding 67, 142f.
Dingwelt 108, 141
Döblinismus 69
Dokument 167, 200, 226, 235, 259, 269, 271, 295, 304, 306, 317, 335
- Verhältnis zum Kunstwerk 209
- zeitgeschichtliches 205
Dokumentarische, das 172, 199, 303, 335
Dokumentarismus 171, 196-205, 269-276, 288, 294-300, 305, 311f., 364
Dokumentarmaterial 226f., 271, 273f., 305, 311, 363

Drama der Gemeinschaft 250
Dramatik, expressionistische 104
Dresdner Kunstgewerbe-Ausstellung 82
Dunkel 118
Durchsichtigkeit 117, 129
Dynamisierung
- literarischer Ausdrucksformen 363

Ehrlichkeit 129, 131, 173f., 187, 192, 355
Einfachheit 70, 77, 81, 83, 85, 117, 121f., 129f., 135, 145, 208, 321, 355
Einfühlung, subjektive 183, 249, 313
Einfühlungsstrategie, bürgerliche 156, 184, 195
Einfühlungsvermögen, religiöses 354
Eingebung, dichterische 155, 245, 328
Einmischung 276
Einzelfall 285, 293
Einzelpersonen 251, 253-255
Einzelschicksal 23, 184f., 255, 257, 268, 292f.
- bürgerliches 252
- privates 333
Einzelwirklichkeit 300f.
Ekstatisches 234
Emotionen 176, 318
Empfinden 290, 292f., 322, 325
Empfindsamkeit 279
- individualistische 250
Empfindung
- private 316, 291
- subjektive 248, 317
Entauratisierung 231, 298, 365
Entfabelung 316
Entfiktionalisierung 154, 203f., 221, 316
Entgötterung der Natur 353
Entidealisierung 154
Entindividualisierung 242, 250-256, 292f.
Entliterarisierung 95f., 155
Entmenschlichung 352

Entpersönlichung 352
- dichterische 246
Entpoetisierung 289f., 315-332
Entpsychologisierung 70, 162, 182, 185, 250
Entromantisierung 242, 317f.
Entseelung 290, 352
Entsentimentalisierung 81, 242-250, 266, 292, 315-332, 352, 363
Entsubjektivierung 182, 244, 247, 249, 251, 257, 316, 322f., 325, 332, 352, 330, 333
Entwicklungsroman 252
Entzauberung 191
Epos 205
Erdichtetes 220
Erfinden 172, 174f., 203, 208, 225, 303
Erfindung 203, 226, 303
Erklärtheit, rationale 146
Erleben
- dokumentarisches 203
- inneres 293
- subjektives 322
Erlebnis
- subjektives 163, 309
- tiefes 263
Erlebnispoesie 246, 328
Erlebtes 226
Ernüchterung 117
Erzählen
- fiktionales 364
- mimetisches 364
Erzähler
- kommentierender 73
Erziehung 25, 230
Essayismus, feuilletonistischer 209
Ewige, das 154, 240, 263, 347
Ewigkeit 156, 337, 343
- der Kunst 326, 336, 350
Ewig-Menschliche, das 233, 326
Exaktheit 117, 213, 224
Exil 20-23
Exotismus 213
Expressionismus 16, 70, 89f., 92, 100f., 103f., 107-109, 111, 124, 130, 140f., 151, 185, 210f., 216,

224, 243, 277, 346f., 350, 354, 360, 363f.
- gewandelter 99
Expressionismusdebatte 357

fabulieren 217
Fakten 101, 139, 172, 193, 208, 218f., 244, 271, 280
- Dominanz des Faktischen 209
- Macht des Faktischen 206
Faktenpräferenz 205, 220
faktischer Kontakt zur Wirklichkeit 139
Faktizität von Literatur 139, 169
Fatalismus 277f.
Faschismus 24f.
Fiktionalität 169
Fiktionales 220, 226
Fiktionen 208
Film 105, 131, 170, 204f., 234, 240, 307, 309f., 316
Form
- kollektivistisch getragene 253
- sachliche 83
- zweckgebundene 83
Formexperiment 219, 286
Fotografie 204f.
Frühexpressionismus 66, 88, 173, 360, 363
Funktionalisierung 25, 95, 104, 155, 196, 199, 205, 211, 215, 230-242, 250, 260, 285f., 315, 327, 332, 338, 341, 362f., 365
- der Lektüre 199
Funktionalität 76, 158, 161, 172, 217, 260, 286, 310, 336, 359
funktionale Kunst/Literatur 94, 234, 237, 285
Funktionen des Schriftstellers
- poetische 240
- publizistische 240
Futurismus 66, 69, 84, 349, 360f., 363f.

Ganze, das 289, 299
Gattungsgrenzen 95, 168f., 364

Gattungsvermischung 160, 169f.,
  335
Gebrauchscharakter 81
Gebrauchsfähigkeit (von Lyrik)
  236f.
Gebrauchsgehalt 235
Gebrauchskunst 240, 360, 362
 - demokratische 20f.
Gebrauchsliteratur 25, 94, 136, 161,
  196, 230, 328, 330-332, 334-339,
  362
 - massenorientierte 231, 240, 244
Gebrauchslyrik 172, 221, 236, 277,
  325
 - prosaische 247
Gebrauchspoeten 236, 338
Gebrauchswert 68, 76, 155, 172, 230-
  242, 248, 266, 268, 315f., 326, 362
Gefühl 156, 244f., 290f., 318, 340f.,
  347, 349f., 353, 359
Gefühligkeit, romantische 245
Gefühllosigkeit 245, 348
Gefühlslyriker 236
Gefühlskultur
 - bürgerliche 244, 292
 - neuromantische 132, 243
 - private 249
Gegenstand 102, 122, 38, 143, 215f.,
  316
 - Kunst des Gegenstands 121
gegenständlich 220
gegenständliche Literatur 103
Gegenständliches 101, 223
Gegenständlichkeit 72, 94, 113, 163,
  225
 - neue 72, 102f., 137f., 142, 222
Gegenstandswelt 222
Gegenwart
 - zeitgenössische 144
 - aktuelle 139
Gegenwartsbezug 116, 143, 260,
  266, 303, 347
Gegenwartsdichtung 208
Gegenwartsfanatismus 265
Geist 245, 307, 327, 334, 339, 316,
  328, 341, 348, 359
 - technischer 132

 - naturalistischer 141
Geistesfeindschaft 302, 307
Geisteshaltung, radikal-sachliche 352
Geistigkeit 277
 - Berliner 349
 - neue 291
Gemeinschaft 357
Gemeinschaftsgefühl 98, 343
Gemüt 262, 328
Generation, neusachliche 97, 114,
  117, 119, 138, 144, 146, 182f.,
  210, 219, 225, 243
Geschichtsdichtung 168
Gesinnung 147
 - nationale 340
 - untendenziöse 194
Gesinnungstheater, kunstfeindliches
  334
gestalten 220
Gestaltung 218, 304, 311, 314
 - der Gesamtrealität 299
 - der Zeit 250
 - des Gesamtprozesses 285, 299
 - des Gesamtzusammenhang 288
 - dichterische 285f., 305
 - künstlerische 284, 304f., 310, 314
 - von Totalität 288, 298
Gestaltung versus Reportage 283-
  300, 309-312
Gestaltungsdrang 329f.
Gestaltungskraft 339
Gestaltungstalent 308
Gestaltungsunfähigkeit 306, 310
Greifbare, das 140, 278, 308
Großstadt, unbeseelte 352f.
Großstadtbedingtheit 356
Großstadtmensch 352
Gruppe 1925 125, 172

Habitus, neusachlicher 352
Halbkunst 310
Held/Heldin 254
 -bürgerlicher 252
 - individueller 23, 184, 254
Helligkeit 118, 130
Heroismus 343, 354

Herz 246, 262, 320, 327f., 330, 348, 350f.
Herzlichkeit, neue 319f.
Herzschlag der Erde 347, 350
Hingabe 120, 224
- an die Wirklichkeit 102
- an die Sache 98, 137
- an das Objekt 137, 163
Hinschauen, sachliches 215
Humor, kalter 352

Idealismus 25f., 150, 154, 216f., 288, 296, 302, 313-315, 318, 344f., 346f., 350f., 354, 359
- ästhetischer 346
- der Nähe 143
- deutscher 140
Idealrealisten 347-350, 353
Ideendrama 222
Ideenzufuhr 144
Ideologien 188
Ideologiekritik 211, 266
Illusionismus, privater 246
Illusionslosigkeit 146
Illusionstheater 205
- monumentales 106
Imagination 213
Impotenz
- gestalterische 281, 306f.
- geistige 339
Impressionismus 360f., 364
Individualanalyse 251, 292
Individualpsychologie 250
Individuum 251f., 291-294, 331, 333, 353
Industrialisierung 359, 361
Industriegesellschaft 365
Inkompetenz, gestalterische 284, 287
Innenperspektive 72
- psychologisierende 184
Innerlichkeit 69
Inspiration 202
Instrumentalisierung 215, 287, 315
Inszenierungspraxis
- expressionistische 104, 106f.

- neusachliche 106f., 135, 170, 180, 204
- versachlichte 106
Intellekt 132, 156
Intellektualismus, kalter 340, 359
Intelligenz, freischwebende 277, 281
Introspektion 177
Intuition 155, 203, 236, 245, 283, 302, 326-328, 340, 359
Irrationalismus 346, 351
- lebensphilosophischer 351, 356
Ist-Schriftsteller 307
Ist-Zustand 187

Journalistik / Literatur 154-160, 165, 169f., 307f., 335, 341f.
journalistische Praxis 154, 274
Jugendstil 79

Kälte 30f., 98, 352
- beleidigende 353
kalt 317, 319, 327, 340, 342
Kamera 178, 201
Kapitalismus 20
Kapitalismuskritik 269
Kenntnis
- der Materie 245, 263f., 272f., 328
- der Realität 176
Klarheit 81, 117f., 120, 124, 129f., 136, 145, 355
- bescheidene 134
- stilistische 208
Klärung 117, 123, 174
Klassik, neue 346
Klassizismus, neuer 107f.
Klassizität, neue 107, 141
Knappheit 117, 121
Kohärenz, formale 365
Kollektiv 251, 254, 332f.
Kollektivschicksal 250, 333
Kommentar 218
komponieren 225
Konstruiertes 303
Konstruktivismus 89f.
Kontrollrecht des Lesers 149, 235, 238
Kontrollstation des Geistes 132, 245

Krieg 146, 210, 234, 252, 308, 362
Kriegserfahrung 197, 312, 318
Kriegsgeneration 310
Kriegsthematik 304
Krise 30
- der künstlerischen Wiedergabe 364
- der Wahrnehmung 363f.
Kritik der Neuen Sachlichkeit
- konservative 26, 278, 287, 299-339, 359
- marxistische 257, 268-300, 314
- neusachliche 257-300
- rechtskonservative 257, 283, 339-358
- völkisch-nationale 257f., 271, 337-357
Kühle 336, 352
- innere 279
- intellektuelle 352
Kunst
- angewandte 81
- der Masse 234f.
- des Augenblicks 240
- des Gebrauchs 240
- freie 81, 237
- kollektive 332
- nicht-organische 365
- unfreie 81, 237
- wirklichkeitsgebundene 104
- wirkungslose 238
- wirksame 237
- zweckgebundene 76, 79, 81
Kunstauffassung
- ästhetizistische 234
- romantische 243
- sachliche 230
- erkennende 230
Kunstgedanke 311
Kunstgewerbe der Jahrhundertwende 78-82
Kunstscheu 307
Kunstwerk
- aktuelles des Moments 260
- auratisches 21
- gestaltetes 304
- konstruiertes, montiertes 298

- zeitlos-formales 235
- vollendetes 286
Kunstlose, das 303
Kunstwerk, auratisches 21
Kunstwert 136
l'art pour l' art 151, 292

Landschaft 349
Lebensgefühl
- des Trustkapitals 289
- neusachliches 16
- realistisches 139, 144
- technisches 132
Lebensphilosophie 344, 351, 355
Lebenswelt
- aktuelle 148
- alltägliche 139
- großstädtische 348
- industrialisierte 360, 348, 363
- rationalisierte 353
- technisierte 248, 324, 348, 352
- urbanisierte 248, 325, 348, 352, 360
- versachlichte 248, 316, 323, 325
- zeitgenössische 329
Lesereinbindung 195, 241
Lethargie, neue 249
Literarisierung 226f., 301
Literarizität 202, 301
Literatur
- als Bedarfssache 128
- aktuelle 110
- beseelte 353
- gefühlsbetonte 291, 353
- naturverbundene 353
- realitätsnahe 105, 110
- sozialengagierte 110
Literatur der Tatsache 121
Literaturbegriff, operativer 181, 231, 282, 331
Literaturkonzeption
- idealistische 288, 313f., 341, 346f., 357
- realistische 315
Literaturkritik 148
Literaturverständnis
- idealistisches 289, 302, 314f., 318

- realistisches 314
- traditionelles 263, 288, 302f.,
  304f., 310, 315, 327f., 331, 333,
  335, 350, 352
Loyalität, auktoriale 72, 138, 197,
  279
Lyrik
- sachliche 246f.
- unsentimentale 248

männlicher
- Erzähler 124, 224
- Erzählstil 123-125, 224, 278
- Typus 125
Männlichkeit 343, 350, 354
Malerei, neusachliche 16, 360
Maschinenromantik 133
Maschinenstil 76
Masse 212, 293, 333f.
- als Lesepublikum 25
- großstädtische 348, 359
Massengesellschaft, industrialisierte
  23
Massenkultur 151, 362
Massenkunst 234
Massenliteratur, aufklärerische 230
Massenschicksal 250, 268, 292
Massenwirksamkeit 94, 260, 268
Material 137, 153, 160, 198-200, 265,
  269-272, 274, 308, 312
- nachprüfbares 129
Materialästhetik 26, 80, 86f., 90,
  137f., 139, 148, 199f., 235
Materialtreue 197, 205
Materialisierung 25, 95, 141f., 363
Materialismus 142, 162
Materialkenntnis 187
Materialkritik 148
Materielle, das 142
Mechanisierung 104
Melancholie 277f., 281
Menschheitsdrama,
  expressionistisches 115
Metaphern 134
Mitteilung
- eines Gedankens 236, 248
- dokumentarische 228

- Sprache als Mitteilung 224
Moderne, literarische 23, 217, 339f.,
  350, 354, 359-365
Modernisierungsprozesse 361
Modernität 145
Montage 95, 202, 268, 295f., 298,
  312, 362
Montageromane
- dadaistische 95
- neusachliche 95, 166, 295f.
Motivation, psychologische 247
Müdigkeit, seelische 279

Nachfühlung 249
Nachgestaltung, künstlerische 163
Nachprüfbarkeit der Darstellung
  117, 129, 137
Nachvollziehbares 235
Natur 349, 351-356
Naturalismus 65, 70, 109, 111-113,
  115f., 141, 294, 321, 360f., 363f.
- alter 110
- bloßer 344
- französischer 164
- historischer 68, 110, 114, 245, 314
- moderner 170
- neuer 98f., 108-116, 261, 364
Naturalisten 71
Natürlichkeit 102
Naturlyrik, zweckfreie 325
Naturnähe 354
Naturverbundenheit 353f., 356
Naturverständnis 352
Neonaturalismus 111
neoromantisch 319-321
Neuidealismus, deutscher 210
Neunaturalismus 98, 109, 111
Neue Sachlichkeit
- als Darstellungsmittel 229
- als Epochenstil 22
- als Kunstmittel 229
- als Zerstreuungs - und
  Unterhaltungskultur 231, 268,
  288, 290
- bürgerliche 267f., 281
- reaktionäre 267
- revolutionäre 268

- wirkliche 267
Neutralität 68, 72, 186-196, 205, 212,
    214, 229, 269-282
- photographische 192
- politische 193
Not, gestalterische 287, 308, 339
nüchtern 220
Nüchternheit 116-129, 224, 259
- des Konsumenten 128
- des Sportpublikums 126-128
- des Stils 124f., 136
- des Theaterpublikums 126
- des Zuschauers 126
- proletarische 283
- romantische 247
Nüchternes 235
Nurtatsachenlyrik, unbeseelte 344
Nützlichkeitsfanatiker 264
Nutzaspekt 230
Nutzdramatik 239, 337
Nutzwert 155, 183, 233, 242, 336,
    362

Oberflächenerrechnung 288
Oberflächenrealismus 295f., 298,
    306
Oberflächenwahrnehmung 166, 176
Oberschlesien-Debatte 271-275
objectivité, nouvelle la 72, 137
Objekt 70, 138, 143, 163
Objektivierung
- der literarischen Darstellung 205,
    353
- des Fühlens 243
- des Stils 67, 203
Objektivität 187-196, 214, 244,
    275f., 279, 355, 360, 363
- auktoriale 72
- des Materials 203
- geformte 102
- neue 102, 142
- künstlerische 304
- versteinerte 353
Objektwelt 67, 70, 73, 102
Öffentlichkeit, literarische 232, 241
Ohnmacht 279

O-Mensch-Pathos,
    expressionistisches 101, 105, 115
Ormanentale, das 76
Ornament, poetisches 77, 217
ornamentale Kunst 76
ornamentfreie Kunst 84
Ornamentfreiheit 82, 87
Ornamentik 75-77, 81, 83
Ornamentkritik 82, 131

Parteilichkeit, neue 276
Parteiliteratur 347
Parteilosigkeit 191, 275f.
Pathetiker der Nüchternheit 104
Pathos 98, 102, 125, 134, 154, 167,
    263, 290, 317
- falsches 342
- nationales 342
Persönliche, das 253
Pflichtbegriff, preußisch-harter 355
Phantasie-Feindschaft 307
Phantasie 139, 149, 293, 303, 305f.,
    313, 316, 328, 340f., 359
- auktoriale 303
- subjektive 301
phantasieren 174
Photographie 124, 131, 160, 310, 317
Poetik des Experiments 365
Politisierung
- der Gesellschaft 361f.
- der Literatur 211, 361f.
Popularisierung der Literatur 157
Positionsbestimmung, auktoriale
    275
Positivismus 109
Postmoderne 23
Pragmatisierung von Literatur 232
Präfaschismusverdikt 28
Präzision 117, 121, 129, 131, 223
- ästhetische 133
- der Darstellung 137
- der Form 81
- der Gedanken 225
- der Sprache 225
- des Ausdrucks 133, 137, 225
- des Stils 137
- technische 133, 225

Präzisionsästhetik 81, 129-138, 142, 158, 225, 244, 272f.
Primat der Form 235
Private, das 248, 293
Privatpsychologie 293
Produktionscharakter von Literatur 235
Prosastil, essayistischer 298
Provinz, romantische 350
Pseudosachlichkeit 271
Psychologie 145, 151, 177, 181-185, 250
Psychologismus 67, 71, 284
psychologische Weitschweifigkeit 224
Publizistik 154
- Publizistik /Literatur 220, 226, 232, 240, 242, 334, 338, 365

Ratio 156, 328, 359
Rationalisierung des Denkens 146
Rationalisierung, gesellschaftliche 290f.
Rationalismus
- Berliner 349
- großstädtischer 349
- moderner 319
- neuer 150, 210
Reaktion, neue 249
Realismus 103, 109, 359
- bürgerlicher 284, 314
- dialektischer 301
- erkenntniskritischer 297
- heroischer 343, 348
- magischer 345f.
- nackter 247
- platter 318
- poetischer 86, 346
- proletarischer 268, 280, 283
Realismuskonzeption, neusachliche 141f., 153f., 166, 288, 296-301, 305f., 364
Realisten, amerikanische 165
Realität
- empirische 139, 143, 156
- entseelte 86, 291
- photographische 254, 295

Realitätsaneignung
- entsubjektivierte 322
- verstandesorientierte 322
Realitätsbewußtsein 145
Realitätsbezug 94, 138-154, 164, 266, 303, 360, 363
Realitätserfahrung 210
Realitätsnähe 103, 116, 138, 161, 205
Realitätssinn 347
- neuer 210
Reihungsstil, expressionistischer 364
Reinlichkeit 131
Reportage 154-171, 192, 202, 213, 215, 223, 245, 262f., 265, 280, 283-286, 289, 296-318, 330, 335, 338f., 340f., 356
- filmische 170
- politische 317
- seelische 184, 254
reportagehafte Zubereitung der Stoffe 152
Reportagekunst, bürgerliche 292
Reportageliteratur 160, 166f., 171, 173, 211, 310, 312, 315
Reportageroman 158, 168, 172, 285f., 300
Reportagestil 154-171, 173, 205, 230, 250, 268, 283f., 286f., 300-315, 317, 335, 339
- berichtender 155, 260, 263
Reportagestücke 282
Reportage/Dichtung 159, 163f., 167f., 262f., 284, 307-312, 315, 335f.
Reportage/Roman 226, 284, 306
Reporter / Dichter 283, 289, 306, 309-312, 335, 340
Reporterdichtung 167
Reproduktion
- des Beobachteten 297
- photographische 292, 297, 302
- von Wirklichkeit 295f.
Resentimentalisierung 351
Resignation 118f., 278f., 282, 306
Revuen 231
Revuestück 255

Rezeption der Neuen Sachlichkeit
27-34
Rezeptionsästhetik, neusachliche
126-128, 148f., 164, 181, 190, 210,
238f., 244, 260, 290
Rezeptionsverhalten 150f., 190f.,
195, 239
Romanform 226f.
Romanhandlung, fabulierende 227
Romanheld, traditioneller 253
Romanpsychologie 72
Romantik 128, 139, 163, 243, 246,
261, 316f.
 - gewendete 318
 - neue 153, 247, 262, 320f., 342
 - Re-Generation der Romantik 320
 - sachliche 247, 321
 - stählerne 342
 - wirklichkeitsfeindliche 356f.
romantisch 132f., 139, 307
Romantische, das 245
Romantisierung 259
Ruhe, epische 321
Rundfunk 240-242
russische Theaterkultur 104

Sache 98, 136f., 143, 249, 252, 256
 - Beteiligtsein an der Sache 137
 - Bindung an die Sache 105
 - entseelte 316
 - im Dienst der Sache 137
 - Interesse an der Sache 127
 - objektiv angeschaute 137
 - Primat der Sache 67
 - Sachlichkeit der Sache 138
 - Wesen der Sache 79
 - Wirklichkeit einer Sache 251
Sachkultur
 - bürgerliche 76
 - zweckgebundene 78
Sachkunst 17
Sachlichkeit
(als)
 - anthropologische Größe 31, 144
 - Arbeitsdisziplin 343
 - autoritäre Gesinnung 342
 - Disziplin 342f.

 - ethisch-moralische Kategorie 98,
 232
 - Gefolgschaft 343
 - Gemeinschaftsgefühl 343
 - Heldentum 342
 - Heroismus 344, 354
 - ideologische Haltung 278f., 281,
 293, 310, 342
 - skeptische Haltung 340, 356
 - Lebensstil 348
 - Männlichkeit 343, 350, 354
 - nationales Pathos 342
 - Pflichterfüllung 343
 - Preußentum 343
 - soziale Funktion 166, 232
 - stählerne Härte 343
 - Strenge 343
 - urbane Verhaltensnorm 33, 74
 - Verhaltenslehre 31
 - Verhaltensnorm 146, 343

 - des Lebens 307
 - der Sprache 224
 - des Stils 135, 224
 - des Stoffs 256
 - des Vortrags 135

 - absolute 316, 329
 - affirmative 279
 - alte 318
 - auktoriale 137
 - beseelte 344
 - idealistische 344-347, 350-357
 - illusionslose 116
 - künstlerische 346f.
 - kunstlose 346
 - maßvolle 346
 - mißverstandene 258, 346
 - mittelbar brauchbare 268
 - neutrale 281
 - nüchterne 116, 249, 342
 - parteilose 161
 - primitive 311
 - radikale 344, 347, 351, 355f.
 - referierende 221
 - reflexive 268
 - reine 276

- revolutionäre 280
- romantische 317
- unmittelbar kapitalistische 268
Sachlichkeitskultur, rationalisierte 292
Sachlichkeitsprinzip, seelisches 355
Sachlichkeitstheorem 301
Sachliteratur 172, 215
Sach-Verdichtung 249
Sachwerte 17
Schaffensprozeß, originärer 246
Schauspielkunst 135, 255
Scheitern der Neuen Sachlichkeit 19-27
Schicksal, privates 284, 292, 294
Schildern 21, 112, 220, 222, 305
Schlichtheit 77
Schmucklosigkeit 76, 82f., 85, 87, 125
Schönheitswert 316
Schöpferische, das 303, 332, 340
Schöpfungsprozeß, dichterischer 340
Schreibweise
- assoziierende 200
- beobachtende 133, 173-176, 180, 187
- berichtende 162, 179f., 223, 310
- dokumentarische 21, 67, 138, 154, 196f., 200, 205, 220, 269f., 274, 287, 296, 305, 310, 364
- entsentimentalisierte 317
- journalistische 135, 151, 154, 158, 160, 223, 302f.
- naturalistische 270
- neusachliche 261, 270, 275
- objektiv-neutrale 192, 271f.
- primitive 180
- psychologisierende 71, 162, 176, 183, 200
- publizistische 164
- realistische 87
- subjektivistische 87
Schriftsteller, nützliche 232
Schwäche, künstlerische 282

Seele 132, 155, 183, 216, 244, 262f., 290f., 316, 318-320, 327, 329, 341, 347f., 353, 359
Seelendrama 250
Seelenhaftigkeit, starke 344, 351
Seelenlosigkeit 348
seelische Vorgänge 247
Sehen 174f., 221
Selbstbescheidung, auktoriale 276
Selbstdisziplin 355
Selbstzucht 355
Sendung, dichterische 329, 330
Sensibilität, neue 319
Sentiment 244, 248, 263, 274, 291, 316, 322, 359
Sentimentalität 135, 167, 224, 249, 350
- neue 249
Sentimentalisierung 320, 323
Simultanstil 364
Sinn 282, 299, 310, 317
Sinngebung 302
Sollzustand 187
Sozioanalyse 251
Soziologie 145, 251
Spätexpressionismus 88, 91f., 112, 141, 144, 221f., 234
Sport s. Theater als Sport
Sportpublikum 127
Sprache als Ausdruck 224
Stabilisierungsphase 19f., 66
Standpunkt 190, 192, 212
- wissenschaftlicher 179
Standpunktlosigkeit 269
Stil
- darstellerischer 133
- einfacher 133
- entpoetisierter 155
- kalter 317
- kühler 317
- männlicher 317
- nüchterner 67, 225
- psychologisierender 66
- sachlicher 133
- steinerner 65-73
- unpathetischer 67, 225
Stilidee 133, 136

Stimmungskunst, psychologisierende 87, 106
Stimmungpoesie 246
- sentimentale 248
Stoff 147f., 198, 204
- privater 233
- öffentlicher 246
Stofflichkeit 80
Stofftheater 151
Sturm-Kreis 82-92
Subjektbezogenheit 98
Subjektivismus 203, 229, 246, 248, 291
Subjektivität 316
- auktoriale 335
subjektivistische Kunst/Literatur 291, 323, 328, 333

Tagespresse 159
Tagesschriftsteller 159
Tatmenschentum
- entschlossenes 355
- idealistisch-sachliches 344, 353
- neues deutsches 355
Tatsachen 128, 167, 174, 193, 197, 204-221, 235, 278f., 281, 286, 288, 291, 309, 311
- Boden der Tatsachen 211
- nackte 176, 290, 328
- Politik der Tatsachen 206
- Summe der Tatsachen 288, 299
- Wert der Tatsache 207
- Zeit der Tatsachen 206
Tatsachenbedürfnis 92, 217
Tatsachenbericht 217, 312f.
- objektivierter 216
Tatsachenberichterstattung 22, 157, 190-192, 196f., 212, 214, 216, 219, 285, 312
Tatsachenbestand 309
Tatsachenbewußtsein 207
Tatsachendichter 281, 307
Tatsachendrama 218
Tatsachenerfassung 293
Tatsachenfanatismus 299
Tatsachengefühl 207
Tatsachengehalt 186, 217

Tatsachengesinnung 207
Tatsachenliteratur 22, 164, 207, 213, 218, 220, 273
Tatsachenmaterial 161, 188, 210, 212
Tatsachenmensch 201
Tatsachenphantasie 72, 185
Tatsachenpoetik 138, 156, 171, 205-220, 230, 274, 278, 289f., 299, 306, 316
Tatsachenreportage 291
Tatsachenroman 21, 158, 168, 218f., 285f., 308-310
Tatsachensammler 289, 308
Tatsachenschilderung 215, 288f., 299
Tatsachensinn 22, 117, 206f., 265, 273
Tatsachenstil 216
Tatsachenstoff 212
Tatsachenstück 213
Tatsachenwelt 337, 347
tatsachengetreu 21, 23, 213
Tatsächliches 145, 208, 217
Tatsächlichkeit 202, 216, 224
- revolutionäre 268
Tatwirklichkeit 122
Technikkult 15, 132
Technikverherrlichung 133
Technisierung
- des künstlerischen Prozesses 131
- der Lebenswelt
Telegrammstil, expressionistischer 111, 113
Tendenz 269f., 309f., 338
Tendenzdichter 309
Tendenzdichtung 276
tendenziöse Darstellung 309
Tendenzlosigkeit 188, 191f., 269, 275f., 309
Theater als sportliche Anstalt 127f.
Theater der Zeit 152
Thematik, großstädtische 348-352
Theorie des Nichtgestaltens 287
Tiefe 128
Tod der Lyrik 247f., 324f.
Totalitarismustheorie 20
Totalität 285, 287f., 298f., 314
Transzendenz 25, 336

Typenanalyse 292
Typisierung 292
Typus 333
- gesellschaftlicher 254, 292
- historischer 254
- individueller 333
- sozialer 23, 252, 292, 294, 333

überzeitliche/r
- Bedeutung von Literatur 309
- Dimension von Literatur 302, 313
- Notwendigkeit 329
- Persönlichkeit 309
- Standpunkt des Geistes 302
Überzeit 337
Unechtheit 135, 248
Ungefühligkeit der Darstellung 245
Unparteilichkeit 190, 277
Unsachlichkeit 266f.
- alte 346
- neue 153
Unterhaltungskultur 231, 268
Unterhaltungswert von Literatur
    233
Unwirklichkeit 317
Urbanisierung 360f.
Urbanität, neusachliche 348
Utopien 101f., 139, 172
Utopismus, spätexpressionistischer
    111

Verantwortung
- vor der Zeit 327, 330f.
- soziale 327, 329
Verarbeitung der Realität
- dichterische 289, 311, 319, 322
- dokumentarische 311
Veräußerlichung 104
Verdichtung 261
Verdinglichung
- des Lebens 291, 293
- des Rezipienten 290
Vereinfachung des Stils 116, 131
Vereinzelung, individuelle 250
Verfälschung des Materials 272, 274
Vergegenständlichung 142
Vergeistigung 141f.

Verinnerlichung 216
Verismus, neusachlicher 345
veristische Genres 280, 295
Verklärung, poetische 289, 314
Verlebendigung
- des Tatsächlichen 347
- seelenhafte 353
Vermännlichung 317, 355
Vermögen, seherisches 340
Vernunft 262, 359
Versachlichung
- der Darstellung 204, 261
- der Gefühle 249, 323
- der Inhalte 139
- der künstlerischen Form 82
- der Lebenswelt 289, 291, 293
- des literarischen Stils 116, 125,
    262, 266, 281, 290, 323, 363
- der lyrischen Ausdrucksformen
    247, 323
Verseelung, expressionistische 140,
    242
Verstädterung der Literatur 339, 361
Verstand 155f., 181, 246, 263, 327f.,
    341, 359
Verstandeskultur, sachlich-rationale
    243f.
Verstandesorientiertheit 132
Verständlichkeit 117, 130, 231
Verstofflichung der Literatur 141f.
Verwendbarkeit, seelische (von
    Lyrik) 236
Verwissenschaftlichung
- des literarischen Stils 222
Virtuosentum, ästhetizistisches 232
Visionen 223
Vivisektion der Zeit 251
Visualisierung 363
Volk 341, 343, 348, 351, 356
Volksempfinden, deutsches 348
Volksgemeinschaft 353
Vollwirklichkeit 347, 353

Waffe, Literatur als 211, 232f., 262
Wahrheit 118, 211, 219, 300, 304,
    313, 328, 360
- der Darstellung 163

- des Typus 254
Wahrheitsgehalt 149
Wahrnehmung
- fragmentarische 296, 298
- urbane 362f.
Wärme, lyrische 290, 336, 352
Weitschweifigkeit, psychologische 151, 224
Weltfremdheit 135, 248, 323, 331
Werkbund 78-82, 89, 137
Wert
- dokumentarischer 135, 145, 198, 200, 235, 248, 276, 304, 308
- funktionaler 202
- künstlerischer 198, 304, 308, 326
- soziologischer 276
Wirklichkeit 139, 265, 270, 282, 284-291, 296-299, 306f., 310f.
- beseelte 355
- dichterische 287
- empirische 300, 303, 314
- höhere 300, 313f.
- künstlerische 300
- objektiv erkennbare 301
- sachliche 294
Wirklichkeitsaneignung 304
Wirklichkeitsbericht 300
Wirklichkeitsbezug 152, 161, 265
Wirklichkeitsdichter 311
Wirklichkeitsdichtung 270, 310f.
Wirklichkeitserkenntnis 146
Wirklichkeitsgehalt 145
Wirklichkeitssinn 146
- sozialistischer 282
wirklichkeitsnahe Literatur 138, 148
Wirkung 25, 202, 215, 237, 260, 304, 310f., 313, 330, 332f.
- des Worts 232
Wirkungsästhetik 191
Wissenschaft 285

wissenschaftliche
- Arbeitsweise 132
- Ausdrucksweise 225
- Reproduktion von Wirklichkeit 284, 304
Wissenschaftsgemäßheit 146

Wissenschaftsstil 66, 135, 222
Wortkunst, abstrakte 87, 364

Zeitalter des Stoffs 144, 151
Zeitbezogenheit 148, 172, 236, 239, 260, 264, 329
Zeitbezug 143, 121, 260
Zeitdichter 271, 308
Zeitdokument 202, 306
Zeitdramatik 105, 108, 110, 114, 151
Zeitfremdheit 331
Zeitgebundenheit 336
zeitgemäß 129, 249, 264, 337f., 361
Zeitlose, das 330, 347
Zeitlosigkeit 25, 359
Zeitnähe 154, 262f., 265
Zeitroman 149, 157, 162, 167, 172, 221, 253, 260, 272, 282, 306, 308
Zeitschicksal, kollektives 255
Zeitstoffe 170
Zeitstück 149, 152, 172, 221, 255, 267, 282, 293, 309
Zeittheater 139, 151f., 170, 204, 255, 263, 294, 336
Zeitung 163, 240
Zeitungsprosa 167
Zeitungsreportage 169
Zerstreuungskultur 231, 269
Zivilisationskunst, großstädtische 348, 359
Zugang zu den Objekten 138
Zustände s. Darstellung von Zuständen
Zustandsschilderung, objektive 157, 267, 299, 302, 305
Zweckarchitektur 73-85
Zweckdramatik 336
zweckfreie Literatur 233-236, 325f., 341, 359
zweckgebundene Kunst/Literatur 76, 80, 238
Zweckkunst, sachgemäße 80
Zweckmäßigkeit 67, 76, 231, 234, 262, 327
- der Form 81, 131
- der Literatur 68, 337
Zynismus 279

Patrick Brandt, Daniel
Dettmer, Rolf-Albert
Dietrich, Georg Schön

**Sprach-
wissenschaft** (Böhlau Studienbücher)

Ein roter Faden für 1999. XVI, 374 Seiten. Broschur.

das Studium ISBN 3-412-04999-9

Diese Einführung in die Sprachwissenschaft ist als Leitfaden für das germanistische Grundstudium konzipiert. Das Buch umfaßt alle prüfungsrelevanten Bereiche des Faches: von der Sprach- und Grammatiktheorie über Syntax, Morphologie, Phonologie und Graphemik bis hin zur Semantik und Pragmatik. Am Modell der Generativen Transformationsgrammatik wird ein möglichst großer Ausschnitt des Gegenstandsbereichs »Deutsche Sprache« erfaßt.

Die Leser erhalten mit dieser Anleitung nicht nur einen Einblick in die wichtigsten Forschungsdebatten und -diskussionen; sie werden auch in die Lage versetzt, alltägliche und literarische Texte des Deutschen kompetent zu beschreiben und zu erklären. Durch seine offene Konzeption und die übersichtliche Gestaltung wird das Buch zu einem unverzichtbaren Wegbegleiter beim Einstieg und bei der Vertiefung des Studiums der Sprachwissenschaft.

KÖLN WEIMAR

URSULAPLATZ 1, D-50668 KÖLN, TELEFON (0 2 2 1) 91 39 00, FAX 91 39 032

Grundlagen der Literaturwissenschaft

Exemplarische Texte

Herausgegeben von

Bernhard J. Dotzler 1999. VIII, 422 Seiten.

in Zusammenarbeit mit Broschur.

Pamela Moucha ISBN 3-412-07598-1

Führende Fachvertreter haben teils klassische, teils noch wenig bekannte Texte neu erkundet, die in exemplarischer Weise vorführen, was Literaturwissenschaft – auch in Zukunft – sein und leisten kann.

Die ausgewählten Texte stammen von: Theodor W. Adorno, Richard Alewyn, Erich Auerbach, Walter Benjamin, Ernst Robert Curtius, Hugo Friedrich, Georg Gottfried Gervinus, Max Kommerell, Werner Krauss, August Langen, Gotthold Ephraim Lessing, Clemens Lugowski, Otto Luschnat, Joachim Maass, Johann Gottlieb Münch, Karl Reinhardt, August Wilhelm Schlegel, Arno Schmidt, Levin L. Schücking, Leo Spitzer, Margarete Susman, Peter Szondi, Paul Zumthor. Die Auswahl besorgten: Karlheinz Barck, Wilfried Barner, Günter Blamberger, Hans Ulrich Gumbrecht, Andreas Kablitz, Friedrich Kittler, Wilhelm Krull, Gert Mattenklott, Reinhart Meyer-Kalkus, Jan-Dirk Müller, Gerhard Neumann, Jan Philipp Reemtsma, Ursula Renner, Heinz Schlaffer, Manfred Schneider, Jörg Schönert, Ulrich Schulz-Buschhaus, Georg Stanitzek, Wilhelm Voßkamp, Rainer Warning, Sigrid Weigel, David E. Wellbery.

KÖLN WEIMAR

Ursulaplatz 1, D-50668 Köln, Telefon (0 22 1) 91 39 00, Fax 91 39 032

B
V

Böhlau

Köln Weimar

Daniel Steuer
Die stillen Grenzen
der Theorie
Übergänge zwischen
Sprache und Erfahrung   1999. IXI, 296 Seiten.
bei Goethe und   Broschur.
Wittgenstein   ISBN 3-412-04299-4

Die Untersuchung verfolgt jenseits der Grenzen von Disziplinen und Diskursen die feinen Bruchstellen, an denen sichtbar wird, wie aus Erkenntnisinteresse eine Theorie entsteht und wie deren Abstraktionen die Erfahrung soweit bestimmen, daß sie sich gegen das ursprüngliche Erkenntnisinteresse wenden. Hierbei nimmt die Analyse der metaphorischen Grundlagen philosophischer und wissenschaftlicher Texte einen wichtigen Platz ein. Die Fragestellung wird am Beispiel von Goethes naturwissenschaftlichen Schriften sowie an Wittgensteins Auseinandersetzung mit ihnen untersucht. Im Blick auf deren Gemeinsamkeiten und Unterschiede wird so ein Beitrag zur Diskussion um Moderne und unser Verständnis von Erfahrung insgesamt geleistet. Der Widerspruch zwischen Goethes Betonung sinnlicher Erfahrung und Wittgensteins Begriffsanalysen führt zur Frage nach einer poetischen Vernunft, die Sprache, Handeln und sinnliche Wahrnehmung in einer veränderbaren Beziehung zueinander beläßt.

Ursulaplatz 1, D-50668 Köln, Telefon (0 22 1) 91 39 00, Fax 91 39 032